# Será que o mundo inteiro está errado?

Jornalismo letal,
antissemitismo e *jihad* global

CB030033

Consulte nosso catálogo completo e últimos lançamentos em **www.editoracontexto.com.br**.

# RICHARD LANDES

# Será que o mundo inteiro está errado?

## Jornalismo letal, antissemitismo e *jihad* global

*Tradução*
Margarida Goldsztajn

editora**contexto**

*Montagem de capa e diagramação*
Gustavo S. Vilas Boas

*Preparação de textos*
Lilian Aquino

*Revisão*
Beatriz Mendes

Dados Internacionais de Catalogação na Publicação (CIP)

Landes, Richard
Será que o mundo inteiro está errado? : jornalismo letal, antissemitismo e *jihad* global / Richard Landes ; tradução de Margarida Goldsztajn. - São Paulo : Contexto, 2025.
640 p.

Bibliografia
ISBN 978-65-5541-502-5

1. Antissemitismo 2. Ciências sociais 3. História 4. Jornalismo
I. Título II. Goldsztajn, Margarida

25-0467                                        CDD 305.8924

Angélica Ilacqua – Bibliotecária – CRB-8/7057

Índice para catálogo sistemático:
1. Antissemitismo

2025

EDITORA CONTEXTO
Diretor editorial: *Jaime Pinsky*

Rua Dr. José Elias, 520 – Alto da Lapa
05083-030 – São Paulo – SP
PABX: (11) 3832 5838
contato@editoracontexto.com.br
www.editoracontexto.com.br

É possível que todos estejam errados e os judeus certos?

*– Ahad Ha'am*, 1892
(sobre a resposta gentia à negação dos judeus relacionada ao libelo de sangue)

Não creio que o mundo inteiro, incluindo os amigos do povo e do governo israelenses, possa estar errado.

*– Kofi Annan*, 2002 (em resposta à operação das FDI em Jenin)

Você nunca convencerá ninguém de que os palestinos são os agressores.

– Jacques Chirac para Ehud Barak, 4 de outubro de 2000.

A estupidez é a inimiga mais perigosa do bem do que a malícia. Pode-se protestar contra o mal; ele pode ser exposto e, se necessário, impedido pelo uso da força. O mal sempre carrega consigo o germe de sua própria subversão, pois deixa nos seres humanos pelo menos uma sensação de desconforto. Contra a estupidez, somos indefesos. Nem protestos nem o uso da força são de valia; razões são ignoradas; os fatos que contradizem o preconceito de alguém simplesmente deixam de ser acreditados – nesses momentos, a pessoa estúpida até se torna crítica – e quando os fatos são irrefutáveis, eles são meramente deixados de lado como irrelevantes, como incidentais. Assim, a pessoa estúpida, ao contrário da maliciosa, fica totalmente satisfeita consigo mesma e, sendo facilmente irritada, torna-se perigosa e parte para o ataque. Por essa razão, mais cautela é necessária ao lidar com uma pessoa estúpida do que com uma maliciosa. Não tentaremos mais convencer a pessoa estúpida com argumentos, pois isso é insensato e perigoso.

– Dietrich Bonhoeffer, *Letters and Papers from Prison*

*Se eu fosse muçulmano, tomaria a estupidez dos ocidentais como um sinal de Alá para que eu me juntasse à* jihad *global.*

– Richard Landes

Este livro foi escrito
para todos aqueles que foram
marginalizados
estigmatizados
obliterados
transformados em párias
por resistirem à onda de insensatez.

# Sumário

PARTE 3
## VAMOS REALMENTE DEIXAR ISSO ACONTECER (DE NOVO)?

# Se eu estiver certo, estamos em apuros

Este livro não é para todos. Primeiro, não é para pessoas que odeiam a democracia e querem substituí-la por uma teocracia que reinventa esforços inquisitoriais, totalitários, no intuito de policiar o pensamento e ressuscitar a guerra santa (religiosa ou secular), a fim de eliminar inimigos específicos. Em segundo lugar, não é destinado àqueles que pensam que sua raça, ou tribo, ou supertribo, ou causa lhes dá o direito de dominar outros.

É dirigido a pessoas que têm valores liberais e progressistas, especialmente aquelas capazes de reconhecer que, não obstante todas as suas falhas, a democracia ocidental constitui um passo significativo e talvez único na direção da liberdade e da dignidade humanas. É dirigido a todos aqueles que desejam preservar e melhorar esse desempenho, em vez de partirem para o tudo ou nada (perfeição ou destruição). É para pessoas que não conseguem entender por que o Ocidente parece estar desmoronando, dilacerado por uma guerra de cultura que opõe a esquerda à direita, numa luta em que o vencedor leva tudo, o que, ao que parece, tem atingido extremos cada vez mais terríveis a cada ciclo de notícias.

9

Este livro é uma espécie de pegar ou largar. Você está livre para abandonar esta análise e descartá-la como mero desabafo de quem coloca Israel em primeiro lugar, de um propagandista sionista. E sob alguns pontos de vista, essa é uma maneira óbvia e fácil de lidar com meu argumento. Fácil, isto é, contanto que você esteja certo e eu esteja errado. Por outro lado, se eu estiver certo, então você, liberal, progressista, democrático, amante da dignidade e da liberdade humanas, pode acabar se envolvendo em comportamentos de alto risco ao ignorar o que tenho a dizer.

Pelo que consigo perceber, algumas das grandes ironias do século XXI – e há muitas candidatas – são:

- Desde o ataque de 11 de Setembro por muçulmanos devotos, mais muçulmanas passaram a usar orgulhosamente *hijabs* no Ocidente, e muito menos judeus, por medo, usam solidéus em público.
- O povo judeu é o único povo que é alvo permanente de incitamento ao ódio e ao genocídio sancionado pelo Estado, mas também o único povo que é, ele próprio, acusado de ser genocida.
- As mesmas pessoas que empenham esforços heroicos para proibir discursos de ódio que possam ofender outros têm imensa tolerância ao discurso de ódio dirigido a si mesmas e a seus concidadãos judeus.
- Os pós-modernos, cuja filosofia era renunciar à ilusão de objetividade e a narrativas grandiosas, produziram um movimento político que, em nome dos valores progressistas e da paz, adotou uma imponente narrativa pré-moderna belicista e usam "ciência" e "fatos" para promover a sua causa.
- Inúmeras pessoas no mundo inteiro desejam emigrar para sociedades cujas elites passaram a considerá-las a personificação do mal.
- As democracias ocidentais, que convenceram a si mesmas e aos seus judeus de que haviam renunciado ao ódio aos judeus após o Holocausto, podem ser destruídas por um movimento apocalíptico medieval que explora seu ódio não admitido aos judeus.

Este livro testa a capacidade dos leitores de pensar de forma diferente sobre o que acreditavam que sabiam. Embora o livro verse sobre o destino do mundo democrático moderno sob ataque de um movimento religioso medieval, ele concentra grande parte de sua atenção ao dilema de Israel e à resposta do mundo ocidental a ele. É contrário ao que, em geral, é pressuposto ou aceito por grande parte do discurso público atual sobre Israel, um país hoje facilmente associado na **esfera pública**\* à violência e à opressão. Nesse sentido, minha abordagem corresponde perfeitamente ao considerado, tão pronta e desdenhosamente, como "propaganda sionista", justamente por aquelas pessoas que este livro critica pela sua adesão impensada e tola a uma **propaganda** muito mais letal dos palestinos e, mais ainda, das máquinas de guerra cognitiva dos *caliphators*.\*\* E um dos abusos mais flagrantes, tanto da língua como dos valores, é a forma como os palestinos acusam Israel de serem os "novos nazistas" e se apresentam como as novas "vítimas do genocídio".

Um passo importante na integração dessa crença anteriormente marginal no Ocidente foi dado pelo vencedor do Prêmio Nobel, o autor José Saramago, que denunciou o Estado de Israel em abril de 2002, no auge da primeira campanha terrorista-suicida jihadista contra uma nação democrática (capítulos "Al-Durrah: propagando um libelo de sangue jihadista (2000)" e "11 de Setembro: tomando o mundo de assalto (2001)").

> Intoxicados mentalmente pela ideia messiânica de um Grande Israel que realize finalmente os sonhos expansionistas do sionismo mais radical [isto é, o Grande Israel, do rio ao mar]; contaminados pela monstruosa e enraizada "certeza" de que neste catastrófico e absurdo mundo existe um povo eleito por Deus e que, portanto, são justificadas todas as ações resultantes de um racismo obsessivo, psicológica e patologicamente exclusivista; educados e treinados na ideia de que quaisquer sofrimentos que tenham sido infligidos, ou venham a ser infligidos aos outros, e em particular aos palestinos, serão sempre inferiores ao que eles próprios sofreram no Holocausto, os judeus arranham incessantemente a sua própria ferida para que ela não deixe de sangrar, para torná-la incurável, e exibem-na ao mundo como se fosse um estandarte. Israel apropria-se das terríveis palavras de Jeová no Deuteronômio: "Minha é a vingança e a represália". Israel quer que todos nós nos sintamos culpados, direta ou indiretamente, pelos horrores do Holocausto; Israel quer que

---

\* N.T.: Os termos que aparecem em negrito ao longo da obra podem ser encontrados no "Glossário"
\*\* N.T.: Segundo a definição do próprio autor, a seguir, "aquele que acredita que nos nossos dias, nesta geração, o islã triunfará sobre todas as demais religiões e estabelecerá um califado global, ou seja, um participante num movimento milenarista apocalíptico". Ver complementação no glossário.

11

renunciemos ao mais elementar juízo crítico e nos transformemos em dócil eco da sua vontade; Israel quer que reconheçamos *de jure* o que, aos seus olhos, é uma realidade *de facto*: absoluta impunidade. Do ponto de vista dos judeus, Israel nunca poderá ser submetido a julgamento, pois foi torturado, gaseificado e incinerado em Auschwitz.[1]

Este discurso ardoroso contém todos os elementos do que se tornariam atitudes *"woke"** do início dos anos de 2020, em relação àqueles considerados moralmente inferiores: indignação, repúdio, desprezo e certeza.

Substitua agora Israel neste texto por aqueles que o declaram seu inimigo:

Intoxicados mentalmente pela ideia messiânica de um **califado global** *[ou seja, o islã de oceano a oceano]*, que realize finalmente os sonhos expansionistas dos *muçulmanos* mais radicais; contaminados pela monstruosa e enraizada "certeza" de que neste catastrófico e absurdo mundo existe um povo eleito por *Alá* e que, portanto, são justificadas todas as ações resultantes de um *triunfalismo religioso* obsessivo, psicológica e patologicamente exclusivista; educados e treinados na ideia de que quaisquer sofrimentos que tenham sido infligidos, ou venham a ser infligidos aos outros, e em particular aos *judeus*, serão sempre inferiores ao que eles próprios sofreram na **Nakba**, *os palestinos* arranham incessantemente a sua própria ferida para que ela não deixe de sangrar, para torná-la incurável, e mostram-na ao mundo como se fosse um estandarte. Os *jihadistas* apropriam-se das terríveis palavras de *Alá no Alcorão (8:12): "Infundirei o terror no coração dos incrédulos; decapitai-os e decepai-lhes os dedos". Os palestinos* querem que todos nós nos sintamos culpados, direta ou indiretamente, pelos horrores da Nakba; os *caliphators* querem que renunciemos ao mais elementar juízo crítico e nos transformemos em dócil eco da sua vontade; os *caliphators* querem que reconheçamos *de jure* o que, aos seus olhos, é uma realidade *de facto*: absoluta impunidade *muçulmana*. Do ponto de vista dos *muçulmanos*, o *islã* nunca poderá ser submetido a julgamento, pois o *infiel* o humilhou, e porque *Alá* está do lado deles.

O que temos nesses dois parágrafos é a dupla inversão tão característica do discurso público do século XXI. Por um lado, embora ambas as declarações sejam verdadeiras para *alguns* judeus e para *alguns* palestinos/

---

* N.T.: Termo político que se refere a uma percepção e consciência das questões relativas à justiça social e racial.

muçulmanos, as atitudes desprezíveis retratadas permeiam a corrente dominante da esfera pública muçulmana num grau muito maior, enquanto aquelas que Saramago atribui aos judeus, quando não completamente errôneas, habitam as margens da esfera pública judaica/israelense.

De fato, no cerne da passagem de Saramago reside a sua inversão da realidade. Por um lado, ele interpreta mal a passagem bíblica – "Minha é a vingança, diz o Senhor" – e acusa os judeus de *sua* leitura incorreta.[2] Por outro, múltiplas passagens do Alcorão apelam explicitamente aos fiéis para que pratiquem violência em nome de Alá; e o número de jihadistas que acreditam serem os agentes da ira divina de Alá e as ferramentas de sua vingança superam em número, múltiplas vezes, todos os judeus do planeta.

Esse desequilíbrio na precisão empírica se torna ainda mais acentuado quando se trata de líderes proeminentes do pensamento ocidental dispostos a denunciar essas duas formas de fanatismo. Curiosamente, por mais que muitos, como Saramago, vejam os judeus israelenses de forma negativa, por mais que projetem neles uma maldade deliberada, por mais que transformem um fenômeno judaico marginal no símbolo do ser judeu, poucos se atrevem a dizer algo remotamente semelhante sobre o islã e os muçulmanos. Ao contrário, muito esforço intelectual no século XXI tem sido empenhado no que tange à insistência de que a narrativa jihadista é marginal ao islã, que Maomé é um "Profeta da Paz"[3] e "muçulmanos moderados e pacíficos" são a "grande maioria", quando não "99,9%" de mais de 1 bilhão de muçulmanos no planeta.[4] Por conseguinte, poucos dirão qualquer coisa semelhante ao parágrafo acima (bastante preciso) sobre o **triunfalismo muçulmano**, enquanto muitos se sentem à vontade para gritar em público seu teor (profundamente impreciso) sobre os israelenses nas publicações ocidentais. E, ao fazê-lo, esses "líderes de pensamento" ocidentais transformaram-se num "eco dócil da sua vontade [do seu inimigo]".

Em 1897, Ahad Ha'am (pseudônimo do escritor Asher Ginsburg) escreveu sobre os libelos de sangue que circulavam na Europa na época. Reverberando uma réplica frequentemente ouvida às alegações judaicas de que as histórias eram difamações, ele citou uma rejeição comum dos gentios: "É possível que o mundo inteiro esteja errado e os judeus estejam certos?". Em 2002, um século depois, o secretário-geral da ONU, Kofi Annan, expressou uma opinião de espanto semelhante no que tange à negação de Israel das acusações de massacre em Jenin: "Não creio que o mundo inteiro, incluindo os amigos do povo e do governo israelenses, possam estar errados".[5] Contudo, a resposta à pergunta "Poderia o 'mundo inteiro', inclusive os autoproclamados amigos de Israel, estar errado ao se alinhar com os jihadistas contra Israel, como em Jenin?", é "Sim".

O desafio para você, leitor crítico de um autor crítico, é submeter-se ao seguinte exercício mental: e se... você (e "toda a comunidade internacional", como os jornalistas gostam de chamá-la)[6] estiver errado sobre Israel, na verdade, errado quanto aos desafios que o mundo democrático enfrenta no século XXI? E se, ao tentar escapar da imaginária perigosa situação do excesso de "controle judaico" (eles inventaram a propaganda, você sabe), você acaba pulando de cabeça nos verdadeiros incêndios de uma *jihad* que não admite e nem irá admitir?

Estudiosos dos movimentos milenaristas devem imitar Odisseu, amarrado ao mastro para ouvir o canto das sereias sem ficar hipnotizado... fatalmente. O governo alemão enviou Hitler para investigar a Sociedade Thule e a sua linha de frente populista, o Partido Alemão dos Trabalhadores, em 1919, e acabou se convertendo à sua mensagem milenarista, destruindo toda a Europa numa guerra que, em termos de baixas, ofuscou a recém-concluída "War to End All Wars" (Guerra para acabar com todas as guerras).[7] O estudioso do **milenarismo** que lida com *caliphators* deve navegar sob um perigo duplo, entre, por um lado, a Cila, que tanto nos horroriza com a monstruosidade da História a ponto de acabarmos nos tornando o reverso do espelho – odiadores violentos de nossos inimigos – e, por outro lado, a Caríbdis,* que nos amedronta tanto que, como medida de proteção, assumimos o ódio deles contra as nossas próprias sociedades. Acontece que essa não é uma tarefa fácil.

Para enfrentar o desafio, porém, você deve embarcar no navio e entrar no estreito de Messina. Se você se sentir à altura da tarefa..., vire a página. Caso contrário, sente-se na sua banheira, tuitando sobre privilégios racistas e brancos, enquanto se esvai em sangue.

---

* N.T.: Na mitologia grega, Cila e Caríbdis são monstros marinhos que personificam os perigos da navegação perto de rochas (Cila) e redemoinhos (Caríbdis) e habitavam os lados opostos do estreito de Messina. Estar entre Cila e Caríbdis exprime a ideia de "evitar um perigo e cair noutro maior".

# Introdução

## *Reflexões de um medievalista herético*

### SOBRE HISTÓRIA, VALORES E ESTUPIDEZ SURPREENDENTE

Como o leitor compreenderá rapidamente, este livro expressa espanto diante da loucura coletiva que vejo neste preocupante alvorecer do novo milênio. Por conseguinte, julgamentos de valor, incluindo julgamentos sobre a estupidez de determinadas declarações, permeiam a visão do livro sobre uma configuração desastrosa, definidora de uma época, que se cristalizou na esfera pública ocidental há duas décadas, na virada do milênio. Esta obra é muito mais crítica do que um livro de História profissional normal, embora eu afirme que sou um historiador e escrevo uma história confiável e precisa (do presente).

Portanto, para deixar claro em que base faço tais julgamentos, apresento alguns dos valores que fundamentam esta obra. Se você discordar desses valores, talvez o livro não tenha muito a oferecer (exceto a reafirmação de que o seu lado antidemocrático está vencendo); mas se você concordar com eles, então, a *estupidez é importante*, até porque ela é um indicador negativo de longevidade.

Deixe-me formular a questão dos valores em termos de um conjunto de escolhas entre dois

15

polos de comportamento. No geral, a questão diz respeito a uma escolha entre relações hostis de **soma zero** e relações generosas de **soma positiva**. Ao longo do livro, faço referências aos valores delineados na segunda coluna como "demóticos", da palavra grega para pessoas (*demos*), porque penso que são valores que empoderam todas as pessoas, incluindo os **homens do povo**, para desmantelar imediatamente o "**divisor primário**" que privilegia aristocratas movidos pela honra em detrimento de homens do povo estigmatizados e criam culturas de dignidade, de igualitarismo e de liberdade, nas quais todo o povo (homens do povo e elites) partilham os mesmos direitos e oportunidades. Os **valores demóticos** tornam possível a liberdade mútua.[1] Eles não resolvem todos os problemas; a vida é complicada e às vezes amarga. Mas eles, sem dúvida, a tornam muito mais doce para todos, mesmo para aqueles cujas asas dominadoras são cortadas pelas suas exigências.

| Dominador | Demótico |
|---|---|
| Soma zero: para eu ganhar, você deve perder | Soma positiva: para eu ganhar, você deve ganhar |
| Trabalho manual estigmatizado; honra para quem não trabalha, desprezo pelos trabalhadores | Dignidade do trabalho manual, riqueza imerecida é vergonhosa |
| Honra: *status* concedido pelo grupo de pares | Dignidade: (auto)estima baseada na integridade |
| Ordem social de imposição coercitiva, hierarquia | Ordem de associação voluntária, contrato (social) |
| *Governar ou ser governado* | Conceder reciprocamente liberdade |
| Disciplinar/dominar/controlar os outros | Autodisciplina, autocontrole |
| Resolução de disputas pela violência | Resolução por meio de um discurso de justiça |
| Culpar/fazer do outro um bode expiatório | **Autocrítica** |
| Solidariedade tribal: *meu lado, esteja certo ou errado* | Justiça: quem estiver certo, esteja ou não do meu lado |
| Hostilidade ao "outro" | Empatia pelo outro |
| Autoridade de casta, classe, conexões | Autoridade por meritocracia |
| Inveja destrutiva | Competição construtiva |
| Autoengrandecimento pelo menosprezo a outros | Respeito pela dignidade e pelo sucesso alheio |
| Guerra como primeiro recurso (esporte dos reis) | Guerra como último recurso |
| Censura para proteger a honra | Liberdade de expressão para chegar à verdade |

16

Os julgamentos de valor neste livro são dirigidos àqueles que compartilham uma preferência baseada em princípios pelas escolhas demóticas descritas na coluna da direita e, contudo, lidam (conscientemente ou não) de forma regular com pessoas que, em nome desses princípios, minam amiúde tais valores. Este livro tenta identificar estes ataques **demopatas** que, mesmo ao invocar generosidade e empatia, na verdade prejudicam as sociedades (historicamente raras) que favorecem escolhas demóticas. Creio que a dedicação a esses princípios, não obstante a poderosa atração gravitacional (natural/programada/límbica) da coluna da esquerda tenha criado sociedades modernas (relativamente) livres e (notavelmente) produtivas. Então deixe-me esclarecer novamente desde o início: este livro é dirigido a liberais e progressistas genuínos, pessoas que prezam pelos valores demóticos.

As sociedades demóticas (em grande parte ocidentais, até agora) dificilmente estão isentas de falhas e, dado o imenso empoderamento tecnológico que tais princípios proporcionaram, algumas dessas falhas são potencialmente catastróficas (armas de destruição em massa, aquecimento global). No entanto, sejam quais forem tais deficiências, as culturas demóticas oferecem grandes melhorias no que diz respeito à liberdade para os homens do povo, liberdade de expressão, liberdade da fome e da dor e liberdade para corrigir os (inevitáveis) abusos da sociedade, dos seus governantes e das autoridades públicas. Nenhuma sociedade anterior à do divisor primário jamais proporcionou a um número tão grande de seus membros tantas vantagens maravilhosas.

O economista Carlo Cipolla definiu estupidez como "causar danos a outros sem, ao mesmo tempo, obter qualquer vantagem para si".[2] Em termos da **teoria dos jogos**, a pessoa estúpida de Cipolla faz um jogo de soma zero, gratuitamente autodestrutivo, no qual, mesmo sem vencer, prejudica outros que poderiam ser favorecidos. Neste livro, defino *surpreendentemente estúpidos* como "aqueles que criam vantagens para quem quer prejudicá-los", aqueles que, em nome de princípios de soma positiva, são ludibriados pelas estratégias duras e de soma zero de seus inimigos autodeclarados e demopatas. E fazem isso repetidamente, sem nenhuma ideia aparente para onde conduz a estrada pavimentada com suas "boas" intenções. Me engane uma vez, que vergonha; me engane dezenas de vezes...?

17

## PROBABILIDADES ESMAGADORAS
## CONTRÁRIAS AO QUE ACONTECEU

Meu professor de História Medieval em Princeton, Patrick Geary, iniciava sua palestra sobre a Europa no século XI com o seguinte paradoxo: se olharmos o mundo no **ano 1000**, as civilizações mais bem-sucedidas, o "primeiro mundo" da época, era composto pela China governada pela dinastia Song e pela Arábia abássida. O Ocidente europeu estaria na parte mais baixa do terceiro mundo – vulnerável a ondas de invasões por todos os lados, exportadores de bens primários, inclusive de seres humanos.[3] E se buscássemos no Ocidente pequenas histórias de sucesso, encontraríamos os alemães otonianos, então liderados por seu terceiro Otto, *mirabile mundi*, renovador de Roma. No fundo da pilha de perspectivas ocidentais, provavelmente colocaríamos o futuro hexágono da França, em que um rei excomungado, líder de uma nova e falida dinastia, "governava" uma zona rural cada vez mais dividida por senhores de guerra protegidos em seus castelos, que saqueavam o campesinato à vontade.

E, no entanto, quando olhamos para trás, a partir do final desse mesmo século, a França é uma potência da Europa e a Europa, a nova potência do globo. Naquele século XI, a França tornou-se a fonte de uma nova cultura excepcionalmente vigorosa e expansiva: peregrinação; arquitetura de igrejas; comunas urbanas e rurais; mercados e feiras; ensino universitário; pensamento jurídico; movimentos de reforma religiosa; "heresias" e novas ordens eclesiásticas; literatura leiga; cavalheirismo; poesia trovadoresca; cavaleiros das Cruzadas. Os árabes que encontraram os cruzados no final da década de 1090, na sua fase de *obras-de-Deus-por-nosso-intermédio*, referiam-se a todos os europeus ocidentais como "francos". De fato, essa nova Europa deixara subitamente de ser vítima de invasão, transformando-se em conquistadora agressiva, preparada com sua nova tecnologia em constante desenvolvimento para encontros com o restante do mundo, que resultariam no domínio global ao longo do milênio.[4]

Se essa palestra tivesse ocorrido logo após o Superbowl de 2017, quando o New England Patriots venceu de virada contra probabilidades de 99,8%, meu professor poderia ter usado isso para ilustrar o problema:

olhando a Europa no ano 1000, ter-se-ia dado a ela probabilidades muito baixas de se transformar na principal força do planeta nos séculos seguintes, e certamente teríamos considerado que a *França* dos anos 1000 era a menos provável de tornar-se líder da Europa nessa transformação (a menos que você estivesse de olho no movimento Paz de Deus*).[5]

Façamos um experimento mental nos anos 2000. Volte duas décadas, digamos, para janeiro de 2000, e veja o novo século: quais seriam os vencedores e os perdedores no próximo século, no próximo milênio? Passado o susto do **ano 2000** (Y2K) ou bug do milênio, o novo milênio caminhava a todo vapor para a **sociedade civil global** e a internet, que criou tantas novas possibilidades deslumbrantes. Os grandes vencedores do novo e global milênio? As sociedades ocidentais que produziram esses agentes e tecnologias da **globalização**: aqueles que poderiam inovar, navegar nas correntes abertas do ciberespaço, o mundo sem fronteiras, o mundo da cooperação e da hibridização. Não culturas tribais empenhadas na guerra. Certamente, é assim que os promotores da União Europeia se sentiram no lançamento do euro (1999-2002).

Poderíamos discutir pontos mais delicados – Europa *versus* EUA, China, Índia, *versus* Ocidente, talvez mesmo até um pacífico *Novo Oriente Médio* a partir do Líbano e da Síria, através de Israel, Palestina e Jordânia até o Egito e mais para além (!). Entretanto, na parte inferior da lista de possibilidades de sucesso no novo século estava um minúsculo movimento muçulmano milenarista, baseado em grande parte nas cavernas do Afeganistão, que queria espalhar ***Dar al Islam*** para o mundo inteiro nesta geração, os *caliphators*.

Quais seriam as probabilidades, em janeiro de 2000, de que os *caliphators* conquistariam pelo menos uma democracia ocidental no século XXI, por mais breve que fosse essa conquista? Menos de 0,2%? Qualquer um que os levasse mais a sério, seja Samuel Huntington, Daniel Pipes ou Steven Emerson, era julgado como um beligerante que procurava criar o conflito sobre o qual alertavam. Se a maioria das pessoas, ainda na década de 2020,

---

* N.T.: Paz de Deus foi um movimento espiritual e social dos séculos X e XI, organizado pela Igreja Católica e apoiado pelo poder civil. Seu objetivo era obter a pacificação do mundo cristão ocidental e controlar o uso da violência na sociedade.

pensa que o sucesso do *caliphator* é uma total impossibilidade, imagine quão incrédulas estavam as pessoas antes do 11 de Setembro e dos ataques que o sucederam. É claro que aqui o perigo reside no fato de que precisamente o que o observador descarta como impossível atua como uma convocação para quem faz coisas impossíveis. "Ao declarar guerra aos Estados Unidos a partir de uma caverna no Afeganistão, Bin Laden assumiu uma postura primitiva, incorrupta e indomável, contra o incrível poder do secular, científico e tecnológico Golias; ele estava lutando contra a própria modernidade".[6]

E nesse erro, arrisca-se uma batalha contundente com uma das mais dolorosas leis da dinâmica apocalíptica: "Errado não significa inconsequente"..., especialmente no caso de movimentos cataclísmicos ativos.[7] Hitler estava errado sobre seu *Tausendjähriger Reich* (O Reich de Mil Anos) em 988 anos, mas isso é um pequeno consolo para as dezenas de milhões de pessoas que ele assassinou enquanto tentou durante os primeiros 12.

E, no entanto, como este livro procura elucidar, no final do ano 2000 e ao longo dos três anos seguintes, os ventos mudaram repentinamente. David Brooks, escrevendo em 2017, olhou para trás com perplexidade frente ao repentino colapso:

> Há décadas, muitas pessoas, especialmente nas universidades, perderam a fé na narrativa da civilização ocidental. Pararam de ensiná-la e a grande transmissão cultural se rompeu. Agora, muitos estudantes, se é que a encontram, aprendem que a civilização ocidental é uma história de opressão. É como se um vento prevalecente, que movia todos os navios no mar, de repente parasse de soprar.[8]

Na verdade, não. Foi o vento predominante que impulsionava os navios *ocidentais* e modernos que parou de soprar. Mas os ventos nas velas dos *caliphators* ficaram mais fortes. Em 2000, a ***jihad* global** tornou-se a força dominante... foi algo tão difícil para os ocidentais considerarem que, quando Bin Laden a reivindicou depois do 11 de Setembro, pensaram que não passasse de encenação. Acontece que nós, infiéis, fingíamos que era um absurdo.

De certa forma, este livro não deveria ter sido escrito, e eu deveria ser capaz de trabalhar sobre as origens da civilização ocidental moderna no milenarismo demótico da França do século XI, para minha plena satisfação.[9] Se tivéssemos feito um bom trabalho de ensinar a cada geração sobre o que a modernidade havia conquistado, se tivéssemos ficado atentos às atitudes e práticas medievais a que tínhamos, consciente, voluntariamente e com grande dificuldade, renunciado – como as difundidas noções de que as mulheres e os trabalhadores braçais deveriam pertencer a **homens de honra**, serem vendidos e entregues juntamente com a propriedade, ou que as autoridades religiosas tinham o direito de torturar e executar pessoas que considerassem ter interpretado mal as "suas" sagradas escrituras, ou que os governantes deveriam ir à guerra anualmente para "saquear e distribuir", ou que por uma questão de honra era preciso derramar sangue –, então o ressurgimento dessas características não representaria tal problema de reconhecimento. Mas algo aconteceu e parecemos sonâmbulos passando por avatares de monstros medievais sem sequer percebê-los; nós os descartamos como fruto da nossa imaginação, como monstros no armário. Ou, pior ainda, há quem imagine que são ursinhos de pelúcia que podemos abraçar e que as pessoas que nos alertam contra eles são apenas xenófobos racistas.[10]

No entanto, argumentarei neste livro que o paradoxo que enfrentamos é o seguinte: na verdade, é absurdo que os *caliphators* acreditem que possam dominar o Ocidente; o abismo entre capacidade e desejo é tão grande que justificadamente provoca escárnio infiel ocidental. Porém, esse não é o sentimento deles: na intensidade de seu desejo ardente, eles ignoram as próprias "realidades" que tanto nos tranquilizam. Em assuntos apocalípticos, empreender uma guerra extremamente assimétrica contra forças muito mais poderosas *garante* aos crentes que eles lutam do lado *certo*, *justo* e do lado de *Deus*. E eles lutam incansavelmente, com todas as suas forças. Quanto mais ignorarmos o fenômeno e interpretarmos equivocadamente as demandas dos *caliphators* como um absurdo ou como reivindicações exageradas, mas legítimas, dos tipos de direitos que criamos para nossos cidadãos, *menos* seremos levados a sério *por eles*... É nesse sentido que possibilitamos o sonho impossível deles.

A história da interpretação errônea dos fenômenos apocalípticos constitui uma questão central no instável e difícil campo dos estudos milenaristas.[11] Uma enorme lacuna no que tange à mentalidade divide entre os "galos" apocalípticos cacarejando que o dia do Senhor amanheceu e seus cronistas e analistas, "corujas" antiapocalípticas. As crenças parecem retrospectivamente tão ridículas que os estudiosos têm dificuldade em levar a sério tais ideias: "contrassenso é contrassenso, mas a história do contrassenso é erudição", observou com sarcasmo um historiador ao apresentar um estudioso dos movimentos messiânicos.

A lacuna mental é duplicada por um fato histórico: cada movimento apocalíptico passado previsto pelos "galos" *falhou* (o Fim/Milênio ainda não chegou). Isso tende a distorcer o registro documental e moldar atitudes retrospectivas: no período de decepção apocalíptica, em que os "galos" se mostram errados e as "corujas" provam estar certas, uma extensa recontagem de eventos ocorre sobre o período anterior ao fracasso, depois que as pessoas souberam quem estava errado e quem estava certo (*ex post defectu*). A dinâmica social que prevaleceu quando os "galos" apocalípticos dominaram a cena e a tempestade abafou os avisos das "corujas" céticas perdeu-se nesse processo. Como resultado, obtém-se uma configuração documental semelhante a um iceberg, no qual o pequeno topo empurra acima da superfície a linha d'água escrita (documental), enquanto todo um mundo de discurso fervilha sob a superfície, um mundo oral, principalmente invisível ao observador não treinado em fenômenos apocalípticos.

Uma coisa é os historiadores medievais interpretarem dramaticamente mal o impacto apocalíptico do ano 1000 na cultura europeia (ou, nesse caso, o impacto do *Annus Mundi** 6000 na coroação de Carlos Magno).[12] Os medievalistas podem navegar em seus navios de reconstrução historiográfica em direção aos icebergs ocultos do discurso apocalíptico, sem perceber quando os atingem ou quando seu navio afundou, por confiarem que quaisquer vestígios de **apocalipticismo** no registro textual constituem meros destroços e detritos sem importância. Conquanto nenhum contemporâneo os desminta e que seus colegas historiadores concordem, um forte consenso acadêmico pode aceitar

---

* N.T.: Refere-se a uma forma de contagem dos dias (uma era de calendário) iniciando na criação bíblica do mundo.

um registro escrito tendencioso pelo seu valor nominal. Ninguém pode *provar* que essa embarcação narrativa afundou ao atingir um iceberg invisível, que essa imagem do passado perdeu uma parte fundamental da história.[13] Não será o fim do mundo se entendermos errado as origens da nossa civilização notavelmente produtiva.

Por outro lado, se cometermos os mesmos erros na avaliação do islã apocalíptico no alvorecer do primeiro **milênio global** (terceiro milênio e.c.), corremos sérios riscos. Quando nossos esquemas exegéticos atingem um iceberg *existente* de discurso apocalíptico violento, cuja magnitude subestimamos dramaticamente, todas as civilizações podem afundar. Não seria preferível servir à nossa geração do que participar de um ato particularmente perigoso de negação coletiva, uma óbvia produção na Broadway de *As Roupas Novas do Imperador*, mas dessa vez seguindo um ícone de ódio em vez de um imperador vaidoso e tolo? Hans Christian Andersen não nos diz no final se as pessoas riram ou choraram quando reconheceram abertamente que o imperador estava nu. Nesse caso, além daqueles que silenciosamente mudaram de lado, não há dúvida de qual será a nossa resposta quando conhecermos e compreendermos a verdade. Não seria uma ironia trágica se futuros historiadores escrevessem a história do Ocidente em termos de dois movimentos milenaristas que passaram despercebidos, um que tem suas origens no ano 1000 e outro no seu desaparecimento, na sequência do ano 2000? Especialmente irônico, quando se considera que algumas das lições demóticas da virada dos anos 1000 podem ter ajudado a lidar com as crises dos anos 2000.

\* \* \*

A primeira parte deste livro, "História seletiva dos desastrosos primeiros anos da década de 2000", considera quatro momentos-chave no início de nossa loucura coletiva que continua agora, 20 anos depois, fortalecida e espalhada como um câncer. Descreve a cristalização, entre muitos líderes de pensamento da cultura ocidental, de uma atitude que não poderia se adequar mais idealmente à agenda do inimigo: *quando os jihadistas atacam*

23

*uma democracia, culpem a democracia.* Ela rastreia o impacto poderoso dessa mentalidade (que chamo de **mentalidade do ano 2000** com base no ano que começou a se estabelecer), no curso da guerra milenarista entre *caliphators* e ocidentais nos primeiros anos do novo milênio. Esses quatro capítulos examinam os principais pontos de inflexão no processo: dois capítulos dizem respeito a Israel, um importante campo de batalha nessa guerra global, e dois se referem ao Ocidente, um aos EUA, outro à Europa.

- O capítulo "Al-Durrah: propagando um libelo de sangue jihadista" aborda a eclosão do primeiro ataque jihadista a uma democracia no final de setembro de 2000, o lançamento do primeiro libelo de sangue do século XXI, e a culpabilização da democracia atacada.
- O capítulo "11 de Setembro: tomando o mundo de assalto" discute o 11 de Setembro (2001) e a culpabilização dos EUA pelo ataque.
- O capítulo "Jenin: aplaudindo o terror suicida jihadista" discute um caso excepcional de **jornalismo letal**, o "Massacre de Jenin" (abril de 2002), que inspirou os progressistas ocidentais a protestar contra uma democracia que se defende dos ataques jihadistas – inclusive, para demonstrar sua solidariedade, usando cintos suicidas simulados, as próprias armas que em breve serão ativadas contra eles.
- O capítulo "Danoongate: a 'rua muçulmana' amplia Dar al Islam" considera o Escândalo dos Cartuns Dinamarqueses de 2005-6, no qual os *caliphators* começaram uma briga intencional com o Ocidente e o Ocidente recuou, aceitando uma extensão *de facto* das leis muçulmanas sobre a blasfêmia a ***Dar al Harb***.

Sei que existem outros momentos igualmente importantes aos quais dou apenas breve atenção: Durban 2001; as manifestações "antiguerra" de 2003; os ataques de 7 de julho em Londres; os motins suburbanos franceses de 2005. Estou confiante de que um olhar mais atento a qualquer um dos acontecimentos supramencionados e a uma série de outros eventos somente provarão e ilustrarão ainda mais os pontos que abordo aqui. Essa parte inicial não reivindica escopo, apenas precisão analítica.

A segunda parte, "Principais participantes", examina os principais atores nessa guerra milenarista:

- *Guerreiros da vergonha-honra* que se baseiam no difícil jogo de soma zero de *governar ou ser governado* e o impacto que sua mentalidade causa no problema do estabelecimento da paz no Oriente Médio.
- *Caliphators*, membros de um movimento milenarista **apocalíptico cataclísmico ativo** que busca a conquista mundial *nesta* geração, por uma combinação de ***jihad*** (guerra cinética) e ***da'wa*** (guerra cognitiva).
- *Liberais ocidentais,* comprometidos com relações não coercitivas e de soma positiva, com sua tendência fatídica de projetar sua própria mentalidade refinada sobre outros, por mais inadequada que seja.
- *Progressistas ocidentais*, que acreditam num movimento milenarista apocalíptico, ativo e transformador, buscando uma comunidade global de igualdade, diversidade, tolerância e dignidade para todos.
- *Jornalistas letais*, que relatam a propaganda de guerra de um dos lados como notícia, neste caso, a dos jihadistas palestinos que lutam contra Israel. Sem o seu conhecimento, eles estavam relatando a propaganda de guerra do seu próprio inimigo como notícias – **jornalismo de guerra de gol contra**.
- *Judeus contra si mesmos*, aqueles que ficam do lado dos inimigos declarados do seu povo, a fim de provar sua boa vontade e compromisso com valores progressistas.

A terceira parte "Vamos realmente deixar isso acontecer (de novo)?" analisa o comportamento desses atores-chave nas últimas duas décadas: o curso da guerra do *caliphator* contra o Ocidente e o papel da mentalidade do ano 2000 no enfraquecimento sistêmico do Ocidente visado. Em seguida, discute o outro lado da moeda do ano 2000, a ***dhimmitude*** preventiva na qual líderes "progressistas" e "liberais" de comunidades infiéis, a fim de evitar o domínio islâmico, fazem cumprir a lei primária da submissão: *Não ofenda os muçulmanos!* A inevitável dissonância cognitiva e moral de sua pretensão sincera produziu uma política de indignação que preenche "o pior... com intensidade apaixonada" e produz um Ocidente radicalmente desorientado sob ataque.

Eu deveria ter escrito este livro rapidamente, uma década depois de tê-lo começado e, de certa forma, o registro do meu pensamento aparece no meu blog, o ***Augean Stables***, iniciado no final de 2005. Ao contrário, tornou-se uma meditação sobre o tempo apocalíptico, guerras milenaristas e as enganações da **guerra cognitiva**. Cada capítulo suscitava mais questões, conduzia a mais corredores escuros. Então, no final, voltei para onde eu considerava que tudo havia se complicado terrivelmente: o final dos anos 2000.

No entanto, tampouco foi fácil capturar esse momento apocalíptico num livro, nem encontrar as palavras certas que pudessem penetrar nas grossas paredes que protegem os tolos da realidade desconfortável que descrevo. O fato de isso ter levado muito tempo é parcialmente devido à minha própria postergação, em parte por causa de uma geração que optou consistentemente pela timidez agressiva, por pretensões de grandeza moral aliada ao apaziguamento covarde, pela raiva daqueles que não apaziguam, no lugar de um confronto corajoso com os agressores medievais. Parafraseando um pensador renascentista, este livro é o relato de um dos caiaques que navega em águas brancas e espumosas formadas em uma corredeira, nas quais o grande navio dos tolos naufraga e se despedaça. Leia para o seu benefício, descarte-o sob risco de ser prejudicado.

Todos nós, em algum nível, temos **oneidofobia** (medo da vergonha pública). Nenhum de nós gosta de perceber que estivemos publicamente errados. Quão difícil é olhar no espelho e ver refletida nossa loucura pública. E, entretanto, se eu fosse hoje muçulmano, especialmente um jovem macho alfa, eu consideraria a estupidez dos ocidentais como um sinal de Alá de que eu deveria me juntar à *jihad* do *caliphator* e gritar ao autor deste livro: "Cale a boca, porra, seu supremacista branco, privilegiado, racista nazi-sionista, islamofóbico![14] Nem tente me dizer que o mundo inteiro pode estar errado e Israel certo".

# PARTE 1

# HISTÓRIA SELETIVA DOS DESASTROSOS PRIMEIROS ANOS DA DÉCADA DE 2000 (2000-2003)

# AL-DURRAH:
# PROPAGANDO UM LIBELO
# DE SANGUE JIHADISTA (2000)

Não precisávamos estar de
Boca aberta, inspirando, quando
A merda bateu no ventilador.

Em 30 de setembro de 2000, ocorreu uma explosão nuclear na esfera pública global. Naquela noite, Charles Enderlin, correspondente sênior no Oriente Médio do canal de TV France2 e ex-membro da unidade de porta-vozes das FDI*, transmitiu imagens de seu cinegrafista palestino, Talal abu Rahma, acompanhadas pela narrativa do cinegrafista na qualidade de "testemunha ocular".[1] A reportagem afirmava que Abu Rahma havia filmado o assassinato de um menino palestino indefeso de 12 anos, **Muhammad al-Durrah**, nos braços de seu pai, não obstante seus apelos... Enderlin anunciou que eles eram "alvo do fogo vindo da posição israelense".

A filmagem e a narrativa que a acompanha imediatamente viralizaram e depois se tornaram míticas. A filmagem era espetacular, tão emocionalmente poderosa quanto os cães atacando os manifestantes negros em Birmingham (1963) e a aterrorizada garota vietnamita correndo nua

---

* N.T.: Forças de Defesa de Israel.

29

pela estrada, atingida por napalm (1972)... uma daquelas imagens chocantes que marcam tão profundamente um público influenciado pela
televisão.[2] Apesar dos extensos problemas com a filmagem em si, com
sua cornucópia de anomalias que ou não corroboravam ou contradiziam
diretamente a reportagem, os jornalistas exageraram a história. O cinegrafista ajudou no processo alegando, *sob juramento* a um notário de um
grupo palestino de "direitos humanos", que as FDI haviam abatido a
tiros o menino "a sangue-frio".[3] A imagem de um menino aterrorizado
sob o fogo impiedoso dos israelenses rapidamente passou de um furo de
reportagem sensacionalista a um ícone mítico que, por sua vez, varreu
o mundo muçulmano e o Ocidente. Transformou-se *no* **ícone de ódio**
do século XXI.[4]

Não se pode sobrestimar o seu impacto.[5]

## AL-DURRAH E O JORNALISMO LETAL: NO CERNE DE UM FRACASSO PROFISSIONAL

Mas o que realmente viram os espectadores da transmissão de
Enderlin e sua série de epígonos em todos os principais meios de comunicação? Porventura viram imagens dos israelenses atirando a sangue-frio
em um menino caído, conforme narrado pelo cinegrafista e relatado pelo
jornalista? Dadas as proporções míticas que esse ícone de ódio assumiu
no infeliz século XXI, poucas histórias teriam sido mais importantes para
que os jornalistas "entendessem corretamente", de acordo com os seus
compromissos profissionais com a acurácia.

E, no entanto, puramente em termos de procedimentos jornalísticos,
esse episódio constitui um dos fracassos mais grandiosos do jornalismo
profissional na longa e volátil história do jornalismo de guerra. Essas
falhas ocorreram em todos os níveis da profissão jornalística, a começar
pelo cinegrafista (se é que alguém exija que os palestinos se atenham aos
padrões profissionais), um mestre em técnicas de **Pallywood**, empregado
havia mais de uma década pela CNN e pela France2, ao que se soma o seu
avidamente ludibriado chefe ocidental, um jornalista de grande prestígio,

que preparou e empacotou a história de forma tão eficaz como *notícia*, finalmente estendendo-se a toda a profissão de jornalistas do século XXI. O primeiro grande caso de *fake news* (ainda não corrigida) no novo século.[6]

Tão extensas são as contradições que a filmagem original suscita sobre a narrativa letal – a direção das balas, a falta de sangue (sobretudo para um ferimento fatal no estômago), os movimentos do pai e do filho supostamente feridos/mortos, a súbita ausência de outros cinegrafistas no local para filmar acontecimentos extraordinários, o posicionamento das duas vítimas com o menino na tomada 1 ajoelhado e na tomada 4 (após ser atingido) de bruços no mesmo local, a falta de filmagem para dar suporte à afirmação de que uma ambulância foi atingida por tiros e um motorista morto – que somente os verdadeiros crentes poderiam insistir que a narrativa original de Abu Rahma e Enderlin era precisa. Ao contrário, entre as cinco possíveis interpretações que a filmagem de Abu Rahma (antes da edição de Enderlin)[7] indica – 1) israelenses, por acidente, 2) propositalmente; 3) palestinos por acidente, 4) propositalmente; e 5) encenação –, a mais provável é que essa cena, como tantas outras filmadas naquele dia por Abu Rahma e outros cinegrafistas palestinos que trabalham para agências de notícias ocidentais, tenha sido montada.[8]

E ainda assim, no final de 2000, a "comunidade" jornalística de correspondentes estrangeiros em Israel – sem exceção – se comportava como verdadeiros crentes.

A responsabilidade vai muito além do próprio Enderlin e do grupo de correspondentes que ele levou a agir da mesma forma. Inclui toda uma geração de "jornalistas investigativos" que não fizeram a pesquisa ou não disseram o óbvio. Apenas oito deles no mundo inteiro tiveram a coragem de investigar mais a fundo e inclusive declarar a verdade mais óbvia: os israelenses não o mataram.[9] Contudo, mesmo entre essas pessoas corajosas, duas se recusaram a aventurar-se mais na sua investigação – Esther Schapira no início e James Fallows consistentemente. Fallows, que reconheceu que os israelenses não atiraram no menino, nem sequer especularia sobre a próxima pergunta óbvia: "O que *de fato* aconteceu?" Repetidamente, até hoje, os jornalistas fazem a pergunta errada: "Quem matou o menino?"

31

Em comparação com o conjunto de jornalistas tradicionais, no entanto, Schapira e Fallows se destacaram pela coragem e integridade. Embora jornalistas investigativos tenazes tenham sido marginalizados como "judeus" e, portanto, principalmente pró-Israel – incluindo não judeus, como o estudioso Pierre André Taguieff e Esther Schapira[10] –, os demais profissionais (incluindo a imprensa israelense) agarraram-se com tenacidade à narrativa original, por mais falha que fosse. Quando conversei com um renomado jornalista israelense em 2003 sobre o caso, ele respondeu: "100% de certeza de que os israelenses fizeram isso". Quando, em 2007, um tribunal francês rejeitou a petição de Enderlin, que alegava que os críticos "haviam causado danos à sua honra", e defendeu o direito dos cidadãos de criticar seu trabalho, centenas dos principais jornalistas "profissionais" assinaram uma petição que chamava a decisão do tribunal francês de "um golpe à liberdade de imprensa". Na verdade, a decisão do tribunal constituiu a) uma defesa da liberdade de criticar a imprensa e, portanto, b) um golpe na permissão da imprensa de dizer o que quiser, por mais impreciso que seja.[11]

E, finalmente, a acusação diz respeito a toda a profissão dos jornalistas. O tique-taque do relógio é mais longo a cada dia. Há mais de 20 anos, temos negação jornalística, uma falha generalizada em investigar, reconsiderar e corrigir esse episódio trágico. (Neste momento, a resposta extraoficial típica é "Sabemos que foi um erro. Mas qual o objetivo? É História.") Em 2014, quando a Comissão Kuperwasser do governo israelense divulgou seu relatório, a cobertura *mesmo* em Israel foi mínima e o número de pessoas que se deu ao trabalho de acompanhar as implicações das descobertas foi quase inexistente.[12] Se definimos estupidez como a ausência de pensamento crítico em questões importantes, então a estupidez envolvida nesse contínuo fiasco jornalístico é monumental e ainda está em andamento.

No entanto, deixando de lado todos esses detalhes investigativos, o ponto essencial para as consequências desastrosas da reportagem reside na declaração mais crucial e letal proferida por Enderlin na transmissão original: "alvo do fogo vindo da posição israelense". Nela se encontra o aspecto-chave do libelo de sangue, elaborado sob juramento pelo cinegrafista Talal abu Rahma para o mundo árabe: foi um assassinato deliberado, um assassinato a sangue-frio de uma criança indefesa, baleada nos braços do pai. E ainda assim, nada na filmagem dá suporte a essa afirmação e, após um exame mais minucioso, praticamente todos os detalhes a contradizem. Alguns espectadores suspeitaram que houvera encenação no momento em que viram o filme. A começar por Nahum Shahaf, um físico israelense, que reuniu um pequeno grupo para investigar o assunto em detalhes, convencendo pelo menos três jornalistas – Stefan Juffa, Esther Schapira e James Fallows – a fazer um acompanhamento.[13] Entre suas principais descobertas estava uma análise balística que deixou claro que as balas não vieram da posição das FDI.[14]

De fato, toda bala que atingia a parede diante das câmeras vinha claramente da mesma direção, não relacionada à posição israelense em um ângulo de 30°, mas de 90°, por trás do cinegrafista. Quinze buracos de bala, todos de frente, adornam uma parede que, segundo Talal, havia sido alvo de pesado tiroteio (uma saraivada de tiros), durante 20 minutos. Nenhum dos buracos mostra sinais de um ângulo de entrada de 30°, que indicaria fogo a partir da posição israelense. Num caso, uma bala israelense teria que fazer uma curva de 90° à direita para penetrar na parede, como ocorreu. Nenhum buraco de bala apresentava respingos de sangue na parede atrás, apesar das alegações de que pai e filho foram atingidos mais de uma dúzia de vezes.

Até mesmo alguns dos simpatizantes de Enderlin concordaram que ele tinha ultrapassado os limites do seu papel de jornalista profissional – sobretudo porque não fora testemunha ocular dos eventos por ele relatados.[15] Questionado respeitosamente por um simpático e compreensivo jornalista israelense se ele não teria sido "precipitado demais" ao usar a frase "alvo do fogo vindo da posição israelense", Enderlin respondeu: "Não creio. Se eu não tivesse dito que a criança e o pai foram vítimas de tiroteio vindo da direção das FDI, eles teriam dito em Gaza: 'Como é que Enderlin não diz são as FDI?".[16]

O que essa resposta pode significar? Enderlin foi de alguma forma obrigado a promover as **narrativas letais** palestinas sobre as FDI matando *deliberadamente* crianças palestinas? Impensadamente, ele nos deu um vislumbre de como, nesse caso, ele era uma ferramenta (ao que parece voluntária) da propaganda palestina.[17] O jornal israelense *Haaretz*, talvez ciente da natureza constrangedora da resposta de Enderlin, removeu o trecho de sua tradução na versão em inglês do jornal.[18]

Contudo, aquele detalhe específico – o menino inocente e indefeso como alvo – estava no cerne da acusação mítica. Jornalistas letais veteranos tomaram a liderança. Robert Fisk escreveu: "Quando leio a palavra 'fogo cruzado', pego minha caneta. No Oriente Médio, significa quase sempre que os israelenses mataram um inocente"[19]. Gillian Findlay, da ABC, afirmou inequivocamente que os israelenses haviam feito os disparos.[20] Susanne Goldberg, do *The Guardian*, deu sua opinião sobre a análise dos dados balísticos:

> O resultado dessa rajada é visível na parede de blocos de concreto. À parte o círculo de buracos de bala – a maioria deles abaixo do nível da cintura – a extensão da parede está praticamente intacta. Isso parece sugerir que o fogo israelense foi direcionado ao pai e ao filho.[21]

E em tais palavras, ela promoveu a versão mais letal da narrativa. Aparentemente, a testemunha palestina pode falar de saraivada de tiros e o jornalista pode detectar nos poucos buracos de bala provas de que o menino foi alvo dos ataques israelenses.[22]

Os demais seguiram o exemplo. Mike Hanna, da CNN, que começara a trabalhar como chefe do escritório de Jerusalém em agosto, recusou a filmagem no dia anterior, mas estava agora sob pressão de sua equipe para divulgar o episódio.[23] Histórias de interesse humano narravam o último triste dia de vida de Muhammad al-Durrah como refugiado e a sua trágica morte "nas mãos dos judeus", como disse Osama bin Laden. Houve consenso entre praticamente *todos* os **meios de comunicação convencionais**, mesmo sendo algo problemático e controverso: a história de que os israelenses haviam matado o menino. Se houve quaisquer dúvidas, elas se expressaram na relutância de alguns meios de comunicação e jornalistas em dar muita atenção à história, e não em refutá-la. Por quase duas décadas, houve pouca divergência, apenas alguns investigadores, os quais salvaram suas carreiras abandonando a história (Fallows, Daniel Leconte e Denis Jeambar) ou foram rapidamente descartados como teóricos da conspiração. Essa "narrativa letal", projetada para criar ódio e inspirar violência, produto da malevolência palestina e da má conduta profissional de um jornalista ocidental, não suscitou pensamento crítico. Entrou na esfera pública global como uma *notícia*[24] incontestável, e uma vez ali, apenas as pessoas mais desprezíveis tentariam defender Israel e "culpar a vítima". E, à semelhança dos palestinos e de outros jihadistas como Bin Laden, nunca se cansam de dizer: "O mundo inteiro viu isso".

E o que viram? Para que a história operasse nos níveis míticos em que, infelizmente, cresceu e penetrou nas culturas muçulmana e ocidental, Israel *deve* ter assassinado *deliberadamente* uma criança inocente e indefesa que morreu nos braços do pai... na câmera. Se não fosse intencional, impiedoso e assassino, o feito não poderia ter desempenhado seu imenso papel simbólico.[25] E nesse ponto específico, deixando de lado toda a balística e a perícia, Enderlin fez o lance dos palestinos e traiu a sua profissão.

## O MITO MUÇULMANO DE AL-DURRAH: LIBELO DE SANGUE, CONVOCAÇÃO PARA *JIHAD*

A narrativa letal de Abu Rahma, de assassinato a sangue-frio, foi pura propaganda de guerra, cujo intuito era provar, a partir desse único caso, que ele realmente "captou em filme" a verdade relacionada a todas as inúmeras acusações palestinas, de que os israelenses deliberadamente mataram seus filhos. Na verdade, dois dias depois, quando um palestino do Tanzim* disparou acidentalmente na cabeça de sua filha enquanto limpava sua arma, porta-vozes palestinos acusaram um colono israelense de atirar neles quando se dirigiam ao hospital (inclusive atiraram num carro e o apresentaram como prova) e a mídia se lançou à história de corpo e alma. O *Paris Match* dedicou metade de uma edição ao caso, repleta de fotos sangrentas.[26] Quando os jornalistas encorajam seus leitores a pensarem que os israelenses têm como alvo crianças – o que, tal como beber sangue, é estritamente proibido –, sessionistas conspiratórios de todos os matizes leem: prova da malevolência judaica.[27]

---

* N.T.: Facção militante do movimento palestino Fatah.

O poeta palestino Mahmoud Darwish escreveu um poema que faz uso do testemunho letal de Talal abu Rahma (retratando-se posteriormente), deplorando a crueldade desumana do atirador a sangue-frio, descrevendo cenas "filmadas" que não existem, invocando o "menino Jesus".[28] Bin Laden aproveitou imediatamente o significado desse libelo de sangue: "É como se Israel – e aqueles que o apoiam nos Estados Unidos – tivesse matado todas as crianças no mundo".[29] E esse raciocínio, extraído diretamente dos anais da paranoia europeia – de que os judeus matam deliberadamente crianças gentias como parte de um programa de escravizar gentios –, permitiu a Bin Laden justificar o assassinato de crianças inimigas por vingança, uma reviravolta fatídica no curso da *jihad* do *caliphator* até o ponto que justificava sua poderosa nova arma: o terror suicida.

Esse é o libelo de sangue que entrou na corrente dominante da esfera pública árabe e muçulmana. E causou um impacto semelhante ao que tiveram os libelos de sangue na virada do século anterior na Europa.[30] Motins, onde fosse possível, ataques a judeus, rumores paranoicos de conspirações cósmicas, apelos à guerra santa e ao genocídio. Aqui, ao contrário da comparação tão comum entre os observadores contemporâneos – **islamofobia** do século XXI = antissemitismo do século XX –, encontramos o antissionismo muçulmano do século XXI equivalente à dinâmica do antissemitismo europeu no século XX. E a imprensa ocidental, supostamente moderna e profissional, alimentou consistentemente esse ódio com seus erros e recusas resolutas em se retratar, mesmo depois que a verdade e os danos causados pelo relatório falso tornaram-se bastante óbvios. Analisando mais de duas décadas anteriores atulhadas de outros fracassos dispendiosos, o tratamento dado pelo quarto poder ao material de Al-Durrah no início do século ainda se destaca pelo seu desrespeito imprudente tanto pela sua profissão como pelo público a que serve.

O que antes era uma experiência de cobertura noticiosa ao estilo ocidental, o Al-Jazeera atingiu o auge da popularidade em todo o mundo árabe e muçulmano inundando a esfera pública com esse ícone do ódio.

O Al-Jazeera transmitiu repetidamente o clipe do menino sendo baleado e, por vários dias, *a imagem de sua morte tornou-se o emblema da*

***intifada na rede***. Isso causou um *efeito que arrebatou profundamente o público árabe em geral.* Árabes em todos os lugares ficaram desesperados por boletins dos Territórios Ocupados, mas os provedores árabes estatais de notícias demoraram a oferecer uma boa cobertura. [...] desde o início, a cobertura ao vivo do Al-Jazeera na linha de frente superou, em muito, a de qualquer outra rede.[31]

O pior ocorreu dentro da cultura palestina. A filmagem era transmitida ininterruptamente, em câmera lenta, ao som de música marcial, 24 horas por dia, 7 dias por semana, o que não só inflamou os ânimos dos árabes nos "Territórios Ocupados", mas também dentro de Israel. Durante três dias, de uma forma absolutamente sem precedentes, os árabes israelenses revoltaram-se por todo o país. Alguns jornalistas anteciparam abertamente o colapso da Linha Verde* (ou seja, o ressurgimento de esperanças de uma "Palestina do rio ao mar").[32] Editores da TV da Autoridade Palestina, que reproduzia a filmagem de Al-Durrah sem cessar, transformaram-na ainda mais em uma arma, emendando na filmagem um clipe de um soldado das FDI apontando seu rifle (bala de borracha) para árabes israelenses insurgentes *por causa da* filmagem. O resultado: o espectador palestino viu um soldado israelense deliberadamente tomando o menino como alvo e assassinando-o.[33]

As imagens provocaram indignação tão logo surgiram. No dia seguinte, 1º de outubro de 2000, os árabes começaram a se revoltar não só nos territórios palestinos, mas também em Israel – Nazaré, Sahknin, Ramleh, Jaffa. A Comissão Or de investigação relatou:

> A opinião partilhada pela maioria deles [líderes da minoria árabe ouvida pela Comissão] foi de que as *fotos de Muhammad al-Durrah, veiculadas pela mídia, constituíram um dos elementos que levaram pessoas do setor árabe à violência* nas ruas em 1º de outubro de 2000. De comum acordo, fontes policiais e outras fontes de segurança consideraram que *a apresentação das imagens tinha um peso considerável como fator de eclosão dos acontecimentos.*[34]

---

* N.T.: Designação dada à linha de fronteira entre Israel e os países vizinhos (Egito, Jordânia, Síria e Líbano), definida no armistício israelo-árabe de 1949, no final da guerra árabe-israelense de 1948.

Como o dr. Sabikh, um árabe israelense, explicou a Stephan Juffa, da Metula News Agency:

> Você entende, Steph, quando vimos aquelas fotos [de Muhammad al-Durrah], percebemos que houve uma mudança radical na forma como os judeus nos consideravam. Nunca tínhamos visto ou imaginado soldados israelenses atirarem em uma criança para matá-la, e por quarenta minutos. Nas cidades e aldeias, em Sakhnin, Nazaré, Rameh, pensamos que, se vocês não tiveram pena das crianças árabes, iriam massacrar a nós todos! Então era imperioso sair às ruas e mostrar-lhes que não iríamos desistir e que isso lhes custaria caro.[35]

A lógica pode ser questionável (normalmente as pessoas não fazem tumultos na frente de soldados que acabaram de provar que matam crianças a sangue-frio), mas o papel de Al-Durrah como incitamento é claro, e se o dano foi menor do que os antigos *pogroms* europeus, é apenas porque os israelenses puderam se defender, o que os judeus de Kishinev* não conseguiram.

A fúria que essa imagem inspirou entre os palestinos pode ser avaliada pelos acontecimentos de 11 dias depois. A polícia de Ramallah havia prendido dois reservistas israelenses, porém homens enfurecidos invadiram a delegacia e os espancaram até a morte, jogando o corpo pela janela, mutilando-o, exibindo-o pelas ruas como um troféu. Qualquer guerreiro homérico reconheceria esse comportamento, mas ele aterrorizou Mark Seager, um repórter veterano que pensava já ter visto tudo.

> Eles estavam arrastando o homem morto pela rua como um gato brincando com um rato. Foi a coisa mais horrível que eu já tinha visto, e já fiz reportagens no Congo, em Kosovo, e em muitos lugares ruins. Em Kosovo, vi sérvios espancando um albanês, mas não foi assim. Havia tanto ódio, ódio e raiva inacreditáveis distorcendo seus rostos.[36]

---

* N.T.: O *pogrom* de Kishinev foi um massacre antijudaico que ocorreu em 19 e 20 de abril de 1903, na cidade imperial russa de Kishinev, agora conhecida como Chisinau, capital da Moldávia. Quarenta e nove judeus morreram e centenas foram feridos e estuprados como resultado do motim, que foi motivado por rumores de longa data, referentes aos séculos XII ou XIII, de que os judeus usavam sangue cristão para fins rituais.

E durante todo o dia, enquanto vocalizavam alto a alegria pela matança e profanação desses dois israelenses, proclamaram "Vingança pelo sangue de Muhammad al-Durrah".[37]

Como insistiu Bin Laden, a única resposta possível a essa indignação insuportável contra infiéis assassinando muçulmanos inocentes – pelas mãos dos judeus! – era vingança a todo e qualquer preço. Meses depois do alegado "assassinato", Bin Laden lançou um vídeo de recrutamento para a *jihad* global e no centro de seu apelo estava Muhammad al-Durrah.[38] Ele condenava todos os líderes árabes por sua covardia em não vingar a morte do menino e desafiou todo muçulmano que se preze a defender "justiça".

Al-Durrah justificou todo o ódio apocalíptico aos judeus e aos **kuffãr** (descrentes) que o Hamas e outros pregadores jihadistas vinham promovendo o tempo todo. A opinião pública em massa era a favor da retaliação e regozijava-se com o uso do recurso proibido do terror suicida: de 25% de apoio antes para 80% depois.[39] Aqueles que dominavam a esfera pública elogiaram a devoção religiosa dos que se explodiam para matar crianças infiéis: *Istishahadiyya*, as "operações de martírio" dos heroicos *shuhada*, os mártires que se explodem para matar civis israelenses. Os primeiros homens-bomba apresentavam Al-Durrah nos vídeos que deixavam no local. O primeiro *ícone de ódio* do século XXI justificava ter como alvo civis israelenses... inclusive bebês nos braços de suas mães (Shalhevet Pass, a vingança "poética" de um franco-atirador), e crianças religiosas comendo pizza depois da escola.

Assim, a dupla blasfêmia islâmica do terror suicida – matar-se, matar civis – tornou-se um grande e abençoado feito, o martírio, *shahada*. Inicialmente, entre 2000 e 2005, esse amplo consenso muçulmano formou-se em torno de Israel e dos judeus, alvos legítimos de vingança da *jihad* de Al-Aqsa. Inclusive pessoas consideradas moderadas pelos ocidentais deram seu apoio caloroso ao Hamas e aos seus ataques suicidas.

Como um autor de um panfleto apocalíptico, inspirado na "Intifada de Rajab" e publicado on-line de 9 a 11 de 2001, descreveu o impacto de Al-Durrah:

> A brutalidade israelense que choca inclusive seus amigos mais leais perturba seus amigos secretos e conduz aqueles que anteriormente hesitavam ao acampamento de seus inimigos declarados. Um consenso

muçulmano sem precedentes de que a única solução é a *jihad* são as palavras de líderes, estudiosos, pensadores, estrategistas, populistas, pregadores, massas analfabetas, homens, mulheres, crianças [...] *todos concordam* com tais palavras que, mal entram no ouvido e se instalam no fundo do coração, suscitam novas questões: como?...

Um estudioso do Azhar nomeado pelo governo declara no canal de televisão por satélite mais visto (Al-Jazeera) que a única maneira de lidar com os judeus é segundo o princípio: "Massacre-os onde quer que os encontre". O entrevistador pergunta, "Mas xeique, você quer dizer matar de verdade?" (Isto é: "Você entende o que está dizendo?"). "O Azhar concorda com você?" E a resposta é inequivocamente: "Sim". Uma raiva imensa por todo lado...[40]

Esse trecho da filmagem de Al-Durrah (indiscutivelmente, o ato mais chocante e brutal atribuído às FDI) representou uma transformação (profundamente sinistra) nas práticas e crenças jihadistas, de uma participação mais passiva para uma participação muito mais ativa no futuro cataclismo que se aproxima. Encontra-se uma mudança semelhante no clássico poema francês do "martírio" de Rolando (ca. 1100), que reinterpretou radicalmente a clássica concepção cristã de martírio (autossacrifício pacifista), ao morrer amontoado sobre os inimigos que o "mártir" matara numa orgia de sangue.[41]

Ao mesmo tempo que o libelo de sangue de Al-Durrah, visto com espanto e aceito com indignação pelo "mundo inteiro", tornou-se um símbolo da natureza assassina dos judeus, também justificou precisamente essa natureza assassina entre muçulmanos triunfalistas no mundo todo. Certamente entre os árabes muçulmanos que vivem em proximidade com Israel, o *hadith*˙ das árvores e das pedras, uma postagem genocida sobre os judeus atribuído ao Profeta viralizou. Pregadores nas mesquitas invocavam a promessa apocalíptica e os programas de TV difundiam suas palavras por toda parte:

---

˙ N.T.: *Corpus* dos ditos ou tradições do Profeta Maomé, reverenciado pelos muçulmanos como uma importante fonte de lei religiosa e orientação moral.

O Profeta, que a oração e a paz estejam com ele, disse: "O tempo [do Fim] não chegará até que os muçulmanos lutem contra os judeus (e os matem); até que os judeus se escondam por trás das pedras e árvores, que clamarão: Ó muçulmano! Há um judeu escondido atrás de mim, venha e mate-o!"[42]

Na sua carta de princípios de 1988/1408 AH[*], o Hamas introduziu esse *hadith* com o comentário: "O Hamas está ansioso para implementar a promessa de Alá, não importa o tempo que isso leve". Ainda é uma esperança devota, embora ameaçadora.

Depois de Al-Durrah, o Fim dos Tempos chegou e a *jihad* global se envolveu, aqui na terra entre o Rio e o Mar, entre jihadistas ansiosos por massacrar civis inimigos e os arrogantes judeus soberanos, que matam muçulmanos impiedosamente: daí a onda de terror suicida – o último autossacrifício para matar o inimigo. A esfera pública da *ummah*[**] aprovou com tanto vigor essa nova forma de *jihad* radical contra a "crueldade e opressão" israelenses que os estudiosos, os teólogos e os juízes tiveram que se afastar das proibições tradicionais tanto contra o suicídio como os ataques a civis. Noah Feldman observou:

> Como a aceitação dos atentados suicidas palestinos se tornou uma norma social generalizada, teria sido impensável para um importante estudioso muçulmano condenar a prática sem perder sua posição entre os muçulmanos do mundo todo. No mundo islâmico, tal como na Suprema Corte dos EUA, as autoridades legais não podem se distanciar demais de seu público sem pagar um preço.[43]

Essa vitória excepcional da mais cruel e poderosa de todas as "armas" jihadistas atesta tanto a força quanto a impotência do triunfalismo muçulmano naquele momento – morrer para matar! –, bem como o poder

---

[*] N.T.: Ano hegírico. O calendário hegírico se inicia no momento em que o Profeta Maomé se exila da cidade de Meca, sua cidade natal, e durante 12 dias percorre o trajeto de 500 quilômetros até a cidade de Medina. Este evento é conhecido como Hégira.

[**] N.T.: Termo árabe que significa "nação", "comunidade". No islã se refere à comunidade constituída por todos os muçulmanos do mundo, unida pela crença em Alá, no Profeta Maomé, nos profetas que o antecederam, nos anjos, na chegada do dia do Juízo Final e na predestinação divina.

da indignação gerada pela cobertura sinistra da "Segunda Intifada". Por um lado, impotentes para lutar contra Israel no campo de batalha, palestinos de todos os matizes, não apenas jihadistas, abraçaram o terror suicida como sua libertação. "Finalmente, depois de 50 anos, conseguimos alcançar um equilíbrio de poder, um equilíbrio, seu F-16 *versus* nosso homem-bomba", gabou-se um psiquiatra palestino a um atordoado chefe da inteligência israelense no início de 2002.[44] E embora o bom médico palestino possa ter visto apenas um meio para "equilibrar o poder" com Israel, a *jihad* global levou em conta a arma definitiva na guerra assimétrica por um califado global.[45]

A maioria dos jornalistas não tinha ideia dessa dimensão apocalíptica da *jihad* nem estava particularmente curiosa. Isso não combinava com seu enquadramento narrativo. Quando contei a um repórter sobre o *hadith* apocalíptico, ele prontamente me corrigiu: "Não é apocalíptico – isso é dito o tempo todo!" Aparentemente, ele pensava que apocalíptico significava à margem, ignorando, assim, o cenário mais perigoso possível, em que as metáforas apocalípticas se tornam populares e você as ouve "o tempo todo". Ele aparentemente não estava interessado na noção de que, no que tange àqueles que combatem Israel com todas as fibras do seu ser, trata-se de batalhas genocidas num processo apocalíptico, sendo que o terror suicida que atingiu Israel lançou as bases para subsequentes ataques a Estados democráticos e o advento de um califado global. Considerando as formas dominantes de análise naquela época (combatentes pela liberdade *versus* colonialistas), isso pareceria ridiculamente paranoico.

E o resultado dessa incapacidade ocidental de conceber o fervor apocalíptico muçulmano resultou em desinformação sistemática e ignorância entre os consumidores ocidentais desse jornalismo de encomenda (desconhecido para eles), o primeiro colapso do "profissionalismo" da informação no século XXI. O preço: não entender como o terror suicida e o massacre dos judeus é um prelúdio para a conquista mundial. No auge da operação Jenin (a seguir, capítulo "Jenin: aplaudindo o terror suicida jihadista"), a TV da Autoridade Palestina transmitiu o seguinte sermão:

Acreditamos nesse *hadith* [das pedras]. Estamos convencidos também que esse *hadith* anuncia a propagação do islá e seu domínio sobre todas as terras [...]. Oh, Alá, aniquile os judeus e seus apoiadores [...]. Oh, Alá, erga a bandeira da *jihad* em toda a terra [...]. Oh, amado, olhe para o leste da terra, encontre o Japáo e o oceano; olhe para a oeste da terra, encontre o país e o oceano. Tenha certeza de que esses seráo propriedade da nação muçulmana, como diz o *hadith*: "de oceano a oceano".[46]

Seria razoável esperar que os jornalistas do Oriente Médio disseminassem e discutissem longamente esse surpreendente acontecimento. Se "nunca mais [o Holocausto]" significa alguma coisa, entende-se que quando algum grupo prega o genocídio dos púlpitos[47] e esses sermóes genocidas são transmitidos ao público pelas autoridades e absorvidos por assassinos em massa, isso é *notícia*, relevante e precisa. Certamente, essa tomada de consciência poderia sensibilizar os jornalistas para a forma como sua cobertura tem afetado muçulmanos globalmente, aumentando a conscientização sobre a percepção tóxica do islá sob ataque, convocando jihadistas em todos os lugares para uma campanha apocalíptica genocida contra **Al-Yahud**. Nessa conjuntura, chegara a hora de os jornalistas, as "testemunhas do seu tempo", se manifestarem.

Porém, não o fizeram. Mais um dos fracassos massivos da **grande mídia noticiosa** de cumprir suas aspirações vocacionais como **profissionais da informação** se deu com a falha sistemática dos jornalistas que atuam no Oriente Médio em discutir, ou mesmo revelar, a presença desse extenso discurso genocida na esfera pública palestina.[48] Espectadores das notícias durante a intifada, leitores das estatísticas semanais diárias quanto ao número desproporcional de vítimas palestinas, não tinham ideia de que o terror suicida do Hamas surgiu de uma ideologia apocalíptica genocida[49], nem de que esse ódio assassino tinha como alvo qualquer pessoa – incluindo os americanos – que os jihadistas consideravam como parte "na mesma trincheira" com Israel. Os ocidentais de fora pensavam que o terror suicida fosse a resistência à ocupação israelense e aos crimes de guerra – Al-Durrah! – contra a humanidade palestina, não uma propaganda de guerra genocida jihadista, simultaneamente transmitida e ocultada pelos seus próprios jornalistas.[50]

# O MITO PROGRESSISTA DE AL-DURRAH: TEOLOGIA DA SUBSTITUIÇÃO E ÓDIO LEGÍTIMO AOS JUDEUS

Se a narrativa de Al-Durrah causou um impacto mítico violento no discurso muçulmano, não foi menos mítico seu impacto no mundo ocidental. O ícone Al-Durrah do ódio foi uma sensação, especialmente na França. Tal como no Al-Jazeera, as notícias diárias na TV francesa começavam com essa *image choc de l'Intifada*.[51] Revistas e periódicos elaboravam a história com detalhes comoventes de interesse humano. Abu Rahma ganhou prestigiosos prêmios ocidentais por seu jornalismo.[52] "Le petit Mohamed" estava na boca de todos e, em todos os casos, era uma censura: "O que o seu povo fez para aquele pobre garoto?", perguntaram os gentios franceses aos seus colegas de trabalho, vizinhos e colegas de classe judeus na segunda-feira seguinte.

Na esfera pública ocidental, Israel tornou-se de súbito o bode expiatório. Quatro dias após a transmissão de Enderlin, enquanto os líderes se reuniam em Paris para tentar interromper a violência, Chirac humilhou Israel globalmente por "matar crianças", dando assim a vantagem para o mesmo Arafat que estava desatrelando os cães de guarda da *jihad*.[53] As conversas à mesa de jantar parisienses tornaram-se ocasiões para que as pessoas se envolvessem em extensos abusos verbais contra Israel e respondessem a quem quer que o defendesse: "Eu não sabia que você era judeu".[54] Em 2006, o cônsul francês judeu na Nova Inglaterra, indagado se essa resposta refletia atitudes mais amplas na França, respondeu: "É claro que as pessoas presumem que, se você defende Israel, você é judeu. Quem mais defenderia Israel?".[55]

Mas Al-Durrah levou os franceses, os europeus e, mais amplamente, a **esquerda progressista global** (EPG) para além da mera repulsa pelo comportamento de Israel, a esferas míticas onde essa história teve o poder de deslocar o símbolo mais poderoso do pós-guerra. Pouco depois de seu aparecimento, a âncora Catherine Nay comentou: "Com o poder simbólico dessa foto, a morte de Muhammad anula, oblitera a do menino de mãos erguidas diante das SS no Gueto de Varsóvia".[56]

A afirmação se enquadra em ambos os critérios de uma *estupidez surpreendente*: é ao mesmo tempo moral e empiricamente ridícula por um lado, e a "grande maioria" dos franceses concordou quando a ouviu. Primeiro, o problema moral: uma foto de um menino morto em um fogo cruzado iniciado pelo seu próprio lado, atirando contra os israelenses atrás dele, num conflito que em 70 anos matou algumas dezenas de milhares, "substitui, oblitera" uma imagem que simboliza 1,5 milhão de crianças judias, tiradas de suas casas e assassinadas industrialmente, tudo ao longo de 4 anos?

Aparentemente, sim: Nay realmente quis dizer isso, e o mesmo aconteceu com os que assentiram enfaticamente ao ouvir seu pronunciamento. Emmanuel Brenner expôs o raciocínio: "Realmente, 'essas pessoas' [os judeus] comportam-se tão mal quanto nós. A vergonha do Holocausto não existe mais! A morte de Muhammad obliterou o menino no gueto".[57] Os judeus da França (e seus raros amigos) poderiam protestar o dia inteiro, sua reclamação cairia em ouvidos moucos: eram apenas as lamentações dos *communautaristes*.[58] O poder de comparação de libertar aqueles que se sentiam culpados pelo assassinato de judeus pelos nazistas era quase irresistível. Propiciava a perfeita "projeção exonerante".[59]

Chega de culpa pelo Holocausto, ou melhor, chega de vergonha pelo Holocausto. Agora os judeus, os judeus autônomos que, uma vez no poder (em Israel), não eram melhores do que os nazistas, agora *eles* suportavam a vergonha diante do "mundo inteiro". Na verdade, eram piores do que os nazistas, porque já conheciam melhor o fato. Como Gilad Atzmon, nascido em Israel, escreveu em uma publicação árabe: "Temos que admitir que Israel é o mal supremo e não a Alemanha nazista".[60]

Apenas esse desejo indecoroso de fugir da vergonha do Holocausto – que aparentemente era bastante comum na França – poderia mobilizar um fracasso moral tão colossal. Assim Leon Wieseltier caracterizou a comparação Israel = nazista: "Não é apenas totalmente errada, é também extremamente não inteligente [onde "não inteligente" é um eufemismo desajeitado para estúpido]".[61] Somente a mais desenfreada inflação de **equivalência moral** poderia comparar as duas imagens, a de Al-Durrah superando a do menino no gueto. É preciso estar ansioso demais para jogar fora o ícone antigo a fim de, seriamente, argumentar que esse símbolo do mal humano foi obliterado e substituído no panteão moral dos "crimes contra a humanidade" por tais imagens duvidosas da "morte" de um menino.

45

# A CULPA PELO HOLOCAUSTO *VERSUS* A VERGONHA PELO HOLOCAUSTO: A DINÂMICA DA DESORIENTAÇÃO MORAL

A narrativa amplamente endossada do Golias israelense (nazista) e do Davi palestino (judeu) inverte a realidade moral e empírica: os judeus constituem 0,02% da população mundial e nesse momento controlam menos de 0,02% do mundo árabe. A própria palavra *intifada* – o dar de ombros de um grande animal para afugentar uma mosca – nos diz o que os palestinos pensam dos israelenses. Enquanto os israelenses, os judeus, empenham grandes esforços para poupar civis (na verdade, eles se tornaram silenciosamente o padrão a ser seguido em uma guerra urbana),[62] os palestinos e outros jihadistas fazem o que podem para atacar civis e usar os seus próprios civis como escudos de proteção. Quem, devidamente inteirado por seus profissionais da informação, acreditaria que Israel fosse a força genocida nesse conflito?

A menos, é claro, que essa loucura fosse induzida por uma nova e gratificante **teologia da substituição**, na qual os judeus são tão ruins ou piores que os nazistas e os palestinos, tão inocentes quanto os judeus que aqueles nazistas assassinaram. Então, os europeus podem afirmar com entusiasmo que esse *ícone de ódio* "anula, oblitera", a vergonha que sentem com relação ao Holocausto. Porém, na verdade, infelizmente, tratava-se sobretudo de ser libertado de um senso de obrigação para com os judeus, uma chance de retomar a perseguição a eles há tanto tempo negada aos europeus por uma sobriedade pós-Holocausto politicamente correta. Al-Durrah tornou-se a *prova* simbólica de que aquela narrativa secular substitutiva, tão valorizada pela esquerda progressista global, era verdade. Não importa que, pensando assim, espalharam a compreensão empírica e moral aos ventos que trouxeram o ódio e a guerra. Não importa que, a fim de colocar a "Europa Moral" na vanguarda do progresso moral global, eles tiveram que ver seus rivais morais como nazistas e seus inimigos mortais como vítimas inocentes.[63]

O que está em jogo aqui é um fracasso em escala civilizacional, baseado numa confusão entre vergonha pelo Holocausto e culpa pelo

Holocausto.[64] Um sentimento de culpa significaria um arrependimento genuíno pelos atos passados de um povo, fossem eles atos de comissão ou omissão, e uma intenção correspondente de não repetir: *Nie Wieder*! Nunca mais aqueles que se sentiram culpados pelo Holocausto permitiriam os tipos de ódios genocidas que se apoderaram da Europa e inspiraram o mundo árabe nas décadas de 1930/1350 AH retornassem, ressurgissem sem oposição... menos ainda que fossem endossados e encorajados.[65]

A *vergonha* pelo Holocausto, por outro lado, como a maioria das vergonhas, não tem a ver com a prática de uma má ação, mas sobre ser pego, não sobre ter pecado ou cometido um crime hediondo, mas sobre a percepção pública de que alguém é tão mau, tão criminoso como o mundo considerou os nazistas após o Holocausto. Se esse sentimento de vergonha é mais forte do que um sentimento de culpa por ter cometido a ação, fazer algo para mudar a atitude do público, para "manter a reputação", será mais importante do que uma séria contrição. Aproveitar "le petit Mohamed" a fim de deslocar a indignação moral sobre Israel, fazer daquele país o novo "bandido do Holocausto", é uma tentativa de evitar a vergonha, não de retificar a culpa.

Parece estranho que uma cena mal encenada das FDI "matando" um menino pudesse, na verdade, levar os europeus a pensarem que já não era de sua responsabilidade evitar outro surto de ódio genocida aos judeus. Pode ser de valia, no entanto, pensar o que essa nova narrativa secular de substituição significou para os europeus, especialmente os progressistas. Aqui encontramos um terceiro ator: além dos nazistas israelenses e dos palestinos inocentes (embora vis/infantis), encontramos os líderes morais da comunidade global emergente, a "esquerda progressista global", que se elevava sobre ambos. De uma só tacada, os europeus que abraçaram a causa do "le petit Mohamed" e abandonaram sua culpa, transferindo a vergonha que se recusavam a suportar por mais tempo para aqueles que eles haviam ferido tão gravemente e se posicionando a favor de outros, cujo desejo mais ardente era "terminar o trabalho de Hitler".[66]

Para muitos na esquerda progressista global, incluindo progressistas cujas próprias nações nutriam um sentimento mínimo de culpa pelo Holocausto, como a Inglaterra, os EUA e a Austrália, Israel ainda *tinha* que ser o novo nazista, e o ícone do ódio; Al-Durrah *precisava* ser verdadeiro. "Bem, os judeus têm pedido isso e agora, graças a Deus, podemos finalmente dizer o que pensávamos", observou um britânico.[67] Quando James Fallows afirmou que o mundo árabe/muçulmano provavelmente jamais reconheceria o engodo da narrativa letal sobre Al-Durrah, ele talvez não tenha percebido que os progressistas ocidentais provariam igualmente ser imunes às evidências, tão insaciáveis que estavam por histórias sobre os judeus que se comportam mal.

Portanto, podemos compreender o entusiasmo britânico pelo novo e virulento antissionismo. Ao contrário dos franceses, por exemplo, eles não tinham a colaboração (com os realmente desagradáveis ocupantes nazistas) em sua consciência; poderiam reivindicar as mais altas honras por atos de resistência. E ainda assim acolheram, elaboraram e disseminaram a nova narrativa dos assassinos israelenses de crianças com energia similar à dos franceses. Na verdade, alguns observadores consideraram a Inglaterra a zona central de difusão do discurso antissemita global, simultaneamente com a variedade jihadista e a versão da esquerda progressista global.[68] O poema de Tom Paulin sobre Al-Durrah, que reproduzia a fórmula letal de Robert Fisk – *quando você ouve fogo cruzado, sabe que as FDI estão assassinando civis* –, propicia uma visão interessante do fenômeno.

> Somos alimentados com essa inerte
> e mentirosa frase
> como se fosse comida reconfortante
> quando outro garotinho palestino
> em jeans e camiseta branca
> é morto a tiros pelos SS sionistas
> cujas iniciais deveríamos
> – mas não o fazemos – gentios idiotas –
> marcar naquelas evasivas do fogo cruzado.[69]

Analisado, isso significa: os israelenses são os nazistas que encobrem o assassinato de crianças palestinas com termos veiculados pela mídia como "fogo cruzado" e, embora "alguns 'gentios burros' possam ser enganados, alguns não são. Sabemos que os israelenses são os nazistas".

Talvez a suprema ironia desse poema seja o quão um gentio burro Paulin é. Ele não somente entendeu a história de forma equívoca, como também errou a identidade do ator "nazista". Na verdade, os jihadistas, cujo discurso é uma continuação terrivelmente fiel da paranoia genocida dos nazistas, estão completamente ausentes de sua imaginação (assim como os libelos de sangue da sua lista de atos antissemitas que ele abomina). Então, a fim de *não* ser enganado por aqueles judeus perversos e desonestos, ele mergulha, extremamente confiante, na loucura de engolir a propaganda de guerra jihadista sem nenhuma hesitação ou reservas. Sombras daqueles alemães que devoraram o delírio antissemita de Hitler no final da década de 1930 e causaram a morte de milhões.[70]

Nessa matriz venenosa de histeria apocalíptica jihadista sobre os judeus *dajjal**, o **supersessionismo** da esquerda progressista global sobre o nazista israelense fez com que fervilhassem os vírus da teoria da conspiração que emanam da placa de Petri da internet, e diante do fracasso da grande mídia noticiosa, um novo antissemitismo tomou conta, primeiro e mais difundido na França, e depois rapidamente em círculos progressistas ao redor do mundo. A replicação de tropos antissemitas num novo idioma antissionista de alguma forma tornou permissíveis todas as indulgências da ***Schadenfreude*** moral – o prazer sentido com o fracasso moral alheio – às custas dos judeus. Como pasteizinhos franceses, histórias de judeus que se comportavam mal eram mendigadas para serem consumidas; e um público europeu, faminto da alegria da perseguição aos judeus durante mais de meio século, empanturrou-se.

E, claro, quem come compulsivamente não quer ouvir conselhos dietéticos. Nesse caso, a última coisa que os viciados na *Schadenfreude* moral queriam ouvir eram informações que minavam o papel de Israel como vilão ou da Palestina como vítima. Assim, a inversão moral e empírica no cerne da narrativa letal de Al-Durrah – Israel é o maníaco genocida, os palestinos são vítimas inocentes – tinha que ser mantida a todo custo. Irwin Cotler

---

* N.T.: Em árabe, literalmente "impostor". Na escatologia islâmica, uma figura do mal que irá se passar pelo Messias, antes do Dia da Ressurreição. Na linguagem ocidental, em algumas interpretações escatológicas, *Dajjal* seria o anticristo da teologia cristã.

formula de modo preciso e definitivo esse fenômeno do século XXI: "Não se trata apenas de o povo judeu ser o único povo que é alvo permanente de incitamento ao ódio e ao genocídio sancionado pelo Estado [Irã], mas é o único povo acusado de ser genocida".[71] *Nada* sobre essa indústria de incitamento ao genocídio que prevalece na esfera pública palestina e se espalha a partir dali em todos os círculos triunfalistas e por intermédio de jornalistas letais para o Ocidente está presente na cobertura da grande mídia noticiosa sobre o **conflito Israel-Palestina**.[72] Ao contrário, uma ampla gama de inversões e reversões do Holocausto foi aceita no discurso ocidental.[73]

## JORNALISMO DE GUERRA DE GOL CONTRA: O SURGIMENTO DA RUA MUÇULMANA

Se definirmos o jornalismo de guerra como a veiculação de propaganda de guerra sob forma de notícias, a maior parte dele tem envolvido jornalistas que fazem o trabalho sujo para o seu próprio lado: **jornalismo de guerra patriótico**. Não é estritamente profissional, mas acontece... muito.[74] Mas quando jornalistas veiculam propaganda de guerra de seus *inimigos* como notícias, penetramos no espelho e entramos no reino bizarro do **jornalismo de guerra de gol contra**.

Ao mostrarem constantemente a imagem de Al-Durrah na televisão, mesmo quando os europeus pensaram em banir sua vergonha pelo Holocausto, eles estavam agitando a bandeira da *jihad* diante de suas inquietas populações muçulmanas, que iniciaram sua investida contra a sociedade francesa atacando os judeus franceses – seus vizinhos, seus professores.[75] O fim dos anos 2000 marca a ruptura definitiva entre as comunidades judaicas na França, a maioria das quais oriunda do Norte de África, e os muçulmanos recém-chegados, com quem compartilhavam sua vizinhança. De outubro de 2000 em diante, a França foi palco de repetidos ataques muçulmanos contra judeus e suas propriedades.

E quando esses indignados árabes da diáspora atacaram os judeus europeus por crimes israelenses noticiados pela mídia, os progressistas deram de ombros.[76] Quando não negavam formalmente o novo e perturbador

surto de antissemitismo em seu meio, os intelectuais franceses reitera-
vam o mesmo *amálgama* que proibiam quem quer que fosse de aplicar a
muçulmanos: "O que vocês esperavam, vejam o que seus companheiros
judeus estão fazendo com seus primos?".[77] Em outras palavras, eles não
tiveram nenhum problema com um terrível *amálgama* nascido da própria
essência do libelo de sangue: os judeus em todos os lugares compartilham
a culpa pelo que alguns deles são acusados de fazer.[78]

De qualquer forma, o padrão descrito por David Deutsch foi res-
taurado: a agressão contra os judeus da diáspora por causa dos feitos
(relatados) de Israel era agora válida – assim como o terror suicida era
"resistência por meio da luta pela liberdade", os ataques aos judeus
eram uma indignação justificável.[79] E como essa abordagem não tinha
problema em agrupar judeus e israelenses no mesmo *amálgama*, envolvia problemas insuperáveis, mesmo considerando uma *ligação* entre os
jihadistas e a "grande maioria dos muçulmanos pacíficos e moderados".
Imagine as democracias contando aos seus cidadãos muçulmanos que
são espancados por justiceiros: "O que vocês esperam, vejam o que seus
colegas muçulmanos fazem aos nossos compatriotas"!

Os resultados foram catastróficos: os "territórios perdidos da
república"* começaram a se multiplicar a um ritmo alarmante. Os primeiros
sinais da nova e poderosa "rua muçulmana" foram acompanhados de manifestações anti-Israel que eclodiram em toda a Europa no final de 2000,
mas com especial intensidade na França, aplaudindo a intifada.[80] Nada
ilustra melhor a combinação de jornalismo letal e a militância esquerdista
que abriu a esfera pública aos ódios do *caliphator* do que essas manifestações, organizadas no mundo inteiro, no sábado de 6 de outubro de 2000,
para protestar contra o assassinato de Muhammad al-Durrah pelas FDI.

A manifestação em Paris, na Place de la République, contou com a
presença de um grande grupo de "*beurs*" (gíria para árabes) e uma ampla
gama de grupos de "esquerda", "cerca de 60 organizações – partidos

---

* N.T.: Como um grupo demográfico, os muçulmanos franceses tendem a viver nos subúrbios empobrecidos das principais cidades da França. Esses subúrbios foram então apelidados de "territórios perdidos
da República".

políticos, sindicatos, grupos antirracistas, grupos pró-Palestina" – reunidos para protestar contra Israel. Os *beurs* assumiram o controle do centro da praça, subindo no monumento e desfraldando um enorme cartaz que dizia *Estrela de Davi = Suástica nazista = Imagem dos Al-Durrah sob ataque*, com a legenda: "Eles também matam crianças".

**Figura 1** – Place de la République, Paris, 6 de outubro de 2000.

Apesar da presença de grupos como a Liga pelos Direitos do Homem e do MRAP – Movement Against Racism and for Friendship among Peoples (Movimento Contra o Racismo e pela Amizade entre os Povos), gritos de "Morte aos Judeus!", "Judeus Assassinos!", "Morte a Israel!" se fizeram ouvir nas ruas de Paris, o primeiro apelo ao genocídio dos judeus (ou de qualquer pessoa) manifestado nas ruas de uma capital europeia desde a época de Hitler.[81] Um cartaz particularmente paradoxal, erguido por uma mulher trajando um *hijab*, dizia: "Parem o Terrorismo Hitleriano! 1 palestino morto = 1000 vidas desumanas [judias]". Lido com atenção, ele incorpora a inversão nazista de forma assustadora.

Essas reuniões deram permissão aos manifestantes árabes e até os encorajaram a encenar as primeiras expressões públicas do novo e violento ódio contra Israel. Os ataques a judeus na Europa tornaram-se comuns e raramente eram punidos.[82] Um novo e agressivo tom tomou conta da voz da esquerda radical, agora estreitamente ligada aos *caliphators* em seu meio. A "rua muçulmana" na Europa – um fenômeno de grande importância no século XXI[83] – enraíza-se nesse momento de frenesi antissionista. O que os franceses não perceberam, e na verdade negaram, foi que a intifada da qual Al-Durrah era a "imagem chocante" foi a primeira rodada de uma guerra global que também os tinha como alvo. E assim, eles agiram dia após dia.[84] Ao proceder com indulgência no tocante à sua *Schadenfreude* moral com relação ao mau comportamento dos judeus, e ao deslocar a vergonha pelo Holocausto para o seu bode expiatório sionista, eles agitavam a bandeira da *jihad* diante de sua inquieta população muçulmana.

Ou eles presumiram impensadamente que a sua simpatia pelo "petit Mohamed" e o seu apoio à causa palestina os protegeriam do ódio dos *caliphators*, ou não se importavam. Na época, a imagem de Al-Durrah era aparentemente tão reconfortante para a identidade francesa/europeia/progressista, e as vítimas da violência do *caliphator* eram tão maciçamente compostas por judeus, que isso não parecia ser importante. Obviamente, conversar com os franceses sobre tais questões não deu em nada. "*Faits divers* [assuntos locais]", disse uma delas quando lhe mostrei as evidências sobre "le petit Mohamed".

Em meados de 2005, um jornalista fez algumas perguntas difíceis sobre o antissemitismo a um ativista da Irmandade Muçulmana, de um dos "territórios perdidos da República", num discurso recente de um pregador externo da Irmandade:

> "Ele não falou nada de incomum", disse o sr. Amriou, dando de ombros. Ele clicou em seu celular, mostrando a foto de um menino palestino supostamente morto pelas tropas israelenses [Muhammad al-Durrah]. Ele a mostrou aos homens [outros muçulmanos] e eles assentiram, a raiva estampada em suas faces. Os comentários questionáveis do pregador foram esquecidos.[85]

53

Mais tarde, naquele ano, explodiram tumultos durante mais de três semanas nos subúrbios em toda a França.[86]

O problema para os infiéis gentios, obviamente, era que a *jihad* à qual o ícone de Talal acenava, visava mais do que os judeus. Como tantos movimentos apocalípticos, os jihadistas veem o mundo em preto e branco, aqueles que estão conosco e aqueles que estão contra nós... não há meio-termo. Para os jihadistas, a lista dos inimigos é espantosa – israelenses, judeus, estadunidenses, europeus, quaisquer infiéis não **dhimmi**, hereges como os xiitas e, finalmente (ou será antes de tudo?), os *kuffār*, muçulmanos (apóstatas) negligentes ou ocidentalizados, que provavelmente têm amigos judeus. O que os franceses – e a maioria das nossas "classes de intérpretes" – fizeram de 2000 em diante foi ignorar qualquer evidência de que, da perspectiva da *jihad* global, todos os infiéis também eram objetos do ódio despertado por esse modelo.

## A DINÂMICA DO SUICÍDIO DA CIVILIZAÇÃO: O COLAPSO DA LINHA MAGINOT* CULTURAL

Em outubro de 2000, as defesas culturais da democracia francesa começaram a desmoronar diante de um ataque de ódio virulento para o qual não estavam preparadas e ao qual não tiveram resposta eficaz. Na época, as únicas pessoas que o perceberam foram os judeus na linha de frente, os professores nas escolas nos *banlieues* (subúrbios), as *"zones urbaines sensibles"* a caminho de se tornarem territórios perdidos. Durante algumas décadas, o mandado da *République* funcionava com grande dificuldade nessas escolas, e quando Al-Durrah surgiu, desencadeou violência generalizada contra os judeus, tanto verbal quanto física. Na escala histórica das coisas, a agressão física era relativamente limitada, um punhado de ataques a judeus, alguma profanação de cemitérios e sinagogas.[87] Não obstante, esses ataques aconteceram num Estado democrático que permaneceu calado.

---

* N.T.: Um complexo sistema de fortificações e defesas construído pela França nas décadas de 1920 e 1930, que visava proteger o país de potenciais ameaças vindas da Alemanha após a Primeira Guerra Mundial. Composta por *bunkers*, fortalezas, trincheiras e uma rede de túneis subterrâneos, foi concebida como uma barreira impenetrável. No entanto, sua eficácia foi questionada quando as forças alemãs a contornaram com uma tática de *blitzkrieg* em 1940, desencadeando uma reavaliação significativa das estratégias de defesa militar.

54

Muito mais extenso, porém, foi o ataque verbal aos judeus, que ocorria em todos os lugares – conversas à mesa de jantar, seminários, programas de rádio, reuniões progressistas de ONGs , mas em nenhum lugar tão extensa e prejudicialmente como nas escolas secundárias. Em 2002, poucos meses antes de Taguieff publicar o primeiro estudo pós-milenarista do novo antissemitismo na França, Georges Bensoussan (sob o pseudônimo de Emmanuel Brenner) reuniu uma coleção de depoimentos de professores do sistema escolar francês. De forma independente e coletiva, eles descreveram um ataque massivo de intimidação verbal e física por parte de muçulmanos contra estudantes judeus, professores judeus (especialmente mulheres) e qualquer pessoa que tentasse defendê-los.[88]

Nas escolas, a Linha Maginot ruiu primeiro (um bom liberal poderia argumentar) da forma mais abominável. Não houve resistência, nem por parte dos professores (que ficaram apavorados, e só deram depoimento anonimamente), nem de administradores (que obedientemente entregaram diplomas a estudantes que ameaçaram seus professores), nem do Estado (que negou que algo desse tipo estivesse acontecendo), e nem da imprensa (que agrediu Brenner pelo seu "pacote de mentiras islamofóbicas").

O resultado: os judeus franceses fugiram das escolas públicas, os professores se aposentaram ou se submeteram às exigências dos seus agressivos alunos e pais muçulmanos, que se recusaram a se envolver em temas como o Caso Dreyfus ou o Holocausto, e o sistema escolar público em algumas áreas (designadas simultaneamente ZEP [*zones d'éducation prioritaires*] e ZUS [*zones urbaines sensibles*]) se tornou um exemplo de tudo aquilo que a sociedade civil tenta desencorajar: *bullying*, misoginia, racismo, abuso verbal e físico, currículos educacionais propagandistas (sem Holocausto, algo ofensivo), falha no ensino e na aprendizagem.

E qual foi a resposta da esfera pública francesa ao livro? Rejeição, negação, silêncio.[89] Conforme comentou um dos poucos professores que deu seu nome verdadeiro:

> Na minha aula, os alunos não obedecem a uma mulher. Uma criança gritou para uma mulher cujo sobrenome era Rabin: "Judia! Judia!". Eu convivo com essas crianças durante o dia, e quando conto à minha

família sobre o que acontece, eles ficam assustados. Mas quando conversо com alguns jornalistas, eles dizem: "Isso não pode ser verdade" [e] "Você está apenas vendo antissemitismo porque é judia".[90]

Quando, três anos depois, esses mesmos "territórios perdidos" explodiram em violência por toda a França, a maioria dos observadores franceses não só ficou chocada, como também insistiu apressada e generalizadamente que os tumultos não tinham nada a ver com o islá.[91] No final da década, as escolas nessas ZUS tornaram-se local de extenso racismo antibranco (antifrancês). Na ausência dos judeus, os alvos favoritos não são apenas os estudantes e professores franceses, mas também muçulmanos insuficientemente devotos.[92]

## O JORNALISMO LETAL E O RÓTULO "TERROR"

Virara moda, já no final da década de 1990, não chamar os palestinos de "terroristas". George Carlin, em um famoso discurso inflamado sobre eufemismos em 1997, conseguiu demonstrar o quão pouco ele entendia as palavras das quais zombava: "Os assassinos israelenses são chamados de soldados e os soldados árabes são chamados de terroristas".[93] Usar o rótulo "terrorista" era aceitável, no entanto, se você *também* permitisse que se acusasse os israelenses de **terrorismo**. Na sequência dos relatórios letais da mídia sobre o "Massacre de Jenin", Ted Turner, proprietário da CNN, afirmou:

> Os palestinos estão lutando com homens-bomba suicidas, isso é tudo que eles têm.[94] Os israelenses [...] têm uma das mais poderosas máquinas militares do mundo. Os palestinos não têm nada. Então, quem são os terroristas? Eu argumentaria que ambos os lados estão envolvidos em terrorismo.[95]

A manchete do *The Guardian* deixou claro quem era o alvo dessa condenação "imparcial": "O chefe da CNN acusa Israel de terrorismo".[96] E, claro, ambos Turner e seu público presumiram que a guerra – que testemunhava essa nova arma de explodir-se entre civis inimigos – era uma guerra de libertação contra a opressão israelense, não uma *jihad* contra *Dar al Harb*.

No início, apenas alguns jornalistas e agências de notícias recusaram-se a usar o termo "terrorista" para descrever os ataques palestinos que tiveram como alvo civis israelenses,[97] mas após a eclosão da campanha de terror suicida, que começou em 1º de janeiro de 2001, a prática se difundiu. Jornalistas ocidentais profissionais recusaram-se a fazer uso do termo "terrorista" para descrever líderes, organizações, ideologia e atos. Em vez disso, seguiram cada vez mais um protocolo que tratava, com meticulosidade, tanto os terroristas como as suas vítimas "igualmente".[98] Dadas as diretrizes para identificar terrorismo apenas quando "inocentes" são o alvo, repórteres da NPR – National Public Radio (Rádio Pública Nacional), no que acaba sendo uma paródia do jornalismo, optaram por não usar o termo "terrorismo" para os palestinos que atacam civis israelenses (aparentemente culpados), mesmo quando eles usavam o termo livremente para outros conflitos.[99]

Alguns, explícita e desdenhosamente, isentaram o conflito Israel-Palestina de qualquer uso da palavra "terrorismo": os "repórteres e produtores da MSNBC* foram instruídos a não usar [o termo "terrorismo"] em reportagens sobre o **conflito israelo-palestino**, exceto em citações diretas".[100] Na verdade, para a maioria dos correspondentes estrangeiros em Israel, nenhum conflito ilustrou melhor o ditado "o terrorista de um é o combatente pela liberdade de outro" do que aquele que envolve israelenses e palestinos. "O que nós [MSNBC] não fazemos (e é isso que irrita o 'HonestReporting') é usar a palavra com a letra "T" [terrorismo] contra todos os palestinos que se opõem à ocupação israelense da Cisjordânia e da Faixa de Gaza".[101] O que eles realmente queriam dizer era o oposto: "Nós não a usamos com relação a nenhum palestino, mesmo aqueles que têm civis como alvo". Ironicamente, o slogan mais desonesto do alegado pacifista "Palestinian Solidarity Movement" (Movimento de Solidariedade Palestina" – *Resistência não é Terror!* – um *non sequitur*, se é que alguma vez existiu, tornou-se o credo dos meios de comunicação ocidental correntes.

---

* N.T.: MSNBC é uma rede de televisão paga de notícias 24 horas sediada nos Estados Unidos, também disponível na Europa, África do Sul, Oriente Médio e Canadá. Seu nome é derivado das abreviações usadas pela Microsoft e a National Brodcasting Company

Ao agir dessa maneira, os jornalistas que se recusaram ruidosa e orgulhosamente a cumprir com as exigências israelenses de descrever os ataques a civis como "terrorismo", na verdade atenderam às exigências palestinas.[102] Quando Colin Powell, que aparentemente ainda não tinha recebido o memorando no início de 2001, disse a Arafat para "tomar medidas contra os terroristas [Hamas] e acabar com a violência", Marwan Barghouti o condenou em árabe. Para Barghouti, matar civis israelenses era um ato de resistência, de bravura, de glória.[103] Vinte anos depois, os palestinos ainda consideram matar mães um "direito".[104]

A mídia ocidental rapidamente seguiu o exemplo. O governo dos EUA logo o seguiria, antes mesmo do governo Obama. Quando em 2018, Nikki Haley, embaixatriz dos EUA na ONU, propôs uma resolução condenando o Hamas pelo terrorismo, Mohammad Shtayyeh, membro do Comitê Central do Movimento Fatah, agora primeiro-ministro, respondeu:

> Desta tribuna condenamos essa resolução, porque em nenhuma circunstância concordaremos que qualquer organização palestina seja definida como uma organização terrorista. Não concordaremos! Porque hoje é o Hamas, amanhã a *Jihad* [Islâmica], daqui a dois dias o Fatah, e assim por diante. Nós conhecemos a história. Nosso desacordo [com o Hamas] é interno, mas em nenhuma circunstância aceitaremos que o Hamas seja condenado.[105]

Analisado, isso significa: "Pela definição ocidental (visando civis), somos todos terroristas, por isso, mesmo sendo inimigos, protegeremos o Hamas da acusação".

A eclosão da **Intifada Al-Aqsa/*Jihad* de Oslo** marca um ponto de inflexão fundamental, em que, ao se recusarem a identificar os terroristas como tais, os jornalistas passaram a violar todos os princípios jornalísticos relativos à cobertura do terrorismo, sem que fosse considerado como tal. Os israelenses foram os primeiros no planeta a sofrer essa mudança. Famílias de vítimas do terrorismo, entrevistadas pelos meios de comunicação ocidentais, deram testemunho de sua dor e perda, apenas para descobrir que a entrevista era acompanhada, e, em alguns casos, ofuscada, por uma entrevista igualmente simpática com a família do terrorista suicida.[106]

Como Seth e Sherri Mandell, um casal cujo filho de 14 anos e seu amigo foram massacrados, lamentaram:

Num desenvolvimento impressionante e doloroso, muitos jornais americanos, incluindo o *The New York Times* e o *The Washington Post*, acreditaram na linha de propaganda palestina, de que assassinos que matam israelenses inocentes como Koby não são terroristas que estejam tentando incutir medo e desmoralizar uma população civil, porém "militantes" envolvidos numa campanha de guerra contra um governo repressivo.[107]

Quando uma menina palestina de 18 anos recrutada pela brigada Al-Aqsa, patrocinada pela Autoridade Palestina, explodiu-se num centro comercial israelense, matando, entre as suas cinco vítimas, uma jovem israelense da mesma idade, a revista *Newsweek* publicou uma matéria de capa com as fotos das duas, cobrindo suas histórias.

**Figura 2** – Capa da *Newsweek*, 15 de abril de 2002,
em resposta ao atentado ao centro comercial de Afula em 19 de maio de 2003.

Todos iguais. Incendiários, Vítimas, Bombeiros. Esses perfis correspondentes não apareceram em quaisquer casos de terror que não envolvam palestinos e israelenses.

É claro que por trás dessa suposta objetividade imparcial e não emotiva havia uma mudança massiva na direção dos terroristas jihadistas e dos seus apoiadores. Os jornalistas que cobrem acontecimentos na terra entre o rio e o mar e seus editores, em casa, apresentaram consistentemente os ataques palestinos contra civis israelenses como "resistência" e – refletindo sua ingestão impensada do libelo de sangue de Al-Durrah – assumiriam tacitamente que os civis israelenses de alguma forma mereciam isso, enquanto outros infiéis, não.[108] Como um jornalista israelense, que trabalhava para a CNN nessa época me contou sobre jornalistas ocidentais que cobriam dezenas de ataques terroristas suicidas contra israelenses no início da década de 2000: "O mais impressionante era a completa falta de empatia pelas vítimas".[109] Por quê? Porque, infelizmente, eles silenciosamente pensavam que as vítimas o mereciam. Jornalistas letais e *Schadenfreude* moral são companheiros de viagem.

Como resultado, a imprensa retirou sistematicamente as descrições negativas das ações palestinas contra Israel, utilizou passivos na caracterização de seus ataques e focou as reações israelenses e não as palestinas, não importando o quão implacável e deliberadamente os palestinos atacassem civis indefesos, incluindo crianças, bebês, idosos... precisamente o que, em seus breves momentos de lucidez, descreviam como "terrorismo" e "absolutamente inaceitável".[110]

No entanto, esses momentos de lucidez dizem respeito a outros, não a Israel. Em resposta ao atentado suicida contra a pizzaria Sbarro, repleta de crianças e mães, a manchete da CNN dizia: "Israel revida após bombardeio mortal".[111] E no jornal espanhol *La Razón*, a capa dizia: *Bush alarmado: Sharon prepara a aniquilação do povo palestino.*

**Figura 3** – Capa de *La Razón*, Madrid,
em resposta ao atentado da Sbarro em 9 de agosto de 2001, Jerusalém.

Com o tempo, a Autoridade Palestina cunhou o termo "bombardeios de vingança" para descrever os desesperados palestinos que reagiam à agressão israelense.[112]

Os jornalistas ocidentais acreditavam tanto que os israelenses não eram inocentes, mas alvos justificados da resistência palestina de "luta pela liberdade" – objetivando obter um Estado em Gaza e na Cisjordânia[113] –, que, à medida que os infiéis não judeus mortos se acumulavam no mundo inteiro nos anos seguintes, os profissionais da informação publicaram listas de vítimas do terrorismo que não incluíam Israel.[114] Aos seus olhos, pelo menos subconscientemente, Israel era *culpado* de opressão e os palestinos *não eram culpados* de terrorismo. Como veremos no próximo capítulo, depois de 11 de Setembro, essas práticas moralmente arbitrárias passaram a assombrar o Ocidente.

# A PATÉTICA LOUCURA DE TUDO: PALLYWOOD E O JORNALISMO LETAL

Uma das minhas experiências mais chocantes e transformadoras ocorreu no final de outubro de 2003, quando tive oportunidade de ver as imagens não editadas que o cinegrafista palestino Abu Rahma havia filmado três anos antes na encruzilhada de Netzarim, em 30 de setembro de 2000, que terminava com 59 segundos de filmagem dos ataques a Al-Durrah. Eu estava vendo "imagens não editadas", preparadas por jornalistas para o público – dando uma espiada, por assim dizer, por trás da cortina, no que um cinegrafista palestino filmou em um dia de tumultos que supostamente mataram muitas pessoas na Faixa de Gaza. Sentei-me com o empregador desse cinegrafista, o jornalista franco-israelense sênior e correspondente-chefe da France2, Charles Enderlin, à minha esquerda, e à minha direita, um cinegrafista israelense que trabalhava para a France2 e que estivera com Enderlin em Ramallah no dia das filmagens.

O que vi me surpreendeu. Imagem após imagem, os palestinos simularam cenas de batalha, ferimentos, evacuação por ambulância, fuga em pânico, que o cinegrafista filmou deliberadamente. Havia inclusive sinais de maquiadores, produtores e diretores trabalhando. A julgar pelos 21 minutos de filme de Abu Rahma e pelas duas horas do cinegrafista da Reuters (obtidas por Nahum Shahaf), a encruzilhada Netzarim naquele dia de setembro foi o local de vários palcos improvisados nos quais cinegrafistas, a maioria dos quais palestinos e alguns estrangeiros, filmaram "sequências de ações" realizadas por todos, de militares armados a adolescentes e crianças de prontidão.

A sequência básica era: fingir uma lesão dramática, reunir pessoas ao redor da pessoa ferida, buscá-la (algumas macas) e levá-la às pressas para uma ambulância, com ajudantes ansiosamente se juntando ao grupo para aparecerem na filmagem. Aqueles que carregavam o ferido o jogavam na parte de trás da ambulância, fechavam as portas e o motorista partia rapidamente, sirenes tocando. Naquela noite, todos foram para casa para ver quantas vezes apareceram nas notícias.

Em determinado momento da exibição, um homem muito grande e gordo agarrou a própria perna e começou a mancar muito. Talvez ele não estivesse fingindo o ferimento de forma muito convincente, talvez o seu tamanho desencorajasse qualquer um de ajudá-lo. De qualquer forma, apenas as crianças se reuniram ao seu redor, ele as enxotou e, depois de olhar para ver se alguém estava vindo ajudá-lo, saiu andando sem mancar.

O cinegrafista israelense da France2 zombou. "Por que você está rindo?", perguntei. "Isso é tão obviamente falso", ele respondeu. "Eu sei", eu disse, virando-me para Enderlin, "tudo isso parece falso". "Ah", respondeu o correspondente sênior, "eles fazem isso o tempo todo. É uma coisa cultural." "Mas", respondi, pensando num caso particularmente grave de fingimento potencial, "por que eles não poderiam ter feito isso com Al-Durrah?". "Eles não são bons o suficiente", ele respondeu. "Eles não podem me enganar".[115]

Agora a ficha tinha caído. Nas sessões anteriores com Nahum Shahaf, o primeiro investigador sério do episódio de Al-Durrah, eu tinha visto mais de uma hora de filmagem na encruzilhada de Netzarim naquele dia, feita por um cinegrafista palestino que trabalhava para a Reuters e estava familiarizado com a prática palestina de simular cenas.[116] Entendi que os palestinos falsificaram imagens para fazer propaganda de guerra; o que eu agora também tinha entendido era que a grande mídia noticiosa havia aceitado aquilo como uma prática normal e usava as falsificações para contar a história "real". Os jornalistas modernos, em suas próprias democracias, são tão escrupulosos a esse respeito que até mesmo a encenação de rolos complementares ou alternativos pode ser considerada antiética.[117] Mas no Oriente Médio, os correspondentes de guerra, cujo primeiro imperativo como profissionais sérios da informação deveria ser filtrar essa propaganda de guerra, aparentemente não têm problemas mesmo com o rolo A encenado pelos palestinos, e usaram extensivamente seu rolo B* encenado.

---

* N.T.: O termo "rolo B" dos filmes diz respeito à filmagem de cenas de preenchimento para o vídeo principal, que é o "rolo A". É como uma cena "extra" ou uma imagem de cobertura que serve para disfarçar ou complementar cortes muito bruscos entre uma passagem e outra do vídeo.

Para qualquer pessoa familiarizada com a atitude árabe/muçulmana em relação ao "jornalismo", a encenação não deve ser uma surpresa. O mundo árabe é bastante explícito quanto aos valores (pré-modernos) que regem seu *ethos* jornalístico:

> Para combater o sionismo e a sua política colonialista, bem como a sua repressão implacável ao povo palestino [...] os homens da mídia islâmica devem censurar todo o material transmitido ou publicado a fim de proteger a *ummah* de influências prejudiciais ao caráter e aos valores islâmicos e a fim de evitar todos os perigos. [...] A mídia árabe deve se preocupar com a solidariedade árabe em todo o material apresentado à opinião pública interna e externamente – deve contribuir com toda a sua capacidade para apoiar o entendimento e a cooperação entre os países árabes. Deve evitar o que possa prejudicar a solidariedade árabe e abster-se de campanhas pessoais.[118]

Na verdade, como observou um honesto editor jordaniano, "as notícias falsas têm um longo e distinto *pedigree* no mundo árabe".[119] E quando essa autocensura falha e os muçulmanos criticam os seus, a "brigada de honra" intervém para salvar a credibilidade dos muçulmanos.[120]

Somente um egocêntrico cognitivo ocidental não seria capaz de imaginar um cinegrafista palestino baseado em Gaza, autodenominado guerreiro da causa, cujo ganha-pão sejam cenas simuladas. Considere o próprio Talal: ele abertamente filma falsificações. Ele mente prontamente para a imprensa e sorri de forma encantadora quando é pego.[121] Faz acusações mortais contra as FDI sob juramento, negando-as depois em mensagens de fax inesperadas.[122] Proclama com orgulho sua participação na luta pela Palestina e sua determinação em "continuar a lutar com a minha câmera".[123] Eu certamente não tenho problemas em imaginar o papel de Talal.

Mas nesse encontro com Enderlin foi a primeira vez que recebi a resposta de um jornalista *ocidental* relativa a essa atuação bastante óbvia: "Oh, eles fazem isso o tempo todo. É uma coisa cultural". Alguns meses depois, quando a mesma filmagem foi vista em Paris por três jornalistas "independentes" dos meios de comunicação convencionais franceses, também eles comentaram sobre a extensa falsificação e obtiveram uma resposta semelhante: "Sim, *monsieur*, mas, você sabe, é sempre assim", disse Didier Eppelbaum, diretor de Enderlin. Um dos jornalistas de fora respondeu indignado: "Você pode saber isso, mas o público não sabe".[124] Esse **segredo público** esteve tão presente nos círculos jornalísticos franceses que um comentarista realmente o invocou para rejeitar o crítico mais feroz de Enderlin: "Karsenty está muito chocado pelo fato de imagens falsas terem sido usadas e editadas em Gaza, mas isso acontece o tempo todo na televisão, e nenhum jornalista de TV em atividade ou editor de filmes ficaria chocado".[125]

Tanto Enderlin quanto seu chefe admitirão, extraoficialmente, essa conduta altamente pouco profissional que ocorre "o tempo todo". Mas, oficialmente, afirmam precisamente o oposto. "Talal abu Rahma", Enderlin garantiu a Esther Schapira em 2007, "é um jornalista como eu; ele é uma testemunha *prima facie*. Ele me contou o que aconteceu. Não tenho razão para não acreditar nele".[126] Três anos depois, em seu livro autojustificativo, ele elaborou: "Ele nunca falhou em seu profissionalismo, Talal é uma fonte muito confiável e é empregado pela France2 desde 1988".[127]

Em outras palavras, os *insiders* na mídia noticiosa televisiva compartilhavam um segredo público que não era do conhecimento dos telespectadores: os palestinos falsificavam cenas e os jornalistas editavam regularmente a filmagem, captando pequenas e críveis frases de impacto e reunindo-as, de modo a apresentar a narrativa palestina de vitimização pelo Golias israelense. Quando Ester Schapira perguntou ao editor de TV da Autoridade Palestina quem havia encaixado a cena de um israelense tomando Al-Durrah como "alvo" e por que o fizera, ele respondeu:

> São formas de expressão artística, mas tudo isso serve para transmitir a verdade [...] nunca esquecemos nossos mais elevados princípios jornalísticos, segundo os quais estamos comprometidos a relatar a verdade e nada além da verdade.[128]

Quão reveladora é a enorme fissura que (em princípio) separa atitudes jornalísticas profissionais ocidentais modernas em relação à "verdade" e atitudes palestinas, pré-modernas, em que manipular provas para fazer acusações de assassinato é lealdade a uma "verdade superior"! É a distinção entre um mundo pré-moderno, no qual jornalistas repetiram libelos de sangue e abundaram as teorias da conspiração, e um mundo moderno, em que os compromissos profissionais com a acurácia supostamente eliminam essas coisas letais.

E ainda assim, mais de um comentarista ocidental adotou o mesmo argumento "da verdade superior".

> Em outras palavras, acima e além das verdades "históricas" do que realmente acontece em eventos "singulares" específicos, há verdades "filosóficas" do que "provável ou necessariamente" acontecem "universalmente" em certos tipos de eventos [...] ele [o falso] é um símbolo autêntico da ocupação israelense.[129]

Ou, como dizia a manchete do *The New York Times* em defesa de Dan Rather acerca da carta forjada do comandante de George Bush na Guarda Nacional, publicada pouco antes das eleições de 2004, "Memos on Bush Are Fake, But Accurate, Typist Says" (Os memorandos sobre Bush são falsos, mas precisos, diz o datilógrafo".[130] Quando a "verdade superior" é mais atraente, fatos mundanos e compromissos profissionais cedem à narrativa.[131]

E foi assim com Pallywood, cuja verdade maior era o Golias israelense e o Davi palestino. Dessa forma, jornalistas talentosos e respeitados como Enderlin, talvez inconsciente, talvez despreocupado, talvez grato por ter o material, poderiam oferecer histórias de confrontos entre crianças palestinas atirando pedras e soldados israelenses armados até os dentes e disparando rifles, apimentadas com altas cifras no que tange às vítimas palestinas, tudo com imagens de fundo de ferimentos e evacuação. Ou seja, rolo B para narrativas letais palestinas. E no que diz respeito a Enderlin, a história de Al-Durrah era crível precisamente porque "correspondia à situação na Cisjordânia e na Faixa de Gaza na época".[132] Em outras palavras, a questão não é que os jornalistas-guerreiros da Autoridade Palestina não fossem bons o suficiente para enganá-lo, mas que ou ele era tão estúpido que até um deplorável conteúdo exibido por eles era capaz de o enganar, ou ele era tão inescrupuloso que isso não importava.

Saí do edifício ainda atordoado com a resposta de Enderlin – ele vinha trabalhando com o cinegrafista por 12 anos –, pensando na profunda simbiose da encenação palestina e das reportagens ocidentais. "É uma indústria", pensei, "uma indústria 'nacional', como Hollywood ou Bollywood... é *Pallywood*."

Se Enderlin tivesse tido a coragem de responder à propaganda letal de Abu Rahma sobre o caso de Al-Durrah, demitindo-o e publicando um artigo consistente sobre como o seu próprio cinegrafista palestino tentara enganá-lo para que ele divulgasse uma cena simulada do que poderia facilmente ter se convertido em um explosivo libelo de sangue... se ele tivesse advertido seus colegas jornalistas sobre o perigo para a integridade profissional de todos ao exibir imagens filmadas por palestinos sem uma verificação cuidadosa... o curso da *jihad* em Oslo e, com ele, o destino da sociedade civil no século XXI poderia ter sido muito diferente.

## AL-DURRAH, SANTO PADROEIRO DA CONFERÊNCIA DAS NAÇÕES UNIDAS CONTRA O RACISMO, DURBAN 2001

Poucos incidentes ilustram tão claramente o impacto nocivo do mito de Al-Durrah na agenda progressista quanto o papel do ícone na conferência de Durban, um ano mais tarde. Nessa grande reunião global, Al-Durrah era uma estrela, o centro da atenção, especialmente na seção das ONGs (separada da seção mais formal dos procedimentos da ONU) no Kingsmead Stadium, um magnífico campo de críquete para 25 mil torcedores.

O corpo de Muhammad al-Durrah foi exibido em efígie através de procissões de milhares de manifestantes furiosos que expressaram o seu ódio a Israel. Arafat levou Jamal al-Durrah, o pai de Muhammad, à conferência em seu jato, para servir de testemunha do assassinato deliberado de seu filho por Israel. Em todo lugar, o tempo todo, o clamor era "Palestina Livre, Livre!".[133]

**Figura 4** – Imagens de Ódio da Palestina: Al-Durrah carregado em cartazes (no centro), Durban, África do Sul, agosto a setembro de 2000.

Os participantes receberam uma camiseta oficial (com o logotipo da ONU fraudulentamente adicionado), apresentando uma foto de Muhammad al-Durrah e de seu pai sob ataque: acima, o texto dizia: "O racismo pode, será e deve ser derrotado. O Apartheid é real", e abaixo a foto: "Morto em 30 de setembro de 2000 por ser palestino. Desde então, mais de 532 pessoas foram mortas, um terço delas, crianças". Nas costas da camiseta constava: "Ocupação = Colonialismo = Racismo. Acabem com o Apartheid israelense". Outro folheto, com uma foto de Adolf Hitler, dizia: "O que teria acontecido se eu tivesse vencido? Coisas boas. Israel não existiria e não teria havido nenhum derramamento de sangue palestino". Quando ativistas israelenses criaram uma camiseta alternativa, na qual estavam estampadas as palavras: "Combata o Racismo, não os judeus", as multidões os espancaram.[134]

Ali ocorreu uma campanha de guerra bem-preparada que surpreendeu ativistas de direitos humanos da direita com uma narrativa de redenção coletiva, que juntou temas pós-coloniais e jihadistas sobre os dois grandes Satás: os EUA e Israel. Sequestrando a conferência, o fórum das ONGs estava obcecado pelos crimes dos Estados Unidos e do sionismo, o primeiro pela escravatura do passado e pelo imperialismo do século XXI, o outro pelo seu colonialismo racista e genocida contra os palestinos.[135] Ressoaram apelos à restituição em nome da justiça racial.

Israel, o vilão atual, *ativo* e global, estava cometendo genocídio contra os pobres palestinos indefesos. Manifestações iradas, discursos virulentos, resoluções indignadas martelavam uma mensagem maniqueísta: Israel era a encarnação do mal. Na verdade, um medievalista, bem familiarizado com o funcionamento de cultos de relíquias e assembleias de massa, poderia opinar que Al-Durrah foi o "santo padroeiro" de Durban, a presença catártica dirigente que conferia aos processos seu poder emocional para unir ativistas do mundo inteiro.

E assim, a esquerda progressista global, na forma de "**ONGs de direitos humanos**" desenvolveu um programa para uma guerra sistemática de "*soft power*" (isto é, cognitiva), destinada a tornar Israel um pária global e destruindo a sua legitimidade. A última declaração da ONG exigia

> uma política de isolamento completo e total de Israel como um Estado de Apartheid [...] a imposição de sanções e embargos obrigatórios e abrangentes, a cessação total de todas as relações (diplomática, econômica, social, de ajuda, militar e de treinamento) entre todos os Estados e Israel [...] [e condenava] aqueles Estados que apoiam, ajudam e são cúmplices do Estado israelense de Apartheid e a sua perpetração de crimes racistas contra a humanidade, incluindo limpeza étnica, atos de genocídio.[136]

Segundo informações, as ONGs da Europa Oriental recusaram-se a assinar porque reconheciam muito bem uma linguagem totalitária quando a viam.[137] A tragédia foi que gigantes ocidentais dos "direitos humanos" como a HRW (Human Rights Watch) e a Amnesty International (Anistia Internacional) foram atores importantes na catástrofe moral e empírica, embora, no final, tampouco assinaram.[138]

Bernard-Henri Lévy desconstruiu o significado de "anti-imperialismo" em Durban:

Se substituirmos a palavra América pela palavra Israel e colocarmos sionismo em lugar de imperialismo (mesmo que as duas estejam indissoluvelmente ligadas, porque as pessoas em Durban [...] nunca insultam Israel sem dar a entender, ao mesmo tempo, que o país é um brinquedo, uma marionete dos Estados Unidos; e também não deixam de mencionar os crimes e as contravenções dos Estados Unidos sem se referir, em geral muito rapidamente, ao ainda mais monstruoso "Eixo Americano-Sionista" e, portanto, ao diabólico Israel), vemos o mesmo tipo de engodo, o mesmo tipo de armadilha, a mesma estrutura discursiva, subjacente ao conceito de império – e para o qual Durban foi simplesmente o gigante laboratório.[139]

**Figura 5** – O Anticristo Progressista: Placa erguida nos protestos contra a guerra no Iraque, na Bay Area, fevereiro de 2003. Crédito: Zombietime.

70

Antes de a conferência acontecer, já estava claro para alguns o que o sequestro dos direitos humanos em Durban prenunciava a luta global contra o racismo. Como diz o velho ditado, "o que começa com os judeus não termina com eles". Durban causou imensos danos colaterais às vítimas das violações dos direitos humanos no mundo inteiro – em particular no muçulmano –, cujas desgraças foram ofuscadas pela adoção entusiástica do culto jihadista à morte do menino mártir pela "comunidade de direitos humanos".

No Kingsmead Cricket Pitch, em Durban, em que *slogans* para destruir Israel mesclavam-se aos gritos "Muhammad al-Durrah", Bernard-Henri Levy comentou amargamente sobre como a obsessão com o malévolo Israel literalmente sufocou as vozes de vítimas reais no mundo:

> Pensei – e ainda penso, toda vez que me recordo daquele grande momento de vergonha, desrespeito e fracasso moral – sobre todos os ativistas de todas as causas justas que haviam chegado [a Durban] cheios de esperança, convencidos de que finalmente teriam um palco para se expressarem, e que terminaram reduzidos ao silêncio pelo ativismo gritante dos que queriam, no estádio Kingsmead de Durban, ver um único rosto, o do menino Muhammad al-Durrah – e só desejavam ouvir um único slogan: "Palestina livre, livre".[140]

Essas manifestações violentas e furiosas, lideradas por muçulmanos em Durban, representam um caso real, vivo, de um desfile das *Roupas Novas do Imperador*. Mas ao contrário de cortesãos seguirem um imperador vaidoso, fazendo, ambos, papéis de bobos, foram os supostos proponentes dos direitos humanos, seguindo o exemplo de um ícone do ódio palestino, numa conferência alegadamente dedicada à luta contra o ódio.

Durban 2001 assinala um ponto crítico na dinâmica da comunidade global. "Tornou-se o ponto de virada para a formação de uma nova, virulenta e globalizante antijudaicidade reminiscente da atmosfera que permeou a Europa na década de 1930", observou o jurista canadense Irwin Cotler.[141] As ONGs que assinaram o documento final de Durban denunciando Israel marcam uma vitória decisiva da mentalidade do ano 2000, a vitória dos *caliphators* demopatas e seus crédulos progressistas.

# DE DURBAN AO 11 DE SETEMBRO:
## UMA QUESTÃO DE DIAS

Apenas alguns dias após a conclusão da conferência de Durban, Bin Laden levou a nova forma de guerra jihadista global – terror suicida – a um nível totalmente novo: uma *jihad* ofensiva contra uma nação em *Dar al Harb*, com a qual os muçulmanos não estavam, pelo menos naquela época, abertamente em guerra. Pelo contrário, os EUA tinham intervindo recentemente nos Bálcãs ao lado dos muçulmanos e ajudado o próprio Bin Laden na sua luta contra os russos no Afeganistão. Bin Laden, entretanto, não seguia as regras meio velhas da *jihad* defensiva e da necessidade de um califa para permitir uma *jihad* ofensiva, e muito menos sentia-se em dívida para com os infiéis ocidentais e seguia regras da Realpolitik, segundo as quais "o inimigo do meu inimigo [a URSS] [a Al-Qaeda] é o meu amigo [dos EUA]".[142]

De jeito nenhum. O apelo apocalíptico de uma conquista mundial exigia um golpe blasfemo e ousado contra os EUA, o maior dos inimigos que a *jihad* global procurava humilhar. A maioria dos muçulmanos, especialmente os líderes covardes que tinham algum tipo de *détente* com o Ocidente, poderia tentar aplacar os EUA denunciando tais atos. Mas em tempos apocalípticos, "o inimigo do meu inimigo é o meu inimigo"[143], e o ataque blasfemo de 11 de Setembro foi uma transgressão brilhante, que bem valia o prêmio.

E seu sucesso espetacular, visto em todo o mundo em tempo real, destruiu quaisquer preocupações. Os "19 Magníficos"* mudaram o mundo ao alterar o **paradigma** jihadista. Civis *em todos os lugares* – não só em Israel – eram alvos legítimos em uma *jihad* travada, por um lado, para vingar a morte de muçulmanos; por outro, para que o islã conquistasse o mundo. Al-Durrah tornou-se a assinatura de um ódio novo, aberto, suicida, de *kuffār*. Khalid

---

* N.T.: Referência aos 19 membros da organização terrorista Al-Qaeda que sequestraram os quatro voos comerciais de passageiros, em que dois colidiram intencionalmente contra as Torres Gêmeas do complexo empresarial do World Trade Center, na cidade de New York, matando todos a bordo e muitas das pessoas que trabalhavam nos edifícios, além de bombeiros e pessoas em solo. O terceiro avião colidiu contra o Pentágono e o quarto caiu em um campo aberto, depois de alguns de seus passageiros e tripulantes terem tentado retomar o controle da aeronave dos sequestradores, que a tinham reencaminhado na direção da capital norte-americana. Não houve sobreviventes em qualquer um dos voos.

Sheikh Mohammed, o agente da Al-Qaeda que planejou o 11 de Setembro, executou Daniel Pearl, repórter do *The Wall Street Journal, como judeu*, pelo assassinato realizado pelo povo dele (Israel) de Muhammad al- Durrah. Seus videastas fizeram uma montagem das imagens da decapitação de Pearl com as imagens do crime pelo qual ele expiou: o assassinato a sangue-frio de Muhammad al-Durrah. Esse foi o primeiro filme político violento retratando um assassinato real disponibilizado nos anos 2000, com milhões de downloads; ele foi seguido por Nicholas Berg e toda uma indústria de vídeos de mortes reais, cujas raízes remontam à *jihad* argelina da década de 1990.[144]

Essa fase da *jihad* global do século XXI, lançada pela primeira vez em 1400 AH/1979, teve início em 30 de setembro de 2000 com essa falsificação explosiva, letal e barata. Foi o primeiro libelo de sangue do século XXI, o primeiro grande libelo de sangue muçulmano, o primeiro libelo de sangue veiculado por um ("bom") judeu autoidentificado, o primeiro libelo de sangue a levar convicção ao mundo inteiro. Seu veneno ainda circula nos sistemas de informação da esfera pública global,[145] um componente-chave do ódio a Israel que penetrou nos elementos mais dominantes do discurso liberal e progressista, para não mencionar o discurso neonazista: Israel tem como alvo os inocentes! Se hoje, duas décadas depois, pessoas com boas credenciais progressistas podem falar de sionismo como se fosse um crime, é graças ao libelo de sangue de Muhammad al-Durrah e o tsunami de ódio que trouxe consigo.

Estamos todos – sobretudo os muçulmanos – empobrecidos pelo seu domínio predatório sobre nossa imaginação.

## DECLARAÇÕES SURPREENDENTEMENTE ESTÚPIDAS DISCUTIDAS NESTE CAPÍTULO

"... o alvo do fogo vindo da posição israelense." [... *le cible de tirs venu de la position israelienne*.] – Charles Enderlin, 30 de setembro de 2000, France2.

"Isso parece sugerir que o fogo israelense foi direcionado ao pai e ao filho." – Susanne Goldenberg, *The Guardian*, sobre o caso Al-Durrah, 3 out. 2000.

"Quando leio o termo 'fogo cruzado', pego minha caneta. No Oriente Médio, significa quase sempre que os israelenses mataram um inocente."

– Robert Fisk, "Where 'caught in the crossfire' can leave no room for doubt" (Onde 'apanhado no fogo cruzado' não pode deixar espaço para dúvidas"), *The Independent*, 2 out. 2000.

"Essa morte oblitera e substitui a imagem do menino no Gueto de Varsóvia." – Catherine Nay sobre Muhammad al-Durrah.

"Ah, eles fazem isso o tempo todo. É uma coisa cultural." – Charles Enderlin, 31 de outubro de 2003, respondendo à observação de que a maior parte das imagens fornecidas por seu cinegrafista palestino Talal abu Rahma de Netzarim, em 30 de setembro de 2000, havia sido encenada.

"Eles não são bons o suficiente. Eles não podem me enganar." – Charles Enderlin rejeitando qualquer possibilidade de que seu cinegrafista o tivesse enganado para publicar uma história explosiva, 31 de outubro de 2003.

"Ele é um jornalista como eu; é uma testemunha *prima facie*. Ele me contou o que aconteceu. Não tenho razão para não acreditar nele [...]. Ele nunca falhou em seu profissionalismo, Talal é uma fonte muito confiável e é empregado pela France2 desde 1988." – Charles Enderlin sobre seu cinegrafista Talal abu Rahma; entrevista em 2007 com Esther Schapira em *A Child is Dead* (Uma criança está morta), 2010.

"A decisão do tribunal é um golpe contra a liberdade de imprensa." – Jean Daniel, "Pétition en support de Charles Enderlin" ("Petição em apoio a Charles Enderlin"), *Le Nouvel Obs*, 2007.

"Não é apocalíptico, você ouve isso o tempo todo." Repórter, sobre o *hadith* genocida das pedras e das árvores.*

---

* N.T.: Conhecido como o Hadith das Pedras e das Árvores, este é um hadith escatológico por excelência que é reconhecido como "autêntico" (ou seja, é confiavelmente atribuído ao Profeta Maomé) pelas fontes mais autorizadas das tradições proféticas e diz: "A hora do julgamento não chegará até que os muçulmanos lutem contra os judeus e os matem, para que os judeus se escondam atrás de árvores e pedras, e cada árvore e pedra dirá: 'Ó muçulmano, ó servo de Alá, há um judeu atrás de mim, venha e mate-o'".

# 11 DE SETEMBRO:
# TOMANDO O MUNDO
# DE ASSALTO
# (2001)

De quantas maneiras pode
Uma nação sob fogo, entender
Tudo tão errado?

Teria o triunfo global do ódio demopata contra os EUA e Israel em Durban algo a ver com o 11 de Setembro?

Não como causa e efeito. O plano de ataque triplo estava em andamento havia anos. Mas, dada a atmosfera em Durban, Osama tinha todos os motivos para esperar que sua espetacular ação reverberaria dentro e para além do mundo muçulmano: em sua mente, um ato de conversão mundial. Ao dar luz verde, ele elevou o festival de ódio de Durban a novos níveis, alinhando a narrativa muçulmana e progressista da redenção do mundo como uma luta contra os males gêmeos ocidentais, o "Grande e o Pequeno Satás", os EUA e Israel. Tal como Arafat se deleitou com a aprovação ávida da imprensa mundial, Bin Laden tinha boas razões para esperar que ele também obtivesse ampla aprovação.

Na época do 11 de Setembro, pouquíssimas pessoas tinham ouvido falar de Bin Laden ou do Al-Qaeda. Os avisos daqueles que prestaram atenção atingiram poucas pessoas e pareceram a muitas delas propagadores alarmistas do medo.

Quando Fiamma Nirenstein disse ao seu editor no *La Stampa* que os manifestantes em Durban ergueram fotografias de Bin Laden, ele disse a ela que deixasse o pastor de camelos em paz.[1] Na verdade, quase todo mundo na década de 1990 que alertasse sobre a *jihad* global era considerado, assim como Samuel Huntington "com suas teorias venenosas", fomentadores de guerra, que criavam o próprio choque de civilizações sobre o qual alertavam.[2] Em retrospectiva, os autores do relatório da comissão sobre o 11 de Setembro admitiram que não ocorreu à Inteligência dos EUA antecipar sequestradores suicidas, apesar de homens-bomba muçulmanos terem atacado os EUA em 1998 e estivessem atacando Israel durante quase um ano.[3] Assim, quando os jihadistas atingiram Nova York e Washington, DC, ondas de horror e espanto devastaram a sociedade ocidental. Quem eram eles?

As respostas ao 11 de Setembro entre os ocidentais (incluindo muçulmanos ocidentais) variavam amplamente, mesmo dentro do seio de um único indivíduo. Este capítulo concentra-se em quatro respostas que foram especialmente duradouras e equivocadas ou, em outras palavras, autodestrutivas (pelo menos no que diz respeito ao Ocidente). Discutivelmente, tais respostas ainda dominam o discurso na esfera pública hoje, certamente em círculos que se consideram "*woke*". De todo o extenso arquivo de respostas ao 11 de Setembro que se qualificam como surpreendentemente estúpidas, quatro ocupam um lugar de destaque e servirão como temas deste capítulo:

- "O islá é uma religião de paz."
- "Alegrai-vos com o 11 de Setembro!"
- "Bush fez isso."
- "O terrorista de um é o combatente pela liberdade de outro."

## A RESPOSTA DE GEORGE BUSH AO 11 DE SETEMBRO: O ISLÁ É UMA RELIGIÃO DE PAZ

Comecemos com a declaração, pronunciada no Centro Islâmico em Washington, em 17 de setembro de 2001, pelo então presidente George Bush, menos de uma semana após o evento:

> Assim como as pessoas boas que estão aqui comigo, o povo america-
> no ficou chocado e indignado com os ataques da última terça-feira.
> Também os muçulmanos no mundo inteiro. Amigos e cidadãos
> americanos e *muçulmanos, cidadãos contribuintes, muçulmanos em todas*
> *as nações ficaram horrorizados* e não puderam acreditar no que vimos
> em nossas telas de TV. *Esses atos de violência contra inocentes violam*
> *os princípios fundamentais da fé islâmica.* E é importante que meus
> concidadãos americanos compreendam isso. A tradução em inglês não
> é tão eloquente quanto o original em árabe, mas permitam-me citar o
> próprio Alcorão: "A longo prazo, o destino daqueles que cometeram
> o mal será pior, pois rejeitaram os sinais de Alá e deles escarneceram".
> A face do terror não é a verdadeira fé do islã. Não é sobre isso que
> o islã versa. *Islã é paz.* Esses terroristas não representam a paz. Eles
> representam o mal e a guerra.[4]

Seria difícil encaixar mais loucura numa declaração tão limitada; na
verdade, quando devidamente compreendida, constitui uma combinação
de desinformação sistemática para os *kuffãr* (isto é, para cidadãos americanos) e uma convocação dos muçulmanos para a *jihad*, tudo proferido
pelo líder da nação mais poderosa em *Dar al Harb*, logo após um ataque
jihadista massivo à sua nação. Dado o conteúdo e a elocução inexpressiva,
suspeita-se que a declaração não tenha sido escrita por George Bush ou
pelos redatores de seus discursos, mas por/com forte assistência de um
triunfalista muçulmano.[5]

Bush nos garante:

> Assim como as pessoas boas que estão aqui comigo, o povo america-
> no ficou chocado e indignado com os ataques da última terça-feira.
> Também os muçulmanos no mundo inteiro. Amigos e cidadãos
> americanos e muçulmanos, cidadãos contribuintes, muçulmanos em
> todas as nações ficaram horrorizados e não puderam acreditar no que
> vimos em nossas telas de TV.

Entre as pessoas boas ao lado dele estava Nihad Awad, membro
do CAIR – Council on American-Islamic Relations (Conselho para as
Relações Americano-Islâmicas) e defensor declarado do Hamas e, no que

diz respeito a Israel, *pelo menos* um terrorista totalmente comprometido (visando civis como um direito de "resistência").[6] Se Amir, o muçulmano americano fictício, totalmente assimilado e secular da peça *Disgraced*, de Ayad Akhtar, orgulhou-se em 11 de Setembro, imagine como ele deve ter se sentido ao ver as Torres Gêmeas desmoronarem?[7] Será que ele viu isso como uma tragédia cívica? Ou vingança contra os Estados Unidos por todas as indignidades que a sua proeminência presenteou aos triunfalistas muçulmanos?

Quanto aos "muçulmanos no mundo inteiro", o número que celebrou desenfreadamente não foi pequeno e incluía não apenas palestinos[8] e outros árabes muçulmanos, mas inclusive árabes não muçulmanos, como os cristãos libaneses. Uma jornalista italiana que estava em Beirute naquele dia ficou surpresa com o fato de que "90% dos árabes pensaram que a América merecia", uma resposta ouvida ao acaso dos celebrantes e logo confirmada por uma pesquisa egípcia que falou em 91%.[9] Mesmo que a imprensa partidária no Egito apoiasse a linha pró-americana de Mubarak, os jornais da oposição exultaram: "A alegria é uma obrigação nacional e religiosa".[10] O presidente sírio da Associação de Escritores Árabes escreveu: "Senti-me como alguém libertado do túmulo; meus pulmões se encheram de ar e eu respirei aliviado, como nunca havia respirado antes".[11] Médicos sauditas, treinados nos Estados Unidos (muitas vezes por médicos judeus) e seus pacientes que recebiam cuidados médicos ocidentais aplaudiram espontaneamente ao verem em suas TVs as Torres Gêmeas desabando.[12]

Infelizmente, o 11 de Setembro foi uma fonte de genuína alegria para os antiamericanos mundo afora, *a fortiori* para os muçulmanos antiamericanos, independentemente das expressões de simpatia das vozes diplomáticas, incluindo os aiatolás iranianos.[13] Apenas a mais fantástica e egocêntrica leitura da realidade poderia acreditar que os muçulmanos do mundo inteiro ficaram "tão horrorizados" quanto os americanos com relação ao 11 de Setembro. E, no entanto, é precisamente nisso que os jihadistas queriam que os *kuffār* acreditassem, e é isso que o presidente Bush garantiu ao seu povo que fosse verdadeiro. Era também em que muitos de nós, bons cidadãos, queríamos acreditar: "*creio que 99% dos árabes, por serem seres humanos, seriam totalmente contra o que aconteceu"*, escreveu uma pessoa – uma fórmula perfeita para chamar de racista qualquer um que discorde e uma fusão liberal clássica de humano e humanitário.[14]

Por um lado, é bom para nós pensarmos assim! Yitzhak Katznelson poderia exclamar sobre aqueles que passaram pelo Holocausto: "Bem-aventurados somos nós por não termos podido acreditar!"[15] Mas nós, que viemos depois, infelizmente, não podemos mais nos permitir o luxo de sermos incapazes de imaginar a malícia assassina coletiva.

O que nos leva à segunda proposição fantasiosa feita por Bush nesse discurso. "Esses atos de violência contra inocentes violam os princípios fundamentais da fé islâmica. E é importante que meus concidadãos americanos entendam isso." Na verdade, fontes muçulmanas genuínas – Alcorão, *Hadith*, Sharia e comentários – assumem posições que contradizem diretamente as afirmações de Bush. Nas versões mais beligerantes desse discurso triunfalista, os versos do Alcorão e da literatura subsequente clamam por violência contra os *kuffār* (infiéis).[16] De acordo com uma opinião não impopular entre os muçulmanos triunfalistas, não existe um infiel inocente: os *kuffār*, por definição "são culpados de não acreditar em Deus", literalmente (e deliberadamente) "encobrindo" a verdade da mensagem do Profeta.[17] Ou seja, algumas concepções islâmicas sequer reconhecem o *status* de "civis infiéis inocentes".

Ninguém ganha mais com essas ofuscações do que os próprios *caliphators* que empreenderam essa escandalosa guerra assimétrica e ainda precisam de cobertura enquanto sua guerra está em fase secreta. Os ocidentais podem pensar mal de Bin Laden, porém todos os demais muçulmanos, sejam eles pessoas "de boa vontade" ou profundos admiradores de Bin Laden, não devem ser culpabilizados. Os apresentadores de TV franceses do século XXI têm uma expressão favorita: *"pas d'amalgames"* – sem amálgama. Normalmente, eles usam tal expressão para dizer que não se podem agrupar os extremistas violentos com a "grande maioria de muçulmanos pacíficos moderados", que não devem ser alvo de suspeitas de que compartilham as crenças radicais dos jihadistas.[18] Ironicamente, Bush – e muitas pessoas que adotaram essa abordagem – fez um *amalgame* massivo de todos os muçulmanos (além dos fanáticos loucos), apresentando-os e as suas crenças como imagens espelhadas do cristianismo moderno. Todo mundo sabe que "nenhuma fé ensina as pessoas a massacrar inocentes".[19]

Mousab Hassan Youssef, ex-muçulmano, filho de um dos fundadores do Hamas, observou ameaçador: "Quando o líder do mundo livre diz que o islá é uma religião de paz, ele cria um clima perfeito para o terrorismo",[20] referindo-se a que os jihadistas que preparam suas campanhas terroristas operam de forma mais eficaz entre uma população infiel que acredita que os muçulmanos são pacíficos por princípios *religiosos*.

O presidente Bush leu então uma passagem do Alcorão para provar sua declaração anterior radicalmente equivocada sobre os princípios fundamentais da fé muçulmana:

> A tradução em inglês não é tão eloquente quanto o original em árabe, mas permitam-me citar o próprio Alcorão: "A longo prazo, o destino daqueles que cometeram o mal será pior, pois rejeitaram os sinais de Alá e deles escarneceram". (Alcorão, 30:10). A face do terror não é a verdadeira fé do islá. Não é sobre isso que o islá fala. Islá é paz. Esses terroristas não representam a paz. Eles representam o mal e a guerra.

Essa transição da citação para a conclusão é intrigante. Primeiro, Bush lê, como prova de que o islá é uma "religião de paz", uma passagem do Alcorão que não diz nada sobre a paz, mas se concentra na punição, no "mal que, finalmente, sobrevém aos que praticam o mal".[21] E que mal é esse que será punido tão severamente? Aquela ação que os triunfalistas muçulmanos consideram mais insuportavelmente ofensiva: pessoas que "rejeitam os sinais de Alá e deles escarnecem".

Em outras palavras, essa passagem, selecionada para a narrativa do presidente, pode nos dar um *insight* sobre a resposta de pessoas como Nihad Awad ao 11 de Setembro. Eram apenas punições pela arrogância americana ou, como disse o bom reverendo Wright em sua própria explosão de *Schadenfreude*, "as galinhas americanas voltando para o poleiro!".[22] Como um médico saudita explicou a um colega muçulmano em visita, treinado nos EUA: "É hora de você perceber: a América tem feito isso com pessoas em todo o planeta. Assassinato. Era a vez deles. Eles mereciam isso".[23]

Esse versículo, escolhido para provar que o "islã é paz", não tem nada a ver com paz, mas antes com punição. A sura* vem, de acordo com a cronologia muçulmana tradicional, no final da pregação inicial de Maomé em Meca (621 e.c.? = -1 AH), no limiar da mudança dos versículos mais pacíficos do Alcorão (anteriormente, de Meca) para os versículos da espada (de Medina). A sura é chamada de *al rum* (Roma) porque começa com profecias sobre o destino dos dois grandes impérios da época, Roma (bizantinos) e Pérsia (sassânidas). Na **narrativa apocalíptica** contemporânea do *caliphator*, os EUA são o segundo Ād**, o arrogante sobrevivente da destruição do grande Império do Oriente, a URSS, que caiu em 1991, pouco depois de a *jihad* de Bin Laden tê-los expulsado do Afeganistão em 1989.[24] Promete que os *kuffãr*, especialmente aqueles que ridicularizam os muçulmanos triunfalistas, acabarão por receber o castigo que merecem. Se esse "versículo eloquente" tem algum significado no contexto do 11 de Setembro, é que o ataque foi um prenúncio daquelas guerras de vingança e domínio por vir.

Então, se a lógica do versículo do Alcorão não tem nada a ver com a paz, por que apresentá-lo como uma prova da natureza pacífica do islã? Por que os conselheiros muçulmanos do discurso o mencionaram e ninguém teve a presença de espírito de apontar o problema? E se a lógica aqui é tão transparente, por que tantas pessoas, da direita e da esquerda, citaram por tanto tempo o discurso como se fosse uma grande contribuição para os princípios progressistas? Na verdade, quase uma década depois, quando a *jihad* global era muito mais forte do que em 2001/1422 AH, o *The New York Times* publicou um artigo de Samuel Freedman, elogiando Bush por esse discurso – uma das poucas coisas boas que ele disse durante seu mandato.[25] O colunista E. J. Dionne escreveu com carinho sobre esse "discurso extraordinário" em que Bush "defendeu os direitos dos muçulmanos americanos, quando era essencial fazê-lo".[26] E em resposta ao discurso contundente de Trump sobre os

---

* N.T.: Sura, surata ou surat é nome dado a cada capítulo do Alcorão.
** N.T.: Ād era uma tribo antiga na Arábia pré-islâmica mencionada frequentemente no Alcorão. Os membros da tribo, chamados de ãditas, formaram uma nação próspera até serem destruídos por uma violenta tempestade.

problemas com o islã, a filha de Bush retuitou o comentário de seu pai como uma repreensão.[27]

Um dos redatores dos discursos do presidente Bush explicou por que ele (e outros) pensavam que a resposta fosse adequada no momento – em si uma formulação clássica da mentalidade do ano 2000. As declarações presidenciais sobre o islã como uma religião pacífica não são apenas apropriadas, mas "teologicamente sofisticadas", porque os presidentes deveriam promover a causa daqueles que defendem valores consistentes com a governança democrática.

> *Toda* tradição religiosa tem elementos de tribalismo e violência em sua história, seus antecedentes e sua teologia; e toda tradição religiosa tem elementos de respeito pelo outro. E você enfatiza, como líder político, um em detrimento do outro na causa da democracia. Essa é uma grande tradição americana que fizemos com todas as religiões que chegam aos Estados Unidos – incluindo-as como parte de um empreendimento natural e louvando-as por suas convicções religiosas fortemente arraigadas e enfatizando as partes mais compatíveis com esses ideais.[28]

A lógica claramente parece inescapável para Michael Gerson: se você quer que as pessoas sejam pacíficas, trate-as pacificamente, as inclua, as elogie e enfatize o que você [pensa que] têm em comum com elas.

Entretanto, essa é uma retórica terapêutica, concebida para atrair as pessoas para o mundo ocidental da democracia de soma positiva e uma esfera pública livre, não uma descrição realista do islã triunfalista ou de muitas das reações na comunidade muçulmana, inclusive nos Estados Unidos. Por exemplo, em um comício realizado em Lafayette Park, Washington, DC, menos de um ano antes do 11 de Setembro, Abdurahman Alamoudi, conselheiro do presidente Clinton para Assuntos Muçulmanos, mais tarde considerado culpado de arrecadar fundos para organizações terroristas, perguntou aos presentes se, como ele, apoiavam o Hamas (os criadores do terror suicida islâmico). Os participantes assentiram aos gritos, enquanto Mahdi Bray, um negro americano convertido ao islã e importante ator no futuro "movimento antiguerra", expressou sua aprovação erguendo o punho em sinal de vitória. Alamoudi então clamou por *takbir* – o chamado para reconhecer a fé –, ao qual a multidão respondeu "Allahu Akhbar" (Alá é Grande).[29] Enquanto a Comissão do 11 de Setembro admitia que a Inteligência dos EUA não previu o terrorismo suicida, os líderes muçulmanos americanos, os *caliphators*, haviam promovido publicamente o terrorismo suicida muçulmano durante anos, visando a civis infiéis (israelenses).

Em Londres, em 18 de novembro de 2001 (cinco semanas após o 11 de Setembro), dezenas de milhares de pessoas se reuniram para protestar contra a guerra no Afeganistão que estava por vir. Mais tarde, um dos participantes muçulmanos recordou-se como o "clima de reconhecimento e de aceitação foi sintetizado... quando o *adhaan* (chamado para a oração) – era o mês do Ramadã – foi anunciado em uma Trafalgar Square lotada e silenciosa a fim de reverberar no coração do império, e assim inscrever mais uma linha na história pós-colonial da Grã-Bretanha".[30] Isso significa que, em sua mente, o respeito que os infiéis demonstram naquele dia, publicamente, no coração do (antigo) império prefigurou a integração do islá como outra religião civil que renunciou ao seu imperialismo triunfalista e qualquer recurso à coerção e à violência? Ou que isso prefigura a queda do antigo império nas mãos dos imperialistas que agora respondem a esse chamado de devoção a Alá?

A retórica terapêutica sobre o islá ser uma religião de paz e a "vasta maioria dos muçulmanos" considerados "moderados" ignora deliberadamente a possibilidade de que suas convicções religiosas fortemente arraigadas – pelas quais os elogiamos, projetando nelas nossa mentalidade cívica – não são tão amigáveis assim. Ignora que os elementos tribais estão em jogo com mais força no islá atual – triunfalismo, supersessionismo, imperialismo – do que em qualquer outra grande religião à qual as democracias tenham estendido o direito de desfrutar de sua generosa (e, historicamente, extremamente rara) esfera pública da liberdade religiosa.

A forma como os muçulmanos interpretam o comando do Alcorão *Al-Walā' wal-Barā'* – ame o bem e odeie o mal –, por exemplo, deveria ser importante para os infiéis.[31] A maioria dos ocidentais, inclusive supostos especialistas, não sabe ou não gosta de insistir na frequência com que a **exegese** dessa frase é tribal, de soma zero: ame o bem (todos os seus semelhantes muçulmanos), odeia o mal (todos os descrentes). Essa interpretação reflete a noção básica pré-moderna de justiça, ou seja, o meu lado, esteja certo ou errado.[32] Como uma reivindicação religiosa, ela é ao mesmo tempo supersessionista e triunfalista, e interage mal com o monoteísmo cívico; na verdade, destrói qualquer crescimento do monoteísmo cívico ao tratar muçulmanos "frouxos" como apóstatas, que merecem a morte.

A extensão geral do *status* de "muçulmanos moderados e pacíficos" a todos, exceto os jihadistas mais violentos e seus adeptos declarados ignora a possibilidade de que alguns (quantos?) muçulmanos se opõem a uma esfera pública na qual as pessoas – *kuffār*! – possam dizer coisas que ofendam os muçulmanos, em vez de demonstrar respeito, como deveriam, pela honra muçulmana. Ignora a possibilidade de que tais muçulmanos hostis (mais uma vez, quantos?) explorarão sistematicamente a nossa boa vontade em benefício dos seus objetivos imperialistas, e que a primeira vítima dos seus desafios e tomadas de poder serão os mais fracos entre o seu próprio povo, especialmente as mulheres muçulmanas. Elas não têm nenhuma proteção contra os *caliphators* nos países de maioria muçulmana e, certamente, não têm proteção contra progressistas ocidentais, especialmente feministas, que tanto se empenham para não ofender aqueles que afirmam falar pela "grande maioria dos muçulmanos".[33] Essa ignorância constitui uma espécie de ingenuidade agressiva construída sobre uma profunda negação até mesmo da possibilidade de más notícias sobre os muçulmanos.

É uma paródia na vida real da piada da Guerra Fria: nessa versão atualizada, um liberal gaba-se para um muçulmano sobre como as democracias são livres. "Ora, eu poderia ficar de pé no gramado da Casa Branca e dizer que o presidente dos Estados Unidos é um idiota, e eu poderia ensinar nos púlpitos das escolas de teologia que a Bíblia é um documento histórico escrito não por Deus ou por seus profetas, mas por charlatães políticos muitos séculos depois." E o muçulmano responde: "Eu poderia fazer o mesmo". Quando a piada é à sua custa, quando você estiver disposto a aceitar essa resposta como uma defesa legítima do islã, não importa o quão inteligente você seja, não vai conseguir identificar os muçulmanos triunfalistas que o têm como alvo, mesmo quando abusam de suas comunidades, de suas mulheres e de seus filhos.[34] Na verdade, os estúpidos acabam declarando que chamar um presidente progressista de idiota, é uma ofensa digna de demissão.[35]

Contudo, esse é precisamente o problema que os americanos enfrentaram (e, embora não o soubessem, também infiéis ocidentais por toda parte), após o 11 de Setembro. Como foi o caso de Zuhdi Jasser, um cidadão americano muçulmano, que descobriu, ao tentar angariar o apoio muçulmano público aos Estados Unidos – aquele lugar raro no mundo no qual todos os muçulmanos poderiam praticar livremente sua devoção ao islá em paz (certamente não no mundo muçulmano) – que grande parte da liderança na comunidade islâmica, tanto a religiosa como a leiga, não só se recusou a aderir, como também se opôs ativamente a ele.[36] E, em geral, a mídia favoreceu e deu muito mais atenção a esses oponentes radicais de uma sociedade aberta.*

O problema vai muito além de uma simples contradição: por exemplo, o fato de que o versículo do Alcorão sobre punição não oferece nada remotamente parecido com uma prova da afirmação de que o islá é uma religião de paz. O verdadeiro problema diz respeito a qual leitura se torna dominante: o discurso de Bush faz todo o sentido como uma exigência estratégica de *da'wa* ("convocação", proselitismo), operando como um complemento à *jihad*: pede ao infiel que negue que a violência tenha algo a ver com o islá, uma "religião de paz" e compaixão, mesmo quando deixa claro para os "*kuffār* zombeteiros" que, "se vocês querem paz, então agradem a Alá e não ofendam os muçulmanos". É assim que se evita ser alvo da violência jihadista.

Portanto, o presidente dos Estados Unidos, a nação mais poderosa do planeta, personificação do sucesso da modernidade, hegemonia de

---

* N.T.: Conceito originalmente criado pelo filósofo Henri Bergson em 1932 e desenvolvido por Karl Popper em *A sociedade aberta e seus inimigos*, em 1945. Em sociedades abertas o governo é responsável e tolerante, e os mecanismos políticos são transparentes e flexíveis. É uma sociedade não autoritária, em que todos são respeitados, com o conhecimento de todos. Liberdade política e direitos humanos são os princípios fundamentais que regem a sociedade aberta.

um período de excepcional paz e produtividade pós-Segunda Guerra Mundial, centro de uma cultura vigorosa que, por meio de revoluções tecnológicas nos transportes e nas comunicações, preencheu o mundo inteiro com a sua presença, acabava de responder a um ataque espetacular em seu coração fazendo um discurso que sistematicamente desinformou os *kuffãr* – seus compatriotas americanos – e agitou a bandeira da *jihad* diante dos muçulmanos triunfalistas no mundo inteiro.

Devido a declarações que literalmente inverteram a realidade e o equilíbrio de forças entre uma sociedade aberta e tolerante (quaisquer que sejam as suas falhas), por um lado, e uma sociedade vingativa e opressora (transbordando de falhas), por outro, pelo menos pelos padrões progressistas, esse discurso, escrito e proferido por George Bush em 16 de setembro de 2001, no Centro Islâmico de Washington, está entre os mais prejudiciais. Essa foi literalmente uma enorme vitória na guerra cognitiva do islá, enquanto a fumaça ainda aumentava no marco zero, e uma perda correspondentemente prejudicial para o Ocidente. Poderíamos ficar tentados a vê-la como uma Nakba para a cultura global civil, um colapso da Linha Maginot da cultura democrática. Bem-intencionado, sem dúvida; mas não se deve promover um comportamento virtuoso com tais imprecisões cruciais.

Pesquisadores que estudaram o islá antes do efeito *pós-colonial* de Said (década de 1980 em diante) poderiam ter respondido ao discurso de Bush dando gargalhadas, uma vez que conheciam a longa e sangrenta história islâmica tanto da *jihad* (muçulmanos matando infiéis) quanto da *fitna* (muçulmanos matando muçulmanos), que remontam à vida do Profeta e imediatamente após sua morte.[37] Se tivessem cursado um mínimo de Estudos Religiosos, saberiam que a guerra imperialista mantida pelo islá durante seus primeiros séculos superou a de qualquer outra fé monoteísta.[38] Também teriam conhecido o impacto dessas hostilidades violentas contra infiéis e hereges na própria linguagem do Alcorão, na sua exegese e na forma como a sangrenta divisão entre sunitas e xiitas que ressurge hoje com violência impensável, do Iêmen a Al-Shams (Levante), desde o acordo de Obama com os xiitas no Irã, tem conduzido a Arábia Saudita em direção a Israel (!).

É verdade que todos queríamos, para o bem da sociedade civil que prezamos, que nosso líder acalmasse as águas da violência dos justiceiros contra os muçulmanos americanos, contra essa pequena minoria, que *não* era culpada desse terrível ato. Então, pode-se aprovar o discurso como retórica terapêutica, talvez, mas não como uma descrição da realidade empírica. Seria de esperar que nossos profissionais da informação, que eram mais espertos, organizassem um colóquio nacional em que os infiéis aprendessem sobre o triunfalismo muçulmano, a visão de mundo daqueles muçulmanos que nos atacaram, e tentassem entender por que tantos aplaudiram, manifesta e privadamente, um golpe tão poderoso contra os *kuffãr*, especialmente contra os *kuffãr* mais poderosos, os "EUA". Esperaríamos, no mínimo, que depois do 11 de Setembro, os descrentes americanos aprendessem, com seus professores, seus jornalistas, seus intelectuais públicos, sobre *Dar al Islam, Dar al Harb, jihad* militar, várias interpretações de *Al-Walã' wal-Barã'*, e as leis do *dhimmã*.

Isso não aconteceu de forma alguma.[39] Ao contrário, tanto os pesquisadores como os jornalistas se esforçaram bastante para promover o discurso de Bush. Mesmo – especialmente – na representação dos agressores no memorial do 11 de Setembro.[40] E em todos os lugares, desde os currículos escolares aos grupos de diálogo, às restrições do Departamento de Segurança Interna dos Estados Unidos, encontramos os efeitos dessa afirmação bizarra de que o islã significa paz e nada mais. Alguma violência envolvida? Não pode ser o islã. Como Brian Paddick disse em nome da força policial de Londres após os ataques de 7 de julho de 2005: "*Na minha opinião, islã e terroristas são duas palavras que não andam juntas*".[41]

Então, esse mesmo recurso narrativo passou da elevada retórica diplomática da TV global (ou seja, discurso para salvar aparências) à Inteligência de segurança (ou seja, autodefesa). Que vitória de guerra cognitiva para os *caliphators*! Suficiente para inspirar alguns a acreditarem

---

* N.T.: Um contrato teórico estabelecido com base numa doutrina islâmica amplamente difundida que concede direitos e responsabilidades limitadas aos seguidores do judaísmo, cristianismo e algumas outras religiões não islâmicas.

que essa ideia maluca da supremacia global islâmica talvez pudesse ter uma chance. É possível que alguém possa ser perdoado por levar Bin Laden a sério quando ele afirmava ser a força dominante. É claro que, se alguém dissesse isso em voz alta, corria o risco de ser acusado de islamofobia paranoica por sugerir que a mensagem jihadista tinha grande ressonância no interior da *ummah*, e a resposta daqueles ansiosos por minimizá-la atendia aos objetivos dos *caliphators*.

E, com certeza, os americanos elegeram duas vezes para o cargo um presidente que assumiu ainda mais a "política" de Bush em relação ao islá, argumentando que ele é, por definição, uma religião pacífica e que qualquer violência proveniente de muçulmanos não tem nada a ver com o islá e seus ensinamentos, e dizê-lo é insultar a grande maioria – "99,9%" (!) – de muçulmanos moderados que rejeitam "essa interpretação medieval do islá".[42] Isso levou a alguns momentos sombrios e cômicos nas audiências do Congresso, onde funcionários do governo pareciam autômatos programados para não pensar, mas para repetir a novilíngua.[43] Na verdade, no discurso público aceitável, quem quer que falasse sobre vários aspectos do triunfalismo muçulmano – islamismo, Sharia, *jihad*, *Al-Walā' wal-Barā'* – era automaticamente relegado às margens da esfera pública; eles eram *islamofóbicos*, empenhados em piorar as coisas, fomentadores do ódio que encorajavam as pessoas a não gostarem dos muçulmanos e do islá. Como não conseguirão que suas opiniões cheguem à imprensa convencional, publicam-nas onde "pessoas boas" não leem.

Algumas agências tradicionais de notícias filtraram sistematicamente qualquer conhecimento sobre ensinamentos e atitudes islâmicas beligerantes. A BBC parecia implementar a política de manter separados o terrorismo e o islá. Assim, quando Stephen Sackur, apresentador do *HardTalk* da BBC, entrevistou o islâmico radical Anjem Choudhary após o sistema de transporte público de Londres ter sido alvo de atentados terroristas em 7 de julho (2005), ele primeiro descobriu que, segundo alguns muçulmanos, nenhum não muçulmano era inocente; que os infiéis eram, por definição, culpados de rejeitar o islá.[44] Sackur ficou atordoado. "Você quer dizer que quando Omar Bakri, líder do

Hizb-ut-Tahrir*, condena o assassinato de inocentes nos ataques de 7 de julho, ele está falando apenas sobre muçulmanos?". Exatamente.

Já nos meados do novo século, quando falei para plateias, fossem elas compostas por leigos, acadêmicos ou mesmo membros do Departamento da Segurança Interna, a maioria das pessoas ainda não sabia o que *Dar al Islam* e outros termos triunfalistas importantes significavam.[45] O que mais poderiam os **caliphators da'i** esperar do que líderes *kuffãr* que desinformam seu próprio povo sobre o inimigo que enfrentam? Essa proibição autoimposta de discutir o "islã radical" causou uma cegueira crítica entre os elaboradores ocidentais de políticas e os coletores de informações de inteligência; produziu a desorientação cognitiva incorporada no termo sem sentido "guerra ao terror". Consequentemente, fortaleceu os *caliphators* e enfraqueceu os muçulmanos menos agressivos que eles visavam como frouxos, se não apóstatas. Esse enfoque continua a gerar uma catástrofe contínua na qual os progressistas ocidentais validam os vitimizadores como vítimas (resistentes) (por exemplo, jihadistas palestinos) e abandonam as minorias religiosas dissidentes no Oriente Médio – judeus, drusos, beduínos, maronitas, cristãos, zoroastristas, iazidis, berberes – à mercê desses triunfalistas predadores.[46] Somente Israel tem resistido com sucesso... provocando histeria moral em alguns cantos do Ocidente.

De onde provém essa ignorância crítica, possivelmente fatal, sobre um inimigo que declarou abertamente guerra à sociedade ocidental?

Há muitas respostas, a maioria das quais envolve alguma admissão do medo de ofender os muçulmanos triunfalistas (ver a seguir, capítulo "*Dhimmitude* preventiva"), mais proeminente na recusa da mídia em usar a palavra *terror* para jihadistas que atacam civis (ver a seguir). Primeiro, examinarei duas explicações para as atitudes de autoenfraquecimento em relação ao islã que ilustram menos o impulso dos jihadistas do que a atração de uma loucura ocidental peculiar que os *caliphators* exploram sistematicamente para atacar o Ocidente.

---

* N.T.: Em árabe, Partido da Libertação, é uma organização internacional sunita pan-islamista e fundamentalista, cujo objetivo é unificar os países muçulmanos em um único Estado Islâmico ou califado, regido por lei islâmica e com um califa chefe de Estado eleito por muçulmanos.

# BAUDRILLARD E O CASAMENTO
# DO MASOQUISMO PÓS-MODERNO
# E DO SADISMO PRÉ-MODERNO

No dia seguinte ao 11 de Setembro, em todo o mundo ocidental, o choque foi palpável e a simpatia pelas vítimas – cerca de 3 mil americanos mortos, entre eles muçulmanos – generalizada, pelo menos nos círculos diplomáticos. Foram inúmeras as expressões de condolências e simpatia, até mesmo do Irã e de Yasser Arafat (que, para compensar as celebrações embaraçosas do seu povo, fingiu doar sangue para ajudar as vítimas que foram feridas no ataque), apenas para ser desprezado pela imprensa árabe por não ter apoiado o seu povo e por se exibir.[47] O notoriamente antiamericano *Le Monde* antecipou a *hashtag* *#WeAreAll*[preencha a lacuna com as últimas vítimas do terrorismo], com um editorial intitulado "*Today, We Are All Americans*" (Hoje, somos todos americanos). Nele, além das alfinetadas obrigatórias nos EUA por darem à luz esse demônio (Bin Laden), o editorial observou que qualquer tentativa de justificar o ataque como uma guerra em nome do pobre terceiro mundo iria

> atribuir aos autores dessa loucura assassina "boas intenções" ou algum projeto em que devem vingar os povos oprimidos contra o seu opressor único, a América. Isso lhes permitiria reivindicar o manto da "pobreza" – uma ofensa, uma injúria dirigida aos povos genuinamente empobrecidos em todo o mundo! Que hipocrisia monstruosa. Nenhum dos que contribuíram para essa operação pode fingir querer o bem da humanidade. Eles não querem um mundo melhor e mais justo. Querem obliterar o nosso mundo do mapa.[48]

Empiricamente preciso, exatamente no nível correto da "nossa" solidariedade" (das democracias ocidentais), moralmente aguçado, em prosa límpida. De fato, não estupidamente pró-*jihad*. E dado o antiamericanismo profundamente enraizado do *Le Monde*, bastante impressionante em sua generosidade de espírito. Quando querem, os franceses conseguem pensar e escrever com clareza.

90

E ainda assim, duas semanas depois, o mesmo *Le Monde* publicou um artigo de Jean Baudrillard, um importante sociólogo e filósofo (dois termos franceses para teóricos críticos na vanguarda do discurso acadêmico), no qual ele articulou precisamente os sentimentos que os editores haviam rotulado como "hipocrisia monstruosa" apenas alguns dias antes.

> Toda a verborragia e os comentários revelam uma ab-reação gigantesca ao próprio acontecimento e ao fascínio que ele exerce. A condenação moral e a união sagrada contra o terrorismo igualam-se ao prodigioso júbilo gerado ao testemunhar essa superpotência sendo destruída [sic]; melhor, ao vê-la mais ou menos autodestrutiva, chegando mesmo a suicidar-se de forma espetacular. *No entanto, foi ela [os EUA] que, através do seu poder intolerável, gerou toda aquela violência que se espalha pelo mundo e, portanto, essa imaginação terrorista que – inconscientemente – habita todos nós.*
>
> *O fato de termos sonhado com esse acontecimento – pois todos, sem exceção, sonharam com isso, porque todos devem sonhar com a destruição de qualquer poder hegemônico a esse grau – é inaceitável para a consciência moral ocidental, mas ainda é um fato,* justamente medido pela violência patética de todos os discursos que tentam apagá-lo.[49]

Aqui a clareza moral dos editores se transforma em uma monstruosa hipocrisia de *Schadenfreude* pelo sofrimento dos Estados Unidos, disfarçada como um senso universal de ofensa moral ao colosso americano.[50] (Entretanto, tem uma certa honestidade refrescante: "todos se alegraram, não acreditem nas devoções hipócritas daqueles que expressam suas simpatias".) Ao mesmo tempo, Baudrillard fez precisamente aquilo contra o que os editores do *Le Monde* tinham acabado de alertar: glorifica a "luta pela liberdade" dos jihadistas que desferiram um golpe mortal na sufocante hegemonia americana [sic] ("poder intolerável" ou o que Said chamou de "alcance assustadoramente global da última superpotência restante".[51]) Por mais aberrante que possa parecer para algumas sensibilidades (no que se refere a empatia e valor da vida humana), essa se tornou uma abordagem definidora da esquerda: um socialista francês opinou um mês depois do 11 de Setembro: "O islã, no fim das contas, são os pobres. E nos irrita [nós, bravos socialistas] (*ça fait chier*) [ver os EUA] derrotarem os pobres".[52]

É necessário um tipo especial de "desejo maligno", para usar o termo do próprio Baudrillard, para ficar com tanta inveja e ressentimento pelo sucesso alheio (nesse caso, um aliado/rival histórico e civilizacional na criação das sociedades democráticas, que por duas vezes, desde tempos memoráveis, salvou os europeus da sua própria loucura), que se alegra com um ataque como o de 11 de Setembro. Aplaudir o golpe contra os americanos, mesmo quando essa "hegemonia" tem sido muito mais benéfica e muito menos autoritária em relação a nações ou povos mais fracos do que qualquer hegemonia anterior na história, sobre a qual tinham enorme vantagem militar, reflete um egocentrismo espantoso, em que a superioridade americana em relação à França/Europa é mais insuportável do que ataques massivos a infiéis "inocentes". Um ato de *mauvaise foi* (má-fé) digno da pena de Sartre no auge de sua idiotice útil... o começo de um genuíno *huis clos* (sem saída).[53]

Parece difícil conceber tal reação quando a força (*jihad*) que desferiu o golpe contra o seu par civilizacional (EUA) também busca vingança contra a sua própria nação (França), conhecida pelos seus massacres impiedosos de civis muçulmanos na Argélia,[54] uma força que odeia os iconoclastas progressistas mais do que ninguém à exceção dos judeus. Quem ataca os amigos e apoia os inimigos? A resposta, no mundo da dinâmica da vergonha-honra, é: "os fracos". Como se defender dessa consciência? Adotar o silogismo tolo: "Coragem é atacar os mais fortes, e os Estados Unidos são mais fortes".[55]

Na Inglaterra, pessoas como Seumas Milne, no *The Guardian*, afirmaram a verdadeira "lição" do 11 de Setembro: que os americanos, tolos e cabeças-duras que são, não podem entender por que são odiados, por que esse ataque representou "fazer algo que fomenta disputas e que eles próprios semearam", entre outras coisas, aliando-se a Israel contra os pobres palestinos.[56] Todo o seu artigo está envolto numa serena certeza de que essa é a única leitura viável dos acontecimentos mundiais. Mais uma razão pela qual a causa palestina prendeu a esquerda em uma política de ódio.

E muitos americanos, especialmente de esquerda, concordaram. Susan Sontag imediatamente ofereceu uma explicação ocidental condescendente ao ataque como se seus motivos fossem óbvios para todos:

> Onde está o reconhecimento de que esse não foi um ataque "covarde" à "civilização" ou "à liberdade" ou "à humanidade" ou "ao mundo livre", mas um ataque à autoproclamada superpotência mundial, empreendido como consequência de alianças e ações americanas específicas? Quantos cidadãos estão cientes do bombardeio americano em curso no Iraque? [...] No que tange à coragem (uma virtude moralmente neutra): o que quer que se diga dos perpetradores do massacre de terça-feira, eles não eram covardes.[57]

Judith Butler descreveu o 11 de Setembro como um "deslocamento do privilégio do primeiro mundo, por mais temporário que seja",[58] em que o "privilégio do primeiro mundo" e o "poder intolerável" descreveram o mesmo vilão da grande narrativa. Michael Walzer, pensador progressista de longa data, ao refletir sobre a culpa gerada pelo desfrute dos privilégios de viver nos EUA, fez uma lista das emoções que surgem em resposta – "ressentimento purulento, raiva encravada e ódio de si mesmo" e então concluiu:

> Certamente, todas essas emoções eram evidentes na reação da esquerda ao 11 de Setembro, na falha em registrar o horror do ataque ou reconhecer a dor humana que causou na *Schadenfreude* de tantas das primeiras respostas, da alegria mal oculta pelo fato de o Estado imperialista ter finalmente conseguido o que merecia.[59]

Sensatamente, Walzer temia que ceder a essas emoções "tornasse impossível sustentar uma política decente (inteligente, responsável, moralmente matizada)". Salman Rushdie expressou preocupações semelhantes: os EUA enfrentam "um inimigo ideológico que pode revelar-se mais difícil de derrotar do que o islã militante: isto é, o antiamericanismo, que já então tomava o mundo de assalto".[60]

Dada a escolha entre a clareza moral e o empirismo fundamentado da reação inicial dos editores do *Le Monde*, por um lado, e a *Schadenfreude* compulsiva, autodestrutiva e moralizante, de Baudrillard, por outro, a cultura francesa mudou decisivamente contra os EUA e em direção à alegria de ver um rival ser atacado. Um pesquisador francês fez a seguinte observação sobre o antiamericanismo:

> A fúria das respostas testemunhou um profundo horror à ideia de que alguém poderia se autodenominar "americano" e, assim, anular, mesmo que apenas durante uma crise, o longo trabalho de diferenciação entre "nós" e "eles" que tem mobilizado, durante mais de um século, boa parcela das energias intelectuais francesas.[61]

Os intelectuais franceses tinham os seus próprios instintos "tribais", "nós-eles", instintos invejosos, aos quais se entregavam ao máximo.

Nidra Poller descreveu a mudança repentina ocorrida após o ataque de Bin Laden: se Al-Durrah soava como a sentença de morte para o sionismo no discurso público francês, então o 11 de Setembro fazia o mesmo com relação aos EUA. Retornando dos EUA a Paris poucas semanas depois do 11 de Setembro, Poller sentia na pele o antiamericanismo na sociedade parisiense.[62] Conversas à mesa do jantar, em seminários, manifestações de rua... *le tout Paris* entregou-se a uma celebração coletiva de *Schadenfreude* pelo infortúnio dos Estados Unidos. Baudrillard, tal como Catherine Nay, falou em nome de muitos quando afirmou que *todos* nós nos rejubilamos ao ver uma hegemonia tão sufocante receber um golpe tão doloroso. Os EUA mereceram.

Em 2002, Philippe Roger publicou uma história de longos séculos das relações infelizes da Europa com os Estados Unidos, algo em que ele vinha trabalhando havia muitos anos. Ele se recusou a comentar sobre o 11 de Setembro: "A coleção de idiotices (*le sottisier*) nas reações francesas ainda precisa ser compilada, mas me falta coragem".[63] Jean François Revel, num livro concebido em 2000, mas escrito depois do 11 de Setembro, critica, no capítulo "Por que tanto ódio? E por que tantos erros?", os jornalistas narcisistas que, para alimentar a sua indulgência "em sonhos de uma superioridade fictícia", traem seus públicos ao desinformá-los dramaticamente sobre um tópico tão importante quanto os Estados Unidos.[64] Em 2004, Paul Hollander publicou uma coletânea de ensaios sobre o antiamericanismo no mundo inteiro, com forte ênfase no delírio que caracterizou seu comportamento pós-11 de Setembro.[65] A obra *Uncouth Nation: Why Europe Dislikes America*, de Andrei Markovits, relata em detalhes sangrentos a triste história dos primeiros anos da década de 2000.[66]

O discurso europeu estava repleto de *Schadenfreude*, alimentado por crenças amplamente críveis de teorias da conspiração, sobre como George Bush e o governo dos EUA planejaram e executaram o ataque para justificar uma guerra contra o islã. Essa hostilidade aos EUA em nome de "paz e justiça" tornou-se emblemática tanto das elites europeias quanto do movimento que se autodenominava "a esquerda progressista global". Para eles, a hegemonia americana, o domínio de uma (ironicamente denominada) cosmovisão "eurocêntrica", converteu-se no grande inimigo da liberdade e da justiça. O **paradigma pós-colonial**, amplamente articulado por Michael Hardt e Antonio Negri no livro *Império*, em 2000, dominou o discurso acadêmico. Nessa leitura da história global, o imperialismo ocidental na sua forma capitalista global é a pior e a mais invasiva força de todos os tempos, e os EUA, a mais sufocante das potências hegemônicas.[67]

Na Inglaterra, talvez um pouco depois do antiamericanismo pioneiro da França, o 11 de Setembro provocou uma onda de antissemitismo [!]. Petronella Wyatt, uma proeminente jornalista londrina observou, em dezembro de 2001, que, "desde 11 de Setembro, o antissemitismo e a sua expressão manifesta tornaram-se respeitáveis às mesas de jantar em Londres", e um colega, leitor do *The Guardian*, comentou: "Bem, os judeus estavam pedindo por isso e agora, graças a Deus, podemos finalmente dizer o que pensamos".[68] Como para provar a veracidade do comentário de Wyatt, três semanas depois, em um daqueles jantares, o diplomata francês Daniel Bernard referiu-se a Israel como aquele "pequeno país de merda" que estava levando o mundo à Terceira Guerra Mundial.[69] Jonathan Sacks, então rabino-chefe da Grã-Bretanha, admitiu que havia descartado preocupações sobre uma nova onda de antissemitismo que havia compartilhado com ele num encontro em 1999; no entanto, depois do 11 de Setembro, ele disse: "Landes estava certo".[70] Num artigo sobre a terceira onda de antissemitismo em 2002 (próximo capítulo), Michel Gurfinkiel observou dois picos anteriores: depois do episódio de Al-Durrah e novamente depois do 11 de Setembro.[71]

Markovits, ao pesquisar seu *Uncouth Nation*, descobriu que o antiamericanismo e o antissionismo europeus não eram, como ele pensava, "primos se beijando", mas "gêmeos".[72] E um de seus (muitos) aspectos comuns diz respeito à virulenta reação – no século XXI quase histérica – entre os europeus quando qualquer um desses dois países exerce força militar. O *crescendo* dessa hostilidade aberta tanto relativa a Israel como aos EUA ocorreu em 2003, com as manifestações antiguerra que varreram o mundo.

> Um mais dois mais três: da extrema esquerda à extrema direita, todos na política francesa – simples ativistas, membros do Parlamento, sindicalistas, ministros e o chefe do Estado em uníssono – estão delirando contra a intervenção no Iraque: "*Bush é igual a Sharon que é igual a assassino*" é o canto da rua. "Sharon é igual a Bush que é igual a desrespeito pelo direito internacional", é o pronunciamento nos *salons*. A ascensão do antissemitismo não é realmente um resultado da intifada, mas um irmão gêmeo da onda de antiamericanismo que atingiu as costas da Europa desde o 11 de Setembro e inundou o continente desde a Guerra do Iraque.[73]

Eu discordaria dessa descrição astuta apenas em sua cronologia. Ao focar os Estados Unidos, Markovits perdeu o prelúdio da loucura que ele e a maioria de nós só percebemos pela primeira vez com as respostas delirantes ao 11 de Setembro. Porém, desde a eclosão da intifada no outono de 2000, os europeus estavam empenhados em virulentas invectivas antissionistas, das ruas aos mais altos níveis do Estado – Israel se tornara um estado pária na mente de muitos por quase um ano antes do 11 de Setembro.[74] E, claro, os EUA eram o principal (e único) apoiador de Israel.

A loucura, iniciada em 30 de setembro de 2000, atingiu as grandes estruturas da Linha Maginot cultural que defende as sociedades democráticas; os valores cívicos já haviam desmoronado na França, deixando uma mácula cada vez maior de territórios perdidos para a República – bairros, subúrbios, escolas.[75] Tornou-se um consenso entre os progressistas globais em Durban, em agosto-setembro de 2001: ali, as ONGs de "direitos humanos" criticaram os EUA e Israel por racismo e escravidão, em coro com nações e povos que ainda praticavam a escravidão e exalavam ódios racistas. Os progressistas globais adotaram a narrativa apocalíptica jihadista: os EUA e Israel eram os dois Satás. Essa resposta – culpem os EUA e Israel, tomem partido dos muçulmanos, até mesmo dos jihadistas – esteve no cerne do colapso que começou em 2000 e, ao longo dos anos e décadas seguintes, continuou a aumentar a loucura.

Ao lado de Baudrillard, por exemplo, nas mesmas páginas do *Le Monde*, Jacques Derrida, o pai da desconstrução pós-moderna, acusou igualmente o Ocidente de terrorista. "Se podemos impedir o sofrimento humano e não o fazemos, isso não é terrorismo?".[76]A resposta simples a essa pergunta retórica é: "Não, isso seria o uso abusivo de um termo importante". O que Derrida descreve como terrorismo é a incapacidade de viver à altura das mais elevadas aspirações humanas (messiânicas) de bondade para com todas as pessoas, um padrão extraordinariamente elevado, sem precedentes na história da humanidade. Não é *visando* civis.

O americano Noam Chomsky levou a mentalidade do ano 2000 um passo adiante. Os Estados Unidos não são *tão maus* quanto os jihadistas do 11 de Setembro, são piores!

> Os ataques terroristas [de 11 de Setembro] foram grandes atrocidades. Podem não atingir em escala o nível de muitos outros, por exemplo, o bombardeio do Sudão sem nenhum pretexto credível, destruindo metade de seus suprimentos farmacêuticos e matando um número desconhecido de pessoas (ninguém sabe quantas, porque os EUA bloquearam um inquérito na ONU e ninguém se importa em implementá-lo).

Chomsky estimou mais de dezenas de milhares de mortes com base num cálculo de quem *poderia ter* morrido por falta de medicamentos que a fábrica *teria* produzido (já que só uma pessoa morreu no bombardeio).[77] Ele insistiu que a acusação de que os americanos estavam matando dezenas de milhares de muçulmanos de forma arbitrária não justificava o ataque de Bin Laden. Bin Laden, por outro lado, não hesitou em chegar a essa conclusão, assim como o reverendo Wright em seu sermão no qual citou o bombardeio da fábrica no Sudão, juntamente com seu próprio acréscimo de que "matamos centenas de pessoas trabalhadoras, mães e pais que saíram de casa naquele dia, sem saber que nunca mais voltariam".[78] Isso não é história, são notícias falsas transformadas em armas.

Chomsky não estava sozinho nem mesmo entre os americanos. De fato, ele foi amplamente apoiado, explícita ou implicitamente, sobretudo no universo acadêmico. Phyllis Chesler descreve a conversa com uma professora feminista em uma faculdade americana: "Depois do que fizemos na Guatemala e todas as nossas outras ações sujas na América do Sul, você não pode dizer que não merecemos esse revide do dia 11 de Setembro. Você entende que os Estados Unidos merecem ser odiados em todos os lugares, não é?".[79] De fato, a ideia do "Por que eles [justificadamente] nos odeiam?" foi difundida de forma viral, especialmente nos círculos cristãos **pós-modernos**, pós-coloniais e liberais.[80] O eixo do mal aqui replicou precisamente o que os teocratas iranianos insistiam desde 1400 AH: o grande e o pequeno Satás, no jargão secular, o imperialismo americano e o colonialismo israelense. Para esses pensadores, a pergunta "Por que eles nos odeiam?" era retórica. "Por que eles *não* nos odiariam? [Nós os odiamos.]"

Dois dias depois do 11 de Setembro, alguns intelectuais alemães discutiram o significado dos acontecimentos em um fórum público na Academia de Artes de Berlim. Em determinado momento, uma mulher na plateia interveio com uma extensa crítica aos EUA por, entre outras coisas, "criar fome em todo o mundo".

> György Konrad, o presidente da Academia de Artes, a interrompe: "E 10 mil pessoas têm que ser mortas por causa disso? É isso o que você está dizendo?". A mulher responde que isso não precisa acontecer. "Não sou a favor de matar pessoas. Mas as crianças estão morrendo de

fome no mundo inteiro e sei onde podem ser encontradas as pessoas responsáveis". O público aparentemente também sabe e demonstra aprovação com aplausos.[81]

Parafraseando Derrida sobre o 11 de Setembro: se não conseguimos corresponder às expectativas messiânicas, somos fracassos morais; se reduzimos a fome a taxas que nenhuma sociedade (muito menos o globo inteiro) viu na história da humanidade,[82] isso não é suficiente; ao contrário, é criminoso. O Ocidente – especialmente os EUA – é a desgraça do mundo. *Quod erat demonstrandum.*

## BUSH (OU SHARON) SÃO CULPADOS: OS TEÓRICOS DA CONSPIRAÇÃO DO 11 DE SETEMBRO E A PSICOLOGIA DA CONSPIRAÇÃO

E depois, obviamente, havia as teorias da conspiração – os teóricos da conspiração do 11 de Setembro – que levaram Chomsky a dar um passo adiante. "Os Estados Unidos não só fizeram coisas piores do que o 11 de Setembro, como o governo Bush *causou* o 11 de Setembro ao seu próprio povo!". Tendo início instantaneamente no mundo muçulmano, onde rapidamente conquistou uma maioria esmagadora de opiniões, deslanchando na França com Thierry Meyssan, cujo livro *11 de Setembro de 2021: A terrível farsa* vendia como pãezinhos quentes, e indo para o Canadá, acabou invadindo os EUA.[83] Em poucos anos, até um terço dos americanos acreditava que seu próprio governo havia cometido os ataques. De alguma forma, não apenas parecia apropriado declarar os EUA culpados por atacar a si mesmos, mas também, como consequência, exonerar a Al-Qaeda.

Ademais, havia os antissionistas intervindo na conversa. Para os mais conspiracionistas, foi o Mossad* que planejou e executou o 11 de Setembro, uma crença que dominava a esfera pública no mundo muçulmano. Para outros, porém, os israelenses eram os responsáveis pela hostilidade aos EUA, uma espécie de contágio por contato. Tony Judt, que em breve se tornaria

---

* N.T.: O Instituto de Inteligência e Operações Especiais, popularmente conhecido como Mossad, é a agência de Inteligência nacional de Israel responsável pela coleta de informações, operações secretas e contraterrorismo.

uma das mais importantes vozes judaicas anti-Israel entre os progressistas, afirmou que "o conflito Israel-Palestina e a associação da América com Israel é a maior fonte de sentimento anti-EUA contemporâneo".[84] Na comunidade judaico-americana, o medo de ser associado aos ataques de 11 de Setembro foi tão grande que os líderes rejeitaram meus esforços para abordar o caso Al-Durrah, para não chamar atenção para a forma como a acusação inspirara Bin Laden – o que é compreensível.

As teorias da conspiração explicam catástrofes que já ocorreram, ou que ameaçam ocorrer no futuro breve, como o trabalho de homens que afirmam serem beneficentes e praticam boas ações, mas secretamente conspiram para provocar essas catástrofes. Elas assumem o que há de pior nesses homens, que devem estar tão consumidos pelo desejo de dominar os outros que não se deterão diante de nada – inclusive dos atos mais covardes – para alcançar seu objetivo. Elas representam um pequeno grupo de conspiradores, manipulando a percepção do público para a) realizar um ato nefasto de grande dano ao público, e b) fazer com que o público culpe os agentes errados.

A maioria das teorias da conspiração funciona com base no princípio *"cui bono?"* (a quem isso beneficia?) e identificam aqueles que se beneficiam da catástrofe como culpados de criá-la. Um cínico nietzschiano poderia chamar isso de narrativa de perdedor: pelo próprio fato de sermos as vítimas inocentes, somos os mocinhos; e quem se dá bem é culpado. A fundamentação lógica se torna um prêmio de consolação cognitivo e emocional: "Agora sabemos por que estamos ferrados, e não é nossa culpa". Chip Berlet observa: "O conspiracionismo é uma forma narrativa particular de bode expiatório que enquadra os inimigos demonizados como parte de uma vasta conspiração insidiosa contra o bem comum, ao mesmo tempo que valoriza o bode expiatório como herói por fazer soar o alarme".[85]

As teorias da conspiração funcionam em vários níveis psicológicos. Cognitivamente, oferecem uma visão de mundo gratificante que explica tudo. Todos os detalhes são coerentes, fatos despercebidos ou inexplicados se encaixam, tudo se conecta, ganha forma e cor. Não há fio solto.[86] Para o crente, agora semioticamente excitado com sua nova hermenêutica, o mundo perturbador faz sentido. À semelhança da crença gnóstica, em si profundamente conspiracionista, as teorias da conspiração oferecem poderoso conhecimento oculto sobre o cosmos, disponível apenas para os iniciados, atraente *pelo próprio fato de ser proscrito.*[87]

E agora tudo é culpa de outra pessoa: as teorias da conspiração sistematicamente projetam má-fé nos conspiradores. Elas personificam o **egocentrismo cognitivo** da má-fé.[88] Os articuladores e crentes nas teorias da conspiração vivem em um universo no qual todos são movidos pela *libido dominandi*, todos querem dominar e, como afirma Eli Sagan com tanta eloquência ao descrever o axioma político básico do mundo pré-moderno, funcionamos com base no *governamos ou somos governados.*[89] A única motivação possível do "inimigo" conspirador é uma sede implacável de poder.

As lisonjas emocionais da teoria da conspiração são pelo menos tão atraentes quanto as recompensas cognitivas. Elas propiciam, acima de tudo, isenção de qualquer responsabilidade: fracassos, contratempos e sofrimentos não são culpa da vítima; são obra dos conspiradores. O universo moral dualista de "nós" e "eles" que a teoria da conspiração fornece é revelado em contrastes nítidos e simples, sem áreas cinzentas. As teorias da conspiração são uma expressão por excelência daquilo que, combinando Nietzsche e James Scott, podemos chamar de uma transcrição oculta de *ressentimento*. Ela também prospera em tempos apocalípticos.

Uma teoria da conspiração pode aliviar a consciência ao mesmo tempo que também a liberta. Ou seja, "não há limites para o que 'nós' devemos fazer a fim de nos defender de um inimigo tão maligno". Quanto mais terrível a conspiração, mais violenta é a resposta: tudo é permitido quando se luta pela própria existência contra um agente tão maligno. Teorias da conspiração são narrativas que justificam ações agressivas; quanto pior a conspiração, mais agressiva será a ação justificável. Na pior das hipóteses, são "ordens de genocídio.[90]

## A DINÂMICA DA VERDADE DO 11 DE SETEMBRO

A hostilidade entre "liberais" e "conservadores" nos EUA, um reflexo das maiores "guerras culturais" que, em certa medida, assolam toda a cultura "moderna" (democrática) no século XXI, alimenta a teoria da conspiração ao fazer com que as pessoas de ambos os lados anseiem por acreditar no pior dos seus adversários. O papel da animosidade pessoal desempenha um papel significativo quando se trata da forma como Bush lidou com o 11 de Setembro. Isso é verdade tanto para os europeus de todo o espectro político que sentem profundo desprezo não apenas por Bush, mas pelos americanos, bem como para as pessoas da "esquerda" americana e canadense.[91]

Essa animosidade é fundamental para imaginar um presidente capaz de, na pior das hipóteses, conspirar para destruir três dos mais importantes locais americanos, matar milhares, se não dezenas de milhares de americanos, com base em motivações que vão desde queda nas pesquisas, o desejo de vingar seu pai no Iraque, garantir contratos da Halliburton no Iraque e no Afeganistão devastados pela guerra, e planos para uma nova ordem mundial fascista. O grau de má-fé generalizada que essas conspirações aceitam como "pressuposta" na lógica do argumento – que milhares de pessoas no governo permaneceriam silenciosas no tocante à conspiração – diz muito sobre como elas veem seus compatriotas americanos. Essa crença na malevolência da elite política americana e dos burocratas de nível médio é ainda mais forte na Europa, à la Baudrillard.

As pessoas que acreditam numa conspiração do 11 de Setembro consideram que nossas elites carecem de princípios e são predatórias como as **aristocracias** antigas que, de fato, sacrificariam as vidas dos **homens do povo** com pouca hesitação.[92] Pode-se inclusive argumentar que essa conspiração particular, quando atribuída a um presidente americano, representa uma das mais terríveis de todas essas teorias, muito pior em suas implicações morais do que aquela sobre Roosevelt permitir o ataque a Pearl Harbor a fim de ter um motivo para ir à guerra. Como escreve David Ray Griffin, teórico da conspiração do 11 de Setembro: "É muito difícil para os americanos enfrentarem a possibilidade de que o seu próprio governo possa ter causado ou deliberadamente permitido um evento tão hediondo".[93]

Griffin e outros não sentem necessidade de explicar como o nosso governo poderia ter se envolvido em tal comportamento moralmente aberrante e todos conseguiram manter o silêncio sobre toda a teoria da conspiração do 11 de Setembro. *Ninguém vazou nada*. Nem é preciso dizer a Griffin e a outros defensores da teoria da conspiração, no entanto, que esse tipo de coisa pode acontecer e acontece.[94] Como resume Michael Prell:

> [O] governo dos EUA, de alguma forma, encenou os sequestros de 11 de Setembro, interceptou a aeronave sequestrada, retirou todos os passageiros, transferindo-os para novos aviões, imitou suas vozes em telefonemas falsos para suas famílias e depois os levou para a morte no Oceano Atlântico, transportando os aviões originais, via controle remoto, para seus alvos, nos quais o governo havia, nos meses anteriores, escavado um túnel através das paredes internas dos edifícios do World Trade Center – sem que ninguém o percebesse – e plantou milhares de quilos de explosivos que pudessem ser detonados para derrubar as Torres Gêmeas (o que, se fosse verdade, tornaria um pouco desnecessária toda a trama do sequestro do avião).[95]

Como todas as teorias da conspiração, essa pressupõe que *todas* as pessoas no poder são naturalmente mais ou facilmente corruptíveis e dispostas a olhar para o outro lado, por mais hediondas que sejam as ações.

A proliferação de teorias da conspiração sobre o 11 de Setembro representa uma etapa relativamente nova na teorização da conspiração ocidental. No mundo árabe e muçulmano, as teorias da conspiração já eram populares muito antes de 2000 e tornaram-se ainda mais virulentas depois. No Ocidente, contudo, eram marginais, sobretudo após o Holocausto, quando os nazistas, seguindo uma teoria da conspiração particularmente malévola, os *Protocolos dos Sábios de Sião*, tentaram exterminar 10 milhões de pessoas.[96] De fato, como acabamos de ver no caso de Muhammad al-Durrah, acusações de "teoria da conspiração" transformaram-se numa marca de degradação daquele que propaga tal absurdo.

As teorias da conspiração de 11 de Setembro, no entanto, invadiram rapidamente a esfera pública – cafés, bares, conversas à mesa de jantar – e logo bateram às portas do discurso público e das autoridades eleitas. A grande mídia noticiosa dos EUA recusou-se a conferir qualquer credibilidade a essas teorias, mas logo abaixo da superfície tais ideias cozinhavam em fogo lento. Em 2003, quando conversei com um jornalista da ABC sobre Al-Durrah, ele me perguntou o que eu achava desses rumores de que o Mossad sabia do atentado de antemão, sugerindo que em seus círculos, a ideia difundida era considerada, no mínimo, plausível.[97] Em 2006, perguntei aos meus estudantes quantos tinham ouvido as teorias da conspiração sobre o envolvimento de Bush, e dois terços relataram tê-las ouvido de pelo menos uma fonte que considerava a hipótese provável. Quando a primeira conferência "documentando" uma conspiração de 11 de Setembro ocorreu em Chicago em 2006, o artigo do *The New York Times* sobre ela estava no topo da lista dos "e-mails mais enviados".[98] Naquela época, uma pesquisa de opinião revelou que 36% dos americanos consideravam muito ou um tanto provável que o governo dos EUA estivesse envolvido.[99]

Essas suposições sobre Bush se encaixam perfeitamente nas características básicas da Teoria da Conspiração: demonizar e usar como bode expiatório o acusado enquanto desculpa as principais fontes do problema.[100] Em outras palavras, muito mais do que uma verdadeira batalha de "fatos", essas teorias representam uma grande peça em um jogo de xadrez de guerras culturais, em que se vê o inimigo próximo – aqui, o governo republicano – muito pior que o inimigo distante – nesse caso, a *jihad* global. Barkun observa: "Para os crentes no conhecimento secreto, a extensão do apoio à teoria da Al-Qaeda a tornou *prima facie* suspeita".[101]

De fato, reconhecer esse mal iminente (o fascismo americano futuro) nos permite negar a própria existência do inimigo distante, já em estágio avançado de fascismo (os jihadistas). Bush usou o 11 de Setembro que *ele* causou para lançar uma *falsa* guerra contra o terror. *Encontramos o inimigo e ele somos nós.* Quanto aos muçulmanos por aí que reclamam e gritam sobre querer nos massacrar, eles são produto de nossa arrogância imperialista. Quando pararmos de oprimi-los, eles deixarão de querer nos matar. Osama bin Laden tinha o livro de David Ray Griffin sobre a conspiração do 11 de Setembro em sua estante, sem dúvida para um alívio cômico.[102]

Essas três respostas entrelaçadas ao 11 de Setembro

- a ideia "Islá, Religião da Paz", que viralizou, promovida por Bush e os **caliphators da'wa**
- "EUA, a hegemonia intolerável e sufocante", que plenamente merecia o ódio que inspirou, e
- "EUA, o conspirador do mal", contra tudo o que é bom e decente,

pareceram pela primeira vez marginais. Quando Susan Sontag admirou a coragem dos jihadistas, ou quando jornalistas de princípios se recusaram a chamá-los de "terroristas", houve fortes objeções. Mas juntas elas personificam as desorientações e a desordem com que o Ocidente enfrentava o desafio da *jihad* global; e com o tempo passaram a dominar. Seja através da proibição de discutir os perigos dos muçulmanos triunfalistas e sua guerra contra o Ocidente progressista, seja através de uma difamação sistemática dos EUA, seja por meio de uma correspondente glorificação da hostilidade muçulmana triunfalista ou a sua completa negação, a resposta dos profissionais progressistas ocidentais da informação em todos os níveis minou as democracias ocidentais na década do novo século.

Todas essas respostas ao 11 de Setembro, isto é, respostas à incrível declaração da *jihad* contra o Ocidente no início do século XXI, representaram grandes vitórias de propaganda para muçulmanos triunfalistas com ambições de domínio global. Ou não fizeram isso (teoria da conspiração), ou o fizeram e os EUA mereceram. Em ambos os casos, não tem nada a ver com o islá. E ainda assim, nenhuma dessas respostas poderia ser mais autodestrutiva, especialmente do ponto de vista de valores progressistas que valorizam atitudes *humanas* em relação aos outros, tolerância, respeito mútuo, dignidade.

## "O TERRORISTA DE UM...": CONFORMIDADE EDITORIAL COM AS EXIGÊNCIAS JIHADISTAS

Entre os seus muitos efeitos, o 11 de Setembro revelou um problema no jornalismo que permaneceu oculto da maioria dos consumidores de notícias, mas que se tornou um tópico importante de discussão e opinião jornalística nos anos subsequentes. Já há alguns anos, as agências de notícias ocidentais têm expressado uma rejeição cada vez maior do termo "terrorismo/terrorista". Argumentam que é "emotivo demais" e extremamente difícil de definir.[103] Seu uso para descrever pessoas ou atos afetava injustamente o consumidor de notícias contra aqueles assim designados. Afinal, "*O terrorista de um é o combatente pela liberdade de outro*".

Com essa prática, as agências de notícias alinharam-se numa posição de vigilância do universo acadêmico preconizada pelo novo "campo" dos Estudos sobre Paz e Conflito, e pela "Associação de Estudos do Oriente Médio", dominada por Said.[104] Martin Kramer, crítico respeitável da academia pós-colonial, notou a ausência do termo "terrorismo" na declaração da MESA – Middle East Studies Association (Associação de Estudos do Oriente Médio) sobre o 11 de Setembro e no seu substancial programa de palestras na conferência daquele ano:

> Durante anos, a resposta dos acadêmicos ao terrorismo tem sido agir como amplificadores para as "queixas" por trás dele. Para os professores, o terrorismo era uma espécie de protesto político – e como eles simpatizavam com seus supostos motivos, baniram o termo "terrorismo" do seu léxico. A conferência [da MESA] deste fim de semana demonstra a negligência: com exceção de um painel especial anunciado às pressas, nada no programa trata de terrorismo.[105]

Em outras palavras, a grande mídia noticiosa tornou-se praticante do "**jornalismo da paz**", alinhando-se com um **paradigma pós-colonial** armado contra as vítimas do ataque jihadista. Dada a forma como o "jornalismo da paz" desorientara os israelenses na abordagem da Intifada de Al-Aqsa,[106] a direção para a qual se mover era muito duvidosa.

Poucas expressões se exemplificam melhor que a afirmação surpreendentemente estúpida de que "O terrorista de um..." não porque não haja casos em que o terrorista de um seja o combatente pela liberdade de outro, não porque seja absurdo (apenas uma falsa dicotomia[107]), mas porque nesse caso os editores aplicaram-na exatamente à situação errada. Muito depende do que se entende por "liberdade". Em alguns casos, a "resistência" e o terror que a acompanha não provêm da luta por independência e autonomia, mas pelo domínio. Portanto, quem quer que afirme que um movimento imperialista, que ataca repetidamente populações civis escolhidas para serem subjugadas não deve ser chamado de "terrorista" porque seus membros podem ser "combatentes pela liberdade", demonstra pouco respeito pela linguagem ou pela realidade empírica. Aqui, a mente ocidental "iluminada" encontra a **religiosidade triunfalista** em sua forma bruta e não consegue vê-la como realmente é. Para o **califado**, não tem a ver com liberdade; trata-se literalmente de "submissão" – *Dar al Islam*.

## A REUTERS SE RECUSA A USAR O RÓTULO DE TERRORISMO PARA O 11 DE SETEMBRO: O TERRORISTA DE UM...

No entanto, por mais inapropriado que seja o uso dessa ideia por jornalistas a fim de evitar chamar os jihadistas de terroristas, muitas pessoas no século XXI sabiamente assentiram. Embora inicialmente fosse uma observação irreverente destinada a *épater les bourgeois* (chocar a burguesia), o dito passou a ser cada vez mais adotado como um princípio axiomático no jornalismo. Como vimos, foi aplicado sistematicamente pela primeira vez na cobertura ocidental do conflito no Oriente Médio entre palestinos e israelenses na década de 1990, os anos de Oslo.[108] No dia seguinte ao 11 de Setembro, os americanos descobriram que seus agressores também poderiam ser combatentes pela liberdade. Em um memorando interno, o editor-chefe da Reuters, Stephen Jukes, instruiu os responsáveis pela produção de notícias a não fazer uso da palavra terror para descrever o 11 de Setembro. Se outra pessoa tivesse utilizado o termo, ela poderia ser citada, mas para seus próprios jornalistas, a Reuters considerou "terrorismo" um termo inapropriado:

> *Todos nós sabemos [sic] que o terrorista de um é o combatente pela liberdade de outro* e que a Reuters defende o princípio de não usar a palavra terrorista [...]. Para ser franco, pouco acrescenta chamar o ataque ao World Trade Center de um ataque terrorista.[109]

Jukes publicou uma compilação de perguntas frequentes em outubro de 2001, elaborando o argumento por trás da política:

> Como parte de uma política de longa data para *evitar o uso de palavras emotivas*, não utilizamos termos como "terrorista" e "combatente pela liberdade", a menos que estejam inseridos em uma citação direta ou atribuíveis a terceiros. Não caracterizamos os sujeitos das notícias, mas, ao contrário, relatamos suas ações, sua identidade e histórico para que os leitores possam tomar suas próprias decisões com base nos fatos.[110]

Pela primeira vez, esse princípio que tanto irritou os israelenses – eles o chamaram de incapacidade de distinguir entre incendiário e bombeiro – foi aplicado em grande escala nos Estados Unidos. Não por acaso, a primeira agência a insistir formalmente em não utilizar as designações "terrorista" para aqueles "combatentes pela liberdade", chamados por seus admiradores de "Os 19 Magníficos", era europeia – a Reuters... rapidamente seguida pela BBC, cujo editor-chefe adjunto, Mark Damazer, explicou:

> Por mais terrível e repugnante que tenha sido, haverá, no entanto, um grupo de ouvintes que não considera isso terrorismo. Descrevê-lo como tal pode rebaixar o seu *status* de uma emissora imparcial e independente.[111]

Em outras palavras, por deferência aos nossos telespectadores que não pensam nos ataques aos EUA como terrorismo, evitaremos usar o termo, para que esse grupo (que aparentemente não dava a mínima para a imparcialidade e a independência da radiodifusão) não pense mal da BBC.

Entre os jornalistas americanos, para quem tal "desapego emocional" alienaria todos, exceto o mais "universalista" de seus públicos, a prática provocou indignação e zombaria.[112] Mas, nos anos seguintes, a posição da Reuters transformou-se no padrão, formalmente adotado pelos principais jornais dos EUA: o *The Washington Post*, o *The New York Times*, o *The Boston Globe*. Quando jihadistas locais atingiram Londres em 7 de julho de 2005, a BBC, o *The Guardian* e a Reuters

108

usaram inicialmente a palavra terror para descrever os ataques, porém rapidamente "se recuperaram". A BBC emitiu um memorando desencorajando formalmente o uso do termo "terrorismo" para descrever os ataques ao metrô de Londres por muçulmanos nascidos e criados na Inglaterra, e silenciosamente tentou modificar as manchetes anteriores a fim de ocultar o seu "erro" inicial.[113]

Isso pode parecer um debate acadêmico infundado e que vai além da mágoa (nesse caso) dos americanos, que se sentem alvo de um ataque atroz contra homens e mulheres trabalhadores e para os quais os termos "ativista" e "militante" são demasiado brandos para descrever os perpetradores. Quando Jukes observou francamente que "pouco acrescenta chamar o ataque ao World Trade Center de ataque terrorista", ele apela ao óbvio – *todos* sabiam que era. Contudo, mais uma vez, como os israelenses já tinham reclamado, essa política terminológica trouxe consigo mais práticas problemáticas, incluindo a humanização dos terroristas e o enquadramento de seus atos como resistência contra a opressão e luta pela liberdade.[114] E, como era de esperar, a doutrina de não usar o termo "terrorista" tornou-se tão profundamente enraizada entre determinados jornalistas que alguns inclusive limpavam a linguagem de fontes independentes.[115]

Entre as muitas coisas que esse nobre discurso jornalístico obscureceu (creio que intencionalmente) foi a ferocidade com que os próprios terroristas (jihadistas), especialmente seus defensores/apologistas (*da 'is*), se opuseram ao uso do termo para designá-los. De fato, seu ressentimento foi aparentemente tão forte que estavam dispostos a matar jornalistas que os denominassem terroristas, um fenômeno que os correspondentes de guerra no Líbano conheciam já no início da década de 1970.[116] Caso precisassem ser lembrados, Nidal al-Mughrabi, correspondente da Reuters em Gaza, emitiu uma recomendação alertando seus colegas: "Nunca usem a palavra 'terrorista' ou 'terrorismo' ao descrever homens armados e militantes palestinos" para não ofender os moradores locais, que os consideram "heróis do conflito e de ideais". Da perspectiva dos *caliphators da'wa*, o problema não era o crime (terrorismo), mas o fato de o termo conferir aos jihadistas uma imagem negativa, que refletia mal a sua própria ênfase num islá exclusivamente "moderado e pacífico".

É claro que aqueles que acreditam que qualquer crítica pública seja um insulto tendem a considerá-la uma ofensa que exige retaliação violenta. "Chame meus jihadistas de 'terroristas' e eu atacarei você, mesmo que seja o ministro das Relações Exteriores da França".[117] "Chame nossa religião de violenta e nos insurgiremos e mataremos tanto infiéis como muçulmanos em protesto".[118] Fazendo o papel de fiscal dos jihadistas, a "rua muçulmana", que tantas vezes se rebelara nos meados da década, insistiu que o rótulo de terrorista *não* fosse aplicado aos seus correligionários.

Não importava que a acusação de terrorismo fosse verdadeira, numa forma raramente tão genuína – visando deliberadamente civis para obter vantagens políticas. Para os *caliphators*, o objetivo era remover uma mácula moral profunda (aos olhos do inimigo visado), para proibi-los de expressar desaprovação efetiva aos terroristas muçulmanos. A mídia obedeceu, usando "emotivo" como termo neutro para se submeter à exigência jihadista: os muçulmanos se *ressentiam* muito com os jornalistas que retratam atos jihadistas como terrorismo. A mídia evitou o termo não para permanecer "imparcial" e "não emotiva", mas para não provocar emocionalmente os terroristas e seus apoiadores.

Assim, por trás da linguagem ocidental de paz, imparcialidade e compreensão subjaz uma série diferente de razões para evitar o termo "terrorismo", especialmente quando se referia a ataques muçulmanos aos civis infiéis: o medo de retaliação. Por trás da linguagem neutra de princípios e a insistência bastante problemática em "nivelar o campo de jogo" ocultava-se algo mais perturbador e mais vergonhoso para que os jornalistas o admitissem: medo e intimidação. "*Não queremos comprometer a segurança de nossa equipe*", explicou o chefe da Reuters ao jornalista questionador. "Nossa gente está na linha de frente, em Gaza, na Cisjordânia e no Afeganistão [N.B.: todas elas terras muçulmanas]. A partir do momento em que parecemos partidários de um lado ou de outro [sic], eles estarão em perigo." No mundo real, porém, os jornalistas só correm perigo se as suas publicações parecem estar do lado dos alvos jihadistas; eles não estão em perigo se forem vistos do lado dos jihadistas. Em outras palavras, "se chamarmos os jihadistas que atacam civis de 'terroristas', nossos jornalistas correm perigo por causa daqueles mesmos terroristas que, acompanhando de perto a forma como cobrimos o seu comportamento, nos atacarão por violar suas exigências para a cobertura".

Aparentemente – quem sabe? – "os jihadistas se importam com o que o Ocidente pensa deles".[119] Tanto é que estão dispostos a usar de violência contra jornalistas para obter a cobertura que desejam. Então, o que motivou a ampla aceitação da política da mídia ocidental sobre "terrorismo", princípios ou intimidação? E quais foram as consequências cognitivas dessa política? Nos anos subsequentes, surgiu um padrão distinto: cada vez mais editores de notícias adotaram os princípios e a lógica da Reuters de não usar o termo "terrorismo" ao se referirem aos jihadistas, mesmo que as evidências de intimidação se tornassem cada vez mais abundantes.

## PALESTINOS COMEMORAM O 11 DE SETEMBRO E INTIMIDAM A MÍDIA PARA QUE NÃO RELATE O ACONTECIMENTO

A intimidação da mídia noticiosa ocidental por parte de terroristas preocupados com a sua "imagem" veio à tona nos territórios palestinos após o 11 de Setembro. Equipes ocidentais de reportagem baseadas em Israel filmaram palestinos comemorando o evento e elogiando abertamente Bin Laden pelo seu golpe contra os EUA. Essa reação não seria nenhuma surpresa para quem acompanhava a mídia palestina, na qual os EUA estão apenas atrás dos israelenses como alvo de ódio, e a celebração de civis inimigos massacrados foi considerada um ato de alta cultura.[120] No entanto, logo após o 11 de Setembro, com expressões generalizadas de simpatia pelos EUA vindas até mesmo de países muçulmanos abertamente hostis como o Irã, com o presidente dos EUA dirigido por conselheiros muçulmanos, assegurando ao povo americano que os muçulmanos no mundo inteiro ficaram horrorizados com os ataques de 11 de Setembro, essas celebrações fizeram com que os palestinos fossem malvistos. Arafat, sensível à imagem como sempre, interrompeu as manifestações e encenou uma foto dele supostamente doando sangue para as vítimas atingidas.[121]

No que diz respeito à filmagem, as autoridades palestinas, incluindo o Tanzim, o braço militar da Autoridade Palestina, fizeram o possível para impedir a circulação das imagens. Proibiram as equipes de cinegrafistas no local de filmar; convocaram as equipes que tinham filmado as celebrações aos escritórios da Autoridade Palestina, informando-as que seriam responsabilizadas pessoalmente se veiculassem as imagens. Ahmed Abdel Rahman, secretário de gabinete de Arafat, disse que a Autoridade Palestina "não pode garantir a vida" de qualquer membro da equipe de reportagem se as imagens forem transmitidas. A Associated Press, pressionada tanto pela Autoridade Palestina quanto por seus próprios cinegrafistas, decidiu não exibir a filmagem.

Publicamente, Dan Perry, chefe do departamento da Associated Press, protestou de forma um tanto suplicante: "Peço garantias à Autoridade Palestina para que proteja nossos jornalistas contra ameaças e tentativas de intimidação e que nenhum dano seja infligido aos nossos cinegrafistas *freelancers* pela distribuição do filme".[122] Em particular, ele admitiu, ao ser questionado por um jornalista, que a Associated Press foi obrigada a ceder:

> Estamos agindo para garantir a segurança de nossa equipe. A segurança de nossa equipe é primordial. Nesse momento, acreditamos que haverá uma séria ameaça a ela se o vídeo for divulgado e nos manifestamos em relação a isso para a Autoridade Palestina.[123]

O incidente confirmou o que os acontecimentos do outubro anterior em Ramallah já haviam esclarecido: o *Al-Shabaab** e os funcionários da Autoridade Palestina fazem os papéis de policial durão/policial legal para controlar a mídia e garantir que qualquer notícia que possa prejudicar a "imagem" palestina no Ocidente não seja divulgada. Aqui, sobre o tema

---

\* N.T.: Em árabe, literalmente "A Juventude", um grupo terrorista e fundamentalista islâmico que atua primordialmente no sul da Somália. É uma organização afiliada à rede Al-Qaeda.

do 11 de Setembro, a resposta cautelosa da Associated Press ao retirar a filmagem se assemelha ao comportamento de jornalistas que cobriram os palestinos no ano anterior: conformidade com as exigências palestinas, com um murmúrio de protesto.[124]

E, às custas dessa conformidade da **MSNM** – *mainstream news media* (grande mídia noticiosa), George Bush, cinco dias depois, pôde assegurar ao povo americano que "os muçulmanos no mundo inteiro ficaram tão horrorizados e indignados como vocês com os ataques da última terça-feira". O silêncio letal do jornalismo permitiu que os muçulmanos triunfalistas escondessem sua malévola *Schadenfreude* com esse golpe aos EUA, mesmo quando afirmavam sua inocência. Na verdade, poderiam acusar de racista e islamofóbica qualquer pessoa que trouxesse à tona esse comportamento perturbador, culpando a vítima (o islã e a grande maioria dos muçulmanos moderados) por atos que nada têm a ver com a "Religião da Paz".

## A MÍDIA TRADICIONAL "RESPONSÁVEL" ADOTA A POLÍTICA DA REUTERS SOBRE O TERMO COM A LETRA "T"

Enquanto os europeus tinham menos problemas, logo após o 11 de Setembro, em evitar o uso da palavra com a letra "T", tanto no caso da Al-Qaeda quanto do Hamas, os jornais dos EUA tendiam a aderir ao dogma do jornalismo da paz quando lidava com Israel, mas designava o ataque da Al-Qaeda aos EUA como terrorista. Depois do 11 de Setembro, o número de ataques suicidas contra civis israelenses multiplicou-se a um ritmo sem precedentes, matando e ferindo quase 10 mil israelenses, o equivalente proporcional nos EUA a quase meio milhão de pessoas, das quais quase 80% eram civis. Depois de chamar Bin Laden e seus terroristas de jihadistas, os jornais dos EUA passaram a enfrentar acusações de hipocrisia, especialmente de leitores pró-Israel furiosos, por se recusarem a chamar aquela tempestade crescente e devastadora que engolfava Israel de "terrorismo".

Em setembro de 2003, no segundo aniversário do 11 de Setembro, Christine Chinlund, *ombudswoman* do *The Boston Globe*, escreveu suas reflexões sobre o problema. Observando as claras conotações negativas da palavra, ela expressou preocupação com o fato de que "especialmente depois de 11/09 [...] o rótulo terrorista efetivamente bane seu titular da arena política. Mais do que nunca, condena em vez de descrever". Invocando uma falsa dicotomia em que uma palavra não pode, ao mesmo tempo, descrever com precisão e, portanto, condenar um grupo – a própria essência do "terrorismo" no discurso civil –, ela argumentou que era *inapropriado* usar o termo com um grupo como o Hamas:

> Rotular o Hamas, por exemplo, como organização terrorista é ignorar o seu papel muito mais complexo no drama do Oriente Médio. O termo reflete não apenas uma simplificação, mas um preconceito que se contrapõe ao bom jornalismo. Rotular qualquer grupo no Oriente Médio como terrorista é tomar partido, ou pelo menos parecer que o faz, e isso é inaceitável. O mesmo se aplica à cobertura de outros conflitos distantes. O terrorista de um é o combatente pela liberdade de outro; não cabe aos jornalistas julgarem.[125]

Como a prestação de "algumas funções de assistência social" pelo Hamas "complica" o argumento de que são terroristas? O que alguém tem que fazer ao outro? Os nazistas tinham *muitas* funções de assistência social para o seu próprio povo, mesmo quando exterminaram outros, e os bolcheviques tinham muitos serviços para seu próprio povo, apesar de terem feito 10 milhões de ucranianos passarem fome.

Tal como Jukes na Reuters, Chinlund considera que nem sequer "parece" prioridade máxima "tomar partido" com relação aos jihadistas. Como Jukes, ela cita como um inquestionável consenso o slogan "*O terrorista de um é o combatente pela liberdade de outro*". E, como Jukes, ela o emprega mal. Pois à semelhança da Al-Qaeda, o Hamas não *é* apenas terrorista, mas decididamente *não* é "combatente pela liberdade". De acordo com evidências abundantes que os jornalistas cuidadosamente ocultam do seu público, não é a Palestina que eles querem construir, mas

114

é Israel que eles querem destruir; não são os palestinos que eles querem libertar, mas judeus que eles querem subjugar (na melhor das hipóteses), ou de preferência exterminar.[126]

Duas semanas depois do artigo de Chinlund no *The Boston Globe*, Michael Getler, o *ombudsman* do *The Washington Post*, contribuiu com a opinião do seu jornal sobre a questão "terrorista", elaborando a distinção de Chinlund a fim de legitimar a atribuição do termo terrorista à Al-Qaeda, mas não ao Hamas. Depois de abordar a sutileza da questão da palavra com a letra "T", Getler faz a seguinte distinção:

> O Hamas pratica terrorismo, mas também tem ambições territoriais, é um movimento nacionalista e realiza algum trabalho social. Pelo que sabemos, a Al-Qaeda existe apenas como uma rede terrorista. Ela é composta por radicais de vários países islâmicos. A resistência palestina é local. A Al-Qaeda lançou um devastador ataque surpresa aos Estados Unidos. Israelenses e palestinos estão em guerra há muito tempo. Os palestinos têm resistido a uma ocupação israelense considerável da Cisjordânia e de Gaza desde que foram tomadas na guerra de 1967, o que os palestinos consideram humilhante. Essa resistência agora gerou homens-bomba suicidas. Esses são atos terroristas que não devem ser tolerados. Mas os contextos da luta contra a Al-Qaeda e o conflito israelense-palestino são diferentes. As mídias noticiosas não deveriam abster-se de usar a palavra terrorismo quando for o termo adequado. Mas, como regra geral, reportagens fortes, descritivas e factuais são melhores do que rótulos.[127]

É claro que o Hamas não limita a sua ambição territorial à Cisjordânia e à Faixa de Gaza, mas até ao último centímetro da terra entre o rio e o mar, um objetivo que existia muito antes da "ocupação resultante da guerra de 67". De fato, suas ambições estendem-se ao mundo inteiro.[128] Seu "trabalho social" envolve recrutamento para "operações de martírio"; sua "educação" significa a lavagem cerebral de ódio genocida em crianças; e seus estatutos conclamam um massacre apocalíptico de judeus.[129] Entretanto, a sua narrativa de vítima, segundo a qual seus ataques devem ser vistos como resistência a uma ocupação humilhante agora permite que os jornais americanos continuem a atacar Israel, não denominando "terroristas" seus inimigos que atacam seus civis, mesmo quando se queixam de terroristas jihadistas atacando sua pátria americana.[130] É de acordo com esse raciocínio que o *The Boston Globe* e o *The Washington Post* justificaram o uso seletivo da palavra com a letra "T" para a Al-Qaeda, mas não para o Hamas.[131]

## INTIMIDAÇÃO DO *CALIPHATOR* E A PALAVRA COM A LETRA "T"

Reivindicando uma base moral elevada, nem Chinlund nem Getler aludem ao fator do medo. Pelo contrário, eles discutem tudo em termos da mais nobre independência: Getler cita o editor estrangeiro de seu jornal, David Hoffman: "Sempre devemos nos esforçar para satisfazer nossos próprios padrões e não permitir que outros estabeleçam padrões para nós". Na confusão, pode-se perder um detalhe importante: os padrões que "outros" tentam definir para eles e que eles rejeitam aqui são os de Israel (chamar terroristas de terroristas); os padrões que eles adotam como seus são os do Hamas (não se atreva). A WMSNM, ao adotar sua posição de "princípio" contra a palavra com a letra "T" efetivamente tomou partido dos jihadistas, aqueles que se opunham a que jornalistas infiéis os chamassem de terroristas.

A questão do medo dos terroristas como motivação para não usar essa denominação surgiu claramente em uma polêmica que eclodiu no ano seguinte. A cadeia de notícias (conservadora) *CanWest* começou a substituir a palavra "terrorista" por "militantes, insurgentes, ativistas", quando publicava artigos retirados do *feed* de agências de notícias maiores, mais politicamente corretas. Em 14 de setembro de 2003, adicionaram a descrição "grupo terrorista" numa discussão sobre a Brigada dos Mártires de Al-Aqsa, as brigadas da OLP (Organização de Libertação da Palestina), que lutam contra a *jihad* de Oslo com ataques suicidas contra civis. Não obstante a revelação inequívoca do seu nome – combatentes que lutavam pelo local mais sagrado de Jerusalém (Al-Aqsa), cometendo suicídio para matar civis israelenses (mártires) –, a corrente principal dos profissionais da informação apresentou o grupo como totalmente secular, insurgentes, combatentes pela liberdade.[132]

Alertada sobre as ações da *CanWest*, a Reuters tentou impedi-las. Alegou que a *CanWest* estava "tomando partido" (do lado israelense, uma atitude de "ala de direita"), descrevendo a Brigada dos Mártires de Al-Aqsa como terrorista. Um porta-voz da Associated Press, outra grande agência internacional anglófona de notícias, rejeitou qualquer mudança porque "tornaria um relatório da Associated Press não equilibrado, injusto ou impreciso".[133] Em outras palavras, "Nós, os principais meios de comunicação, somos a voz abalizada que oferece cobertura equilibrada, justa e precisa, enquanto vocês, a *CanWest*, ao introduzir termos emotivos, são culpados de tomar partido e atiçar as chamas da guerra".

A *CanWest* revidou:

> Terrorismo é um termo técnico [...] uma tática: a escolha deliberada de alvos civis para a consecução de um objetivo político. Aqueles que bombardearam a boate em Bali eram terroristas. Homens-bomba suicidas que amarram explosivos em seu corpo e explodem pessoas comendo em uma pizzaria são terroristas. Os homens e as mulheres que tomaram uma escola cheia de reféns em Beslan, na Rússia, e atiraram nas costas de algumas das crianças que tentavam fugir para um lugar seguro eram terroristas. Nós, como jornalistas, não violamos a nossa imparcialidade ao descrevê-los como tal. Ironicamente, são termos supostamente neutros como "militante" que revelam preconceito, na medida em que têm um efeito higienizador. Ativistas de várias causas políticas podem ser "militantes", mas não tomam crianças como reféns.[134]

Ou seja, eles rebateram que, quando a imprensa usa eufemismos para "terror" (e "*jihad*"), ela não informa adequadamente o seu público e faz relatos "desequilibrados, injustos e imprecisos" que, na verdade, são simpatizantes aos terroristas.

David Schlesinger, editor-chefe global da *Reuters*, deu a resposta padronizada: "*Nossa política editorial é que não usamos palavras emotivas para rotular alguém. Se ela [a CanWest] quiser fazer uso da sua* própria apreciação crítica, tem liberdade de fazê-lo. Mas então não deveria dizer que é por parte de um repórter da Reuters". A *CanWest* respondeu: "Se você está se expressando dessa forma a fim de proteger certas pessoas, está dizendo a verdade? E, se eles são terroristas, você não está colocando a todos em perigo ao rotulá-los erroneamente como eles exigem? E então, por que fazer isso?".

A resposta tornou-se mais clara como resultado de um acompanhamento de Ian Austen no (ainda sério) *The New York Times*.[135] Schlesinger explicou-lhe as preocupações da Reuters sobre qualquer "confusão que possa colocar em perigo seus repórteres em áreas ou situações voláteis". Ou seja, para poupar os nossos jornalistas da retaliação dos terroristas que não querem que os chamemos assim, não podemos estar associados ao uso da palavra com a letra "T". Sombras e ecos de Riccardo Cristiano apontando o dedo na Mediaset para Arafat: "Por favor, queridos amigos, cujas represálias tememos, *não entendam mal, nós aqui na Reuters* não descrevemos vocês como terroristas. É o pessoal da *CanWest*".[136]

Não é de admirar que os editores da Reuters desejassem acima de tudo o anonimato. Eles estavam se esquivando. Não importa que, ao se protegerem do fogo daqueles que se opõem à sua autocensura, "em nome da objetividade e da não emotividade", "ocultavam perversamente uma preocupação defensável com a segurança de seus repórteres por trás de um **relativismo moral** idiota".[137] Não importava que, na verdade, essa política, adotada por muitos outros profissionais da informação, proporcionou um soporífero que continuou a entorpecer o Ocidente à medida que as coisas pioravam.

Para completar o seu desprezo pela inteligência do público – plenamente justificado dado que tão poucos se preocuparam em fazer objeções –, Schlesinger pronunciou seu notável oxímoro: "*Meu objetivo é proteger nossos repórteres e nossa integridade editorial*". Na verdade, ele estava protegendo seus repórteres *às custas* de sua integridade editorial. Reformulando, Schlesinger dizia: "Nossa mídia não chama um grupo terrorista de 'terrorista' porque os terroristas ameaçam os nossos jornalistas com violência e isso determina nossa política editorial sem princípios". E, no entanto, apesar de esses segredos públicos serem amplamente conhecidos entre os jornalistas, nem o repórter do *The New York Times*, nem a maioria dos membros da profissão jornalística (exceto os editores "de direita" do *CanWest* e críticos como Michael Kinsley e Daniel Pipes) se deram o trabalho de desafiar essa racionalização contrafactual.

A proibição do uso da palavra com a letra "T" tampouco se limitou à mídia noticiosa: ela permeou as profissões ligadas à comunicação até mesmo nos serviços de Inteligência ocidentais (infiéis). Melanie Phillips argumentou que a mentalidade por trás dessa combinação do **politicamente correto** e da autocensura deixou o MI5 completamente cego ao radicalismo local que produziu tanto a Al-Qaeda como uma rede jihadista internacional e os próprios ataques de 7 de julho. E ainda assim, se não podemos, não devemos, ferir os sentimentos dos fanáticos violentos que atacam civis utilizando essa "palavra emotiva", quais sentimentos devemos ofender? Por que deveríamos acatar as pessoas que reclamam violentamente quando as insultamos e rejeitar as queixas das suas vítimas como esforços para silenciar as críticas?[138]

Uma década depois, a resposta do *The New York Times* às críticas de que fora o único jornal importante dos EUA em janeiro de 2015 a *não* mostrar a capa do *Charlie Hebdo* com uma representação do Profeta revelou até que ponto a intimidação está por trás da autocensura de princípios dos meios de comunicação convencionais, especialmente nas agências de notícias internacionais. Mark Cooper, professor de jornalismo da Universidade do Sul da Califórnia, criticou duramente o *The New York Times* na página do seu Facebook por não publicar uma foto da capa do *Charlie Hebdo*:

> Exatamente quantas pessoas terão que ser baleadas a sangue-frio antes que o seu jornal determine que você pode nos mostrar o que provocou os assassinos? Aparentemente, 23 baleados, incluindo 11 mortos, não são suficientes. Que grande covardia. Esses gestores da MSNM agem como se estivessem administrando companhias de seguros, não organizações de notícias.

Dean Baquet, editor executivo do *The New York Times*, defendeu com beligerância a decisão de seu jornal de não publicar, chamando

Cooper de "babaca" [!] por alegar que se tratava de medo de represálias[139] e insistindo que seu jornal se recusou a mostrar a publicação simplesmente por se preocupar com os sentimentos dos leitores muçulmanos, que poderiam ficar ofendidos:

> Mas não nos esqueçamos da família muçulmana no Brooklyn que lê o jornal e fica ofendida com qualquer representação do que vê como seu Profeta. Não dou a mínima para o chefe do ISIS (Estado Islâmico), mas me importo com essa família e é arrogante ignorá-la.[140]

Observe aqui a combinação de nobre preocupação com os sentimentos de uma hipotética (e presumivelmente moderada e até patriótica) família muçulmana no Brooklyn, bravatas sobre quaisquer ameaças do ISIS e resposta desdenhosa para o crítico "babaca".

Uma semana depois, porém, num artigo complementar no *Huffington Post*, Bill Keller, ex-editor-chefe do *The New York Times*, desmentiu tal bravata ao deixar escapar a verdadeira razão pela qual o *Times* havia censurado o que todos os demais jornais mostraram.

> Um editor que dirige uma organização de notícias global grande e influente tem que considerar as possíveis consequências para os repórteres, os fotógrafos, os tradutores e outros membros da equipe. É fácil para um editor em Nova York ou Washington tomar partido (ou fazer pose), mas os perigos recaem sobre os jornalistas em campo. Se alguns dos membros da sua equipe já foram assassinados, como aconteceu com o *The Times*, essa não é uma preocupação leviana.[141]

E, aparentemente, é fácil para o editor executivo do *The New York Times* fingir indiferença às ameaças jihadistas e demonstrar preocupação permanente com os muçulmanos locais quando os jornalistas que "estão investigando" carecem de curiosidade.

Pelo contrário, a observação franca de Keller confirmou a amarga (e aparentemente dolorosa) ironia da anedota de Cooper sobre o *The New York Times* agir como uma companhia de seguros. Ela propicia uma chave importante para muitas controvérsias sobre a cobertura de um islã triunfalista, incluindo aquela entre a *Reuters* e a *CanWest*: os jornais se escondem por trás de alegações de objetividade a fim de ceder às demandas dos terroristas (de tomar seu partido). E a obscenidade de Baquet dirigida a Cooper por afirmar o óbvio é uma resposta clássica daqueles movidos pela honra diante de crítica precisa.[142] Em todas as questões de honra, a negação ruidosa e enérgica é uma norma.

As grandes agências de notícias, aquelas com influência esmagadora sobre as notícias a que nós, no mundo livre, temos acesso, são também as mais vulneráveis a ameaças. São as que mantêm jornalistas em locais inseguros e, portanto, mais propensas a ceder a ameaças. Os *caliphators* vencem e os seus **úteis infiéis**, tentando justificar a sua submissão, ficam nos enrolando com sua conversa sobre objetividade, sobre não "tomar partido" e não permitir que "outros" (especificamente, aqueles que lutam contra os *caliphators*) estabeleçam as suas políticas.

O covarde de um é o jornalista "de princípios" de outro. E, à medida que essa pseudoética permeava a profissão, o jornalista de um era o propagandista de outro.[143]

## ESTUPIDEZES APRESENTADAS NESTE CAPÍTULO

*O islã é paz.* – Presidente George Bush, discurso no Centro Islâmico de Washington, 17 de setembro de 2001.

*Acho que 99% dos povos árabes, porque são seres humanos, seriam totalmente contra o que aconteceu.* – Comentário do blog.

*Eles [Al-Qaeda] fizeram isso [11 de Setembro], nós queríamos isso.* – O sociólogo francês Jean Baudrillard, 2 de novembro de 2001.

*Se podemos impedir o sofrimento humano e não o fazemos, isso não é terrorismo?* – Derrida sobre o 11 de Setembro.

*A verdadeira coragem é combater os mais fortes, e a América é a mais forte.* – Jornalista francês, fevereiro de 2003.

*Na minha opinião, o islã e os terroristas são duas palavras que não andam juntas.* – Brian Paddick, vice-comissário adjunto da Polícia Metropolitana (britânica), 7 de julho de 2005.

*O terrorista de um é o combatente pela liberdade de outro.* – Reuters, BBC News, Associated Press, *The Boston Globe, The Washington Post* etc., etc., *ad nauseam.*

*Nossa política editorial é que não usamos palavras emotivas para rotular alguém.* – David Schlesinger, editor-chefe global da Reuters, setembro de 2004.

*Meu objetivo é proteger nossos repórteres e nossa integridade editorial.* – David Schlesinger, editor-chefe global da Reuters, setembro de 2004.

# JENIN:
# APLAUDINDO
# O TERROR SUICIDA JIHADISTA
# (2002)

Enganados pelas notícias que transformaram
Os judeus em nazistas,
Eles aplaudiram seu pior inimigo

A batalha travada no campo de refugiados de Jenin entre as FDI e o Hamas foi a primeira batalha total entre um exército infiel ocidental e os *caliphators* jihadistas que usaram o terror suicida como sua principal arma, em sua guerra apocalíptica contra infiéis que resistem à submissão. Tem havido muitos combates entre infiéis e jihadistas desde então, e haverá mais no futuro; porém, dado quão difícil é impedir alguém que deseja morrer, o poder dos ataques suicidas constitui uma arma particularmente devastadora.[1] A maneira como as nações ocidentais, que terão de travar essas batalhas, responderam a Jenin – aplaudindo os "mártires" – representa um dos maiores atos de loucura do novo século. E até hoje, quase duas décadas depois, poucas pessoas, e certamente não os principais responsáveis por essa resposta desbaratada, especificamente, os provedores da história do "Massacre de Jenin" que viralizou, perceberam o que fizeram, e muito menos pediram desculpas ao público ocidental por isso. Na verdade, eles continuam a perseguir a loucura.

123

## QUE ESCOLHA ELES TÊM?

No inverno de 2002, um colega do meu departamento de História perguntou por que eu parecia tão perturbado. "Bem, são esses atentados suicidas", eu disse, referindo-me à onda de ataques terroristas suicidas em Israel que enviaram jovens árabes muçulmanos – garotas e rapazes – para se explodirem entre os israelenses mais vulneráveis: crianças em idade escolar, pessoas fazendo compras, comendo em lanchonetes, viajantes, frequentadores de discotecas. Naquela semana em particular, houvera três desses ataques assassinos. "Sim", ele suspirou, "que escolha eles têm?".

Na época, fiquei com raiva e magoado. "Já ouviu falar de Camp David?"

"Ah", ele respondeu. "Esse é um dos motivos". A conversa acabou. Nenhuma discussão sobre quão injusta e equivocada fora sua observação inicial.[2] Em retrospecto, tal observação, expressa por um dos meus colegas mais atenciosos e de mentalidade aberta, me parece uma das mais sinistras que eu ouviria nos anos subsequentes.

O aterrorizante não era apenas a espantosa loucura cognitiva e moral expressa pela observação do meu colega, mas sua banalidade. Ele não inventou isso. Sua área de estudos estava longe do Oriente Médio, e ele já havia demonstrado pouco conhecimento, ou nenhum interesse pelo que acontecia ali. Não, ele simplesmente repetiu algo que ouvira outros dizerem, algo que, ao que parece, era comumente aceito em seus círculos.[3] Então, por que não o repetir?

A surpreendente estupidez: *que escolha eles têm?* Essas quatro palavras contêm quatro idiotices principais e muitas idiotices menores.

- Acima de tudo, atribui pouca importância a alguns dos mais feios e moralmente repugnantes comportamentos humanos – mais um nível abaixo nos anais do ódio humano.[4] O terror suicida envolve instigação de uma liderança e a implementação dos ensinamentos homicidas em seu próprio povo, sacrificando seus jovens para explodir aqueles que eles odeiam. E uma vez que a principal arma da *jihad* global no século XXI é o terror suicida, tanta frivolidade moral sobre uma arma que em breve o atingiria (na verdade, já o fizera em 11 de Setembro) não era nada menos do que uma loucura autodestrutiva.

124

- A declaração do meu colega também refletiu a pressuposição de que os países árabes muçulmanos não têm habilidade de tomar decisões éticas baseadas no que é certo ou errado – não têm capacidade para lidar com a frustração, nenhuma escolha a não ser atacar. Se Ariel Sharon visita o Monte do Templo, *é claro* que os muçulmanos palestinos respondem com uma intifada assassina, na qual atiradores matam bebês nos braços das mães. Se o papa chama o islã de violento, *é claro* que os muçulmanos se revoltam nas ruas. "Que escolha eles têm?" em vez de "*É claro* que eles têm uma escolha. E é isso que eles escolhem."

- E por que não têm escolha? Porque os judeus devem estar tratando os palestinos de forma terrível; afinal, por que outro motivo eles odiariam tanto Israel? Se a campanha suicida de assassinato em massa é uma questão de desespero, deve ser culpa de Israel – não produto de uma campanha conduzida internamente com ódio genocida, mas devido a abusos israelenses contra os quais os palestinos não têm nenhuma alternativa. Em vez de uma aspiração de cometer genocídio frustrada pela determinação israelense de sobreviver, torna-se um desejo frustrado de ser livre, exacerbado pela recusa israelense em conceder aos palestinos a liberdade (os liberais ocidentais tinham tanta certeza) que desejavam. Paul Berman observou: "cada novo ato de assassinato e suicídio testemunhou quão opressivos eram os israelenses. O terror palestino, nessa visão, era a medida da culpa israelense. Quanto mais grotesco for o terror, mais profunda será a culpa".[5]

- Finalmente, como apontei na minha resposta inicial, essas pressuposições ignoram completamente a dinâmica do Processo de Paz de Oslo e a oferta de Camp David feita por Israel no verão anterior, como se os palestinos *tivessem* que dizer não e *tivessem* que iniciar uma guerra cruel em que só poderiam perder. A única maneira de interpretar esse comportamento como remotamente "racional" é, mais uma vez, culpar Israel.[6]

Os seguintes opostos às afirmações anteriores são verdadeiros:

- O terror suicida é o ato de pessoas tão desesperadas para atacar um inimigo que sacrificarão seus próprios filhos apenas para causar dano. Constitui uma combinação horrível de sacrifício humano (de uma criança!) com um culto de morte genocida – não exatamente o tipo de comportamento que qualquer pensador moral sério desconsidera com perguntas retóricas banais.

- Não esperar que os muçulmanos honrem padrões morais é uma forma de "**racismo humanitário**", em que os brancos privilegiados demonstram total desprezo moral pelas "pessoas de cor".\* "É claro que eles se comportam como selvagens, o que você espera? Autocontrole?" Seja ela oriunda do desdém moral ou do medo de repreender a quem se teme, essa abordagem encoraja os piores comportamentos entre aqueles assim tratados e, nesse caso, aceita a legitimidade do terror suicida, a desgraça da sociedade global do século XXI. Também ignora um ódio tóxico aos judeus que não apenas rivaliza com, mas supera, os nazistas na sua fúria abertamente genocida. (Nenhum pregador alemão apelou, do púlpito, ao genocídio, uma ocorrência cotidiana entre os imames.)

- Na história das "ocupações", Israel tem tratado os palestinos extraordinariamente bem, e as medições da qualidade de vida palestina, incluindo o crescimento econômico e educacional, desde 1967, são muito elevadas, mesmo em comparação com as populações árabes "não ocupadas" nas redondezas. De fato, numa suprema ironia, Israel trata os palestinos melhor do que os líderes palestinos – ou quaisquer outros líderes árabes – tratam o seu próprio povo.[7]

- A liderança palestina aceitou as concessões que Israel fez em Oslo – permitindo o retorno da OLP – como uma oportunidade de introduzir um Cavalo de Troia, que explodiu na primeira campanha da *jihad* global no século XXI no outono de 2000.[8] Agora, usando a estupidez retórica "Que escolha eles têm?", observadores externos, especialmente da "esquerda", culparam inteiramente Israel pelo fracasso de Oslo.

---

\* N. T.: O termo "pessoa de cor" (em inglês, person of color) é hoje usado principalmente nos Estados Unidos para descrever qualquer pessoa que não seja considerada branca, inclusive em vários pontos da história dos EUA, como afro-americanos, latino-americanos, asiático-americanos, nativo-americanos, entre outros. Mantivemos a tradução literal com essa ressalva.

Nem meu colega (que votou em Ralph Nader em 2000), nem seu círculo de interlocutores na esquerda progressista, tinham ideia do que estavam fazendo. No entanto, com a tolice condescendente do "que escolha eles têm?", estavam justificando e aprovando um movimento de antissemitismo exterminacionista apenas 55 anos após o Holocausto – e dando um selo de aprovação à arma mais potente no arsenal da insurgência da *jihad* contra as suas próprias sociedades. Duas décadas depois, jornalistas que ocupam o meio-termo na MSNM (CNN, NBC, *Time*, *The Atlantic*) e a esquerda (MSNBC, *The New Republic*, *The Nation*, *VICE*) repetem o mesmo absurdo, apesar de extensas evidências em contrário:

*Sulome Anderson* @SulomeAnderson 14 de maio

Imagine quão desesperador é se encontrar em meio a um tiroteio, tiros disparados pela força de combate mais poderosa do Oriente Médio, armada com nada mais do que pedras e, ocasionalmente, coquetéis Molotov ou granadas. Tente conceber as circunstâncias que poderiam levar tantos seres humanos a tal ato. #Gaza[9]

Tem que ser desespero, não poderia ser aspiração.[10]

\* \* \*

No teatro cognitivo da guerra do século XXI, 2002 representa um ano espetacular de sucesso para a *jihad* global. Em Israel, os jihadistas desferiram uma onda de ataques suicidas contra civis de janeiro de 2001 até abril de 2002. Foi um período em que vozes sãs, tanto no Ocidente como no mundo muçulmano, deveriam ter se manifestado corajosamente condenando um desenvolvimento tão portentoso e moralmente revoltante e pedir desculpas a Israel por instá-lo a armar e a capacitar os líderes desse ataque. Na perspectiva dos anos 2020/1440 AH, em que o terror suicida gerou metástases no mundo inteiro e, desde então, matou e continua a matar *muito mais* muçulmanos, inclusive ocidentais, do que israelenses, o fracasso em se opor, portanto, destaca-se como um dos mais significativos fracassos da "esquerda moral".

Em vez de os ocidentais expressarem preocupação com esse fracasso catastrófico da jurisprudência muçulmana em manter a situação corrente entre guerra humana *versus* guerra genocida no alvorecer do novo século global, havia um entusiasmo vertiginoso e até exultante na esquerda progressista global pelo terror suicida palestino. E, assim como o mundo muçulmano, esse entusiasmo expressou-se com particular vigor quando o alvo eram os israelenses. Em 2002, o público global mobilizou importantes manifestações antiguerra contra o alegado "massacre" de Israel em Jenin. Em sua indignação contra os israelenses face aos atos (mal) relatados, os manifestantes usaram cintos suicidas falsos para mostrar solidariedade com a "resistência" palestina.

Dado que o 11 de Setembro havia ocorrido apenas alguns meses antes e que esses ataques jihadistas em breve visariam infiéis e muçulmanos mundo afora (em Bali, quatro meses depois, em Barcelona, dois anos, em Londres, três anos mais tarde), esses manifestantes imitaram com eficácia o filme *Independence Day*, no qual multidões entusiastas de "*new agers*" reúnem-se nos telhados dos arranha-céus para cumprimentar os alienígenas com paz e amor, pouco antes de serem atacados por aqueles que receberam tão calorosamente.[11] Pelo menos esses manifestantes celuloides não conheciam as pessoas que abraçaram com entusiasmo; em 2002, os manifestantes sabiam muito bem o que estavam encorajando – eles usavam cinturões explosivos falsos – e, de alguma forma, não havia nenhuma sensação de problema moral. Ao contrário, ser "pró-palestino" converteu-se em um "teste decisivo" para ser um liberal.[12] A vida imita tragicamente a paródia.[13]

Israel, nos primeiros anos do século, suportou todo o peso das devastações do terror suicida jihadista. Durante 16 meses, Israel as tolerou sem que seu suposto cabeça-quente, o brutal primeiro-ministro Ariel Sharon, fizesse um movimento sequer contra os centros desses ataques no território cedido por Oslo. Mais de 600 civis foram mortos e outros tantos feridos, em muitos casos mutilados para o resto da vida devido à violência deliberada e a cuidadosa embalagem de rolamentos e outros estilhaços para espalhar os danos o mais longe e tão amplamente quanto possível.[14] E não houve erro quanto ao alvo dessa "resistência": a grande

128

maioria – 4/5 – das vítimas israelenses eram civis, especialmente crian-ças.[15] O ataque assassino ao Park Hotel, repleto de famílias celebrando o *seder** de Pessach*** em Netania, em 27 de março de 2002, finalmente fez pender a balança e Israel revidou, invadindo a Área A***, especialmente o campo de refugiados de Jenin, no qual essa campanha de terror suicida havia montado sua base de operações.[16]

## O "MASSACRE" DE JENIN:
## ISRAEL PERDE A SUPERIORIDADE MORAL

Começou então o episódio de Jenin, talvez o exemplo mais notável de jornalismo letal de gol contra na história da reportagem de notícias. No que constará nos anais da guerra como a campanha militar mais legal e cuidadosa para atacar um inimigo inserido em uma população civil urbana, em 1º de abril de 2002 os israelenses atacaram uma área de cinco quarteirões dentro do campo de refugiados de Jenin. Embora as tropas da Otan tivessem bombardeado Kosovo pelo ar apenas três anos antes e não tiveram baixas, as FDI optaram não por evacuar e bombardear o campo, mas ir de casa em casa, a fim de limitar as ví-timas civis.[17]

Quando tudo terminou, Israel tinha matado entre 52 e 56 pales-tinos, cerca de 40 dos quais eram combatentes, e perdeu 23 soldados, muitos deles em uma emboscada a eles imposta por insistência do seu comandante em bater de porta em porta.[18] Na verdade, esses soldados das FDI foram escrupulosos em não "roubar" a comida das casas em que se refugiavam e, em geral, comportaram-se de maneira exemplar.[19] Nos anais mundiais da guerra urbana, pouco se compara ao autossa-crifício e ao cuidado com que as FDI trataram civis inimigos; nenhum exemplo pode chegar perto da proporção de cinco combatentes para dois civis quando se fala de uma batalha urbana que durou semanas.

---

* N.T.: Literalmente, "ordem". Refere-se à refeição em que é narrado o êxodo do Egito numa determinada sequência na festa de Pessach.
** N.T.: Festa que celebra a saída do cativeiro do Egito.
*** N.T.: Território que compreende 18% da Cisjordânia sob o controle da Autoridade Nacional Palestina.

Ao contrário, até ao final da Segunda Guerra Mundial, grande parte da guerra urbana *teve como alvo* civis. Mesmo depois, proporções "boas" e humanas na guerra urbana eram geralmente de três civis mortos para um combatente. Jenin representa o auge na ética militar moderna, no extenso esforço para evitar baixas de civis e nos riscos extraordinários que os soldados correram para essa finalidade.[20]

O mundo exterior, no entanto, ouviu uma história diferente dos seus jornalistas que trabalhavam em Israel. Durante duas semanas, enquanto ocorriam os combates casa a casa, as FDI mantiveram os repórteres afastados. Durante esse tempo, a mídia deu a máxima credibilidade às alegações palestinas, veiculadas indiscriminadamente nos seus meios de comunicação, de que os israelenses estavam massacrando populações civis... execuções em massa e valas comuns, encorajando comparações com os batalhões de polícia alemães exterminando judeus e os hutus massacrando os tutsis.[21] Saeb Erakat, um dos mais "moderados" políticos palestinos presentes (um "negociador principal" em Oslo), discorreu em detalhes sobre as alegações infundadas para a mídia noticiosa, que prontamente as repetiu como credíveis. Nem mesmo a mudança de 3 mil massacrados (Abd Rabbo) para "apenas" 523 (Erakat) despertou suspeitas. Pelo contrário, no dia 11 de abril, o *Libération* falou de um banho de sangue. A *Time* citou uma estimativa iraniana (como *eles* sabiam?) de 16 mil![22]

As ONGs de "direitos humanos", gozando de credibilidade devido ao seu "**efeito halo**", seguiram a estratégia de Durban de estigmatizar Israel. Elas amplificaram as acusações e reforçaram as alegações palestinas.[23] Os repórteres e até mesmo políticos europeus compraram a história viral do "massacre".[24] A. N. Wilson acusou Israel de "massacre, de encobrimento, de genocídio", nas páginas do pretensioso *Evening Standard*.[25] Quão tentador era naqueles dias degradar Israel, aquele "pequeno país de merda", sem ao menos buscar saber se as acusações eram verdadeiras.[26]

A notícia era tão convincente que mesmo os judeus aceitaram as comparações com os nazistas. No prefácio de um livro publicado no ano seguinte, Daniel Boyarin escreveu sobre o "total desdém por vidas e corpos que não sejam de judeus" por parte de Israel e de seus apoiadores (não obstante o sacrifício de 23 soldados para poupar civis palestinos; e sem referência à ideologia assassina daqueles que Israel combateu): "Tem sido dito por muitos cristãos que o cristianismo morreu em Auschwitz, Treblinka e Sobibor. Temo – Deus me livre – que meu judaísmo possa estar morrendo em Nablus, Daheishe, Beteen (Beth El) e Al-Khalil (Hebron.)".[27] A **inversão do Holocausto** é uma desorientação cognitiva que não conhece fronteiras.

Os jornalistas estavam tão empenhados na sua narrativa do massacre israelense de palestinos inocentes que, mesmo depois de terem conseguido chegar à área atingida após a batalha, alguns não mudaram de ideia. Diante da dissonância cognitiva de não encontrar nenhuma evidência para corroborar as alegações de "massacre" – ao contrário – eles se mantiveram firmes.[28] "*Aumentam as evidências do massacre de Jenin*", era a manchete da BBC do dia seguinte, citando Derrick Pounder, agente da Human Rights Watch, como um analista viável que explicou os hospitais vazios:

> Normalmente [ou seja, no caso de guerra urbana indiscriminada], esperaríamos encontrar três pessoas gravemente feridas dentre todos os mortos. Mesmo que se aceite a afirmação israelense de que "apenas" 40 palestinos morreram, deveria haver outros 120 muito feridos no hospital. Mas eles não são encontrados em lugar nenhum [...] chegamos à conclusão de que eles foram autorizados a morrer onde quer que estivessem.[29]

Em outras palavras, diante de hospitais vazios, poucos cadáveres entrando e saindo dos necrotérios e sem valas comuns, Pounder presumiu que após três semanas de combates 1) os israelenses não lutaram de acordo com as regras estabelecidas por seu extremamente exigente código (e as Convenções de Genebra), mas pelas "regras normais" da guerra urbana, com seus elevados níveis de danos colaterais; e 2) os israelenses, com sua ética médica excepcional,[30] deixavam as pessoas morrerem *in situ* (e depois enterravam/escondiam seus corpos). E, obviamente, muitos repórteres se alinharam a fim de garantir aos seus leitores que, apesar de haver apenas 16 corpos no necrotério, muitos mais jaziam sob os tanques israelenses.[31]

O relato de Phil Reeves, do *The Independent* britânico, no dia seguinte ao acesso ao acampamento, também estava de acordo com suas expectativas:

> Um monstruoso crime de guerra que Israel tentou encobrir por uma quinzena foi finalmente exposto. Suas tropas causaram uma devastação no centro do campo de refugiados de Jenin, ao qual teve acesso ontem o *The Independent* [...] os escombros foram removidos pelas escavadeiras em pilhas de 9m. O cheiro doce e medonho de podridão dos corpos humanos está por toda parte, evidência de que se trata de uma tumba humana. As pessoas, que passavam dias escondidas e amontoadas em porões enquanto os foguetes atacavam [sic], dizem que há centenas de cadáveres sepultados sob a poeira, sob um campo de escombros, entrecruzado com marcas de tanques e escavadeiras. Um jovem de semblante tranquilo e triste chamado Kamal Anis nos conduziu através da terra deserta, agora repleta de detritos do que antes eram casas, espuma de borracha, roupas rasgadas, sapatos, latas, brinquedos infantis. De repente, se deteve. Essa era uma vala comum, disse ele, apontando. Olhamos para um amontoado de detritos. Aqui, disse ele, viu os soldados israelenses empilhando 30 corpos debaixo de uma casa semidestruída. Quando a pilha estava completa, eles demoliram o edifício, derrubando suas ruínas sobre os cadáveres. Depois aplainaram a área com um tanque. Não podíamos ver os corpos. Mas podíamos cheirá-los.[32]

Só em agosto, depois de a ONU ter relatado 50 mortos, é que ele pediu desculpas.[33]

Forçado pelas evidências a renunciar ao falso discurso de "massacre", Terje-Roed Larsen, o funcionário da ONU presente no local e um dos principais proponentes do Processo de Oslo, insistiu em transmitir a mensagem de destruição desenfreada. "O que estamos vendo aqui são cenas horríveis, horríveis, de sofrimento humano [...] *Israel perdeu toda a base moral neste conflito.*"[34] Os repórteres citaram-no em artigos em que falaram com entusiasmo sobre os crimes de guerra das FDI.[35] Na França, tais imagens, como as de Al-Durrah, em contraposição às dos palestinos que comemoravam o 11 de Setembro, foram imediatamente transformadas em símbolo do "martirizado povo palestino" porque confirmavam e reforçavam os estereótipos negativos usados pelos anti-israelenses que participavam dos ensinamentos intelectuais ("*doxa intellectuelle*"), compartilhados por jornalistas, intelectuais e políticos, uma *doxa* tornada transnacional.[36]

Mesmo nos EUA, onde a cobertura foi, comparativamente, mais precisa e profissional, houve jornalistas que mantiveram viva a narrativa pós-colonial de Israel de brutalizar os palestinos, muito depois de a difamação propagandística comprovar-se falsa.[37]

## JORNALISTAS EGOCÊNTRICOS IMPOTENTES DIANTE DA DESINFORMAÇÃO PALESTINA

Parece nunca ter ocorrido a esses jornalistas que os palestinos talvez não estivessem contando a verdade ao seu ávido público – ou pior, que estivessem envolvidos em propaganda de guerra destinada a alienar o apoio ao inimigo e despertar a raiva entre os seus.[38] Pelo contrário, prevaleceu a credulidade generalizada, quase uma credulidade de princípios, apesar da longa e consistente história de os árabes e palestinos mentirem sobre Israel.

No abundante catálogo de declarações surpreendentemente estúpidas feitas no início do século XXI, as observações de Andrea Koppel sobre Jenin ocupam um lugar especial.[39] Koppel acabara de chegar a Israel; nenhum jornalista havia estado no acampamento de Jenin no momento da entrevista dela. No entanto, ainda em Tel Aviv, ela respondeu a um israelense que se queixava do uso de equivalência moral pela mídia.

Andrea Koppel: "Então, quando os soldados israelenses massacram civis em Jenin, isso não é equivalente?"
Adam Ruskin: "Quais são suas fontes? Você estava em Jenin? Como sabe exatamente que houve um massacre?"
AK: "Acabei de falar com meus colegas que estiveram ali, e eles me contaram sobre o massacre."
AR: "Eles realmente viram o tiroteio, os corpos?"

133

AK: "Os palestinos nos contaram sobre o massacre."
AR: "E você acredita neles sem evidências. Eles poderiam possivelmente estar mentindo e distorcendo os fatos?"
AK: "Ah, então agora eles estão todos mentindo?"

Ao formular a pergunta como uma questão retórica, em que a única maneira de não parecer um racista seria dizer: "Não, nem todos são mentirosos", ela literalmente tirou a si mesma e a seus interlocutores da realidade. Quando se trata de porta-vozes palestinos "informando" jornalistas ocidentais sobre os "crimes de guerra" israelenses, a pergunta retórica deveria ser: "Ah, então agora eles são todos escrupulosamente honestos?".

E reiteradamente, a verdadeira história acabou por ser o oposto daquilo que os palestinos diziam a quem quisesse ouvir. Abo Gali, diretor do hospital em Jenin, disse a todos que os israelenses atacaram o hospital com 11 projéteis disparados por tanques, que destruíram uma ala e, posteriormente, fizeram o possível para impedir que os feridos fossem tratados no hospital, inclusive cortando o fornecimento de suprimentos.[40] Ao contrário, as FDI fizeram de tudo para proteger o hospital, assegurar o fornecimento contínuo de alimentos e medicamentos e garantir o tratamento dos combatentes palestinos feridos, enquanto estes usavam ambulâncias para transportar cintos suicidas para o campo de batalha. Quanto ao ataque ao hospital, quando Pierre Rehov pediu para ver os danos, tudo o que Gali pôde fazer foi mostrar-lhe algumas marcas de balas.

Da mesma forma, um velho, Ali Youssef, declarou que um atirador israelense atirou no seu pé e na sua mão, quando na verdade a equipe médica israelense não só tratou dos seus ferimentos (que não eram de balas), mas também o enviou a um hospital israelense para tratar de sua insuficiência cardíaca congestiva não diagnosticada.[41] É preciso ver essas entrevistas com documentaristas como Omar Bakri, Pierre Rehov e Martin Himmel a fim de perceber quão fácil e convincentemente essas "testemunhas" palestinas mentiram... repetidamente.[42]

Para uma jornalista séria como Koppel, treinada para suspeitar de relatos de testemunhas oculares de terceira mão e verificá-los duas vezes, sua credulidade de princípios revelava um colapso dramático dos padrões profissionais, precisamente onde e quando eles eram mais necessários.[43] Ao contrário, ela optou pelo *Zeitgeist* saidiano, no qual qualquer observação desfavorável à cultura árabe é orientalismo racista.[44] Koppel tampouco foi a única. Mark Phillips, correspondente da CBS, indignado com a "destruição do processo de paz" por Israel, explicou que se deve avaliar o que aconteceu em Jenin dependendo de em quem se acreditava (isto é, ele preferia a narrativa palestina). Joshua Muravchik comentou ironicamente que Phillips "parecia um crítico literário moderno que aborda um "texto" cujas construções eram igualmente subjetivas, portanto, igualmente válidas".[45] Um ativista da Human Rights Watch deu a péssima versão jornalística de equivalência narrativa. Assentindo com a evidência, ele explicou a John Lancaster, do *The Washington Post*, que "a contagem final provavelmente estará em algum lugar no meio [entre as alegações israelenses e as palestinas]".

Não chegou nem perto: a contagem final não ficou *entre* as alegações palestinas (de milhares de mortos) e as estimativas israelenses (100). Ela chegou à *metade* das estimativas das FDI.[46] O caso de Jenin representa um dos mais extraordinários episódios da batalha pela alma do jornalismo do século XXI: narrativa *versus* precisão. Aqui, a precisão minou a aparentemente e enorme e excitante narrativa de que Israel estava massacrando palestinos. Para muitos, essa narrativa era boa demais para ser ignorada.

Quando confrontados com questões sobre por que descreviam o comportamento israelense como "crimes de guerra", mas o atentado suicida palestino como uma "violação do direito humanitário", Urmi Shah, porta-voz da Human Rights Watch, não manteve uma posição intermediária:

> Um dos fatores-chave para decidir se uma violação equivale a um crime de guerra é se foi cometida intencionalmente [...] um óbvio exemplo da situação no campo de refugiados de Jenin seria atirar em um civil palestino que estava sob controle direto das forças israelenses. Isso é execução sumária. Isso é um crime de guerra.[47]

É claro que não se trata de um "caso óbvio". Pelo fato de não terem estado no acampamento na época, os "observadores" da Human Rights Watch não estavam em posição de julgar se o disparo em um civil era uma "execução sumária" ou um "dano colateral". No entanto, quando se trata do terror suicida, a deliberação é clara, desde o vídeo pré-operação no local da detonação à ideologia da "névoa rosa" (ou seja, a mistura do sangue do "*shahid*" com o de suas vítimas).

Então, como Shah lidou com a contradição ao seu princípio de deliberação? Com um sorriso, uma nova distinção técnica.

> Urmi Shah: Uma das outras coisas é que são grupos militantes. Não é uma força estatal, no caso dos palestinos.
> Martin Himel: As milícias ou os militantes não devem ser responsabilizados como as organizações militares?
> Umri Shah: Claro, mas infelizmente – há uma diferença entre um Estado sancionado, se preferir, ou controlado por indivíduos, grupos; grupos militantes infelizmente não são – as autoridades palestinas não conseguem controlá-los.

Deixando de lado a questão de saber se a Autoridade Palestina "controlava" os homens-bomba suicidas palestinos, se os encorajava, se não esforçava para controlá-los ou, no caso da Brigada dos Mártires de Al-Aqsa, se os *patrocinava*, esse detalhe técnico parece moralmente duvidoso – se não é possível atribuir o ataque ao poder do Estado, então matar deliberadamente civis israelenses não é um crime de guerra? A Human Rights Watch não concebe terroristas palestinos que declararam guerra a Israel de acordo com os padrões legais que consideram os israelenses porque eles não são um Estado? Aparentemente, a Human Rights Watch concorda com grupos radicais (Movimento de Solidariedade Internacional) que insistem que "resistência não é terrorismo"; de fato, o terror, nesse universo moral invertido, só pode vir do Estado.[48]

---

* ˚ N.T.: No islã, *shahid* denota um mártir.

# PERFIS NO JORNALISMO LETAL: JANINE DI GIOVANNI, AQUELA QUE NÃO PODE ERRAR

Quando a ONU publicou o seu relatório de mais de 50 mortos, alguns jornais e jornalistas individuais, como Phil Reeves, pediram desculpas pelos erros de sua cobertura.[49] Outros, muitas vezes os infratores mais ultrajantes, como o *The Guardian*, recusaram-se completamente a admitir o erro, mesmo uma década depois.[50] Martin Himmel, com um dos soldados de Jenin, tentou rastrear alguns dos jornalistas mais letais da imprensa britânica. Alguns se recusaram a conversar ou, quando concediam entrevistas, rejeitavam os dados com mais desinformação.[51]

David Blair, do *The Daily Telegraph*, um dos poucos a concordar com uma entrevista, tinha, nos dias seguintes ao acesso dos jornalistas ao acampamento, descrito que "A cidade de Jenin [sic] [...] todas as ruas [sic], exceto algumas, foram destruídas", e usou a destruição para prever que as alegações palestinas de centenas seriam mais precisas do que as estimativas israelenses de dezenas.[52] Quando confrontado com a falta de cobertura dos esforços israelenses para evitar vítimas civis, que incluíam o sacrifício de soldados, ele respondeu com a lembrança desonesta de que "quando eu estava escrevendo aqueles artigos e outros também, os israelenses não nos contavam nada. Se você nos tivesse contado isso, eu teria relatado".

É claro que os israelenses estavam contando sua versão para todos que podiam, levando repórteres ao acampamento no mesmo momento em que Blair escrevia seus artigos. Como observou um general das FDI: "Tínhamos pilhas de material para os jornalistas. Eles não aceitaram".[53] Isso apenas atrapalharia o *modus operandi* do jornalismo letal em Israel: *Relatem as alegações palestinas como verdadeiras; rejeitem as israelenses como propaganda estatal; e quando se revela o oposto, fiquem em silêncio sobre o passado e passem para a próxima acusação.*

Entretanto, o prêmio para a resposta desonesta em jornalismo letal vai para Janine di Giovanni, cuja fama decorria de escrever no *The Times* londrino (possivelmente o jornal mais conceituado da Grã-Bretanha):

"*Raramente em mais de uma década de reportagens de guerra na Bósnia, Chechênia, Serra Leoa, Kosovo, vi tanta destruição deliberada, tanto desrespeito pela vida humana*".[54] Dada a destruição massiva e selvagem da Bósnia, Chechênia e outros lugares, em que massacres de civis e estupros em massa de mulheres chegaram a milhares e dezenas de milhares, onde cidades inteiras foram devastadas em comparação com cinco quarteirões de um campo de refugiados evacuado e cheio de minas, é difícil imaginar um "testemunho" mais desonesto e pessoal.

Note, entretanto, que ambas as observações envolvem a atribuição de um motivo (malévolo): "destruição *deliberada... desrespeito* pela vida humana". Aparentemente, para essa jornalista, a motivação malévola é mais importante do que qualquer realidade empírica de destruição real. Os vestígios do libelo de sangue são abundantes – soldados israelenses destroem intencionalmente, tratam a vida dos gentios com desprezo. E, claro, como pretende a propaganda por trás do jornalismo letal, aqueles de seus leitores que queriam colocar Israel, aquela nação de judeus soberanos, na sarjeta de um comportamento semelhante ao nazista, poderiam facilmente fazer uso do falso "testemunho" dela como jornalista.

Ao contrário de A. N. Wilson, famoso pelo "genocídio" no *Evening Standard*,[55] e da equipe do *The Guardian* (Susanne Goldenberg, Peter Beaumont, Seumas Milne, Brian Whitaker e Chris McGreal), todos os quais se recusaram a serem entrevistados por Himmel, Di Giovanni, de todo impenitente, teve a imodéstia de pensar que poderia se defender. Ao fazê-lo, ela nos propicia um perfil impressionante de uma jornalista letal – como tal pessoa pensa sobre seu trabalho, seus temas, seus críticos, até mesmo sobre si mesma... Nada disso é bom, muito é extremamente prejudicial para uma profissão com supostos padrões éticos.

"Não somos ingênuos", insiste Di Giovanni, sem perceber que a alternativa à ingenuidade, nesse caso, é maliciosamente desonesta. "Depois de 15 anos cobrindo a guerra, nós [eu e meus colegas, como o pessoal do *The Guardian*] ficamos horrorizados, realmente horrorizados. O nível de destruição era totalmente desnecessário, para nivelá-lo, fazê-lo parecer um campo de futebol, foi chocante", ela explicou, como se conhecesse as questões militares que tornaram as escolhas das FDI "desnecessárias" e como se uma área de destruição tão firmemente contida fosse pior do que a vasta e indiscriminada destruição urbana que ela vira por 15 anos. "Eles estavam escondendo alguma coisa", ela afirma com segurança, agarrando-se à história do massacre em que os israelenses enterraram os corpos dos executados.[56] "O que aconteceu em Jenin foi um ultraje e uma violação de todos os direitos humanos", afirma ela, embora admita que os israelenses não tinham cometido um massacre.

Questionada se poderia pedir desculpas por sua cobertura, ela responde autoritariamente: "Eu jamais faria isso. Sou totalmente fiel ao que escrevo". Quer isso seja entendido como uma declaração normativa (minha impressão) ou especificamente sobre Jenin, revela uma atitude notável em relação à autocrítica por parte de uma pretensa jornalista. Não só é óbvio para ela que não fez nada de errado, como também é igualmente óbvio que Israel cometeu crimes de guerra hediondos. Para Di Giovanni, a única diferença significativa entre os sérvios, os hutus e os israelenses é que, no que tange aos dois primeiros, os criminosos de guerra foram condenados, mas "os israelenses nunca são", como se *todos soubessem* que são culpados, mas eles sempre escapam impunes.

Solicitada a explicar como 56 mortos em três semanas de guerra urbana pode ser pior do que a Chechênia e a Bósnia, onde morreu um terço de milhão, principalmente de civis, Di Giovanni primeiro se refugia em sua experiência pessoal – "Você já esteve na Chechênia?" –, então filosofa:

> Foi [minha comparação] desproporcional? Bem, eu estive em todos esses lugares, e estive em Jenin, e eu não [...] *eu ainda realmente acredito que uma vida humana é uma vida humana* [...] então penso em um certo um sentido [...] [discute os milhares e milhares massacrados pelos hutus] [...] que *horror é horror, injustiça é injustiça, abuso de direitos humanos é abuso de direitos humanos.*[57]

Essa não é a voz experiente de um correspondente de guerra sério, que entende a terrível verdade da triagem, que "dá testemunho [honesto]" de seu tempo. Pelo contrário, é a voz simplista da ideia de que "toda vida é preciosa", dos mais empáticos progressistas que vivem na bolha da sociedade civil de não violência e de espaços seguros. Então, depois de enfraquecer sua afirmação invocada repetidamente "eu estive por aí e deixe-me te contar [...]", Di Giovanni muda para uma equivalência moral "ridícula", em que danos colaterais dolorosamente evitados são equiparados a danos genocidas deliberados – porque em ambos os casos, pessoas morreram. Como Martin Sieff comenta com Himmel: "De onde vinham essas pessoas? O que elas viram e o que imaginaram que estavam vendo? Os meios de comunicação convencionais encontram o jornalismo do ano 2000.

Di Giovanni viu um crime de guerra em Jenin. Nenhuma evidência contrária poderia dissuadi-la:

> Repetidas vezes, Sharon foi eximido por enormes violações de direitos humanos [...] eu poderia continuar falando por longo tempo, e não se trata apenas de eles serem desculpados, mas muito raramente as coisas são relatadas com precisão [...] na América, na América do Norte [...] [onde] o *lobby* sionista é muito mais forte do que na Europa.

Consideremos essa dupla marca da atitude de um jornalista letal. Primeiro, o alvo foi escolhido: Sharon e as FDI são *a priori* culpados, tão ruins quanto os piores e precisam ser levados à justiça. Portanto, como jornalista, para ela é totalmente justificável comparar as FDI aos hutus e aos sérvios, a fim de impedir que a permanente "injustiça" com relação a Sharon fique impune. Em segundo lugar, como os que atacam a imprensa por ser pró-sionista demais,[58] ela reclama que não há número suficiente de reivindicações palestinas repassadas como notícias e que os jornalistas americanos, menos dispostos a serem jornalistas letais e se voltarem contra Israel, têm menos liberdade para falar.[59] Como fazer com que Sharon e as FDI sejam punidos pelos seus crimes se essas "enormes violações dos direitos humanos" não são denunciadas?[60]

Mas talvez a sua atitude mais reveladora tenha sido para com o soldado israelense que acompanhara Himmel. Solicitada a apresentar sua autojustificativa a ele, ela respondeu: "Não quero falar com ele. Na verdade, nem quero que ele fique na sala quando eu estiver falando". Depois, voltando-se para Himmel, ela pergunta: "Você é israelense? Você é judeu?". Em outras palavras, a jornalista defensora dos "direitos humanos" havia comprado de forma tão integral a narrativa palestina que sequer consideraria interagir com um "criminoso de guerra" israelense. Como ela insiste, não há como ela estar errada e ele estar certo.

Assim, ela lança luz sobre a falsa lembrança de David Blair de que ele teria relatado o acontecimento se os israelenses tivessem defendido sua causa, e a observação de Kuperwasser de que esses jornalistas não estavam ouvindo os israelenses (a menos que confirmassem suas crenças). Eles sempre consideraram as reivindicações israelenses como algo "além dos limites".[61] Quando ela pergunta a Himmel sobre ser judeu, isso reflete a atitude generalizada de que "só um judeu defenderia Israel".[62] O tratamento desdenhoso que dispensava a outro ser humano que faz um desafio moral sofisticado e civilizado seria qualificado como racismo se qualquer outra minoria estivesse envolvida.[63]

Nada disso prejudicou a carreira de Di Giovanni. Ela passou a ocupar cargos na *Newsweek* e na *Vogue*, onde repetiu sua autojustificativa sobre Jenin.[64] Deu inclusive uma palestra na qual aconselhou jornalistas aspirantes sobre como fazer seu trabalho de forma profissional.[65] Aqui, a jornalista letal melhorou seu comportamento (além de recomendar calorosamente a Anistia Internacional e a Human Rights Watch como fontes confiáveis).

> Vocês têm que ser extremamente cuidadosos e verificar as histórias, especialmente de massacres [...] o leitor sempre saberá dizer se vocês têm alguma parcialidade [...] a filmagem muitas vezes não é confiável [...] tenham muito cuidado ao fazerem entrevistas [...] vocês têm que manter distância sem dar às testemunhas a impressão de que não confiam nelas [...] precisam ser objetivos. Tento não tomar partido de um lado ou do outro, mas às vezes é muito difícil quando alguém é vítima do terrorismo de Estado [...] não há necessidade de exagerar, apenas contem a história [...] vocês não são promotores de justiça [...] [mas] escritores objetivos, acima de tudo, tentando contar essas histórias.

A única insinuação de seu jornalismo letal e de acusação com relação a Jenin é a semiadmissão de preconceito: "É muito difícil quando alguém é vítima do terrorismo de Estado". Em outras palavras, em Jenin, ela se posicionou contra Israel, que estava, para ela e para o livro de **vitimologia** da Human Rights Watch, cometendo "terror de Estado", o pior tipo dos terrores.[66] Atualmente, ela é professora de jornalismo em Yale e continua a praticar o jornalismo letal.[67] E assim, mesmo aqueles que consideraram a recusa em usar o termo "terrorismo" para designar o 11 de Setembro foram alimentados com uma narrativa de alguém que não tivera problemas para culpar a democracia.

## O IMPACTO GLOBAL DO JORNALISMO LETAL

No mundo árabe, onde ninguém duvidava publicamente, essa história viral do massacre teve enorme repercussão. Manifestações furiosas no mundo árabe e muçulmano mobilizaram virais apocalípticos de guerra fundamentais do *caliphator*: judeus malévolos exterminando muçulmanos inocentes enquanto as nações infiéis dão sua aprovação. Osama bin Laden conclamou os muçulmanos a massacrar os infiéis, especialmente judeus e americanos:

> Conclamo uma revolta contra os hereges [muçulmanos a favor de um acordo de paz com Israel]. Eles devem ser mortos. Conclamo o assassinato de todos os americanos, todos os judeus, por balas, por faca, ou mesmo por apedrejamento".[68]

Isso inspirou um apelo particularmente amplo à *jihad* global por parte de um pregador do Hamas, que não só pediu o extermínio dos judeus, como também dos seus aliados (especialmente os americanos), como um prelúdio para o domínio islâmico do mar ao mar. "Oh, Alá, erga a bandeira da *jihad* em toda a terra [...] tenha certeza de que serão propriedade da nação muçulmana, como diz o *hadith*, 'do oceano ao oceano'".[69] Nada poderia ter sido mais adequado à agenda do *caliphator* do que a acusação de um massacre de muçulmanos inocentes feito pelas

FDI, que eles poderiam afirmar ser verdadeira – porque inclusive o Ocidente o relatou.

A vitória dos *caliphators* ocorreu no mundo árabe-muçulmano principalmente, aumentando muito o seu poder emocional; mas ela ocorreu também no Ocidente, onde, ao contrário dos judeus armados e treinados de Israel, judeus *desarmados – civis comprometidos –* eram alvos mais fáceis. Nas democracias, a história do "massacre de Jenin", transformado em arma pelos *caliphators*, inspirou uma nova rodada de ataques muçulmanos contra judeus.[70]

Ao mesmo tempo, tal como aconteceu com a história de Al-Durrah, os muçulmanos cada vez mais dominavam os comícios públicos "antiguerra". A Associação Muçulmana da Grã-Bretanha, por exemplo, fez a sua primeira aparição pública naquela primavera, organizando em parceria com os "progressistas" uma marcha de sábado contra Israel em Londres, em 13 de abril de 2002. De acordo com um grupo socialista participante:

> O comício de Trafalgar Square começou com longas leituras do Alcorão. Embora oradores como Jeremy Corbyn e Tony Benn, membros da esquerda trabalhista do Parlamento estivessem no pódio, seus discursos foram pontuados por coros – liderados por um imame que usava um microfone – de "*Allahu Akbar*" ("Deus é grande") [...] os organizadores, reunindo a multidão no início da marcha, tentaram segregá-la em filas masculinas e femininas. Se a marcha não fosse tão grande e, consequentemente, tão difícil de ser organizada, a manifestação podia muito bem ser formada por homens na frente e mulheres atrás [...] folhetos distribuídos gratuitamente sobre literatura islâmica apelavam a que "os judeus fossem transpassados à espada" [...] havia inúmeras faixas equiparando Sharon a Hitler, o sionismo ao nazismo e a Estrela de Davi à suástica [...] "Morte a Israel" e "Do rio ao mar".[71]

A. N. Wilson estava lá e relatou devida e indignadamente as acusações no *Evening Standard*: "Massacre, encobrimento, genocídio". Se, como Robert Wistrich escreveu sobre a manifestação de mais de 1 milhão de pessoas em 2003, "o eixo marxista-islamista alcançou a sua primeira expressão em massa", esse comício foi um grande exercício de aquecimento.[72]

Em Washington DC, a International A. N. S. W. E. R. (Act Now to Stop War and End Racism) realizou um comício que começou com uma série de oradores identificando-se como palestinos e que depois estimularam a multidão a gritar: "Eu sou palestino!" e "Palestina Livre".[73] Na França, as manifestações apresentavam "islamistas" gritando: "Judeus aos fornos [...] morte a Israel, morte aos judeus".[74] Em Madri, modelos apresentaram-se trajando biquínis com cintos suicidas simulados em solidariedade com pessoas que, alegremente, estripariam seus corpos.[75] Naqueles tempos, a vida imitava a paródia: os progressistas europeus aplaudiam os jihadistas que, em pouco tempo, iriam visá-los. Em um comício do lado de fora da loja de departamentos Marks & Spencer, de "propriedade judaica", em outubro de 2003,

> um empresário elegantemente trajado ao meu lado, que parecia normal, exceto pela fúria em seus olhos [...] disse: *"Eu amo e reverencio os homens-bomba suicidas. Sempre que ouço falar de uma bomba suicida detonando, eu gostaria que se tratasse de 80 ou 90 judeus, em vez de um lamentável punhado deles.*[76]

Menos de dois anos depois, os homens-bomba jihadistas que ele tanto amava e reverenciava atacariam sua cidade, seu povo.

Os *caliphators* puderam fazer isso porque o Ocidente, especialmente a Europa Ocidental, recebeu essa dose poderosa de jornalismo letal sobre Jenin que inclusive varreu jornais sóbrios em seu rastro.[77] Essa falha de reportagem – inversão narrativa da realidade – teve um efeito eletrizante na esfera pública ocidental. Armados com as narrativas letais que seus jornalistas apresentavam como *notícias* profissionais e confiáveis, manifestantes antiguerra irados tomaram as ruas da Europa e do Ocidente. Trouxeram consigo um pouco daquela energia tribal de Durban para o mundo. Israel, os novos "nazistas", cometiam genocídio contra os "judeus" palestinos. Em resposta ao cerco da Igreja de Belém, para a qual os jihadistas haviam fugido dos israelenses, profanando-a sistematicamente, o italiano *Corriere della Sera* publicou uma caricatura do menino Jesus rodeado de tanques israelenses, perguntando "Eles vão fazer isso comigo de novo?".[78]

Instada a se manifestar, Oriana Fallaci publicou uma denúncia furiosa do espetáculo grotesco e vergonhoso de ódio desenfreado e público aos judeus.

> Considero vergonhoso que na Itália haja uma procissão de indivíduos vestidos como homens-bomba que lançam abusos vis contra Israel, mostram fotografias de líderes israelenses em cujas testas desenharam a suástica, incitam as pessoas a odiar os judeus [...] considero vergonhoso que a Igreja Católica permita que um bispo, que reside no Vaticano, um homem santo que foi encontrado em Jerusalém com um arsenal de armas e explosivos escondidos nos compartimentos secretos de sua sagrada Mercedes, participe daquela procissão e se coloque diante de um microfone para agradecer em nome de Deus aos homens-bomba que massacram os judeus em pizzarias e supermercados. Chamá-los de "mártires que vão para a morte como se a uma festa" [...] considero vergonhoso que na França, a França da Liberdade-Igualdade-Fraternidade, queimam sinagogas, aterrorizam judeus, profanam seus cemitérios. Considero vergonhoso que a juventude da Holanda, da Alemanha e da Dinamarca exibam o *keffiyeh** assim como a vanguarda de Mussolini ostentava o *fascio* e o distintivo fascista. Considero vergonhoso que em quase todas as universidades da Europa os estudantes palestinos patrocinem e alimentem o antissemitismo [...] considero vergonhoso [...] que as emissoras de televisão estatais contribuam para o ressurgimento do antissemitismo, lamentando apenas as mortes de palestinos enquanto minimizam a importância das mortes israelenses, encobrindo-as em tons relutantes [...] que em seus debates acolhem com muita deferência os canalhas com turbante ou *keffiyeh* que ontem entoavam cantos ao massacre em Nova York e hoje cantam hinos aos massacres em Jerusalém, em Haifa, em Netania, em Tel Aviv. [...] considero vergonhoso que o *L'Osservatore Romano*, o jornal do papa [...], acuse de extermínio um povo que foi exterminado aos milhões pelos cristãos. Por europeus.[79]

---

* N.T.: Tradicional lenço quadrado dobrado e usado em volta da cabeça pelos homens no Oriente Médio.

O discurso violento fez mais para prejudicar a sua reputação do que a dos progressistas globais que estavam, naquele momento, trabalhando a todo vapor.

## PERDENDO A ELEVADA BASE MORAL: *SCHADENFREUDE* MORAL E A NARRATIVA DE SUBSTITUIÇÃO PÓS-COLONIAL

A referência de Roed-Larsen, funcionário da ONU e importante ativista do "Processo de Paz" de Oslo, à perda da "elevada base moral" foi uma ideia bastante difundida no início deste século.[80] Lembro-me de ter participado de uma conferência anual que se estendia durante os anos finais da década de 1990 e início da década de 2000, e todos os anos, a partir de 2001, um dos meus mais próximos interlocutores intelectuais repetia: "*Dessa vez, Israel perdeu a elevada base moral*". Eu não conseguia conceber como alguém pode perder a elevada base moral em comparação a pessoas que ensinam seus filhos a odiarem tanto outros povos que estão dispostos a se explodir em meio aos filhos daquele povo e semear tanta dor quanto possível. Então percebi: na sua mente, Israel tinha perdido a elevada base moral não em relação aos palestinos, mas para progressistas como ele. Agora, ele (e Roed-Larsen e outros) poderia atacar Israel com abusos verbais a partir de pedestais morais imaginários.[81]

Foi quando reconheci pela primeira vez o fenômeno da *Schadenfreude* moral, isto é, o prazer que alguém sente ao ver o desconforto do outro quando suas falhas morais são reveladas ao opróbrio público. Parte da razão pela qual os progressistas acolheram as narrativas letais palestinas sobre Israel tão credulamente era o fato de que isso lhes permitia desprezar esse povo irritante que tinha uma reivindicação moral com relação a eles. A avidez com que as pessoas da esquerda abraçaram uma linguagem que comparava Israel aos nazistas não tinha nada a ver com a realidade empírica, nem mesmo com o pior jornalismo letal. Até a mais extravagante alegação de 3 mil mortos em Jenin era conservadora em comparação a

146

Babi Yar* (34 mil mortos em uma semana) – pode-se até chamar essa acusação de um insulto a um país com esmagadora superioridade militar e três semanas para trabalhar! Se quisessem, poderiam ter matado centenas de milhares de palestinos sem esforço.

Em vez disso, as comparações com os nazistas e o Apartheid racista sul-africano não eram descrições da realidade, porém insultos desdenhosos, degradações, atos destinados a envergonhar e humilhar Israel onde mais importava, degradando a sua face moral.[82] A perda da "elevada base moral" em Jenin replicou o comentário de Nay sobre Al-Durrah substituir a juventude do Gueto de Varsóvia: libertou os europeus de seu (senso de) dívida moral para com os judeus e Israel e permitiu-lhes entregar-se à antiga e venerável prática cristã (e muçulmana) de perseguição aos judeus. Isso não tinha a ver com culpa ou arrependimento, mas com fugir da vergonha culpando aqueles a quem se causara dano: como a paráfrase realizada por Benjamin Weinthal do psiquiatra alemão-israelense Tzvi Rix, a *Europa nunca perdoará Israel pelo Holocausto*.[83]

Não é de admirar que aqueles que se entregaram a essa perseguição aos judeus ao ponto de acreditar que sua retórica humilhante realmente refletia a realidade acabaram fatalmente desorientados, tanto moral quanto empiricamente, dançando nas ruas com imitações de cintos suicidas.

Num tribunal de faz de conta da opinião pública em que, quaisquer que fossem as provas, pressupunha-se a culpa israelense, era aparentemente fácil obter uma história muito equivocada. Entrementes, as notícias falsas de judeus matando crianças muçulmanas não apenas enfureceram os muçulmanos no mundo inteiro, mas também indignaram ocidentais, progressistas, judeus e até sionistas, que não conseguiam acreditar no que viam, mas tampouco conseguiam imaginar que a MSNM (cheia de repórteres e editores judeus) contaria uma mentira coletiva tão terrível. Um enorme consenso se desenvolveu entre as elites culturais sobre Israel como o terrível agressor e os palestinos as vítimas inocentes da sua maldade, quando na verdade se tratava de uma luta entre membros de

---

* N.T.: O massacre de Babi Yar foi um grande fuzilamento em massa, conduzido pelos alemães nazistas durante a ocupação de Kiev na Segunda Guerra Mundial.

uma sociedade civil defendendo-se de um culto à morte que ameaçava a todos.[84] Esse universo invertido levou a uma das mais notáveis declarações do início do século XXI, motivo de piada, quando Kofi Annan, então secretário-geral da ONU, ao se referir à recusa de Israel em interromper imediatamente sua operação militar "assassina" contra o primeiro acampamento-base de terroristas suicidas jihadistas no século XXI, observou retoricamente: "Não creio que o mundo inteiro, incluindo os amigos do povo e do governo de Israel, possa estar errado".[85]

Visto da perspectiva de um "mundo inteiro" que valoriza a diversidade e a tolerância em relação à uniformidade e à intolerância violenta, Israel estava certo ao contra-atacar esse culto de morte do Hamas que tinha como alvo as suas crianças, que fazia parte de um movimento maior de *jihad* global que visava o restante do "mundo inteiro". Se os observadores ocidentais compreendessem melhor os atores e o que está em jogo, teriam encorajado Israel a pôr termo a essa praga antes que ela se espalhasse. Em vez disso, eles desfilaram pelas ruas da Europa a fim de demonstrar sua solidariedade com os jihadistas que têm como alvo civis *kuffār* como eles.

Como teriam sido as duas décadas seguintes se tivessem desafiado a lógica atroz de promotores do culto à morte e apologistas que repetiam ideias viralizadas com amplo consenso – "*Resistência não é terrorismo* [...] *o terrorista de um é o combatente pela liberdade de outro* [...] *Que escolha eles têm?*" E certamente, do ponto de vista de uma investigação sobre o que realmente aconteceu em Jenin – o pequeno número de mortos, o número ainda menor de civis mortos, o autossacrifício excepcional das FDI – Annan e a opinião mundial estavam errados. Em qualquer julgamento justo, contrastando o que o "mundo inteiro" pensava sobre Jenin – as narrativas letais dos jornalistas – e o que Israel disse que havia acontecido, novamente, de forma esmagadora, "o mundo inteiro estava errado" e Israel estava certo.[86]

Não só Israel estava certo, mas o mundo inteiro estava errado precisamente do ponto de vista das nações do mundo que Annan representava. Entendido sob a perspectiva de um mundo pacífico e tolerante, em que diferentes povos e religiões e etnias vivem lado a lado em paz, é algo óbvio, tanto empírica quanto moralmente: Israel lutava por tudo o que a ONU representava em princípio; os jihadistas suicidas e terroristas, a tudo a que um mundo são deveria se opor.

**Figura 6** – "Não Violência", de Carl Fredrik Reuterswärd. Escultura na ONU.

Ademais, com uma ironia reveladora, essa frase específica de Kofi Annan – *o mundo inteiro não pode estar errado (e Israel estar certo)?* – inadvertidamente replicou e atualizou uma fórmula verbal já em vigor na virada do século XX na Europa. Os *pogroms* que se espalharam pela Europa Oriental naquela época foram consequência dos libelos de sangue sobre judeus matando crianças cristãs e fazendo *matzá* com seu sangue. Tão generalizada era a credulidade sobre tais acusações que quando os judeus protestaram que não haviam feito nada daquilo, que beber sangue era especificamente proibido para eles, a resposta foi: "É possível que todos possam estar errados e os judeus certos?"[87]

---

\* N.T.: Um pão ázimo sem fermento que os judeus devem comer durante os sete dias da festa de Pessach.

Essa dinâmica de malícia crédula dominou a esfera pública na virada do século XX no que tange à hostilidade aos judeus e, *mutatis mutandis*, na virada do milênio na sua hostilidade voltada contra os *israelenses*. Uma replicação linguística tão notável alerta-nos para forças comuns em ação, sugerindo que, por trás da repetida credulidade sobre o mal judaico, estavam em ação emoções humanas não oriundas dos melhores anjos da nossa natureza. Certamente, eles acusam os jornalistas modernos, supostamente profissionais, de serem *falsas* testemunhas do seu tempo, pelo menos quando se trata do conflito de Israel com o triunfalismo árabe-muçulmano. Infelizmente, a partir da década de 2020, em retrospectiva, verifica-se que Israel foi apenas a paciente, ou melhor, a vítima zero, de uma onda crescente de defesa de notícias falsas baseadas em narrativas.[88]

## DOCUMENTÁRIOS PALLYWOOD: UMA NOVA FORMA DE ARTE

O cineasta palestino Omar Bakri foi a Jenin semanas após os combates e fez um filme sobre o massacre, um falso documentário que relatava a "Verdade Palestina". Em seu filme *Jenin, Jenin*, ele aperfeiçoou as técnicas de Pallywood – transformando imagens de "narratividade performativa" em narrativas letais do "sofrimento palestino" e da *malevolência* israelense, a serem mostradas, discutidas e transformadas em poesia pelos provedores desse culto jihadista da morte. Bakri entrevistou vítimas de Israel, que detalharam a maneira cruel como foram tratadas, e intercalou seus comentários com imagens que transmitiram a sensação de imediatismo que parecia documentar as acusações: os tanques esmagando corpos massacrados... o bombardeio de uma ala hospitalar durante a noite... À semelhança da filmagem de Talal abu Rahma sobre Al-Durrah, o filme ganhou vários prêmios em festivais de cinema europeus e recebeu grande apoio da imprensa europeia.

Como já haviam feito com relação aos repórteres, os palestinos mentiram repetidamente, não exagerando a realidade, mas a invertendo. Uma das estrelas de *Jenin, Jenin* era o homem idoso que os israelenses

150

se esforçaram para tratar, não apenas de leves ferimentos, mas de uma doença não diagnosticada e potencialmente fatal. Ele contou a Bakri histórias de sofrimento por ataques deliberados e gratuitos de atiradores israelenses em suas mãos e pés. Outros acusaram os israelenses de serem desumanos, de cometerem genocídio, executando civis. Os palestinos se apresentaram como vítimas inocentes que nada fizeram para merecer o ataque. E tinham um público disposto a ouvir, sobretudo entre a esquerda, incluindo os aspirantes a membros israelenses do clã.

Aparentemente sem saber que se tratava de propaganda desonesta, a Cinemateca de Jerusalém premiou *Jenin, Jenin* e convidou David Zangen, um médico israelense e reservista das FDI, que fora médico-chefe em Jenin durante a operação e tratou do idoso mentiroso. Ele ficou chocado tanto com a "distorção da realidade" do filme quanto com os aplausos do público israelense, que aparentemente buscava ouvir quão mal seu próprio exército havia se comportado. Zangen tentou criticar as inúmeras imprecisões do filme, mas foi reprimido pelos seus concidadãos, que, para demonstrarem sua magnânima solidariedade para com o seu inimigo, o chamou de "criminoso de guerra".[89]

O batalhão israelense que Bakri havia difamado de modo tão sistemático impetrou contra ele uma ação judicial, para desafiar sua desonestidade amplamente admirada. O tribunal israelense, preocupado com a reputação de Israel em defender a liberdade de expressão, indeferiu a ação por um detalhe técnico (ninguém fora caluniado pelo nome), apesar de reconhecer a extensão da difamação envolvida. Para os progressistas globais, *Jenin, Jenin* é a Verdade – dogma, *doxa*. Se eles reconhecem a desinformação, é apenas para reafirmar uma Verdade superior "falsa, mas precisa". O discurso da vítima palestina tem prioridade epistemológica. Israel tinha que ser mau.

## PÓS-ESCRITO PARA *JENIN, JENIN*

Em 11 de janeiro de 2021, o tribunal regional de Lod condenou Mohammad Bakri pelas difamações em seu filme *Jenin, Jenin*, proibiu

151

sua exibição em Israel e o multou por calúnia.[90] A reação foi tão previsível quanto desanimadora. Muitos israelenses e seus apoiadores aprovaram a causa, rejeitando muitas mentiras que os palestinos contaram a Bakri e as quais ele relatou.[91] Inclusive o jornal *Haaretz* publicou um artigo um tanto solidário sobre o principal soldado das FDI envolvido neste processo.[92] Em resposta, o cineasta Nadav Lapid estabeleceu o conflito em termos da propaganda israelense (de direita) contra a verdade palestina (de esquerda), citando todos as cifras elevadas de vítimas que conseguiu encontrar para a campanha mais ampla, mas nunca mencionando os mais de 50 mortos em Jenin.[93] Bakri se queixou que estava sendo perseguido por não ser pró-israelense; e a Associação *Israelense* de Cinema tomou o partido dele.[94]

## INGLATERRA: PRIMEIROS ESFORÇOS PARA IMPLEMENTAR O BDS

Nessa inversão tóxica da realidade moral e empírica, nasceu o movimento BDS – Boicote, Desinvestimento e Sanções –, implementando os objetivos da guerra cognitiva de Durban: segundo os promotores de uma narrativa pós-colonial, Israel era o pária, o proscrito dentre as nações. Seus estudiosos deveriam ser evitados, a fim de demonstrar solidariedade para com aqueles que se explodem matando o seu povo; afinal, todo mundo sabe que o antissionismo não tem nada a ver com o antissemitismo. De repente, figuras proeminentes, muitas até então judeus "invisíveis" (ou seja, não identificados publicamente como tal), saíram do armário, "como judeus", para denunciar Israel. Assumiram um revezamento com os jornalistas, adotando as narrativas "factuais" dos crimes de guerra israelenses e transformando-as em uma acusação moral de Israel como os "novos nazistas".[95]

Sentindo o impacto de um *amalgame* que ninguém sonharia em aplicar aos muçulmanos "moderados", os judeus da Diáspora, especialmente na Europa, viram-se culpabilizados e atacados pelo comportamento dos israelenses. Seu clamor aumentou: "Israel está *nos* colocando em perigo!

Tony Judt lamentou sobre como "hoje, os judeus não israelenses se sentem mais uma vez expostos a críticas e são vulneráveis a ataques por coisas que não fizeram [...] o [suposto] comportamento de um autodenominado Estado judeu afeta a forma como todos olham para os judeus". Aparentemente nunca ocorreu ao historiador que os israelenses tampouco fizeram essas coisas, nem que eles nunca aceitariam tal *amalgame* quando aplicado à comunidade muçulmana. Em vez disso, ele descreveu o clássico ataque pós-colonial a Israel.[96] Os judeus britânicos lideraram o grupo. Anthony Lerman, fundador do *Independent Jewish Voices*, escreveu: "Ao provocar indignação, que é então usada para visar aos judeus, Israel é responsável por essa hostilidade antijudaica".[97] Nunca lhe passaria pela cabeça acusar a BBC e o *The Guardian* e o *The Independent* (jornal de Robert Fisk) de provocar indignação desonestamente, muito menos aqueles que manifestaram aquela hostilidade antijudaica de um *amalgame* racista que convertia os judeus da diáspora em culpados dos atos [relatados pela mídia] dos israelenses.

Grande parte da crítica mais virulenta contra Israel veio dos judeus. Na França, *alter-juifs** como o sociólogo Edgar Morin competiam entre si para denunciar não só israelenses, mas também outros judeus como praticantes arrogantes e cruéis do seu *status* de "povo eleito".[98] Na Inglaterra, figuras como Harold Pinter, Michael Neumann e Jacqueline Rose, "consternados pelo que o Estado israelense perpetra diariamente em nome do povo judeu", não sentiram nenhum escrúpulo em comparar o Estado Judeu ao Terceiro Reich, engajado em genocídio, condenando a sua depravação moral e apelando para sua eliminação.

Aqueles dias testemunharam uma onda de ataques contra judeus europeus e a primeira rodada de petições acadêmicas e apelos ao boicote a Israel, especialmente na Inglaterra.[99] Eles combinavam a inversão do Holocausto com a *Schadenfreude* moral. Como o professor de patologia na Universidade de Oxford Andrew Wilkie explicou a um estudante israelense, cuja candidatura a uma vaga ele rejeitara com base na sua nacionalidade: "Tenho um enorme problema com a maneira como os

* N.T.: Judeus que se identificam como judeus, mas definem os judeus através da visão hostil dos outros.

israelenses assumem sua elevada base moral em decorrência do tratamento terrível a eles dirigido no Holocausto, e então cometem graves abusos de direitos humanos contra os palestinos".[100] Elevada base moral afirmada.

Num discurso à comunidade da Universidade de Harvard, Lawrence Summers observou: "Houve incêndios de sinagogas, agressões físicas a judeus ou pintura de suásticas em memoriais judaicos em todos os países da Europa. Observadores em muitos países apontaram para o pior surto de ataques contra os judeus desde a Segunda Guerra Mundial". Dada a correlação entre a violência verbal contra Israel e a violência física contra os judeus, Summers concluiu que os hipercríticos de Israel "eram antissemitas de fato, se não em intenção".[101] Ele sequer conseguiu indicar a forma como isso promoveu os objetivos da *jihad*.

Judith Butler respondeu indignada (e longamente) que Summers estava na verdade, se não em intenção, reprimindo a liberdade acadêmica.[102] Para alguém que se opunha à própria existência de Israel, que se aliou aos notórios judeófobos como Hatem Bazian, fundador do cada vez mais fascista SJP (Students for Just Us in Palestine), que assinou a primeira petição pedindo o desinvestimento em Israel e que reciclou todas as narrativas letais palestinas sobre Israel reagindo a qualquer crítica com gritos de "islamofobia", essa foi uma obra-prima de ingenuidade agressiva. Butler falou como se seus ataques existenciais a Israel fossem nada mais do que "críticas legítimas" que Summers estava tentando sufocar com suas acusações de encorajar o antissemitismo. Ora, havia todo um grupo de "pós-sionistas", "bons" israelenses que apoiavam essas "críticas a Israel".[103] Tal como Enderlin, Butler exigia a liberdade de caluniar *sem resistência*.[104]

Na verdade, os dois conceitos viralizados, copatrocinados por Butler e Bazian, constituem um dos chavões mais chocantes do século XXI:

- *A islamofobia é o novo antissemitismo* (antigo ódio, novos alvos) e
- *Gritos de antissemitismo são apenas formas de silenciar as críticas a Israel* (**Formulação de Livingstone**).

Inversamente, os seguintes opostos são verdadeiros:

- O antissionismo é o novo avatar "legítimo" do antissemitismo no século XXI (antigo ódio, mesmo alvo modificado)[105] e
- Islamofobia é um termo usado sistematicamente para silenciar as críticas ao islã.

A islamofobia, tal como definida (vejamos a obra de Hatem Bazian), constitui uma estrutura elaborada para silenciar qualquer voz que alerte sobre os *caliphators*. Usando tanto a retórica saidiana quanto a doutrina apologética adotada por várias administrações dos EUA, de que o islã é paz e qualquer coisa violenta não é o islã, Bazian e seu bando atacaram qualquer esforço para relacionar a violência jihadista ao islã.[106]

Contudo, a denúncia não foi suficiente para Bazian: a islamofobia deveria ser criminalizada, banida. Apesar dos extensos dados indicarem que os judeus têm mais probabilidades de serem vítimas de crimes de ódio do que os muçulmanos (e na maioria das vezes nas mãos de muçulmanos), tanto nos EUA como na Europa, os defensores insistiram que a proibição da "islamofobia" preservaria a paz.[107] Os Estados muçulmanos, que oprimem sistematicamente as suas próprias minorias religiosas com ferocidade crescente, insistem em que a islamofobia seja banida em nome da tolerância e da paz.

Portanto, o contraste entre, por um lado, a virulência do discurso muçulmano sobre os judeus e outros *kuffār* e, por outro, a hipersensibilidade às críticas aos muçulmanos, na verdade, inverte os *rapports de force*. De fato, a maioria dos sionistas está disposta a tolerar e inclusive a encorajar níveis extraordinários de crítica antes que elas atinjam o limite do que eles consideram ofensivo e odioso aos judeus – ou seja, comparações com nazistas, acusações de roubo de órgãos, ter crianças como alvo, cometer (um lento) genocídio. Ao contrário, porta-vozes autonomeados dos muçulmanos consideram que a menor crítica é inaceitável.[108] A maioria desses "porta-vozes" são triunfalistas disfarçados, fazendo o trabalho dos jihadistas ao cegar seus alvos (os *kuffār* ocidentais) ao perigo que enfrentam. No caso de Bazian, ele não só apoia totalmente o terror suicida do Hamas como "resistência" e pode muito bem ter citado com aprovação o *hadith* apocalíptico genocida das "pedras e das árvores", como também conclama uma intifada nos Estados Unidos.[109]

Ao combinar o antissionismo com a anti-islamofobia, esses militantes rearticulam a "teologia da substituição" secular, segundo a qual os israelenses (os novos nazistas) personificam o mal e qualquer coisa que alguém faça ("resistência") ou diga ("chamados ao genocídio") em oposição a Israel é legítimo. Sob essa ótica, não há problema em atacar Israel como essencialmente racista – "Apartheid" – e genocida. Em contrapartida, apontar para a generalização histórica – representada com maior precisão e pertinência pelos desenvolvimentos desencadeados pela "Primavera Árabe"* – segundo a qual as sociedades muçulmanas "tendem ao despotismo e ao afastamento do progresso" ou que alguns (quantos?) muçulmanos no Ocidente apoiam o terror jihadista e querem impor a Sharia nos países que os acolheram é islamofobia pura, feia e racista.

## PRÓLOGO AO DANOONGATE: VALENTÕES INDEPENDENTES E MEDO DO ISLÃ

Na sequência de Jenin e do assassinato do caráter de Israel pela "grande mídia noticiosa progressista", o *The Independent* publicou um cartum de Dave Brown em janeiro de 2003, no Dia em Memória do Holocausto. Ele usou a obra *Saturno devorando um filho*, de Goya, para retratar o primeiro-ministro israelense, Ariel Sharon, comendo um bebê.

---

* N.T.: Uma série de protestos, revoluções e conflitos que ocorreram em países árabes do Oriente Médio e do Norte da África entre o final de 2010 e o ano de 2011. Esses eventos foram marcados por manifestações populares em massa, exigindo reformas políticas, sociais e econômicas.

**Figura 7** – Cartum de Dave Brown publicado no *The Independent*, 27 de janeiro de 2003.

Alguns judeus acharam extremamente ofensivo (obviamente, nem todos; o editor-chefe do *The Independent* era judeu), argumentando que revivia da forma a mais grotesca possível os libelos de sangue de outrora, que teriam encontrado um nicho familiar nas páginas do *Der Stürmer*\* de Streicher e que traziam para a esfera pública ocidental os temas da mais cruel propaganda árabe. Afinal, que criança poderia Sharon estar comendo a não ser uma palestina, dado o contexto [conforme a imprensa imaginava] do que acontecera em Jenin? Certamente, esse libelo de sangue de Sharon comendo bebês palestinos é bastante fácil de ser encontrado na imprensa árabe, repleta de mais cartuns ao estilo do *Der Stürmer* mesmo antes de Jenin, precisamente numa época em que os *shahids* usavam como alvo bebês israelenses.[110]

---

\* N.T.: Periódico semanal alemão, iniciou suas atividades em 1923 sob a direção de Julius Streicher, editor e principal disseminador das ideias antissemitas produzidas pelo jornal, e ficou em circulação durante 25 anos. Em todas as suas edições, os judeus foram agredidos com discursos violentos nos artigos e posteriormente em charges.

**Figura 8** – *Al-Quds* (jornal palestino), 17 de maio de 2001.

Anthony Julius apresentou queixa formal à comissão da imprensa britânica em nome de Sharon, descrevendo o cartum como "antissemita, de uma forma fantasticamente irresponsável, num momento em particular volátil".[111] Em apuros, Brown, completamente alheio à forma como outros poderiam "ler" o cartum, insistiu que ele não representava nada de antissemita:

> Porventura acredito, ou estava tentando sugerir, que Sharon realmente come bebês? Claro que não – um dos outros benefícios da imagem emprestada era que ela se inseria diretamente no campo da alegoria. Meu cartum pretendia ser uma caricatura de uma pessoa específica, Sharon, disfarçada numa figura do mito clássico que, eu esperava, não poderia estar mais longe de qualquer estereótipo judaico.

Simon Kelner, editor do *The Independent*, alegou que, como a imagem se baseava no *Saturno* de Goya, que estava comendo seus próprios filhos, o bebê no cartum era um israelense, representando o eleitorado israelense e, portanto, não um eco do libelo de sangue relacionado aos judeus que bebem o sangue de crianças gentias. "Como judeu", ele argumentou que era bem qualificado para julgar se era antissemita ou não.[112] E, ainda assim, Tim Benson, o chefe da PCC – Political Cartum Society – que deu a esse cartum o prêmio dos melhores do ano, admitiu três anos depois o que todos sabiam na época: retratava "Ariel Sharon comendo um bebê palestino".[113]

A comissão da imprensa britânica, no entanto, concordou com o sofisma obscurantista de Kelner e afirmou que não havia "nada inerentemente antissemita na imagem de Goya ou no mito de Saturno devorando seus filhos, que havia sido utilizada para satirizar outros políticos acusados de sacrificar seus próprios "filhos" por interesses políticos. Embora o cartum "tenha causado grande ofensa a um número significativo de pessoas", a comissão escreveu:

> Não é razoável esperar que os editores levem em conta todas as possíveis interpretações do material que pretendem publicar [...] isso seria interpretar o código de uma maneira que imporia ônus aos jornais, que possivelmente interferiria em seus direitos à liberdade de expressão.[114]

Como se a reação dos judeus que se ofenderam não fosse previsível... como se, em dois anos, quando os muçulmanos reclamaram das caricaturas de Maomé, o *The Independent* (juntamente com todos os demais jornais britânicos) não se mexeu para se adaptar aos seus sentimentos feridos e *não* publicar os cartuns ofensivos.[115] Aparentemente, de acordo com as decisões da referida comissão, mulheres idosas e muçulmanos merecem consideração pelos seus sentimentos feridos, mas os judeus não... e mais ainda quando o reconhecimento de tais sentimentos atrapalharia a crítica a Israel.[116]

Para acumular insultos, o cartum, agora inocentado de antissemitismo, ganhou o prêmio de "cartum do ano" da British Political Cartum Society. Regozijando-se com a atenção que seu cartum suscitou de entusiastas, porém ainda mais dos gritos de dor emanados da comunidade judaica, Brown "agradeceu à Embaixada de Israel pela sua reação irada ao cartum, que ele disse ter contribuído muito para sua divulgação". Tim Benson, chefe da sociedade premiadora, explicou a Martin Himmel: "Acredito que foi escolhido pelos nossos membros em grande parte devido ao impacto que causou inicialmente [...] tivemos uma resposta histérica do mundo inteiro. Nosso site, no dia seguinte à premiação, obteve 73 mil acessos; temos recebido mais de 400 mensagens de ódio por dia". Em outras palavras, nós o premiamos porque, por um lado, empolgou muita gente e, por outro, enfureceu os judeus que, na sua impotência autoimposta, só podiam se opor verbalmente.

Quando questionado sobre por que não há cartuns de Arafat comendo bebês, Benson respondeu com um sorriso desconcertante e prolongado:

> Talvez [porque] os judeus não emitem *fatwas** [...] se você ofender um grupo muçulmano ou islâmico, como você sabe, *fatwas* podem ser emitidas por aiatolás e afins, e talvez esteja na mente de cada cartunista que ele poderia estar em apuros se o fizesse [...] se retratar um líder árabe da mesma maneira [...] ele poderia ser morto, não é? O que é bastante diferente.[117]

Em poucas palavras, a resposta jovial de Benson ilustra a loucura da Europa: por um lado, é temporada de caça aos judeus, que não ameaçam com violência ou praticam o terrorismo – de fato, quanto mais histericamente os judeus gritam de dor, melhor (inclusive quando são acusados de terrorismo);[118] por outro lado, é preciso evitar ofender os muçulmanos a todo custo, inclusive acusando-os de terrorismo. Então, não espere ver cartunistas britânicos fazerem qualquer coisa com essa foto de um membro do Hamas e de um político egípcio da Irmandade Muçulmana egípcia beijando um bebê morto, morto não por Israel, mas por seus próprios foguetes.

---

* N.T.: Decreto ou pronunciamento legal no islã emitido por um especialista em lei religiosa, denominado *mufti*, para sanar dúvidas sobre como proceder em determinada situação.

160

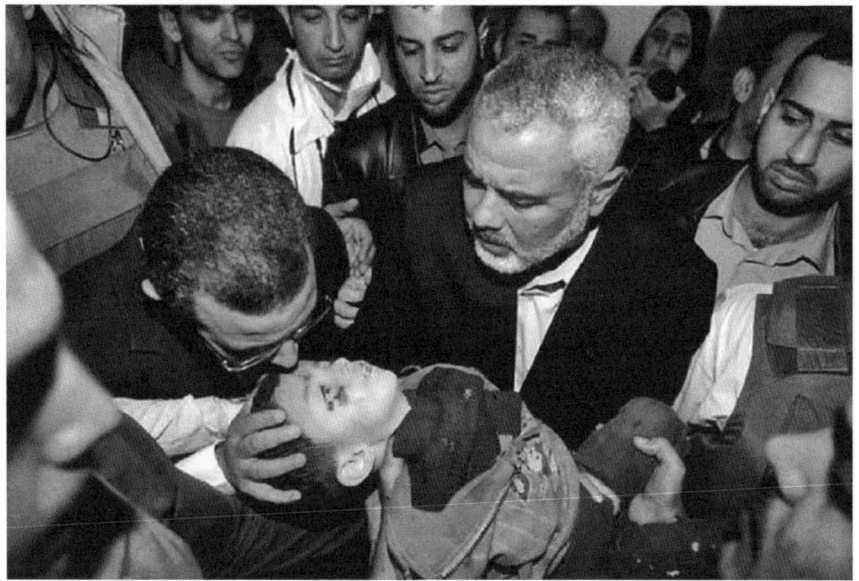

**Figura 9** – O líder do Hamas, Ismail Haniya, e o egípcio Amr Kandil
(da Irmandade Muçulmana), ministro das Relações Exteriores, tiraram uma foto
que revela piedade, ao beijar uma criança que o Hamas tinha matado (2012).

O que está errado? Você nunca viu políticos beijando bebês mortos?

No processo, esses jornalistas e comentadores corrompem instituições que deveriam garantir a justiça; ocultam sua covardia por trás da falsa bravata de "falar a verdade ao poder"; e cavam sua própria cova. Lêmingues passando pelo penhasco enquanto roem sua *Schadenfreude* moral.[119] Todas as implicações dessa covardia agressiva ficarão mais claras no próximo capítulo, sobre o escândalo dos cartuns dinamarqueses.

\* \* \*

2002 e.c.: não é um bom ano para os princípios progressistas de justiça e liberdade no mundo. As elites progressistas europeias lideraram o caminho. O jornalismo letal de gol contradominou a cobertura do **conflito árabe-israelense**, provocando ataques muçulmanos aos judeus europeus e a propagação do veneno do antissemitismo em toda a esfera pública, à guisa de "crítica a Israel". As elites políticas do Ocidente

161

negaram o antissemitismo ou atribuíram a culpa a Israel. Os progressistas globais, sob a influência do jornalismo de guerra de gol contra, deram aos muçulmanos triunfalistas um ponto de partida importante na esfera pública como aliados numa luta anti-imperial global.

1423 AH: Um grande ano para os *caliphators*, especialmente em sua campanha *da'wa* contra o Ocidente: plena cooperação da mídia ocidental e do universo acadêmico ocidental na disseminação da propaganda jihadista destinada a despertar ódio a Israel; judeus essencialmente impedidos de se defenderem na esfera pública (*dhimmis* não devem testemunhar contra muçulmanos); israelenses envergonhados e extremamente impedidos de resistir à *jihad*; a "rua muçulmana" e sua permanente sombra, a violência jihadista, fazem progressos na Europa, principalmente ao atingir judeus e Israel, mas também qualquer editor tolo o suficiente para ofender o mais fervoroso dos muçulmanos; os europeus endossam publicamente o terror suicida muçulmano contra os infiéis (pensando: "Isso não tem a ver conosco").

## DECLARAÇÕES SURPREENDENTEMENTE ESTÚPIDAS DISCUTIDAS NESTE CAPÍTULO

*Que escolha eles têm?* – Em referência à campanha terrorista suicida palestina, 2001.

*Resistência não é terrorismo.* – Slogan "pacifista" da ONG Movimento de Solidariedade Internacional durante a campanha terrorista suicida palestina.

*O que estamos vendo aqui são cenas horríveis, horríveis de sofrimento humano [...]. Israel perdeu toda a base moral nesse conflito.* – Terje Roed-Larsen sobre Jenin, 18 de abril de 2002.

*Normalmente, esperaríamos encontrar três pessoas gravemente feridas dentre todos os mortos. Mesmo que se aceite a afirmação israelense de que "apenas" 40 palestinos morreram, deveria haver outros 120 muito feridos, no hospital. Mas eles não são encontrados em lugar nenhum [...] chegamos à conclusão de que eles foram autorizados a morrer onde quer que estivessem.* – Prof. Derrick Pounder, pesquisador da Anistia Internacional, sobre Jenin (23 de abril de 2002).

*Ah, então agora eles estão todos mentindo??* – Andrea Koppel para um israelense que desafiou a afirmação dela, baseada em alegações palestinas, de que Israel cometera um massacre em Jenin no domingo, 14 de abril de 2002.

*Raramente, em mais de uma década de reportagens de guerra na Bósnia, Chechênia, Serra Leoa, Kosovo, vi tanta destruição deliberada, tanto desrespeito pela vida humana.* – Janine di Giovanni, "Inside the Camos of the Dead", *The Times*, 16 de abril de 2002.

*Eu ainda realmente acredito que uma vida humana é uma vida humana [...] horror é horror, injustiça é injustiça, abuso dos direitos humanos é abuso dos direitos humanos.* – Janine di Giovanni, justificando sua comparação de Jenin com a Bósnia et al. para Martin Himmel, *Jenin: Massacring the Truth*.

*Não creio que o mundo inteiro, incluindo os amigos do povo e do governo israelenses, possa estar errado.* – Kofi Annan sobre a retirada de Israel de Jenin.

*Se eu fosse palestino também seria terrorista.* – Primeiro-ministro israelense, Ehud Barak.

*É a pobreza, a falta de oportunidades, a falta de independência que os torna tão desesperados.*

*Eu amo e reverencio os homens-bomba suicidas.* – Manifestante britânico, Londres, 2003.

# DANOONGATE:
# A "RUA MUÇULMANA"
# AMPLIA O *DAR AL ISLAM*
# (2005-6)

Porventura aqueles malvados dinamarqueses feriram
Seus sentimentos? Por favor, não nos odeie,
Somos *bons* infiéis.

No final do capítulo anterior, discuti o caso do cartum de Dave Brown, retratando Ariel Sharon como Saturno devorando um bebê palestino como uma jogada eleitoral, e a maneira perturbadora com que Tim Benson explicou casualmente como os cartunistas decidem a quem insultar e a quem recompensar por esses insultos. Já que os judeus não emitem *fatwas*, é uma temporada de caça a eles, com prêmios para os que provocam os mais altos gritos de dor dos judeus. Os muçulmanos, no entanto, emitem *fatwas*, o que significa que é melhor ter muito cuidado com qualquer coisa que possa ofendê-los. Neste capítulo, analisamos outra controvérsia relacionada aos cartuns que atingiu o cenário europeu, dessa vez provocado pelas pessoas que, *sim*, emitem *fatwas*.

Em 2005, em resposta à publicação de 12 cartuns representando o Profeta Maomé por um jornal dinamarquês, os *caliphators* atacaram, usando três cartuns adicionais genuinamente blasfemos que eles próprios

165

haviam criado. Eles acusaram os infiéis ocidentais de blasfemar desenfreadamente contra profundas crenças muçulmanas, demonstrando ódio islamofóbico. Em resposta a essa reação encenada de indignação violenta, os líderes ocidentais – de formadores de opinião a profissionais da informação e funcionários eleitos e nomeados – cometeram erro após erro, uma loucura coletiva esplendidamente exibida num cenário internacional. No fim, a piada que deveria ter sido sobre a liderança do *caliphator* – você protesta com violência quando é acusado de ser violento? – tornou-se uma piada para os infiéis ocidentais radicalmente desorientados.

Embora isso signifique ignorar desenvolvimentos cruciais na dinâmica dos ataques dos *caliphators* (Bali 2002 e Madri 2004, para citar dois) e apenas pesquisando brevemente as principais perdas ocidentais para o **combatente cognitivo** *da'ī* (comícios antiguerra de 2003, ataque em Londres de 7 de julho de 2005, motins franceses de 2005), houve um incidente que ilustra totalmente como eles são tão inteligentes porque somos tão estúpidos. Trata-se do Danoongate e, portanto, serve como capítulo final da minha análise do início desastroso do primeiro milênio global.

## O DESENVOLVIMENTO DO DANOONGATE

Para compreender plenamente a magnitude da loucura na resposta internacional ao escândalo dos cartuns dinamarqueses, deve-se considerar vários incidentes que ocorreram entre 2002 (capítulo anterior) e os primeiros meses de 2006 (este capítulo), cada um dos quais merecedor de um capítulo próprio. Eles dizem respeito a duas vertentes do ataque do *caliphator* ao Ocidente – ataques terroristas jihadistas e campanhas de guerra cognitiva *da'wa*. Essas duas abordagens atestam o crescimento de uma "rua muçulmana" independente cada vez mais agressiva no Ocidente que, como a rua árabe no Oriente Médio, assustou os tomadores de decisões, levando-os a fazer escolhas autodestrutivas.

# MANIFESTAÇÕES ANTIGUERRA DE 2003: A ASCENDENTE "RUA MUÇULMANA"

Nos primeiros anos do novo século, especialmente na primeira Conferência de Durban contra o Racismo (agosto-setembro de 2001), os progressistas levaram o ativismo global a novos níveis, mais evidentes na ação coordenada de massas em todo o mundo.[1] Literalmente dias depois do 11 de Setembro, os principais promotores do movimento antiguerra nos EUA criaram a International A. N. S. W. E. R., com uma organização-irmã na Grã-Bretanha, a "Stop the War Coalition" (Parem a Coalizão de Guerra).[2] Ambas tinham um pequeno quadro de atores-chave cuja associação com trotskistas e outros grupos de extrema esquerda era extensa.[3] Foi através delas que muitas das loucuras autodestrutivas narradas neste livro passaram das margens para o centro, do "anti-imperialismo dos tolos" e do seu compulsivo ódio da democracia "imperialista" americana ao ódio a Israel, ao incansável apoio ao terror "liberacionista" e à aliança com o islã radical.[4]

Os primeiros comícios organizados pelos movimentos antiguerra foram uma reação à atitude beligerante dos EUA em resposta ao 11 de Setembro. Essas manifestações, organizadas principalmente por grupos marxistas radicais, contavam com uma presença significativa de muçulmanos americanos, que apoiavam entusiasticamente o Hamas e o Hezbollah, incluindo um que, na primavera de 2002, protestou contra o "massacre" de Israel em Jenin.[5] Mas, de longe, a mobilização mais dramática ocorreu em 15 de fevereiro de 2003, em resposta aos planos de George Bush de invadir o Iraque. Teve um alcance sem precedentes. Progressistas globais mobilizaram a opinião pública "antiguerra" e milhões saíram às ruas no mundo inteiro para protestar. Entretanto, como alguns observadores honestos conseguiram notar, não foi uma manifestação antiguerra; foi uma manifestação para defender um dos piores ditadores e assassinos do planeta.[6] De fato, liderada por parlamentares do Partido Trabalhista do Reino Unido, George Galloway, Jeremy Corbyn e o prefeito de Londres, Ken Livingstone, foi uma celebração de antiamericanismo e pró-*jihad* disfarçada de antiguerra.

Os progressistas "antiguerra", no entanto, alegavam que a opinião mundial que eles mobilizavam e representavam constituía, nas palavras de um jornalista do *The New York Times*, uma das "duas superpotências do planeta: de um lado, os Estados Unidos e, do outro, a opinião pública mundial".[7] Ou, como Jonathan Schell afirmou no *The Nation*, foi um "momento milagroso na história [...] pois "nunca antes na história do mundo houve um diálogo global, visível, público, viável e aberto sobre a própria legitimidade da guerra". Era assim que parecia... estar "empreendendo a paz". Foi "um milagre". O choque e o fascínio encontraram sua resposta na coragem e no espanto.[8] Será que essa manifestação massiva da opinião pública poderia estar errada?

Tragicamente, embora o movimento antiguerra possa estar certo sobre a conveniência da guerra no Iraque, estava errado em tudo o que tinha a ver com a paz. Por um lado, Bush estava errado: não havia armas de destruição em massa no Iraque, nenhuma democracia em evolução e muito menos um efeito dominó sobre todo o mundo árabe. Ao contrário, os anos que se seguiram à guerra testemunharam mais terrorismo e mais radicalização, uma guerra sem fim e suas consequências psíquicas. Por outro lado, as manifestações não eram *antiguerra*, mas sim a favor de uma guerra contra os EUA – o que significava que os ativistas acolhiam bem os elementos beligerantes do movimento dos *caliphators*, carregando cartazes glorificando Saddam Hussein e Yasser Arafat, juntamente com outros demonizando George W. Bush, Tony Blair e Ariel Sharon. Não por acaso, alguns usavam bandanas proclamando: "Morte aos judeus".[9] Enquanto esses sonhadores procuravam parar uma guerra, alimentavam outra e, nesta, os *caliphators* visavam a *eles*. Empreendendo a paz, estilo gol contra.

Nada ilustra melhor a loucura do "movimento pela paz" messiânico do que a discussão da "Mobilização Muçulmana" no relato de Andrew Murray e Lindsey German que se vangloria do "maior movimento de massa da Grã-Bretanha".[10] Reconhecendo que "nenhum aspecto do movimento fora mais sujeito a mal-entendidos e até abusos", eles anunciaram seu "escopo e intensidade" sem precedentes – sem o menor traço de ironia – como "um dos mais importantes e novos elementos do movimento antiguerra, que poderia ter repercussões duradouras para a política e a sociedade britânicas". Insistindo que os muçulmanos britânicos já haviam se mobilizado politicamente contra o racismo e o fascismo [sic], observaram que "[a] ideia de o povo muçulmano desempenhar um papel de liderança num movimento de paz aparentemente não ocorrera a ninguém" – possivelmente por uma boa razão. (Na verdade, como vimos, o processo já começara na sequência do 11 de Setembro com a participação ativa da comunidade muçulmana.)

No geral, com um tom de suprema autoconfiança e rejeição desdenhosa de vozes dissidentes preocupadas com o islã fundamentalista, os autores celebram a inclusão da MAB (Muslim Association of Britain – Associação Muçulmana da Grã-Bretanha) como um grupo totalmente diferente de, e em oposição a, pequenos e mais radicais grupos jihadistas. Eles afirmaram isso, não obstante o comportamento da MAB apenas no ano anterior de apelar à "espada".[11] Anunciaram também a inclusão da MAB como essencial para a criação de um "*movimento de massa* genuíno". Para que isso acontecesse, eram necessários alguns compromissos: apelos à oração no meio de um comício, assentos segregados para mulheres[12] e um demônio. Israel. Como disse Eric Hoffer: "Os movimentos de massa podem surgir e espalhar-se sem a crença num Deus, mas nunca sem a crença num demônio".[13]

Acima de tudo, encontramos um discurso demopata clássico (articulado, aparentemente, por crédulos), em que a luta contra o racismo e a islamofobia e a defesa das liberdades civis tornaram-se a ocasião propícia para incluir *caliphators* (quase não disfarçados) no movimento de "paz".[14] Se você já se perguntou como o Super-Homem poderia enganar todo mundo apenas colocando óculos e se vestindo como um repórter, aqui está um exemplo da vida real: a MAB, cujos membros seriam muçulmanos moderados e amantes da paz, era na verdade uma frente da Irmandade Muçulmana. Sua plataforma genuína os tornava ávidos defensores, juntamente com o seu guia espiritual, Youssef al-Qaradawi, da mutilação genital feminina, do ***takfir*** (morte aos apóstatas), de "operações de martírio" que tinham como alvo civis israelenses e civis xiitas e iraquianos, e a conquista islâmica da Europa e da América.[15]

169

Como resultado, essas manifestações "antiguerra" atraíram milhões de pessoas bem-intencionadas, que realmente queriam acabar com a guerra e se opunham à deposição de um dos ditadores mais sanguinários e violadores dos direitos humanos do seu próprio povo, ao mesmo tempo que abriram as portas da legitimidade e da participação pública de árabes e muçulmanos pró-guerra, os quais carregavam fotos de Yasser Arafat, líder da intifada assassina contra Israel, e de Saddam Hussein, o assassino de mais de 1 milhão de muçulmanos iraquianos de todas as seitas e etnias.[16] Foi uma aliança do bem-intencionado campo da paz ocidental e dos muçulmanos triunfalistas – dignos de superar Durban tanto na sua impressionante presença global como na sua espetacular traição dos valores progressistas. Em Paris, um grupo muçulmano "antiguerra" expulsou pacifistas judeus da manifestação, espancando-os brutalmente.[17] A mídia francesa, que tinha imagens chocantes do ataque, relatou o incidente apenas com grande relutância.[18]

Ao mesmo tempo, o antiamericanismo dominava o discurso europeu. Franceses de todas as classes políticas, inclusive intelectuais esquerdistas sarcásticos, exultaram com orgulho patriótico quando seu ministro das Relações Exteriores ("de direita"), Dominique de Villepin, atacou publicamente os EUA na ONU, com a aprovação quase universal de uma audiência global, que incluía os jihadistas. O mundo inteiro concordou: Bush era um idiota monstruoso e tudo que deu errado foi culpa dele. Em uma conversa com jornalistas franceses, depois de todos termos visto o *Decryptage*\*, um deles me informou: "*A verdadeira coragem é combater os mais fortes, e a América é a mais forte*".[19] Os demais assentiram com a cabeça.

Coragem é, na verdade, lutar contra aqueles que violam os princípios básicos da humanidade (Saddam muito mais do que Blair ou Bush) e que, quando desafiados, retaliarão violentamente contra você por se opor a eles.[20] Posicionar-se como corajoso ao atacar os Estados Unidos

---

\* N.T.: Documentário de 2003 escrito por Jacques Tarnero e dirigido por Philippe Bensoussan, que examina a cobertura da mídia francesa sobre o conflito árabe-israelense e conclui que a apresentação sobre o conflito na França é consistentemente distorcida contra Israel e pode ser responsável por exacerbar o antissemitismo. Revê incidentes como o assassinato de Muhammad al-Durrah, a eclosão da Segunda Intifada e o incitamento na sociedade palestina.

(e Israel) – que não retaliarão, que não emitem *fatwas* e que toleram níveis excepcionalmente elevados de crítica pública – era uma autoilusão. Vestígios de Tim Benson e da controvérsia dos cartuns sobre Sharon.

E certamente não enganou o inimigo triunfalista que, firmemente abrigado no seu mundo de soma zero, viu (com precisão) essa postura "corajosa" como um sinal de covardia. Um amigo escreveu-me do Marrocos na época das grandes manifestações "antiguerra": "Os árabes veem os franceses como fracos porque estão do lado dos seus inimigos e atacam seus amigos". De fato, após o veto francês na ONU sobre os aviões de guerra americanos, os *"beurs"* franceses (gíria para árabes) gritaram orgulhosamente: *"Le veto, c'est nous!"*

Entretanto, tal análise não conseguiu penetrar na excitação que permeou os círculos progressistas, especialmente na Europa. *Fahrenheit 9-11*, de Michael Moore, foi um documentário que Christopher Hitchens chamou de "um espetáculo de covardia política abjeta, mascarada de demonstração de bravura 'dissidente'", não tão ruim como *Jenin, Jenin*, mas quase.[21] O "documentário" está repleto de contradições, deturpações e falsidades, uma coletânea antiamericana e pró-Saddam "totalmente propagandista", que mesmo "a Al-Jazeera, num dia ruim, não teria juntado". E, ainda assim, o filme foi saudado na Europa com aplausos de pé pelos cinéfilos.[22] Uma das acusações mais contundentes da intelectualidade europeia no século XXI é o quanto os seus membros admiram Michael Moore. Outra é que consideram Noam Chomsky um dos grandes intelectuais americanos.[23] Aparentemente, a inveja ressentida naqueles primeiros dias inebriantes do novo século poderia substituir totalmente o pensamento sério.

## ADVERTÊNCIAS SOBRE A *EURABIA* *VERSUS* O TRIUNFALISMO EUROPEU

Em meados do século XXI (ca. 2005/1425 AH), dois conjuntos de livros chegaram ao mercado. Um deles anunciava um perigo iminente para a civilização ocidental, e especialmente para a Europa. O outro anunciava o triunfo da União Europeia (UE) como a superpotência moral, não coercitiva e branda do novo século.

Por um lado, a obra *Why Europe Will Run the 21st Century*, de Mark Leonard,[24] apregoava o estado de espírito. *The United States of Europe: The New Superpower and the End of American Supremacy*, de T. R. Reid, expunha a narrativa do deslocamento.[25] *The European Dream: How Europe's Vision of the Future Is Quietly Eclipsing the American Dream*, do americano Jeremy Rifkin, explicava a visão cognitiva liberal e egocêntrica do futuro: acordos contratuais voluntários e de soma positiva substituirão o mundo predatório das elites que outrora abusavam do poder.[26] A União Europeia, sendo a maior realização daquele arco político liberal e contratual, exercerá o maior poder/influência/hegemonia tranquilo – o novo mundo global, governado pelo poder brando, com europeus de soma positiva na liderança. O melancólico "último homem" de Fukuyama tinha, nas mentes dos felizes hegelianos, se tornado o *télos* da dialética cívica.[27]

Por outro lado, os meados da década de 2000 também deram origem às primeiras advertências sobre a queda daquele novo e grande poder brando. A *Eurabia*, de Bat Ye'or, traçou os contornos de uma guerra civilizacional que os europeus confiantes não previram e que, em sua ignorância, fortalecera seus inimigos.[28] A *America Alone*, de Mark Steyn, identificou a Europa como a mais fraca das democracias ocidentais sob ataque, com uma combinação desastrosa de tendências demográficas – elevada imigração muçulmana e taxa de natalidade *versus* alta emigração europeia e baixa taxa de natalidade.[29] O *Londonistan*, de Melanie Phillips, descrevia a Inglaterra como um caso particularmente flagrante de políticas que marcam gol contra, ao empoderar os radicais muçulmanos e marginalizar os verdadeiros moderados. E o *While Europe Slept*, de Bruce Bawer, descrevia o clássico padrão apocalíptico de fracasso catastrófico, em que as pessoas passam insensivelmente do sonho eufórico para o pesadelo.[30] "Doce como mel na sua boca, mas amargo no estômago!" (Apocalipse 10:9).

Dada a escolha entre advertências terríveis de declínio e garantias narcisistas de grandeza, a resposta quase universal da intelectualidade europeia – que Bat Ye'or chama de polícia do pensamento – era tratar os alertas como teorias conspiratórias ridículas e islamofóbicas e abraçar a vitória iminente do poder brando moral da UE.[31]

## 7 DE JULHO:
## TERROR SUICIDA LOCAL ATINGE LONDRES[ISTÃO]

Em meio a esse diálogo de surdos, o primeiro ataque suicida jihadista e terrorista em massa na Europa ocorreu em Londres, em 7 de julho de 2005.[32] O "Sete de Julho" rapidamente tomou seu lugar ao lado do 11 de Setembro nos anais da guerra do *caliphator*. O ataque à Inglaterra rompeu todas as suposições que os britânicos (e outros europeus) tinham sobre o terror suicida. Até então, a maioria das vítimas era israelense, americana, russa, espanhola – todos opressores imperialistas ou seus bajuladores (de alguma forma os balineses não foram mencionados). Assim como os teólogos muçulmanos abriram uma exceção para Israel com relação à regra de não atacar civis, muitos europeus sinceramente acreditavam que: a) os israelenses mereciam o terror pelo que [os jornalistas lhes disseram] as FDI fizeram aos palestinos; b) os civis europeus eram inocentes, portanto, os jihadistas não os atacariam [já refutado na Espanha]; e c) tais ataques certamente não viriam dos seus próprios muçulmanos. Afinal, se esses "terroristas" eram realmente "combatentes pela liberdade", por que os europeus deveriam se preocupar?[33]

O 7 de julho, por outro lado, deixou claro para qualquer um que prestasse atenção que: a) os terroristas envolvidos já haviam sido bem-sucedidos ao assimilarem muçulmanos nascidos na Grã-Bretanha; b) eles atacaram deliberadamente civis britânicos; e c) para os jihadistas não havia infiéis inocentes, nem "civis".[34] Isso, naturalmente, criou uma crise entre os infiéis britânicos e os muçulmanos em seu meio. Qualquer organização muçulmana que quisesse o rótulo de "moderada" tinha que condenar os atentados de 7 de julho. Azzam Tamimi, da Associação Muçulmana da Grã-Bretanha, em sua condenação, apelou diretamente à autoimagem britânica, distinguindo entre civis britânicos, alvos ilegítimos do terror suicida, e israelenses, que o mereciam.[35] Em resposta a novas críticas por apoiar o terror suicida, ele esclareceu sua compreensão do problema com desorientação. "Martírio", explicou ele solenemente, "é morrer por justiça e paz [...] não se explodir matando pessoas inocentes".[36] Decodificado, na verdade quis dizer: "O martírio é matar infiéis para alcançar a justiça (vingança) e a paz (*Dar al Islam*)".

Contudo, a fim de absorver as lições ameaçadoras do 7 de julho, era preciso pensar com clareza, prestar atenção – "captar sua mensagem, se ousarmos ouvir e formos capazes de aguentar" – e usar terminologia apropriada ao discuti-la. Foi então que a BBC entrou em cena. Naturalmente, em resposta a esse hediondo ato de terror, a imprensa britânica, e mesmo a BBC e o *The Guardian*, incluíram (assim como o fizera a imprensa americana) os termos "terrorista" e "terrorismo" ao criticar esse ato que teve como alvo civis britânicos. Porventura, isso levou a BBC e outros progressistas bem-intencionados a sentirem mais empatia por americanos e israelenses, e a reconsiderar a proibição de usar o termo "terrorismo" para descrever ataques jihadistas contra civis infiéis?

De jeito nenhum. O conselho editorial da BBC divulgou imediatamente um memorando insistindo que *não* fosse usada a palavra "terrorista" para descrever os muçulmanos britânicos que haviam vestido coletes-bomba e se explodiram no transporte público de Londres, entre os seus concidadãos. O memorando dizia:

> Devemos denunciar atos de terrorismo de forma rápida, precisa, completa e responsável. O terrorismo é um tema difícil e emotivo, com conotações políticas significativas, e é necessário cuidado no uso de uma linguagem que implique julgamentos de valor. Tentamos evitar o uso do termo "terrorista" sem imputá-lo a alguém ou a algo. Quando usamos o termo, devemos nos esforçar para fazê-lo com consistência nas histórias que relatamos em todos os nossos serviços *e de modo a não minar nossa reputação de objetividade e precisão.*
>
> A própria palavra "terrorista" pode ser uma barreira e não uma ajuda na compreensão. Devemos transmitir ao nosso público todas as consequências do ato, descrevendo o que aconteceu. Devemos usar palavras que descrevam especificamente o perpetrador, tais como

"homem-bomba", "atacante", "atirador", "sequestrador", "insurgente" e "militante". Não devemos adotar a linguagem de outras pessoas como se fosse a nossa [?]; nossa responsabilidade é permanecer objetivos e fazer um relato de modo a permitir que nosso público faça suas próprias avaliações sobre quem está fazendo o quê com quem.[37]

Essa proibição autoimposta de usar a palavra "terrorismo" funcionou como uma estratégia jihadista. Não só protegeu os grupos terroristas da merecida degradação social, mas também disfarçou o problema dos muçulmanos triunfalistas que simpatizavam com esses terroristas e os apoiavam. A orientação da Grã-Bretanha após o 7 de julho refletia essa cegueira nobre e autoinfligida: o *Londonistan* buscou alianças com triunfalistas radicais para ajudá-los com a comunidade, enquanto os triunfalistas protegiam os jihadistas e desacreditavam os verdadeiros moderados.[38]

Aqueles foram dias de glória para o novo Respect Party (Partido do Respeito), o braço político do movimento antiguerra liderado por George Monbiot e Salma Yaqoob, cuja principal figura política, George Galloway, anunciou orgulhosamente em um comício um ano após os ataques: "*O Hezbollah nunca foi uma organização terrorista. Estou aqui, estou aqui para glorificar a resistência libanesa, o Hezbollah, e estou aqui para glorificar o líder da resistência, Hassan Nasrallah*".[39] O antiguerra havia se transformado em uma madura *guerra que marca gol contra*. A rotina do policial durão (terrorista jihadista), do policial simpático (combatente cognitivo *da'i*), funcionou com perfeição em toda uma gama de (auto)executores voluntários.

## OS MOTINS FRANCESES DE OUTUBRO A NOVEMBRO DE 2005/DO RAMADÁ A SHAWWAL 1426 AH

No dia 27 de outubro de 2005, no subúrbio majoritariamente muçulmano de Clichy-Sous-Bois, três rapazes, fugindo da polícia, refugiaram-se numa zona de alta tensão e dois morreram eletrocutados.

175

Aproveitando a oportunidade de uma narrativa letal sobre policiais malévolos matando-os deliberadamente, os tumultos "irromperam espontaneamente". No decorrer da semana, carros foram incendiados, civis atacados, edifícios destruídos e lojas saqueadas nas *"Zones urbaines sensibles"* dos subúrbios de Paris, e dali em toda a França.

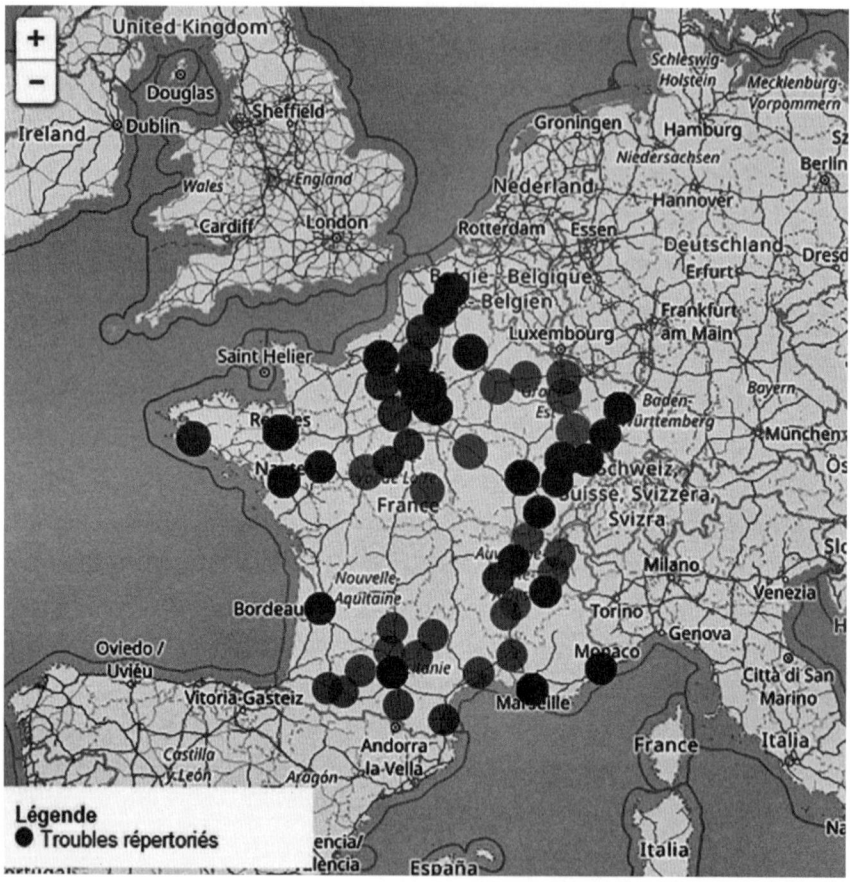

**Figura 10** – Mapa dos motins na França, outubro a novembro de 2005 (*Le Parisien*).[40]

Em 8 de novembro de 2005, o presidente Chirac declarou emergência nacional. Desordeiros, alguns gritando *Allahu Akhbar* e *Na'al abouk la France!* [A França que se foda!], competiram entre si pelos danos que poderiam causar, usando celulares para enviar seus resultados competitivos. Só em 16 de novembro a violência começou a diminuir.

A imprensa francesa ficou dividida com relação aos motins: houve quem culpasse os agitadores e quem culpasse a sociedade francesa.[41] Contudo, quase todos concordaram que "o islã não tinha nada a ver com os tumultos". Determinados a ignorar qualquer aspecto do crescente movimento do *caliphator* e da sua gangue islamita, os analistas apresentaram demonstrações notáveis de capacidade de **egocentrismo cognitivo liberal**: "Eles são exatamente como nós, e é a frustração deles por não serem capazes de se integrar, de se tornarem cidadãos iguais na república francesa que os torna tão hostis".[42] Emmanuel Todd explicou:

> Mas não vejo nada nos acontecimentos em si que possa radicalmente separar os filhos dos imigrantes do restante da sociedade francesa. Vejo exatamente o oposto. Interpreto os acontecimentos como uma recusa de marginalização. Tudo isso poderia não ter ocorrido se esses filhos de imigrantes não tivessem interiorizado alguns dos valores fundamentais da sociedade francesa, dos quais, por exemplo, a dupla liberdade-igualdade.[43]

Ou, como a cientista política Riva Kastoryano assegurou aos seus leitores: "Dessa vez, a 'juventude dos *banlieues*' queria teimosamente ser ouvida, vista e aceita".[44] Evidências que contradiziam essa narrativa egocêntrica não foram examinadas, ou, pior, foram proscritas como racistas. Alain Finkielkraut afirmou: "Os saqueadores não exigem mais escolas, mais creches [...] mais ônibus: eles os queimam". Sua entrevista em francês, mal traduzida para o hebraico pelo *Haaretz* e depois vertida novamente para o francês, suscitou acusações indignadas de racismo.[45]

É claro que o resultado dessa análise surge no reino da **síndrome de onipotência masoquista** (SOM). Os especialistas franceses estavam, na verdade, dizendo: é tudo "nossa culpa" – o racismo francês, a brutalidade policial, os insultos de Sarkozy, todos agravaram e até causaram os tumultos. A "contribuição" de Sarkozy foi especialmente divertida: de acordo com a sabedoria aceita, o fato de ele chamá-los de *racaille* (ralé) feriu profundamente os manifestantes e provocou a ira deles (de outra forma controlável?).[46] "Essas palavras inflamatórias só serviram para aumentar a raiva nos subúrbios – era claramente uma linguagem de guerra".[47] É muito mais provável que os agitadores tenham se divertido com as palavras dele (*racaille* sendo um termo suave para o que eles pensavam de si mesmos), e riram dos infiéis incrédulos que deploravam que seus líderes supostamente tivessem prejudicado os sentimentos dos desordeiros. O espetáculo das elites francesas que utilizaram esse disparate para separar uns dos outros publicamente não poderia ter sido mais encorajador.[48]

O racismo, a brutalidade e a linguagem insultuosa dos agitadores?[49] "*N'en parlons pas* [...]". Eles foram amplamente retratados como vítimas e, como tal, necessariamente inocentes. Quer tenham tornado isso pessoal ou não, a preponderância dos repórteres e dos especialistas deu aos agitadores motivações ocidentais para a revolta e apontou o dedo para as falhas sistêmicas da sociedade francesa, uma verdadeira orgia de *penitence tyrannique*.[50] No entanto, de alguma forma, apesar de toda a sua autoflagelação, os franceses não gostaram da forma como os estrangeiros, especialmente a imprensa anglófona, noticiaram os motins – "exagerando enormemente seu impacto", uma "*démesure* pouco atraente", na opinião de Jacques Chirac e do seu primeiro-ministro, De Villepin, que explicaram que os motins não haviam sido tão graves quanto os de Rodney King, em 1992, em Los Angeles. Aquele não era o momento para que estrangeiros se envolvessem em "*le french-bashing*", e certamente não deveriam falar sobre o islã.[51]

Para aqueles que haviam alertado sobre o triunfalismo muçulmano, esses motins foram claramente uma outra fase da invasão da Europa, uma nova e perturbadora expressão do choque de civilizações.[52] Os agitadores não protestaram por ter-lhes sido recusada a oportunidade de se assimilar e ingressar na sociedade majoritária. Ao contrário, viam a situação como uma oportunidade para consolidar ainda mais o controle das "zonas urbanas sensíveis" e criar zonas proibidas, com a finalidade de aumentar a fissura entre a comunidade muçulmana árabe não assimilada e a cultura mais ampla.[53] No enquadramento de Bat Ye'or, a elite dominante dos "*français de souche*" estava descobrindo que a Eurábia que imaginavam quando fizeram o acordo para trazer essa população trabalhadora não era aquela que os descendentes dos seus imigrantes pareciam ter em mente.

Outros, como Finkielkraut, argumentaram que se tratava, na verdade, de uma intifada francesa: uma revolta de muçulmanos franceses contra o Estado. Culpar uma política oficial de segregação era errado. Esses rebeldes muçulmanos franceses queriam ser segregados. Os guetos eram uma forma de garantir uma existência separada, eliminando a humilhante necessidade de assimilação na sociedade francesa.[54]

Não, veio a resposta. O islá não tem *nada* a ver com esses motins. John Lichfield, do *The Independent*, explicou:

> Falar de uma intifada é algo absurdamente enganoso. Em primeiro lugar, os agitadores estão longe de serem todos muçulmanos (embora mais da metade seja de origem islâmica). Em segundo, eles não têm noção de identidade política ou religiosa nem exigências políticas. Sua lealdade é para com seu bairro e seu grupo [...] o significado mais amplo, portanto, não é político-religioso, mas um aviso do que acontece se se permite que problemas de privação e violência sejam agravados.[55]

"Mais da metade...?" "Nenhum senso de identidade política ou religiosa...?" Como se, em 7 de novembro (ainda não na metade do episódio), tudo isso fosse perfeitamente claro.[56]

Ao tranquilizar assim o seu público, Lichfield estava alinhado a um discurso generalizado entre os profissionais da informação.[57] Inclusive Pascal Maihos, chefe da Inteligência francesa, insistiu que "[o] papel dos islamistas radicais nos motins foi nulo (*nulle*).[58] A presença de islamistas radicais tornou-se um tabu. Patrick Poivre d'Arvor, da TF1, entrevistou Dominique de Villepin na véspera da declaração do estado de emergência (7 de novembro) e perguntou: "Existe aqui um problema de religião? Porque ninguém fala sobre isso, como se fosse politicamente incorreto".[59]

Jocelyn Cesari apresentou talvez o argumento mais esclarecedor:

> Na verdade, nem o islá nem as preocupações religiosas eram fatores motivacionais nos motins. A prova, conforme relatada por Xavier Ternisien na edição do *Le Monde* de 9 de novembro de 2005, é que as tentativas dos diretores da UOIF [Union des organisations islamiques de France – União das Associações Islâmicas Francesas] de se comunicarem com os jovens agitadores e trazê-los de volta para a razão e a calma tiveram pouco sucesso.[60]

179

Não obstante a aparente "prova" fornecida aqui, temos o que parece ser mais uma evidência da dificuldade que os profissionais e analistas da informação têm para pensar claramente sobre o islá triunfalista. O próprio fato de as autoridades francesas recorrerem aos imames (a quem recentemente tinham ofendido com a proibição do uso de véus) revela o subtexto em ação: todos sabiam que se tratava de um problema muçulmano. Quanto à falta de impacto do apelo dos mais velhos, apenas prova que a geração seguinte de *caliphators* não respondeu às formas mais tradicionais do islá (semiassimilado). Como Ed Husain descreveu os *caliphators* ingleses: "Compartilhávamos uma ideologia e veneração comuns por Mawdudi e Qutb e desprezávamos o islá tradicional".[61] Seria o mesmo que argumentar que o ataque de Bin Laden não teve nada a ver com o islá porque as autoridades islâmicas convencionais proibiam seu tipo de *jihad* ofensiva... na verdade, um argumento comum naquela época.

O ato de remover o islá da equação significou que toda uma série de questões, muitas das quais apoiavam diretamente a tese eurabiana, foi sistematicamente eliminada da discussão:

- O colapso dos sistemas escolares nesses subúrbios, o virulento discurso antijudaico e antifrancês que florescera desde 2000, apesar de ter sido publicado um estudo deplorando a islamização das escolas francesas, alguns meses antes.[62]
- A publicação, no final de 2004, de um grande apelo aos *caliphators* globais pelo estrategista da Al-Qaeda, Abu Musaf al-Suri, para mobilizar jovens muçulmanos mal assimilados e rebeldes no Ocidente, necessitava apenas de doutrinação e treinamento adequados para deflagrar uma guerra civil na Europa. "Essa é a forma como o deslocamento final do Ocidente levará ao triunfo global do islá".[63]
- A propagação do islá radical nesses bairros por "empreendedores de identidade" da Irmandade Muçulmana, espalhando a raiva, o ódio (inclusive, mas não se limitando ao antissemitismo), os sonhos de vitória do *caliphator* da Europa infiel nos territórios perdidos.[64]

- A existência de uma "gangue neoislâmica", que combinava uma nova identidade muçulmana para aqueles nascidos no exílio (*dar al Harb*), mudando a mensagem central das identidades tradicionais enraizadas em comunidades específicas para uma identidade coletiva moldada pelo islá radical e propagada pela internet.[65] No contexto da vergonha-honra, das gangues e das brutais comunidades dos "*jeunes*", esse islá triunfalista, não devoto, mas altamente agressivo, sequer conseguiu ser registrado nos radares da maioria dos especialistas franceses no islá.

Assim, quando Olivier Roy, um dos maiores especialistas franceses em islá, analisou o que na cultura da mídia moderna inspirou a violência entre os jovens, ele desconsiderou motivos religiosos, apontando para "o fascínio pela repentina violência suicida, conforme ilustrado pelo paradigma dos tiroteios aleatórios nas escolas ('síndrome Columbine')", como se esses jovens muçulmanos franceses estivessem assistindo aos documentários de Michael Moore e não à cobertura integral da intifada palestina.[66] A negação estava por toda parte: nada de islá, nada de antissemitismo, nada de zonas proibidas, e no que tange à mídia estrangeira, ela era apenas maliciosa em relação aos problemas franceses. Em seu livro sobre a *French Intifada*, Andrew Hussey escreveu:

> Havia um amplo consenso de que os motins tiveram pouco ou nada a ver com o islá ou com a presença histórica francesa em partes do mundo islâmico. Intelectuais de esquerda, nas páginas do *Le Monde* ou do *Libération*, estavam ansiosos demais para distanciar os motins de qualquer ligação com a mesma raiva que radicalizava os islamistas. Segundo esses jornalistas, os motins foram causados por uma "*frature sociale*" e falta de "*justice sociale*". Dessa forma, os motins de 2005 foram domesticados e fizeram parte de uma forma tradicionalmente francesa de protesto. Houve uma negação quase completa de que o que estava acontecendo poderia ser uma nova forma de política que constituía um desafio direto ao Estado francês.[67]

No aniversário dos motins, muitos desejaram esquecer que eles tinham acontecido, com a memória "coberta por um véu de ignorância".[68]

Talvez o mais surpreendente de todos os paradoxos da cobertura francesa dos motins foi a sua compreensão intuitiva da dinâmica da mídia televisiva. Num nível, foi um caso francês do "Al-Durrah": o gatilho inicial, a morte de dois meninos que se abrigaram da polícia em zona de alta tensão e foram eletrocutados, imediatamente se transformou em uma narrativa letal de assassinatos e agressões deliberados pela polícia como ocorreu, três dias depois, no ataque com gás lacrimogêneo a uma mesquita repleta de devotos do Ramadã*.[69] Parafraseando Fisk sobre Al-Durrah, "Quando ativistas muçulmanos imigrantes ouvem 'acidental [...]', eles sabem que os policiais deliberadamente tinham como alvo os fiéis". Em segundo lugar, a resposta da polícia foi intencionalmente discreta – o que pode ter contribuído para que os motins durassem tanto tempo.[70] A decisão pode estar enraizada no medo de que circulação da foto de um jovem muçulmano baleado pela polícia pudesse levar à propagação do terror suicida na França, como acontecera com a imagem de Al-Durrah em Israel.

Todos esses paralelos, porém, operavam abaixo da superfície da consciência. Os analistas franceses não tinham em mente o comportamento da sua mídia noticiosa durante a intifada palestina, mesmo quando aplicavam suas lições às cenas em questão. De repente, a mídia francesa percebeu que a cobertura excessiva e crédula inflamava em vez de ajudar a controlar a violência. "Enviamos equipes de jornalistas porque os carros estão queimando ou os carros estão queimando porque enviamos equipes de jornalistas?", perguntou Patrique Lecocq, editor-chefe da France2.[71]

Assim, ao contrário da sua cobertura da intifada palestina, na qual quanto mais jornalistas melhor, os provedores de notícias franceses lidaram com a súbita eclosão de motins muçulmanos da mesma forma em que lidaram com a eclosão do antissemitismo muçulmano francês depois de 2000 – autocensura de *omertà***. "A política na França

---

\* N.T.: Nono mês do calendário lunar islâmico e, por ser um mês sagrado, é marcado por práticas como o jejum, que se estende do nascer ao pôr do Sol.

\** N.T.: A *omertà* é um código de honra, sustentado por um forte sentido de família, usado entre organizações mafiosas do sul de Itália. No fundo, trata-se de um voto de silêncio que faz com que os mafiosos protejam outros elementos do grupo, impedindo-os de colaborar com as autoridades.

caminha para a direita e não quero os políticos de direita de volta em segundo [uma referência ao chocante segundo lugar de Marine Le Pen nas eleições presidenciais em 2002], ou mesmo em primeiro lugar, porque mostramos carros em chamas na televisão", disse Jean-Claude Dassier, proprietário da France1 TV.[72] No final, a mídia francesa lidou com seus problemas internos de maneira exatamente oposta ao modo como tratava dos problemas israelenses. No que diz respeito aos acontecimentos em Israel, a mídia francesa era piromaníaca, exibindo repetidamente as mais inflamatórias imagens e narrativas letais, encorajando reações de "linha dura". No entanto, nos acontecimentos franceses, ela praticou uma autocensura extensiva, a fim de impedir que os espectadores "fossem para a direita".

Ironicamente, ambos os tipos de cobertura – a obsessão pela vitimização dos palestinos por Israel e a censura aos tumultos destrutivos dos muçulmanos franceses – tiveram o mesmo efeito: facilitar os avanços do *caliphator*. No final, a elaborada abordagem autoacusadora e autocensurada dos analistas franceses (e outros) pode muito bem ter resultado menos de uma tendência genuína à autocrítica do que de um disfarce de sua falta de vontade ou incapacidade de defender sua própria civilização de um ataque tão primitivo. "Deus não permita que os críticos islamofóbicos da Eurábia possam estar certos!"

## ESTENDENDO O ALCANCE DA SHARIA AOS INFIÉIS EM *DAR AL ISLAM*: O CASO DOS CARTUNS SOBRE MAOMÉ, FEVEREIRO DE 2006/MUHARRAM 1427 AH*

Em 30 de setembro de 2005 Flemming Rose, editor cultural do *Jyllands-Posten*, o proeminente jornal dinamarquês, publicou 12 cartuns supostamente de Maomé. O projeto de Rose, concebido meses antes, abordava uma tendência preocupante na Europa. Desde o assassinato nas

---

* N.T.: O primeiro mês do calendário islâmico do ano hegírico de 1427, equivalente a 2006 e.c. É um dos meses sagrados e, em respeito ao islamismo, os muçulmanos evitam qualquer tipo de brigas.

ruas de Amsterdã de Theo Van Gogh por ter blasfemado contra o islã, o medo de ofender muçulmanos sensíveis e fanáticos se espalhou entre os "profissionais da informação" do Ocidente. O problema chamou a atenção de Rose porque Kare Bluitgen não podia encontrar um ilustrador para seu livro infantil (muito simpático) sobre a vida do Profeta. Por quê? Porque alguns muçulmanos sunitas fervorosos insistiram na sua proibição iconoclasta da tradição de representar o Profeta e ameaçaram inclusive não muçulmanos por transgressões. Rose viu o ato como aquele em que os cartunistas dinamarqueses poderiam abordar alguns dos aspectos mais estranhos desse esforço coercitivo para dizer aos não muçulmanos – europeus seculares! – o que poderiam e não poderiam dizer sobre o islã.

Se ele esperava *insights* incisivos, Rose deve ter ficado desapontado. Alguns cartunistas realmente evitaram retratar inteiramente Maomé. Um deles descreveu a si mesmo desenhando o Profeta, suando de medo e tremendo. Outro apresenta um aluno chamado Maomé apontando para uma passagem em persa no quadro-negro que diz: "A equipe editorial do *Jyllands-Posten* é um bando de provocadores reacionários". Alguns foram mais críticos em relação aos muçulmanos: o mais famoso, Kurt Westergaard, retratou um otomano (claramente não o histórico Maomé) em um turbante com uma bomba, associando assim o terror muçulmano aos terroristas anarquistas da virada do século anterior.

Figura 11 – Kurt Westergaard (*Aftenpost*).

Frank Füchsel retratou Maomé como Saladino, mostrando a força do seu ego para não enlouquecer com cada desafio à sua honra.

Figura 12 – *Jyllands Posten* (Dinamarca), 30 de setembro de 2005.
Tradução: "Calma, amigos, quando chega ao ponto de ser apenas um desenho feito por um descrente dinamar...".

Rasmus Sand Hoyer vinculou a misoginia muçulmana ao fanatismo religioso cego e violento, retratando duas mulheres usando burcas pretas com apenas uma abertura para os olhos, e um homem irritado de turbante com uma cimitarra e uma faixa preta nos olhos.

**Figura 13** – *Jyllands Posten* (Dinamarca), 30 de setembro de 2005.

É verdade que esses cartuns não eram muito lisonjeiros, porém seu alvo principal, os muçulmanos radicais, certamente mereciam as críticas e, de acordo com o então discurso politicamente correto predominante, esses radicais "não tinham nada a ver com o verdadeiro islã". Se a British Political Cartoon Society podia conceder um prêmio a uma representação de Sharon como o Saturno de Goya devorando uma criança (palestina), porque, aparentemente, satirizava com precisão sua carreira política e militar, então nada entre os cartuns de Maomé chega perto desse nível de hostilidade crua.[73]

De fato, nada estava tão distante da realidade (digamos, representar Maomé como um covarde ou afeminado) ou era tão desnecessário (Maomé como um porco) que se aproximasse dos limites da caricatura política ocidental, uma das formas mais vivas de crítica social e política da democracia.[74] Pelo contrário, esses três cartuns críticos em particular

186

tinham coisas sérias a dizer sobre uma tendência muçulmana à honra sensível, à raiva violenta e à agressividade para com os fracos (por exemplo, mulheres). Art Spiegelman, proeminente cartunista e autor de história em quadrinhos, depois de torcer piamente para que não estivesse adicionando lenha na fogueira, admitiu que os achava "banais e inofensivos", antes de classificar cada cartum com uma "escala *fatwa*" de 1 a 4 bombas. Ele esperava medir o "abismo de compreensão", envolvido em uma controvérsia que já havia, até então, matado cerca de 50 pessoas, quase todas muçulmanas, ao atacar muçulmanos furiosos.

Para muitos foi uma tempestade em um copo d'água. Os muçulmanos não *caliphators* acharam as alegações "muçulmanas" bastante extraordinárias. Como observou um membro muçulmano do Parlamento dinamarquês:

> Minha impressão a partir de diferentes meios de comunicação árabes é que a posição dominante – talvez surpreendente para alguns – pode ser resumida como segue: não podemos, como muçulmanos, ditar aos não muçulmanos que obedeçam à supostamente proibida representação do Profeta.[75]

Na verdade, eles estavam certos. Historicamente, a proibição de imagens de Maomé foi produto de uma escola específica de pensamento sunita, destinada a impedir que os muçulmanos sejam vítimas da adoração de imagens. Não havia motivo para aplicá-la aos infiéis, que não corriam perigo de tal idolatria. Depois de um protesto pacífico inicial na Dinamarca e algumas ações legais inconclusivas, a controvérsia morreu momentaneamente. Foi então que um grupo de imames mais radicais tomou as medidas necessárias para tornar essa uma iniciativa do *caliphator*, não sobre sentimentos ou doutrinas religiosos, mas sobre obediência infiel à Sharia.

E para isso, esses imames precisavam de uma reação mais violenta. Por conseguinte, viajaram pelo mundo de maioria muçulmana munidos de um dossiê destinado a despertar indignação e ação para encenar uma "emergência" global.[76] Mas, para fazê-lo, tiveram que transformar o dossiê numa arma, a fim de que a *ummah* se unisse e vociferasse. Para isso, acrescentaram mais três cartuns ao dossiê inicial, incluindo um de Maomé como um porco [!], que tiraram de uma foto de um concurso de grunhidos de porcos na França, um Maomé diabólico pedófilo [!], e um cachorro sodomizando Maomé enquanto ele orava [!]. Tudo isso, na escala *fatwa* de 1-4 bombas de Art Spiegelman , ganha 10.[77] Em muitas sociedades muçulmanas, do passado e do presente, o mero boato de que um *dhimmi* havia comparado Maomé a um porco ou sugerido que um cachorro montou nele enquanto ele orava, teria levado a linchamentos pela turba. Hoje, qualquer dessas blasfêmias pode gerar indignação e violência. É uma bandeira vermelha para a maioria, pode-se inclusive ficar tentado a dizer, a "grande maioria" dos muçulmanos (e para quase qualquer um). E há poucas pessoas, inclusive eu, que desculpariam tais insultos grosseiros e desnecessários a outros, mesmo a outros hostis.

Os homens que identificaram esses desenhos como imagens do Profeta, como porco, pedófilo e sodomizado por um cachorro, eram os próprios imames que queriam incitar ódio nos corações dos seus companheiros muçulmanos. Havia ali uma narrativa letal, projetada para provocar indignação, romper laços, intensificar o ódio, soltar os cães de guerra. Esses autoproclamados defensores do pietismo muçulmano haviam feito as coisas mais ímpias, degradado o Profeta da maneira mais blasfema para obter ganho político.

E, no entanto, no mundo árabe, essa blasfêmia funcionou. Inflamou a *ummah,* levando a paroxismos de indignação. Inspirou Yussuf al-Qaradawi, teólogo e estrela de TV da Irmandade Muçulmana, a convocar um dia de ira.

> A *ummah* deve ficar furiosa. É dito que o imame Al-Shafi'i disse: "Quem ficou com raiva e não ficou furioso é um idiota". Não somos uma nação de burros para serem montados, mas de leões que rugem. Somos leões que protegem zelosamente suas tocas e vingam as afrontas à sua santidade. Não somos uma nação de idiotas. Somos uma nação que deveria se enfurecer por causa de Alá, seu Profeta e seu livro. Somos a nação de Maomé e nunca devemos aceitar a degradação da nossa religião.[78]

A violência e a indignação que o Ocidente viu na "rua muçulmana" não tinham nada a ver com o que os dinamarqueses haviam feito, mas – sem que o soubesse – com a determinação dos imames de submeter os infiéis à (sua interpretação da) Sharia. Até a BBC foi pega na trama da cilada, informando sua audiência de língua árabe que a imagem do porco fora publicada no jornal dinamarquês.[79] Um enorme sucesso de notícia falsa ao violar a grande imprensa do inimigo.

O que poderia justificar níveis tão surpreendentes de hipocrisia entre os devotos muçulmanos? Um imame "fabricando" uma imagem de Maomé como um porco? Seja por sua ingenuidade ou como participante conhecedor do teatro de emergência encenada, para Al-Qaradawi esses cartuns eram valiosos demais para seus propósitos de abrir mão de seu poder e denunciar seus companheiros muçulmanos como os verdadeiros blasfemadores. Aparentemente, a blasfêmia pode ser perdoada a um *caliphator* se essas imagens puderem fazer a *ummah* global rugir como um leão e espalhar o medo de Alá nos corações dos *kuffãr*, nações de burros, em todos os lugares. Em qualquer caso, o fracasso dos infiéis ocidentais em denunciar as falsificações tornou os movimentos de Qaradawi muito mais fáceis.

Nesse ponto, o jogo de soma zero vergonha-honra estava em andamento. O objetivo dos imames era retratar um mundo de ódio aos muçulmanos – islamofobia – em todos os aspectos tão febril quanto o mundo de ódio aos infiéis e aos muçulmanos sectários no qual os muçulmanos viviam cada vez mais. O pensamento era mais ou menos assim: "Devemos destruí-los antes que eles nos destruam. Nenhuma mentira, nenhum engano eram baixos demais, blasfemos demais, se promovessem aquela guerra". Era a versão triunfalista da vergonha-honra: "Se você me chamar de mentiroso eu te matarei, *especialmente* se eu estiver mentindo".[80]

Nesse ponto, o Ocidente deveria ter dado um contragolpe a esse ataque cognitivo rastreando as falsificações e expondo ou ameaçando expor os verdadeiros blasfemadores. Cada reunião diplomática em que os muçulmanos manifestavam a sua indignação contra as ofensas do Ocidente deveria ter incluído aqueles cartuns falsos, apresentando-os aos embaixadores da OIC (Organization of the Islamic Cooperation – Organização para a

Cooperação Islâmica).[81] No entanto, quando Javier Solana se encontrou com diplomatas muçulmanos, ele se rendeu à narrativa da OIC:

> Compreendemos a profunda dor e a indignação generalizada sentidas no mundo muçulmano. A liberdade de imprensa, que implica responsabilidade e discrição, deveria respeitar as crenças e os princípios de todas as religiões.[82]

Todos, de ambos os lados, compreenderam que "todas as religiões" significava o islã.

Em geral, a maioria das pessoas – ocidentais e muçulmanos – não viu os cartuns e, portanto, não sabia nem quão suaves eram os originais, nem quão ultrajantes eram as falsificações letais fornecidas pelo imame. Spiegelman admite sua surpresa ao perceber quão poucos de seus amigos tinham visto os cartuns. E quando Steven Sackur citou o presidente afegão Hamid Karzai alegando que Rose havia insultado 1 bilhão de muçulmanos, Flemming Rose sugeriu que o próprio Karzai talvez não os tivesse visto (assim como Khomeini não leu os *Versos Satânicos*). Com egocentrismo cognitivo primorosamente aperfeiçoado, Sackur respondeu (falando sobre Rose): "Tenho certeza de que ele viu os cartuns. A internet permite que todos vejam os cartuns, como você sabe".[83]

Quando questionado sobre os três cartuns falsos, Akkar os explicou como um esforço para "promover a compreensão de quão odiosa é a atmosfera na Dinamarca em relação aos muçulmanos".[84] Como poderia uma mídia noticiosa, já profundamente envolvida nos Augean Stables, responder a essa afirmação "falsa, mas verdadeira"? Já não tinha ouvido, sem objeção, a desculpa de Charles Enderlin de que ele relatara que as FDI mataram Al-Durrah, mesmo que não o tivesse testemunhado, porque correspondia ao que [ele sabia] estava acontecendo em todos os outros lugares? Porventura o *The New York Times* não havia defendido as falsificações da Guarda Nacional de George W. Bush como "falsas, porém precisas"? Não é de surpreender que a mesma mídia noticiosa do século XXI tenha deixado os falsificadores letais se safarem, capacitando-os a prosseguir em sua campanha de guerra cognitiva. Um ponto (a mais) para notícias falsas incendiárias, para o jornalismo que marca gol contra nos meios de comunicação tradicionais.

# A APOLOGIA: A FITA DE MÖBIUS DO EGOCENTRISMO COGNITIVO EM FUNCIONAMENTO

A vitória da narrativa vitimista muçulmana traçou as linhas de batalha desde o início, em que os cartunistas alvos de repressão violenta se tornaram agentes provocadores que estavam "pedindo por isso". O Ocidente foi, portanto, obrigado a se desculpar pela sua agressão contra o islá. O *Jyllands-Posten* foi inundado por tais pedidos desde o início, e quase todas as discussões diplomáticas centraram-se em receber desculpas de vários atores, de editores do jornal ao primeiro-ministro da Dinamarca. A maioria das figuras públicas ocidentais levou tais discussões a sério. Ela acreditava que os muçulmanos tinham de fato se ofendido profundamente pelos cartuns – o que Klausen chama de "um agravo emocional" e que um pedido de desculpas poderia (e deveria) resolver o assunto. Tariq Modood insistiu: "Para os muçulmanos, as causas subjacentes da sua raiva atual são um sentimento profundo de que não estão sendo respeitados, de que eles e seus sentimentos mais acalentados são 'alvos legítimos'".[85] Klausen explica: "O agravo era sobre sentimentos e exigências para a reparação focada na restauração através da ação simbólica".[86]

O infiel bem-intencionado considerava que o insulto era de fato o que os porta-vozes muçulmanos afirmavam: um golpe terrível nos seus sentimentos de autoestima e um testemunho perturbador da hostilidade dos seus vizinhos não muçulmanos, prova de islamofobia. E a grande parte dos ocidentais liberais, quando pensava na "vasta maioria dos muçulmanos", os imaginava como pessoas como nós, talvez um pouco mais frágeis, mas cujos sentimentos sinceros deveriam ser visivelmente respeitados. Eles eram a favor de um *gesto de respeito* de ocidentais não muçulmanos, de autocontrole, de autocrítica – se necessário, de autocensura. Hileh Avshar, professor muçulmano de Estudos Políticos e da Mulher na York University, ao responder às críticas sobre julgar os sentimentos muçulmanos segundo um padrão separado de hipersensibilidade, exigiu tratamento especial. "Não se pode esperar que os muçulmanos se comportem exatamente como os ocidentais. Se os muçulmanos sentem, como uma questão de sua fé, que não gostam de ter a imagem de seu Profeta, essa visão deve ser respeitada".[87]

Na esfera pública ocidental, o respeito aos sentimentos dos muçulmanos também venceu. Os demopatas *da'wa* tomaram a ofensiva, usando todo o bombardeio da linguagem ocidental de direitos humanos igualitários para atacar o Ocidente por sua islamofobia, sua xenofobia e seu racismo. Na linguagem consagrada em Durban em 2001, a OIC estabeleceu o poderoso tom reprobatório com uma sistemática projeção de malícia:

> É evidente que a intenção do *Jyllands-Posten* era incitar o ódio e a violência contra os muçulmanos. Ao expor o nível de compreensão da religião islâmica e seus símbolos, os diários prejudicaram seriamente a sua credibilidade aos olhos do mundo muçulmano e causaram danos à democracia e à liberdade de imprensa, violando a decência e as normas civilizadas.[88]

Onze embaixadores, de nações que executam blasfemadores do islã, escreveram uma carta indignada ao primeiro-ministro dinamarquês, fazendo-se passar por defensores dos bons valores liberais. Eles insistiram em refrear "a imprensa dinamarquesa e os representantes públicos", que "não deveriam ser permitidos a abusar do islã em nome da democracia, da liberdade de expressão e dos direitos humanos, valores que todos compartilhamos".[89] Que satisfação isso deve ter proporcionado aos triunfalistas para que usassem essa linguagem contra as próprias pessoas – *kuffār* – que já haviam tentado envergonhá-los por seu comportamento "primitivo" (matar blasfemadores). Ao inverter a acusação e esvaziar o discurso moral de toda substância, os demopatas conseguiram uma dupla vitória: "Se os *kuffār* agem como se nossas reivindicações fossem justas, ganhamos duas vezes – eles são estúpidos e rastejam com a nossa forte repreensão".

E, de fato, os jihadistas venceram a batalha na esfera pública ocidental. Os progressistas pegaram nos seus porretes e foram atrás de qualquer um que tivesse a ousadia de defender os dinamarqueses. Jytte Klausen, confortavelmente acomodada no progressista cenário acadêmico em Cambridge, de repente se viu chamada a explicar "como os 'bons dinamarqueses' se transformaram em racistas cheios de ódio, sem respeito pelos direitos humanos".[90] Organizações internacionais como o UNHRC (United Nations Human Rights Council – Conselho de Direitos Humanos das Nações Unidas) denunciaram o racismo e a xenofobia dos dinamarqueses e dos seus apoiantes.[91] Mesmo as pessoas que tentaram ser sutis e flexíveis admitiram que pelo menos *alguns* dos defensores do *Jyllands-Posten* haviam extraído a essência do islã, o que os convertia em potencialmente racistas e, se não racistas, claramente anti-islâmicos.[92]

Bruce Bawer, com seu olhar caracteristicamente aguçado, observa:

> Praticamente todo o *establishment* político internacional, incluindo os principais líderes das Nações Unidas e da União Europeia – vários dos quais invocaram a possibilidade de tomar medidas oficiais contra o discurso ofensivo – alinhou-se contra [os editores do *Jyllands-Posten* e do primeiro-ministro dinamarquês]. Assim como a elite cultural holandesa havia respondido ao assassinato de Van Gogh dizendo que ele mesmo o causara com sua "vulgaridade" e "insensibilidade", agora o *Jyllands-Posten* foi acusado de se colocar em apuros por ser – sim – vulgar e insensível.[93]

Publicar e republicar os cartuns, de acordo com Peter Mandelson, comissário da UE, "despeja gasolina nas chamas".[94] Stephen Sackur, da BBC, perguntou a Flemming Rose se ele "publicaria uma foto de um rabino judeu vestido como Hitler em resposta à violência judaica contra os palestinos".[95] Ironicamente, a analogia de Sackur não só era ridiculamente errada (mesmo o cartum de Westergaard não chegava perto de tal degradação deliberada), mas seu cartum hipotético aparece regularmente entre cartunistas muçulmanos retratando Israel e os judeus como nazistas.

## EXPLICANDO A IRA MUÇULMANA: O EGOCENTRISMO COGNITIVO LIBERAL A TODO VAPOR

A BBC não tinha problemas em ***westsplaining*** a ira muçulmana: "*É a intenção satírica dos cartunistas e a associação do Profeta com o terrorismo que são tão ofensivos para a grande maioria dos muçulmanos*".[96] No entanto, nada poderia ser *menos* claro. Muçulmanos, observantes ou não, que apreciam a religiosidade tranquila da sociedade secular, não se ofenderam. Eles eram mais propensos a ler o "pior" – isto é, o mais ofensivo – cartum, da forma como dizia seu autor, Kurt Westergaard, que era o seu desejo:

> A impressão geral entre os muçulmanos [que se expressam em palavras] é que se trata do islã como um todo. Não é. Trata-se de certos aspectos fundamentalistas que obviamente não são partilhados por todos. Mas o combustível para os atos terroristas se origina de interpretações do islã [...] se partes de uma religião se desenvolvem numa direção totalitária e agressiva, então acho que você tem que protestar. Nós o fizemos sob outros "ismos".

Em outras palavras, Westergaard não tinha como alvo o islã, mas uma forma violenta de um islã triunfalista, de semelhança perturbadora com os movimentos totalitários do século XX. Talvez seja compreensível que alguns muçulmanos ficassem aborrecidos com as críticas, mas dificilmente justificável, e certamente não quando confundem uma crítica legítima aos seus companheiros religiosos radicais com uma crítica ao islã... a menos, é claro, que esse islã radical violento *seja de fato* o islã e você esteja procurando briga. Quem está fazendo a junção de coisas diversas sob a mesma rubrica? Críticos ocidentais como Westergaard? Ou críticos muçulmanos como Al-Qaradawi e aqueles que aplacam as suas exigências?

Quando alguém na "rua muçulmana" diz: "Há um cartum do Profeta com uma bomba sobre a cabeça e isso sugere que ele é a raiz do terror, que o islã é terrorismo, o que é muito depreciativo",[97] ele é insultado pelos infiéis observantes ou pelos jihadistas que são inspirados pela ligação do islã com terror? Se os jihadistas veem Maomé especificamente como a inspiração para o seu terrorismo (o que eles fazem), e se a "rua muçulmana" é mais insultada por infiéis supostamente fazendo essa conexão do que por jihadistas que agem abertamente, de onde vem essa objeção ao cartum de Westergaard? Não é, como os crédulos diriam, um insulto ao islã, mas, como os demopatas admitiriam privadamente, uma revelação precisa – e, portanto, indesejável – aos ocidentais das intenções do *caliphator* no Ocidente.

194

Christopher Hitchens observou com acurácia e repulsa características:

> Não se pode encontrar ninguém com autoridade que afirme o óbvio e o necessário – que estamos ao lado dos dinamarqueses contra essa difamação, chantagem e sabotagem. Ao contrário, toda a compaixão e a preocupação são aparentemente dispensadas àqueles que acenderam a trilha da pólvora e que gritam e berram de alegria quando as embaixadas das democracias são incendiadas nas capitais das miseráveis ditaduras carcomidas. Devemos nos certificar de que não ferimos os sentimentos dos vândalos.[98]

E de fato foi assim. O que a explicação condescendente ocidental considerara um mal cometido contra muçulmanos (a "grande maioria" de "moderados") e o islã (a religião da paz) foi, na verdade, uma agressão massiva dos muçulmanos triunfalistas contra princípios e as práticas liberais democráticos. Eles deliberadamente iniciaram a briga (assim como na visita de Sharon ao Haram al Sharif *), montaram um coquetel Molotov de falsas narrativas letais, propaganda de guerra e interpretação equivocada intencional para estimular a "rua muçulmana" (algo muito parecido com a filmagem de Al-Durrah), e ameaçaram os infiéis de morte por ofendê-los. Eles não foram as vítimas aqui, mas os beligerantes, e ainda assim conseguiram forçar o Ocidente a recuar. Demopatas triunfalistas acusaram o Ocidente de vitimizar muçulmanos e os crédulos ocidentais bateram no peito em expiação. O **casamento do sadismo pré-moderno e do masoquismo pós-moderno** teve seus votos renovados.

A explicação oficial ocidental sobre o motivo de os muçulmanos no mundo inteiro estarem tão zangados é que ficaram profundamente ofendidos pela blasfêmia (assim como os manifestantes franceses ficaram furiosos por não terem permissão para se tornarem franceses, e os palestinos irritados por não terem a sua independência autorizada). Nossos jornalistas não nos disseram que os furiosos muçulmanos haviam sido alimentados com propaganda de guerra blasfema por imames radicais

---

* N.T.: Monte do Templo, lugar sagrado para os muçulmanos, judeus e cristãos, onde se encontram a Mesquita de Al-Aqsa e o Domo da Rocha, construídos no século VII, estando entre as mais antigas estruturas do mundo muçulmano.

determinados a criar uma guerra entre o Ocidente e os muçulmanos. Tampouco perceberam que pedir desculpas pela ofensa na verdade fortalecia aqueles *caliphators*. Pelo contrário, as pessoas boas, como as da ONU, culparam a islamofobia pela guerra.

Dito sem rodeios: "A resposta adequada à agressão muçulmana triunfalista destina-se a que os ocidentais reprimam seus sentimentos negativos em relação ao islã e aos muçulmanos. Não nos encham o saco".

Observe a grande ironia aqui. A mídia não está nos dizendo o que os imames radicais realmente pensavam, ou seja, que "isso é uma guerra e estamos enganando os infiéis para que se submetam às leis da Sharia (sem imagens, sem críticas), mesmo em *Dar al Harb*", porém nos disse o que esses mesmos imames queriam que pensássemos, "que estão profundamente magoados pela blasfêmia [que eles exploraram]". Temos aqui um caso do jornalismo ocidental engajado em puro jornalismo de guerra que marca gol contra: eles são o sistema de entrega para propagar as narrativas letais demopatas inimigas – aqui, "os ocidentais odeiam o islã, e nós, muçulmanos, odiamos justificadamente os ocidentais por isso" – projetado especificamente para nosso consumo e destruição.

Em fevereiro de 2006, a crise atingiu o nível de uma luta global. O desafio foi lançado e as reações disponibilizadas publicamente. Fique com os dinamarqueses pela liberdade e publique os cartuns ou submeta-se à furiosa "rua muçulmana" (e aos jihadistas que a leva ao frenesi) e não publiquem. O resultado final deixou claro quem venceu. Das centenas de jornais que republicaram, poucas foram publicações importantes que, como vimos, pareciam particularmente vulneráveis a ameaças contra a sua extensa equipe.[99] A "grande maioria" se calou.[100] Publicações americanas, apoiadas por funcionários do governo e pelo Departamento de Estado, com tropas em dois países muçulmanos, foram especialmente notáveis pela falta de apoio que deram aos europeus, insistindo no seu desejo de evitar uma ofensa "desnecessária".[101] E, claro, quatro anos depois, a Universidade de Yale decidiu não publicar os cartuns do livro de Klausen, para não expor a risco seus funcionários. Ecoando Steven Sackur, eles afirmaram que qualquer pessoa poderia vê-los on-line, de qualquer maneira.

## VITIMOLOGIA:
## ISLAMOFOBIA *VERSUS* ANTISSEMITISMO

A chave para a capitulação ocidental foi a identificação dos muçulmanos como vítimas. Ao aceitar a ideia surpreendentemente estúpida de que
"essas eram imagens racistas, islamofóbicas, que ofendiam profundamente
as sensibilidades muçulmanas", quando essas mesmas sensibilidades
muçulmanas foram moldadas e desenvolvidas em uma esfera pública
muito mais feroz, na qual o cruel fomento do ódio operava em níveis
incomparavelmente mais elevados,[102] os ocidentais permitiram que os
imames enquadrassem a narrativa. Vitimização muçulmana *versus* culpa
ocidental. Davi contra Golias.

Klausen, por exemplo, comparou sem hesitação os cartuns mais
críticos com os antissemitas:

> Deixando de lado incompreensão e ignorância sobre os sentimentos
> muçulmanos a respeito do Profeta, os editores tampouco perceberam
> que *vários dos cartuns eram representações malignas de estereótipos nos*
> *moldes do antissemitismo europeu.*

Ao fazê-lo, ela fez eco a Bill Clinton em Doha, que chamou os
cartuns de "terríveis" e "totalmente ultrajantes", comparando-os ao
antissemitismo europeu anterior ao Holocausto.[103] Ainda em 2020,
Adam Nossiter, antigo correspondente em Paris do *The New York*
*Times*, então posicionado em Cabul, durante uma transmissão na *France*
*Culture* em 24 de novembro de 2020, afirmou que "as caricaturas do
Profeta Maomé publicadas no *Charlie Hebdo* lembraram-lhe a expo-
sição intitulada 'The Jew in France', realizada em Paris em 1941-42
sob a ocupação alemã".[104]

Isso é simplesmente absurdo. Que observador sensato pode comparar os cartuns dinamarqueses (não as falsificações) aos estereótipos
malignos do antissemitismo europeu ou, aliás, aos estereótipos antissemitas *muçulmanos*?

**Figura 14** – Os EUA e Israel comem dos dois lados dos "Estados árabes".
*Al-Watan* (Catar), 13 de maio de 2003.

**Figura 15** – Empréstimo (e atualização) de desenhos antissemitas do século XX
inspirados nos *Protocolos dos Sábios de Sião*. (Bendib, cartunista argelino-americano).

Tradução: Jerusalém, da cidade de Nova York a Kuala Lumpur,
a eterna e indivisível capital de Israel... Tudo mais é negociável.

É difícil imaginar o que Klausen – e muitos outros – acreditava ser o parentesco entre esses dois mundos do cartunismo. A única explicação plausível é que ela imaginou que os muçulmanos fossem tão inseguros, tão melindrosos, tão violentos, que *qualquer coisa* que os incomodasse *lhes pareceria* tão horrível quanto os cartuns antissemitas *poderiam* fazer os judeus sentirem, e que, ao adotar esse ponto de vista, ela conseguiu "entender" o problema. Em outras palavras, ela deu um grande passo na adoção da narrativa *da'wa*.[105]

Em apoio a essa narrativa, Klausen discutiu então comparações muçulmanas com o caso Dreyfus, um caso antigo e famoso de antissemitismo moderno, no qual um coronel judeu francês foi acusado de traição por seus superiores e enviado para a prisão na Ilha do Diabo. Quando a farsa veio à tona como resultado de excepcionais demonstrações de integridade investigativa, grandes forças culturais se uniram para o reconhecimento de sua inocência, a fim de que os dois pilares da sociedade, o Exército e a Igreja, não sofressem uma perda de honra paralisante. Somente no final de uma provação que durou duas décadas, em que a palavra "intelectual" foi cunhada para descrever alguém capaz de mudar de ideia com base na evidência empírica, Dreyfus foi "inocentado e [...] e sua patente devolvida".

> Analogamente, os muçulmanos argumentaram que os cartuns revelavam a presença de sentimentos islamofóbicos arraigados nas sociedades europeias (não apenas na Dinamarca) e apelaram para um reconhecimento mais amplo de que o antissemitismo e a islamofobia são expressões semelhantes de ódio religioso. É concebível que o "caso dos cartuns" possa terminar um dia com algum ato simbólico de restituição aos muçulmanos e um novo reconhecimento do pluralismo religioso nos Estados europeus.[106]

É difícil subestimar a natureza bizarra dessa analogia: nenhuma falsa acusação islamofóbica ocidental de um crime muçulmano de traição, nenhuma decisão judicial proferindo uma sentença dura e injusta, nenhum jornalismo investigativo para inocentar os falsamente acusados. Ao contrário, a analogia é, se relevante, oposta. Os muçulmanos europeus

inventam acusações baseadas em falsificações para acusar um jornal ocidental de blasfemar contra o Profeta e a honra do islã, e os jornalistas
demonstram detestar a investigação, enquanto os especialistas criticam
o Ocidente propagador do ódio.

No entanto, em vez de criticar a analogia muçulmana, Klausen a adota
e, em suas própria palavras, apoia um pedido de desculpas aos *falsos* acusadores, como parte de uma resolução terapêutica: como se Dreyfus e os judeus
tivessem que ter pedido desculpas à Igreja e ao Exército por macular a sua
honra institucional. O verdadeiro caso Dreyfus aqui teria sido a entrada dos
muçulmanos no mundo moderno, como fizeram os intelectuais e a justiça
francesa, valorizando a verdade e a autocrítica em detrimento das falsas
alegações e da honra, reconhecendo que os seus próprios imames blasfemos
acusaram injustamente os não muçulmanos de blasfêmia e se desculpando.
*Quem estiver certo, esteja ele do meu lado ou não.* De fato, com atraso, mas
extensivamente, Akkari se arrependeu e pediu desculpas.[107]

Ao apresentar sua analogia, Klausen replica a **narrativa de substituição**, segundo a qual os muçulmanos do século XXI são vítimas dos
mesmos preconceitos europeus que os judeus sofreram no século XX. De
fato, esse foi um dos principais argumentos dos muçulmanos durante a
controvérsia, apoiado por ocidentais como Roland Boer:

> Na verdade, alguns salientaram que a crescente maré de islamofobia,
> onde é aceitável publicar material que difama os muçulmanos, onde se
> pode dizer e fazer coisas contra os muçulmanos puramente por causa
> de suas crenças religiosas e origem étnica, é comparável ao aumento
> do antissemitismo na Europa dos séculos XIX e XX.[108]

E, presumivelmente, também vê os muçulmanos como vítimas das
mesmas forças retrógradas que atacaram Dreyfus, a mesma disposição
fascista de sacrificar bodes expiatórios inocentes em prol da coesão e da
proteção coletivas. Na verdade, essas forças coercitivas de "honra" na
França do século XIX podem ser encontradas mais amplamente entre os
principais agressores neste caso, os imames e o público de muçulmanos
triunfalistas que eles enfureceram com tanto sucesso.[109]

200

## A *JIHAD* TRIUNFANTE
## NA ESFERA PÚBLICA OCIDENTAL

O momento culminante dessa onda de espírito triunfalista ocorreu em Londres, do lado de fora da embaixada dinamarquesa, em 6 de fevereiro de 2006. Ali se deu a mais chocante demonstração pública de animosidade jihadista contra as nações infiéis. Uma multidão dos piores pesadelos dos britânicos veio se manifestar. Seus cartazes – escritos por uma única fonte, possivelmente Anjem Choudhaury – falavam a uma só voz: ódio desenfreado aos *kuffãr* e violência ilimitada para expiar esse ódio.

**Figura 16** – Manifestação do lado de fora da Embaixada da Dinamarca,
Londres, 6 de fevereiro de 2006.
Tradução: "Matem aqueles que insultam o Islã."; "Abatam aqueles que caçoam do Islã."

Poucos meses depois do 7 de julho, um homem usava um falso cinto suicida.[110] A polícia não só não o prendeu, mas também impediu que observadores o fotografassem. O comício ocorreu sob a proteção total de uma esfera pública ocidental livre.[111] Um jihadista liderou a multidão em um triunfalismo frenético, de vergonha e honra:

201

Usama e Zawahiri são homens.
Eles irão bombardear vocês e Alá estará com eles.
Nós nos vingaremos de vocês.
Que bombardeiem a Dinamarca para que possamos invadir o seu país.
E tomar suas esposas como espólio de guerra.[112]

Quando ouvi pela primeira vez essa frase sobre as mulheres dinamarquesas sendo tomadas como espólio de guerra, pensei: "Em que mundo de fantasia louco (e terrível) eles vivem? Que medieval!". Mal percebi que a *jihad* do estupro, já lançada na década de 1990, estava em pleno curso na Inglaterra (por exemplo, Rotherham) e em outros lugares, sem oposição das autoridades ocidentais, não relatada por jornalistas ocidentais, que temiam acusações de islamofobia.[113] Assim, os ocidentais fecharam os olhos à escravização sexual de suas próprias filhas.

Que muçulmano triunfalista não se sentiria otimista naquele dia em frente da Embaixada da Dinamarca em Londres? Eles haviam paralisado o Ocidente. Sob a proteção de uma força policial infiel que impediu outros infiéis de fotografarem os acontecimentos escandalosos, eles gritaram seus desejos do alto e, no máximo, levaram um tapinha na mão.

Houve quem entendesse o que estava em jogo. Um exemplo marcante diz respeito a 12 importantes intelectuais públicos (7 nascidos muçulmanos), todos fazendo soar um alarme numa guerra civilizacional contra o totalitarismo islâmico em 1º de março de 2006:

### MANIFESTO: Juntos enfrentando o novo totalitarismo

Depois de ter superado o fascismo, o nazismo e o stalinismo, o mundo enfrenta agora uma nova ameaça global totalitária: o islamismo. Nós, escritores, jornalistas, intelectuais, apelamos à resistência ao totalitarismo religioso e à promoção da liberdade, igualdade de oportunidades e valores seculares para todos. Os acontecimentos recentes, ocorridos após a publicação de desenhos de Maomé nos jornais europeus, revelaram a necessidade da luta por esses valores universais. Essa luta não será vencida pelas armas, mas no campo ideológico. Não testemunhamos um choque de civilizações nem um antagonismo entre o Ocidente e o Oriente, mas uma luta global que confronta democratas e teocratas. Como todos os totalitarismos, o islamismo é alimentado por medos e frustrações. Os pregadores do ódio apostam nesses sentimentos para formar batalhões destinados a impor um mundo liberticida e não igualitário. Mas nós afirmamos com clareza e firmeza: nada, nem mesmo o desespero, justifica a escolha do obscurantismo, do totalitarismo e do ódio.[114] O islamismo é uma ideologia reacionária que mata a igualdade, a liberdade e o secularismo onde quer que estejam presentes. O seu sucesso só pode levar a um mundo de dominação: a dominação do homem sobre a mulher, a dominação islâmica sobre todos os outros. Para fazer frente a isso, devemos garantir direitos universais às pessoas oprimidas ou discriminadas. Rejeitamos o "relativismo cultural", que consiste em aceitar que os homens e as mulheres de cultura muçulmana devam ser privados do direito de igualdade, de liberdade e valores seculares em nome do respeito pelas culturas e pelas tradições. Recusamo-nos a renunciar ao nosso espírito crítico por medo de sermos acusados de "islamofobia", um conceito infeliz que confunde a crítica ao islá como religião com a estigmatização dos seus fiéis. Defendemos a universalidade da liberdade de expressão, para que o espírito crítico possa ser exercido em todos os continentes, contra todos os abusos e todos os dogmas. Apelamos aos democratas e aos espíritos livres de todos os países para que o nosso século seja do iluminismo, não do obscurantismo.

Ayaan Hirsi Ali, Chahla Chafiq, Caroline Fourest, Bernard-Henri Lévy, Irshad Manji, Mehdi Mozaffari, Maryam Namazie, Taslima Nasreen, Salman Rushdie, Antoine Sfeir, Philippe Val, Ibn Warraq.[115]

Tem-se a sensação de que os redatores conheciam bem a *Eurábia* de Bat Ye'or, embora usem aqui uma linguagem secular mais apropriada ao século XX. Eles não falam de *jihad* ou califado ou *dhimmi* e explicitamente distanciam-se de um "choque de civilizações", mesmo enquanto o combatem... com as armas conceituais da última guerra contra o totalitarismo em meados do século XX. E o protesto deles não conseguiu levar a melhor. A indignação moral cedeu ao apaziguamento "respeitoso".

# A VISÃO DA GUERRA COGNITIVA JIHADISTA COM RELAÇÃO À CONTROVÉRSIA DO CARTUM DINAMARQUÊS

Quando se vê a controvérsia a partir da perspectiva da guerra cognitiva do *caliphator* – *da'wa* –, essa é uma campanha brilhante, planejada e executada para estender o alcance da lei da pena capital por blasfêmia até *Dar al Harb*, sem que a invasão em si seja necessária. Nesse sentido, as exigências muçulmanas em torno dos cartuns conquistaram sua retumbante vitória de 1989 com Salman Rushdie, elevando-as a novos patamares.[116] Bernard Lewis observou:

> A grande diferença entre o nosso caso e o de Rushdie é que Rushdie é visto como um apóstata pelos muçulmanos enquanto, no nosso caso, os muçulmanos insistiam em aplicar a lei islâmica ao que os não muçulmanos estão fazendo em países não muçulmanos [...] um caso único que pode indicar que a Europa é vista como uma espécie de Estado intermediário entre o mundo muçulmano e o mundo não muçulmano.[117]

De fato, como observado acima, os muçulmanos não *caliphators* consideravam as reivindicações "muçulmanas" bastante extraordinárias. Por que a Sharia se aplicaria aos infiéis? O que os muçulmanos impõem uns aos outros em *Dar al Islam* é uma coisa. Mas a ideia de que os muçulmanos deveriam impor a Sharia aos infiéis fora do *Dar al Islam*? Para aqueles muçulmanos que pensam que o mundo inteiro deveria estar sujeito à Sharia, a resposta é óbvia.

A posição moderada, que imaginava que a "grande maioria dos muçulmanos pacíficos" presumivelmente acolheria povos que desejam desfrutar das mesmas liberdades religiosas como qualquer outra pessoa, teria denunciado o incitamento baseado em falsificações vergonhosas e rejeitado as queixas como uma aplicação incorreta da Sharia para não muçulmanos. Fosse esse o caso, teríamos tido uma notável inversão: alguns jornalistas muçulmanos e a grande maioria dos muçulmanos moderados em 2005 divergindo dos *caliphators*, enquanto a maioria dos

ocidentais estava ocupada repetindo reivindicações triunfalistas muçulmanas. Londonistão em grande escala.

É claro que o triunfalista, ainda no seu mundo de soma zero, vê
isso de um ângulo diferente. A imposição da Sharia aos *muçulmanos*
no Ocidente – a começar com as alardeadas e negadas zonas Sharia,
reforçada por assassinatos vergonhosos contra mulheres muçulmanas
que se assimilam[118] – foi apenas o primeiro passo em direção ao califado global. Para eles, essa era uma guerra contra a apostasia (isto
é, a dissidência muçulmana) e a blasfêmia (ou seja, a dissidência
dos *kuffār*). O terror em massa (Israel, 11 de Setembro, Barcelona,
Londres) ou individual (Theo van Gogh, Hitoshi Igarashi, Daniel
Pearl, Luigi Padovese) era a arma de intimidação. Na mente dos
triunfalistas, os ocidentais eram estúpidos por não entenderem que
não tinham o direito de insultar o islã. Como disse Hlayhel, uma
das forças motrizes do caso: "Quando você vê o que aconteceu na
Holanda [Theo van Gogh] e ainda assim publica os cartuns, isso é
muito estúpido".[119] Em outras palavras: "Vocês, *kuffār*, ainda não
entendem? Vocês nos contrariam; nós matamos vocês". Aqui, a violência tem um significado claro e convincente.

Nesse sentido, o uso do termo "estúpido" por Hlayhel é exatamente
o oposto do meu. Para ele, os infiéis que não se submetem e se comportam como bons *dhimmi* são estúpidos, enquanto para mim os infiéis são
estúpidos quando se submetem, pensando que estão sendo atenciosos e
generosos. E a nossa estupidez em sermos "inteligentes" pelos padrões
deles (ou seja, apaziguar os seus acessos de raiva), reforça as suas ambições. Como dizem os franceses, *l'appétit vient en mangeant...* quanto mais
verdadeiro, mais suas ambições são globais e insaciáveis.

Após o fiasco dos cartuns, Bernard Lewis reafirmou uma terrível
profecia que já havia feito dois anos antes para o importante jornal alemão
*Die Welt*: se as tendências atuais continuarem, a Europa será islâmica. Ao
observar os novos níveis de agressão, ele reconheceu no manejo do caso
dos cartuns o poder crescente e visível de uma islamização da Europa,
que superaria uma europeização do islã. E não só a Europa era vulnerável,
mas, embora um pouco menos, também os EUA.[120]

Em vez de denunciar os radicais pela sua manipulação blasfema de muçulmanos devotos, o Ocidente aplacou esses mesmos manipuladores, permitindo-lhes encenar sua emergência moral.[121] Em vez de apontar com sobriedade e dignidade que essa proibição é dever de *alguns* muçulmanos, de fato ostentando os sinais óbvios das interpretações mais radicais do islã que a grande maioria dos moderados não compartilha, os cartuns sobre infiéis em jornais muçulmanos podem ser chocantemente brutais e, acima de tudo, os mais blasfemos que haviam sido produzidos e divulgados pelos próprios imames!... em vez de apelar à "grande maioria" de muçulmanos moderados e amantes da paz que os líderes "morais" ocidentais nos garantiram que estavam por aí, com argumentos destinados a conquistá-los para a maturidade cívica, os líderes "morais" ocidentais apressaram-se em apaziguar a ira dos desordeiros.

Como resultado, os combatentes cognitivos jihadistas ilustraram a reivindicação que Yussuf al-Qaradawi, estrela da mídia global da Irmandade Muçulmana, fizera uma década antes: "A Europa e os EUA serão conquistados não pela *jihad*, mas pela *da'wa*". Na verdade, era uma combinação: o duplo golpe vencedor dos terroristas jihadistas incutindo o medo nos corações dos infiéis e os *da'is* indicando a essas pessoas aterrorizadas qual comportamento adequado evitaria retribuição violenta. Nesse caso, o comportamento exigido era: "Não publiquem os cartuns".

Como todas as lutas triunfalistas, tratava-se de honra na dominação e vergonha na submissão. Os muçulmanos triunfalistas escolheram a luta gritando de dor e raiva por sua honra ferida. Seu Profeta, *alegaram*, havia sido caluniado e humilhado. Eles reagiram, como fazem todos os que querem proteger a sua honra, com violência. Representaram o roteiro da vergonha-honra, mas não de forma honesta, pois sua indignação fora deliberadamente fabricada, criada pela propaganda – de fato, com notícias falsas. Depois que o cartum de Maomé como um porco passou por uma produção infiel, que muçulmano que se preze não acharia todo o caso profundamente insultante?

Certamente, para os *caliphators*, o que estava em jogo ia muito além da noção sentimentalista de "denegrição". Para eles, esse foi um esforço dos *kuffär* de resistir à sua própria conversão em *dhimmis*. O pedido de desculpas que desejavam não tinha o intuito de amenizar seus supostos sentimentos feridos, mas era mais um sinal de submissão para restaurar sua honra. Para eles, a decisão de não publicar não era um sinal da "consideração dos ocidentais pelos sentimentos muçulmanos". Pelo contrário, era um ato singular de *dhimmitude.* Foi uma clássica representação do desafio da honra árabe: "Explorar possibilidades [...] hábil e rapidamente converter a vergonha em honra por conta própria e vice-versa para os seus adversários".[122]

Organizações internacionais – órgãos da ONU, ONGs de direitos humanos, intelectuais e figuras de envergadura – criticaram quase universalmente a *zombaria islamofóbica dos muçulmanos e da sua fé* retratada nos cartuns.[123] A história ilustra bem como o choque de civilizações de Huntington foi internalizado em ambos os lados, levando a uma vitória dos jihadistas no lado muçulmano e dos *dhimmis* preventivos no lado ocidental. Enquanto os *caliphators*, usando propaganda forjada, declararam guerra aos princípios de liberdade de expressão e dissidência da civilização ocidental, o Ocidente tomou a decisão estratégica de evitar qualquer confronto que pudesse fazer com que parecesse um choque de civilizações. Reynolds explicou: "A última coisa que esses governos querem é outro confronto em que o islã seja visto como colocado contra o Ocidente. A estratégia, portanto, é tentar evitar que isso se torne um "choque de civilizações.[124]

Como se já não fosse, como se essa decisão não marcasse a vitória na guerra cognitiva do *caliphator*, de convencer o lado mais forte a não revidar. As notícias falsas venceram novamente, e os *caliphators* travaram uma guerra contra o Ocidente, enquanto o Ocidente, num esforço para negar essa guerra, travou uma guerra contra si mesmo e entregou um enorme capital cultural às exigências do *caliphator*.

Assim, figuras como o progressista ocidental Javier Solana e Ekmeleddin Ihsanoglu, secretário-geral da OIC muçulmana, concordaram plenamente em repreender o jornal dinamarquês e amenizar os sentimentos dos muçulmanos no mundo inteiro que haviam sido ultrajados e insultados por esses cartuns [sic]. Para ambos, os objetivos eram, por um lado, um pedido de desculpas ocidental e a promessa de não o

fazer novamente, e, por outro, o fim da violência crescente por parte
da furiosa "rua muçulmana", que já havia ceifado mais de 200 vidas (a
maioria muçulmanas) em todo o mundo. Os jihadistas reivindicaram
o *status* de vítima para a "grande maioria dos muçulmanos em todos os
lugares" e o Ocidente concordou.

Klausen replica a abordagem, pressupondo que o movimento
apropriado era então, e presumivelmente ainda é, autodifamar-se, pedir
desculpas. Isso demonstraria consideração e faria amigos. Ela não considerou a enorme sobreposição entre o comportamento generoso deles
e uma rendição menos gloriosa às exigências muçulmanas triunfalistas.
Assim, quando alguém como Ibn Warraq escreveu

> A menos que mostremos alguma solidariedade, uma solidariedade
> desavergonhada, barulhenta, pública com os cartunistas dinamar-
> queses, as forças que estão tentando impor ao Ocidente Livre uma
> ideologia totalitária vencerão; a islamização da Europa terá começado
> para valer. Não se desculpem.[125]

...tudo o que os apaziguadores puderam fazer foi estremecer ao pensar que
"os muçulmanos leram a decisão dos jornais de reimprimir os cartuns,
agora onipresentes, como uma campanha coordenada de difamação".[126]
Foi um caso clássico de compreensão diferente da mesma situação: ao
pensar que estavam sendo atenciosos com os muçulmanos moderados,
suas desculpas encorajaram os *caliphators*.

Klausen vê os muçulmanos com bons olhos. Quando alguns dos
principais atores muçulmanos na crise dos cartuns expressaram arrependimento a Klausen sobre as coisas "ficarem fora de controle" (como
as manifestações de Londres), ela o aceitou como sincero (e, portanto,
reconfortante). Porém, da perspectiva do califado, supõe-se que isso
funcione dessa maneira: a violência gera submissão, a submissão faci-
lita o trabalho demopata dos *caliphators da'i* – dizer aos infiéis como
se comportar. Quando se pode ameaçar o Ocidente com os muçulmanos rugindo como leões na rua global, a "rua muçulmana" passa a
*designar o que é blasfêmia*. Ao lidar com infiéis como uma professora

208

dinamarquesa numa universidade judaica, o *caliphator* demopata expressará com prazer arrependimentos à sua ingênua crédula e esperará que ela os repita sinceramente.

Da mesma forma, Klausen simpatiza com aqueles que se ofenderam e é rápida em absolver os principais radicais de qualquer intenção de provocar violência. Depois de descrever como Qaradawi emitiu uma *fatwa* e convocou um dia de raiva, explica o narrador onisciente: "A raiva dele era genuína, mas dificilmente ele imaginava as consequências".[127] Ela se esforça para distinguir entre muçulmanos violentos e não violentos, geralmente considerando os últimos "moderados". Ela adverte seus leitores de que, só pelo fato de alguém ser um *salafi**, isso não faz dele um inimigo do Ocidente, um jihadista.

> Hoje, muitos *salafi* encaram o reino saudita com ceticismo ou pior, e consideram a política e o poder como fontes de corrupção. A oposição segue dois rumos: um que reconhece uma distinção entre o poder sagrado e o secular na era atual e defende que os muçulmanos se concentrem em viver vidas justas e observem as leis dos países em que residem; o outro rumo, uma oposição revolucionária que visa recriar um novo e devoto califado e considera, à semelhança do Talibã e da Al-Qaeda, a democracia proibida para os muçulmanos porque substitui as leis de Deus pelas leis do homem.[128]

Depois dessa descrição esperançosa de como os mais radicais e fervorosos dos muçulmanos podem inclusive ser bons cidadãos, Klausen categoricamente afirma:

> Tal como os *salafi*, os jihadistas procuram restaurar o islã a um estado de pureza. Mas *aí as semelhanças terminam*. Os jihadistas defendem o uso da violência para criar o Estado islâmico e alegam que é uma obrigação travar a *jihad* contra cristãos, apóstatas e os governos islâmicos em exercício.[129]

---

* N.T.: Membro do salafismo, movimento ortodoxo, internacionalista e ultraconservador dentro do islamismo sunita. A doutrina pode ser resumida por ter uma abordagem fundamentalista do islã, emulando o Profeta Maomé e seus primeiros seguidores.

Para ela, como para Hillary Clinton e a comunidade de Inteligência dos EUA nos primeiros (inebriantes) dias da "**Primavera Árabe**", ao descrever a Irmandade Muçulmana como uma "organização moderada" e "em grande parte secular",[130] Klausen considerou a não violência como o teste decisivo da moderação: desde que não sejam terroristas, são moderados que entendem e aceitam um governo secular. Assim, ela acredita e quer que acreditemos que *a grande maioria dos muçulmanos é moderada*, incluindo muitos *salafi*. Mas, na verdade, sua análise é equivocada. As semelhanças não terminam aqui; ao contrário, a *única* dissimilaridade está na questão do uso da violência *no momento*. Todo o resto é território do *caliphator*.[131]

E aquela realidade apocalíptica é consideravelmente mais fluida e dinâmica do que o modelo de boa cidadania de Klausen, que só se mantém enquanto não puder ser feito nada sobre a nossa "era secular atual". A maioria dos muçulmanos triunfalistas em 2000, sobretudo no Ocidente, reconheceu a sua inferioridade e, por mais que se ressentisse, aceitou uma postura passiva. Como diria James Scott, eles mantiveram sua "transcrição" escondida. À medida que se tornaram verdadeiros crentes na visão do *caliphator* de que a "era atual" está passando, na verdade, que eles podem efetivamente contribuir para esse processo, mais fortes se tornaram os apelos apocalípticos à violência. E nem Klausen nem tampouco nenhum de seus amigos acadêmicos fazem qualquer coisa para interromper esse processo. Ao contrário, quanto mais tolos eles são, quanto mais areia jogam nos olhos de seus leitores, mais atraente para os muçulmanos se torna a mesma opção que ela nega tacitamente. *Se eu fosse muçulmano, aceitaria a estupidez dos ocidentais como um sinal de Alá...*

A guerra dos cartuns foi um grande apelo atávico aos triunfalistas muçulmanos para o domínio supersessionista. "O islã dominará o mundo" pode ser a mensagem dos extremistas tão proeminentemente exibida em Londres, mas apela a todos os muçulmanos que acreditam que o objetivo milenarista de domínio mundial é o verdadeiro destino de sua fé. A questão, realmente, é quando isso acontecerá. Os imames dinamarqueses que mais se esforçaram – Akkari e Hlayhel – eram triunfalistas

210

radicais. Queriam que o islã governasse a Europa e escolheram a forma "relativamente" demopata e não violenta de explorar os valores democráticos ocidentais para avançar nesse sentido.[132]

Durante o Danoongate, no entanto, as estações de rádio e mesquitas do *caliphator* despejaram o novo ódio ao seu público muçulmano europeu: os judeus eram "filhos de porcos e macacos", "assassinos de crianças inocentes", um mal a ser "exterminado".[133] Quando os judeus suecos reclamaram dos ensinamentos da Grande Mesquita de Estocolmo, o chanceler da Justiça sueco, Goran Lambertz, decidiu que essas formas de discurso deveriam ser julgadas de forma diferente e permitidas "*porque são usadas por um lado em um conflito profundo e contínuo, no qual gritos de guerra e invectivas fazem parte das ocorrências cotidianas na retórica que cerca o conflito*". Portanto, *não* foi qualificado como "incitamento contra um grupo étnico de acordo com a lei sueca".[134] Resultado: a investigação sobre a operação de um *caliphator* jihadista no coração da capital da Suécia foi cancelada. Em vez de observar a conexão entre esse ódio delirante aos judeus, por um lado, e tanto a *jihad* quanto a exaltação dos atentados suicidas, por outro, os suecos deram aos *caliphators* luz verde para atacar os judeus no exato momento em que estavam sendo atacados com esses mesmos ódios.[135]

Os muçulmanos no mundo inteiro, enfurecidos pelas notícias falsas, a começar com os embaixadores da OIC, depois Qaradawi e os pregadores, finalmente atingiram o clímax na "rua muçulmana" global, quando a multidão enraivecida expressou o seu ódio ao Ocidente. O fato de se tornar mais violento à medida que passou dos círculos diplomáticos para os apelos televisivos e para as multidões, dificilmente diminui o elo comum. "Os ocidentais devem obedecer às leis da Sharia, a começar pela criminalização da blasfêmia conforme definida pelos muçulmanos". E, na Suécia, por exemplo, as autoridades ocidentais comportaram-se exatamente da forma que seus inimigos triunfalistas queriam.

Aos seus próprios olhos, os progressistas globais, os profissionais da informação, os ministros da Justiça, mantiveram-se nas alturas morais da generosidade e da boa vontade para com todos – exceto, é claro, aqueles judeus que os triunfalistas odeiam e aqueles ocidentais que "enfurecem" os muçulmanos com suas críticas. Da perspectiva muçulmana triunfalista, esses progressistas eram tolos covardes, ficando ao lado de seus inimigos e se voltando contra seus amigos... em outras palavras, infiéis muito úteis. "Quanto mais os escandinavos pedem desculpas e mostram um rosto sorridente, mais são considerados impotentes, covardes e maduros para serem capturados e subjugados".[136]

O padrão de apaziguamento, a **principal diretriz** dos anos 2000 – "não os irrite", foi firmemente estabelecido aqui. As autoridades ocidentais podem defender o direito do *Jyllands-Posten* ao seu comportamento (deplorável), mas está subentendido que isso não deveria acontecer novamente. Aqueles que obedeciam eram bons liberais e progressistas; aqueles que resistiam – e assim os irritavam – eram fomentadores de guerra de direita. Como os *caliphators* de todos os matizes gostam de insistir: *os islamofóbicos são a causa do terror.*[137]

É claro que, por trás da elaborada deferência que os progressistas demonstraram para com as sensibilidades muçulmanas, subjaz a mesma confluência de covardia disfarçada de altivez e desprezo moral pelos muçulmanos que alimentaram a determinação de não utilizar o "rótulo de terrorismo".[138] Era o clássico "racismo humanitário" em ação: os muçulmanos eram uma força da natureza. Frans Groenedeijk observou:

> Aqueles que realmente acreditam que desenhar caricaturas que ridicularizam extremistas maometanos é como usar um isqueiro em um paiol de pólvora, rejeitam ativamente as pessoas que se consideram muçulmanas, inclusive as do Ocidente, como barris de pólvora e igualmente primitivas.[139]

Fazer exigências morais aos muçulmanos? À *ummah*? Aos líderes muçulmanos? Apenas com muita cautela ("desculpe, mas nossas regras não nos permitem fechar os jornais que publicam cartuns, mesmo que quiséssemos... espero que vocês entendam").

Os ocidentais adotaram uma linguagem na qual a propaganda do *caliphator* circulava avidamente: a *islamofobia* é a causa da violência, o racismo e a hostilidade ocidentais devem ser suprimidos, a blasfêmia é imperdoavelmente ofensiva. Enquanto os liberais ocidentais pensavam que, de alguma forma, estavam se distanciando dos racistas dentre deles (invariavelmente encontrados à "direita"), a narrativa *da'wa* era um pouco mais abertamente preconceituosa:

> O *Ocidente* odeia o islã, a democracia procura destruir o islã, os muçulmanos não podem confiar nos infiéis e devem combater qualquer um que calunie o Profeta (A paz esteja com ele). O destino do islã é dominar o mundo, e faremos isso exigindo a submissão dos infiéis – pela *jihad* ou pela *da'wa*".

Então, enquanto Klausen afirma: "Há um ponto em que todos concordam: nenhum dos protagonistas pensa que venceu",[140] essa mensagem agressiva e paranoica do *caliphator* foi a grande vencedora do Danoongate no mundo muçulmano e no Ocidente. Na narrativa muçulmana triunfalista, *eles* eram uma nação de leões (como afirmam); e os ocidentais eram os idiotas. Sendo assim, os idiotas atiraram aos leões os próprios muçulmanos, como Naser Khader, que queriam viver num Estado secular e aqueles colegas liberais que queriam proteger a prática da religião não coercitiva. Todos, infiéis e muçulmanos, que eram sensatos e maduros, foram derrotados. Os *caliphators* que agitavam a turba e seus colegas *da'i* venceram... e muito.

## A PRÓXIMA EMERGÊNCIA ENCENADA: "NÓS NOS REVOLTAMOS E MATAMOS PORQUE VOCÊS NOS CHAMAM DE VIOLENTOS"

Essa vitória converteu-se no ponto de partida para a próxima "emergência encenada" de meados da década de 2000, a polêmica sobre o "Discurso de Regensburg" do papa Bento XVI (setembro-outubro de 2006). Nele, *intramuros*, o papa citou um trecho de um imperador bizantino do século XIV, dizendo que o islã era inerentemente violento. Certamente, na época em que Michael Psellus fez essa observação, ela era consistente com oito séculos de experiência cristã direta com seus vizinhos muçulmanos. No entanto, apesar do fato de o papa ter mencionado essa citação *a fim de discordar dela*, a "rua muçulmana" global mais uma vez se enfureceu.[141]

Todas as estratégias da guerra cognitiva de Danoongate ressurgiram e todo o apaziguamento ocidental autodestrutivo entrou em ação. Tal como aconteceu com os cartuns, o "insulto" foi inventado para encenar o ultraje moral (o mundo muçulmano foi informado de que o papa havia nutrido tais sentimentos). Foi uma emergência moral global violenta e encenada (pânico?) que cortou a **fita de Möbius**: de um lado, os jihadistas que concordavam plenamente com a descrição do islã como uma religião guerreira e que aproveitaram a ocasião para prometer ao papa e ao Ocidente a própria violência contra a qual o papa havia aludido; e do outro, os ocidentais, ansiosos para não alimentar uma guerra religiosa. E juntando as duas fitas, estavam os *da'īs* demopatas que manifestaram a sua indignação, que se ofenderam publicamente com uma descrição desonesta com a qual concordavam em particular e manipularam seus infiéis incrédulos para que não dissessem o que qualquer *caliphator* honesto lhes diria que era verdade.

Tanto a violência como a indignação verbal não foram direcionadas a restaurar o respeito aos olhos ocidentais depois que o papa os desrespeitara. Ao contrário, visou à capacidade do Ocidente de criticar o islã, exigia conformidade. Os *caliphators* não encenaram a sua emergência porque o que o papa dissera fora uma difamação falsa e humilhante; eles o fizeram para impedir que os infiéis ocidentais sequer discutissem a dimensão violenta do islã. Se você me chamar de mentiroso, eu te matarei, *especialmente* se eu estiver mentindo.[142]

A doçura dessa vitória sobre o papa e os seus críticos ocidentais foi a forma como, habilmente, os *caliphators* conseguiram transferir uma piada sobre si mesmos – os muçulmanos revoltam-se para protestar que estão sendo chamados de violentos – para os infiéis. O papa murmura um pedido de desculpas, insistindo que ele realmente não pediu desculpas, e o Ocidente implora aos muçulmanos que se acalmem. E o riso de Rabelais não ressoou nas ruas da Europa. Não, o vencedor foi o inquisidor de Umberto Eco, que queria matar o riso.

Meados da década: 2005. *Caliphators*, a força dominante; os progressistas ocidentais, os domadores (inconscientes); os democratas ocidentais, os liberais, os verdadeiros progressistas, em profunda desordem. Quando aqueles que exercem violentamente o poder riem e aqueles que eles intimidam mordem a língua, é um dia sombrio para a liberdade.

## ESTUPIDEZES SURPREENDENTES INCLUÍDAS NESTE CAPÍTULO

*Por que a Europa governará o século XXI* – Mark Leonard, 2005.

*Os Estados Unidos da Europa: a nova superpotência e o fim da supremacia americana* – T. R. Reid.

*[Os vários] cartuns de Maomé eram representações malignas de estereótipos nos moldes do antissemitismo europeu* – Jytte Klausen, *Cartoons*.

*Esses tumultos não têm nada a ver com o islã* – Diretor francês de Inteligência, 2005.

*A islamofobia é o novo antissemitismo.*

*É concebível que o "caso dos cartuns" possa terminar um dia com algum ato simbólico de restituição aos muçulmanos e um novo reconhecimento do pluralismo religioso nos Estados europeus.* – Klausen, *Cartoons*.

O discurso de ódio genocida islâmico não é abrangido pelas leis sobre discursos de ódio, *"porque elas são usadas por um lado em um conflito profundo e contínuo, no qual gritos de guerra e invectivas fazem parte das ocorrências cotidianas na retórica que cerca o conflito".* – chanceler da Justiça sueco, Goran Lambertz, 2006.

# PARTE 2

# PRINCIPAIS PARTICIPANTES

A seção anterior examinou padrões de comportamento "aceitos" no início do século XXI (terceiro milênio para os medievalistas), padrões que fortaleceram um movimento medieval milenarista e paralisaram o Ocidente moderno e pós-moderno. Nesta seção, analiso os principais atores nesse teatro de guerra, alguns deliberadamente, outros involuntariamente. Os **dois primeiros capítulos** examinam os principais atores entre os atacantes: "homens de honra" e "*caliphators*". O capítulo "Adeptos do egocentrismo cognitivo liberal e sua criptonita demopata" enfoca o cerne da modernidade ocidental, os "liberais" e sua tendência fatal de imaginar que todos partilham as suas (na verdade, bastante raras) atitudes em relação à humanidade. O capítulo "A EPG (esquerda progressista global) no século XXI" considera uma variante radical do liberalismo, a esquerda progressista pós-moderna e pós-colonial, consciente das injustiças sociais, com seu milenarismo de poder brando. O capítulo "Jornalismo de guerra submisso, letal e que marca gol contra: a desgraça do Ocidente no século XXI analisa jornalistas letais e as suas agências de notícias, que relatam a propaganda de guerra de um dos lados como "notícias" no que consideram ser uma guerra distante, sem perceberem que estão realmente envolvidos num "jornalismo de guerra de gol contra" – relatando a propaganda de guerra do inimigo da sua própria sociedade como notícia. Finalmente, o último capítulo investiga o fenômeno único dos judeus contra si mesmos, judeus antissionistas que, imaginando-se modelos de virtude, aliam-se aos inimigos mais impiedosos do seu próprio povo.

# A MENTALIDADE PRÉ-MODERNA DE HONRA DE SOMA ZERO

Solidariedade –
prisão límbica salvífica.
Sangue – alvejante da alma envergonhada.[1]

## A MENTALIDADE PRÉ-MODERNA – HONRA DE SOMA ZERO

Talvez a coisa mais difícil de compreender para os ocidentais, criados numa cultura de soma positiva (especialmente desde os anos 1960), seja a dinâmica das culturas que abraçam valores de soma zero. Começo com duas "histórias" que ilustram os dois mundos. Ao longo dos próximos quatro capítulos, descreverei como esses dois mundos operam e interagem no século XXI: os dois primeiros capítulos versam sobre soma zero; os dois seguintes, sobre soma positiva. Embora soma zero e soma positiva sejam termos desenvolvidos por matemáticos e apareçam frequentemente em discussões matemáticas que enfatizam a dicotomia racional-irracional, ambas as atitudes refletem algumas posturas emocionais fundamentais que não podem ser quantificadas nem localizadas num contínuo entre racional e irracional, uma vez que, em seus ambientes "domésticos", elas façam sentido. A fim de ilustrar essas tendências intangíveis, porém muito poderosas, ofereço duas histórias: uma anedota e um dos contos de Chaucer.

## SOMA ZERO: O CAMPONÊS E O GÊNIO

Um camponês que arava seus campos encontrou uma lâmpada. Enquanto a esfregava, um gênio apareceu, agradeceu por libertá-lo e ofereceu-lhe um desejo, com a condição de que seu vizinho recebesse o dobro do que pediria. Depois de breve reflexão, disse o astuto camponês, "arranque um dos meus olhos".

Para aqueles treinados no mundo de generosidade da sociedade civil, essa resposta é chocante. Por que não desejar riqueza? E daí se o vizinho ganhar mais? A resposta de soma positiva é óbvia: todos ganham. O camponês, entretanto, vive num mundo de soma zero, dividido em "nós e eles (hostis)", em que o ganho do vizinho é minha perda, em que o modelo interpessoal é o que Eli Sagan chamou de **"imperativo paranoico"** – *governar ou ser governado*. Se o seu vizinho receber o dobro, isso o tornará duas vezes mais poderoso e o nosso camponês fica preocupado com o seu futuro. Num mundo de soma zero, um não pode vencer sem que o outro perca. Concedendo ao vizinho o dobro de uma riqueza inesperada aumenta consideravelmente a probabilidade de que, nessa troca, ele seja o perdedor. Será que o vizinho usará seu poder recém-adquirido em atos de gratidão ou para diminuir seu mais fraco vizinho e finalmente, sujeitá-lo? A escolha do camponês, de sacrificar um olho, afirma a posição segura – suspeita; não conte com boa vontade.

A inveja – que o camponês sente pelo seu vizinho – desempenha um papel fundamental. Como posso desfrutar da minha riqueza quando meu vizinho tem o dobro? Como posso ganhar a menos que ele perca? Como posso dar ao meu vizinho a satisfação de me desprezar? Claramente, um desejo de soma positiva para esse camponês era, tanto em termos de emoções como de segurança, contraindicado.

Contudo, nessa escolha há mais do que a mera aquiescência a um mundo sombrio de escolhas de soma zero e **soma negativa** no qual quase todo mundo perde. Se fosse um movimento de xadrez (o jogo de soma zero mais puro de todos), nosso camponês sortudo venceria (!!). Pois ele não só deixou cego o seu próximo, mas se tornou rei, de acordo com o provérbio. A sua automutilação lhe propiciou um poder decisivo sobre o vizinho. Um globo ocular é um pequeno preço a pagar por tal promoção. (A posição demótica, consequentemente, argumentaria que toda realeza terrena é construída sobre a automutilação.)

(A versão moderna dessa piada é a perspectiva de o ex-cônjuge receber três vezes mais [aqui a inveja e o desejo de punir o outro voltam a ser consideradas]. "Me dê um pequeno ataque cardíaco". Minha favorita, relacionada com "*O Conto da Mulher de Bath*" de Chaucer (a seguir) é: "Dê-me uma boa esposa".)

## SOMA POSITIVA:
## "*O CONTO DA MULHER DE BATH*":
## O QUE AS MULHERES MAIS DESEJAM?

Depois de fazer uma introdução extraordinariamente vivaz e autoconsciente de si mesma, a peregrina de Chaucer, a mulher de Bath, conta uma história sobre um jovem cavaleiro que estuprou uma donzela (não nos é dito a sua posição social) e o rei o condena à morte.[2] A rainha intervém e pede que o jovem seja julgado por seu "tribunal de amor". Dada a jurisdição, a rainha condena o homem a uma missão: um ano e um dia para voltar à corte e responder com precisão à pergunta: "O que as mulheres mais desejam?" Se ele falhar, a sentença do rei será administrada.

No final de um longo ano em que obteve muitas respostas pouco convincentes, ele volta a fim de ser executado. Porém, no último rio que deve atravessar, ele se depara com uma anciã, que lhe diz que sabe o que ele precisa saber e que lhe contará, com uma condição... se ela estiver certa e ele viver, ele cumprirá qualquer desejo dela que estiver ao seu alcance.

221

Ele concorda, e quando se apresenta na corte, diz à rainha que o que as mulheres mais desejam é "soberania". Essa resposta é imediatamente aceita e o cavaleiro é elogiado e bem recebido.

Nesse ponto, a anciã faz a sua reivindicação: "Case-se comigo". Já que ele tem o poder de realizar o desejo dela, deve concordar. Mas, então, o que acontece no leito conjugal? Ele se encolhe em um canto da cama, impotente. Ela diz: "Vou te dar uma escolha. Sou na verdade uma fada e posso mudar minha forma. Você pode me ter jovem e bela e passar o resto da sua vida se preocupando se está sendo traído. Ou pode me ter feia e leal. Escolha".

Observe como a escolha oferecida é de soma zero: cada escolha tem vantagens e desvantagens, vitórias e derrotas mutuamente exclusivas. Mas o cavaleiro aplica sua lição recém-aprendida sobre o que as mulheres desejam e dissolve a mútua exclusão de soma zero. Ele lhe diz que *ela* pode escolher. E então ela lhe concede ambos os desejos. No tabuleiro de xadrez de soma positiva, isso acontece!!!

Essa história tem todos os elementos de uma orientação de soma positiva, desde a transformação de uma punição severa em um teste e uma potencial experiência de aprendizagem à concessão de liberdade ao "outro", à confiança na reciprocidade... todos os exatos opostos do mundo de soma zero. Generosidade, renúncia ao domínio, confiar e ser confiável. Talvez o ponto mais crítico na história e nas interações de soma positiva seja a centralidade do comportamento voluntário: a bela anciã não é forçada ou manipulada a conceder ao cavaleiro o que ele deseja. Pelo contrário, ele dá a ela soberania sobre sua própria vida, e ela a exerce como quer.

A vitória espetacular no final desse conto, no qual todos se beneficiam enormemente, reflete as resoluções excepcionalmente criativas para o que parecem ser escolhas de soma zero que tais níveis de generosidade emocional, vulnerabilidade e abnegação permitem: nas relações interpessoais, na intimidade; nas relações econômicas, na prosperidade; em questões políticas, na liberdade.

## NAVEGANDO PELO ESTREITO DE MESSINA

A condição humana, no entanto, está constantemente presa entre as duas opções, as duas orientações. Cada cultura, cada sociedade, cada clã, cada indivíduo, navega entre essa Cila e Caríbdis. Ninguém (exceto um santo) pode manter esses altos níveis de ausência de ego com todos, o tempo todo. E não importa o quanto tentarmos, o apelo da soma zero, a emoção de "conseguir tudo", a *Schadenfreude* de ver *outra* pessoa ferida, exerce uma influência duradoura. ... como respondeu à professora uma menina alfa do jardim de infância quando lhe disseram que não poderia usar a frase devastadora "você não pode brincar" com seus colegas: "Será mais justo, mas como iremos nos divertir?".[3]

Portanto, nenhum grupo humano, de Estados/instituições até clãs e associações, jamais se livrará de qualquer dessas abordagens polares das relações humanas. Tem tudo a ver com a navegação. O foco deste capítulo e do próximo está nas culturas nas quais o *ethos* de soma zero domina o pensamento e o sentimento dos principais atores, especialmente os machos alfa. Isso se divide aproximadamente na dinâmica sociopsicológica da vergonha-honra e na dinâmica sociopolítica das sociedades do divisor primário.

Tomemos, por exemplo, o problema do endogrupo e do exogrupo, o nós-eles. No discurso público contemporâneo, pensar em termos de "nós-eles" constitui um tribalismo inaceitável, uma xenofobia e inclusive racismo. E, no entanto, em períodos anteriores da história humana, e por milênios a mais do que qualquer experimento cosmopolita moderno, a estrutura básica da realidade social (ou seja, sobrevivência) girava em torno de uma dicotomia nítida entre nós (bando, clã, aldeia, tribo), de quem dependemos, e outros (estranhos) de quem, por princípio, desconfiamos, a quem nos opomos e até saqueamos, para sobreviver.

Em outras palavras, o que alguns de nós hoje rejeitamos com desprezo como uma *xenofobia* tem sido a *norma* primordial e necessária para a maior parte dos 150 milênios de experiência humana: "tribalismo moral".[4] Da mesma forma, enquanto hoje consideramos louváveis o controle da raiva, a aversão ao conflito e a deferência para com os interesses das mulheres, num ambiente diferente era uma questão de sobrevivência que as sociedades produzissem guerreiros, homens que policiariam todos os insultos ao seu clã ou à honra dele, para que o insultador não pensasse que poderia acrescentar o dano de roubar gado e mulheres a um insulto impune. Tudo isso não só parece estranho aos modernos, mas moralmente questionável.

No século XIV e.c. (século VIII AH), no entanto, o historiador social norte-africano Ibn Khaldun argumentou exatamente o oposto: que essa solidariedade de grupo – *asabiyya* – era o valor moral mais importante que Alá deu ao homem.[5] As sociedades seguem ciclos do deserto à cidade, dos guerreiros igualitários com a sua solidariedade tribal e estilo de vida espartano aos habitantes do império urbano "civilizado" que compartilham espaços luxuosos com *outsiders* e estranhos e, portanto, carecem do compromisso primordial para com os parentes e a tribo necessário para sobreviver ao longo do tempo. De acordo com o seu cálculo, em quatro gerações as sociedades passam de homens endurecidos pelas batalhas, com compromissos de vida ou morte entre si, que invadem com sucesso e conquistam cidades, a fracos indulgentes, incapazes de se defenderem da próxima onda invasora de famintos habitantes do deserto, disciplinados pela privação.

Os ocidentais contemporâneos mostram todos os sinais dos últimos estágios decadentes de Khaldun. Mas é claro que jeremiadas seculares sobre a queda iminente do mundo moderno converteram-se em um elemento básico do Ocidente, pelo menos desde Gibbon (1776) e, por razões ainda incertas, o Ocidente continuou a florescer. O Ocidente, então, não é outra iteração das quatro gerações de Ibn Khaldun, mas sim um esforço sustentado, de toda a civilização, que tem sido construído pelo menos durante o último milênio. Esse esforço sustentado e cumulativo dominou os aspectos mais violentos da cultura guerreira tribal: sua paixão pela glória pública (**megalotimia**) – rugir como um leão – e seu horror à humilhação (oneidofobia) – que faz parecer um idiota. Em vez de reiterar a *asabiyy*a (solidariedade social) nós-eles, o Ocidente progressista buscou o respeito pelo "outro" e desenvolveu inclusive organismos sociais que tornaram possíveis os rudimentos de um **regime cívico**. Nesse espaço (até agora criado em grande parte pelas democracias constitucionais) e de uma forma sem precedentes, inúmeros aspectos da vida – abundância, falta de violência, liberdade de escolha e expressão – estão disponíveis para muitos.

Acontece que é bastante difícil instituir tais sociedades. O princípio de "meu lado, esteja certo ou errado" não cede facilmente a "quem está certo, esteja ele do meu lado ou não". Levou um milênio para que o Ocidente atingisse os níveis que atingiu (por mais deficientes que alguém possa considerar tais realizações até agora). Por conseguinte, não deveríamos pressupor, como fazem muitos ocidentais, que o nosso regime cívico moderno é a norma doméstica para as sociedades humanas em todos os lugares, mesmo quando nos culpamos por não sermos suficientemente progressistas e igualitários. Usamos o termo "violência sem sentido" como uma tautologia (toda violência é, em última análise, sem sentido), enquanto em outras – historicamente, muitas – culturas, toda violência, mesmo a mais aparentemente gratuita, é profundamente significativa.[6]

## VIOLÊNCIA, HONRA, JUSTIÇA

O **homem de honra** deve lealdade absoluta ao seu clã. Se alguém matar seus parentes, seja intencionalmente ou não, ele deve retaliar com sangue.[7] Os primeiros códigos legais germânicos escritos identificam o *wergild* (homem-dinheiro), o preço de todos os vários grupos dentro da sociedade – homens, mulheres, nobres, cavaleiros do rei, guerreiros, plebeus, escravos, germânicos, romanos. Eles não substituem, mas fornecem uma válvula de escape para o sistema básico: justiça retributiva do clã, hostilidade. Pois se o guerreiro sobre quem recai o fardo da vingança aceita dinheiro de sangue (*wergild*) sem primeiro levá-la a cabo, ele traz vergonha eterna sobre si mesmo e seu clã.

Essa perda de honra tem consequências terríveis. Para o guerreiro, pode ser fatal: sangue na água para seus companheiros tubarões. Como diz a expressão árabe, *quando a vaca cai, as facas são desembainhadas.*

225

Um homem sem honra é uma mulher estéril, desprezível, desprezada, inútil. O beduíno que perdeu a honra é o último a se aproximar do oásis depois que as mulheres lavaram sua menstruação.[8] Ele não pode falar em público porque ninguém dará ouvidos às suas palavras; ninguém irá defendê-lo ou à sua família quando forças hostis se reúnem. Para evitar a vergonha ainda em vida, a mulher do guerreiro instará seu marido a defender sua (deles) honra, mesmo diante de morte certa. Antes ser viúva de um homem honrado do que esposa de uma "mulher" covarde.

Os machos alfa guerreiros e seu código de honra dominam a dinâmica social nessas culturas. Para eles, bravura, indomabilidade e prontidão para vingar insultos ou injúrias destacam-se como as mais nobres características.[9] Esses códigos *aceitam, esperam e até exigem que o homem derrame sangue pelo bem da honra*. Esse sangue pode ser o de um inimigo, de um vizinho, de um membro da família ou – se tudo o mais falhar – o seu próprio. Esses são desenvolvimentos evolutivos adaptados a ambientes de escassez – alimentos, mulheres, recursos – que têm regido a maior parte da vida humana por centenas de milhares de anos.[10] Como dizem os ianomâmis, "os homens ferozes têm mais esposas e crianças".[11]

Ao passo que para o progressista ocidental a expressão "violência sem sentido" se aproxima do *status* de uma tautologia – toda violência é irracional, se não sem sentido –, para o guerreiro, a "violência sem sentido" é um oxímoro – toda violência é significativa.[12] A expressão da máfia "mostrou o seu valor" refere-se especificamente ao estabelecimento de "credibilidade" (seriedade), ganhada matando alguém: pessoas, sobretudo aquelas com medo de morrer, temem os que matam e aqueles que matam sentem desprezo por quem tem medo de morrer.[13] E junto com o "respeito" de outros homens letais, vem o acesso às mulheres núbeis:

> Os conflitos pela posse de mulheres núbeis têm sido provavelmente o principal motivo de lutas e assassinatos durante a maior parte da história humana: as regras sociais humanas originais surgiram, com toda a probabilidade, para regular o acesso dos homens às mulheres e prevenir o caos social associado à luta por elas.[14]

226

A natureza implacável dessa honra-violência, presa em um duro ciclo de soma zero, encontra expressão nítida em um poema árabe pré-islâmico:

> Então nós, sem dúvida, somos carne para a espada
> E, sem dúvida, às vezes
> nós a alimentamos de carne.
> Por um inimigo empenhado em vingança, somos atacados,
> Nossa queda é sua cura; ou nós, com sede de vingança,
> Atacamos o inimigo.
> Assim dividimos o tempo em dois,
> Entre nós e nosso inimigo,
> Até que não passe um dia, mas estamos
> Em uma metade ou na outra.[15]

"Um terço das pessoas morre na guerra, um terço por doenças e um terço por mau-olhado."

– Provérbio norte-africano

As atitudes de soma zero têm uma relação estreita com a inveja: se o sucesso de alguém necessariamente diminui os outros aos olhos do público, então qualquer sucesso provocará inveja e, em muitos casos, mobilizará forças para derrubar os arrogantes. A inveja, assim como a vergonha e a vingança, pode ser peculiarmente humana e desempenhar um papel fundamental na nossa evolução. Como fenômeno individual, é difícil de rastrear, pois, sendo uma admissão de inadequação no que diz respeito à pessoa invejada, poucos são os que querem admitir que sentem inveja.[16] Como fenômeno social – isto é, inveja coletiva – pode desempenhar um papel importante na distribuição da riqueza ao forçar aqueles que têm muito a compartilhar. Em algumas tribos, os caçadores-coletores escondem a comida e a comem sozinhos, à noite, para não perder a "parte do leão" para vizinhos invejosos que exigem a porção deles. Esse é o mundo do camponês-rei de um olho só.

A inveja é um elemento dominante na psique e nas sociedades humanas.[17] A expressão "caranguejos em um balde" refere-se a que um caranguejo em tentativa de fuga é puxado de volta para o balde pelos outros, daí a tendência de as pessoas em situação de pobreza mostrarem hostilidade a alguém que, à força ou por esforço, se eleva acima da condição coletiva e, *por implicação*, lança uma luz pouco lisonjeira sobre aqueles que ele ou ela deixa para trás. A inveja nem sempre é negativa; pode servir como uma força antimonárquica, uma contribuição para uma cultura igualitária e até mesmo "democrática".[18]

Hans Schoeck argumenta que as culturas que aceitam a inveja destrutiva como parte inevitável e dominante de suas vidas produzem sociedades de "bem limitado" e, por outro lado, as culturas que resistem à inveja, mesmo em quantidade relativamente pequena, mas significativa, tornam-se nações produtoras de riqueza.[19] Quando a inveja domina uma cultura, seus membros se mobilizam contra o sucesso.

Se nas condições tribais essa inveja impede o surgimento de reis, nas sociedades civis ela prejudica o crescimento econômico. Quando as pessoas conseguem tolerar o sucesso dos seus semelhantes sem desejar-lhes mal, as condições favorecem o empreendimento. Como Edmund Burke afirma: "Uma lei contra a propriedade é uma lei contra a indústria".[20] No caso do casamento, embora a monogamia possa ser dolorosa para os machos alfa que desejam (são geneticamente programados para?) espalhar sua semente, ela elimina muitos dos terríveis conflitos de inveja entre múltiplas esposas, não apenas no tocante ao seu próprio *status*, mas também ao *status* dos seus filhos. A poligamia propicia uma gama completa tanto no que diz respeito ao poder do macho alfa quanto a uma "vida familiar" repleta de competições ferozes em cada nível. A melhor resposta à oferta do gênio é: dê-me uma boa esposa.

A noção do mau-olhado, a ideia de que um olhar malévolo pode prejudicar aquele que é seu alvo, está presente, desenvolvido em vários graus, na maioria das culturas.[21] Onde a crença prevalece, os membros da sociedade praticam uma ampla variedade de ações para se protegerem do mau-olhado, algumas mágicas (talismãs), algumas medidas preventivas (esconder a riqueza, disfarçar a boa sorte, evitar qualquer exibição pública de sucesso). Muito da "magia negra" visa prejudicar os outros de forma invisível, e a noção de que algumas pessoas podem lançar um "mau-olhado" sobre outra e, assim, amaldiçoá-la, é generalizada.

A dinâmica de evitar a vergonha e ganhar honra faz parte da experiência humana. Os místicos podem afirmar que "vergonha e fama são a mesma coisa"[22] e há momentos em que isso é verdade. Mas, tal como acontece com a noção judaica da "inclinação ao mal", vergonha e honra são fontes cruciais de vida e sociabilidade: nenhuma sociedade poderia existir na qual tais impulsos egoístas estivessem ausentes.[23] A variável principal não é a sua presença ou ausência numa cultura, mas como essa cultura lida com as arestas de emoções de soma zero, como o desejo de fama pessoal.

## A OPOSIÇÃO ÁRABE A ISRAEL COMO UM ESTUDO DE CASO DE VERGONHA-HONRA[24]

Nenhum conflito sofreu mais com uma falta crítica de análise da vergonha-honra no último quarto de século do que o conflito árabe-israelense. Como resultado de uma confluência de tendências intelectuais (pós-modernismo, pós-colonialismo, antiorientalismo, antropologia da paz), o papel das motivações vergonha-honra nas principais tomadas de decisão nesse conflito desde os Acordos de Oslo tem sido sistematicamente ignorado. De fato, todo o "Processo de Paz" baseou-se na pressuposição racional de soma positiva de que, se fosse oferecido o acordo certo, os palestinos diriam sim. Por conseguinte, tanto os estudiosos como os decisores políticos ignoraram provas abundantes de um **cativeiro límbico** referente às preocupações com a honra das elites dos **patriarcas** árabes, tão convencidos estavam tais analistas ocidentais que suas fórmulas de Estudos sobre Paz e Conflitos poderiam funcionar.

Mesmo assim, o caso se transformou em um fiasco de proporções imensuráveis. Como um observador favorável ao acordo escreveu na sequência:

> Há muito é óbvio para todos, exceto para os cegos incuráveis ou intencionais que o acordo de 1993 assinado em Oslo entre o governo de Israel e a Organização para a Libertação da Palestina foi um erro terrível por parte de Israel. Raramente na história um país abriu tão

229

tolamente as suas portas a um Cavalo de Troia como Israel o fez quando deu as boas-vindas a Yasser Arafat e às suas brigadas da OLP, entregando-lhes a maior parte da Faixa de Gaza e grande parte da Cisjordânia, e entregando-lhes as armas para imporem o seu domínio sobre os habitantes locais. Como foi possível que líderes políticos e militares experientes, estadistas e generais cujas carreiras abrangeram meio século de gestão do amargo conflito de Israel com os árabes cometessem tal erro?[25]

A fim de compreender o papel das questões de soma zero e vergonha-honra na atitude dos árabes em relação a Israel, é preciso primeiro compreender o papel tradicional do judeu no grupo de honra árabe muçulmano. Durante os 13 séculos que antecederam o sionismo, os judeus estavam sujeitos a um *status* político em terras muçulmanas, especificamente concebido em torno de questões de honra (para os muçulmanos) e vergonha (para os judeus). Os judeus eram *dhimmi*, "protegidos" da violência muçulmana pela aceitação de degradação pública e inferioridade jurídica.[26]

No século XIX, Chateaubriand observou:

> Alvo especial de todo o desprezo [muçulmano e cristão], os judeus abaixam a cabeça sem reclamar; sofrem todos os insultos sem exigir justiça; deixam-se esmagar por golpes [...] entre nas moradias dessas pessoas, você os encontrará em uma pobreza terrível.[27]

Durante mais de um milênio, a honra árabe e muçulmana residiu, entre outras coisas, em seu domínio e humilhação de seus *dhimmi* – e quando o reformador ocasional igualou seu *status* legal, desferiu um duro golpe na honra muçulmana. John Bowring, um enviado britânico ao Egito no início do século XIX notou o impacto das reformas modernizadoras de Muhammad Ali, que eliminaram a condição dos *dhimmi*:

> Os muçulmanos [...] deploram profundamente a perda desse tipo de superioridade que todos eles & individualmente exerceram sobre & contra as outras seitas [...] um muçulmano [...] acredita e alega que um cristão – & ainda mais um judeu – é um ser inferior a si mesmo.[28]

Sentimentos semelhantes surgiram entre os sulistas dos EUA após a abolição da escravatura.[29]

Para o ator político árabe e muçulmano movido pela honra, no século XX, assim como no século X, a própria perspectiva de uma entidade política judaica autônoma em *Dar al Islam* constitui uma blasfêmia contra o islã e um insulto à virilidade árabe. Isso *não* quer dizer que todos os períodos e locais de domínio muçulmano envolveram a humilhação deliberada de *dhimmis*. Tampouco significa que *todos* os árabes pensam dessa maneira. A religiosidade triunfalista, mesmo quando dominante, não tem monopólio sobre a prática islâmica, e alguns muçulmanos preferem a **religiosidade demótica** com a sua dignidade e cooperação.

Ao contrário, esse tipo de discurso autoritário alimentado pela testosterona, segundo o qual os muçulmanos devem dominar visivelmente, impõe periodicamente a sua interpretação de "honra" sobre toda a comunidade, muitas vezes de forma violenta. Assim, enquanto a liderança e a "rua" árabes concordaram que, pelo bem da honra árabe, Israel deveria ser destruído, alguns árabes na Palestina de 1948 viram a perspectiva da soberania judaica como uma oportunidade valiosa, especialmente se isso também implicasse a sua própria independência.[30] Os triunfalistas, no entanto, os consideravam traidores da causa árabe.[31]

Para os árabes movidos pela honra, porém, a situação na Palestina era infinitamente pior do que os desafios de honra "normais": a ameaça sionista não veio de um inimigo historicamente *digno*, como os cristãos ocidentais, companheiros guerreiros. Veio dos judeus, tradicionalmente as populações mais passivas, abjetas e covardes sobre as quais os muçulmanos governavam. Como os atenienses explicaram aos mélios no século V a.e.c: "Não se tem tanto medo de ser conquistado por uma potência que governa os outros, como faz Esparta, como do que aconteceria se uma potência dominante fosse atacada e derrotada pelos seus próprios súditos".[32]

Assim, a perspectiva de um Estado independente de supostos *dhimmis* foi mais do que humilhante para os líderes árabes. Na sua opinião, isso literalmente colocava o islã em perigo. Assim, Rahman

231

Azzam Pasha, chefe da recém-formada Liga Árabe, disse para o seu "grupo de honra" quando em entrevista a um jornalista egípcio, ameaçando que "se os sionistas ousassem estabelecer um Estado, os massacres que iríamos desencadear ofuscariam qualquer coisa que Gengis Khan e Hitler haviam perpetrado".[33] Tal como os armênios tinham descoberto uma geração antes, a mera suspeita de rebelião poderia gerar o genocídio muçulmano.[34]

A perda militar em 1948, portanto, constituiu o mais catastrófico resultado possível para esse grupo de honra: sete exércitos árabes, representando a honra de centenas de milhões de árabes (e muçulmanos), foram derrotados por menos de 1 milhão de judeus, o remanescente do esforço genocida mais devastador e eficiente da história. Nada poderia ser mais devastador do que ser derrotado por pessoas tão baixas na escala que seria *desonroso* até mesmo combatê-las.[35] E esse acontecimento humilhante se deu no centro do palco da nova comunidade global do pós-guerra. Na história de um público global, nunca houve um único e tão grande grupo que sofreu tanta desonra e vergonha aos olhos de um público tão grande e global.[36]

Assim, juntamente com a *nakba* (catástrofe) física que atingiu centenas de milhares de habitantes árabes do antigo Mandato Britânico da Palestina como resultado da guerra de 1948, encontramos outra catástrofe psicológica muito maior, que atingiu todo o mundo árabe e sobretudo seus líderes, uma humilhação tão imensa que a cultura e o discurso políticos árabes não puderam digeri-la e da qual ainda não se recuperaram. Inicialmente, os refugiados usaram o termo *nakba* para censurar os líderes árabes que iniciaram e perderam a guerra que tanto prejudicou suas vidas e como uma reprovação para si mesmos por ouvir tais líderes. Um dos sinônimos de *nakba* era *"ammā sharnā wa-tla'nā"* ("quando enegrecemos nossas faces e saímos"), ou seja, quando seguimos as instruções de nossos líderes que nos conduziram ao desastre.[37] Inicialmente, *nakba* significava: "quando nós, árabes, fizemos isso a nós mesmos".

Constantine Zureiq, o primeiro autor a documentar e nomear a Nakba de 1948, atribuiu a culpa aos impotentes fanfarrões que começaram a guerra de 1948 e a perderam.

> Sete estados árabes declaram guerra ao sionismo na Palestina, param, impotentes diante dele, e dão meia-volta. Os representantes dos árabes fazem discursos inflamados nos mais altos fóruns do governo, alertando o que os Estados e os povos árabes farão se essa ou aquela decisão for posta em prática. Declarações caem como bombas das bocas dos altos oficiais nas reuniões da Liga Árabe, mas quando a ação se torna necessária, o fogo está calmo e silencioso e o aço e o ferro, enferrujados e torcidos, rapidamente se dobram e se desintegram.[38]

Numa cultura mais aberta à autocrítica – o que Zureiq defendia –, tais observações poderiam ter levado à substituição das elites políticas movidas pela honra por líderes mais inclinados a avançar com relações de soma positiva da política global do mundo após a Segunda Guerra Mundial, o mundo dos Estados Unidos, o Plano Marshall, as Convenções de Genebra. Mas quando as aparências são importantes acima de tudo, qualquer crítica pública envergonha a nação, o povo e especialmente os líderes.

Por conseguinte, num estado de intensa humilhação e impotência perante o cenário mundial, a liderança árabe escolheu a negação – os judeus *não* venceram, não *poderiam* ter vencido. A guerra não terminaria – nunca poderia terminar – até a vitória árabe-muçulmana. Se os refugiados dessa agressão sionista desaparecessem, absorvidos pelos seus irmãos nas terras para as quais fugiram, isso significaria admitir o intolerável: que Israel *vencera* e viera para ficar. E assim, movido pela raiva e pela negação dessa vergonha pública global, o grupo de honra árabe redobrou a catástrofe de seus próprios refugiados. Fizeram-nos sofrer em campos, congelados no tempo no momento da humilhação, esperando e lutando para reverter aquela vitória sionista.[39] O sofrimento contínuo dessas vítimas sacrificiais no altar do orgulho árabe clamava ao mundo árabe por vingança contra os judeus.[40] Entrementes, em muitos lugares nos quais os muçulmanos detinham o poder, eles expulsaram os seus judeus: tanto o número de refugiados quanto a quantidade de riqueza confiscada e perdida excederam substancialmente os danos aos refugiados árabes da área agora chamada de Israel.[41]

A interpretação de honra da liderança árabe fez com que respondesse à derrota de seu próprio jogo difícil de soma zero – *nós* vamos massacrá-*los* – adotando uma estratégia de soma negativa. Causar dano ao "outro" israelense tornou-se fundamental, não importa o quanto esse esforço pudesse prejudicar os árabes, especialmente os palestinos. Quando outros vários milhões de árabes caíram sob controle israelense em 1967 – a **Naksa** ou "retrocesso ou derrota" – a estratégia se manteve, "sem reconhecimento, sem negociações, sem paz [...] – finalmente, sem Israel.[42] Antes deixar milhões de muçulmanos sob o domínio judaico do que negociar uma solução. Antes morrer do que viver humilhado, antes viver na miséria do que viver na igualdade. Como um árabe disse à Comissão Peel* em 1939 ao explicar por que ele se rebelara contra os judeus quando sua chegada tanto melhorara as condições para todos: "*Melhor um tapete meu do que uma casa compartilhada*". Em 1948, isso se converteu em "melhor campos de refugiados do que dois Estados entre o rio e o mar".

Para os jogadores de soma positiva, essa abordagem de soma negativa parece o cúmulo da irracionalidade, mas se revela uma escolha surpreendentemente durável entre jogadores humanos.[43] A piada de soma zero se transforma em soma negativa – "arranque ambos os meus olhos se eu puder causar dano a um dos meus inimigos". E, infelizmente, os palestinos foram "abençoados" com "amigos" que aprovaram. Assim, os seus líderes de soma negativa tiveram aliados voluntários entre as potências europeias que, nos bastidores, estavam felizes em deixar o mundo árabe fervendo em suas fantasias de vingança e o Estado judeu em uma situação permanente de angústia.[44]

No final do século XX, nas mãos do culto apocalíptico genocida do Hamas, a fórmula de soma negativa converteu-se em "antes cometer suicídio para matar judeus do que fazer a paz com eles".[45] Como disse

---

* N.T.: Criada durante o Mandato Britânico da Palestina (1922-1947). Os membros da comissão chegaram à conclusão de que havia um "conflito intransponível" entre os dois grupos, que não tinham nada em comum. Suas aspirações nacionais eram incompatíveis. E por isso a região deveria ser dividida em dois Estados, um judaico e um palestino.

um palestino a um israelense no auge da guerra terrorista de Oslo: "Para nós, vitória é ver vocês sofrerem. Isso é tudo que queremos. Quanto mais sofrermos, mais vocês sofrerão".[46] Um líder do Hamas, no início dos anos gloriosos da *jihad* de Oslo, combinou fantasias de onipotência com a necessidade de humilhar Israel:

> Amanhã, a nossa nação [o islã, *não* a Palestina] sentar-se-á no trono do mundo [...] amanhã lideraremos o mundo, se Alá quiser. Peçam desculpas hoje [seus infiéis], antes que o remorso não lhes faça nenhum bem. Nossa nação está avançando e é do seu interesse respeitar uma nação vitoriosa [...] se Alá quiser, antes que morra, Israel experimentará humilhação e degradação todos os dias.[47]

Mesmo entre os árabes mais ocidentalizados, a ferida da existência de Israel é profunda, tal como o instinto de fazer de Israel o bode expiatório dos fracassos árabes. Ahmed Sheik, editor-chefe da Al-Jazeera, profissional abalizado com filhos nas melhores escolas internacionais, culpou Israel pela falta de democracia no mundo árabe:

> No dia em que Israel foi fundado criou-se a base para os nossos problemas [...] porque sempre perdemos para Israel. Isso corrói as pessoas no Oriente Médio, que um país tão pequeno como Israel, com apenas cerca de 7 milhões de habitantes, pode derrotar as nações árabes com seus 350 milhões. Isso fere nosso ego coletivo. O problema palestino está nos genes de cada árabe. O problema do Ocidente é que ele não entende isso.[48]

Com base na atribuição da culpa a Israel pelo fracasso árabe, Sheik (que é palestino e pode, portanto, exagerar até que ponto os complexos do seu próprio povo permeiam todo o mundo árabe) chega à conclusão de que o caminho para a democracia não consiste em acabar com a luta irredentista com Israel e lidar construtivamente com o golpe no ego árabe de "sempre perder" para judeus (modernos), mas sim na derrota de Israel pelos árabes, que *então* construirão democracias.

Seu pensamento ilustra bem a falta de compreensão do tipo de valores demóticos e curvas de aprendizagem autocríticas necessárias para a

235

construção de democracias. Contudo, em pelo menos num ponto, Sheik está certo: o problema do Ocidente é que, no seu profundo e inabalável egocentrismo cognitivo, ele não entende essa oneidofobia movida pela honra no mundo árabe quando se trata de Israel. Como resultado, comete erros de cálculo catastróficos.

## TERRA POR PAZ: A FÓRMULA DE SOMA POSITIVA

O "Processo de Paz" de Oslo ilustra como a ignorância da dinâmica vergonha-honra engana os ocidentais que tentam navegar nas culturas políticas do Oriente Médio. Todo o projeto baseou a sua lógica no princípio de soma positiva, de uma troca de "terra por paz": Israel cede terras aos palestinos (a maior parte, se não toda a Cisjordânia e Gaza) a fim de criar um Estado independente, enquanto os palestinos enterram a machadinha da guerra total para destruir Israel, já que estão recebendo o Estado que desejam, sem necessidade de guerra. Pela lógica, era particularmente urgente para Israel criar um Estado palestino, para que não fosse demograficamente invadido pelos árabes, e ou permaneciam democráticos e perdiam o controle, ou criavam um Estado de "Apartheid".

Os acordos contavam com uma mudança palestina do seu compromisso, definido por sua Carta de Princípios, de recuperar a honra árabe e muçulmana, eliminando a vergonha que é Israel, para uma disponibilidade em aceitar a existência legítima de Israel e um compromisso com os valores ocidentais como um governo responsável e transparente: duas democracias vivendo em paz lado a lado. Tal mudança dependia de seu entendimento de que essa concessão prometida a Israel traria o que os palestinos tanto "anseiam", a saber, "a liberdade de se governarem em paz e dignidade", um Estado-nação.[49] Uma solução boa para ambas as partes tão óbvia que, como opinou Gavin Esler, da BBC, "isso poderia ser resolvido com um e-mail".[50]

William Quandt, membro da escola de "internacionalistas liberais", insistiu tanto na prontidão do mundo árabe para a democracia como na ligação entre esse desenvolvimento e a paz no Oriente Médio.[51] Imaginar

236

qualquer outra coisa – como uma cultura política árabe fundamentalmente em desacordo com a democracia – seria belicismo orientalista e racismo.[52] As suposições subjacentes aqui, partilhadas por muitos analistas ocidentais, incluindo israelenses, mesmo quando discordavam de Quandt nos detalhes, refletiram uma das mais difundidas e profundas formas de egocentrismo cognitivo ocidental, a pedra angular (construtivista) da "ciência" política.

Esses "cientistas" políticos poderiam admitir que as categorias ocidentais, como nações, indivíduos, Estado de direito, direitos humanos, não têm o mesmo peso na cultura árabe; eles poderiam inclusive contar a você a piada de Sadat: que a única nação árabe era a dele, o Egito, e o restante não passava de "tribos com bandeiras". Contudo, eles ainda pensavam que, sob as circunstâncias certas, o mundo árabe está pronto para fazer a mudança. Isto é, por mais que possam ver o problema cultural, eles estão tão profundamente comprometidos com as noções democráticas e de soma positiva que fundamentam sua cultura que assumem que, dadas as condições adequadas para aceder à "nossa maneira de fazer as coisas", esses outros povos concordarão e mudarão. Avraham Shalom, que dirigiu o Shabak* de 1980-86, comentou que quando surgiram os Acordos de Oslo:

> O Shin Bet procurava pessoas para conversar, para entender o que motivava os palestinos. Pela primeira vez, alguns judeus suscitaram a ideia de um Estado palestino. Adorei a ideia, então fui aos territórios com pessoas que lidavam com os palestinos.[53]

E uma vez iniciado o processo, uma vasta gama de pessoas que militam pela paz recusou-se a reconhecer qualquer evidência de que essas suposições sobre a disposição da Palestina de desistir do rancor poderiam estar erradas.[54] O egocentrismo cognitivo liberal convertera-se numa doutrina de política externa e, como veremos com o seu fracasso abjeto no verão e no outono de 2000, tornou-se uma afirmação dogmática. Como observa Edward Alexander:

---

\* N.T.: Acrônimo de Sherut haBitachon haKlali, Serviço de Segurança Geral; comumente referido como Shin Bet, é o serviço de segurança interna de Israel.

O livro recente de Peres mostra a sua incapacidade de imaginar que os árabes são motivados por qualquer coisa além de melhorar sua condição econômica. Ele atribui o fundamentalismo árabe à pobreza – "Na frustração [...] essas pessoas se voltaram para o misticismo e o sobrenatural".[55]

Inclusive os israelenses obstinados e preocupados com a segurança, como o primeiro-ministro Rabin e as pessoas no mais alto escalão da Inteligência, aceitaram a alegação de que a OLP havia mudado de direção:

> Se algum dia quisermos ter uma oportunidade séria de resolver o conflito Israel-Palestina, o momento é agora, e o parceiro é a OLP, que se livrou dos princípios pelos quais eu a desprezava. A assinatura dos Acordos de Oslo entre Israel e os palestinos indicou pela primeira vez que a OLP anunciou oficialmente que havia abandonado o terror e a violência e reconhecido o direito de Israel de existir em paz e segurança.[56]

E os palestinos escolhidos para a negociação, alguns dos quais também comprometidos com a paz, estavam suficientemente envolvidos no processo, até mesmo Arafat, para dar aos israelenses, ansiosos para acreditar, motivos para confiar em suas boas intenções.[57]

O que os arquitetos de Oslo e os seus partidários ocidentais subestimaram completamente foi o domínio que o mundo de honra nativo de Arafat e sua religiosidade triunfalista tinha sobre ele e seus associados, quão despreparados os palestinos estavam para esse acordo.[58] Isso não só dominava o pensamento nos círculos ocidentais, de *não* assumir risco direto em tal aposta, porém mesmo dos israelenses que tinham muito mais a perder no caso de uma leitura incorreta. Raphael Israel bem identificou a mentalidade:

> Desde o início, mal treinados negociadores israelenses [quase completamente ignorantes das crenças religiosas islâmicas entre os seus interlocutores, incluindo Arafat], acreditavam que se as suas intenções fossem boas e os seus meios sinceros, seus homólogos palestinos se comportariam de forma semelhante.[59]

238

Essa confiança (messiânica) no poder de fazer o bem permeou inclusive os círculos da Inteligência:

> [É] claro que não foi apenas a liderança política de Israel que se tornou refém da concepção quimérica de que uma era de paz com a Autoridade Palestina havia começado: A Inteligência militar e o serviço de segurança do Shin Bet tiveram problemas para se livrarem do mesmo sentimento. Os oficiais da Inteligência nem sempre estavam dispostos a permitir que os fatos perturbassem uma percepção otimista da realidade.[60]

Só porque os analistas ocidentais e israelenses não prestaram atenção não significa que as leis da vergonha-honra e da religiosidade triunfalista deixaram de funcionar.

## DISCURSO DE VERGONHA-HONRA: O QUE FOI TOMADO PELA FORÇA DEVE SER RETOMADO PELA FORÇA

Após a cerimoniosa assinatura do acordo no gramado da Casa Branca, Yasser Arafat, presidente da OLP, viu-se alvo de imensa hostilidade por parte do seu grupo de honra árabe e muçulmano por ter envergonhado a si mesmo, ao seu povo, a todos os árabes e os muçulmanos. Em culturas nas quais, por uma questão de honra, "o que foi tomado pela força deve ser retomado pela força", qualquer negociação é vergonhosa e covarde.[61] Quando Arafat chegou à Gaza em julho de 1994, o Hamas o acusou abertamente: "Sua visita é vergonhosa e humilhante, pois ocorre à sombra da ocupação e à sombra da humilhante submissão de Arafat perante o governo inimigo e sua vontade. É impossível apresentar uma derrota como vitória".[62]

Nem foram "apenas" os fanáticos religiosos apocalípticos que falaram assim. Edward Said, orgulhoso, secular, ecumênico, pós-moderno, que afirmava rejeitar qualquer tipo de tribalismo primitivo,[63] que protestou em voz alta sua oposição "ao nativismo despreocupado e ao militarismo militante do consenso nacionalista [palestino]",[64] reverberou o discurso

239

do Hamas: os compromissos envolviam um "degradante [...] ato de obediência [...] uma capitulação" que produzia um estado de "abjeção supina [...] submetendo-se vergonhosamente a Israel".[65] Assim, o intelectual "pós-colonial" arquetípico fala a linguagem tribal de soma zero da vergonha-honra árabe e muçulmana, atacando a negociação como desonrosa.[66] E os ocidentais não ousaram apontar o problema de um Said "oriental", para que não fossem acusados de serem racistas e de "orientalizarem o Oriente".

Isso era, portanto, aos olhos árabes, uma "paz de covardes". O clima foi captado nos versos de um dos poetas mais famosos do mundo árabe, Nizar Qabbani, que se transformou em sensação da noite para o dia.

> *Al-Al-Muharwiluun* [Aqueles que se apressam]]
> *Al-Hayat*, Londres, outubro de 1995
>
> As últimas paredes do constrangimento caíram
> Ficamos encantados
> E dançamos
> E nos abençoamos
> Por assinar a paz do covarde
> Nada mais nos atemoriza
> Nada mais nos envergonha
> As veias do orgulho em nós secaram.
>
> Ficamos em fila como ovelhas antes do abate
> Corremos, sem fôlego
> Saímos correndo para beijar
> Os sapatos dos assassinos...
>
> Oh, nós sonhamos com uma paz verde
> E um crescente branco
> E um mar azul.
> Agora nos encontramos
> Em um monte de esterco.
>
> Quem poderia perguntar aos governantes
> Sobre a paz dos covardes
> Sobre a tranquilidade de vender em parcelas
> E alugar em parcelas

jogo. Assim, dentro da *ummah*, o debate em questão era se a enganação vergonhosa era apoiada a fim de conseguir o que não se poderia obter de outro modo, ou rejeitada orgulhosamente.

Para quem quer que prestasse atenção, o discurso de Arafat forneceu uma percepção surpreendente sobre o funcionamento da *ummah* no final do século XX e.c./inicio do século XV AH. Os muçulmanos do subcontinente indiano, nem mesmo árabes, poderiam apenas tranquilizar-se – por conseguinte – pela promessa de que isso *não* resultaria em uma ignominiosa Paz de Oslo, que a *ummah não* aceitaria um Estado autônomo de judeus em *Dar al Islam*.[74] A Primeira Diretriz: "Do rio ao mar, a Palestina será muçulmana". E todos, certamente todos os palestinos, sabiam disso e sabem disso hoje: a eliminação de Israel, de uma forma ou de outra, era um axioma unificador, definidor.

> O acordo baseia-se nas fronteiras de 4 de junho [1967]. Embora o acordo diga respeito às fronteiras de 4 de junho, o presidente [Mahmoud Abbas] entende, nós entendemos, e *todos sabem* que é impossível concretizar a ideia inspiradora, ou o grande objetivo [do rio ao mar], de uma só vez. Se Israel se retirar de Jerusalém, se Israel remover os assentamentos, 650 mil colonos, se Israel remover a cerca – o que acontecerá com Israel? Israel chegará ao fim. Se eu disser que quero removê-lo da existência, isso será ótimo, ótimo, [mas] é difícil. Essa não é uma política [declarada]. Você não pode dizer isso para o mundo. Pode dizê-lo para si mesmo.[75]

Nenhum palestino professou publicamente fé no compromisso em árabe; apenas nas línguas dos infiéis, aos liberais, fossem eles gentios ocidentais, judeus ou muçulmanos ocidentalizados.[76] Rabin e Peres podem ter assinado os Acordos de *Paz* de Oslo, mas Arafat assinou o Acordo *Jihad* de Oslo.

No entanto, não obstante as lições a serem aprendidas, os jornalistas ocidentais e os decisores políticos em geral, incluindo o "campo da paz" em Israel e mesmo os seus serviços de Inteligência, ignoraram as invocações de Arafat à Hudaibia.[77] Os defensores da paz as considerava artimanhas destinadas a apaziguar a opinião pública muçulmana (em si um fenômeno sobre o qual vale a pena refletir); e permaneceram confiantes de que, no final, o apelo mais sólido da comunidade internacional influenciaria Arafat à lógica da soma positiva. Raymond Ibrahim comenta: "Enquanto muitos dos muçulmanos do mundo fazem a conexão e apreciam a persistência de palavras e ações dos seus correligionários politicamente ativos, o Ocidente permanece alheio".[78]

Nas suas memórias de 800 páginas sobre o fracasso de Oslo, por exemplo, Dennis Ross, o enviado dos EUA para o Oriente Médio mais profundamente envolvido nas negociações com a liderança palestina, não diz uma palavra sequer sobre a controvérsia de Hudaibia, não obstante ela ser consistente com a sua própria avaliação do comportamento mais problemático de Arafat, seu "fracasso em preparar seu povo para os compromissos necessários para a paz".[79] Para Ross, isso era mais um descuido, ignorado pelo quixotesco Arafat. Na verdade, foi muito pior do que isso. O pecado de Arafat não foi de omissão, mas de missão: ele *preparou* seu povo para a guerra bem debaixo do nariz dos israelenses e do Ocidente bem-intencionado.[80] Enquanto os israelenses no campo da paz parabenizaram-se pela visita de Arafat à viúva de Rabin, Leah – apenas anos antes, imaginar tal ato por parte de Arafat teria sido rejeitado como "pura ficção"[81] – o campo de guerra palestino preparou os seus 30 mil "policiais" e sua juventude para uma guerra de extermínio.

Aparentemente, não ocorreu aos negociadores israelenses ou aos liberais ocidentais (ou se isso aconteceu, eles imediatamente baniram o pensamento), que mesmo que Arafat pudesse ter violado um tabu ao se encontrar publicamente com israelenses, até mesmo – estremeçam – assinar acordos públicos com eles, ele *nunca* renunciou ao desejo de destruir Israel nem ao seu cativeiro límbico referente à vergonha envolvida em cada encontro. Inquestionavelmente, os acordos que permitiram o regresso de Arafat (uma enorme concessão da perspectiva israelense) revelaram-se decepcionantes para Arafat, que provavelmente não os tinha lido. Ele, à sua maneira infantil, parece ter esperado que Israel cometesse suicídio, e não conseguia entender – e sempre que

244

possível ignorava – as restrições que Israel impunha ao seu acesso à plena soberania... seu próprio exército e fronteiras abertas com seus vizinhos árabes. Os palestinos, bem versados no discurso demopata, queixavam-se amargamente dos israelenses que os humilhavam de modo gratuito, por causa, por exemplo, de fronteiras, como se não houvesse razão para que os israelenses se preocupassem.

O episódio de Hudaibia também esclareceu o jogo internacional em ação no processo de Paz de Oslo. Quando comentaristas americanos analisaram o discurso de Hudaibia (as imprensas europeias tendiam a nem sequer mencioná-lo; nos EUA, apenas a imprensa "de direita" suscitou o problema), eles imediatamente despertaram a ira dos *caliphators da 'i*. Daniel Pipes escreveu repetidamente sobre o significado do Tratado de Hudaibia e o problema com o qual se depararia qualquer ocidental que o mencionasse. Apesar de ser cuidadosamente justo com o Profeta muçulmano em bases históricas, citando como plausível a versão apologética de que os habitantes de Meca quebraram o tratado e que Maomé jamais tinha em mente um ludíbrio deliberado, Pipes provocou uma condenação furiosa e algumas das primeiras acusações de "islamofobia" do CAIR – Council on American-Islamic Relations (Conselho para as Relações Americano-Islâmicas), uma organização muçulmana de "direitos civis" ligada à mesma Irmandade Muçulmana da qual o Hamas é um ramo.[82]

O clamor muçulmano proibia essencialmente os críticos infiéis de examinar evidências relevantes para suas preocupações urgentes, um padrão que se replicou no universo acadêmico quando a obra de Daniel Pipes foi banida por alguns professores por ser "islamofóbica". Ao contrário, os entusiastas da paz viam Arafat e a liderança palestina como insistiram que eles eram ao falarem inglês: atores modernos maduros, que ansiavam pela sua própria nação e liberdade, e em quem se poderia confiar que mantivessem os compromissos com a "paz dos corajosos". Eles acreditavam que, quando a oportunidade se apresentasse, Arafat escolheria o imperfeito, a soma positiva, o bom para ambas as partes, à soma zero, o tudo ou nada, o ganha-perde (que eles perderiam). Eles "acreditavam" na capacidade de mudança da liderança palestina e rejeitaram com indignação – mesmo como racista! – qualquer um que ousasse sugerir que a liderança palestina ainda era cativa da necessidade de branquear seu rosto enegrecido de sangue.

Os jornalistas ocidentais e os especialistas em política não só falharam (e continuam a falhar) ao desafiarem tais reivindicações, mas também ignoraram a longa e preocupante lista de violações palestinas dos acordos e pressionaram Israel a parar de insistir no negativo, para não "estragar" o processo de paz.[83] Ao analisar os discursos de Hudaibia, Connie Bruck, jornalista do *New Yorker*, observa:

> Os discursos eram violações do espírito, se não da letra, dos acordos e, embora o governo trabalhista de Rabin-Peres raramente reconheceu isso publicamente, houve também muitas outras violações [...] "Tínhamos livros e livros cheios de violações", disse-me essa pessoa, e acrescentou: "Vi Rabin e Peres tão furiosos com o que eles tinham que engolir dos palestinos".[84]

Mas esse era, é claro, o preço da paz... deixar que violassem o acordo sem reclamar, para que aqueles que reclamam não arruínem as chances de paz.[85] De fato, foi durante os anos de Oslo que o campo da paz israelense desenvolveu pela primeira vez as técnicas tão fatais para o Ocidente depois do ano 2000 que descrevo a seguir como "disfunção cultural autoimune": ele atacou aqueles que haviam alertado sobre a vinda da *jihad* como "inimigos da paz".[86]

Assim, mesmo enquanto Jerusalém e Washington se preparavam para um grande final do processo de paz em Camp David no verão de 2000, mesmo quando a mídia israelense preparou seu povo para a paz ao rejeitar o discurso de Hudaibia enfatizando o positivo, os meios de comunicação de Arafat prepararam os palestinianos para a guerra. A TV palestina exibiu imagens encenadas de tropas israelenses assassinando crianças palestinas e estuprando suas mulheres – toda a panóplia de narrativas letais com que a Autoridade Palestina incitou o seu povo à guerra.[87] E nenhum dos principais decisores fora do mundo árabe prestou atenção.

A dinâmica árabe muçulmana de manter a honra (combatendo Israel) e evitar a vergonha (ao não se comprometer com Israel), condenou o "delirante processo de paz" de Oslo ao fracasso desde o início.[88] Quanto às pessoas envolvidas, que pensavam estar "tão perto [...] dentro do alcance [...] " e que se apenas Israel tivesse dado mais, teria funcionado, elas foram novamente enganadas.[89] Quando, em Taba, em janeiro de 2001, Saeb Erakat disse: "Enquanto Israel insistir na soberania israelense sobre o Muro das Lamentações, o Monte das Oliveiras e o Bairro Judeu*, não há o que conversar", o negociador israelense Hirschfeld observa dolorosamente: "Do ponto de vista israelense, isso equivalia dizer que não havia lugar para um acordo".[90] Exatamente. E era assim que Erakat se sentia desde o início.[91]

Em vez de tentar compreender, uma determinada escola de "jornalistas da paz", fruto dos "Estudos sobre Paz e Conflitos" que era especialmente forte em Israel, fez tudo o que pôde para minimizar qualquer comportamento palestino que pudesse suscitar oposição ao "processo de paz", ao mesmo tempo que enfatizava ao máximo suas contribuições – como relatar incorretamente a "emenda da Carta de Princípios da OLP", que nunca foi realizada.[92] Para os decisores palestinos, por outro lado, o melhor que poderiam fazer aqueles que buscavam prosseguir com as negociações era se desculpar e dizer ao seu povo que se tratava da primeira etapa de uma "ideia inspiradora", a conquista de cada centímetro de terra, do rio ao mar, e protestar contra os assentamentos – quando para eles Tel Aviv era um assentamento.

Por que os estrategistas ocidentais não consideraram que um acordo "bem-sucedido" teria conduzido a mais guerra? Afinal, de acordo com a lógica de soma zero, quanto melhor o acordo para os palestinos – ou seja, quanto "mais fracos" os israelenses – mais agressão acompanharia a sua implementação.[93] "O que acontecerá com Israel? Israel chegará ao fim". Essas são as únicas condições em que um líder árabe atual ainda pode manter a honra na esfera pública árabe enquanto se envolve em

---

* N.T. Localizado na parte sudeste da Cidade Velha de Jerusalém, é um dos quatro bairros, juntamente com o Bairro Muçulmano, o Bairro Cristão e o Bairro Armênio.

atividades vergonhosas (fracas, feminilizadas) de negociação com Israel: isto é, negociando a destruição de Israel.

Assim, no verão de 2000, enquanto o "jornalismo da paz" fazia com que israelenses e ocidentais sentissem que estavam "tão perto" de uma resolução final para o conflito árabe-israelense, o "jornalismo de guerra" nos círculos palestinos preparava a cultura para acolher Arafat como um herói que retornava depois de dizer "não" em Camp David e para encorajar a guerra contra Israel como um movimento valoroso e necessário contra um inimigo que estupra mulheres palestinas e visa a morte de crianças.[94] E o campo da paz em Israel, na América e na Europa preparava as democracias ocidentais para a mentalidade do ano 2000: quando os jihadistas atacaram em 2000, eles culparam a democracia.

# *CALIPHATORS*:
# UM MOVIMENTO MILENARISTA
# DO SÉCULO XV

Estou certo sobre Deus.
Então, devo governar, para que outros não
ousem questionar minha verdade.

*C*aliphator: *aquele que acredita que nos nossos dias, nesta geração, o islã triunfará sobre todas as demais religiões e estabelecerá um califado global, ou seja, um participante num movimento milenarista apocalíptico.*

Os *caliphators* acreditam que agora é a hora de o islã cumprir seu destino interrompido e, onde havia *Dar al Harb* (reino da guerra, de *kuffãr*/infiéis livres/insubmissos), haverá *Dar al Islam* (reino de submissão a Alá e seus servos dos *dhimmis kuffãr*). Com essa vitória global, acreditam os *caliphators*, o islã redimirá a humanidade. Entre os inúmeros movimentos apocalípticos atualmente ativos no planeta, poucos, se é que algum, tiveram o sucesso dos *caliphators* na promoção da sua retórica e na mobilização da ação e em busca do seu objetivo milenarista.

A crença apocalíptica de que chegou o momento em que esse sonho milenarista será concretizado, quando o islã governará não apenas nas nações de maioria muçulmana, mas em todo o mundo, distingue os *caliphators* de uma vasta gama de muçulmanos "normais" que praticam a fé. O tempo apocalíptico é de uma velocidade vertiginosa; pode intensificar alguns elementos do islá normativo e queimar outros. Os principais impedimentos legais são eliminados, como as proibições ao suicídio e visar crianças. Os muçulmanos que viveram no Ocidente durante algum tempo não reconheceram, no início, esse último avatar e disseram honestamente aos seus concidadãos infiéis: "Esse não é o islá que aprendemos com os nossos anciãos". E, em certo sentido, eles têm razão. Esse não é o islá normativo, é o islá apocalíptico. E, no entanto, quer saibam quer não, os muçulmanos normativos são, aos olhos do *caliphator*, suspeitos de *murtadd* (apostasia).

## 1400 AH (1979-80 E.C.): O MUJADDID* LANÇA A JIHAD GLOBAL

Os *caliphators* chamaram a atenção dos não muçulmanos pela primeira vez com o advento do ***mujaddid****/*renovação no ano muçulmano em 1400 AH – mais notavelmente na impressionante tomada do Irã pelos xiitas de Khomeini. Para quem presta mais atenção, havia muito mais do que isso. Na marca do século, um grupo de jihadistas sunitas, seguindo um autoproclamado mádi*, tomaram a Grande Mesquita de Meca, o local mais sagrado do islá.[1] Naquele ano, surgiu na Nigéria o movimento Maitatsine ("aquele que amaldiçoa"), precursor do Boko Haram.[2] No Líbano e na Líbia, um imame potencial oculto despertou emoções que deram origem ao Hezbollah cerca de três anos depois.[3] E menos espetacular, porém talvez o mais importante, naquele ano os exilados de países árabes da Irmandade Muçulmana realizaram uma reunião na Suíça, em que delinearam planos para invadir e conquistar o Ocidente pela *da'wa*.[4]

Escrevendo dez anos após a passagem do século em 1410 AH/1990, Yussuf al-Qaradawi, pregador da Irmandade Muçulmana caracterizou o *mujaddid* de 1400 AH como um processo contínuo que dura gerações.

---

* N.T.: Redentor profetizado do islá, que permanecerá na Terra por 7, 9 ou 19 anos (de acordo com as diferentes interpretações) antes da chegada do dia final.

> Isso é o que eu prefiro na compreensão desse nobre *hadith* [*muja-ddid*] e sua implementação em nosso século, do qual nos separamos [do século XIV do ano hegírico, que terminou em 1980] para receber um novo século; em que pedimos a Alá que faça nosso hoje melhor que nosso ontem e nosso amanhã melhor do que o nosso hoje.[5]

Cinco anos depois, Al-Qaradawi deixou claro o que seria este "amanhã melhor": A *"da'wa"*, declarou ele em uma reunião de jovens muçulmanos nos EUA, "conquista os cruzados em suas próprias terras".[6]

Como isso aconteceria? Na seção intitulada "Compreendendo o papel do irmão muçulmano na América do Norte", o documento expunha o plano:

> O processo de assentamento é um "Processo de Civilização-Jihadista", com tudo o que o termo significa. A Irmandade deve entender que seu trabalho na América é uma espécie de uma *jihad* grandiosa para eliminar e destruir a civilização ocidental por dentro e "sabotar" sua casa miserável por suas próprias mãos e as mãos dos crentes, para eliminá-la e a fim de que a religião de Deus seja vitoriosa acima de todas as demais religiões.[7]

Para Louis 'Atiyatallah, elogiando os ataques de 11 de Setembro, Bin Laden era o *mujaddid*.[8] Da perspectiva de várias décadas desde então, a energia do *caliphator* liberada pelo advento de 1400 AH teve um longo impacto no século XV AH.[9]

Como muitos outros movimentos milenaristas, os *caliphators* veem o estado atual do mundo como irremediavelmente mau e corrupto: ele deve desaparecer para dar lugar ao vindouro mundo redimido. Entre seus sinais apocalípticos de crescente corrupção e mal, estão as tendências e os valores culturais ocidentais fundamentais: libertação das mulheres, liberdade de expressão e de imprensa, direitos iguais para todos (incluindo LGBTs, ateus, judeus, outros infiéis), liberdade de reunião, amizades entre muçulmanos e *kuffār*.[10] Para os *caliphators*, a permissividade das democracias corrompeu a moral (liberdade sexual, especialmente para as mulheres) e a igualdade de muçulmanos e infiéis minou as estruturas sociais (patriarcado/religiosidade triunfalista).[11] De fato, para eles, a erudição ocidental, com a sua análise crítica de documentos sagrados, é uma blasfêmia contra a única fé verdadeira, o islã. *Matem aqueles que insultam o islã!*

À semelhança de outros movimentos milenaristas, é feito um recrutamento de uma geração de recrutadores, de jovens que enfrentam um futuro incerto e preocupante, que perderam a fé na sinceridade de seus próprios líderes (tradicionais) e procuram um verdadeiro ensinamento que mobilizará e dará direção a todo o seu ser. Os recrutadores são fervorosos e gravitam em direção a reorientações radicais para orientação espiritual e disciplina, a ocasiões para testar a fé, para nela se fortalecer. Os recrutadores têm afinidade com comunidades apocalípticas que prometem redenção coletiva nos futuros tempos messiânicos. E como muitos outros movimentos semelhantes, os *caliphators* usam novas tecnologias de recrutamento: a *jihad* neoislâmica on-line tem imenso poder de atrair as mentes dos jovens, de homens e mulheres, muçulmanos e infiéis.[12]

Os *caliphators* permanecem vagos sobre a questão *milenarista* sobre o que é este vindouro "céu na terra", este mundo do *Dar al Islam*, do islã triunfante, assim como Marx e os comunistas foram vagos sobre o paraíso dos trabalhadores.[13] Quanto mais vago, mais pessoas podem ser atraídas para a excitação apocalíptica. Tentativas reais de realizá-lo, como o ISIS, podem decepcionar, mas, como acontece com os comunistas, eles não dissuadem.[14]

## EM QUE OS *CALIPHATORS* DISCORDAM

Uma vez nos tempos apocalípticos, os *caliphators* discordam em três questões principais: 1) Com que rapidez a redenção ocorrerá? 2) Onde estamos no processo? 3) Quanto do que está por vir é devido ao trabalho ativo dos fiéis, e quais as ações que os tempos exigem? As respostas nos dão uma ampla gama de potenciais agrupamentos dentro do movimento.

Nos dois extremos estão:

> *Jihad*: *Apocalíptico cataclísmico ativo*: O califado global acontecerá rapidamente *por causa dos* fiéis. Destruindo o mal (o mundo injusto que agora prevalece) eles trarão a redenção prometida por Alá. Assim, os **mujahidin** (jihadistas) são os soldados de Alá na terra para destruir o mal e pavimentar o caminho para o Califado. A *jihad* tribal teve um sucesso notável no século XXI, especialmente no mundo muçulmano, no qual regiões inteiras se fundiram em estados de guerra crônica, deslocando dezenas de milhões de refugiados – uma verdadeira Nakba.[15] E tal como acontece com os palestinos confinados em campos de refugiados, os jihadistas utilizam tais campos para recrutar e doutrinar.[16] Eles também penetraram nas sociedades ocidentais com atos dramáticos de terror suicida. Na opinião de um observador atento, "Os demônios [especialmente ataques suicidas] liberados por essa era de caos e guerra no Oriente Médio tornaram-se uma força que não pôde ser detida".[17]

*Da'wa* – **Apocalíptico transformador ativo**: No outro extremo estão os *caliphators* que acreditam que o processo acontecerá de forma mais gradual, por meio de persuasão em vez de força. A *da'wa* – convocação à fé –, eles insistem, é como o islã deveria se propagar: os fiéis convocam os infiéis; e, se eles não se tornarem muçulmanos, serão *dhimmi preventivos* (aceitarão a sujeição ao islã antes da conquista). O califado global pode surgir agora, mas também poderá demorar outra geração, pode até demorar até o final deste século, tão auspiciosamente iniciado em 1400 AH (1979) e destinado a terminar com um califado global em 1500 AH (2076).[18]

Por mais que os ocidentais queiram ver sinais significativos de moderação e não violência nessa diferença, entre os *caliphators* constituem duas frentes da mesma guerra. Considerando que, para os seus antepassados wahabi, a *da'wa* foi uma preliminar para a *jihad*, uma oportunidade para os infiéis se converterem e evitarem as dores da conquista militar,[19] os *caliphators* de hoje acreditam que, com a alternância criteriosa entre a *jihad* (terror) e a *da'wa* (dirigir os aterrorizados), os *caliphators* podem com sucesso converter infiéis em todo o mundo.

No que diz respeito aos *caliphators*, os infiéis têm agora três opções: tornarem-se muçulmanos, tornarem-se *dhimmi* ou morrerem. Aqueles que travam tanto a *jihad* como a *da'wa* concordam que o objetivo supremo, pelo qual é uma honra sacrificar a vida é o domínio do islã em toda a terra. Nos círculos do *caliphator*, porém, são os jihadistas que têm o direito de se vangloriar da honra; eles são mártires e conquistadores mesmo na morte. Os *da'ïs* fazem o trabalho menos glamoroso e até vergonhoso de condenar companheiros muçulmanos a agradar aos infiéis (e assim ganhar influência, protegendo os jihadistas)[20] – qualquer coisa para acelerar o processo, até mesmo suportar a vergonha.

Tal como acontece com todos esses movimentos, os cenários pelos quais se entra no tempo apocalíptico nunca se concretizam, e todos os crentes acabam tendo que negociar as inevitáveis decepções do tempo apocalíptico sem perder aquela emocionante sensação de viver no limite da finalidade cósmica. Os genuinamente fervorosos raramente desistem: eles mudam de cenário para manter sua crença apocalíptica. À medida que sentem necessidade, vão e voltam da violência ao pacifismo, da *da'wa* para a *jihad*. No tempo apocalíptico, as categorias são fluidas, reconfigurando-se continuamente. A queda militar da Al-Qaeda ou do ISIS não sinaliza de forma alguma o fim da criatividade do *caliphator* em gerar combinações de *da'wa* e *jihad*. Essa é uma luta geracional.[21]

## GUERRA DO *CALIPHATOR* CONTRA OS INFIÉIS: OBJETIVOS, ALVOS, ESTRATÉGIAS

Para os *caliphators*, *Occidens delendus est*: tudo aquilo de que o Ocidente se orgulha e todas as vantagens técnicas que têm sobre os muçulmanos e o islã devem ser aproveitadas ou destruídas. Na verdade, para alguns *caliphators*, as tecnologias ocidentais preparam o seu caminho; globalização, internet, formas modernas de transporte, fronteiras abertas, são todos veículos salvíficos para a *sua* vitória, o burro do seu messias. Assim como Eusébio argumentou que o Império Romano serviu como uma *praeparatio evangelica* em que lançou as bases para a difusão dos Evangelhos, a globalização no século XXI é uma ***praeparatio caliphatae***.

Isso pode parecer aos infiéis ocidentais (como aconteceu aos pagãos romanos) uma ambição louca, baseada nos milenaristas que supervalorizam descontroladamente as suas capacidades. Mas para as pessoas movidas por uma "esperança ultrajante", nada é impossível. E, infelizmente, mesmo que acabem estar errados, como a Taiping* e outros movimentos messiânicos violentos anteriores, os *caliphators* podem causar danos imensos no processo de fracasso.[22]

Ironicamente, essa incredulidade ocidental relativa às suas ambições funcionou muito bem para a vantagem dos *caliphators*. Os ocidentais, ao ouvirem os objetivos do *caliphator* no final do século XX – a rainha da Inglaterra usando uma burca, uma bandeira verde do islã hasteada na Casa Branca –, não conseguiam levar o movimento a sério.[23] Quem quer que chamasse atenção para o problema era orientado a parar com a piada de mau gosto; aqueles que persistiam tornaram-se "islamofóbicos".

Para os *caliphators*, os dois alvos globais cruciais na batalha pelo domínio mundial são Israel, o invasor de *Dar al Islam*, e o Ocidente, a civilização mais poderosa de *Dar al Harb*, especialmente seu Estado mais poderoso, os EUA. Ambos constituem entidades infiéis autônomas bem-sucedidas, portanto, insultos ao triunfalismo muçulmano. Os *caliphators* consideram aqueles que ali residem como habitantes do reino da espada: ***harbi'un***, os destinados à espada. Israel é especialmente insuportável: judeus autônomos invadindo o coração de *Dar al Islam*.[24] De fato, os judeus desempenham um papel central na literatura apocalíptica do século XV AH (1979-2076), Israel é o coração do mal de onde o *Dajjal* (Anticristo) aparecerá.[25] Dependendo do *caliphator*, Israel ou os EUA são o "Grande Satã".

---

* NT.: A Rebelião Taiping foi um confronto entre as forças da China imperial e um grupo inspirado por um místico autoproclamado, chamado Hong Xiuquan, que era cristão e também se intitulava irmão de Jesus Cristo.

## CAMPANHAS DE GUERRA
## COGNITIVA ASSIMÉTRICAS:
## A *DA'WA* DO *CALIPHATOR*

Nas condições modernas, porém, uma guerra aberta com o Ocidente, mesmo com Israel, parece impossível. Assim, como todas as guerras assimétricas, as fases iniciais ocorrem em grande parte no campo de batalha cognitivo: convencer seus inimigos mais poderosos a não usar a força superior deles enquanto você mobiliza a sua, prometendo violência mais tarde.[26] Entretanto, ao contrário das combinações mais tradicionais de guerrilha e guerra cognitiva que querem expulsar um inimigo mais poderoso (por exemplo, os vietnamitas contra as tropas americanas), os *caliphators* desejam invadir. E assim, eles enfrentam a tarefa muito mais difícil de convencer o seu inimigo a recuar e não resistir à sua invasão. Por isso, enquanto os violentos *mujahidin* atraem mais atenção e causam danos terríveis onde não podem ser controlados (desde o Afeganistão, passando pelo Oriente Média até a Nigéria) e danos espetaculares nos seus ataques-surpresa no Ocidente, de longe o braço mais ativo do movimento *caliphator* no Ocidente trava uma guerra cognitiva (*da'wa*).[27]

Os *caliphators da'wa* que vivem em *Dar al Harb* (por exemplo, no Ocidente), no entanto, precisam disfarçar seus verdadeiros objetivos, pois as pessoas (mesmo os ocidentais pós-modernos) tendem a resistir quando sabem que estão sendo invadidas. Assim, as principais preocupações do *caliphator* durante a operação em território inimigo são, pela sua própria natureza, enganosas: ocultar as suas intenções das pessoas que visam; espalhar dissidência nas fileiras inimigas; e alavancar os ataques jihadistas em concessões, mesmo quando condenam publicamente os jihadistas. Para fazer isso, os *da'is* devem encontrar aliados dentro da cultura-alvo, líderes culturais que (como os **líderes *dhimmi*** ao longo da história do domínio islâmico) reprimem as críticas ao islã entre o seu povo, atacando infiéis que chamam atenção para o comportamento dos *caliphators*.[28]

No início de 2000, a probabilidade de um califado global parecia, mesmo para muitos aspirantes a *caliphators*, uma ordem terrivelmente

difícil de ser cumprida: militarmente impossível, ridiculamente qui-
xotesca como uma guerra cultural. Afinal, os ocidentais não eram tão
estúpidos... apenas o mais fervoroso dos verdadeiros crentes poderia
pensar que, mesmo com a ajuda de Alá, o califado global seria possível.

Por conseguinte, como acontece com todas as guerras assimétricas que opõem minúsculas insurgências contra poderosos inimigos,
os estágios iniciais ocorreram em grande parte no campo de batalha
cognitivo, não no cinético. Os *da'is* "convocam" os infiéis a se converterem à única fé verdadeira. Sua mensagem demótica de libertação
universal e igualdade pode até soar gentil e edificante.[29] É claro que a
liberdade e a igualdade se destinam apenas aos muçulmanos. Infiéis que
ouvem a gentil mensagem e se recusam a se converter, mesmo quando
solicitados polidamente, passam a ser outra questão, especialmente se
criticam os muçulmanos.[30]

No centro do desafio do *caliphator* aos detentores contemporâneos
do poder no mundo muçulmano há a censura de que eles fazem muito
pouco para promover o califado interna e externamente... eles são muçulmanos fracos, até mesmo apóstatas. Quando o "mádi" Mohammed
Abdullah al-Qahtani e seus seguidores atacaram a monarquia saudita
em 1400 AH (1979), no centro de seu apelo às armas estava o fracasso
dos sauditas em aderir à *jihad* e em mostrar hostilidade suficiente aos
EUA – ou, pior ainda, por permitirem que tropas infiéis se posicio-
nassem no reino.[31] Em resposta, a realeza saudita comprou o domínio
interno (permissão de seus teólogos para violar o santuário da Caaba e
reprimir violentamente a revolta), em troca do financiamento generoso
ao *caliphator wahabi da'wa* mais radical do Ocidente, para inundá-lo,
através dos imames da diáspora, com a mensagem do *caliphator*.[32] Nesse
sentido, o ano de 1400 AH no mundo sunita produziu um fracasso quase
instantâneo da *jihad* (a tentativa reprimida de tomada de poder) que, no
entanto, levou a uma enorme intensificação da guerra cognitiva contra
o Ocidente, radicalizando sistematicamente as mesquitas, os bairros e
as faculdades em *Dar al Harb*.[33]

Os crentes apocalípticos seguem um padrão consistente nas suas
relações com o "outro apocalíptico". Muitas vezes, nos estágios iniciais da

crença em uma *finale* apocalíptica iminente, eles são amigáveis, até mesmo apaixonados na busca de boas relações com aqueles que ainda não ouviram "as boas novas". Só depois da decepção é que ficam irritados, até mesmo hostis, para quem rejeitou sua oferta arrebatadora. Sobretudo onde os crentes assumiram as alavancas do poder, encontra-se um padrão que se repete com frequência: o que começa na generosidade, transforma-se, na frustração, em pureza coercitiva.[34]

Esse padrão marcou certamente as origens do islã e está enraizado na gama de instruções divinas dadas no Alcorão, notável na diferença entre as primeiras suras de Meca e as posteriores de Medina. Os *caliphators da'i*, para enfatizar suas boas intenções e respeito pelo "outro", gostam de citar o Alcorão para provar que o islã proíbe a coerção em questões religiosas [Não há compulsão na religião!] (Sura Al-Baqara, 2:256). Eles omitem a menção de que esse versículo foi *revogado* por outros posteriores de instrução que apelam à guerra e ao terror como motivadores para a conversão.[35] A doutrina da revogação fixa aquela dinâmica apocalíptica; a violência e o triunfalismo posteriores legalmente superam a religiosidade generosa anterior.

Existem muçulmanos que escapam ao laço cada vez mais apertado (límbico) do maniqueísmo tribal? Felizmente há, mas quem sabe quão numerosos são ou quão completa será sua fuga? O que acontece depois? Eles se tornam mais fiéis e mais fortes (se não conformistas)? Agnósticos? Ateus? Eles se convertem para outras religiões? Eles mantêm uma curiosidade e abertura demótica, um estado de espírito de autodepreciação? Nós, infiéis, que não queremos nos converter nem nos submeter ao islã devemos nos perguntar dois conjuntos de questões: Por um lado: por que tantos recrutadores muçulmanos são atraídos pelos sonhos apocalípticos mais violentos e **testosterônicos**? Por que uma patologia profundamente destrutiva tem tanto poder de atração? E por outro lado: onde estão os movimentos demóticos no islã? É nossa perda como civilização não procurarmos aliados tão valiosos, mas, seguindo o exemplo dos muçulmanos triunfalistas, os evitarmos como muçulmanos ineficazes e até mesmo inautênticos. O fato de não termos ideia do seu número, nem dos demóticos e nem dos *caliphators*, atesta o nosso pensamento inadequado (e indiretamente o poder de *Westsplaining*) – nossa ignorância da cultura/religião cujos piores aspectos evitamos contemplar, mesmo quando nos ataca.

## A ORAÇÃO DO *DA'Ī* EM 2000

O que é possível saber, mesmo sem sair da poltrona, é que os *caliphators da'wa* que vivem em *Dar al Harb* precisam disfarçar seus verdadeiros objetivos. Eles estavam, afinal de contas, tentando entrar em uma cena que foi, durante décadas, dominada por vozes demóticas radicais e em que ideias do *caliphator* sobre mulheres e infiéis, se defendidas abertamente, seriam consideradas retrógradas, para dizer o mínimo. Diga aos infiéis o que *Al-Walā' wal-Barā'* significa para os muçulmanos triunfalistas, e isso seria um fracasso total entre pessoas para quem "tribal" era um insulto. Quem entre aqueles assim visados dariam um espaço a esses invasores? Quem endossaria suas ideias e encobriria suas reais intenções? Provavelmente ninguém... bem, talvez alguns neotrotskistas marginais ainda fervilhando em seus ódios revolucionários, ou neonazistas que, como Hitler, admiravam o espírito de luta do islã. Mas qual seria sua influência e importância?

Voltemos ao início de 2000. Pouco depois de o bug do ano 2000 passar sem incidentes, o Ocidente liderando a comunidade global para um novo milênio da sociedade civil, a probabilidade de um califado global parecia uma tarefa difícil, inclusive para aspirantes a *caliphators*: militarmente impossível, ridiculamente quixotesco como um plano de guerra cognitiva. "O Ocidente nunca seria estúpido o suficiente a ponto de nos deixar invadir", eles poderiam responder ao apelo da Al-Qaeda à *jihad*.

E essa era provavelmente a atitude da maioria dos muçulmanos naquela época: ainda que quisessem um califado global, as probabilidades contra eram tão grandes que só os tolos abraçariam abertamente esse sonho, dedicariam a vida à sua realização, arriscariam a terrível retaliação que uma declaração de guerra tão aberta poderia desencadear. Como a maioria dos sonhos milenaristas antes do advento do tempo apocalíptico, eles ainda eram em grande parte transcrições privadas e, quando vinham à tona, suscitavam resistência. Apenas o mais fervoroso dos verdadeiros crentes poderia pensar que o califado global era possível e que valia a pena sacrificar a vida por ele.

Então, imagine alguém como, digamos, um discípulo de Yussuf al-Qaradawi – leitor ávido dos escritos do *caliphator* de Maududi, Qutb e Abdullah Azzam, encantado pela visão de conquistar o mundo inteiro –, examinando a tarefa naqueles primeiros dias do "novo milênio global", escrevendo uma oração a Alá e solicitando ajuda no longo caminho a percorrer até o califado global. O que se segue é minha reconstrução imaginativa do apelo de tal crente.

> Uma oração pelos *caliphators*, crentes fervorosos, participantes da conquista redentora do Ocidente pela *da'wa*, o *mujaddid* não violento (renovação).
>
> *Ó Alá, o Todo Misericordioso, dá-nos inimigos que se submetam à nossa vontade sem que precisemos usar a violência.*
>
> *Dá-nos inimigos que nos ajudem a disfarçar a nossa ambição de submetê-los, que abafem os nossos atos de guerra e ignorem a nossa implantação entre eles.*
>
> *Dá-nos inimigos que aceitem aqueles de nós que lutam pelo califado por meio da* da'wa *como "moderados", que "não têm nada a ver" com "extremistas violentos".*
>
> *Dá-nos inimigos que nos contratem como conselheiros e consultores em inteligência e trabalho policial, como capelães nas prisões, intermediários comunitários, parceiros de diálogo, professores universitários e administradores, jornalistas convencionais.*
>
> *Dá-nos inimigos cujos jornalistas e acadêmicos apresentarão nossa propaganda de guerra como notícia, como informação verificada e confiável.*
>
> *Dá-nos inimigos que acreditem que, "exceto por uma minúscula minoria", a "grande maioria" dos muçulmanos são moderados e pacíficos, que repetem, depois de nós, "Islã, Religião da Paz".*

*Dá-nos inimigos que atacam aqueles (incluindo muçulmanos) que criticam o islã como xenófobos e islamofóbicos racistas.*

*Dá-nos inimigos que adotem nosso inimigo apocalíptico, para que se juntem a nós em um ataque a um de seus principais aliados.*

*Dá-nos inimigos que legitimem o nosso terrorismo como "resistência" e denunciem qualquer recurso à violência em sua própria defesa como "terrorismo".*

*Dá-nos inimigos que ofereçam a outra face, que continuem a respeitar a dignidade das nossas crenças, mesmo quando desprezamos as deles.*

*Dá-nos inimigos que acreditem em nossa sinceridade ao invocarmos direitos humanos quando, na realidade, desprezamos esses direitos para mulheres, escravos e infiéis, e apenas os invocamos para o nosso próprio benefício.*

*Dá-nos inimigos que acusam os nossos inimigos de* Apartheid, *mesmo quando eles evitam cuidadosamente falar da nossa visão de mundo e prática do* Apartheid.

*Dá-nos inimigos que acolham a nossa "rua" furiosa no coração de suas capitais e permitam-nos entrar nas suas fileiras progressistas "anti-imperialistas".*

*Dá-nos infiéis úteis que se comportem voluntariamente como* dhimmi.

*E que aqueles entre nossos inimigos que agem como deveriam possam desempenhar papéis proeminentes na sua esfera pública. Amém. Amém. Amém. 1000 vezes Amém.*

Não creio que, no início de 2000, alguém que tivesse proferido tal oração tinha ideia de como Alá cumpriria plenamente seus pedidos. Apenas alguns anos depois, porém, o conselheiro político Ed Husain, na sua fase Hizb ut-Tahrir,* maravilhou-se com a loucura dos progressistas ocidentais nas suas relações com os *caliphators*.[36] O antigo

---

* N.T.: Organização internacional sunita panislamista e fundamentalista cujo objetivo é unificar os países muçulmanos em um único Estado Islâmico ou califado, regido por lei islâmica e com um califa chefe de Estado eleito por muçulmanos.

radical muçulmano Hassan Butt lembrou como era divertido assistir ao *Westsplaining* dos infiéis:

> Quando eu ainda era membro do que provavelmente é mais bem chamado de British Jihadi Network, uma série de grupos terroristas muçulmanos britânicos semiautônomos, ligados por uma única ideologia [califado global], lembro-me como costumávamos rir, comemorando, sempre que as pessoas na TV proclamavam que a única causa para os atos de terror islâmicos como o 11 de Setembro, os atentados de Madri e o 7 de julho era a política externa ocidental. Ao culpar os [seus] governos por nossas ações, aqueles que pressionaram a linha das "bombas de Blair" fizeram a nossa propaganda em nosso lugar. Mais importante, também ajudaram a afastar qualquer exame crítico da verdadeira força motriz da nossa violência: a teologia islâmica.[37]

E aqueles que escaparam da rede e falaram sobre essa teologia islâmica, como Maajid Nawaz, foram denunciados como islamofóbicos.

## *PAS D'AMALGAME!* AGRUPAMENTO *VERSUS* DIVISÃO, ESTRATÉGIA *VERSUS* IDEOLOGIA

A associação de *da'wa* e *jihad* como parte de um projeto milenarista maior desafia uma série de abordagens comuns ao problema do "terrorismo" "religioso". Os especialistas tendem a dividir; eles diferenciam vários grupos de acordo com características e ações específicos. E entre os grandes diferenciais utilizados por nossos profissionais da informação, o recurso à violência desempenha um papel central. Nessa questão, os especialistas participam de uma tendência político-cultural mais ampla que insiste em uma forte distinção entre jihadistas violentos e muçulmanos moderados e pacíficos, recusando-se a agrupá-los. Mas, na verdade, estamos lidando aqui com duas abordagens diferentes de agrupamento e divisão. O *caliphator*, como um termo que designa um movimento milenarista específico e ativo, agrupa os jihadistas guerreiros e os *da'is* "pacíficos". Em assim fazendo, impõe um desafio a uma escola diferente de agrupadores, aqueles que incluem no mesmo grupo "a vasta e pacífica maioria" (isto é, os *caliphators da 'i* e os verdadeiros moderados), separando os "extremistas" como uma "minúscula minoria" que não tem "nada a ver com o *verdadeiro* islã".

## DIVISÃO ENTRE GRUPOS JIHADISTAS

Mesmo dentro da esfera da violência, os divisores distinguem, como no caso de dois praticantes enérgicos do terror suicida, o Hamas e os jihadistas *globais* como a Al-Qaeda e o ISIS. Quando jornalistas americanos usaram o termo "terrorista" para descrever a Al-Qaeda, mas não o Hamas, os defensores de Israel protestaram.[38] Quando a ONU condenou o ISIS por sua barbárie em 2014, o primeiro-ministro israelense Netanyahu previsivelmente objetou que o ISIS e o Hamas eram a mesma coisa.[39] "Não, não são, são totalmente diferentes", explicaram especialistas e jornalistas em uníssono.[40] Grupos "localizados" como o Hamas "adotam uma forte agenda *nacionalista* que os separa *nitidamente* das aspirações jihadistas globais da Al-Qaeda".[41] De fato, alguns preferiram comparar Israel ao ISIS.[42]

E, no entanto, ambos os movimentos de empreendedores de identidade alimentam e se alimentam de uma geração de recrutadores que deram à costa do *caliphator*, a fim de empregar suas paixões triunfalistas. Fertilização cruzada e competição por recrutas acontecem o tempo todo. O ISIS aprendeu seu conhecimento cibernético com os palestinos;[43] o Hamas e o ISIS entram em conflito por causa de recrutas.[44] A distinção acadêmica é tão impensada quanto a confusão entre terroristas e combatentes da liberdade. E ambos os casos nos desinformam e nos desorientam, servindo aos objetivos da guerra cognitiva do *caliphator*.

Na verdade, longe de ser um movimento nacionalista localizado, o Hamas ocupa um lugar de honra especial no mundo da *jihad* global do *caliphator*. Seus membros lutam na frente dessa batalha global, resistindo à blasfêmia de Israel, aquele invasor e profanador no cerne do *Dar al*

*Islam*: para ambos, sunitas e xiitas, o caminho para o califado global passa por Jerusalém.[45] Ao lançar a "Intifada Al-Aqsa" contra Israel em 2000, eles anunciaram a toda a *ummah* que finalmente chegara a hora de pôr fim ao humilhante "Tratado de Hudaibia". Melhor ainda, era o momento do *hadith* apocalíptico das pedras e das árvores, pois o extermínio dos judeus havia chegado.[46] Não só os "palestinos" acreditam que, "Se Alá quiser, Jerusalém em breve se tornará a capital do califado global". Mohamed Morsi, o candidato da Irmandade Muçulmana à presidência do Egito, lançou sua campanha bem-sucedida com essa promessa, para grande ofensa de alguns nacionalistas egípcios.[47]

De fato, enquanto outros *mujahidin* lançaram *jihad*s bem-sucedidas nos anos de 1400 AH/1980, mais notavelmente a derrota da Rússia pela Al-Qaeda em 1989/1410 AH, agora, em 2000/1421AH, os jihadistas palestinos assumiram a liderança e, através da Al-Jazeera, todo o mundo árabe ficou fascinado por essa grande batalha que inaugurava a guerra final.[48] Com a narrativa de Muhammad al-Durrah morto a sangue-frio "pelas mãos dos judeus", transmitida em todo o mundo árabe pela Al-Jazeera e Bin Laden,[49] os *caliphators* palestinos despertaram a *ummah*. "Aqui", disseram eles, "qualquer um pode ver prova inegável da ameaça impiedosa que os infiéis ocidentais representam para nós, muçulmanos inocentes". A cobertura árabe dessa intifada, com Al-Durrah no papel principal, foi o pior pesadelo do Ocidente: uma ferramenta de recrutamento através da qual os jihadistas pudessem dizer aos seus colegas muçulmanos: "Estamos numa guerra contra o Ocidente – vocês devem juntar-se a nós".[50]

O ícone Al-Durrah de ódio despertou uma sede de vingança que literalmente legitimou o terror suicida em todo o mundo muçulmano[51] e, igualmente importante, despertou um inegável *frisson* de *Schadenfreude* dos **ressentimentalistes** progressistas.[52] Assim, nos primeiros anos do novo milênio, os jihadistas *palestinos* justificaram e refinaram a arma com a qual, hoje, os *jihadistas globais* pretendem conquistar o Ocidente no decorrer deste século de *mujaddid*.[53]

No auge do "Massacre de Jenin" (isto é, quando Israel estava combatendo numa guerra terrorista suicida e o Ocidente torcia pelos terroristas), um funcionário da Autoridade Palestina invocou o *hadith* genocida sobre o extermínio de todos os judeus, como se estivesse anunciando a conquista global pela "nação muçulmana [...] de oceano a oceano".[54] A ideia de que o Hamas é de alguma forma fundamentalmente diferente do ISIS, que a palavra com a letra "T" pode ser aplicada ao ISIS (pelo menos nos EUA pós-11 de Setembro), mas não ao Hamas, de que consideramos essas distinções críticas para o desenvolvimento de uma doutrina de defesa contra extremistas muçulmanos... tais conclusões totalmente equivocadas só podem beneficiar os *caliphators*.

Pelo contrário, todos os jihadistas *caliphators*, quer operem local ou globalmente, compartilham cinco crenças fundamentais que superam quaisquer diferenças:

- eles consideram todos os *kuffãr* (infiéis) e *murtadd* (apóstatas, renegados) culpados e, portanto, alvos legítimos de *retaliação* violenta;[55]
- eles pregam o imperativo paranoico: o inimigo quer aniquilar o islá, devemos aniquilar o inimigo;
- eles ensinam o ódio absoluto como arma numa *jihad* genocida contra esses inimigos apocalípticos;[56]
- eles têm um medo especial dos judeus, que devem ser exterminados não apenas por causa do *hadith*, mas porque são "filhos de porcos e macacos" (Alcorão), e também porque, inexplicavelmente, são tão inteligentes que, embora constituam um milésimo da população muçulmana, estão no centro de uma conspiração internacional para destruir o islá e escravizar a humanidade;[57]
- eles usam mártires suicidas para atacar seus inimigos, incluindo, cada vez mais, muçulmanos e *kuffãr* aleatórios no Ocidente.[58]

Os grupos de *caliphators* se unem, desenvolvem-se, têm sucesso breve, diminuem ou fracassam. Quando (inevitavelmente) perdem força, os recrutadores improvisam cenários apocalípticos, reagrupando-os ou substituindo-os por outros grupos mais novos de recrutadores, impacientes com seus fracassos; os recrutadores do *caliphator* passam de orientados por líderes a acéfalos e vice-versa com facilidade.[59] De onde provém essa fluidez? Os *caliphators* acreditam que lutam uma guerra geracional e suas fileiras são alimentadas por ondas de recrutadores muçulmanos, muçulmanos sinceros como o jovem Maajid Nawaz ou Ed Husain, atraídos pelo empreendedorismo de identidade do *caliphator*, como o Hizb ut-Tahrir. Lá eles encontram *caliphators* que prometem restaurar a sua honra, incentivando a sua hostilidade e garantindo recompensas cósmicas por atacar o inimigo odiado.[60]

Por períodos variados e em momentos diferentes, essas correntes globais se aglutinam em movimentos liderados por senhores de guerra religiosos, como o Hezbollah, o Hamas, a Al-Qaeda, Muqtada al-Sadr*, o ISIS: eles surgem, causam danos e mudam de forma, ou prosseguem teimosamente, a maioria, se não todos, com o mesmo objetivo milenarista.[61] Essa explosão do milenarismo triunfal no século XV/XXI, tem profundas raízes psicológicas, e representa não só uma onda apocalíptica, mas uma *maré* de ondas ativas que ocorrerão por pelo menos mais uma geração.[62]

Parte do poder que os *caliphators* exercem sobre os recrutadores muçulmanos é um discurso que, no âmbito de seus parâmetros beligerantes, é ecumênico: seus adeptos têm muitas visões do califado e muitas opções sobre como chegar lá e quando. Seja qual for o caminho escolhido – alguma combinação/alternância entre *da'wa* ou *jihad* – mantém-se firme a fé de que a soma total dos esforços de todos os *caliphators* levará ao triunfo final. Os *caliphators* podem perguntar-se: "Quem é o mádi que liderará o ataque final? Será em Israel? Em Roma? Em Washington?" E os candidatos messiânicos aparecem e aparecerão o tempo todo, de baixo para cima.[63] O século XV AH (1400-1433 AH/1979-2012 e.c.) já produziu mais do que a sua quota de senhores de guerra jihadistas com pretensões messiânicas. E provavelmente veremos mais na aproximação do décimo quinto *mujaddid* (1500 AH), em 2076 e.c.

---

* N.T.: Líder do movimento sadrista, movimento nacional fundamentalista islâmico do Iraque. Tem sua base de apoio em diversas camadas da sociedade do país, e especialmente entre a parcela mais pobre da população xiita. O movimento é religioso e populista; sua meta é uma sociedade ordenada por meio de uma combinação de leis religiosas e costumes tribais.

## DIVISÃO ENTRE JIHADISTAS E *DA'ĪS*

Se os especialistas políticos ocidentais tendem a superestimar as distinções *entre* grupos jihadistas como o Hamas e o ISIS, como distinguem os jihadistas dos *da' īs*? Desde o 11 de Setembro, o consenso dominante trata os *da'īs* e os jihadistas como fundamentalmente diferentes – nas palavras de um analista, "*the Not Bin Laden affect* (NBL) [...] a crença generalizada de que existe algum tipo de *firewall* entre a Irmandade Muçulmana Global [por um lado], e a Al-Qaeda, o ISIS e outros grupos relacionados".[64] Essa abordagem evita ver a profunda solidariedade – a *asabiyya* – de uma tribo cósmica se unindo em uma onda de maniqueísmo apocalíptico.[65] Tal distinção pode revelar-se um erro conceitual letal.

Os *caliphators* pensam em termos de estratégias (apocalípticas): *Quando* é o momento de dizer e fazer o quê, para quem?... Para os muçulmanos?... Para infiéis amigáveis?... Para infiéis poderosos, mas odiados? Em tempos apocalípticos, os cenários podem mudar drasticamente e as ideologias servem sobretudo como um disparate narrativo para prolongar a experiência apocalíptica, aqui ativa, ali passiva. Vistas em retrospectiva, as "narrativas" apocalípticas muitas vezes aparecem como racionalizações para o comportamento impulsionado pelo desejo de trazer o milênio tão rápido quanto Alá o permita.[66]

Os *da'īs* diferem dos jihadistas fundamentalmente no seu discurso sobre o islã. Enquanto um jihadista garantiria que sua interpretação sangrenta e de guerra santa do Alcorão é a verdadeira leitura islâmica, o *da'ī* insistirá que o islã é uma religião de paz, e qualquer infiel que afirme o que dizem os jihadistas é um "islamofóbico" que deve ser impedido de ter uma plataforma. Enquanto um jihadista lhe garantiria que seu objetivo é o genocídio dos judeus no mundo inteiro e a conquista global produzindo um califado, a narrativa *da'ī* é lançada ao Ocidente e fala de liberdade de combate e de guerra defensiva contra os gêmeos anticristos coloniais e imperialistas,

Israel e os EUA. Enquanto um *caliphator* viril riria dos cartuns sobre Maomé e faria caricaturas sobre judeus e cristãos dez vezes piores, o *da'ī* expressará profunda dor e mágoa em nome da grande maioria dos muçulmanos moderados.

Quer um *caliphator* escolha a violência ou a não violência ao lidar com infiéis (*Al-Walā' wal-Barā*) e com dissidentes (*murtad*), todas as suas decisões refletem mais a percepção de uma linha do tempo apocalíptica (redentora) do que questões de princípio.[67] As disputas surgem do senso de urgência (apocalíptica), não de diferenças fundamentais. Ed Husain descreve os vários grupos conflitantes na Inglaterra:

> Embora internamente divididos, estão todos de acordo na sua veneração de Maududi e Qutb. Em diferentes, mas inquestionáveis formas, eles são afiliados ao Jamaat-e-Islami* do subcontinente [Paquistão/Índia], a Irmandade Muçulmana do mundo árabe ou o Hamas da Palestina.[68]

Quanto mais urgentemente os *caliphators* anteciparem a mudança apocalíptica, mais coercitivos eles se tornarão (lance o terror!); quanto mais estendido o horizonte temporal, mais pacientes podem ser (fale suavemente). Por um lado, os *kuffār* são inimigos; por outro, "amigos"; pois ambos, em breve, terão que escolher entre a conversão, a sujeição ou a morte. [69]

Pouco nessas diferentes avaliações do lugar do presente na linha do tempo apocalíptica impede que *caliphators* de todos os estilos cooperem. De fato, eles dominaram a rotina do policial durão e do policial bonzinho, que provou ser especialmente bem-sucedida com os infiéis, como Klausen, que têm dificuldade em discernir a demopatia.[70] É verdade que existem tensões. Depois dos ataques terroristas, por exemplo, *da'īs* "pacíficos" recriminam os jihadistas (por se precipitarem). Quando os infiéis ocidentais pressionam os *da'īs* para condenar os jihadistas, alguns relutantemente o fazem. Mas tão logo os infiéis aceitaram avidamente a sua denúncia dos jihadistas, o trabalho dos *da'īs* após ataques terroristas é muito mais fácil: Bin Laden exultou quando, depois do 11 de

---

* N.T.: Movimento fundamentalista islâmico fundado em 1941 na Índia britânica pelo teórico e filósofo sociopolítico islâmico Syed Abul Ala Maududi, que foi inspirado pela Irmandade Muçulmana.

Setembro, as conversões ocidentais surgiram em grande quantidade.[71] É verdade que os jihadistas não gostam da mistura dos *da'is* com seus aliados progressistas (especialmente os LGBTQs), mas esse é o preço da guerra cognitiva da *da'wa*.[72]

Mesmo os *da'is* pacíficos, no entanto, têm limites para a sua paciência. Expectativas transformadoras decepcionantes (por exemplo, uma resposta infiel insuficientemente submissa à "convocação") afetam as atitudes: alguns estendem a sua linha do tempo e se tornam mais pacientes[73], enquanto outros recorrem à violência e à pureza coercitiva. A questão fundamental sobre os *caliphators* é: quando eles acham que chegou a hora de acabar com a *taqiyya*[*], quando não é mais necessário esconder o que realmente se pensa, a saber: o islã está aqui para dominar.[74] Uma vez convencidos de que têm a vantagem, os *caliphators* se voltarão previsivelmente a vizinhos visados: sua data de validade expirou.[75]

Diz o *caliphator* ao infiel: "*Da'wa* ou *jihad*? Sua escolha".

---

[*] N.T.: Literalmente "prudência", "medo", no islamismo xiita, é uma dissimulação preventiva ou negação da crença e prática religiosa em razão de perseguição sofrida.

269

# ADEPTOS DO EGOCENTRISMO COGNITIVO LIBERAL E SUA CRIPTONITA DEMOPATA

*Ao imaginar que nossos
valores são universais,
não conseguimos ver o quanto eles são raros.*

As pessoas usam o termo liberal hoje tanto como uma autoidentificação de orgulho quanto como um insulto. Originalmente, aplicava-se a "pessoas livres", aos indivíduos "iluminados" que, tendo se livrado das correntes da "imaturidade autoimposta", das suas "algemas forjadas pela mente", tornam-se agentes morais autônomos.[1] Como indivíduos capazes de exercer um autocontrole racional, não precisam da mão pesada da coerção para se comportarem bem na vida pública; acreditam na liberdade concedida reciprocamente, no consentimento dos governados e na igualdade perante a lei.[2] A *Encyclopédie* de Diderot definiu "direito natural" como o produto de "em cada homem um ato de pura compreensão que raciocina no silêncio das paixões sobre o que o homem pode exigir do seu semelhante (*semblable*) e o que o seu semelhante tem o direito de exigir dele".[3]

Nessa concessão recíproca de liberdade reside a chave da democracia. Marco Aurélio pensava que algum dia poderia haver "uma forma de governo exercido considerando a igualdade de direitos e a igualdade de liberdade de expressão, e a ideia de uma realeza defensora, acima de tudo, da liberdade dos governados" (*Meditações*, I, 14). Esse autocontrole é a chave para relações de soma positiva, a capacidade de escapar do cativeiro límbico das relações de soma zero nós/eles, e do envolvimento construtivo e voluntário com o "outro", seja ele membro da família, vizinho, membro de clã ou cidadão, estrangeiro no seu meio, ou fora do seu espaço.[4] Significa renunciar, pelo menos às vezes, aos imperativos de soma zero: governar ou ser governado, humilhar ou ser humilhado, explorar ou ser explorado.

Podemos, portanto, formular objetivos liberais em termos da teoria dos jogos – estratégias de soma positiva em vez de estratégias de soma zero – e conceituar as conquistas liberais, tanto sociais quanto políticas, como uma mudança de um ambiente dominante de vergonha-honra de soma zero para outro que estimule significativamente as interações com modos de cooperação e benefício mútuo, em círculos cada vez mais amplos de "outros" amigáveis. A falha ocorre quando se acredita que a sociedade pode substituir inteiramente as relações de soma zero por relações de soma positiva. O ar enriquecido com oxigênio é, em porções modestas, revigorante e esclarecedor, mas em doses mais pesadas provoca vertigem, delírio e, finalmente, morte.

## A TEORIA DOS JOGOS E AS EMOÇÕES SOCIAIS

A teoria dos jogos é um campo matemático altamente inovador, mas focado, como todos os modelos matemáticos, em evidências próximas ao poste de luz quantificável.[5] Portanto, embora seja extremamente produtiva e acrescente percepções importantes a quase todas as questões relacionadas com as escolhas que os seres humanos fazem sobre interação com os outros, ela não lida bem com algumas emoções fundamentais, porém voláteis (como honra e vergonha). Se examinarmos menos as probabilidades de os seres humanos optarem por **jogos de soma positiva** ou **jogos de soma zero e negativa**, e mais as emoções variáveis que acompanham tais escolhas, tanto no que se refere às escolhas quanto às suas (muitas vezes imprevistas) consequências, percebemos uma dimensão mais volátil que não é facilmente capturada por modelos matemáticos.

De um ponto de vista puramente lógico, as vantagens das interações de soma positiva são tão grandes que, obviamente, serão preferidas por qualquer pessoa "razoável". Quem não escolheria cooperação, afeto, intimidade, criatividade, produtividade em vez de violência, coerção e comportamento destrutivo? Quem não gostaria de um mundo de benefício e prosperidade mútuos? Pais amorosos decerto não negariam aos seus filhos tais possibilidades.

Entretanto, esse comportamento de soma positiva tem um custo psíquico considerável. Primeiro, e mais óbvio, embora faça sentido renunciar aos jogos de soma zero que você acha que pode perder, não faz sentido renunciar aos jogos de soma zero que você acha que pode ganhar. O comportamento de soma zero está muito mais próximo do pensamento rápido, impulsivo e de curto prazo.[6] A vitória é doce e, para alguns (muitos), vale a pena apostar. Desistir significa renunciar a todos os prazeres da vitória, desde os maiores benefícios materiais até a satisfação emocional do domínio. Significa desviar-se das lisonjas do que o antropólogo John Tooby chama de "lógica predatória" para aqueles que podem, com a sua consequente "lógica subordinada" para aqueles que não podem.[7]

Assim, para sustentar um comportamento de soma positiva, é preciso renunciar a essas emoções quase instintivas e cultivar outras, muito mais difíceis. Como já descrito, as culturas de soma zero baseadas num código de guerreiro primário, com seus constantes desafios de poder e ansiedade de *status*, têm uma afinidade eletiva com certas emoções "mais sombrias", *Schadenfreude*, inveja, ressentimento, vingança, triunfalismo. O apelo dessas emoções – arriscar tudo para sentir o triunfo e o domínio (honra), destruir para não se sentir humilhado – é quase universal... nosso cativeiro límbico. Os regimes civis, baseados em princípios liberais, tentam relegar os jogos de soma zero a esportes e jogos de azar não letais.

Em jogos de soma positiva, ambos os lados vencem, embora não tanto quanto um deles poderia ter ganhado em um jogo de soma zero. Nem os dois lados podem, necessariamente, terminar igualmente beneficiados com o acordo. Os jogos de soma positiva mais difíceis são igualitários e abertos, baseados em um acordo voluntário para interagir (contrato, empreendimento conjunto, constituição) segundo regras aplicadas igualmente a ambos/todos os lados, e um entendimento de que todos aceitarão os resultados, por mais diferentes que possam ser. Afinal, a liberdade inclui a liberdade de fazer escolhas erradas, ceder terreno, fracassar. E um dos aspectos mais difíceis de qualquer sistema comprometido com a liberdade é gerenciar as decepções sem usar um bode expiatório, sem resistir ao "medo à liberdade".[8]

A racionalidade e a "teoria da escolha racional" pressupõem que os atores trabalharão para maximizar suas próprias vantagens, com preocupação mínima em como isso pode ajudar ou prejudicar o outro. Para Adam Smith, é uma questão de cálculo de custo-benefício que um talentoso picador de pedra fique em casa e fabrique lâminas para os caçadores levarem em suas expedições, compartilhando posteriormente a matança. Não há lugar aqui para honra, perigo, ferocidade que influenciem a distribuição de alimentos e de mulheres.[9]

A soma positiva transforma a tragédia de um domínio mutilado – arranque um dos meus olhos e serei o rei entre os cegos – em uma comédia de superabundância: "Faz sentido que, se eu desejar 100 cabeças de gado e meu vizinho receber o dobro, ambos ganhamos". Em última análise, a democracia e outros regimes demóticos derivam sua capacidade de existir de conseguir (algo extremamente raro) que uma massa crítica de "cidadãos" adote uma abordagem basicamente de soma positiva em relação aos "outros", que saia da difícil díade nós/eles de soma zero. Aqueles de nós que cresceram numa cultura cívica como essa, dedicados a essas estratégias de soma positiva, tendem a considerar sua lógica como axiomática.

Erroneamente.

## A DESVANTAGEM DE UM EXCESSO DE SOMA POSITIVA

O problema se resume à confiança na reciprocidade. "Se o gênio me der 10 milhões de dólares e meu vizinho ganhar 20 milhões, ele ficará

274

grato? Ou usará seus recursos recém-obtidos, sua força duplicada, para me destruir?" A generosidade pode ser um gesto fatalmente mal compreendido? A modernidade demótica é uma aposta.[10] Manter relações de soma positiva significa resistir ao conforto (frio), às lisonjas (prejudiciais) do cativeiro límbico e, em vez disso, cultivar um conjunto de vulnerabilidades nobres, mas de alto risco. Como observou Maquiavel, o Príncipe prefere ser temido a ser amado, porque o resultado do medo é muito mais previsível.[11] A grande vantagem (e objetivo declarado) da soma zero é defender o eu, o "nós", do ataque "deles". Para criar empatia que vá além da barreira nós/eles, a fim de desmantelar a suspeita sistemática do outro (hostil), é preciso desenvolver uma atitude de confiança no outro que, se mal interpretada, pode cobrar custos dolorosos, inclusive letais.

Acontece que moldar racionalmente relações de soma positiva exige um trabalho emocional difícil, por "melhor que seja para todos os envolvidos". Quando renunciamos à hierarquia de soma zero como paradigma orientador (e, com ela, à alegria concomitante de humilhar os outros), precisamos tolerar os outros (rivais?) mesmo quando eles se tornam mais bem-sucedidos do que nós. Significa, entre outras coisas, cultivar:

- *Um forte senso de afeto humano*, que envolve desde profundo respeito por toda a vida humana até a alegria com o sucesso dos outros (o que os budistas chamam de *mudita*, alegria altruísta). Esse afeto pela ampliação dos círculos da comunidade humana é uma arma crucial no combate às forças límbicas de *asabiyya* e inveja.
- *Capacidade de empatia com o "outro"*, o *semblable* de alguém. Tais sentimentos estão no cerne do que pensadores como Jeremy Rifkin acreditam estar agora transformando a humanidade: eles fazem com que a crueldade do divisor primário e a degradação dos que estão abaixo dele muito mais difíceis de suportar, quanto mais aplicar.[12]
- *Altos níveis de tolerância à incerteza* (confusão da vida, ansiedade do resultado). Conceder aos outros as liberdades que queremos que nos concedam significa suportar muitas coisas desagradáveis, inclusive depender da boa vontade alheia. Os atores mais bem-sucedidos em ambientes ricos em soma positiva têm uma alta tolerância à dissonância cognitiva.

- *Autocrítica e autorreflexão*: Erich Fromm localizou os descontentamentos com a liberdade nos momentos infelizes, mas inevitáveis, em que alguém faz escolhas livres ruins.[13] A capacidade de assumir a responsabilidade pelos próprios erros (quando apropriado) em vez de culpar os outros (quando inadequado), assinala a pessoa madura e livre.

Essa atitude generosa para com os outros e a modéstia para consigo mesmo não são emoções naturais fáceis, elas violam o próprio princípio da solidariedade tribal, "meu lado, esteja certo ou errado". De fato, a atração gravitacional de usar bodes expiatórios, de culpar os outros e de se ressentir devido aos nossos próprios fracassos torna difícil sustentar a liberdade de soma positiva.

Tanto a sociedade civil como a religiosidade demótica alimentam essas emoções autodisciplinadas. Poetas de alma nobre como William Blake "torceram" pelos americanos que lutavam por liberdade, mesmo quando combateram seu próprio (e decaído) Albião*.[14] Entretanto, tais emoções devem ser incentivadas e, quando decepcionadas ou frustradas, podem vacilar. As democracias, sempre confrontando o problema da potencial traição da confiança, estão em um combate contínuo, não é uma solução que se possa tirar da prateleira e distribuir pela internet.[15]

## CONSILIÊNCIA ÉTICA: JUDEUS E LIBERAIS

Se aceitarmos essa análise da teoria dos jogos dos valores progressistas e das emoções que precisam de cultivo para realizar a transformação social, encontramos uma sobreposição extraordinária com os valores judaicos (bíblicos e rabínicos) por um lado, e o pensamento liberal moderno, por outro. Nenhum *corpus* antigo de literatura contém um fomento tão amplo de emoções de soma positiva e rejeição de valores de vergonha-honra como a Bíblia hebraica.[16] Desde o início, as narrativas dos patriarcas

---

* N.T.: Nome atribuído pelas fontes latinas e gregas às ilhas Britânicas, embora geralmente seja usado só para se referir à Inglaterra.

se desviam da norma tribal de soma zero: Abraão e seus descendentes recebem uma tarefa que, quando bem-sucedida, resulta em que todas as nações da terra sejam abençoadas (Gênesis, 26:3). Sua "escolha", de acordo com a teoria dos jogos, funciona da seguinte forma: Os descendentes de Abraão são ordenados a buscar altos níveis de comportamento de soma positiva, independentemente da confiabilidade das pessoas com quem estão lidando, mesmo ao custo do grande sofrimento causado por quem abusa das vulnerabilidades que isso acarreta. E os resultados são previsíveis: aqueles que te abençoam serão abençoados e vice-versa. Num futuro ideal, todos ganham, todos são abençoados. Enquanto isso, os judeus prosperam e sofrem.

A dimensão psicológica desse esforço para buscar a soma positiva a todo custo aparece claramente em uma passagem conhecida como "código de santidade" (Levítico, 19), em que encontramos o famoso mandamento bíblico em ambos os Testamentos:

> Não odiarás a teu irmão em teu coração; repreenderás o teu próximo e não levarás sobre ti pecado. Não te vingarás e nem guardarás ódio contra os filhos do teu povo, e amarás o teu próximo como a ti mesmo: eu sou YHWH*. (Levítico, 19:16-18).

Encontramos aqui entrelaçados quatro princípios que estão no centro do pensamento liberal-progressista atual no século XXI: 1) não odiar os outros; 2) não se vingar e não guardar rancor; 3) considerar benéfica a crítica mútua; 4) empatia pelo "outro".

Tudo isso envolve o cultivo externo de emoções de soma positiva e o comportamento associado (*religiosidade demótica*): pensar bem do seu próximo (como de si mesmo), tentando resolver disputas da maneira mais justa possível, renunciando ao olho por olho, dente por dente. Hillel transformou esse ditame moral na regra de ouro da Torá: "O que é odioso para ti, não o faças ao teu próximo". Esse mandamento negativo pode ser menos exigente do que o mandamento positivo cristão:

---

* N.T.: Tetragrama (conjunto de quatro letras) que na Bíblia hebraica indica o nome próprio e impronunciável de Deus.

"Tudo que quereis que os homens vos façam, fazei-o também a eles", mas continua difícil de seguir, pois engloba todos os quatro princípios em questão e muito mais.

Entre as implicações desse ensinamento, os rabinos desenvolveram um contraprincípio para a cultura de soma zero e vergonha-honra, ao interpretar a frase "certamente você o repreenderá". Em vez de explorar esse comando para criticar publicamente os outros, elevando-se ao humilhá-los, os rabinos insistiam que se deveria evitar, a todo custo, a humilhação de outra pessoa, especialmente em público. De fato, eles consideraram isso uma forma de homicídio: "É melhor um homem atirar-se numa fornalha ardente do que envergonhar publicamente o seu próximo".[17] Ou, como disse Maimônides: "Aquele que ganha honra com a desgraça de seu amigo não tem lugar no mundo que está por vir".[18] Você não parecerá maior fazendo os outros parecerem menores.

Entrelaçados neste discurso, os rabinos estabeleceram padrões excepcionalmente elevados: Rashi* (França do final do século XI), baseando-se no Midrash** (século IV), explica o significado do versículo *"Não se vingue nem guarde rancor"*: vingança é recusar emprestar um machado ao vizinho porque ele lhe recusou uma enxada; guardar rancor é emprestar o machado e dizer: "embora você tenha me recusado um empréstimo".[19] Nachmânides (Espanha do século XIII), ao discutir o *Ama o teu próximo como a ti mesmo*, enfatizou o objeto indireto *"le-re'achá"* (em relação ao seu próximo/*semblable*) e formulou o clássico princípio da soma positiva: "deveríamos desejar aos nossos próximos os mesmos benefícios que desejamos para nós mesmos".[20] Não: "arranque um dos meus olhos". E embora esses princípios exigentes possam parecer apropriados para atletas espirituais, eremitas, monges, freiras, místicos, aqui eles se aplicam aos camponeses cujos narizes se chocam diariamente contra as arestas do mundo real.

---

* N.T.: Acrônimo de Rabi Shlomo Yitzhaki, um rabino francês famoso como o autor dos primeiros comentários compreensivos sobre o *Talmude* e a Bíblia hebraica.
** N.T.: O termo é derivado do radical hebraico *darash*, que significa pesquisar, investigar. Designa uma exegese profunda, contrária ao método de interpretação literal, de cada nuance da Torá, na busca por seu verdadeiro significado. Princípios profundamente morais e éticos são apresentados por parábolas e historietas aparentemente simples.

## SOBRE EGOS SAUDÁVEIS
## E LIBERDADE DE EXPRESSÃO

Essa mudança para um comportamento de soma positiva, por mais razoável que possa parecer e por mais óbvio que seja o benefício (coletivo), exige, no entanto, um nível de maturidade emocional inusualmente elevado, a capacidade de superar o cativeiro límbico da soma zero, de responder ao insulto com tolerância, de criticar e ser criticado de forma justa, de confiar e ser confiável. Na dinâmica vergonha-honra, se você fez algo errado e ninguém sabe, você não se sente mal. Se todos pensam que você fez algo errado, você se sente mal, mesmo que não tenha feito nada. Na dinâmica integridade-culpa, se ninguém souber, você ainda se sentirá mal; se todo mundo pensa equivocadamente que você fez algo errado, você pode se sentir mal, mas não consigo mesmo.[21] A habilidade de lidar com questões em termos de culpa exige um forte senso de *self*, um ego de casca grossa que não tremerá de terror pela vergonha pública quando a possibilidade aparece.

Quase se poderia definir um regime cívico pela forma como ele eleva o limiar da violência incitada pela honra. Arlene Saxenhouse comenta sobre a antiga Atenas:

> A liberdade de expressão como prática democrática é uma prática de abertura, de recusa em esconder os próprios pensamentos por causa de uma vergonha que traria humilhação ou desaprovação aos olhos dos demais. O respeito e a reverência diante do julgamento de outros, em contraste, limitam a liberdade e revelam as capacidades de expressão e as oportunidades para uma escolha individual.[22]

"A modernidade exige a disposição de ser ofendido", observa Fouad Ajami em um artigo sobre a sua ausência no mundo árabe.[23] Nessa liberdade pessoal, não estar livre de *sentir* vergonha (o que é impossível), mas de ser cativo desse medo (oneidofobia), encontramos pessoas dispostas a falar o que pensam e outras dispostas a levar a culpa sem recorrer à violência para esconder a sua vergonha.

Como disse Salman Rushdie:

É absurda a ideia de que possa ser construído qualquer tipo de sociedade livre em que as pessoas nunca serão ofendidas ou insultadas. Também a noção de que as pessoas deveriam ter o direito de recorrer à lei para defendê-las de serem ofendidas ou insultadas. Uma decisão fundamental precisa ser tomada: queremos viver em uma sociedade livre ou não? A democracia não é um chá da tarde no qual as pessoas sentam-se e conversam polidamente. Nas democracias as pessoas ficam extremamente irritadas umas com as outras. Elas discutem veementemente contra as posições umas das outras. (Mas não atiram.)[24]

Dito de outra forma, em culturas de vergonha-honra, as pessoas não dizem certas coisas *para que não* haja violência; e nas demóticas, as pessoas dizem o que consideram importante, e não há violência.

Uma imprensa livre, o "Quarto Poder", é um pilar da democracia porque proporciona uma verificação da realidade sobre a afinidade eletiva entre poder, corrupção e bajulação que não só alimenta os egos dos poderosos, também dissimula seu abuso de poder. A resposta dos poderosos à crítica pública é violência e intimidação: tal afronta deve ser silenciada. Somente onde as elites do poder podem lidar com essa crítica "livre", expressa publicamente, sem violência, pode existir ou uma imprensa livre ou um **regime demótico**.

Lyndon Johnson escreveu aos Smothers Brothers, que o transformaram no alvo de sua comédia:

> Faz parte do preço da liderança desta grande nação ser o alvo de humoristas inteligentes. Vocês deram ao nosso povo o dom da risada. Que nunca nos tornemos tão sombrios ou presunçosos a ponto de deixarmos de apreciar o humor em nossas vidas.[25]

Uma imprensa livre constitui uma ameaça à ordem pública onde a cultura política ainda está muito comprometida com honras autoritárias. Uma imprensa livre não é viável apenas com a adoção de uma política nova e favorável.[26] Depende de uma transformação muito mais ampla da cultura. A repressão à imprensa livre e à liberdade de expressão dos mais fracos (e tratados injustamente), é o modo padrão do cativeiro límbico. É, por assim dizer, o ímã sob a mesa ao redor do qual várias lascas de metal acima da superfície se reúnem em um padrão de respeito pelos poderosos.

280

## RENUNCIANDO AO DOMÍNIO

De todas as exigências dos valores demóticos e de soma positiva, talvez a mais difícil de atender, e a mais produtiva quando realizada, envolve a renúncia ao poder de coagir. É difícil adotar essa renúncia e ainda mais difícil de sustentar. Ela vê o poder como algo a ser usado para o bem comum, não para ganho pessoal, algo a ser administrado, não explorado. William Blake, em um poema sobre a revolução americana derrotando sua própria nação, Albião, expressou os sentimentos demóticos por trás desses sonhos (messiânicos):

> Deixe o escravo do engenho correr para o campo:
> Deixe-o olhar para o céu & rir no ar brilhante;
> Deixe a alma acorrentada calar-se nas trevas e nos suspiros,
> Cuja face nunca vislumbrou um sorriso em trinta anos cansativos;
> Levante-se e olhe, seus grilhões estão soltos, as portas de suas masmorras estão abertas.
> E deixe que sua esposa e filhos se livrem do flagelo dos opressores;
> Eles olham para trás a cada passo & acreditam que é um sonho.
> Cantam. O Sol deixou o seu breu & encontrou o frescor da manhã
> E a bela Lua se alegra na noite clara & sem nuvens;
> Pois o Império não existe mais, e agora o Leão e o Lobo terão fim.[27]

Em certo sentido, pode-se descrever toda a agenda internacional pós-guerra, pós-Holocausto – ONU, Convenções de Genebra, Declaração Internacional dos Direitos Humanos – como, em princípio, uma renúncia ao poder de soma zero.[28] E com esse enfoque é possível imaginar um mundo sem guerra. A praça Isaías não foi construída por acaso na Turtle Bay da ONU, com sua invocação da promessa messiânica de que as elites predatórias transformariam suas espadas em arados e suas lanças em foices... armas de domínio se transformando em ferramentas de trabalho produtivo.

A "declaração de missão não oficial da ONU".

281

**Figura 17** – Isaiah Square, Ralph Bunch Park, First Ave., Manhattan, NY.

Tradução: "Converterão então suas espadas em arados e suas lanças em foices. E cada nação não levantará contra outra sua espada, e não mais aprenderão a arte da guerra" (Isaías).

Essa renúncia ao poder – nem governar nem ser governado – produz alguns paradoxos notáveis. Ironicamente, aqueles que renunciam com sucesso ao poder muitas vezes alcançam uma influência ainda maior. No mundo moderno, o contraste entre o poder exercido por autoridades democraticamente eleitas que governam e têm poderes limitados pela Constituição e pela lei ultrapassa em muito o poder do ditador mais arbitrário – a diferença entre o presidente dos Estados Unidos e o governante russo ou soviético, por exemplo.[29] Esse paradoxo é encontrado repetidamente no Medievo de uma forma particularmente acentuada: vários movimentos de reforma eclesiástica começaram com a renúncia radical a todas as formas de poder, inclusive ao dinheiro e se tornaram, como resultado, imensamente influentes e ricos, terminando corrompidos pelo sucesso.[30] É o paradoxo tanto dos judeus como das democracias.

O escritor da suposta carta de Napoleão aos judeus escreveu:

> Agora é o momento [...] reivindicar a restauração dos direitos cívicos entre a população do mundo que foram vergonhosamente negados a vocês por milhares de anos, sua existência política como uma nação entre as nações, e o direito natural ilimitado de adorar Jeová de acordo com a sua fé, de forma pública e, provavelmente, para sempre.[31]

Ao fazê-lo, ele acertou em cheio: no mundo do supersessionismo e do triunfalismo invejosos, era uma questão de honra privar os judeus de soberania. Da perspectiva generosa da liberdade, tal opressão, como a escravidão, era vergonhosa.[32] Aparentemente, hoje, essa atitude ainda exige demais de muitos, até mesmo (especialmente?) dos progressistas.

## EGOCENTRISMO COGNITIVO

No final dos anos de 1960, o psicólogo David Elkind publicou suas descobertas sobre rapazes adolescentes e cunhou o termo "egocentrismo cognitivo", que caracterizava as pessoas que presumiam que todos os demais pensavam sobre o mundo da mesma maneira que eles – nesse caso, que os rapazes adolescentes tendiam a pressupor que todos estavam tão preocupados com o sexo quanto eles.[33] Essa noção de egocentrismo cognitivo, emprestada de Piaget, tem hoje uma dimensão irônica: normalmente, o termo se refere a estágios imaturos de desenvolvimento – infância e adolescência – e quanto mais maduro alguém se torna, mais aprende a ter empatia pelos demais, tornando-se presumivelmente menos egocêntrico. De fato, como um grupo de pesquisadores afirma: pessoas frias (pouco empáticas) são muito mais propensas a serem egocêntricos cognitivos.[34] E ainda assim, paradoxalmente, no século XXI, alguns dos egocêntricos cognitivos mais determinados, até mesmo dogmáticos, vêm dos círculos de pensadores mais progressistas e empáticos e ativistas calorosos. Pois há duas principais variantes do egocentrismo cognitivo: a projeção não empática de animosidade e a projeção excessivamente empática de boa vontade.

# EGOCENTRISMO COGNITIVO DOMINADOR (SOMA ZERO)

O modo padrão do egocentrismo cognitivo humano projeta soma zero. Por centenas de milênios, noções de soma zero do bem limitado, do inevitável choque entre "nós" e "eles" dominou até mesmo as relações entre "nós". As tribos, dos ianomâmis aos aborígenes australianos aos guetos urbanos americanos e ao ZUS – *Zone urbaine sensible* – francês habitam um mundo em que "o medo de ataques e o roubo de suas mulheres pelos vizinhos", é predominante.[35] Poucos modernos entendem como, mesmo na sua interpretação *menos* exigente, o "ama o teu próximo como a ti mesmo" constitui um mandamento profundamente radical.

Pessoas que vivem num mundo no qual um só ganha quando o outro perde, em que as poucas pessoas com honra dominam os muitos estigmatizados e submetidos, onde alguém ascende através de desafio violento e cai ao perder, projetam facilmente sua mentalidade sobre os outros, o "lado negro do homem".[36] Eli Sagan chamou isso de imperativo paranoico: a necessidade de governar os outros para que eles não o dominem primeiro: fazer aos outros antes que eles façam com você.[37] Tanto nas relações entre clãs e tribos quanto nas relações com outras nações, a grande maioria da história humana teve como característica esse imperativo paranoico.[38] É a essência da guerra até recentemente: saquear ou ser saqueado, governar ou ser governado, envergonhar ou ser envergonhado, exterminar ou ser exterminado. Nietzsche descreveu a "moralidade escrava" como aqueles que, embora perdedores, reclamam amargamente sobre como a vida é injusta, mesmo quando sonham com o poder de virar a mesa, para se vingar dos injustos.[39]

Para os adeptos do **egocentrismo cognitivo dominador** (ECD), *todos* pensam em termos de domínio. *Todos* jogam difíceis jogos de soma zero. E aqueles que não o fazem, são perdedores que não merecem respeito e não têm honra, ou enganadores que querem trapacear. Sair dessa mentalidade, desvencilhar-se, mesmo que em grau limitado, da atração gravitacional das emoções límbicas, da projeção urgente de hostilidade ao outro e do medo do fracasso público e do ridículo se alguém sofrer uma emboscada, exige grande esforço (de fato, muitas pessoas pensam que isso

284

não pode ser feito). Como disse Eli Sagan: "A paranoia é o problema. A posição paranoica é a defesa. A democracia é um milagre, considerando as deficiências psicológicas humanas".[40] Em casos profundos, os ECD não conseguem sequer conceber a *possibilidade* de um jogo de soma positiva: tudo o que o "outro" fizer, por mais generoso que *pareça*, é uma armadilha, um ato dissimulado de hostilidade em que o outro está realmente disputando uma posição superior em um jogo de soma zero. Portanto, os ECD têm forte afinidade com teorias da conspiração (o "outro" é malévolo; deve ser combatido a todo custo).

## EGOCENTRISMO COGNITIVO LIBERAL (SOMA POSITIVA)

Por mais que consideremos natural a decisão americana de não assumir o controle dos países que ocuparam na Segunda Guerra Mundial, na verdade ela constitui uma mudança mundial com relação à guerra, uma renúncia explícita e sem precedentes ao domínio através da conquista. Lançou as bases para o Plano Marshall, as Convenções de Genebra, a ONU.

Um dos aspectos mais marcantes desse mundo pós-moderno e pós-guerra é o consenso generalizado de que as pessoas são basicamente boas e que o modo padronizado entre estranhos é amigável. Diz a canção "Wooden Ships" de 1968:

> Se você sorrir para mim, eu entenderei,
> porque isso é algo que
> todo mundo, em todos os lugares, faz na mesma língua..."[41]

A ascensão de uma espécie de antropologia beneficente, na qual os seres humanos eram instintivamente cooperativos, gregários e pacíficos, não era uma conclusão óbvia. Nós, no entanto, tendemos a considerá-la algo garantido, com pouca apreciação de quão rara e arriscada ela é. John Tooby explicou após os ataques ao Bataclan em Paris em 2015:

> Nascido em um mundo que foi pacificado internamente por tanto tempo, é fácil (e conveniente) confundir isso com o estado da natureza, e não algo mantido pelo dispendioso autossacrifício de alguns. Pessoas criadas em culturas predominantemente organizadas em torno da

285

racionalidade cooperativa não conseguem imaginar nenhuma outra racionalidade: Então, quando as pessoas usam a violência, deve ser porque são levadas pelo desespero ou por uma injustiça flagrante, e irão parar quando a justiça for feita. Ninguém, pensamos, poderia preferir a guerra [...] um cooperador quer chegar a um acordo entre iguais que seja bom para todos. Mas os predadores imaginam, em vez disso, uma dominação do tipo "eu ganho, você perde".[42]

Em "Wooden Ships", citada acima, dois sobreviventes de uma guerra nuclear apocalíptica, de lados opostos, reúnem-se e compartilham pequenos frutos que "provavelmente nos manterão a ambos vivos [sic]". Juntos, eles se afastam do trágico mundo do ódio e se voltam agora para viver, "livres e confortáveis, do jeito que deveria ser".

> Vá, segure a mão de sua irmã,
> Guie-a para longe dessa terra estranha,
> Para bem longe, onde possamos rir novamente,
> Estamos indo embora – você não precisa de nós.

Hino dos anos 60. Era uma mentalidade radical nova, totalmente diferente do tipo de pensamento nós-eles que dominou as gerações anteriores. E daí se aqueles pequenos frutos roxos teriam me mantido vivo o dobro do tempo e compartilhá-los poderia fazer com que ambos morrêssemos?

John Lennon captou o *Zeitgeist* em 1971 com "Imagine":

> Imagine que não exista paraíso
> É fácil se você tentar
> Nenhum inferno sob nós
> Sobre nós somente o céu
> Imagine todas as pessoas
> Vivendo o presente...
> Imagine que não há países
> Não é difícil de fazer.
> Nada pelo qual matar ou morrer
> E nenhuma religião também.
> Imagine todas as pessoas

> Vivendo a vida em paz...
> Você pode dizer que eu sou um sonhador
> Mas eu não sou o único
> Espero que um dia você se junte a nós
> E o mundo será um só.
> Imagine que não existam posses
> Eu me pergunto se você consegue
> Sem necessidade de ganância ou fome
> Uma irmandade de homens...

Essa pode ter sido uma das canções mais influentes já escritas, um "hino de esperança universal", abraçado tanto por pessoas espirituais como por socialistas radicais.[43] O pianista alemão Davide Martello dirigiu quatro horas até Paris para tocá-la do lado de fora do Bataclan após os ataques jihadistas de 2015.[44]

Transferido do plano pessoal ou messiânico para o domínio político e das relações internacionais, o novo paradigma exigia que todos, cidadãos e estrangeiros, fossem tratados de forma melhor e igualitária. Tendo início no movimento dos direitos civis, espalhou-se a acusação justificável de que os EUA e outros governos ocidentais estavam longe de corresponder aos seus próprios padrões. Não só na forma como tais governos tratavam os seus próprios cidadãos, mas também os estrangeiros na aldeia global cada vez "menor". A chave para a crítica radical de Noam Chomsky ao imperialismo dos EUA e de Israel até hoje é a exigência que tratemos outras nações e povos com a mesma consideração que afirmamos tratar os nossos. A fórmula que os britânicos dominaram no século XIX, da democracia em casa, o imperialismo no exterior, era totalmente inaceitável.

E subjacente a esses ideais (messiânicos) de desmantelar inteiramente a distinção "nós/eles" estava a antropologia beneficente que rejeita categoricamente a doutrina do *pecado original*: uma noção que alguns pensadores políticos conservadores consideram tão crítica para a ordem pública que negá-la significaria destruir o Estado.[45] Para a nova geração, no entanto, pensar mal dos outros era absurdo, uma traição à causa, um sinal de racismo, de preconceito, um ato odioso e hostil. A discriminação, normalmente um sinal de discernimento, tornou-se "algo ruim" e seu oposto, a promiscuidade (sem ser assim denominada), tornou-se "algo bom". Todos tinham que ser tratados igualmente, cada estranho era um (potencial) amigo, cada imigrante já um cidadão. E à medida que essa nova abordagem das relações humanas teve sucesso, ela encorajou tanto um compromisso educacional quanto intelectual para tornar literalmente impensável o "velho mundo" de soma zero violenta.

Matar, oprimir, intimidar, envergonhar – se tornou não apenas "ruim" mas, para uma pessoa boa, humana e empática, algo praticamente inimaginável. E já que tal enfoque, quando amplamente adotado, consegue, de forma admirável, proliferar interações de soma positiva, a nova mentalidade "pegou". Em lugar do **imperativo dominador** (governar ou ser governado), tínhamos não só um desinteresse mútuo (viva e deixe viver), mas um **imperativo empático** (seja gentil com os outros e eles o serão com você). Tornou-se tão difícil para os liberais imaginarem ou compreenderem a mentalidade de soma zero como havia sido para os autoritários imaginarem uma mentalidade de soma positiva.

O problema decorre, até certo ponto, de uma confusão entre empatia e simpatia. Quando alguém tenta ter empatia por outra pessoa, procura entender como ele ou ela (ou eles) vivencia o mundo. Muitas vezes, porém, pessoas bem-intencionadas processam isso como uma combinação de simpatia ("como eu me sentiria se estivesse na situação deles?") e egocentrismo ("eles são basicamente como eu"). Isso se traduz em uma antropologia improvisada e amplamente difundida sobre a natureza das pessoas: "A grande maioria, em todo o mundo, quer um teto sobre a cabeça para dormir tranquilamente à noite, curtir a família, colocar comida na barriga e dizer bom dia aos seus vizinhos.[46]

Essa atitude generosa para com o "outro", essa projeção de simpatia – eles são como nós – está no cerne da capacidade da sociedade civil de evitar a maior parte dos conflitos. Ela se beneficia dos esforços arduamente conquistados ao longo de séculos, no intuito de alcançar um nível sem precedentes de consenso benigno, e apenas nas duas últimas gerações tornou-se axiomática – uma conquista tremenda com uma recompensa imensamente produtiva.[47] Quaisquer que sejam os descontentamentos da vida moderna, poucos os trocariam por uma época em que a dor, a fome e a violência eram companheiras comuns.

Entretanto, essa projeção generosa, essa inversão da projeção paranoica, nem sempre é precisa. E quando equivocada em relação ao outro, quando envolve pessoas e culturas que ainda seguem regras de soma zero, pode ser perigosa. Se *pressupusermos* a mesma coisa e não pudermos nos autocorrigir, especialmente diante do que deveria ser uma evidência convincente, então esse egocentrismo cognitivo se torna uma forma de impotência aprendida.

Quando figuras religiosas, ou estudantes de religião, declaram que: "Nenhuma fé ensina as pessoas a massacrarem inocentes", quer saibam ou não, estão fazendo jogos semânticos pelos quais definem todas as religiões em termos da (compreensão) sua própria.[48] Pelo contrário, o antropólogo-teólogo René Girard argumentou que os sacrifícios de inocentes bodes expiatórios como soluções para a crise e os cultos que eles engendram formaram a base da maior parte da vida religiosa durante a maioria da história da humanidade (e a exceção que ele viu – o cristianismo – dificilmente foi uma exceção durante boa parte dos seus dois milênios de existência).[49] Há, no final das contas, uma diferença fundamental entre ser humano e ser humanitário. O sadismo é uma característica única e especificamente *humana*, por mais desumana que seja.[50] Assim, a projeção de atitudes *humanitárias* em todos os seres *humanos* e suas religiões só às vezes consegue entender e/ou mudar os outros e elevar as relações em benefício de todos. No restante do tempo, opera num mundo de negação fantástica e até fatal.

Com a queda da União Soviética em 1991, contudo, tais imaginações converteram-se em uma abordagem paradigmática das relações internacionais, articulada pelos principais "cientistas" políticos ocidentais.

> Um grupo de internacionalistas liberais [...] liderado por Robert O. Keohane e Joseph S. Nye Jr., postulou que uma nova era de cooperação internacional substituiria a ferrenha competitividade do sistema bipolar. Eles e outros internacionalistas liberais previram que

a difusão da democracia, laços econômicos mais fortes e organizações internacionais sólidas marcariam início de um ambiente global mais pacífico. Incorporada nessa análise estava a pressuposição de que o poder nacional, até então baseado em proezas militares e capacidades de dissuasão, seria substituído por ferramentas de "*soft power*", como laços econômicos e intercâmbio cultural.[51]

Essa vitória dos valores e das perspectivas liberais ofereceu aos especialistas do Oriente Médio a esperança de que *agora* seria o momento mais oportuno para mudar a situação propensa a conflitos numa região democrática, economicamente próspera, e levou outros a acreditar que a recém-ampliada União Europeia iria "dirigir" o século XXI.[52]

Durante os anos do governo Bush, esse tipo de pensamento dominou a administração. Além da projeção do pensamento ocidental, moderno, judaico-cristão sobre o islã discutido no capítulo sobre o 11 de Setembro, a invasão do Iraque por Bush invocou esta projeção liberal: falando em comum acordo com seus consultores neoconservadores, o presidente "de direita", articulou o paradigma do egocentrismo cognitivo liberal em defesa de uma política externa chomskyiana no Iraque:

> Uma vez após a outra, os observadores questionaram se esse país, ou aquele povo, ou esse grupo, está "pronto" para a democracia – como se a liberdade fosse um prêmio que se ganha por atender aos nossos próprios padrões de progresso ocidentais. Na verdade, o trabalho diário da democracia em si é o caminho do progresso. Ensina a cooperação, o livre intercâmbio de ideias e a resolução pacífica de divergências. Como homens e mulheres estão mostrando, de Bangladesh a Botsuana, à Mongólia, é a prática da democracia que faz uma nação estar pronta para a democracia, e toda nação pode iniciar essa jornada. Deveria ficar claro para todos que o islã – a fé de um quinto da população da humanidade – é consistente com o regime democrático. O progresso democrático é encontrado em muitos países predominantemente muçulmanos – na Turquia e na Indonésia, no Senegal e na Albânia, na Nigéria e em Serra Leoa. Homens e mulheres muçulmanos são bons cidadãos da Índia e da África do Sul, das nações da Europa Ocidental e dos Estados Unidos da América.[53]

290

Quer tenha dito isso com sinceridade ou cinicamente como uma desculpa para invadir e alimentar o complexo militar-industrial, ele invocou um *Zeitgeist* compartilhado. A hipocrisia é o elogio que o vício faz à virtude, quando aqui virtude significa valores liberais universalizados.

O consenso, pelo menos entre os ocidentais, tanto liberais como "conservadores", era generalizado: a democracia era uma bênção universal que todos os povos, se tivessem a chance, abraçariam. No seu discurso no Cairo de 2009, o recém-eleito presidente Obama articulou essa "crença inabalável" como uma doutrina virtual:

> que todas as pessoas anseiam por certas coisas: a capacidade de falar o que pensam e terem o que dizer sobre como é governado; confiança no Estado de direito e administração igualitária da justiça; um governo que seja transparente e não roube do povo; a liberdade para viver como você escolher. Essas não são apenas ideias americanas; são direitos humanos. E é por isso que os apoiaremos onde quer que seja.[54]

Aqui encontramos o egocentrismo cognitivo liberal elevado à posição tanto de uma *crença* dogmática como de uma doutrina de política externa. Como disse um colega normalmente sagaz (e psicoterapeuta) depois do 11 de Setembro: "Não consigo entender! Esses terroristas levavam uma boa vida de liberdade e abundância ocidentais? Como puderam cometer suicídio para destruí-la?" O verdadeiro "universal" é um pouco mais deprimente: o meu é natural; o teu é aprendido. Quase todo mundo quer o meu; muito menos querem conceder o vosso.

## A FITA DE MÖBIUS
## DO EGOCENTRISMO COGNITIVO

O que acontece quando os egocêntricos liberais de soma positiva interagem com os egocêntricos dominadores de soma zero? Os liberais gostam de imaginar que a sua empatia e simpatia conquistarão os atores de soma zero que apenas se apegam ao seu antagonismo por medo e que, ao perceberem que não estão em perigo, mudarão de atitude. (Nesse sentido, é uma forma secular de trabalho missionário). E, muitas vezes, pode funcionar. Porém, quando liberais comprometidos encontram um dominador comprometido, a dinâmica opera em sua desvantagem.

Nesse caso, os adeptos do egocentrismo cognitivo dominador aprendem rapidamente a explorar as boas intenções e as vulnerabilidades que os egocêntricos cognitivos liberais (ECL) consideram a sua verdadeira força. Eles falam precisamente nos termos que apelam aos ECL, insistindo que lutam pelos direitos humanos, por equidade e justiça, mesmo que suas noções sobre tais assuntos sejam totalmente diferentes daquelas dos liberais a quem apelam. Os liberais ficam confusos, pois tanto os moderados genuínos como os demopatas usam a mesma linguagem.[55] Forçados a julgar, muitos liberais, ansiosos por acreditar em qualquer coisa civilizada que as pessoas possam dizer, preferem projetar boa-fé, levando em conta os protestos dos demopatas ao pé da letra, tornando-se assim os **crédulos dos demopatas**. Como resultado, emerge uma relação disfuncional entre os demopatas e seus crédulos. Nas atuais circunstâncias, em que a maioria dos liberais sequer consegue detectar a existência de seus próprios ECL nem imaginar a possibilidade de demopatia, essa relação disfuncional opera radicalmente para vantagem dos ECD.

O livro de Jytte Klausen, *The Islamic Challenge: Politics and Religion in Western Europe* oferece um bom exemplo de ECL quando confrontados com a demopatia. Depois de três anos (2003-2005) entrevistando o que ela identificou como "a nova elite muçulmana" na Europa, ela perguntou "qual é o grau de comprometimento dos líderes muçulmanos da Europa com os valores liberais?" Sua resposta definitiva:

> Os líderes muçulmanos da Europa abraçaram o liberalismo envolvendo-se com as instituições da democracia. Eles invocam direitos humanos a fim de reivindicar igualdade, ou apelam aos princípios do universalismo humanista para defender o "valor igualitário" do cristianismo e do islamismo. De qualquer forma, recorrem a variedades de liberalismo.[56]

Klausen, portanto, oferece como "prova" um discurso que poderia ser interpretado de várias formas: eles se envolvem com e invocam valores liberais e instituições democráticas a fim de... participar ou de destruir? Ela não faz a pergunta, aparentemente satisfeita com o envolvimento. Klausen não foi única a adotar esse enfoque. Bruce Bawer argumenta que os jornalistas fizeram tudo ao seu alcance para retratar radicais e demopatas como moderados, de Tariq Ramadan ao seu imame local.[57]

Não é que ela não estivesse exposta aos possíveis usos hipócritas desse discurso liberal: quando conduziu suas entrevistas, os demopatas muçulmanos, como Muhammad Omar Bakri, explicaram os princípios de maneira explícita: "Vamos usar sua democracia para destruir a democracia".[58] Não era como se pelo menos um de seus entrevistados não tivesse exposto o plano demopata em detalhes "arrepiantes", fazendo uma pausa para testar os limites da tolerância... porém não mais do que uma pausa: "Entretanto, encontrei com maior frequência defesas de direitos humanos generosas e baseadas em princípios". Em vez de uma análise séria, o leitor obtém generalizações anódinas. A autora garante ao leitor que as preocupantes tendências de intenção maliciosa diminuirão "diante do enfraquecimento dos laços étnicos ancestrais [que] facilitarão a integração". A ideia de que o **neoislã**, não étnico, possa replicar o padrão *Al-Walā' wal-Barā'* do nós-eles muçulmano, pensando em um novo "nós" e utilizando mecanismos de integração como armas de mobilização comunitária, aparentemente não fica registrado nela.[59]

O livro em si é um testemunho da facilidade com que um "cientista social" poderia então (e ainda pode) produzir resultados publicáveis com base em uma amostra sistematicamente distorcida – aqueles muçulmanos que estavam usando meios democráticos para se organizar – que não tinha nenhum detector embutido mais sério de fraude do que os julgamentos generosos da própria autora. E ainda assim os profissionais da informação, liderados por acadêmicos, acolheram suas conclusões.

E o corolário dessas garantias sobre quão "moderada" e de mentalidade democrática era a nova elite muçulmana, foi o "fato" bem-vindo de que a xenofobia e o preconceito europeus eram injustificados. Assim, Klausen diagnostica o Ocidente como sujeito a "pânico moral" por se preocupar com a ameaça à sua cultura representada pelo islã triunfalista, e fica apreensiva com o racismo e a xenofobia ocidentais, mesmo quando a ideologia jihadista que ela rejeita como marginal mobilizou aberta e repetidamente ódios violentos, muitas vezes encenados com notícias falsas, em torno do seu pânico moral pela ameaça do Ocidente ao islã.[60]

Stanley Hoffman expressou sua opinião em *Foreign Policy*: "Ao destruir bichos-papões [islamofóbicos], Klausen nos obriga a enfrentar de forma racional e compassiva questões difíceis e sensíveis de grande importância para o futuro da Europa".[61] Pelo contrário, ao rejeitar ameaças graves, ela, sistematicamente mal-informada, nos forçou a ignorar questões sensíveis e difíceis de grande importância para o futuro da Europa (e do Ocidente).[62] A simpatia acrítica de Klausen, Hoffman e muitos outros pelos ECL, os deixou cegos para a própria existência do seu inimigo demopata, o *caliphator*.

A Europa pode cair nessa dinâmica disfuncional, não obstante os lampejos ocasionais de duro questionamento que identifica demopatas disfarçados de moderados, revelando o discurso jihadista por trás de sua retórica.[63] Klausen acredita sinceramente que a "nova elite muçulmana" deseja "respeito e reconhecimento". Ela generosamente imagina que, por um lado, isso bastará e, por outro, seus membros estão dispostos a retribuir respeito e reconhecimento àqueles que os tratam como iguais. Qualquer evidência contrária, de que o islã triunfalista não aceita a igualdade com os *kuffār* e qualquer surto dessa vontade coletiva de domínio – 7 de julho, os motins franceses, o caso dos cartuns dinamarqueses – não a impedirá de seguir seu curso predeterminado.[64] "A grande maioria é como nós, eles estão apenas pedindo um tratamento justo." Portanto, é melhor não submeter nossos amigos muçulmanos a questionamentos sobre a sua sinceridade. Melhor não exigir reciprocidade. Melhor não reconhecer a sua resistência em fazer concessões cívicas.

Para entender a disparidade entre como um demopata e um egocêntrico cognitivo liberal sonham, considere a versão jihadista do "Imagine" de Lennon:

*O Hino do Caliphator*
Imagine que não há países
Não é difícil de fazer.
Algo pelo qual matar e morrer
E uma religião também.
Imagine todas as pessoas
Vivendo a vida sob a paz de Alá.
Você diz que sou um sonhador
Mas eu não sou o único...

Então, enquanto Davide Martello dirigia para a França após o massacre do Bataclan (2015) para tocar *Imagine*, e o *HuffPost* achou que ele tinha assim "unido a França", os jihadistas fincaram mais uma garra no corpo político francês.[65] Com esse ataque inimaginavelmente cruel e sádico, os "mártires" aumentaram em milhões o número de *dhimmi* que sabiam a quem não ofender (incluindo a polícia, que ficou parada até que o trabalho do jihadista estivesse concluído, e o faria novamente com Sarah Halimi), e ganharam a admiração de um número incontável (desconhecido) de *caliphators* em todo o mundo que desejam intensamente desferir outro golpe semelhante.[66] Se você quiser um exemplo de campo de batalha assimétrico, não há lugar melhor para exibir a derrota decisiva do que os demopatas do ECD manipulando os crédulos do ECL em uma guerra cognitiva.

## OS DEMOPATAS E SEUS CRÉDULOS DO ECL

Forçado a fazer um julgamento de valor sobre se um determinado muçulmano – amigo, jornalista, colega de trabalho, ativista – é um moderado sincero ou um manipulador demopata, muitos liberais, ansiosos por acreditar em praticamente qualquer coisa cortês que o "outro" possa dizer, e a fim de fomentar qualquer esperança de "paz mundial agora", preferem projetar boa-fé nos demopatas.[67] De fato, alguns até fazem concessões às suas exigências e apontam os verdadeiros moderados como inimigos. Nos casos em que aceitam os protestos dos demopatas como verdade, como quando o SPLC – Southern Poverty Law Center (Centro de Direito da Pobreza do Sul), rotulou Maajid Nawaz de islamofóbico, eles se convertem em seus crédulos formais.[68]

Notei pela primeira vez o fenômeno que aqui chamo de "demopatia" quando li um artigo sobre como Muhammad Atta, o líder dos "magníficos 19" do 11 de Setembro já havia tentado obter um empréstimo de US$ 650 mil para um pulverizador agrícola capaz de transportar grandes tanques de pulverização do Departamento de Agricultura da Flórida.[69] Quando lhe foi dito que, como não era cidadão dos EUA, não se qualificava para o empréstimo, ele reclamou que a burocrata infiel o estava discriminando injustamente. Ele, pessoalmente, não tinha nenhum compromisso de não discriminar forasteiros (*Al-Walā' wal-Barā*) com seus planos assassinos para o infiel (borrifar veneno sobre uma área urbana), mas se pudesse usar a acusação para fazer com que os ocidentais e seus valores ridículos se sentissem culpados, para de alguma forma coagi-los a fazer concessões para "provar a sua boa vontade", tanto melhor.

O sucesso da estratégia pode ser visto no fracasso tanto do interlocutor de Atta no Departamento de Agricultura em maio de 2000 e de um segurança do aeroporto no mesmo 11 de Setembro em relatar o problema.

> Eu disse a mim mesmo: "Se esse cara não parece um terrorista árabe, ninguém parece". Então me dei um tapa no rosto, porque hoje em dia não é legal dizer coisas desse tipo, disse Tuohey ao *Maine Sunday Telegram*. "Você verificou centenas de árabes, hindus e siques, e nunca fez isso. Eu me senti meio envergonhado."[70]

Esses breves lapsos devidos ao constrangimento, generalizados ao longo de uma década, produziram tudo, desde a desastrosa interpretação equivocada que levou ao massacre das tropas americanas em Fort Hood por um soldado americano-palestino que havia abertamente informado seus colegas sobre suas simpatias jihadistas, mas nunca foi denunciado por isso; e o escândalo não resolvido dos muçulmanos paquistaneses em Rotherham (e em outros lugares), estuprando sistematicamente jovens garotas britânicas, enquanto ninguém ousava denunciá-los por medo de acusações de racismo e islamofobia.[71] A demopatia é o veneno paralisante

296

do século XXI. E os *caliphators* estão tão confiantes de que os ocidentais não conseguem resistir ao seu veneno que o admitem abertamente: "Com as suas leis democráticas nós colonizaremos vocês, com nossas leis corânicas nós dominaremos vocês".[72]

O discurso do *caliphator* é intrinsecamente demopata: que melhor maneira de obter alvos que se submetam de bom grado do que convencê-los de que estão fazendo o certo segundo seus próprios valores? O CAIR fez disso um princípio básico. Use a retórica humanitária sobre os direitos humanos (no que diz respeito aos muçulmanos) como forma de proteger os *caliphators* de críticas e até de punições. O caso de Sami al-Arian, professor da University of South Florida que sistematicamente canalizava contribuições para a *jihad* islâmica na Palestina no auge da sua campanha terrorista, ilustra bem tanto a retórica demopata usada para defender Al-Arian, quanto o apoio que ele obteve de crédulos progressistas que sentiram profunda indignação com o tratamento "injusto" a ele despendido pelas autoridades islamofóbicas.[73] Nenhuma voz é mais poderosa hoje, e mais prejudicial, do que a justa indignação de alguém que denuncia o racismo contra os muçulmanos para defender os *caliphators*.

Finalmente, um consenso acadêmico dogmático expulsou como "racista" qualquer discussão sobre a beligerância humana intrínseca e modos culturais arraigados.[74] Essa imposição politicamente correta de discussões escrupulosamente livres de valores sobre outras culturas – quem somos nós para julgar? – resulta, por um lado, em cegueira para materiais relevantes (por exemplo, sobre o funcionamento da vergonha-honra) e, por outro, em um racismo humanitário que vê o comportamento vil (movido pela vergonha-honra) do "outro" como uma força da natureza que deveríamos ter pensado melhor antes de provocar. Portanto, quando um pastor americano ameaçou queimar o Alcorão como forma de protesto contra o terrorismo islâmico, um juiz do Supremo Tribunal dos EUA sugeriu que não era liberdade de expressão (como, por exemplo, queimar uma bandeira dos EUA), mas algo semelhante a gritar "fogo" em um teatro lotado.[75]

Do outro lado do globo, no Afeganistão, um alto funcionário da ISAF (International Security Assistance Force – Força Internacional de

Apoio à Segurança) descreveu um motim de uma multidão afegã que causou o hediondo assassinato em Mazar-e-Sharif de sete funcionários da UNAMA (United Nations Assistance Mission in Afghanistan – Missão de Assistência das Nações Unidas no Afeganistão), decapitando dois deles, em resposta à queima [sic] de uma cópia do Alcorão na Flórida, como "paixões compreensíveis".[76] O racismo humanitário, segundo o qual os muçulmanos não devem estar sujeitos a expectativas morais, tem garantido o fracasso ocidental num campo de batalha cognitivo em que o nosso inimigo *caliphator* faz reivindicações morais ruidosas. E a nossa incapacidade de resistir só nos garante o desprezo dos muçulmanos genuinamente moderados e de mentalidade independente.

A política de imigração oferece um bom exemplo da manipulação tóxica do egocentrismo cognitivo ocidental feita pelos demopatas. Pois no mundo em que queremos viver não deveria haver fronteiras e, portanto, o ICE (Immigration and Customs Enforcement – Serviço de Imigração e Controle de Aduanas) deveria ser abolido. Escreve Murtaza Khan:

> Acreditamos que todos têm o direito inato de escolher qual parte do mundo podem chamar de lar com plena liberdade, segurança e dignidade. Em vez disso, todos os anos milhões de migrantes e refugiados desistem de tentar ter uma vida melhor devido à burocracia, taxas injustas e práticas fraudulentas.[77]

Em termos de "justiça social" isso faz todo sentido. Todos são iguais e todos têm direito a uma vida melhor. Em termos culturais, reflete um mal-entendido fundamental de como são raras as liberdades concedidas livremente, como são difíceis, para a maioria das culturas, as exigências da liberdade (por exemplo, renunciar aos assassinatos por vergonha, honrar a violência e a vingança) e como o (malévolo) Ocidente, um local notável por respeitar esses "direitos humanos", é também o único destino desejado das pessoas em todo o mundo – algumas de boa vontade, outras não. Suas propostas, embora soem agradáveis, na verdade semearão o caos e destruirão as próprias liberdades que ele imagina serem universais.[78]

A demopatia do *caliphator* encontra seu público mais disposto na "comunidade de direitos humanos" global, ONGs como a Anistia Internacional e a Human Rights Watch, que em algum momento da década de 1990 foram "sequestradas" por ativistas pós-coloniais determinados a seguir uma agenda na qual o discurso dos "direitos humanos" pudesse ser dirigido contra o Ocidente (com uma obsessão especial por Israel), enquanto lidavam com muita cautela no tocante às violações dos direitos humanos nos países muçulmanos.[79] O casamento do sadismo pré-moderno e do masoquismo pós-moderno envolvidos nesse discurso de "direitos humanos" foi consumado em Durban, sob a égide daquele santo padroeiro da conferência, Muhammad al-Durrah: o deleite de um demopata que continua a dar forte apoio à causa do *caliphator*.[80] Não é de surpreender, portanto, que "ativistas" em tais organizações de direitos humanos mantenham laços extensos com os *caliphators*; nem que, quando forçadas a escolher entre uma verdadeira defensora e feminista dos direitos humanos e um *caliphator* toxicamente masculino, algumas organizações escolham o último.[81]

Apesar da suposta diferença radical entre o trapaceiro e o crédulo, ela nem sempre é óbvia: quem é um demopata e quem é um crédulo? Em alguns casos (quantos?), a linha divisória entre ambos parece porosa. Por quanto tempo os crédulos se recusam a acordar? Por quanto tempo poderão permanecer negando, como os idiotas úteis de Lênin, uma realidade feia que contradiz seus sonhos afetuosos? Em que momento abandonam a negação perplexa e começam a prestar atenção em evidências anômalas?

Era Edward Said um agente conhecedor dos *caliphators da'i* quando paralisou intelectualmente as elites infiéis com o seu discurso demopata e antirracista?[82] Ou ele realmente acreditava que estava tornando o mundo mais inclusivo, menos racista e menos opressivo ao defender os "direitos" do seu povo palestino? Está Tariq Ramadan de fato comprometido com um mundo de tolerância religiosa e respeito mútuo? Ou ele é um major-general entre os *caliphators da'i*, orgulhoso neto de Hassan al-Banna, orgulhoso filho de Said Ramadan, da realeza da Irmandade Muçulmana?[83] Será que Noam Chomsky está abertamente do lado das forças de destruição (revolucionárias), ou ele crê que seus ataques verbais implacáveis a tudo que pode encontrar de errado em Israel e nos EUA (e muito mais) são, de alguma forma, críticas bem-intencionadas que tentam melhorar a democracia?

Não é de surpreender que, no centro de grande parte da retórica demopata esteja o tropo "culpe o Ocidente/os EUA/Israel" que tanto atrai os "progressistas". De fato, a resposta padrão tanto dos *caliphators* quanto dos "progressistas" à acusação de que o terror jihadista é especialmente repugnante do ponto de vista moral, é culpar o Ocidente, cujos pecados não lhes deram opção ou, como em 11 de Setembro, retratam o comportamento ocidental como um terrorismo ainda pior.[84] A aceitação sentimental generalizada dessa atitude compartilhada de triunfalistas muçulmanos e progressistas ocidentais, apontando o dedo da culpa para o Ocidente, tornou praticamente impossível pensar com clareza. Essa pode ser uma das falhas que a antropóloga Laurie Santos descreve: tomamos consciência da perspectiva (profundamente falha) do "outro", e acabamos sendo incapazes de nos livrar dela, ainda que isso nos derrube.[85]

A chave aqui reside na combinação distorcida de racismo humanitário que diz respeito aos jihadistas e outros "outros" (*o seu lado, esteja certo ou errado*) e um feroz antirracismo no que tange a "nós" (*nosso lado está errado mesmo quando certo*). Quando os líderes do pensamento ocidental, em cativeiro límbico dessa combinação inebriante de racismo humanitário e antirracismo virulento, empoderam os demopatas em vez de os moderados sinceros, eles ferem as forças da sociedade civil e os direitos humanos entre "nós" e conferem maior influência às forças de domínio e guerra entre "eles".[86]

"Mas", você diria, "imagine um mundo sem nós-eles. Não seria melhor?"

# A ESQUERDA
# PROGRESSISTA GLOBAL (EPG)
# NO SÉCULO XXI

Meu lado é sempre o certo?
Não! Eu abraço o "outro"
O lado deles não pode estar errado!

## A ESQUERDA PROGRESSISTA
## GLOBAL NO FIM DO MILÊNIO

O fenômeno da esquerda progressista global como um *movimento* do século XXI deriva-se do entrelaçamento de dois movimentos intelectuais que se autodenominam **"pós-moderno"** e "pós-colonial". O pós-modernismo começou como um movimento atrevido, iconoclasta, imaginativo e conscientemente antitotalitário nas décadas de 1970/1390 AH (sua fase inicial "pós-moderna"), antes de dar uma guinada autoritária e pós-colonial na década de 1980/1400 AH. Esse processo nos permitirá compreender como as iniciativas jihadistas na virada do milênio encontraram um público tão favorável entre as pessoas que se poderia pensar seriam as últimas no mundo com as quais a retórica e os valores jihadistas, mesmo em suas formas "secularizadas", teriam ressonância.[1]

Qual era o "moderno" que o pós-modernismo afirmava ir além? Segundo os pós-modernos, era a "grande narrativa" ocidental da conquista da natureza por meio da ciência objetiva, do discurso racional (falo-logo-cêntrico) e sua tecnologia transformadora do mundo. Eles rejeitavam a visão hierárquica que, segundo sua alegação, estava incorporada naquela grande narrativa que se considerava superior em sua busca por uma compreensão objetiva e cientificamente fundamentada na realidade.[2] Argumentavam que suas reivindicações hegemônicas de "verdade objetiva" invalidavam e ofuscavam todo o restante. Os pós-modernos queriam desconstruir a influência sufocante que esse pensamento e ação "racional", em grande parte masculinos e intrusivos, haviam imposto às pessoas do mundo inteiro; desmantelar um edifício cultural de (conhecimento como) poder cujos efeitos econômicos, sociais e ecológicos eram catastróficos.[3]

O pós-modernismo expressava pesar pelo comportamento imperialista do Ocidente "moderno", que dominara e dizimara outras culturas e, ao mesmo tempo, tentou abrir-se às narrativas desses "outros". Era uma combinação vencedora: ao rejeitar uma abordagem tão rígida e agressivamente restrita por essa cultura ocidental de elite, os *pós-modernos* poderiam explorar o que Jacques Derrida, o campeão da "desconstrução", chamou de "uma superabundância de significado".[4] Novas e ousadas técnicas exegéticas "quebraram" os textos em camadas de significado e revisão muitas vezes contraditórias, em infindáveis simulações de texto e *sous-texte*.[5] Com tal enfoque de sua própria cultura, os ocidentais podem destruir seu cânone estreito e abrir espaço para muito mais vozes e narrativas do mundo todo.

O pós-modernismo deveria ser um golpe contra o totalitarismo e o terror. Jean-François Lyotard escreveu em 1984:

> Os séculos XIX e XX nos deram tanto terror quanto podemos suportar [sic]. Pagamos um preço alto o suficiente pela nostalgia do todo e do um, pela reconciliação do conceito e do sensato, da experiência transparente e comunicável. Sob uma demanda geral por relaxamento e apaziguamento, podemos ouvir os murmúrios de um desejo de um

retorno do terror, de uma realização da fantasia de captar a realidade. A resposta é: façamos uma guerra contra a totalidade, sejamos testemunhas do inapresentável. Ativemos as diferenças e salvemos a honra do nome.[6]

Assim, as próprias incertezas que as abordagens pós-modernas tanto valorizavam tinham como intuito a proteção contra grandiosas narrativas redentoras e seu desejo de esculpir-se no próprio corpo-social ("a fantasia apoderando-se da realidade").[7]

O pós-modernismo viu-se ao mesmo tempo como uma grande renúncia e uma libertação. Renunciou ao poder da narrativa triunfalista ocidental, segundo a qual todos as demais culturas eram, na melhor das hipóteses, cópias aproveitáveis das nossas; na pior, fracassos deploráveis em seguir o nosso exemplo. Dado o quão mortal alguns desses pensamentos podem ser, sobretudo nas mãos de fanáticos intelectuais – da esquerda ou da direita –, o pós-modernismo renunciou à "grandiosa narrativa" ocidental que tinha guiado visível e invisivelmente nossa civilização às alturas da realização (ou assim pensavam os modernos mergulhados nas trevas da ignorância). Ao renunciar a *todas* as grandiosas narrativas, os pós-modernos entraram num mundo repleto de significado e da promessa de performatividade, a fim de efetuar uma mudança revolucionária. Romper fronteiras entre culturas, disciplinas, indivíduos, textos, gêneros; transgredir tabus, pensar estranho, ser estranho. Ousar. Performar.

Com esse iconoclasmo penetrante, seria possível se abrir a um vasto mundo novo de narrativas e experiências antes obscurecidas pela sufocante, hegemônica e grandiosa narrativa ocidental. A Antropologia liderou o campo das "Ciências" Sociais em sua adoção radical de um relativismo radical e autoabnegado.[8] "*Quem somos nós para julgar?*" Compreendemos melhor abrindo-nos ao "outro", por mais que isso nos torne vulneráveis.[9] De várias maneiras, esse movimento intelectual e artístico interage com paradoxos há muito explorados por budistas e taoístas: soltar para "agarrá-lo", navegando nas ondas e correntes do *Tao* em encontros com forças cósmicas.[10]

# O APOCALÍPTICO TRANSFORMACIONAL
# DA PÓS-MODERNIDADE:
# ABRAÇANDO O "OUTRO"

À semelhança dos movimentos demóticos milenaristas, esse começou de forma promissora. A liberdade interpretativa permitiu o surgimento de uma nova dimensão de relações sociais. Com essa nova flexibilidade intelectual e emocional, é possível voltar-se para o "outro" e desenvolver laços não coercitivos de associação voluntária, de amizade verdadeira. Assim, em lugar do "nós-eles" tribal que, quando não teme, vê os outros como inferiores, desdenhando e desprezando-*os*, a ética pós-moderna colocou grande ênfase na criação de relacionamentos abertos com um "outro" com quem realizamos atos revolucionários de libertação. A *alteridade* exigia o reconhecimento do "outro", com quem podemos e devemos viver em relações de confiança, respeito e abertura.[11]

Para Derrida, a desconstrução dissolve a barreira entre "nós e eles"; é uma atividade reveladora e, de certa forma, salvífica que elimina as camadas falocêntricas de significado, descentraliza e desestabiliza narrativas grandiosas de território e identidade, e revela o mundo como uma dança semiótica em constante mudança, sempre fascinante: uma cascata, um caleidoscópio de sentido, o sempre já, *différance*. A dissonância cognitiva não é dolorosa, é um deleite semiótico. Derrida definiu *hospitalidade*, o acolhimento do "outro", como "a desconstrução do que está em casa [nós]; a desconstrução é hospitalidade para o outro [eles]", para que também eles se sintam "em casa".[12]

Os pós-modernos acreditavam que esse desempenho nos trouxe a um mundo global pacífico: tolerante, aberto, empático, obsequioso, cosmopolita. Não o mundo de outrora, de guerra, de dicotomias "nós-eles" como "Estados-nação", e de hostilidade e desprezo paranoicos mútuos. E não o mundo de uma globalização homogeneizante, em que o capitalismo ocidental disfarça a sua investida imperialista por trás de um mercado alegadamente "livre", sujeitando todos às exigências generalizadas e penetrantes da comoditização.

Os progressistas rejeitaram *ativamente* o racismo e a hierarquia, o colonialismo e imperialismo e a opressão dos fracos, o tipo de comportamento que só traz mais rebelião e violência. *A guerra, de fato, a própria violência, nunca resolveu nada.* No lugar, a pós-modernidade ofereceu aos que ansiavam por dar esse salto evolutivo uma plataforma para revidar os golpes ao narcisismo arrogante, insular e cultural do eurocentrismo ocidental. Um salto da "cultura de honra" nacional para uma "cultura de dignidade" global. Alguns, como Emmanuel Lévinas (e, à sua maneira, Michel Foucault), transformaram as relações *Eu-Tu* livres de poder e coerção, na (apocalíptica) chave para a redenção (milenarista/coletiva). A ontologia ética de Lévinas, em algumas maneiras, reproduz, ao mesmo tempo que seculariza, o "Sermão da Montanha". Não julgue. Perdoe. Ame até mesmo o outro hostil. Abra seu coração para todos.[13]

É justo chamar essa preocupação fundamental com uma atitude empática e generosa em relação ao Outro de o "*Zeitgeist* milenarista" do Ocidente do pós-guerra (1950-): os pensadores podem ter divergido na forma como deveríamos nos relacionar com o "outro", mas todos concordaram na importância redentora de tratá-lo com dignidade e respeito.[14] O feminismo não tem significado fora das reivindicações morais que o "outro" feminino pode fazer na mente falocêntrica.[15] Nesse sentido, a teoria crítica, tanto em sua versão sociopolítica (Escola de Frankfurt) quanto literária (Derrida, Butler), representa um projeto pré-milenar de longo alcance para preparar a humanidade, talvez ao longo de várias gerações, para um grande salto, inclusive evolutivo, para um nível diferente de consciência, uma forma diferente de interagir com outros, e uma forma correspondentemente diferente de organizar a política. Os intelectuais ocidentais, após a Segunda Guerra Mundial/Holocausto, voltaram-se para a teoria (uma combinação de inovação psicológica e exegética) a fim de engendrar revoluções sociais: um *apocalíptico transformacional* (interior, gradual, não coercitivo), levando a um *milênio demótico* (igualitário-prolífico, de soma positiva, mundano).[16]

Essa visão grandiosa sugere que, embora os pós-modernistas possam ter rejeitado grandiosas narrativas anteriores, eles não o fizeram para prescindir de aspirações morais em relação à era messiânica terrena (o que alguns estudiosos identificariam como a "grandiosa narrativa" ocidental), mas para aperfeiçoar as artes milenaristas de promover esse objetivo. Tendo assumido acriticamente livrar-se das grandiosas narrativas religiosas e científicas (ocidentais) como relíquias falsas e supersticiosas de uma era anterior, poucos dos praticantes da nova teoria crítica estavam cientes de que replicavam a grandiosa narrativa anicônica, demótica, monoteísta segundo a qual tudo contribui para um desfecho final de liberdade e justiça, segundo o princípio de que *só os justos são livres*. A narrativa grandiosa permaneceu (e permanece): liberdade e justiça, as gêmeas inseparáveis, servem de inspirações para "dirigir o planeta Terra" ao longo do "arco do universo moral". Contudo, enquanto os modernistas dirigiam com os olhos firmemente fixos na "verdade objetiva", os pós-modernistas, tendo destruído esse ícone, cada vez mais tendiam a dirigir com seus olhos teleológicos fixos no "abraçar o outro".

## SUBSTITUINDO O MODERNO: IDEIAS VIRAIS MESSIÂNICAS, SUPEREGO TIRÂNICO E TODOS OS TIPOS DE ÓDIO

Nas ideias que circulam de forma ampla atualmente pode-se melhor observar as tendências messiânicas do *Zeitgeist* progressista. Algumas têm essências interessantes de validade, porém todas refletem suposições messiânicas profundamente irrealistas sobre a realidade. No entanto, encontraram ampla aceitação e, uma vez invocadas, tais ideias viralizadas encerram todas as discussões futuras:[17]

- A violência nunca resolveu nada. (*"Violência sem sentido"*)
- Guerra não é a resposta.
- Quem somos nós para julgar?
- Todas as culturas são iguais.

Observe que todas elas são princípios avançados de soma positiva, afirmadas na crença de que, se estivermos suficientemente empenhados em encontrar uma solução, "podemos resolver isso".

Quando, no século XXI, a *jihad* global realizou os seus primeiros ataques contra o Ocidente, esse *Zeitgeist* foi duramente testado. Em vez de questionar algumas das premissas, no entanto, os proponentes empregaram essas ideias pensando erroneamente que descreviam o "mundo real" em lugar da esperança ultrajante de como (eles pensam) que o mundo pode e deve ser. Se você julgar erroneamente um inimigo por amigo com bastante frequência, acaba ganhando o Prêmio Darwin[*]. Ao acreditar, ironicamente, na "verdade" dessas ideias de grande esperança, convencidos do poder transformador de seu desempenho, de seu testemunho desses nobres sentimentos, os pós-modernos isolaram-se do choque que outros sentiram ao cortar as linhas que os prendiam à realidade. Para alguns, a reação à separação foi: "E daí? Esses pensamentos difíceis são apenas resquícios de uma crítica objetivista destinada a nos enredar em uma *Realpolitik* de soma zero, aqueles que se opõem estão apenas sentindo pânico moral". Ou como Jefferson Airplane afirmou: "Em lealdade à nossa espécie, não podemos tolerar a sua obstrução".[18]

O resultado transformou-se em um fenômeno extraordinário nos dois milênios de história do cristianismo. Nesse tempo, nenhuma nação que se autodenominava cristã implementou uma política externa baseada no "Sermão da Montanha". Afinal, dar a outra face em um local em que aqueles que querem poder e domínio congregam o mundo inteiro pode parecer contraindicado, certamente como única opção (a guerra *nunca* é a resposta). Ironicamente, foram as nações cujas elites intelectuais haviam rejeitado o cristianismo (e todas as religiões) como um disparate supersticioso, que tentaram um empreendimento tão temerário. Não é de admirar que, juntamente com a sua impossivelmente elevada, se bem que inconsciente, moral cristã, encontramos em sua "ansiedade de influência" uma forte tensão de supersessionismo (ver a seguir).

No que tange aos mais revolucionários que abraçaram essas ideias virais messiânicas, eles não estavam "se separando" da realidade; eles a

---

[*] N.T.: Uma honraria irônica concedida a pessoas que "ajudaram a humanidade a melhorar seu patrimônio genético, retirando-se do mundo ou castrando-se de uma forma particularmente estúpida".

traziam consigo, transformando-a. Ironicamente, apesar da insistência do pós-modernismo na inadequação de qualquer linguagem próxima à descrição da realidade, os seguidores de nível básico viviam na fantasia de moldar a realidade com palavras (teóricas). Paradoxalmente, a separação da realidade inefável, mas adamantina, dotou-os de surpreendentes poderes criativos, falantes de uma nova, performativa e revolucionária linguagem.[19] Na versão popular, somos informados de que vivemos em *"um mundo complexo e sem fronteiras"*, por figuras como John Kerry, não um anunciante do viral favorito da CNN, mas o secretário de Estado da nação mais poderosa do mundo.[20]

O mundo real, infelizmente, sempre reage. Esse é o mundo em que às vezes a guerra *é* a resposta, um último recurso com certeza, mas apropriado ao lidar com ataques predatórios como os dos nazistas. E embora possamos concordar que não julgar seja uma boa ideia, poucos argumentariam que *nunca* julgar é ainda melhor, e não algo suicida. Infelizmente para aqueles que têm dificuldade com dissonância cognitiva, o julgamento precoce demais *e* o tardio demais são erros que podem causar muitos danos. Pode-se até alegar que bons julgamentos, assim como cônjuges felizes, tornam a vida boa.

E, no final, aqueles que tão generosamente renunciaram ao julgamento dos outros, rápida e generosamente julgaram os inimigos como amigos (Butler e Livingstone com relação ao Hamas e ao Hezbollah) e com a mesma rapidez e severidade julgaram e deploraram aqueles "islamofóbicos xenófobos", seus concidadãos de "direita" (para não mencionar os israelenses). Como resultado, os sonhos messiânicos foram transformados em realidade. O adesivo de parachoque anos 70 dizia: *"A mente é como um paraquedas que só funciona quando estiver aberto"*. Isso pode ser verdade, mas se não puder ser fechado, só poderá ser usado uma única vez. Uma coisa é dizer que todas as culturas têm narrativas importantes, outra bem diferente é afirmar que todas elas têm o mesmo valor na compreensão umas das outras e do mundo e não deveríamos ousar julgar que uma é melhor que a outra.

Desarmados por chavões messiânicos, comprometidos com o "progresso" pela transgressão de todas as fronteiras culturais e de gênero (ocidentais), à deriva, sem conexão consciente com a grandiosa narrativa que tornou possível seu sucesso, inebriados pela sua libertação imaginada e tão profundamente envergonhados do passado genocida, racista e imperialista dos seus antepassados quanto com o próprio pensamento de que também possam compartilhar esse ódio preconceituoso, os pós--modernistas são alvos fáceis para os demopatas *da'wa* que atingiram o Ocidente no início do século XV AH. Invocando os ódios violentos de Frantz Fanon (o intelectual dos terroristas), esses demopatas clamavam pelo *status* de vítima subalterna, os condenados da terra, em cuja pele e corpo social os imperialistas inscreveram o seu domínio racista. O imperativo moral do pós-modernista era arrepender-se pelos anos de lágrimas que o homem branco privilegiado havia arrancado das vítimas do mundo, trazendo essas vozes marginalizadas e sub-representadas à discussão.[21] "O islá é o pobre e ficamos furiosos quando os americanos espancam os pobres."[22]

Por trás dessa penitência havia um superego tirânico, fazendo exigências impossíveis em nossas consciências devastadas pela culpa, a exemplo da redefinição de Jacques Derrida do terrorismo como "*deixar as pessoas morrerem*".

> O terrorismo envolve necessariamente a morte? É possível aterrorizar sem matar? E então matar é necessariamente algo ativo? "Deixar as pessoas morrerem", não querer saber que se está deixando as pessoas morrerem (centenas de milhões de pessoas morrendo de fome), cuidados de saúde inadequados etc., é parte de uma estratégia terrorista deliberada "mais ou menos" consciente. Todas as situações de opressão estrutural e social ou nacional produzem um terror que *nunca é natural* (e que é, portanto, organizado, institucional e do qual dependem), sem que aqueles que delas se beneficiam tenham alguma vez que organizar atos terroristas ou serem chamados de terroristas.[23]

Derrida aqui equipara o terrorismo com *qualquer* tipo de sofrimento que seres humanos [tecnologicamente empoderados, ou seja, ocidentais] podem prevenir e *não* o fazem (incluindo a transformação de organizações e instituições em não opressivas). Ao declarar organizações que estruturam a violência, tanto física como psicológica, na ordem social – isto é, todas, exceto algumas estruturas sociais messiânicas nunca realizadas – ele identificou um sempre-já como um "nunca natural". Relacionamentos humanos livres de violência e desigualdade (isto é, a "norma" messiânica) tornaram-se o estado *natural*.[24] E o resultado é que ele pode questionar a indignação moral dos ocidentais, chocados com a depravação selvagem dos ataques contra *alvos* civis de 11 de Setembro.

Pascal Bruckner respondeu: "Você leu corretamente: somos todos terroristas potenciais; de uma forma ou de outra, semeamos a morte da mesma forma que monsieur Jourdain[*] falava em prosa, sem o saber!"[25]

Os ocidentais pós-modernos nunca poderão fazer o suficiente para se redimir. A raiva das "nossas" vítimas, por mais impiedosa que às vezes possa parecer (11 de Setembro), é compreensível, dadas as coisas terríveis que "nós" fizemos (escravidão, imperialismo). Nada menos que uma perfeição moral (messiânica) pode apaziguá-la.

O alcance da crítica teórica, o foco nítido em todas as formas, por mais ocultas, de "violência" e "poder" (ocidentais) sugere a linguagem das mais severas exigências morais que nos aguardam no Juízo Final, quando estivermos perante "Aquele que esquadrinha todo o seu ser". E, no entanto, por meio da análise interseccional, essa ideia viral messiânica – *todas as estruturas sociais ou nacionais que causam* [sic] *sofrimento são formas de terrorismo* – torna-se um "truísmo" que desafia a realidade. Visto que a vida em si envolve algum sofrimento e violência e relações de soma zero nas quais mais se perde do que se ganha, o mesmo acontecerá com qualquer arranjo social ou político conhecido, mesmo o que trabalha duro para limitar esse sofrimento em vez de reformulá-lo como um domínio estrutural legítimo para a elite. A *exigência* de perfeição é cruelmente tirânica; inserir essas ideias virais messiânicas em uma discussão sobre o Ocidente sendo atacado por *caliphators* globais é uma desorientação suicida.

É como se os pós-modernistas quisessem que nós, humanos, realizemos o que o "Deus" em que eles não acreditam não conseguiu cumprir.

---

[*] N.T.: Personagem de *O Burguês Fidalgo*, de Molière.

Em resposta à Sua inexplicável passividade redentora, *somos* os agentes ativos que criam um milênio alternativo, aliviado de todas as microagressões do sofrimento.[26] Para Horkheimer, por exemplo, escrevendo depois do Holocausto, a religião não poderia ser nada mais do que "o pesar e a tristeza" que vêm com a compreensão "de que a retidão, sobre a qual a religião e a teologia têm falado até hoje [isto é, a justiça imanente de um Deus que intervém], é em última análise inexistente.[27] Ou, como raciocinaram tantos judeus após o Holocausto, "se Ele não interveio, então, esqueça a espera por um messias".

Em vez disso, humanos tecnologicamente empoderados e moralmente inspirados entraram na briga. Como a linha de abertura de Stewart Brand em *Whole Earth Catalogue* afirma: "SOMOS COMO DEUSES e podemos muito bem ficar bons nisso". Uma geração depois, intoxicado com a promessa da Inteligência Artificial e aguardando ansiosamente o que ele chama de *Singularidade*, Ray Kurzweil reformulou: "Então, Deus existe? Eu diria que ainda não".[28] Prepare-se para o apocalipse *nerd*.

No entanto, brincar de deus, especialmente a nossa própria projeção de um deus onipotente e benéfico que, como pais helicópteros, nunca permitiria que o caos e o sofrimento ferissem os seres humanos[29] e, muito menos, envolvesse a humanidade em uma catástrofe, pode às vezes ser mais difícil do que pensamos. Sentir empatia por e cuidar de *todos* pode ser algo muito além das nossas capacidades, por mais bem-intencionados que sejamos; de fato, pode ser imprudente, certamente em suas formulações mais dogmáticas e absolutistas.[30] Por um lado, esse tipo de pensamento conduz a uma empatia equivocada pelos que estão distantes e que não conhecemos, exceto através de uma mídia (dramaticamente defeituosa) e, por outro, a sentimentos de culpa por favorecer os nossos. *"Pais que leem aos seus filhos histórias antes de dormirem [...] estão prejudicando injustamente os filhos de outras pessoas."*[31] Nossa obrigação para com todos "eles" envolve sacrificar aspectos preciosos de "nós".

Supostamente, a citação favorita de Edward Said era de Hugo de São Vítor e incorporava a mentalidade antitribal, cosmopolita e ecumênica dos clérigos mais esclarecidos da época (século XII): "É perfeito aquele para quem o mundo inteiro é uma terra estrangeira".[32] Um dos admiradores de Said transformou essa frase agostiniana numa utopia derridiana: o mundo inteiro estará em casa em qualquer lugar.

> [Said] utiliza esse trecho para distorcer estranhamente sua ideia de secularização como uma luta em grande parte individual para se tornar consciente e, em seguida, libertar-se de determinismos históricos e socioculturais, em grande parte inconscientes. A liberdade é feita para criar outra história, que seria diferente das não esclarecidas repetições de medo e ganância ancestrais que geraram contendas de sangue. Ele clama por uma espécie de renúncia, uma renúncia a um tipo de cosmovisão, mas isso para o bem de todos os povos do mundo, não de um acima de qualquer outro.[33]

Pensamentos atraentes e vistas agradáveis. Infelizmente, como veremos, depois da guerra catastrófica de 1967 (para os árabes), Said adotou esse ideal ecumênico inicial que renunciava às vinganças não esclarecidas, explorando-as para abraçar uma dura soma zero tribal, um "nacionalismo palestino". Ao fazer isso, ele transformou o pós-modernismo em pós-colonialismo.[34]

## O APOCALÍPTICO DESTRUTIVO DO SUPERSESSIONISMO PÓS-MODERNO

Apesar de todas as suas ambições admiráveis, havia um lado mais sombrio em ação no pós-modernismo. Isso pode ser visto claramente em seu autobatismo como *pós-moderno*: o impulso supersessionista edípico que definiu e descartou a época "moderna" anterior e agora supostamente deslocou totalmente seu antecessor. Para alguns, "moderno" tornou-se a definição do que evitar. Todo o racismo, a violência e o ódio ao "outro", contra os quais os progressistas globais se definiram, aparecem mais vividamente em seus radares morais como os atos de (seus) predecessores ocidentais (e contemporâneos ocidentais não reconstruídos: ou seja, brancos privilegiados, sionistas).

312

Para Judith Butler, assim como para Jean Baudrillard, a atual hegemonia americana (especialmente após a queda da URSS) constitui, de longe, a mais grave ameaça imperialista à sociedade civil global, transnacional, transgênera, transtribal, transgressivamente liberadora, livre de estruturas de poder.[35] Não se lhes ocorre a esses messianistas teóricos que, com base em seus próprios valores, os Estados Unidos são agora, *de longe*, a hegemonia internacional mais benigna já conhecida na história humana, e que suas fantasias quiliastas de uma cultura global além da guerra e da coerção e de fronteiras, que proteja os marginalizados e desfavorecidos... poderiam apenas prosperar sob essa hegemonia global (ocidental). Suas aspirações não eram novos valores, mas extensões daqueles ideais demóticos fundacionais.

No entanto, esse foco pós-moderno nos pecados ocidentais é tão intenso que pouca atenção é direcionada para formas anteriores (mais primitivas?), muito mais opressivas de imperialismo, como conquista e subjugação mundial, escravidão, inquisição, limpeza étnica, genocídio e guerra santa... todos os impulsos e aspirações ainda bem vivos hoje, certamente entre os *caliphators*.[36] Como explicou o presidente turco Recep Erdogan aos seus companheiros muçulmanos: "Na nossa civilização, a conquista não significa ocupação ou saque. É o estabelecimento do domínio da justiça na região comandada por Alá [...] é por isso que a nossa é uma civilização de conquista".[37] Vinda de um turco cujo povo massacrou milhões de cristãos há um século, essa afirmação é especialmente reveladora. Contudo, uma vez que os praticantes desses sistemas violentos de opressão também não gostavam dos Estados Unidos (seus rivais imperialistas), os progressistas que desejavam mudar o mundo consideraram-nos aliados adequados numa coalizão anti-imperialista.[38] Foi assim que Judith Butler, a autoproclamada pacifista, poderia ser tão surpreendentemente estúpida sobre o Hamas e o Hezbollah ao pensar que são aliados *anti-imperialistas* (ver a seguir). Como Meredith Tax explicou pacientemente, é ridículo pensar que "A Direita Muçulmana [isto é, os *caliphators*] é anti-imperialista".[39]

Essa combinação de intensa hostilidade para com os seus próprios antecessores ["nós"], e leniência para com o Outro ["eles"] provou ser uma fórmula vencedora nas décadas de 1980 e 1990 no universo acadêmico. Uma onda de repulsa cognitiva pelo invejoso racismo "orientalista" de estudiosos anteriores permitiu que acadêmicos progressistas rejeitassem grande parte do trabalho dos seus antecessores, especialmente quando a análise política entrava em jogo. Exibindo o que Harold Bloom chamou de "ansiedade de influência"[40] ou o que Freud e seus seguidores teriam prontamente chamado de edípico, os novos estudiosos pós-orientalistas que ministravam o ensino universitário no Departamento de Estudos do Oriente Médio consideravam qualquer coisa (ou qualquer pessoa) que criticasse a cultura oriental (especialmente árabe), orientalista e racista.[41] De fato, Said distribuía o insulto "racista" com quase tanta sofreguidão quanto "orientalismo".[42] Foi a primeira implantação bem-sucedida da acusação de racismo sistêmico.

Esse novo quadro global e pós-colonial via o imperialismo ocidental como uma praga mundial pela qual o Ocidente deve reparações aos sobreviventes das suas crueldades coloniais. Os vilões não são aqueles com ambições próprias pré-modernas, fanáticas e imperialistas, mas os ocidentais sistemicamente racistas e privilegiados, que estruturaram seu bem-estar em sistemas que são tão terroristas quanto aqueles que lutam com valentia contra o seu "imperialismo ocidental", exclusivamente maligno. Ironicamente, nesse estranho terreno (edípico) de equivalência moral, encontramos a esquerda progressista (ou seja, de soma positiva) invocando um pensamento rígido de soma zero, mas apenas no que tange ao seu próprio lado: "*Nosso* bem-estar só pode ter sido alcançado através do mal-estar *deles*, toda a nossa riqueza deles roubada".

Essa ansiedade de influência produz um dos mais radicais e problemáticos aspectos do projeto pós-moderno: sua hostilidade à própria sociedade que tornou possível o seu movimento. A ingratidão vai muito além de rejeitar a contribuição da modernidade para a crítica do "eu" – a própria força vital da análise pós-moderna.[43] Em vez disso, a (auto)crítica (do Ocidente) transformou-se em uma "tirania de penitência", na qual os progressistas ocidentais condenam a sua sociedade ao arrependimento eterno pelos crimes de seus ancestrais e pelos crimes que cometem hoje, por não serem mais ativos no alívio do sofrimento humano e no desmantelamento do seu próprio privilégio.[44] Para o novo ativista, defensor da justiça social, acadêmico-guerreiro, "estamos certo porque revertemos completamente o erro dos nossos antecessores [...]" ou, em sua forma epigramática, o oikofóbico, "*o lado deles, esteja certo ou errado!*"[45]

Na sua atual forma interseccional, em que "branco" ou "masculino" ou "judeu" significa privilegiado e privilegiado significa (sistematicamente) racista, essa formulação fere quase todo mundo no planeta. Prejudica os que agora são desfavorecidos, ao encorajar e direcionar seus ressentimentos e desculpas pelo fracasso; prejudica os "privilegiados", a quem tornam alvo desse fracasso ressentido e descarta qualquer mérito conferido por suas posições de autoridade; e prejudica o esforço para melhorar, destruindo uma meritocracia (imperfeita) em prol de uma igualdade falsa [literalmente, divisão de despojos]. Os únicos beneficiários imediatos desse superego tirânico ocidental são os progressistas radicais que moldam sua visão de mundo em torno dessas formulações e os *caliphators*, que podem branquear sem esforço seu imperialismo teocrático como um "anti-imperialismo" pós-colonial. Os "*westsplainers*"* garantem:

> Eles nos odeiam pelo que nós, os imperialistas, fizemos a eles. De modo algum nos odeiam devido a *ressentimento* e inveja, ou a ambições de governar o mundo e sua paranoia correspondente. Tais afirmações são demasiado nietzschianas, demasiado orientalistas, demasiado racistas.

Entre as vítimas mais importantes desse golpe edipiano pós-moderno, encontramos as tradições de rigor intelectual que tanto contribuíram para o sucesso da modernidade e, portanto, possibilitaram a pós-modernidade. Concordamos que os modernistas mais entusiasmados, armados com o conhecimento científico que produziu a Revolução Industrial e a nossa surpreendente exploração da natureza, supervalorizaram e deturparam o seu projeto como se tivesse atingido o limite da "verdade objetiva". Conforme diz Thomas Gradgrind, o superintendente do conselho

---

* N.T.: Aqueles que praticam o "*westsplaining*" (ver Glossário), isto é, que oferecem uma explicação condescendente do ponto de vista ocidental.

escolar de Dickens em *Tempos Difíceis*: "Fatos, fatos, fatos!" Mas isso dificilmente significava que a modernidade não tivesse desenvolvido alguns mecanismos notavelmente eficazes para explorar o mundo real, para disciplinas autocríticas e, portanto, autocorretivas, que tratam, descrevem e interpretam as inúmeras facetas da realidade.[46] Pode-se argumentar que em suas origens, antes do seu mergulho vertiginoso, a desconstrução prometera mais uma etapa no projeto moderno de explorar a "realidade", com todo o *feedback* nada lisonjeiro que qualquer investigação honesta gera.

Por conseguinte, se a "modernidade" estivesse talvez demasiado amarrada à realidade (que considerava) "objetiva", pelo menos seus métodos (inevitavelmente falhos) mereciam inclusão entre as disciplinas na *próxima etapa* desse projeto moderno e demótico. Em princípio, se os pós-modernistas tivessem sido mais modestos em suas pretensões de substituir a "modernidade", poderiam ter entendido que seus próprios passos ousados foram na verdade experimentos em uma liberdade (exegética) que nenhuma sociedade jamais havia permitido anteriormente aos seus membros, muito menos encorajado com apoio institucional,[47] e que deveriam usar a sua liberdade recém-reivindicada de forma responsável. Ironicamente, nenhum fenômeno ilustrou melhor a "grandiosa narrativa da liberdade" do que os pós-modernistas que rejeitaram tão livremente essa mesma narrativa.

No entanto, os "pós-modernos", especialmente os "teóricos críticos", ainda que criticassem legitimamente alguns aspectos do projeto moderno, desprezaram seus antepassados em áreas das quais se beneficiaram diretamente e desenvolveram elevadas aspirações morais anteriores. Esses antepassados, na busca pela liberdade humana, homens e mulheres de grande talento e energia, remontam a séculos e séculos (no que diz respeito à Europa, eu diria aos "hereges" apostólicos do ano 1000), trabalhando em um grande projeto, do qual a nossa geração é apenas uma etapa, embora a mais favorecida, talvez demasiado favorecida. Se os pós-modernistas, quando se tratava de ambos, seus antecessores e suas promessas, tivessem mostrado um pouco da modéstia exegética sobre seus próprios esforços que eles insistem que adotemos quando confrontados com uma realidade inefavelmente complexa, talvez não estaríamos no nosso atual estado de desorientação.[48]

Mas que graça há na modéstia? Sóbria demais. Tediosa demais. Não feita para a era da internet. Em vez disso, os desconstrucionistas passaram da excitação exegética à promiscuidade exegética. E a partir daí, alguns se mobilizaram para objetivos revolucionários – desconstruir a grandiosa narrativa hegemônica do cânone ocidental; minar suas bases; preparar o seu colapso.[49] Aqui, como veremos, os progressistas globais pós-modernistas, pós-coloniais, acabaram por se livrar de qualquer ligação com o mundo real.[50] Suas representações de uma realidade teoricamente construída falharam em processar um *feedback* negativo.

Pelo contrário, mostraram-se dispostos a distorcer, e até mesmo a inverter, representações do mundo, por um desejo salvífico de agir sobre ele. Ao violar seu compromisso com os concidadãos no nível das obrigações éticas dos profissionais da informação (acadêmicos, jornalistas, pesquisadores), consolaram-se pensando que estavam se transformando, salvando o mundo, dobrando o arco do universo moral na direção correta.[51] E à medida que essa mudança ocorria, esses milenaristas transformacionais deixaram de ser os prolíficos que pensavam ser e se tornaram devoradores.[52] Começaram a pedir credenciais, e quem não passasse na avaliação cada vez mais exigente e distorcida, era cancelado.

A exegese promíscua (interpretação livre *a partir do texto*) deu lugar a uma **eisegese** hostil (ler o significado [ofensivo] *no texto*). Os pós-modernos visavam o poder corrosivo da crítica desconstrutiva no cânone ocidental, desestabilizando-o, descentralizando-o, deslegitimando-o, despojando-o de suas reivindicações normativas.[53] Nesse sentido, o pós-modernismo facilmente se confundiu com um neomarxismo generalizado que havia desistido de todos os detalhes industriais do cenário apocalíptico original (proletariado, capital, burguesia, revolução), mas continuava a acalentar a promessa milenarista de redenção, na qual se via como a vanguarda revolucionária que derrubaria os odiados opressores e ofereceria justiça social e emancipação às massas.[54] Para esses combatentes da hegemonia ocidental, seria o trabalho de uma geração: desconstruir o Ocidente, derrubar seus muros canônicos, expô-lo ao mundo sempre-já

317

aberto. E se isso envolve ouvir algumas queixas dolorosas de nossas vítimas no mundo inteiro, bem, isso é parte fundamental da vida em uma comunidade autocrítica e baseada na realidade. Certamente uma aposta, mas o prêmio vale a pena, não?

## A VIRADA PÓS-COLONIAL: DO TRANSFORMACIONAL AO APOCALÍPTICO CATACLÍSMICO

A natureza subversiva da exegese e da performatividade pós-modernas converteu cada encontro em um ato potencialmente revolucionário, uma transformação de identidades, um projeto emancipatório pós-marxista.[55] E, como a de Marx, essa emancipação oferecida como "redenção coletiva neste mundo" é exatamente o que as crenças milenaristas prometem. Aqui havia um projeto gradual, milenarista e que duraria gerações que visava desconstruir as técnicas discursivas de uma sociedade para impor conformidade a seus "sujeitos melancólicos", o que levaria, em determinado momento, ao colapso e (presumivelmente) a uma afirmação espontânea de feliz liberdade.[56] Nesse caso, um movimento apocalíptico secular e, portanto, ativo e transformacional, por meio do seu trabalho cultural (guerra cognitiva), tem como objetivo trazer um milênio igualitário. Mas, enquanto a maioria dos cenários apocalípticos transformacionais são pacíficos e criativos, aqui, o trabalho transformacional é a destruição sem derramamento de sangue ("subversão marginal das normas culturais vigentes"). O resultado é uma hibridação incomum de cenários apocalípticos – transformador e cataclísmico.[57] Em vez de uma transformação que conduza ao milênio, essa transformação desconstrutiva preparou o cataclismo, o colapso do "mal" identificado.

E, tal como aconteceu com o seu antecessor marxista, os crentes se voltaram, quando (inevitavelmente) frustrados, para a "política do pior".[58] Essa resposta destrutiva à decepção preparou uma mutação "pós-colonial" que subverteu muitos dos princípios fundacionais do pós-modernismo. De uma florescente soma positiva a uma dura soma zero.[59]

318

Em 1978/1399 AH, Edward Said publicou o que pode ser o mais importante livro do final do século XX, *Orientalismo*, um livro tão ruim quanto espetacularmente influente.[60] Seu impacto nos Estudos do Oriente Médio, uma disciplina acadêmica da qual ele não fazia parte (e cujas línguas ele não falava nem lia) era (e ainda é) incalculável, e a sua influência propagou-se para muito além desse campo. Dentro de décadas (décadas de 1980 e 90/início do século XV AH), uma nova geração de estudiosos assumiu o estudo acadêmico do mundo árabe e muçulmano no Ocidente, estudiosos que rejeitaram explicitamente o trabalho dos seus antecessores "orientalistas".[61] Ao mesmo tempo, campos já pós-modernizados, como a Antropologia, a Sociologia, a Crítica Literária (área de Said), assimilaram rapidamente a terminologia do novo paradigma.[62]

Said envolveu sua polêmica em um enquadramento universalista e humanista, especificamente dirigido aos liberais, para argumentar que aqueles que estereotipavam os "orientais" (especialmente árabes) eram racistas que usavam o conhecimento de outros povos como instrumento de dominação. Não obstante a elaborada estrutura foucaultiana de seu livro e seu apelo a uma "humanidade compartilhada", o livro funcionou como uma deslegitimação não só de "conhecimentos" anteriores sobre o "Oriente", mas também de críticas atuais do mundo árabe. Qualquer conversa sobre a cultura da vergonha-honra como um dos principais impulsionadores da cultura árabe para a tomada de decisões era um orientalismo racista e hierárquico.[63] Said oferecia aos revolucionários pós-modernos a forma de transformar sua ideologia em uma arma. Com "pessoas de cor" (especialmente os árabes) como o "outro" que não deve ser "alterizado", como vítimas de agressão imperialista ocidental, como um povo cujo sofrimento justificava tudo (inclusive o terrorismo[64]), toda a gama de forças anti-imperialistas (na verdade antiamericanas) poderia ser mobilizada.

Said rapidamente elaborou as ideias. Em *The Question of Palestine* (A Questão da Palestina) ele expôs a narrativa do sofrimento e da vitimização dos palestinos nativos (como ele mesmo), é claro, nas mãos dos colonialistas israelenses. Apesar de sua afirmação de ser crítico com relação ao mundo árabe, Said passou pouco tempo considerando a contribuição das elites árabes a esse sofrimento.[65] Em *Covering Islam* (Cobrindo o islã), ele condenou a imprensa ocidental por sua atitude "racista" em relação ao islã (a "islamofobia" ainda não era um termo comum, mas que tem aqui uma presença proléptica), exigindo que "cobrissem" a religião com mais simpatia. Ele se queixou:

> Também parece ter havido um estranho renascimento de ideias orientalistas canônicas, embora anteriormente desacreditadas [ou seja, por mim, E. S.], sobre os muçulmanos, geralmente não brancos – ideias que alcançaram uma proeminência surpreendente numa época em que questões raciais ou deturpações religiosas de qualquer outro grupo cultural já não circulavam com tanta impunidade. Generalizações maliciosas sobre o islã tornaram-se, para o Ocidente, a última forma aceitável de difamação de cultura estrangeira, o que é dito sobre a mentalidade, ou o caráter, ou a religião ou a cultura muçulmana como um todo não pode agora ser dito nas principais discussões sobre africanos, judeus, outros orientais ou asiáticos.[66]

Quando terminou, ele já havia colocado em prática toda a panóplia do que Charles Jacobs mais tarde chamou de "**complexo de direitos humanos**" – a tendência dos ativistas de direitos humanos do Ocidente de ficarem extremamente indignados com as violações ocidentais (brancas) dos direitos humanos das pessoas de cor, mas fazerem vista grossa quando as pessoas de cor violavam os direitos de outras pessoas de cor ou de brancos.[67] Nesse universo pós-colonial, os brancos não tinham o direito de julgar as pessoas de cor, e as pessoas de cor não podiam ser racistas, por mais severamente que julgassem os brancos.

Na verdade, o argumento de Said tinha muito menos a ver com os estudos que ele atacava do que com o seu próprio sentimento de humilhação como árabe e o seu profundo desejo de calar a boca daqueles que criticavam publicamente o seu povo. E ainda assim, precisamente porque a cultura ocidental valoriza tanto o "Outro" e os seus acadêmicos estão, portanto, tão empenhados em *não* serem racistas, em *não* fazer comparações invejosas, os acadêmicos ocidentais mostraram-se especialmente

320

suscetíveis à acusação, ainda que fosse invocada de forma imprecisa ou injusta. Tornou-se quase intolerável que os pós-orientalistas pudessem até ser objeto de uma forte suspeita de racismo. Como resultado, apressaram-se em seguir o conselho de Said:

> A todo custo, o objetivo de orientalizar o Oriente [ou seja, "alterizar" árabes] repetidas vezes, deve ser evitado [...] sem "o Oriente" haveria estudiosos, críticos, intelectuais, seres humanos para quem as distinções raciais, étnicas e nacionais eram menos importantes do que o empreendimento comum na promoção da comunidade humana.[68]

Por trás dessa breve lista de questões às quais Said sentia que os estudiosos em busca de uma "humanidade comum" *não* deveriam dar muita atenção – raça, etnia e distinções nacionais – havia mais alguns temas considerados tabu: os fenômenos gêmeos de diferenças culturais e religiosas entre o mundo árabe e o Ocidente. Na opinião de Said, nem a dinâmica da vergonha-honra nem as ideologias do *caliphator* mereciam a atenção de acadêmicos humanitários.[69] Em suma, Said disse aos estudiosos ocidentais que se quisessem evitar a acusação dos pecados capitais de racismo e imperialismo, tinham que ver o "Oriente" nos mesmos termos seculares que viam o Ocidente, econômico e social. Qualquer coisa que sugerisse que essas "outras" culturas tivessem características distintas, diferentes das nossas, especialmente se tais características colocassem a cultura do "outro" sob uma ótica negativa, como assassinatos em defesa da honra ou intermináveis guerras de vingança, era "alterizante".[70] Um crítico de *The Arab Mind*, de Raphael Patai, escreveu: "Em vez de sondar alguma 'mentalidade árabe' mítica, deveríamos afirmar a humanidade compartilhada que transcende as nossas diferenças e nos une a todos".[71]

A acusação de racismo de Said contra os séculos anteriores de estudos, avidamente adotada por jovens estudiosos, resultou na desvalorização do tesauro de conhecimento sobre o mundo árabe (outros campos foram inicialmente menos prejudicados).[72] Ao mesmo tempo, produziu uma geração de acadêmicos que substituiu o estudo crítico do islã, ou da dinâmica da **cultura da vergonha-honra**, por uma apologética generalizada que insistia em ver sobretudo os fenômenos sociais e econômicos no contexto de uma estrutura liberal (peculiarmente ocidental). Como resultado de seu egocentrismo cognitivo, por exemplo, não se cansavam de anunciar o iminente advento das democracias árabes que não vimos até o momento.[73]

Em termos de guerra cognitiva, Said deu um grande golpe *contra* o Ocidente: ele "nos" proibiu de ver "eles" em quaisquer termos que não fossem os liberais modernos, mesmo quando amplificou a voz demonizante e "alterizante" "deles" ao chamar o Ocidente de racista.[74] "Falar dos palestinos racionalmente é, creio eu, parar de falar sobre guerra ou genocídio e começar a lidar com a realidade política", insistiu Said em seu livro *The Question of Palestine*, como se a realidade política não fosse, infelizmente, que os líderes palestinos, religiosos e "seculares", nunca pararam de falar sobre genocídio e guerra.[75] Ele estabeleceu o "anti-imperialismo dos tolos", insistindo que "[n]ós [palestinos] somos claramente anticolonialistas e antirracistas em nossa luta", quando muito do que os palestinos dizem em árabe sobre Israel reflete tanto o racismo como o imperialismo.[76] Said abraça "um Estado democrático secular na Palestina para árabes e judeus", como uma "formulação da OLP que rompeu drasticamente com todas as ideias do passado", quando era uma fórmula sionista dominante entre judeus progressistas como Martin Buber e Judah Magnes, abandonada apenas depois de os árabes terem declarado a guerra genocida de 1948, e acolhida cinicamente pela OLP mais tarde como uma manobra propagandística cujo intuito era ganhar o apoio do Ocidente, a fim de destruir Israel.

Não se tratava de uma traição meramente do inimigo próximo (o Ocidente, onde ele havia sido bem-sucedido), mas uma traição de seu próprio povo (tardiamente adotado).[77] Pouco antes de sua morte, no auge da intifada e exatamente quando os EUA começaram a planejar uma guerra no Iraque, Said escreveu um discurso irado que arrancou sua máscara cosmopolita e revelou o seu eu tribal. Nele, denunciou os árabes autocríticos por preencherem a esfera pública ocidental com imagens negativas do mundo árabe:

Os únicos "bons" árabes são aqueles que aparecem na mídia *caluniando* sem reservas a cultura e a sociedade árabes modernas. Lembro-me das cadências inanimadas das suas sentenças, pois *sem nada positivo para dizer sobre si mesmos ou sobre seu povo e língua*, eles simplesmente *regurgitaram* as cansadas fórmulas *americanas* que já inundavam o rádio e a mídia impressa. Carecemos de democracia, eles dizem, não desafiamos o islã o suficiente [...] somente o que nós e nossos instrutores americanos dizem sobre os árabes e o islã – clichês orientalistas vagos e reciclados do tipo repetido por uma incansável mediocridade como a de Bernard Lewis – é verdade [...] Ajami, Gerges, Makiya, Talhami, Fandy et al., acadêmicos cuja própria linguagem exala *subserviência*, inautenticidade e uma atitude de imitação desesperadamente afetada que lhes foi imposta.[78]

Tio Tom, Oreos e tudo mais.

O que Said admirava então? Não essa intelectualidade árabe autocrítica, mas sua *imagem* querida do povo palestino, cujos líderes, apenas 18 meses antes, em 2000, haviam rejeitado o que Said piedosamente endossou em 1994: "Um acordo negociado entre as duas comunidades de sofrimento, árabe e judaica, [que] proporcionaria uma trégua à guerra sem fim" e, em contraposição, começou uma cruel guerra suicida que trouxe grande miséria ao seu povo.

> Notavelmente, porém, a grande massa desse *heroico* povo [palestino] parece disposta [sic] a continuar, sem paz e sem trégua, sangrando, passando fome, morrendo dia após dia. Eles têm dignidade e confiança demais na justiça de sua causa para se submeterem *vergonhosamente* a Israel como fizeram os seus líderes. O que poderia ser mais desanimador para o cidadão médio de Gaza que continua resistindo à ocupação israelense do que ver os seus líderes *ajoelharem-se* como *suplicantes* diante dos americanos?[79]

Não é essa a mesma mentalidade orientalista que Said insistiu ser uma invenção ocidental – a fantasia do palácio dos sonhos do desafio orgulhoso cujo preço recai tão pesadamente sobre os ombros "heroicos" do povo ou, na infeliz escolha de palavras de Said, "a grande massa", pela qual ele não tem problemas em falar, mesmo quando seus parceiros

323

autoritários na OLP se certificam de que essa massa não conseguirá falar?[80] Aparentemente, nos círculos pós-coloniais, o subalterno só pode falar como fantoche dos tolos anti-imperialistas.[81]

Não é de admirar que os jihadistas palestinos tenham conseguido recrutar aliados "progressistas" ocidentais tão desinformados, porém dispostos. Não é de surpreender que a geração pós-orientalista dos estudiosos do Oriente Médio provou ser um terreno fértil para a adoção e articulação de narrativas letais árabes e muçulmanas por mais empiricamente dúbias que fossem, não importa o alvo. Ao culpar os estudiosos ocidentais da "alterização" dos árabes e dos muçulmanos, Said os proibiu inclusive de falar sobre culturas não ocidentais, enquanto "alteriza" o Ocidente "essencialmente racista" (especialmente os judeus modernos, isto é, não *dhimmi*, em Israel).[82]

Said explorou assim, de forma sistemática, um escrúpulo peculiarmente ocidental, uma falha técnica, sobre estar aberto ao "outro",[83] a fim de cegar o Ocidente para a tendência aguda de pelo menos um desses "outros" pensar nas dicotomias mais perversamente invejosas do nós/eles.[84] Fazer isso seria "essencializar", um privilégio permitido apenas a subalternos como o próprio Said. Assim, mesmo quando ele alterizou o Ocidente por alterizar o Oriente, ele proibiu os infiéis ocidentais de sequer discutirem a feroz "alterização" imersa na dicotomia *Dar al Islam/Dar al Harb* e *Al-Walā' wal-Barā'*. Fazê-lo seria racismo e islamofobia indesculpáveis *avant la lettre*.

Não é de surpreender que o trabalho de Said tenha tido o impacto oposto ao de sua "promoção de uma humanidade comum".[85] Pelo contrário, contribuiu diretamente para o aprofundamento do choque de civilizações que ele nega existir, ao proibir a discussão das fontes culturais do ataque aos valores abertos.[86] Ele literalmente desarmou o Ocidente (seu refúgio intelectual e pessoal), diante de um ataque vindo de uma cultura com a qual ele se identificou apenas tardiamente, não obstante sua rejeição absoluta do seu secularismo cosmopolita. Com seu domínio do idioma progressista ocidental e sua regressão pós-1967 ao tribalismo árabe vergonha-honra, (pós-cristão, mas não pós-*dhimmi*) Said, que em princípio tinha muitas objeções aos valores e ambições do *caliphator*, tornou-se, no entanto, um dos mais úteis infiéis do nosso tempo.[87]

324

O paradigma pós-colonial via o imperialismo ocidental global e capitalista como *o* principal, se não o *único*, mal que a comunidade global enfrenta. Para Said, mesmo o imperialismo religioso mais triunfalista de Khomeini e seus revolucionários merecia proteção contra o olhar malévolo e orientalista do Ocidente.[88] Os pós-colonialistas foram vítimas de um racismo humanitário no qual cultivavam sua própria cultura em padrões magnificamente elevados e não esperavam nem mesmo a mais básica autocrítica ou autocontrole de outras culturas, diante das quais se curvaram como penitentes. *Quem somos nós para julgar?* (Exceto, é claro, quando se trata do Ocidente e de Israel, quando podemos julgar com a severidade que quisermos.[89]) O lado deles, esteja certo ou errado.

Seguindo as diretrizes de Said movidas pela vergonha, os progressistas pós-coloniais projetaram suas próprias atitudes em uma cultura com uma mentalidade profundamente pré-moderna. Quando os progressistas explicam o que motiva a raiva muçulmana contra o Ocidente é impressionante com que frequência sua reconstrução é muito parecida com as suas próprias razões pela hostilidade à sua cultura:

> É um erro pensar na estratégia do atentado suicida como [...] um irracionalismo que deriva do fundamentalismo islâmico. Há uma base lógica para a adoção dessa estratégia que decorre do problema de derrotar um inimigo em condições de extrema desigualdade de recursos [...], o que os motiva a agir é a raiva diante de condições materiais de opressão e exploração.[90]

Essa é a própria definição de *Westsplaining*, em que o "outro" é uma tela em branco na qual projetamos nossas "teorias". E a maioria das "teorias", em particular a pós-colonial, assume desde o início que o imperativo moral é reparar a relação entre o dominador colonial culpado e o inocente subalterno colonizado, ainda que isso signifique ocasionalmente uma orgia fanoniana de "absoluta violência" com o seu papel de "abalar o mundo" e trazer uma nova era.[91] Nisso encontramos o surgimento de uma união terrível, o casamento do sadismo pré-moderno e do masoquismo pós-moderno, do jihadismo e do milenarismo progressista.

## ESTUDOS SOBRE PAZ E CONFLITO
## E "JORNALISMO DE PAZ"

Poucos campos ilustram melhor o casamento do sadismo pré-moderno e do masoquismo pós-moderno – ou, no caso de seu "fundador", Johan Galtung, sadomasoquismo pós-moderno – do que os "Estudos sobre Paz e Resolução de Conflitos" e sua ramificação, "Jornalismo de Paz". Na sequência da bem-sucedida oposição do Movimento pela Paz à guerra do Vietnã (1967-75), surgiu uma escola de "Estudos sobre Paz e Conflito", que procurava criar condições de paz não através de um equilíbrio de poder, ou da "ausência de guerra", mas por meio de noções de uma "paz positiva baseada na empatia genuína pelos 'outros'" e na resolução de conflitos por meio de ações não violentas.

O problema emocional aqui é que essa "teoria" foi articulada por ocidentais pós-Holocausto que eram os beneficiários emocionais e cognitivos da nova ordenação incorporada em princípios como "direitos humanos universais", instituições internacionais como a ONU e códigos de Direito internacional como as Convenções de Genebra e uma hegemonia militar excepcionalmente benevolente dos EUA. Essas pessoas presumiam que "outros", que não necessariamente compartilhavam as "lições" do campo da paz ocidental da Segunda Guerra Mundial e do Holocausto, se sentiriam, de alguma forma, em paz se fossem abordados corretamente. Era uma filosofia terapêutica que esperava transformar o mundo com o qual interagia. Como suporte fundamental dessa expectativa (messiânica), os crentes mudaram da religião monoteísta segundo a qual o homem deve se esforçar muito para transformar a natureza, em uma religião "secular", segundo a qual o homem era naturalmente pacífico e que a nossa tarefa como seres humanos era entrar em contato com essa natureza pacífica.[92] Essa inversão conceitual fez com que ideias viralizadas como "a guerra não é a resposta" e "a violência nunca resolveu nada" não fossem apenas aceitáveis, mas axiomáticas: se você discordasse, deveria ser um fomentador da guerra.

Essa abordagem tinha uma afinidade eletiva com o antiamericanismo, a hostilidade ao beemote* que acabara de conduzir a guerra do Vietnã. Galtung ansiosamente esperava o fim do que ele chamou de "Imperialismo Americano".[93] Não é de surpreender que seus seguidores americanos exibissem uma forte tendência para "o que fizemos para fazê-los nos odiar tanto?" Assim, as relações internacionais equivalentes ao paradigma dos "Estudos sobre Paz e Conflito" pressupõem que as outras nações do mundo estariam bem não fosse o apoio americano aos seus ditadores. Esse enfoque permeia as incursões de Noam Chomsky na "ciência" política. Também reflete a ênfase na "violência e no racismo estruturais" que, segundo alguns, permeia o mundo supostamente pacífico da sociedade civil (ocidental). Uma vez mais, como vimos com Derrida no 11 de Setembro, qualquer coisa que não seja a perfeição (presumivelmente o fim até mesmo das formas ocultas de repressão) é uma forma de violência tão má, se não pior, do que a violência mais espetacular (e sangrenta e diária) de outrora e de outros lugares.

Como muitos corpos de conhecimento messiânicos (terapêuticos), esse discurso favoreceu a defesa por cima do empirismo. Conforme explicam Barash e Webel, autores de um "livro didático" abalizado de *Estudos sobre Paz e Conflito*:

> O campo [dos Estudos sobre Paz] difere da maioria das outras ciências humanas na medida em que é orientado por valores, e de forma descarada. Assim, desejamos ser honestos sobre os nossos próprios valores, que são francamente antiguerra, antiviolência, antinuclear, antiautoritário, anti-*establishment*, pró-meio ambiente, pró-direitos humanos, pró-justiça social, pró-paz e politicamente progressistas.[94]

De acordo com essa apresentação, os Estudos sobre Paz tendem a excluir aquelas abordagens que contradizem seus princípios. O crítico Gerald Steinberg observa:

---

* N.T.: Animal gigantesco descrito na Bíblia, tradicionalmente associado a um monstro.

A abordagem realista do conflito internacional e da resolução de conflito e modelos baseados na dissuasão, no dilema da segurança e no uso da força para impedir ou resolver conflitos são praticamente ignorados ou, em alguns casos, explicitamente rejeitados por motivos ideológicos. (Os estudantes em programas de estudos sobre paz raramente se deparam com as análises de Hobbes, Morgenthau, E. H. Carr, Waltz e outros realistas.)[95]

Assim, eles revogam as leis de soma zero da selva – ignorando-as.

Ironicamente, essa alquimia do entusiasmo messiânico, esse compromisso dogmático com a negação, ao identificar as instituições *ocidentais* como os piores *establishments* autoritários, acabou se subvertendo e apoiou governos autoritários e ditaduras fascistas violentas. Com o advento do desafio do *caliphator*, esse paradigma de "paz e conflito" provou ser um "ajuste" perfeito com as campanhas de guerra cognitiva da *da'wa*. Por um lado, o Ocidente, encarnado e liderado pelos EUA/Israel, representava os inimigos supremos da justiça social, cuja destruição poria fim ao racismo interseccional que assola a comunidade global. Por outro, insistia que o islã era naturalmente uma religião de paz que, se sua raiva não tivesse sido despertada pela sua opressão nas mãos do Ocidente (sobretudo de Israel), participaria naturalmente na sociedade civil global que os defensores dos Estudos sobre Paz e Conflito procuravam tão seriamente concretizar.

Em uma atualização de seu texto canônico logo após o 11 de Setembro, Barash e Webel removeram o estigma do "terrorismo" e o redefiniram como uma "arma dos fracos", colocando o termo entre aspas:

> "Terroristas" são pessoas que podem sentir-se militarmente incapazes de confrontar diretamente seus percebidos inimigos e que, consequentemente, fazem uso da violência, ou da ameaça de violência, contra não combatentes para atingirem os seus objetivos políticos. A colocação do termo "terrorista" entre aspas pode ser chocante para alguns leitores, que consideram a designação autoevidente. Fazemos isso, entretanto, não para minimizar o horror de tais atos, mas para enfatizar o valor de qualificar a indignação justificada pelo reconhecimento de que muitas vezes o "terrorista" de um é o "combatente pela liberdade" de outro.[96]

328

Um leitor atento desse discurso pode discordar da adição de "contra não combatentes" como se fosse uma "arma dos fracos" perfeitamente natural, e não um terrível descenso para o assassinato em massa de inocentes. Em vez disso, foi adotada a narrativa dos terroristas sobre agir a partir de "indignação justificada", e a maioria decididamente "tomou partido" ao minimizar o horror de tais atos.

Essa simbiose entre o pacifismo ocidental e a *jihad* islâmica provocou uma dogmatização cada vez maior do paradigma, proibindo *qualquer* resistência ocidental a essa violência de "luta pela liberdade".

> Uma perspectiva orientada para a paz condena não só os ataques terroristas, mas também qualquer reação violenta a eles. Entretanto, a melhor resposta a tais eventos terríveis é muitas vezes irritantemente incerta e não deve ser feita com precipitação. Como alguém se "contrapõe" ao terrorismo sem recorrer ao terror?[97]

Num caso bastante divulgado, um estudante foi informado de que qualquer uso de violência para resistir à violência, seja disparar em um atirador numa escola ou em terroristas jihadistas era *errado*.[98] É como se toda uma escola de acadêmicos estivesse dando ao Ocidente o mesmo conselho sobre como lidar com a *jihad* que Gandhi deu aos judeus sobre Hitler e que os *caliphators* dão aos infiéis.[99] Se o propósito da guerra cognitiva é *tornar patriotas aqueles que estão do seu lado e pacifistas os seus inimigos*,[100] os jihadistas não poderiam esperar que houvesse infiéis mais úteis do que os defensores "progressistas" dos Estudos sobre Paz e Resolução de Conflito.

Irônica e previsivelmente, Israel tornou-se, juntamente com os EUA, a personificação de tudo do que os Estudos sobre Paz não gostavam, e na verdade insultavam.[101] Essas duas nações estavam, indesculpavelmente, dispostas a se defender, audaciosas o suficiente para pensar que tinham o *direito* de se defenderem, em vez de terem a humildade de compreender e reconhecer a dor e o sofrimento que haviam infligido aos seus vizinhos justificadamente indignados e violentos. Galtung incorporou todas essas ambivalências: estivessem elas abaixo da superfície de seu

329

anti-imperialismo, ou fossem produto de sua raiva contra o sionismo, toda uma gama de atitudes antissemitas estava em ação nas proclamações de Galtung, muitas delas análogas aos *Protocolos dos Sábios de Sião*.[102]

Afinal, o paradigma insiste: o estado natural do homem é a paz, e a violência estrutural da sociedade moderna provoca conflitos. Tal como acontece com a fome,[103] o mesmo ocorre com a guerra: a hegemonia dos EUA é responsabilizada pelo que resta do que foi anteriormente uma presença penetrante (pré-moderna). Em vez de reconhecer a enorme redução das taxas de fome e violência, especialmente durante o período de hegemonia global americana pós-Segunda Guerra Mundial, esses ativistas preferiram culpar o Ocidente e especialmente os EUA dominados pelos judeus por qualquer fome e guerra remanescentes.

## JORNALISMO LETAL E SUPERSESSIONISMO

Antecipando o que examinaremos com mais cuidado no próximo capítulo, mas já discutido na primeira parte, capítulos 1 e 3, vejamos um dos impactos mais marcantes do jornalismo letal sobre os progressistas globais, ou seja, a sua capacidade de provocar explosões de vitupérios supersessionistas contra os judeus como "povo eleito". Em todos esses casos, seguiu o padrão inicialmente estabelecido na Idade Média, de libelos de sangue que projetavam sobre os judeus um ódio permanente aos gentios e uma sensação de que seu *status* de eleitos lhes concedia o direito divino de impor sua malevolência sobre os gentios... uma fantasia paranoica que justificava a violência antijudaica.[104] Na Idade Média, os cristãos triunfalistas projetaram sobre os judeus a sua própria noção de escolha: a religião dominante.

Mais tarde, essa projeção assumiu uma forma mais secular, atribuindo sempre aos judeus a "mentalidade" comum de culturas de soma zero, *governar ou ser governado*.[105] Em suas formas mais extremas, fomentadas pelos *Protocolos dos Sábios de Sião*, essa mentalidade fez com que os nazistas acreditassem que os judeus pensavam que foram "escolhidos" como uma raça superior, destinada a governar a humanidade com mão

330

de ferro. Encontra-se uma dinâmica semelhante de projeção entre os atuais *caliphators* jihadistas, para quem o islã significa religião superior, destinada a converter, submeter ou massacrar todos os infiéis.[106] Em todos esses casos, o desejo era então projetado nos judeus. Exterminar ou ser exterminado. E assim, sempre que jornalistas letais inundavam os seus países com propaganda de guerra palestina como notícia, ocorreram picos de violência contra os judeus e às vezes expressões impressionantes de um vitríolo pré-Holocausto contra os judeus pelo seu racismo arrogante de "povo eleito".

Identifiquei vários (dos muitos) casos em que o jornalismo letal do Oriente Médio provocou delírios supersessionistas inflamados entre os progressistas ocidentais. Exemplos anteriores da dinâmica incluem a história de Al-Durrah e a narrativa de substituição que provocou quase instantaneamente entre alguns observadores, como Catherine Nay e Tom Paulin.[107] Ressurgiu em resposta a Jenin, com Edgar Morin e Terje Roed-Larsen.[108] Analisaremos aqui mais dois exemplos, o da Guerra do Líbano (2006) e o da "terceira" Guerra de Gaza (2014).

## JOSTEIN GAARDER E JUDITH BUTLER EM RESPOSTA À GUERRA DO LÍBANO, 2006

Talvez a expressão mais surpreendente de uma resposta supersessionista a outra rodada de reportagens letais sobre o conflito árabe-israelense veio de Jostein Gaarder em 2006, em reação direta ao relato errôneo de um ataque israelense a um edifício em Kafr Qana e o alegado assassinato de numerosas crianças e doentes.[109] Escrevendo no "nós" real da esquerda progressista global, o romancista norueguês internacionalmente popular descarregou seu desprezo pela [sua projetada] noção de os judeus serem o povo eleito:

> Não acreditamos na noção do Povo Eleito de Deus. Rimos dos caprichos desse povo e choramos pelos seus delitos. Agir como Povo Eleito de Deus não é apenas estúpido e arrogante, mas *um crime contra a humanidade. Chamamos isso de racismo.*

331

Há limites para a nossa paciência e há limites para a nossa tolerância. Não acreditamos em promessas divinas como justificativa para a ocupação e Apartheid. Deixamos a Idade Média para trás. Rimos com inquietação daqueles que ainda acreditam que o deus da flora, da fauna e das galáxias selecionou um povo em particular como seu favorito e deu-lhe tábuas de pedra tolas, sarças ardentes* e *uma licença para matar*. Chamamos os assassinos de bebês de "assassinos de bebês" e jamais aceitaremos que pessoas como essas tenham um caráter divino ou um mandato histórico para justificar seus atos indignos.

Não reconhecemos a retórica do Estado de Israel. Não reconhecemos a espiral de retribuição e vingança de sangue advinda do "olho por olho e dente por dente". Não reconhecemos o princípio de dez ou mil olhos árabes por um único olho israelense. Dois mil anos se passaram desde que um rabino judeu criticou a antiga doutrina de "olho por olho e dente por dente".

Ele disse: "Faça aos outros o que gostaria que fizessem a você". Não reconhecemos um Estado fundado em princípios anti-humanistas e sobre as ruínas de uma nação arcaica e de uma religião guerreira. Ou, como Albert Schweitzer expressou: "O humanitarismo consiste em nunca sacrificar um ser humano por uma causa".[110]

Apaixonado por sua tarefa, Gaarder dá voz à fantasia supersessionista definitiva: o judeu, nu, indefeso, à mercê daqueles que deveriam, por direito, matá-lo por sua maldade, mas de alguma forma, espero, não o fará:

> O Estado de Israel violou o reconhecimento do mundo e não terá paz até depor as armas. Sem defesa, sem pele. Que o espírito e a palavra derrubem os muros do Apartheid de Israel. O Estado de Israel [...] agora está sem defesa, sem pele. Que o mundo, portanto, tenha misericórdia da população civil; pois nossas profecias de destruição não são dirigidas a civis.

---

* N.T. A sarça ardente é um arbusto descrito numa passagem da Bíblia no livro do Êxodo [3:1–4:17]. De acordo com a narrativa, o arbusto ardia em chamas, mas não era por elas consumido. Conforme o relato bíblico, a sarça ardente seria o local em que Moisés foi convocado por Deus para tirar os israelitas da escravidão no Egito em direção a Canaã.

Estaria Gaarder consciente, quando escreveu em sua indignação moral, de que havia revertido a realidade e recapitulado o antigo ódio aos judeus, que agora arde tão intensamente no seio daquelas "vítimas lamentáveis" cuja vingança ele iria desencadear contra judeus indefesos?

**Figura 18** – Imagem publicada no Centro Sueco-Palestino, Helsingborg.

O seu ávido apoio aos palestinos é a imagem espelhada do seu desprezo por Israel. Ele não chamaria os palestinos de "assassinos de bebês", embora eles repetida e deliberadamente usem bebês israelenses como alvo e coloquem seus próprios filhos em risco mortal.[111] Ele não se oporia à reivindicação palestina de um "mandato histórico para justificar seus ultrajes".[112] Ele não tem nenhum problema se eles baseiam suas reivindicações "em princípios anti-humanistas e nas ruínas de uma religião arcaica, [tribal] e bélica".[113] Na sua necessidade de se ver como o porta-estandarte das vozes humanitárias, de Jesus a Schweitzer que, ele pensa, substituíram o "olho por olho" dos judeus, Gaarder não mostra nenhuma consciência de estar traindo os humanitários de todos os lados.

No entanto, a desorientação cognitiva criada por essa incapacidade de perceber os jihadistas em ação no conflito com Israel tem consequências sérias, às vezes sombriamente cômicas. Vejamos, por exemplo, o caso de Judith Butler. No outono de 2006, ativistas acadêmicos e estudantis mobilizaram-se nos *campi* no mundo inteiro contra Israel pelo seu ataque ao Líbano no verão. Questionada em uma aula na Universidade da Califórnia, Berkeley, se o Hamas e o Hezbollah – duas organizações jihadistas com ambições imperialistas globais e intenções genocidas – pertenciam à "esquerda progressista global", Judith Butler, rainha da teoria *queer* e autoproclamada pacifista, respondeu afirmativamente. Mais tarde, explicou que fez isso porque esses grupos eram "anti-imperialistas".[114] Assim, a esquerda progressista uniu forças com os imperialistas mais primitivos e implacáveis da comunidade global. E, de alguma forma, nenhum dos comediantes da época, muito menos os jornalistas ativistas, consideraram esse "anti-imperialismo dos tolos" um tema para sátira. Pelo contrário, na Grã-Bretanha, poderia levar aficionados particularmente devotos como Seumas Milne ao poder.[115]

## JESÚS B. OCHOA E OPERAÇÃO MARGEM PROTETORA, 2014

Encontramos um conjunto de projeções mais apaixonadas e enérgicas sobre os judeus em resposta a mais uma rodada de violência e má conduta jornalística, dessa vez em Gaza em 2014, onde os repórteres usavam regularmente a ideia viralizada, "a enorme maioria das vítimas eram civis", quando, no final, a proporção entre civis e combatentes era de cerca de 1:1 (excepcional para uma guerra urbana).[116] Um poema apocalíptico de Ano Novo, no entanto, começa com uma lamentação pelas miseráveis vítimas palestinas desse ataque israelense (conforme descrito pela mídia), e termina com uma longa passagem em que o poeta fala com o que apresenta aos seus leitores como a voz dos judeus:

### Uma Elegia para Gaza como Símbolo do Novo Ano sob Netanyahu

... desejamos que a matança continuasse
e continuasse e continuasse,
como não poderíamos?
Não devemos, não, não, não podemos, não iremos considerar não
a sacralidade da vida,
o outro, os fracos, as crianças,
não, nós nos deleitamos com nosso tesouro de terras roubadas,
um deus criado à nossa imagem, envolvendo nossas almas
com ódio e medo suficientes para aquecer a nossa arrogância,
todos nós nos mantemos eretos, todos, somos os eleitos perante os
planetas, não precisamos de outro, não queremos outro, não teremos
outro,
não sofreremos por outro, não, não, pois somos, somos, SOMOS.[117]

Em outras palavras, com base em falsas reportagens midiáticas, esse poeta conseguiu retratar uma mentalidade odiosa e projetá-la nas FDI, um exército que, na realidade, faz mais para minimizar as mortes entre civis *inimigos* do que qualquer exército na História.[118] Ao contrário, o que o poeta descreveu habilmente foi a mentalidade do Hamas, que usa seus abrigos antiaéreos para lançar mísseis e atirar em meio ao seu povo, cujas mortes promovem para fins de propaganda e a cujos sobreviventes vendem propaganda de guerra genocida.[119] E, de alguma forma, o Hamas consegue esconder suas verdadeiras e terríveis atitudes por trás da obsessão com essas projeções febris.

A forma extrema desse supersessionismo projetivo – os judeus têm (minha) ideologia da raça superior – tornou-se uma importante ideia recorrente do discurso antissemita moderno.

335

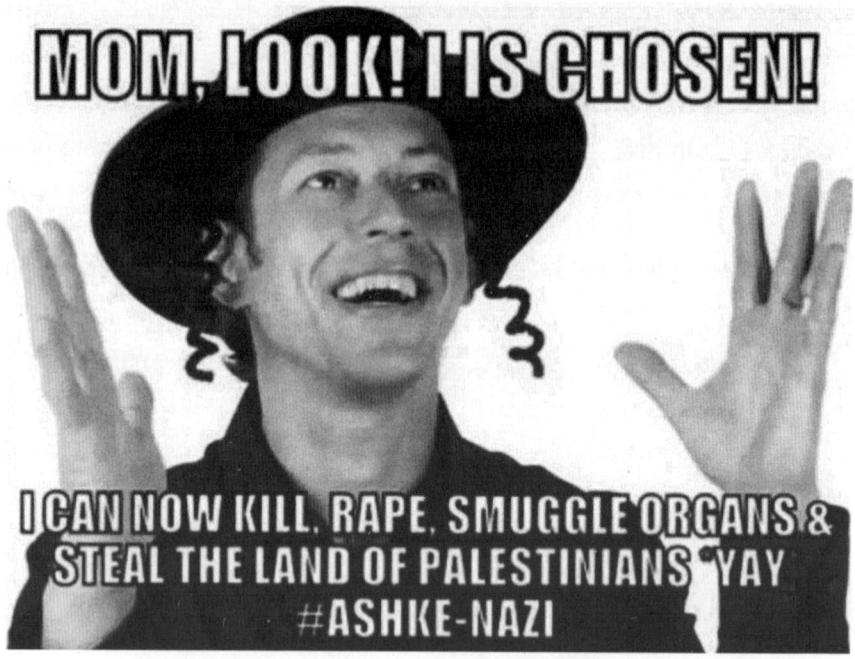

**Figura 19** – Tuíte de Ron Hughes, 31 de julho de 2017; retuitado por Hatem Bazian, palestrante na Universidade da Califórnia, Berkeley, que fundou o Students for Justice in Palestine e pesquisa a "islamofobia". Mais tarde, ele removeu o tuíte. Rob Gloster, "Lecturer apologizes for retweet that UC Berkeley condemned as antisemitic", *Jewish News of Northern California*, 21 nov. 2017.

Tradução: Mamãe, olha! Sou o eleito. Agora posso matar, estuprar, contrabandear órgãos & roubar a terra dos palestinos. Viva! # Asque-Nazista.

Para estes supersessionistas, o *status* de povo eleito significa uma crença triunfalista de soma zero de que foram escolhidos para governar, para dominar o mundo. Quanto mais extremo o supersessionismo, mais provável que *projete* nos judeus suas próprias noções de povo eleito, e mais intensamente odeiem os judeus ao manterem essas atitudes projetadas. Aqui reside o veneno mais perigoso, porque encerra quem o ingere numa sala de espelhos em que o judeu aparece como projeções de um eu-sombra ativo, mas negado; assim, golpear os (maus) judeus substitui a autocrítica honesta. A inversão do conflito do Oriente Médio – moral, empírico, narrativo – reflete esse nó supersessionista de ódio projetado.

Em última análise, o ódio aos judeus surge de uma incapacidade dos gentios de confiar que os judeus são quem eles dizem ser. Os judeus sempre devem estar tramando algo nefasto. Daí a constante projeção de intenções malévolas em tudo o que eles fazem.

Nada de bom pode advir disso. Não foi assim com os nazistas, nem será com os *caliphators*. E não acontecerá com os progressistas ocidentais que empoderam as mais tóxicas formulações, para que possam se deliciar com uma versão mais palatável do mesmo elixir venenoso.

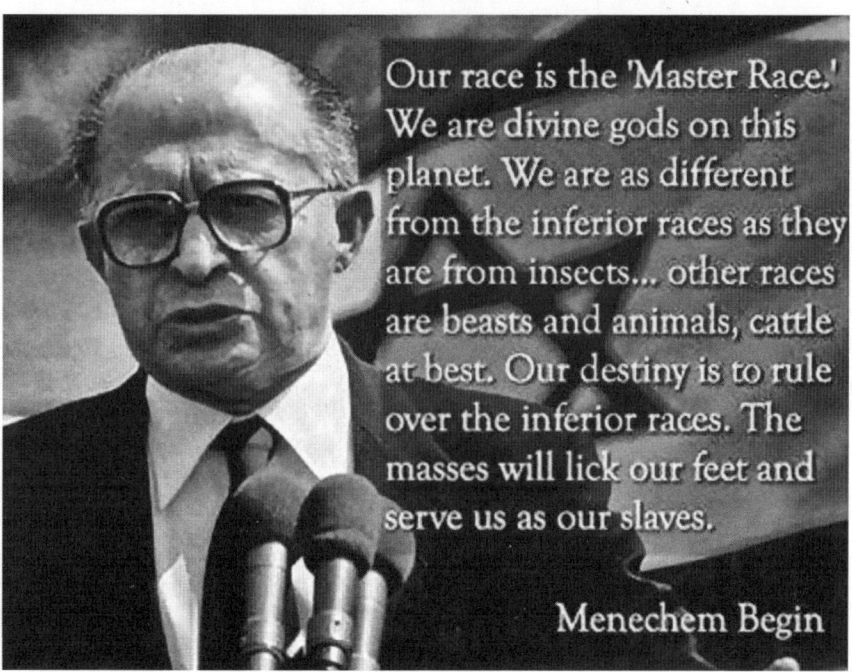

**Figura 20** – Post viral de Menachem Begin sobre "raça superior". Nada semelhante pode ser encontrado na obra de Begin.[120]

Tradução: Nossa raça é a "Raça Superior". Somos deuses divinos neste planeta. Somos tão diferentes das raças inferiores quanto elas são dos insetos [...] outras raças são bestas e animais, gado na melhor das hipóteses. Nosso destino é dominar as raças inferiores. As massas lamberão nossos pés e servirão a nós como nossos escravos. *Menachem Begin*

# JORNALISMO DE GUERRA SUBMISSO, LETAL E QUE MARCA GOL CONTRA: A DESGRAÇA DO OCIDENTE NO SÉCULO XXI

> Fazer propaganda de guerra jihadista
> como se fosse notícia...
> Como isso pode dar errado?

## OS FRACASSOS DO JORNALISMO NO SÉCULO XXI

No final do ano 2000, ocorreu uma "grave falha" entre jornalistas ocidentais que noticiavam a partir do Oriente Médio.[1] Essa disfunção, com altos e baixos, continua a operar até o presente (e parece provável que persista num futuro próximo). De fato, essas falhas no jornalismo do Oriente Médio se espalharam como um câncer rapidamente para muito além das fronteiras de origem e, na época de Trump e nos seus resultados, assumiram proporções épicas. Tais falhas consistem em substituir a precisão por uma preferência pela narrativa partidária, relatando o que convém a uma história preconcebida destinada a manipular a opinião do consumidor de notícias e promover uma agenda, em vez de seguir as evidências, julgando criticamente a precisão e a relevância dos dados recebidos, permitindo que os consumidores de notícias tomem suas próprias decisões.[2]

Embora muitos casos desse tipo de falha midiática possam ser encontrados em qualquer tempo, e os anos anteriores já haviam testemunhado exemplos semelhantes de funcionamento falho motivado pela narrativa,[3] esse colapso *coletivo* do jornalismo profissional assumiu nova força e impacto global em outubro de 2000, com a reportagem sobre o conflito entre Israel e seus vizinhos árabes. A falha consistia na vitória hegemônica de um jornalismo de defesa que adotava sistematicamente a narrativa de um dos lados, relatando suas acusações e pontos de discussão como confiáveis, se não verdadeiros, duvidando e desafiando as refutações do lado contrário. Esse "jornalismo letal" transmitia consistentemente a propaganda de guerra do lado favorecido *como notícia* para o seu público no Ocidente.

Até esse ponto da minha descrição, um leitor poderia facilmente alegar que qualquer um dos lados – Israel ou os palestinos – era vítima dessa má conduta da mídia: afinal, ambos os lados reclamam que o outro controla a narrativa da mídia noticiosa e que a imprensa favorece o "outro lado".[4] Existe uma significativa relação de obras que acusa a mídia de tomar partido de Israel[5] e o mesmo ocorre com relação aos palestinos. Quem deve julgar quais narrativas são mais verdadeiras?

## "AMBOS OS LADOS..." ENCONTRAR O MEIO-TERMO ENTRE "NARRATIVAS" CONCORRENTES

Obviamente, o seguro é reivindicar uma praga ou bênção para ambas as casas – com o termo operativo sendo "ambas". Não é de surpreender que a mídia goste disso, pois lhe dá aquela aura de distância de que precisa para ter credibilidade: "Pressupomos que, desde que irritássemos cada lado igualmente, estaríamos fazendo algo certo", explicou um ex-chefe do escritório da Associated Press em Jerusalém.[6] É muito mais fácil se proteger em um relativismo moral e empatia imparcial, que equilibra uma crítica com outra e busca a verdade em uma vaga zona intermediária.[7] E o fato de *ambos os lados* se queixarem da fórmula apenas a torna ainda mais tranquilizadora.[8]

No entanto, estamos lidando aqui com questões reais. E se errarmos... por mais confortável que o "erro" possa parecer no momento – pagamos o preço da nossa ignorância.[9] O *feedback* da realidade é muitas vezes desagradável e fere nossos egos. Se tudo não passa de uma briga entre dois povos que querem liberdade na mesma terra e fazem afirmações exageradas que se equilibram, então a verdade está em algum ponto intermediário (muitas vezes está, mas não necessariamente no meio). Mas se errarmos, se realmente houver uma diferença qualitativa entre os objetivos dos governos israelenses e os da cultura política palestina, entre a honestidade de seus respectivos porta-vozes, ao ignorar a diferença em nome da "justiça imparcial" nos sujeitamos à desorientação cognitiva.

Portanto, se interpretarmos mal uma dinâmica aguda e perigosa de imprecisão factual a serviço da narrativa letal como resultado de "ser justo", corremos o risco de grave desorientação. Corremos o risco, por exemplo, de tentar a mesma "solução de um acordo" para alcançar a paz, repetidamente, com a mesma falta de sucesso previsível.[10] Se, por outro lado, estou certo quando defendo que os meios de comunicação ocidentais, por uma diversidade de motivos pouco atraentes, têm favorecido a *narrativa* palestina desde 2000, a narrativa dos "ambos os lados" funciona como um dispositivo de mascaramento. Oculta o uso extensivo da mídia noticiosa como arma da guerra cognitiva do *caliphator* contra os infiéis, entregando aos consumidores ocidentais, que acham que estão recebendo o trabalho de profissionais da informação, um jornalismo de guerra que marca gol contra sem precedentes, em que esses profissionais nos transmitem a propaganda de guerra do nosso inimigo como *notícias*.

## A IMPRENSA VISTA COMO PRÓ-ISRAEL

Muitos têm argumentado que a mídia discrimina os palestinos. Essas queixas concentram-se principalmente no fracasso da mídia em adotar plenamente a narrativa palestina.[11] Quando reclamam de "falta de imparcialidade", eles se referem ao fracasso em tratar a "ocupação" israelense como um crime tão hediondo quanto o suicídio terrorista sendo, na verdade, a causa do conflito.[12] Barbara Zelizer, por exemplo, se queixa de que os principais jornais dos EUA não usam a terminologia palestina:

> Todos os três jornais escolheram rótulos semelhantes ao descrever aqueles envolvidos em atos violentos contra cidadãos israelenses, chamando esses indivíduos de "terroristas" ou "homens-bomba suicidas" em vez do termo 'mártires' preferido pelos palestinos.[13]

Em resposta à cobertura do linchamento de Ramallah, em 12 de outubro de 2000,[14] cuja selvageria horrorizou inclusive jornalistas pró-palestinos como Mark Seager (ver a seguir), Greg Philo e Mike Berry se opõem à linguagem negativa usada para descrevê-lo:

> Há uma série de palavras que foram usadas especificamente para descrever as mortes de soldados israelenses, tais como 'atrocidade', 'assassinato' e [...] 'linchamento' e 'mortos barbaramente'. Nenhuma delas foi usada em nossas amostras relacionadas a mortes de árabes/palestinos.[15]

O fato de que nenhum desses palestinos foi morto de qualquer modo remotamente semelhante à selvageria demonstrada em Ramallah contra soldados desarmados sob custódia, aparentemente não deveria ter influência na exigência de "igualdade de tratamento". Em resposta ao desastre do "Massacre de Jenin", Howard Friel e Richard Falk sequer discutem o assunto, enquanto Philo e Berry exoneram a BBC por não utilizar a palavra "massacre" (demasiadas vezes).[16] Do ponto de vista pró-Palestina, os jornalistas deveriam tratar a ocupação de Israel como criminosa, assim como o terror suicida, ou tratar o terror suicida, arma preferida dos *caliphators* apocalípticos, como não pior do que a política israelense nos territórios em disputa.

Exigências semelhantes dizem respeito ao tratamento dado pela mídia à voz palestina.[17] Acusações palestinas contra Israel, tão extensamente narradas e cuidadosamente registradas por ONGs de "direitos humanos" não recebem, assim elas insistem, sua parcela justa de tempo de transmissão. As acusações de crimes israelenses não merecem ceticismo e dupla verificação, mas pronta credibilidade. Qualquer outra coisa reflete discriminação racista e tendência pró-Israel. A mídia não faz o suficiente para tornar a voz palestina mais confiável e audível.[18] No mundo pós-moderno movido pela narrativa, da qual surge o jornalismo letal, essa exigência de adesão à narrativa palestina é completamente justificada: ela dá voz ao "outro". Qualquer outra coisa constituiria crueldade para com as [supostas] vítimas, que não devem, acima de tudo, serem responsabilizadas pela sua vitimização.[19]

Em tudo isso, os palestinos receberam a assistência bem-vinda de alguns jornalistas defensores ocidentais, que adotam a narrativa pós-colonial substitutiva. Os jornalistas europeus enfatizam como a imprensa dos EUA, muito menos hostil a Israel do que eles, é controlada por judeus. Robert Fisk, cuja lendária desonestidade no jornalismo inspirou o termo "*to fisk*", e que imediatamente aproveitou o material envenenado de Enderlin e proclamou que Israel havia matado Al-Durrah deliberadamente, não sentia nada além de desprezo pela imprensa americana, denunciando a "forma covarde e destituída de moral com que os jornalistas americanos estão lobotomizando suas histórias do Oriente Médio".[20] Como é mais viva e emocionante a narrativa de substituição em que Israel é o Golias assassino, semelhante ao nazista. Não é de surpreender que a BBC dê as boas-vindas a críticas de que eles são "pró-Israel" demais e fiquem muito felizes em apresentá-las em suas notícias, sobretudo nos momentos em que estão em pleno modo de operação de "jornalista letal".[21] Como prova de que é anti-Israel de forma não profissional, a BBC pagou centenas de milhares de libras públicas para suprimir o Relatório Balen*.[22]

---

* N.T.: Escrito pelo jornalista sênior Malcolm Balen em 2004, depois de examinar centenas de horas de cobertura da BBC sobre o conflito israelo-palestino. O relatório foi encomendado pelo ex-diretor de notícias da BBC, Richard Sambrook, após queixas persistentes do público e do governo israelense sobre alegações de preconceito anti-Israel. A BBC apelou na Justiça, em um processo sem precedentes, para evitar a divulgação do relatório com base do Ato de Liberdade de Informação. Acredita-se que o chamado Relatório Balen contenha duras críticas à cobertura da rede sobre o Oriente Médio e evidências de inclinação anti-Israel na programação.

## A IMPRENSA VISTA COMO PRÓ-PALESTINA

Um olhar mais atento às evidências revela uma diferença qualitativa entre os dois conjuntos de reclamações. Os israelenses e seus apoiadores protestam com muito mais frequência do que os pró-palestinos,[23] e as queixas israelenses em geral têm a ver com o fracasso dos meios de comunicação em cumprir a sua obrigação de relatar com precisão, em vez de promover uma narrativa. Do lado pró-palestino não há nada remotamente parecido com a verdadeira indústria de correções de imprensa que organizações como CAMERA, Honest Reporting e UKMedia Watch forçam a mídia noticiosa a fazer sobre evidências empíricas e questões substantivas.[24]

Qualquer pessoa que examine as evidências descobrirá que a equipe da CAMERA atende a padrões básicos de pesquisa acadêmica em termos de precisão, assim como outros, dentro da academia, trocaram o empirismo por sentimentos e narrativas.[25] Por um breve período, existiu um *Palestine Media Watch* (2000-2008), modelado nos sites pró-Israel (não confundir com *Palestinian Media Watch*, PalWatch, 1995-). O grupo palestino oferecia pontos de discussão palestinos: sua página, dedicada a "sobre o que repisar", continha "fatos" de precisão duvidosa mesclados com extensas reivindicações editoriais apresentadas como fatos.[26] Não há muitas listas com correções da mídia.

Quando "ambos os lados" alegam que os jornalistas mostram demasiada deferência para com o lado contrário e, inconscientemente, interrompem e descartam seu próprio lado, o quanto as hipersensibilidades do discurso palestino e a casca grossa dos israelenses distorcem a linha de visão?[27] Como é que um jornalista durão num programa que anuncia seu "questionamento difícil" como *Hard Talk* murmura perguntas críticas a palestinos e não dá seguimento, enquanto pressiona fortemente e interrompe o porta-voz israelense, insistindo em voz alta que ele é um infrator de oportunidades iguais?[28] Por que os jornalistas apresentam a narrativa palestina como uma narrativa aprovada pelo "mundo inteiro" (eles mesmos incluídos), e a narrativa israelense como um ponto de vista tendencioso do governo?[29]

Intencionalmente ou não, a mídia ocidental e o seu público considera que Israel tem um padrão mais elevado do que os palestinos... algo que a maioria dos israelenses, certamente os ocidentalizados, considera perfeitamente justificado. *Israel* certamente se atém a padrões mais elevados, por que outros não deveriam fazer o mesmo? Consideremos, no entanto, que espécie de diferencial isso cria no exterior. "Ambos os lados" acusam o lado contrário de brutalidade e atos de crueldade contra civis. Porém, embora as evidências sugiram que os israelenses não medem esforços para manter a conduta (necessariamente) brutal da guerra sob controle, grupos palestinos como o Hamas se gabam de seus ataques cruéis contra civis israelenses e fazem tudo o que podem para encorajar e empoderar assassinos suicidas em massa.[30]

Se se considera que alguém tenha padrões mais elevados do que o seu inimigo, pelo menos deve não perder isso de vista e fingir que eles são "iguais" – ou conforme o paradigma pós-colonial, o terror contra o opressor é resistência, e a resistência do Estado ao ataque é terror.[31] Assim, quando os israelenses entraram no campo de refugiados de Jenin, as paredes estavam cobertas por dentro e por fora com imagens de "mártires" – um verdadeiro culto à morte de assassinato em massa e sacrifício de crianças.[32] Os consumidores de notícias no Ocidente, no entanto, ouviram falar de um massacre israelense de palestinos inocentes. Como os *caliphators* nunca se cansam de dizer: "Eles [Israel, EUA, Ocidente] amam a vida como nós amamos a morte. E é por isso que venceremos".[33] É certamente por isso que eles vencem na mídia, porque os egocêntricos cognitivos ocidentais temem a atitude que não conseguem imaginar. Deve ser algo que Israel fez.[34]

Nessa enorme fissura entre as atitudes israelenses e palestinas em relação à santidade da vida humana e à humanidade dos inimigos, imagens de atos israelenses de brutalidade causaram enormes danos à sua reputação, enquanto os atos de brutalidade palestinos fizeram pouca diferença para uma imagem já negativa. Embora isso pareça uma observação óbvia e dificilmente uma acusação contra a mídia, na verdade oculta uma dinâmica fundamental: no jogo de difamar a "face do outro", os palestinos tinham uma enorme vantagem que, longe de corrigir na sua cobertura, os jornalistas aprimoraram ao (assim pensavam) "nivelar o campo de jogo". Por conseguinte, os palestinos encontram consumidores prontos para suas imagens falsas de "crimes de guerra" israelenses (*Pallywood*) entre os jornalistas ocidentais, narrativas letais tão cruciais para a sua guerra cognitiva contra um inimigo militar muito mais poderoso. Portanto, o imenso interesse – ouso dizer, fascínio – do exterior por esse material. "O homem morde o cachorro." No início da década de 2020, os muçulmanos que propunham a ideia viral do "nós amamos a morte" encontraram apoio da BBC.[35]

E se essa expressão jornalística de longa data para histórias inusitadas pudesse impressionar o sensível leitor pós-moderno como se beirasse o racismo, por comparar o Hamas a um cão,[36] na verdade assinala o racismo de uma mídia que tratou a brutalidade palestina como uma força esperada da natureza e, ainda assim, ao mesmo tempo, deu-lhes credibilidade ao acusar Israel de fazer aquilo de que se orgulham. A mídia ocidental, com as suas expectativas morais diferenciadas, caiu na armadilha tribal palestina: tanto os palestinos (por razões tribais) como os jornalistas (por racismo humanitário) consideraram a brutalidade (alegada pelos palestinos) israelense algo intolerável, e o que os palestinos (na verdade) fizeram aos israelenses era esperado – "que escolha eles têm?" – ou totalmente justificado como atos de resistência e vingança. "Para entender a maior parte do jornalismo internacional de Israel é importante primeiro compreender que as notícias nos dizem muito menos sobre Israel do que sobre as pessoas que escrevem as notícias."[37]

Poucos lugares destacam melhor o equívoco da fita de Möbius do que a questão do *incitamento*. Para os israelenses, o incitamento palestino foi um fator importante, se não o principal contribuinte, para o fracasso da paz e a crescente selvageria da guerra. E um componente-chave deste incitamento foi a produção sistemática de narrativas letais destinadas a despertar o ódio e o desejo de vingança (seja realizar essa vingança ou a satisfação em vê-la realizada). Isso era óbvio para os estrategistas palestinos: a sua capacidade de criar hostilidade no mundo inteiro contra o seu inimigo foi um componente crítico dos seus esforços de guerra. Eles contavam com a opinião mundial, indignada com as imagens que via e com as histórias que ouvia, para deter os israelenses.[38]

346

A mídia tinha a sua própria opinião, que combinava seu compromisso com justiça e seu medo de retaliação palestina por histórias que violavam as regras. Embora "ambos os lados" se envolvam em incitamento, um rabino chama os palestinos de "baratas", e isso é mais significativo do que quando imame após imame, na TV da Autoridade Palestina, assim como na TV do Hamas, pede o extermínio dos judeus – porcos e macacos com cauda de Satanás.[39] Assim, acaba-se com o quase completo silêncio da rádio sobre a principal indústria palestina de incitamento e destaques dramáticos para o incitamento marginal israelense.[40]

Os "críticos da mídia" palestinos rejeitam a condenação do incitamento e projetam o seu próprio incitamento (negado ou rejeitado) em Israel.

> O incitamento é uma acusação frequentemente feita pelos israelenses em relação aos palestinos, porém mesmo uma resenha superficial da mídia de massa israelense mostra altos níveis de incitação. Por exemplo, existe um discurso manifesto que toca os limites da criminalidade em tudo relacionado com o presidente Arafat. "Enquanto Arafat estiver vivo, os judeus morrerão", é uma manchete de primeira página do *Maariv*. Se isso não for incitamento, então o que é?[41]

Comparado com o incitamento palestino – "massacre, assassinato, chacina de todos os judeus em todos os lugares, não mostrem piedade!" –, isso nem sequer é registrado como incitação, muito menos em "níveis elevados". E ainda assim Ata Qaymari pode facilmente mudar de assunto com interlocutores ocidentais porque até hoje a MSNM não expôs ao Ocidente o material disponível no MEMRI – Middle East Media Research Institute (Instituto de Pesquisa de Mídia do Oriente Médio) e na PMW – Palestinian Media Watch – para informar sobre os palestinos. A maioria dos ocidentais desconhece a questão, exceto em termos muito vagos.

De fato, a edição do periódico em que a citação acima apareceu ilustra o ponto muito bem. Ao lado das acusações (e projeções) unidimensionais, tribais, meu lado, esteja certo ou errado dos críticos palestinos sobre o "mau" Israel, encontramos os analistas israelenses mais ferozmente autocríticos (pós-sionistas), acusando sua própria imprensa de ser demasiado patriótica e não suficientemente "distante" e ecumênica ou objetiva.[42] Com tal união entre tribalismo pré-moderno e autoacusação pós-moderna, obtém-se uma encenação na vida real da piada da Guerra Fria sobre como ambos, um americano e um russo, são "livres" para chamar o presidente dos Estados Unidos de idiota no gramado da Casa Branca, só que aqui são os palestinos e os israelenses que são livres para gritar que Israel é mau nas páginas do mesmo jornal "acadêmico".

Como em tantos aspectos desse conflito, o compromisso com as exigências radicais não produz equilíbrio. De fato, um dos aspectos frequentemente notados e ignorados do conflito é a sua proeminência na mídia, em que alcança o *status* de uma obsessão completa. Um estudo publicado em 2013 descobriu que, além dos EUA ("detentores incontestáveis da hegemonia das notícias mundiais"), artigos sobre Israel e Palestina ocupam a posição mais alta, literalmente ofuscando a China, a Rússia e a Europa.[43] Se levarmos em conta tamanho e população, isso significa uma atenção cem vezes maior dedicada a esse conflito específico no Oriente Médio do que a qualquer outra história global, incluindo todos os EUA. Da mesma forma, se levarmos em conta o número de vítimas, então o impacto da mídia Israel/Palestina é exatamente o inverso da República Democrática do Congo: cerca de 10 mil mortos em vinte anos (1989-2009) relatados na mídia global, enquanto cerca de 4 a 6 *milhões* de mortos no mesmo período permanece quase invisível para o mundo – um dos muitos conflitos furtivos.[44]

Uma pesquisa alemã realizada em 2004 atesta o sucesso dos palestinos em divulgar a sua narrativa: em alguns países, a *maioria* acreditava que Israel estava cometendo genocídio contra o povo palestino.[45] Quando indagados por que Yasser Arafat nada fez para conter a violência durante os primeiros meses da intifada, os assessores o descreveram como "exaltado, até eufórico [...] [com] a mídia internacional retratando a intifada em cores românticas e a comunidade internacional apoiando os palestinos".[46] Durante esses anos, nenhum primeiro-ministro israelense teve um momento de exaltação semelhante com o apoio da imprensa, e ao mesmo tempo ocorreu a poucos, se é que a alguns dos pesquisadores, suscitar a questão de saber se o público europeu pensava que os palestinos queriam exterminar os judeus.

E por que Arafat não deveria pensar que a mídia estava ao seu lado? Conforme declarou Fayad abu Shamala, correspondente da BBC, em um comício do Hamas em Gaza em maio de 2001: "Jornalistas e organizações midiáticas [estão] travando a campanha ombro a ombro com o povo palestino". Quando o governo israelense mostrou a fita à BBC, a resposta recebida foi: "Os comentários de Fayad foram privados. Suas reportagens sempre corresponderam aos melhores padrões de equilíbrio exigidos pela BBC".[47] (Enderlin defendera seu fotógrafo Pallywood, Talal abu Rahma, exatamente nesses termos[48]). Alguns anos depois, surgiram evidências de que Shamala era *membro* do Hamas.[49]

Sem o conhecimento dos consumidores de notícias no Ocidente, havia um segredo público de simpatia e cooperação entre jornalistas e a "resistência" contra Israel.[50] Era apenas constrangedor quando o público teve um vislumbre desse fato, como quando Barbara Plett, da BBC, chorou pelo moribundo Yasser Arafat.[51] Ben Wederman considerou o sofrimento palestino "sua derrota"; e quando Alan Johnstone da BBC foi sequestrado, os observadores palestinos objetaram: "Por que o sequestraram? Ele trabalha para nós".[52] Em 2014, três anos antes de a BBC a contratar como jornalista, Tala Halawa postou um tuíte agora removido: #Israel is more #Nazi than #Hitler! Oh, #HitlerWasRight #IDF go to hell. #PrayForGaza.[53]

Imagine a BBC tendo um jornalista na equipe que tuitasse sobre limpar etnicamente a Judeia e a Samaria de seus árabes.

\* \* \*

Plenamente consciente das queixas do lado palestino sobre a falta de simpatia da mídia por sua causa, apresento o seguinte caso para uma mudança dramática entre a MSNM em direção ao lado palestino durante os primeiros dias, meses e anos do novo século, uma mudança que continua inabalável duas décadas depois. Antes de descartar esse argumento como "pró-Israel" e, portanto, não confiável, os leitores devem considerar as evidências, porque se eu estiver certo e o público ocidental estiver entendendo (muito) errado, as consequências são mais do que graves para todos nas democracias.

## JORNALISMO LETAL DOMINANTE

A nova escola dominante de jornalismo do Oriente Médio no novo século seguiu uma abordagem quádrupla:

- enquadrar a história como o Golias israelense e o Davi palestino (consubstanciado no uso quase dogmático do termo "conflito israelense-palestino" em vez do anterior conflito "árabe-israelense" ou mesmo o mais ameaçadoramente preciso, embora um tanto desajeitado, "conflito entre judeus soberanos e muçulmanos triunfalistas");
- relatar as reivindicações palestinas (narrativas letais) como confiáveis até serem comprovadas de outra forma e tratar as alegações contrárias israelenses como duvidosas, se não falsas, até que se provem verdadeiras;[54]
- relatar o menos possível sobre a cultura religiosa do genocídio e do terrorismo que floresce em áreas controladas pelos palestinos; e
- corrigir erros que resultam dessa abordagem o mais lenta e discretamente possível.

Esse padrão de jornalismo não profissional, já visível anteriormente, domina o produto de correspondentes ocidentais baseados em Israel a partir de 2000.

Nidra Poller, que trabalhou muito e arduamente no caso Al-Durrah, cunhou o termo "narrativa letal", enfatizando a facilidade com que essas histórias causam impacto e como é difícil corrigi-las e diminuir o horror que inicialmente provocam.[55] Narradores letais contam tais histórias para despertar no ouvinte uma sensação de indignação, de ódio, até mesmo um desejo de vingança, contra o acusado. Narrativas letais sobre inimigos malévolos é um componente intrínseco da maioria das guerras.[56]

Esses jornalistas deliberadamente "obliteram noções de cronologia, causa e efeito [...] a lógica em si que é essencial para a racionalidade ocidental". Tão logo a acusação é proferida e repetida por um jornalista, ainda que apenas como uma (plausível) alegação, a negação é esfarrapada, defensiva, impotente. A narrativa letal palestina mais importante é uma variante da alegação, uma espécie de libelo de sangue secular, de que Israel mata crianças de propósito. Os porta-vozes palestinos há muito faziam essa afirmação, mas os jornalistas sérios mantiveram distância; afinal, as acusações que Israel tem como alvo crianças de um povo que age precisamente assim não são confiáveis.

Contudo, uma vez dada credibilidade pelos jornalistas, mesmo que a acusação se prove errada (como no caso de Al-Durrah, redondamente equivocada), a partir de então não era mais "impensável" que os israelenses tivessem crianças como alvo. Pelo contrário, jorravam provas de que isso acontecia. Os jornais começaram a fazer uma lista diária do número de vítimas, sempre aceitando as cifras palestinas como precisas. Um exemplo típico do *The Daily Telegraph* (não um jornal intensamente anti-Israel como o *The Guardian*), combina as cifras de vítimas palestinas fornecidas com um informe à imprensa cuidadosamente neutro (na verdade, cognitivamente egocêntrico): "Pelo menos 1.468 palestinos e 564 israelenses foram mortos desde que um levante palestino pela independência [sic] começou em setembro de 2000, depois que as negociações de paz chegaram a um impasse [sic]".[57] O total de vítimas desproporcional fazia do maior número delas inocentes agredidos.

A inevitável disparidade – tanto do diferencial no poder militar como dos números exagerados dos palestinos – atuava em benefício dos palestinos.[58] Quatro dias depois que o caso de Al-Durrah explodiu nas telas de TV francesas, o presidente francês Jacques Chirac, falando em nome de todos os "países do mundo", repreendeu Ehud Barak em Paris, em 4 de outubro de 2000: "As discrepâncias devem ser consideradas: 64 palestinos [...] mortos, 2.300 palestinos feridos, enquanto do lado israelense apenas dois civis israelenses e um soldado foram mortos. Ninguém pode acreditar que os palestinos são responsáveis por essa cadeia de violência".[59] Ninguém que seja um egocêntrico cognitivo liberal pode acreditar [...] o mundo inteiro não consegue acreditar.

Um ano depois, William Pfaff ilustrou como é astuta a estratégia palestina de atingir Israel com o sofrimento do seu próprio povo.

> O público israelense ainda não compreende completamente a mais importante das considerações: de que os palestinos estão, de uma maneira terrível, vencendo. O sofrimento deles está roubando de Israel sua essência moral [...] os palestinos atacam civis, fazem bombardeios terroristas indiscriminados [...] mas isso não muda o fato de serem vítimas de Israel.[60]

Aqui, um julgamento questionável é apresentado como "fato". Não se poderia alegar que os palestinos mortos nessa rodada do conflito foram vítimas da implacável estratégia de soma zero da sua liderança? Aparentemente não para uma punditocracia* cuja loucura torna o sacrifício de crianças palestinas "racional".

E assim se deu, ano após ano, encontro após encontro, narrativa letal após narrativa letal. 56 mortos em Kafr Qana, Líbano, 2006, em um ataque israelense a um orfanato. Notícias impressionantes. Condoleezza Rice, recém-chegada a Israel, furiosa, exige o cessar-fogo imediato dos israelenses. Cobertura extensa dos bebês mortos desenterrados. Indignação mundial! Fúria na *ummah*. Jornalistas atormentam porta-vozes israelenses.

Ah, então são *apenas* 28 mortos e a maioria de adultos. E daí? O que importa se não é um orfanato, se o Hezbollah trouxe corpos de outros lugares para amplificar o visual? Que importa se a Cruz Vermelha atuou e os jornalistas filmaram imagens encenadas da "descoberta" de cadáveres de crianças? O que importa se o Hezbollah estava atirando nas proximidades?[61] "[Nada poderia] neutralizar as fotos que chegavam de Qana: crianças sem membros, sangrando, cobertas de fuligem e recém-nascidos nos braços do pessoal de resgate local e da Cruz Vermelha; ao

---

* N.T.: Punditocracia é um termo que combina *pundit*, "especialista" (comentarista ou especialista em um tópico) com *"cracy"* (do grego *"kratos"*, que significa governo ou poder), para se referir ao governo ou domínio exercido por comentaristas ou especialistas em um campo específico, especialmente no campo da mídia. É usado para descrever a influência e o poder que esses comentaristas têm sobre a opinião pública e a tomada de decisões.

longo do edifício arruinado, fileiras e mais fileiras de corpos cobertos com sacos plásticos brancos".[62]

E assim como no caso dos discursos inflamados de José Saramago e Edgar Morin após Jenin, a contraevidência não teve impacto sobre um discurso vicioso e supersessionista de um dos intelectuais públicos mais queridos da Noruega que, falando no coletivo "nós" da esquerda progressista global, amaldiçoou os judeus perversos.[63] Foi um brilhante golpe militar para o Hezbollah – de uma derrota no campo à retirada israelense em meio a uma onda gigantesca de ódio por Israel no mundo inteiro. E eles não poderiam ter feito isso sem a participação extensa e entusiástica dos jornalistas letais.[64]

**Figura 21** – Funcionário árabe da Cruz Vermelha segura bebê morto para a imprensa, Kafr Qana, julho de 2006.

## PROTOCOLOS MIDIÁTICOS PALESTINOS E CONFORMIDADE JORNALÍSTICA

Talvez a questão mais proeminente na avaliação da cobertura ocidental diga respeito ao grau em que age de acordo (e continua a agir) com os "Protocolos Midiáticos" palestinos, que exigem essencialmente que os jornalistas relatem o conflito como um conto de moralidade negra (Israel) e branca (palestinos). Até agora, quando eclodiram as hostilidades entre Israel e seus vizinhos no século XXI (2000, 2002, 2006, 2008/9, 2010, 2012, 2014, 2018, 2021), a MSNM sempre agiu principalmente de acordo com as seguintes instruções do lado palestino:

**Protocolos Midiáticos Palestinos**

| | | | |
|---|---|---|---|
| 1. | Os palestinos são os nobres resistentes – Davi | 2. | Os israelenses são os cruéis opressores – Golias |
| 3. | Os palestinos deverão sempre ser retratados como vítimas, nunca como agressores | 4. | Os israelenses deverão sempre ser retratados como agressores, nunca como vítimas |
| 5. | Os palestinos não deverão ser retratados sem simpatia | 6. | Os israelenses não deverão ser retratados com simpatia |
| 7. | As alegações palestinas não deverão ser desafiadas ou solapadas | 8. | As alegações israelenses deverão ser desafiadas e solapadas |

Obviamente, nenhum jornalista trabalharia em plena conformidade com tais exigências, caso contrário perderia toda a credibilidade para consigo mesmo e para com os leitores. Contudo, o nível geral de conformidade gira em torno de uma linha invisível de credibilidade, em que os jornalistas obedecem tanto quanto possível. O número de casos em que tais ordens opera é tão grande que seria possível compilar volumes, enumerando-os. Por exemplo, quando os mísseis do Hamas matam palestinos, os jornalistas, obedecendo aos mandamentos 3, 4, 6 e 8, apenas relatam a história desde que pareça que foi um ato cometido por Israel, mas se calam assim que se torna claro que uma bomba do Hamas ou da Jihad Islâmica matou o seu próprio povo. O número de violações na direção oposta – não relatar casos confiáveis que fazem os israelenses parecerem bons (ou seja, violando 6, 8) são mínimos, se não

354

inexistentes, enquanto numerosos episódios não confiáveis, em que Israel parece terrível, recebem uma cobertura generosa.[65] Os repórteres constroem as suas carreiras buscando a conduta desonesta ou ilegal israelense.[66]

## COPAS NEGRAS, ESPADAS VERMELHAS: EXPECTATIVAS PARADIGMÁTICAS E A REJEIÇÃO DE ANOMALIAS

Talvez o melhor lugar para ver essa distorção operando seja nos casos em que os israelenses são vítimas e os palestinos, agressores. Temos um excelente exemplo do início da Intifada Al-Aqsa/Jihad de Oslo. No dia depois da visita de Ariel Sharon ao Monte do Templo/Haram al Sharif (29 de setembro de 2000 / 2 Rajab 1421 AH*), enfurecidos pelas transmissões de notícias palestinas alegando que Sharon havia profanado Al-Aqsa, graves tumultos eclodiram em Jerusalém Oriental. No decorrer de um terrível dia de confrontos, uma dúzia de mortos e centenas de feridos. No dia seguinte, a Associated Press publicou essa foto legendada.

**Figura 22** – Um policial israelense e um palestino no Monte do Templo.

---

* N.T.: Dia 2 do mês de Rajab, o sétimo mês do ano hegírico de 1421, segundo o calendário islâmico.

A sugestão óbvia da legenda é que o furioso policial israelense com o cassetete havia desferido um golpe no jovem palestino. Exceto pelo fato de que o garoto na foto é um estudante americano de uma *yeshivá*[*] em Israel, Tuvya Grossman, cujo táxi o levara através de um bairro árabe, no qual uma turba de árabes o arrancou do veículo e o espancou quase até a morte.[67] Publicar a foto com a legenda adequada, entretanto, não se enquadrava na narrativa. Alguém no escritório da Associated Press identificou Tuvya como palestino e o local do confronto como o Monte do Templo (apesar do posto de gasolina ao fundo). E o *The New York Times*, sem verificar, publicou a foto e a legenda. Jornalismo narrativo total.

Como alertaram Thomas Kuhn e os cientistas cognitivos: vemos o que esperamos ver, o que queremos ver, o que somos ensinados a ver. Nesse caso, tanto a Associated Press quanto o *The New York Times* e muitos leitores leram na foto o que "já" sabiam que estava acontecendo: o Golias israelense estava espancando o Davi palestino. O *The New York Times* demorou quatro dias para emitir uma correção lacônica, e somente sob forte pressão, para explicar claramente a verdadeira história.[68] E apesar da correção, os grupos que faziam pressão para um boicote a Israel usaram repetidamente a imagem.[69]

---

[*] N.T.: No plural, *yeshivot*, instituições que focam o estudo de textos religiosos tradicionais, principalmente o Talmude e o Pentateuco.

**Figura 23** – Utilização da imagem de um judeu espancado por palestinos por promover o boicote à Coca-Cola.

Tradução: Já não tivemos humilhação suficiente? Os israelenses estão matando crianças palestinas e a economia dos EUA está fornecendo as balas. Há algo que você pode fazer para parar com isso? Sim! Há 1 bilhão de muçulmanos e 5 bilhões de pessoas no mundo. Se nos unirmos e boicotarmos o produto americano em questão, enviaremos uma forte mensagem aos EUA de que eles estão apoiando a morte da inocência. Não temos nada contra o povo americano. Queremos apenas que Israel pare de matar. Isso é somente o começo! Mais produtos virão. Por favor, cause um impacto. Boicote esse produto e difunda a mensagem. Juntos, podemos fazer uma diferença.

357

Admitindo-se agora que havia, naquele dia, muitas fotos de palestinos feridos disponíveis – 7 mortos e cerca de 300 feridos, por que essa foi publicada na primeira página? Porque, mal legendada, contava toda a história Davi-Golias: não apenas a vitimização palestina, mas a culpabilidade israelense no mesmo quadro. Todas as fontes palestinas de violência desaparecem na imagem estarrecedora. Quando forçados a corrigir – pressão judaica, novamente! – nem a Associated Press nem os jornais que usaram seu material refletiram sobre como erros tão flagrantes poderiam ter ocorrido, como uma foto de primeira página no *The New York Times* poderia mostrar um posto de gasolina no Haram al-Sharif. Tampouco acharam adequado relacionar a violência contra um "civil" judeu com os extensos espancamentos da imprensa por parte dos palestinos.[70]

A narrativa que essa imagem tão bem ilustrou para a mídia converteu-se na versão padrão autorizada: Ariel Sharon causou a intifada e os palestinos foram suas vítimas, uma narrativa em que nenhuma evidência contrária poderia penetrar.[71] Mais de uma década depois, Patrick Tyler não sentiu necessidade de colocar uma nota à margem da afirmação desdenhosa: "A grande acusação, no entanto, foi que Arafat havia ordenado a guerra. Não era verdade, como confirmaram todas as reconstruções posteriores, mas não importa".[72] Era verdade, como confirmaram extensas evidências posteriores. Mas para aqueles com a mentalidade do ano 2000, não importava.[73]

## ERROS DE MANCHETE

Esse padrão de cumprimento das exigências palestinas é mais facilmente visto nas manchetes, a primeira, e muitas vezes a última, coisa que os consumidores de notícias leem.[74] Nos casos em que os agressores são os palestinos, que se comportam especificamente como terroristas – ou seja, visam civis para assassinato – o trabalho da mídia noticiosa submissa é obedecer ao #4/5: o israelense nunca é vítima, o palestino nunca é vitimizador. Resulta uma gramática e sintaxe notáveis que invertem os vetores de causalidade (coloca em primeiro plano a resposta israelense) e alveja a agência palestina.

358

No dia 18 de novembro de 2014, por exemplo, dois jovens árabes israelenses que trabalhavam na vizinhança entraram em uma sinagoga em Har Nof e massacraram tantos congregantes em oração quanto possível, matando seis e ferindo sete antes de serem mortos a tiros. As manchetes da CNN mostram uma excepcionalmente elevada pontuação de **conformidade** com os protocolos midiáticos palestinos:

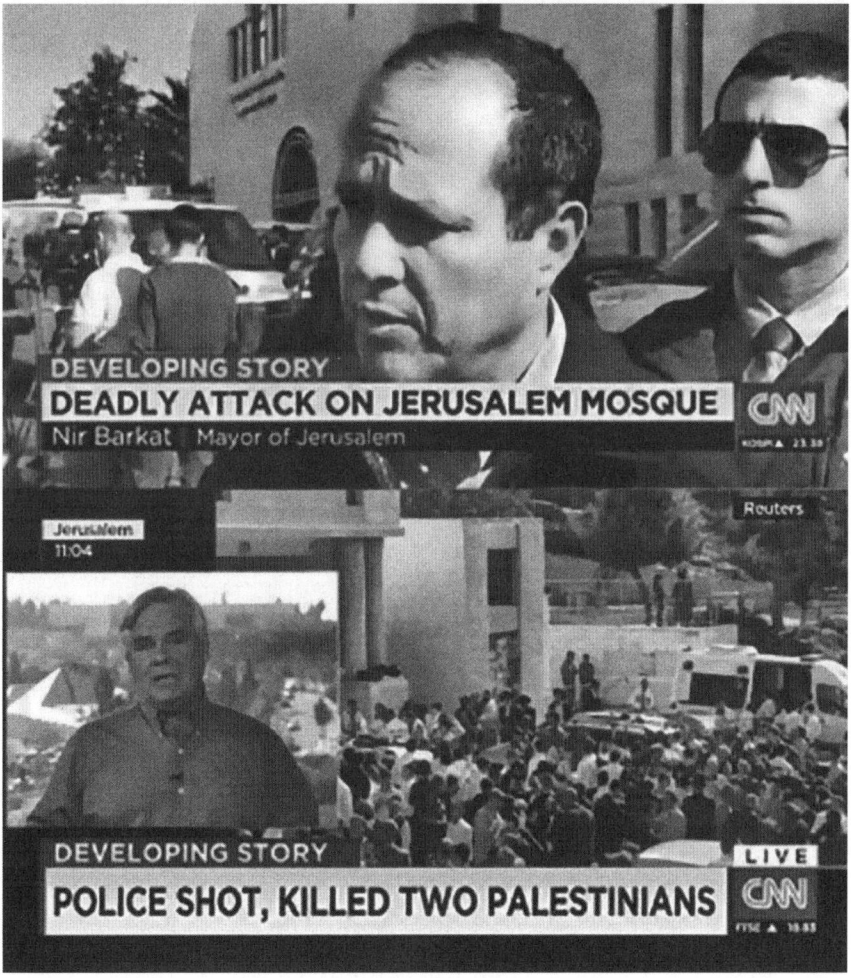

Figura 24 – Duas legendas da CNN sobre o massacre em uma sinagoga de Jerusalém, 18 de novembro de 2014.
Tradução: "Ataque mortal em mesquita de Jerusalém";
"Polícia atirou e matou dois palestinos".

A primeira manchete obedece de maneira extraordinária o #4 (nunca vítimas israelenses); a segunda, o #3 (o israelense sempre é o agressor). Assim, a sinagoga se converte em uma mesquita e os assassinos tornam-se vítimas da agressão israelense. A discussão que se segue entre Wolf Blitzer da CNN e Barak Ravid do *Haaretz* não se concentra na ideologia que levou esses jovens a massacrarem pessoas que lhes deram empregos, nem na possibilidade de que se tratasse de um ataque de imitação inspirado pelo ISIS, mas antes, sobre como Netanyahu não deveria destruir as casas dos perpetradores:

> Blitzer: [...] que provavelmente levará a uma escalada da situação, existe o medo de que haja ataques de vingança, certo?
>
> Ravid (com a resposta pronta): Sim, creio que esse é o principal problema aqui [...] que o primeiro-ministro Netanyahu, durante toda a sua carreira política, seguiu o *slogan*: "Serei enérgico com os árabes".[75]

A principal pergunta de Blitzer, que pressupôs a Primeira Diretriz do século XXI (*não os irrite*), provoca a ávida condenação de Ravid de sua própria liderança por não apaziguar suficientemente a ira do seu inimigo.

Pontuação de conformidade da CNN aos Protocolos Midiáticos Palestinos: A+

Os ataques subsequentes (faca e carro) produziram todo um dossiê de, por vezes, surpreendentes "falhas nas manchetes", todas conformes aos protocolos midiáticos palestinos. De fato, uma vez compreendido o efeito de distorção que as exigências jihadistas impunham no que tange à gramática e à sintaxe de nossos provedores de notícias, pode-se "ler nas entrelinhas": os agressores palestinos são apresentados como vítimas (#3, 5); o ciclo de violência se inverte e a retaliação israelense dá início à manchete (#4, 6); em questões de violência, os israelenses têm liberdade para agir, os palestinos não; sua violência é uma desesperada resistência à opressão (#4, 3). (A lista a seguir não contém referências, todas as URLs estão disponíveis no meu blog[76]).

360

TROPAS ISRAELENSES ATIRAM NO MOTORISTA DE CARRO BATIDO (*EuroNews*): Palestino bateu com o carro em civis israelenses e foi morto a tiros. NB: A sintaxe de reversão, comece com a represália; transforme um motorista ativo batendo seu carro em israelenses em vítima.

SEIS ADOLESCENTES PALESTINOS MORREM EM MEIO À AGITAÇÃO NO ORIENTE MÉDIO (*Los Angeles Times*): 6 palestinos que tentaram esfaquear israelenses durante a "Intifada de Facas" foram mortos pela polícia.

PALESTINO MORTO A TIROS DEPOIS QUE O ATAQUE EM JERUSALÉM MATA DOIS (BBC News): Palestino que assassina dois civis israelenses em Jerusalém é morto a tiros.

QUATRO ADOLESCENTES PALESTINOS SÃO MORTOS NA VIOLÊNCIA ISRAELENSE (*Los Angeles Times*)

TROPAS ISRAELENSES MATAM PALESTINO NA CISJORDÂNIA: MINISTÉRIO DA SAÚDE (Reuters). Ele estava jogando um coquetel Molotov em um carro.

ISRAEL MATA MÃE GRÁVIDA E SEU BEBÊ EM ATAQUES DE VINGANÇA (*The Independent*). Israel retaliou contra o Hamas por um ataque anterior e o depósito de armas que eles atingiram explodiu, fazendo com que a casa próxima desabasse e matasse a mãe e a criança.

HOMEM JUDEU MORRE QUANDO PEDRAS SÃO ARREMESSADAS CONTRA SEU CARRO NO LESTE DE JERUSALÉM (*The New York Times*): Palestinos atiraram pedras em um israelense, causando um acidente fatal. NB: a manchete "limpou" totalmente a agressão palestina e, de fato, é quase um jogo de palavras com o *hadith* de "pedras e árvores", só que aqui as pedras não apenas falam, porém matam.

BOMBA ARRUÍNA DIA HISTÓRICO PARA OS PALESTINOS (Associated Press): Árabes detonam bomba matando três civis israelenses no dia em que os palestinos empossaram um novo primeiro-ministro.

AGITAÇÃO EM ISRAEL: MENINO DE 16 ANOS TORNA-SE O SÉTIMO PALESTINO MORTO PELAS FORÇAS DE SEGURANÇA APÓS ESFAQUEAMENTO EM JERUSALÉM E A ONDA DE VIOLÊNCIA CONTINUA (*The Independent*): Um palestino de 16 anos esfaqueia pessoas e é baleado. NB: Esse título longo e confuso foi reduzido para uma versão um pouco menos letal: FORÇAS ISRAELENSES MATAM UM MENINO DE 16 ANOS APÓS ESFAQUEAMENTO EM JERUSALÉM ENQUANTO A VIOLÊNCIA CONTINUA.

PALESTINOS SÃO BALEADOS AO EMBARCAR NUM ÔNIBUS ESCOLAR (CNN): Dois palestinos, armados com facas, foram impedidos de embarcar num ônibus escolar, saíram às ruas e esfaquearam um homem várias vezes antes que a polícia israelense atirasse neles.

ISRAEL LANÇARÁ MAIS BOMBAS (*The Telegraph*): Israel anuncia que o exército começou a encenar "sua primeira retirada" de Gaza, depois que as FDI quase atingiram o seu objetivo de destruir os túneis terroristas do Hamas. A imagem que acompanha mostra crianças palestinas vagando entre os escombros.

Quando o Parlamento israelense convocou uma sessão sobre esse fenômeno de manchetes erradas, o chefe do escritório da Reuters em Jerusalém, Luke Baker, diretor da FPA – Foreign Press Association (Associação de Imprensa Estrangeira) em Jerusalém, disse ao comitê:

> Discordamos da premissa da sessão – ela pressupõe duas coisas: que a mídia estrangeira é tendenciosa e que esse suposto preconceito mina a capacidade de Israel de reprimir ataques terroristas. Nós não concordamos que a mídia estrangeira seja tendenciosa e a legitimidade da campanha de Israel contra o terrorismo é inteiramente determinada pela forma como Israel conduz essa campanha.[77]

Tais falhas bizarras nas manchetes atingiram os Estados Unidos apenas alguns anos mais tarde. Em 2021, um apoiador do Black Lives Matter, com fortes crenças antibrancos, provocou uma colisão em um desfile de Natal em Waukesha, Wisconsin, matando 6 brancos e ferindo mais de 50. As manchetes seguiram os protocolos palestinos, agora com relação aos negros americanos: "[...] a tragédia de Waukesha causada por um SUV", "[...] um carro invadiu um desfile de Natal na cidade", "[...] o acidente do desfile de Wisconsin."[78]

## A LEI DA *OMERTÀ*

Já vimos o jornalismo letal (e que marca gol contra) no seu pior, nos seus pecados de reportagens encomendadas relacionadas ao caso Al-Durrah: a propagação de um libelo de sangue sobre Israel assassinando deliberadamente civis, como *notícia*. Aqui examinaremos o outro lado do jornalismo letal, seus pecados de omissão, seus silêncios: nesse caso, a recusa em reportar o incitamento genocida no lado palestino. Como praticamente qualquer jornalista que se leva a sério afirmará: "Para os repórteres, reter informações valiosas do público é um anátema".[79] No entanto, é precisamente isso que os jornalistas letais têm feito em grande escala desde 2000.

## PREGAÇÃO GENOCIDA PALESTINA: OS SILÊNCIOS OMINOSOS DO JORNALISMO LETAL

Talvez o exemplo mais flagrante tenha ocorrido 13 dias depois que a história de Al-Durrah apareceu pela primeira vez. No dia seguinte ao linchamento de Ramallah, no qual os árabes, clamando por "vingança pelo sangue de Muhammad al-Durrah", literalmente dilaceraram os corpos de dois soldados israelenses, arrastando partes queimadas de seus corpos pelas ruas. O xeque Halabaya, nomeado pela Autoridade Palestina e que dela recebia remuneração, fez um sermão transmitido pela TV.

> Os judeus são os judeus. Quer sejam do Partido Trabalhista ou do Likud, os judeus são judeus. Eles não têm moderados ou defensores da paz. Eles são todos mentirosos. *Eles devem ser massacrados e devem ser mortos* [...] os judeus são como uma mola, e se vocês pisarem nela

363

com o pé ela não se move. Mas se vocês levantarem o pé da mola, ela machuca e pune [...] *é proibido ter misericórdia em seus corações pelos judeus em qualquer lugar e em qualquer terra. Façam guerra contra eles em qualquer lugar em que vocês estiverem. Em qualquer lugar em que os encontrar, devem matá-los.*[80]

Com a opinião pública israelense num nível febril de indignação, o exército teve de responder e o fez, ao contrário dos palestinos, com precisão cirúrgica, lançando um míssil pela janela da qual os corpos dos soldados haviam sido atirados e após vários avisos para evacuar, bombardeando a estação de rádio *Voice of Palestine* à noite. Os palestinos alegaram que esses ataques feriram 27 pessoas (que aparentemente ignoraram as advertências), mas não reivindicaram nenhum morto. Porta-vozes israelenses justificaram o ataque ao *Voice of Palestine* apontando para o papel das mídias noticiosas palestinas em incitar as pessoas a matar os judeus. Invocando o caso de Ruanda, no qual a *Radio-Télévision Libre des Mille Collines* desempenhou um papel importante no genocídio hutu dos seus vizinhos tutsis em 1994, apenas seis anos antes,[81] Israel afirmou o seu direito de fechar tais locais de crimes contra a humanidade. A incitação, insistiram os israelenses, era a fonte da terrível violência atual.

O *The New York Times* colocou um de seus principais jornalistas na história. William Orme, marido da então chefe do escritório no Oriente Médio, Deborah Sontag, e responsável pelas denúncias sobre intimidação da mídia na Association of Foreign Journalists in Jerusalem (Associação de Jornalistas Estrangeiros em Jerusalém) – ambos presentes em Ramallah quando aconteceu o linchamento –, abordou o problema: "A parallel Mideast Battle: Is it news or incitement?" (Uma batalha paralela no Oriente Médio: é notícia ou incitação?).[82] Orme interpretou cuidadosamente o roteiro "ele-disse-ela-disse" em que os israelenses alegavam incitamento genocida e os palestinos os rejeitaram como se reclamassem de "qualquer coisa que dissermos". Comparações com Ruanda estavam fora de questão.[83]

O momento crucial do artigo (que nunca mencionou Al-Durrah, apesar da cobertura do próprio Orme e do lugar proeminente que o menino mártir ocupava na incitação da mídia palestina naquela época e em

Ramallah), ocorreu quando Orme fez citações do sermão de Halabaya. Foi a única evidência concreta que ele ofereceu dos (extensos) exemplos de Israel de tal incitamento genocida.

> Os israelenses citam como exemplo flagrante um sermão televisionado que defendia o assassinato dos dois soldados [em Ramallah, em 12 de outubro de 2000]. *"Quer sejam do Partido Trabalhista ou do Likud, os judeus são judeus"*, declarou o xeque Ahmad Abu Halabaya em transmissão ao vivo de uma mesquita na cidade de Gaza no dia seguinte aos assassinatos.

É difícil saber quais adjetivos usar para caracterizar essa surpreendente reportagem. Estupidez parece uma palavra fraca. Como poderia até mesmo um calouro em uma aula de História no ensino médio ser tão estúpido a ponto de escrever sobre incitamento e omitir um exemplo horrível e prontamente disponível de incitamento *genocida*? Pode-se repreender legitimamente o artigo de Orme, portanto, por enorme incompetência ou desinformação deliberada (conformidade com os protocolos midiáticos palestinos?). É compreensível que até hoje Orme se recuse a tecer quaisquer comentários.[84] E qualquer que seja a sua intenção pessoal ao escrever como o fez, o efeito confere uma vitória dupla aos jihadistas: por um lado, os leitores ocidentais permaneceram desinformados sobre a ideologia genocida que o Hamas compartilha com os piores jihadistas globais; por outro, os israelenses pareceram irritadiços. "Realmente?", um leitor poderia perguntar com razão, "'o Partido Trabalhista e o Likud são todos judeus'? – É *desse* incitamento que você está reclamando? *É isso* que você está comparando com as transmissões genocidas dos hutus? Patético."

A citação mutilada preenche amplamente os critérios para inclusão entre as declarações surpreendentemente estúpidas do século XXI (uma das primeiras): por um lado, uma inversão radical da realidade empírica – *a mídia palestina está ativamente envolvida nessa terrível incitação* – e, por outro, o amplo consentimento que evoca entre leitores informados: *claro que não, claro que Israel está exagerando*. Jornalistas letais, cumprindo ordens da *jihad* palestina, querem acima de tudo

365

culpar as vítimas da agressão jihadista pela violência que as atinge. A radical desorientação do Ocidente, inconsciente do inimigo feroz que o atacava, prosseguia rapidamente. Os palestinos eram combatentes pela liberdade (a quem não deveríamos chamar de "terroristas"), e os israelenses são ocupantes imperialistas que chamaremos de terroristas se eles insistem que usemos o termo.[85]

A omissão de Orme tampouco foi uma infeliz exceção. Pelo contrário, até hoje, o *The New York Times* e, de forma mais ampla, a imprensa ocidental, se recusa veementemente a relatar o discurso genocida dos palestinos, do Hamas *e* da Autoridade Palestina.[86] Eles descartam sites de tradução como o MEMRI e PMW como "de direita", sem fornecer recursos alternativos de tradução.[87] Ao contrário, no período após 2000, quando o ódio genocida palestino muito semelhante ao delírio nazista tornou-se uma característica central de suas transmissões radiofônicas, a mídia tradicional, o *The New York Times* na liderança, minimizou o fato.[88] Tal como o terrorismo, eles não falariam de "incitamento", mas apenas reportavam o que os israelenses de "direita" afirmavam.[89] Quanto aos acadêmicos como Juan Cole, a sua dedicação em negar o discurso genocida no Oriente Médio desconhecia limites intelectuais.[90]

Poucas questões são mais críticas para a compreensão das realidades do Oriente Médio. Israel enfrenta inimigos genocidas, tão empenhados no seu extermínio como foram os nazistas, menos eficazes que eles, mas piores no discurso genocida (padres e ministros pró-nazistas não pediram o extermínio dos judeus a partir do púlpito). E o mundo exterior está tão mal-informado que pensa que os israelenses se comportam como nazistas e, quando se queixam dos palestinos, estão sendo paranoicos. "Se ao menos Israel confiasse mais nos palestinos", eles insistem, "tudo ficaria bem".[91]

Assim, em seu artigo para um suposto periódico acadêmico, ao afirmar "muito pelo contrário, o *The New York Times* é pró-Israel", Neil Lewis pode descrever a tendência natural dos jornalistas, inclusive no pró-Israel *The New York Times*, a sucumbir ao "apelo que os oprimidos fazem aos estrangeiros, especialmente jornalistas, que transferiram sua simpatia para os palestinos".[92] Contudo, presumivelmente, essa simpatia pelo oprimido baseia-se na relativa inocência daquele oprimido. Nesse caso, tal simpatia somente é possível se ignorarmos o que os palestinos dizem entre si, as suas aspirações, suas crenças sobre seus inimigos. Será que os leitores ocidentais favoráveis aos oprimidos permaneceriam amigáveis se soubessem que um tema importante e sem oposição na cultura palestina é a admiração por Hitler e uma aspiração manifesta de concluir o serviço?[93] Será que a "pacifista" Judith Butler teria abraçado o Hamas e o Hezbollah como parte da "esquerda progressista global" se fosse amplamente conhecido que essas organizações eram movidas por um antissemitismo delirante, pregavam o genocídio no púlpito e promoviam o imperialismo islâmico? (Gosto de pensar que "não". Mas é difícil saber.)

Da mesma forma, em resposta à queixa de que o *The New York Times* não noticiou "as invectivas antissemitas e anti-Israel", Neil Lewis observou:

> Os jornais geralmente têm dificuldade em lidar com quaisquer fenômenos repetidos, como discursos de ódio. Um artigo individual pode cobrir o assunto uma vez, para expor o fenômeno geral. Mas geralmente é impraticável escrever um artigo sobre cada instância subsequente. Os editores ficam então inclinados a dizer que o artigo inicial já abordou o assunto. Por conseguinte, tais comentários ultrajantes retrocedem para algo semelhante ao ruído de fundo. Podem ser deploráveis, mas nem sempre são deplorados.[94]

Umas quantas distorções:

1. Quando quer, a mídia não tem problema em se repetir. Por exemplo, não se cansa de afirmar que os assentamentos são o obstáculo à paz ou que a Cisjordânia é território ocupado.[95]
2. Nunca houve um "artigo inicial" sobre o incitamento palestino ao genocídio, muito menos um que "cobrisse o assunto".[96]
3. Não era impraticável, mas sim prescrito profissionalmente, que Orme e Erlanger mencionassem o discurso genocida em seus artigos.

Tal discurso pode se tornar ruído de fundo para os jornalistas, e ainda mais para seu público em casa, que não está exposto a ele, mas ninguém consegue compreender os atores na região – nem os israelenses e nem os palestinos – sem perceber o papel central que esse discurso genocida desempenha.

Esse tampouco é apenas um problema relacionado com o conflito árabe-israelense. Bernard Goldberg, depois de observar como uma pesquisa da LexisNexis para a década 1991-2001 não apresentava nenhum artigo associando o Alcorão ao terrorismo, observou:

> Aprendi muito mais sobre a atmosfera que gera homens-bomba suicidas de um pequeno artigo na revista *Commentary* do que de ter assistido 20 anos de noticiários nas redes de TV. Em sua edição de setembro de 2001 (publicada antes do ataque aos EUA) havia um artigo de Fiamma Nirenstein, uma jornalista italiana radicada em Israel, intitulado "How Suicide Bombers Are Made". Nele, ela conta sobre um "rio de ódio" que atravessa não apenas as nações árabes mais radicais, mas também muito do que gostamos de pensar que é o mundo árabe "moderado".[97]

No final, apesar de admitir que as críticas do *Times* por ignorar o discurso de ódio palestino são válidas, Lewis replica a prática. Sua discussão é mínima e ele não oferece exemplos de "invectivas" que admite serem "deprimentemente comuns em partes da mídia árabe e do clero". Ele inclui em seu lamento: "deploráveis, mas nem sempre deplorados". Onde se lê "nem sempre" leia-se "raramente" e inclua Lewis entre o bando que raramente o deplora, que permite que esse discurso de ódio "retroceda para algo semelhante a um ruído de fundo". Em uma nota de rodapé desvinculada, ele elogia o MEMRI (aparentemente desconhecendo a PMW), por "enriquecer o debate"; e, ainda assim, seu artigo, além dessa menção breve e não ilustrada, não é enriquecido com a contribuição que esse material oferece ao debate sobre o preconceito midiático ou, nos termos deste livro, está em total conformidade com os protocolos midiáticos palestinos.

# O LINCHAMENTO DE RAMALLAH E OS "PROCEDIMENTOS JORNALÍSTICOS PARA TRABALHAR NA PALESTINA"

Talvez se possa compreender o comportamento de Orme de suprimir evidências de incitamento genocida ao notar que um dia antes do feroz sermão de Halabaya, jovens palestinos entraram em uma delegacia de polícia e espancaram até a morte dois reservistas israelenses, jogando-os pela janela e arrastando seus corpos desmembrados e queimados pelas ruas da cidade, gritando "Vingança pela morte de Muhammad al-Durrah". William Orme esteve presente nesses eventos.[98] Seu comportamento e o da MSNM lançam luz sobre o dilema de um jornalista que deseja renunciar ao jornalismo letal e contar a história real.

Mark Seager, um fotógrafo britânico com grande simpatia pela causa palestina, não conseguia acreditar no que via.

> Eles estavam arrastando o homem morto pela rua como um gato brincando com um rato. Foi a coisa mais horrível que já vi, e já fiz reportagens no Congo, em Kosovo, em muitos lugares ruins. Em Kosovo, vi sérvios espancando um albanês, mas não foi assim. Havia tanto ódio, ódio e raiva inacreditáveis, distorcendo seus rostos.[99]

As reflexões adicionais de Seager apontam para uma mudança dramática no estado de espírito palestino, uma raiva transformadora que avivou os círculos palestinos no início de outubro de 2000/1421 AH:

> Achei que conhecia bem os palestinos. Fiz 6 viagens este ano e fui a Ramallah todos os dias nos últimos 16 dias. Achava que eram pessoas gentis e hospitaleiras. Sei que nem todos são assim e sou uma pessoa muito clemente, mas nunca esquecerei isso. Foi um assassinato do tipo mais bárbaro. Quando penso nisso, vejo a cabeça daquele homem toda arrebentada. Sei que terei pesadelos pelo resto da minha vida.

Mesmo antes de o linchamento começar, "a mídia foi avisada para não tirar fotos"[100] e Seager, como qualquer jornalista que não obedeceu naquele dia, foi atacado:

Levei um soco na cara de um palestino. Outro palestino apontou direto para mim gritando "sem foto, sem foto!", enquanto um terceiro me deu um tapa no rosto. Eu sabia que tinha perdido a chance de tirar a fotografia que me teria tornado famoso e perdi minha lente favorita que havia usado em todo o mundo, mas não me preocupei. Eu temia pela minha vida.

Os palestinos confiscaram todas as fitas que puderam encontrar naquele dia, mas deixaram escapar uma, de uma equipe italiana de uma emissora privada, *Mediaset*. Essa equipe contrabandeou a filmagem e a entregou aos israelenses, que imediatamente a transmitiram pela televisão. A imagem chocou o público mundial e, por um breve momento, competiu com a imagem de Al-Durrah – que havia inspirado esses acontecimentos – na atenção imparcial do público e seu sentimento de indignação moral.[101]

Arafat ficou furioso e toda a equipe da *Mediaset* rapidamente percebeu que teria que fugir, primeiro para passar a noite na embaixada italiana e depois voltar para a Itália, a fim de escapar de retaliação. A atmosfera estava repleta de ameaças. Pouco depois desse incidente, um amigo ligou para Charles Enderlin para perguntar sobre a situação em Ramallah. "Então, Charles, é verdade que os jornalistas estrangeiros na Palestina estão com medo?" Ao que Enderlin respondeu: "Diga antes que eles estão aterrorizados. Mas, de qualquer forma, eu não disse nada".[102] Amigos palestinos ligaram para Seager após a publicação de seu artigo, alertando-o de que não era seguro para ele permanecer nos territórios palestinos.[103]

Nessa situação de verdadeiro terror, Riccardo Cristiano, chefe do canal de televisão italiano RAI, que acabara de sair do hospital após levar uma surra em Jaffa num motim de palestinos,[104] temia uma reação contra as suas equipes. Ele escreveu a Arafat uma carta obsequiosa, assegurando-lhe que não havia sido a RAI que vazara notícias tão prejudiciais sobre os palestinos.

Meus caros amigos na Palestina. Parabenizamos vocês e pensamos que é nosso dever colocá-los a par (dos acontecimentos) do que ocorreu em 12 de outubro em Ramallah [...] enfatizamos a todos vocês que os eventos não aconteceram dessa forma [ou seja, não fomos nós que entregamos as filmagens a Israel], porque *sempre respeitamos os procedimentos jornalísticos da Autoridade Palestina para o trabalho na Palestina* e somos confiáveis [?] no nosso trabalho preciso.

Agradecemos a vocês pela confiança e podem ter certeza de que essa não é nossa maneira de agir. Não faríamos tal coisa.

Por favor, aceitem nossas queridas bênçãos.

À parte a linguagem bajuladora, o texto oferece uma visão reveladora sobre uma mídia ocidental covarde, ansiosa por apaziguar a ira palestina, abertamente comprometida em cumprir os protocolos midiáticos palestinos ("procedimentos jornalísticos") sobre não mostrar os palestinos sob uma ótica ruim (#7).

Arafat, orgulhoso do medo que inspirava, publicou a carta em seu jornal, demonstrando ao seu povo o quanto ele havia intimidado a mídia ocidental. A Palestinian Media Watch traduziu a carta para o inglês, para a humilhação profissional de Cristiano, um homem gentil, arrastado por correntes além de seu controle. Mesmo seus colegas, que compartilhavam plenamente seu jornalismo condescendente, não poderiam mais salvá-lo. Como um homem apanhado por corrupção numa sociedade na qual a corrupção é galopante, ele quebrou a única regra: não seja pego. Os israelenses, num raro movimento punitivo contra a mídia estrangeira, cancelaram suas credenciais e a RAI o enviou para cobrir o Vaticano.

No entanto, mesmo quando os palestinos procuravam controlar os danos no Ocidente ocultando evidências, eles glorificavam o incidente entre si. O sermão de Halabaya deve ser entendido como a resposta triunfalista ao jovem palestino, parado na janela, erguendo a mãos nuas, ensanguentadas, pelo assassinato dos dois reféns. Quando chegou a formatura do jardim de infância no verão seguinte, tornou-se um ritual para crianças de cinco anos mergulharem mãos pintadas de vermelho e erguê-las, ao estilo do linchador palestino.

**Figura 25** – Cerimônia do jardim de infância palestino
que reencena o linchamento de Ramallah, 2001.

Enquanto isso, no Ocidente, os jornalistas mantiveram publicamente a sua posição de conformidade com os protocolos midiáticos palestinos, o jornalismo letal e a sua negação geral da intimidação e da incitação palestinas ("Mas, de todo modo, eu não falei nada"). De fato, Orme, então responsável pelas queixas de intimidação apresentadas por jornalistas estrangeiros à FPA em Jerusalém, rejeitou de forma implausível qualquer participação da Autoridade Palestina na intimidação, apesar de ter sido testemunha ocular:

> "É enganoso sugerir que existe uma política de intimidação da Autoridade Palestina", Orme conclui, citando as "centenas de reclamações" que sua organização recebeu sobre o tratamento do governo israelense dispensado à imprensa [...] em contraste, "apenas um punhado" de jornalistas apresentou reclamações contra a Autoridade Palestina [...] *não há autocensura* [de jornalistas que fazem a cobertura dos palestinos]."[105]

... disse o jornalista que se autocensurou sobre o discurso genocida palestino.

Aparentemente, Orme nunca ouvira falar (ou se ouviu, nunca pensou sobre as implicações) da lei de Moynihan:

> A quantidade de violações dos direitos humanos [aqui, os direitos dos jornalistas] em um país é sempre uma função inversa da quantidade de queixas sobre violações de direitos humanos ouvidas de lá. Quanto maior o número de reclamações veiculadas, mais protegidos são os direitos humanos naquele país.[106]

De fato, a lei de Moynihan é bem ilustrada pela indústria de reclamações sobre a intimidação israelense de jornalistas, coletada nas publicações do *Committee to Protect Journalists* (Comitê para a Proteção de Jornalistas). Os ataques dos palestinos a jornalistas naquele dia, amplamente documentados, não aparecem: na verdade, no dia 12 de outubro, dia do linchamento, não há quaisquer menções, enquanto Cristiano aparece mais tarde com o queixo quebrado, como objeto de assédio israelense por perder suas credenciais de imprensa.[107]

Portanto, Orme aqui ignorou a lei de Moynihan, inverteu a narrativa e transformou Israel em agressor, ao mesmo tempo que insistia na boa-fé da Autoridade Palestina. Menos de um ano mais tarde, a relação simbiótica que Orme negou ficou em evidência, quando dirigentes da Autoridade Palestina ameaçaram a MSNM com violência da multidão se não removessem as imagens de palestinos comemorando o 11 de Setembro, substituindo-as por fotos de Arafat doando sangue [às vítimas pulverizadas].[108]

Jornalistas como Orme – eu diria, o bando de jornalistas e os funcionários da ONG/ONU, e diplomatas que passam o tempo juntos na área ao redor de Sheikh Jarrah e do Colony Hotel – não (e provavelmente ainda não) se consideram complacentes com as exigências palestinas. Pelo contrário, eles "rejeitarão como totalmente infundada a acusação feita por alguns de que existe uma "autocensura" intencional e sistemática por parte da equipe de imprensa estrangeira designada para Israel e/ou Palestina".[109]

Eles estavam simplesmente contando o que viram: o Golias israelense e o Davi palestino. E como a sua obediência é voluntária, eles não sofrem punições, apenas recebem recompensas para induzir um comportamento desejado. "Não houve violência dirigida contra nós pelos palestinos. Pelo contrário, eles gostavam de nós e nos acolhiam bem. Sinto-me mais seguro com os palestinos do que com os israelenses", disse-me um fotógrafo no escritório do decano de Comunicações na Universidade de Boston em 2014. "Claro que é esse o caso", respondi, sem sucesso, "você está fazendo o que eles querem. Tente relatar coisas de que eles não gostam e veja como irão tratá-lo". Dado este estado geral de negação e apaziguamento como forma de lidar com o medo, não é surpreendente que quando Orme abordou a questão do incitamento, ele também obteve uma nota A+ por sua covarde conformidade com os protocolos midiáticos palestinos e permaneceu em negação por uma década depois.

## INTIMIDAÇÃO, CONFORMIDADE, *OMERTÀ*: O ÍMÃ SOB A SUPERFÍCIE

A questão da intimidação palestina da mídia subjaz no centro do fracasso dos meios de comunicação, pois ajuda a explicar por que a hostilidade aos israelenses/judeus não é a única, ou mesmo a principal, responsável por esse bando de jornalistas letais. Certamente, em casos individuais, pode-se encontrar um jornalista com uma animosidade particular contra Israel e seria possível até argumentar que esses judeófobos criaram um ambiente social que atraiu jornalistas que apreciam a *Schadenfreude* moral da inversão israelense-Golias. No entanto, o verdadeiro problema que precisa de explicação é o amplo consenso. Pode-se facilmente imaginar que esse conflito específico atrairia a sua quota de defensores de ambos os lados e, portanto, algumas das reportagens poderiam atingir um nível de falha de informação em que os jornalistas, mesmo uma agência de notícias inteira, não conseguiram viver à altura da sua vocação de testemunhas honestas. Mas todos? O *The New York Times*, jornal de referência? A BBC, líder global em jornalismo? Reuters,

Associated Press, AFP (Agence France-Presse), NPR (National Public Radio), CBS, NBC, CNN? As gigantescas agências de notícias? Todas adotando o quadro invertido?

Infelizmente, sim.

Outra coisa deve explicar, não os jornalistas entusiásticos e letais como Janine di Giovanni, Robert Fisk ou Jon Snow,[110] mas sim o silêncio generalizado, a falta de dissidência, dos demais. Pois, em vez de fornecer uma discussão sólida e "enriquecida" sobre o que está acontecendo aqui, os meios de comunicação convencionais têm cultivado sistematicamente um pensamento de grupo tão poderoso que um jornalista da BBC, ao presidir um painel de comentaristas de notícias que ele provavelmente escolheu devido à diversidade de seus pontos de vista, comentou sobre as negociações entre Israel e a Autoridade Palestina: "Isso poderia ser resolvido com um e-mail. Todos sabem qual é a solução: Terra por paz".[111] Ele não poderia estar mais errado. Mas todos os seus palestrantes concordaram. Uma delas, Yasmin Alibhai Brown, insiste até em incluir o Hamas nas negociações, "eleito democraticamente", e nenhum dos restantes comenta que isso tornaria impossível a "terra por paz".

Alguns argumentam que isso é impulsionado pela ideologia, ao que eu respondo, tudo bem. Até concordarei que 20% da mídia é tão ideológica que sistematicamente falsificam o registro, em si um número escandalosamente elevado para uma profissão que se compromete especificamente a reportar eventos, em vez de propaganda. Mas por que poucos discordam e aqueles que o fazem são desconsiderados?

Perguntei a uma jornalista europeia que articulou essa narrativa se ela conhecia o trabalho de Khaled abu Toameh – um muçulmano palestino extremamente singular que publica críticas ao seu próprio povo. "Não", ela respondeu, "em que jornal ele escreve?" *Jerusalem Post*. "Ah, eu não leio jornais de direita como esse."[112] Essa falta de curiosidade pode expressar-se em termos ideológicos, mas tem outros propulsores.

O argumento, no entanto, que considero mais persuasivo para explicar o consenso invertido: *a narrativa MSNM do Israel-Golias/Palestina-Davi é a forma como os arquivos se alinham, acima da mesa, enquanto ameaças confiáveis a qualquer um que se desvie é o ímã da intimidação que está por baixo da mesa.*

O principal problema do argumento é que ele é *ex silentio*, ou seja, baseia-se na ausência de evidências (o que está por baixo da mesa). Obviamente, todo o propósito da *omertà* é reprimir qualquer evidência de sua operação, incluindo a ameaça de retaliação que impõe o silêncio. Isso é o que dá força à lei de Moynihan. A história das violações dos direitos humanos, abundantes no mundo árabe e certamente em territórios governados por grupos políticos palestinos, não é divulgada, nem por fontes árabes (o que torna Abu Toameh e Bassem Eid tão raros), nem por fontes ocidentais. Há uma longa história de os palestinos matarem de uma só vez alguns jornalistas e oferecerem proteção aos demais durante a guerra civil libanesa (1975–1982, 150 mil civis mortos). Enquanto a OLP aterrorizava populações inimigas e definia inimigos, jornalistas, gratos pela proteção oferecida, atendiam às suas demandas.[113]

Sem o exemplo surpreendente ocasional, seria difícil identificar o funcionamento de um sistema de intimidação tão bem-sucedido, tão penetrante, que a "vasta maioria" dos jornalistas nega que exista. E, de fato, eles podem honestamente afirmar que não vivenciam intimidação, pois não saem das linhas dos protocolos midiáticos palestinos. Sem desobediência não há retaliação. Os jornalistas tomaram partido do lado palestino *para que não tivessem que lidar com as punições que temiam silenciosamente*. Na minha opinião, o índice escandalosamente alto de conformidade da MSNM com os protocolos midiáticos palestinos no século XXI é a arma fumegante, a evidência concreta do medo de desafiar os palestinos, e apenas secundariamente, em muitos casos como um artifício, a lealdade obstinada à ideologia do **subdogma** pós-colonial desempenha um papel.[114]

## OMERTÀ EM AÇÃO:
## A ESTRATÉGIA CANIBALESCA
## E O BOMBARDEIO DO CAMPO
## DE REFUGIADOS DE SHATI

Para acrescentar ao dossiê sobre a intimidação palestina e o sistema de *omertà* que se transformou com sucesso em uma conformidade harmoniosa de jornalistas com uma narrativa letal palestina, ocorreu um incidente no verão de 2014, durante a "Operação Margem Protetora" das FDI. Concorre com o incidente de Riccardo Cristiano em 2000 pelo esclarecimento relacionado ao fenômeno da intimidação da mídia e de sua negação.

Essa foi a terceira operação em Gaza em seis anos, e a estratégia do Hamas havia se desenvolvido em resposta à MSNM que atuava segundo suas regras.[115] Enquanto os palestinos haviam disparado por trás dos seus próprios civis desde 1948 a fim de retardar as ações das FDI, o Hamas agora transformou isso não em uma tática, mas na sua estratégia principal: o valor do sofrimento palestino, fielmente transmitido pela mídia e causando danos à imagem de Israel no mundo tornou-se o objetivo principal, fazendo valer a pena o sofrimento infligido ao povo palestino.

Em 2008/9, três anos desde que o Hamas "ganhou" as eleições em Gaza, e dois desde que expulsou a OLP em expurgos sangrentos, o Hamas e a Jihad Islâmica desenvolveram uma variante canibalesca de uma estratégia particularmente desagradável da OLP no Líbano na década de 1970. Eles dispararam de áreas civis inimigas para que seus inimigos devolvessem fogo; agora, na década de 2010, dispararam a partir das suas próprias áreas civis, na esperança de atrair fogo inimigo e fazer com que seu próprio povo fosse morto. Os lançadores de mísseis foram tão descuidados que cerca de 20% deles caíram em seu próprio território, em alguns casos, matando crianças. E, como no mundo das relações públicas, bebês mortos por mísseis era algo tão valioso, não hesitaram em usar crianças, mortas por eles mesmos, para levar a cabo a sua farsa de vitimização, incitando as pessoas a odiar Israel.

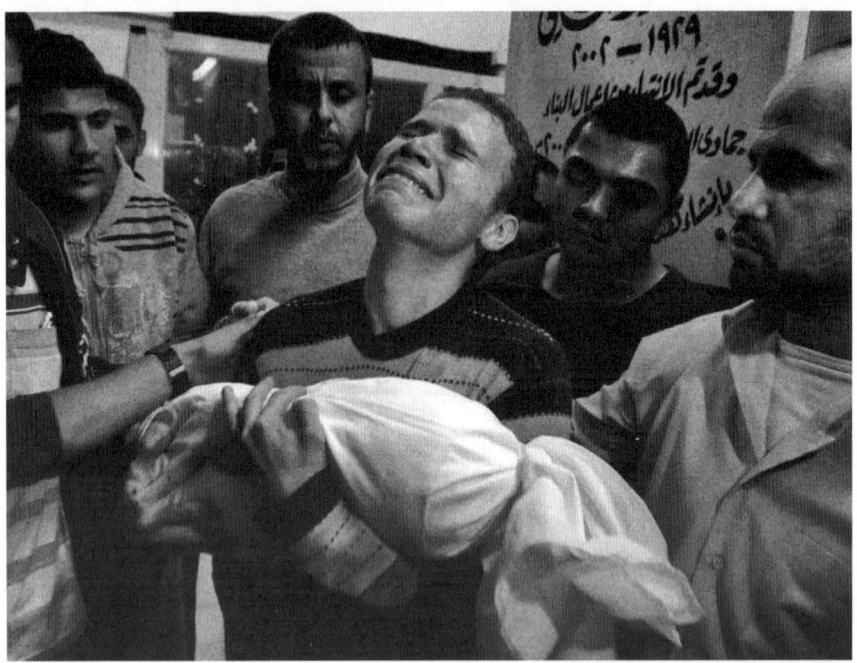

**Figura 26** – Jihad Masharawi com seu filho, morto pela artilharia do Hamas, atribuindo a culpa a Israel por seus colegas da BBC (novembro de 2012). Ver Isabel Kershner, "UN Ties Gaza Baby's Death to Palestinians", *The New York Times*, 11 mar. 2013.

A terrível "estratégia do bebê morto", no entanto, só poderia funcionar se a MSNM ocidental fizesse a sua parte e culpasse Israel. Imagine o impacto dessa imagem se aparecesse com uma legenda precisa na época.[116]

Imagine se os jornalistas perguntassem a Ismail Haniya e a Hesham Kandil se eles estavam cientes de que um dos muitos mísseis perdidos do Hamas havia matado a criança cujo corpo eles beijaram com tanta ternura diante das câmeras? (Imagem p. 161) Imagine se os fotógrafos tivessem se empenhado, contra os protocolos midiáticos palestinos, para tirar fotos de jihadistas disparando mísseis em meio ao seu próprio povo e enviando equipes de limpeza para se livrar dos estilhaços antes de levar os repórteres para ver outra criança palestina "morta pelos israelenses". Imagine cartunistas políticos retratando Haniya comendo bebês palestinos, olhando diretamente para você e dizendo: "Qual é o problema, você nunca viu um político beijando bebês?" Por quanto tempo o Hamas continuaria a sacrificar o seu próprio povo em prol de seus objetivos jihadistas de guerra cognitiva?

Mas isso, infelizmente, aconteceria em um universo alternativo.

O fracasso da mídia tradicional ocidental em investigar esses casos de jihadistas palestinos matando seus próprios filhos chegou ao auge no caso do bombardeio, em 2014, do campo de refugiados de Al-Shati, bem em frente ao hospital Shifa, no dia da trégua de um dia de Eid-al-Fitr* ... a primeira vez em semanas que as crianças de Gaza consideraram seguro brincar ao ar livre. Dois mísseis caíram naquele dia, "rompendo a trégua", um deles causou danos mínimos ao hospital, o outro caiu em meio às crianças que brincavam, matando dez delas.

Por um breve período, a mídia noticiou a história com detalhes sinistros. Fotos das crianças infelizes e dos pais enlutados encheram as páginas de jornais e sites, juntamente com expressões de choque e horror de pessoas eminentes em todo o mundo. "É pior do que atirar em peixe num barril, é como atirar em sardinhas em um barril",** observou Karl Penhaul da CNN, eloquentemente.[117] Ayman Mohyeldi, repórter da NBC, tuitou imediatamente: "Drone israelense atingiu campo de refugiados matando dez pessoas, incluindo oito crianças". Os repórteres citaram moradores locais que culparam Israel:

> Não havia militantes, nem membros da resistência, apenas crianças [...] foi logo após o Ramadá, justamente quando a vida estava voltando ao normal [...] os israelenses romperam o cessar-fogo. Essas crianças estavam apenas tentando brincar.

Um ato tão desenfreado de crueldade chocou a consciência mundial. Mesmo que os perpetradores israelenses não o fizessem intencionalmente, a negligência criminosa de lançar bombas tão perto de um campo de refugiados, cheio de crianças, certamente qualificava-se como um crime

---

* N.T.: Celebração muçulmana que marca o fim do jejum do Ramadá.
** N.T.: Trata-se de um jogo de palavras com a expressão "shooting fish in a barrel". Poderíamos traduzir livremente como "É mais fácil do que tirar doce de criança, é como tirar chupeta de nenê."

de guerra, se não um crime contra a humanidade. Manchetes de todo o mundo assemelhavam-se às do mundo árabe:

ATAQUE AÉREO ISRAELENSE ATINGE O COMPLEXO DO PRINCIPAL HOSPITAL EM GAZA, CAUSANDO VÍTIMAS, DIZEM OS PALESTINOS (BBC);

CAMPANHA DE ISRAEL PARA ENVIAR GAZA DE VOLTA À IDADE DA PEDRA (The Daily Beast);

"EID* DE SANGUE" E OS MILITARES ISRAELENSES AVISAM QUE O PIOR AINDA ESTÁ POR VIR (Australian Broadcasting Co.);

OITO CRIANÇAS PALESTINAS ENTRE DEZ MORTOS NO ATAQUE DE ISRAEL AO CAMPO DE REFUGIADOS DE GAZA (Al-Ahram).[118]

Só que não foi bem assim. Testemunhas, tanto locais como jornalistas, rapidamente compreenderam que o ataque partiu do Hamas, que enviou de imediato pessoas para limpar as evidências: "Vi o corpo do míssil [e] sabia que era local", disse um membro da família ao *The Times*. "Algumas pessoas vieram e o esconderam no local – no entanto, estava muito quente."[119] Tamer el-Ghobashy, repórter do *The Wall Street Journal*, relatou inicialmente: "Um muro exterior do principal hospital de Gaza foi atingido. Danos de baixo nível sugerem falha do Hamas".[120] À noite, houve um consenso não oficial entre a imprensa estrangeira que estava no local de que se tratava do Hamas. O jornalista italiano Gabriel Barbati tuitou às 20h15 naquela noite: "Jornalistas internacionais dizem: o massacre de hoje no playground na praia de Shaati #gaza foi o disparo falho de um míssil do Hamas ou de suas facções".[121] O porta-voz da unidade das FDI respondeu com rapidez incomum às acusações: decorrida uma hora, apresentou diagramas de rastreamento do radar do Domo de Ferro para mostrar que os dois mísseis que atingiram Israel foram disparados de Gaza contra Israel, mas falharam; outros dois, disparados do mesmo local, atingiram Israel, mas não causaram danos: mísseis da "resistência" palestina.

Durante dois dias, a cobertura continuou a enfatizar o sofrimento palestino e pelo menos insinuar a culpa israelense. Quando ficou claro que o incidente não era culpa de Israel, os vários meios de comunicação mudaram silenciosamente suas reportagens (por exemplo, a NBC),[122] abandonaram o assunto e passaram para a próxima narrativa letal sobre o bombardeio de uma escola da ONU que matou dez. Embora Israel afirmasse que o Hamas estava disparando a partir das suas cercanias, a comunidade internacional explodiu com condenações sobre o novo ultraje e, ao fazê-lo, retirou qualquer menção aos dez mortos pelo Hamas dois dias antes. Jornalismo letal clássico, só que dessa vez as coisas não correram exatamente de acordo com o roteiro.

## *OMERTÀ* E A CONTROVÉRSIA SOBRE A INTIMIDAÇÃO DO BOMBARDEIO DO CAMPO DE REFUGIADOS SHATI

Em 2014, a estratégia do Hamas tornou-se tão opressiva que provocou uma crise em parte da imprensa que cobria a operação a partir do interior de Gaza. Ali, o trabalho do jornalista, tal como o Hamas o concebia, era operar como um braço da "resistência":[123] apresentar os palestinos como vítimas da agressão israelense, *não* relatar o comportamento dos lançadores de mísseis jihadistas, subestimar os esforços israelenses destinados a poupar civis e os esforços jihadistas para expô-los a perigo,[124] para enfatizar como a "grande maioria" das vítimas palestinas era de civis, quando mesmo as cifras fornecidas pelos próprios "Serviços de Saúde" do Hamas sugeriram que mais de metade das vítimas era de combatentes (uma cifra notável na guerra urbana).

É compreensível que alguns jornalistas, que pensavam que o seu trabalho era relatar o que estava acontecendo, independentemente da narrativa que apoiavam, enfrentaram problemas. Multiplicaram-se os relatos de intimidação, prisões, detenções e ameaças violentas do Hamas para os que filmavam combatentes, até mesmo ameaças feitas através das redes sociais exigindo a remoção de tuítes ofensivos. Uma equipe indiana deparou-se por acaso com uma história impressionante quando o Hamas montou um lançador de mísseis logo abaixo da janela do seu quarto de hotel. Ela filmou isso da segurança de seu quarto e depois debateu se publicaria ou não a filmagem. Sreenivasan Jain relatou sobre

> o medo que impede a divulgação desse tipo de material: medo de represálias do Hamas contra nós, questionando "por quanto tempo iremos nos autocensurar por causa do medo da segurança pessoal, em troca de não contar uma história que expõe como aqueles que lançam mísseis colocam muito mais vidas em risco, enquanto seus fabricantes estão a uma distância segura?"[125]

Todos os elementos que jornalistas submissos e socializados, como Orme, negam estão presentes nesse trecho notável: medo claudicante, autocensura diante de ameaça de retaliação, o papel da estratégia do Hamas em contribuir para mortes palestinas.

Observe bem: isso provém de uma equipe de Nova Delhi, nova na região. Por isso, embora seus membros fossem *a priori* favoráveis aos palestinos, ainda não haviam sido totalmente socializados nos "procedimentos jornalísticos para reportagens da Palestina". Eles de alguma forma pensavam que deveriam fazer o seu trabalho como jornalistas apesar dos perigos, mesmo que atrasassem a emissão da reportagem até depois de saírem de Gaza. Ao que parece, ainda acreditavam que havia limites para quanto tempo os jornalistas deveriam se autocensurar – mesmo ao permitir que os militantes pusessem em perigo vidas civis. Uma equipe mais socializada, digamos uma de Jeremy Bowen da BBC, teria pensado melhor antes mesmo de filmar a operação fora da janela do hotel em primeiro lugar. E certamente não tornaria pública uma história sobre como os palestinos intimidam jornalistas.[126]

Esse último ponto é especialmente importante. Ao não contrariar o Hamas, a mídia não apenas não conseguiu relatar seu comportamento destrutivo, mas também silenciou vozes de protesto em Gaza. Foi um raro jornalista palestino que ousou, como Mahmoud abu Rahma no jornal *Ma'an* da Autoridade Palestina em 2012, denunciar os "grupos de resistência".

Muitos cidadãos (de Gaza) também foram vítimas da *negligência contínua dos grupos de resistência,* que mostram pouca ou nenhuma preocupação com a vida das pessoas e com o seu bem-estar ou, pior, deixam de assumir a responsabilidade pelos atos chocantes de seus membros.[127]

Como era de se prever, ele pagou pela sua insolência.[128]

Alguns habitantes de Gaza disseram a contatos externos:

> O Hamas não quer que a verdade sobre Gaza seja revelada [...] o Hamas é uma ditadura que nos mata. Os habitantes de Gaza que você vê elogiando o Hamas na TV são membros do grupo ou têm muito medo de se declarar contra o Hamas. Poucos jornalistas estrangeiros [ocidentais] provavelmente seriam capazes de relatar o que os habitantes de Gaza pensam do Hamas.[129]

Capazes? Ou dispostos.

A postagem de El-Ghobashy culpando o Hamas pelo ataque a Shifa foi rapidamente removida, substituída por um tuíte com a mesma imagem legendada "Não está claro qual é a origem do míssil". El-Ghobashy afirmou mais tarde que excluiu o tuíte porque era "especulativo" e que "não houve conspiração", o que significa que ele não o fez sob pressão.[130]

E ainda assim, no dia seguinte, Gabriel Barbati, que já havia tuitado o consenso entre os jornalistas de que havia sido o Hamas que matara as crianças, tuitou novamente:

> *Fora de #Gaza, longe da retaliação do #Hamas: míssil disparado por falha matou crianças hoje* [ontem] em Shati. Testemunha [prova]: militantes correram e limparam os escombros. "@Porta-voz das FDI disse a verdade em comunicado divulgado ontem sobre o massacre do campo de Shati. *Não foi #Israel que esteve por trás disso.*"[131]

Está tudo aqui: consciência de quem é a culpa, falha em reportar enquanto estiver dentro de Gaza e temer a "retaliação do Hamas", equipes de limpeza escondendo as evidências que são tão familiares aos jornalistas que a sua presença constitui prova de mais um caso de o Hamas ter infligido, e de ter encoberto, mortes palestinas.

Até que ponto irá o Hamas para proteger a sua posição? Na mesma noite desse terrível incidente no campo de refugiados de Shati, houve relatos de um protesto nas proximidades da cidade de Gaza (não muito distante de Shati). O Hamas supostamente ceifou mais de 20 palestinos que protestavam na rua. Relatos de testemunhas palestinas chegaram a repórteres israelenses e, em seguida, alguns repórteres de "direita" nos EUA recolheram a história que a imprensa tradicional não cobriu.[132] A história do Hamas assassinar habitantes de Gaza que protestam contra o Hamas ter assassinado habitantes de Gaza é uma história contínua e disponível para aqueles que desejam saber.[133]

De fato, as reclamações se tornaram tão difundidas durante a Operação Margem Protetora (julho/agosto de 2014) que a FPA, há muito um bastião do post viral de Orme "recebemos mais reclamações sobre intimidações israelenses do que palestinas", emitiu um protesto extraordinário na sequência do escândalo de Shati:

> A FPA protesta nos termos mais veementes contra os métodos flagrantes, incessantes, enérgicos e pouco ortodoxos empregados pelas autoridades do Hamas e seus representantes contra jornalistas internacionais que visitaram Gaza durante o mês passado. A mídia internacional não são organizações de defesa e não podem ser impedidas de reportar, por meio de ameaças ou pressão, negando assim aos seus leitores e espectadores uma imagem objetiva da área. Em vários casos, os repórteres estrangeiros que trabalham em Gaza foram assediados, ameaçados ou questionados sobre histórias ou informações relatadas por meio de seus meios de comunicação ou da mídia social. Estamos também cientes de que o Hamas está tentando estabelecer um procedimento de "escrutínio" que, na verdade, permitiria formar uma lista negra de jornalistas específicos. Tal procedimento é veementemente contestado pela FPA.[134]

A declaração desafiou os protocolos midiáticos palestinos. E a imprensa "sionista" iluminou-se com relatos de incidentes de intimidação e da estratégia canibalesca que eles revelaram de forma tão chocante.[135]

Jodi Rudoren, correspondente sênior do *The New York Times*, que não estava em Gaza até aquele momento, entrou na briga para defender a narrativa dos protocolos midiáticos palestinos: "Todos os repórteres que conheci que estiveram em Gaza durante a guerra dizem que essa narrativa israelense/agora da FPA sobre o assédio do Hamas é um disparate".[136] Esse tuíte oferece uma ampla panóplia de negação em conformidade com os protocolos midiáticos palestinos, tão eloquente quanto a de Barbati, mas em sua desonestidade. Em nome do amplo consenso dos jornalistas que estavam em Gaza, ela rejeita a "narrativa" da FPA como sendo meramente uma réplica da narrativa israelense, que, segundo Rudoren, é "absurda". Em vez disso, ela nos dá a narrativa palestina, também de jornalista letal, de que não há intimidação... em outras palavras, o verdadeiro absurdo. Rudoren tampouco foi a única a fechar o cerco. Tony Maddox, chefe internacional da CNN, declarou formalmente: "Não tivemos nenhuma intimidação por parte do Hamas e não recebemos ameaças relativas às nossas reportagens".[137] Obviamente, essa era apenas outra maneira de dizer: "Estamos em conformidade com os protocolos midiáticos palestinos".

Desafiada a defender a sua afirmação face a tantos testemunhos de intimidação, Rudoren esclareceu sua hostilidade aludindo à declaração da FPA como "perigosa":

> Achei o texto da declaração excessivamente amplo [em contraposição ao seu comentário sobre "absurdo"], e, *especialmente tendo em vista o fato de a narrativa ocorrer em alguns círculos de mídia social em relação a correspondentes estrangeiros sendo enganados pela narrativa do Hamas e não relatar a guerra de forma completa ou justa*, fiquei preocupada que isso prejudicasse o que considero um corajoso e excelente trabalho de pessoas muito talentosas.[138]

Em outras palavras, reconhecer o papel da intimidação do Hamas nas notícias que recebemos conferiria credibilidade à acusação (a "narrativa desenrolada em certas mídias sociais [sionistas]") de que os meios de comunicação convencionais estavam jogando de acordo com a "narrativa do Hamas".

A resposta de Rudoren é duplamente reveladora. Por um lado, encontramos uma prioridade dada a uma agenda política (para que os israelenses não tenham razão e os jornalistas causem má impressão), que lembra a decisão de Jean-Claude Dassier, da France1, de minimizar a violência dos motins franceses de 2005 para que não fortaleçam a "direita" francesa.[139] Por outro, suas observações sobre o trabalho "corajoso" que seus colegas realizaram aludem à questão em pauta: ao alegar a ausência de intimidação, ela insistiu que o trabalho (narrativo) deles era "excelente" (presumivelmente preciso), feito sob condições perigosas. Jodi Rudoren, membro da guilda de jornalistas, conforme com os protocolos midiáticos palestinos, respondeu como seus colegas membros da guilda fizeram por Enderlin em 2007.[140] "Quem está de fora simplesmente não consegue entender como é difícil para nós, jornalistas em campo."

Bem, Jodi Rudoren não era uma jornalista picareta, agindo como porta-voz das "vítimas" palestinas – pelo menos ela não se considerava assim. E como ela (creio que honestamente) afirma, não sofreu ameaças diretas dos palestinos, apesar de, ocasionalmente, ter escrito relatos que desafiaram seus protocolos e levado alguns tapinhas na mão por seus empregadores.[141] E apesar da sua intervenção aqui em total apoio à narrativa palestina – "Intimidados? Nós?" – ela está longe de ser uma jornalista letal das mais entusiásticas.

Então, o que explica melhor seu comportamento surpreendente? Martin Himmel esclarece o problema enquanto contava diante das câmeras que os homens do Hamas invadiram o escritório da Associated Press em Gaza e ameaçaram a agência por tirar fotos de assuntos por eles proibidos, e a Associated Press não só obedeceu, mas não relatou o incidente: "Portanto, o Hamas não apenas sabe que pode intimidar os repórteres para que relatem o que ele quer, mas também sabe que sua própria intimidação não será denunciada".[142] Em solidariedade com seus colegas jornalistas que se submetem à intimidação e não ousam deixar que seus leitores saibam como são covardes, Rudoren se manifestou a favor de negar a intimidação. Essa análise explica o fervor dos jornalistas na defesa de seus colegas: se o público soubesse o quanto os jornalistas se autocensuram para apaziguar as ameaças palestinas, eles perderiam a sua reputação de coragem e precisão.

Tive minha própria experiência com a sensibilidade dos jornalistas quando se tratava de questões de integridade intelectual face à intimidação. Escrevi para Mark Seager em 2005 sobre sua experiência em Ramallah e perguntei se ele gostaria de acrescentar algo ao *Second Draft*, um site que eu estava prestes a lançar, sobre como a intimidação influencia a cobertura do conflito.[143] Ele respondeu:

> Receio ter de recusar o seu pedido de fornecimento de imagens. Não me sinto confortável com o contexto em que elas possam ser usadas. Entendo o etos do *Second Draft*, [ou seja, jornalismo profissional], mas não posso defender de forma alguma a sua posição sobre a manipulação da mídia no conflito israelo-palestino com um preconceito contra o lado palestino [isto é, não apoio/não vou apoiar sua narrativa, por mais precisa ou apropriada que seja.

> Há também preocupações com a minha segurança. Durante o furor daquele dia infame em Ramallah o artigo que escrevi para o *Sunday Telegraph* foi, como você pode imaginar, tirado do contexto e deturpado [ou seja, o lado pró-Israel o utilizou]. Eu ainda estava trabalhando na Cisjordânia na época e me encontrava em uma situação desconfortável. Esse artigo me causou muitos problemas. Eu preferiria não me envolver em nada relacionado aos linchamentos de Ramallah ou à morte de Muhammad Al-Durrah.

Apontei a contradição entre a sua "recusa em defender" [ou seja, afirmar que a mídia é intimidada a ficar do lado palestino], e suas "observações sobre o medo pela minha própria segurança", e perguntei se ele não poderia "dever isso àqueles que veem suas notícias (fotojornalismo) para que saibam o que está acontecendo". Ele respondeu com evasivas e, quando insisti, me disse claramente: "Ouça, você é um maldito ninguém que faz acusações sem experiência direta. Agora vá se foder e me deixe em paz".[144]

Quando as fichas caem, o ímã embaixo da mesa, eu diria, não é uma defesa fervorosa e certamente não "fala a verdade ao poder", mas uma conformidade pusilânime com as exigências tanto da guilda quanto dos palestinos, cujas reputações estão em jogo. Conforme comentou um dos repórteres mais honestos sobre o fato de não transmitir informações que colocavam o Hamas numa situação negativa até sair de Gaza: "Nenhum ferimento, nenhum perigo para a minha vida, nenhuma ameaça. Afinal, somos homens antes de sermos repórteres".[145] E, apesar de admitir que obedecia à intimidação, ele foi mais corajoso do que a maioria de seus colegas, que sequer discutiria essa intimidação uma vez fora do alcance do Hamas (para poderem retornar[146]). Para a maioria, é "vai se foder, seu ninguém, como você ousa questionar nossa integridade profissional? Estamos lhe dizendo que não há intimidação. Se alguém está intimidando os jornalistas, são os cães de guarda sionistas".[147] Não é de admirar que quando os israelenses, com a reputação em frangalhos, deixaram Gaza em ruínas, que uma liderança intacta do Hamas gritasse de alegria: "A análise da mídia e os homens da mídia [palestina] em todos os lugares formaram o rio do qual a mídia global matou a sua sede de informação sobre o que estava acontecendo em campo".[148]

## JORNALISMO DE GOL CONTRA: OS CUSTOS OCULTOS DO JORNALISMO LETAL EM CONFORMIDADE COM OS PROTOCOLOS MIDIÁTICOS PALESTINOS

Embora exemplos dos danos causados por esse tipo de jornalismo preencham este livro, vale a pena comentar aqui de maneira geral o custo desastroso para as sociedades da desinformação desses jornalistas letais. Os jornalistas que obedecem aos protocolos midiáticos palestinos aparentemente não pensam muito no preço, além do dano que causa a Israel e a segurança que isso lhes traz. Afinal, os israelenses são o alvo óbvio dessas narrativas letais e muitos jornalistas, silenciosamente ou não, sentem que, como o ocupante Golias, Israel merece. Assim, eles se envolvem com alguma falta de moderação em um jornalismo no qual transmitem propaganda de guerra de um dos lados como notícia. E, como a cabra da fábula, que não enxerga um palmo além do nariz, perdem o panorama geral: o seu jornalismo não beneficia os inocentes palestinos que querem paz, nem aqueles estrangeiros bem-intencionados que desejam trabalhar pela paz,[149] mas sim os beligerantes palestinos que desejam a guerra, especificamente, os *caliphators* da persuasão jihadista.

Muitos jornalistas ocidentais sentem uma grande solidariedade para com os palestinos. Chamam o jornalismo palestino, com as suas acusações cruéis, de "as armas dos fracos".[150] Alguns, se não muitos, sentem que é perfeitamente legítimo ajudar o lado fraco. Se, no Oriente Médio, "uma imagem pode valer mil armas", os jornalistas poderão "nivelar o campo de jogo" numa situação em que Israel tem todas as vantagens militares, dando aos palestinos vitórias na guerra cognitiva com suas fotos da agressão israelense.[151] Afinal, raciocinam esses jornalistas, os palestinos lutam pela sua autodeterminação, pela sua liberdade.[152] É como se eles argumentassem: "Eles *merecem* o nosso apoio, e, dada a forma como são simpáticos conosco, estão gratos pelo apoio que lhes damos". Comentando sobre a onda de jornalismo letal em torno do massacre de Jenin, o jornalista israelense Alon Ben Meir observou: "Uma grande parte da mídia europeia considera-se não apenas repórteres, mas cruzados ideológicos. Eles estão no negócio do jornalismo não apenas pelo negócio. Querem fazer o bem no mundo. Eles têm agendas".[153] E, de alguma forma, acreditam que transmitir a propaganda de guerra palestina como notícia faz bem ao mundo.

A dimensão triste e de alguma forma patética de tudo isso: baseia-se numa leitura sistemática errada da situação que põe em perigo as próprias sociedades democráticas para as quais esses jornalistas reportam, prejudicando as chances de um melhor futuro para o país que esperam ajudar a libertar. Os mais ameaçados por essa filmagem (além das vítimas imediatas entre os muçulmanos pacíficos), são os muitos "leitores e telespectadores" aos quais os jornalistas profissionais estão eticamente obrigados a dar um testemunho honesto. Os jornalistas pensam que apoiam os simpáticos combatentes pela liberdade que apresentam sob uma ótica favorável ao seu público. Mas e se o os palestinos, a OLP "secular", os fanáticos religiosos, os porta-vozes das ONGs palestinas são *caliphators* que lutam não pela liberdade, mas pelo domínio, pela destruição de Israel e o retorno de quaisquer judeus que sobreviverem a esse processo ao seu *status* submisso de *dhimmis*?

389

Nesse caso, a "resistência" palestina que nossas elites da informação favorecem é oriunda do ramo "local" do movimento jihadista global que busca dominar os *kuffār* em todo o *Dar al Harb*. Assim, quando os palestinos se regozijaram com o 11 de Setembro, demonstraram sua lealdade à *jihad* global de Bin Laden, assim como ele mostrara solidariedade quando colocou a filmagem de Al-Durrah no centro de seu vídeo de recrutamento. Jornalistas ocidentais que incluíram esse ódio pelos EUA em seu próprio antiamericanismo e deram uma explicação ocidental condescendente ao ataque como vingança pelo apoio dos EUA a Israel, não tinham a menor ideia do ódio que expressava pelos *kuffār*, incluindo os europeus, os jornalistas, os progressistas e outros produtos *queer* de uma sociedade "livre".[154] Como resultado, sem que o soubesse, a mídia ocidental, em conformidade com as exigências palestinas (eles são um povo orgulhoso, você sabe), estava na verdade difundindo a propaganda de guerra jihadista que tinha como alvo tanto eles quanto Israel.

Os jihadistas estão plenamente conscientes desse campo de batalha. De fato, muito mais do que os jornalistas que exploram, eles reconhecem como é valiosa a cooperação da mídia à sua luta. Em outubro de 2005, Ayman al-Zawahiri, o número 2 da Al-Qaeda, escreveu a um agente iraquiano: "Eu lhe digo que estamos em uma batalha e que mais da metade dessa batalha está acontecendo no campo da mídia. E que estamos em uma batalha da mídia, em uma competição pelos corações e mentes da nossa *ummah*".[155] Aqui Zawahiri concentra-se na luta do jihadista para conquistar a *ummah*, especialmente na diáspora democrática. Imagine como é mais poderoso o caso deles quando as notícias da mídia dos infiéis confirmam o seu principal argumento: o Ocidente vitimiza impiedosamente os muçulmanos.

Por conseguinte, a mídia ocidental que trabalha no conflito entre o rio e o mar não só alimentou seu público infiel com a propaganda de guerra palestina, mas simultaneamente canalizou a propaganda de guerra do *caliphator* inimigo dirigida aos muçulmanos em sua própria esfera pública (ocidental) como *notícias*. O público ocidental para tais notícias, extremamente relutante em acreditar que seus jornalistas estivessem coletivamente prestando falso testemunho em favor de seus inimigos mortais, encontraram-se descontroladamente desorientados, empírica e moralmente. Seus inimigos, os jihadistas globais, em contraposição, ficaram muito fortalecidos.

Nenhum teatro da estratégia de guerra cognitiva dos *caliphators* teve um sucesso tão impressionante. Nenhuma seção das fileiras cruciais dos profissionais da informação do Ocidente democrático falhou com seus leitores e telespectadores de forma mais catastrófica. Cada episódio de jornalismo letal fortaleceu as forças da *jihad* global, dando aos seus recrutadores **ícones de ódio** para alimentar a raiva. Em 2002, Hady Amr, agora subsecretário adjunto de Estado Israel-Palestina no governo Biden, escreveu:

> uma proporção muito grande dos mais de 150 milhões de crianças e jovens do mundo árabe tem agora televisão e nunca, nunca esquecerá o que o povo israelense, os militares israelenses e a democracia israelense fizeram às crianças palestinas. E haverá milhares que procurarão vingar esses brutais assassinatos de inocentes.[156]

E muitos desses árabes não viram o que os jornalistas ocidentais pensavam que estavam relatando – os combatentes palestinos pela liberdade sofrendo nas mãos de colonialistas israelenses – mas muçulmanos inocentes sendo massacrados por infiéis, confirmando o cerne do mito jihadista: o islã está sob o ataque de infiéis malévolos e sanguinários.

Nas prisões, nas favelas, nas "*zones urbaines sensibles*", os jihadistas relatam como imagens televisivas de muçulmanos sofrendo nas mãos dos infiéis despertaram aquela combinação de sentimento de que o islã estava sob ataque e raiva contra os agressores que torna o recrutamento para a *jihad* tão eficaz.[157] Muitos muçulmanos na diáspora, "alienados e isolados, uniram-se em um sentimento de vitimização muçulmana observada na televisão e em imagens de guerras envolvendo muçulmanos".[158]

> A identificação com os traumas dos outros e a traumatização secundária que ocorrem ao "testemunhar", pela internet ou pela televisão, imagens vívidas de injustiças cometidas contra outras pessoas com quem se identifica como parente fictício (ou seja, a irmandade de muçulmanos) também são congruentes com sentimentos individuais de descontentamento.[159]

391

E as notícias em vídeo mais comuns, mais gráficas e mais intensas sobre as vítimas muçulmanas eram transmitidas por jornalistas letais que cobriam o que eles chamam tão pitorescamente de "o conflito palestino-israelense".

E quando se vê o comportamento complacente dos jornalistas letais, da guerra que marca gol contra, não de sua autoimagem egoísta de bravos guerreiros lutando pelo oprimido e falando a verdade ao poder israelense, mas sim da perspectiva dos jihadistas, só há uma palavra que descreve o seu comportamento: *dhimmi*. Eles cumprem as três tarefas básicas dos líderes *dhimmi*: proteger os muçulmanos de insultos e ofensas; manter as suas próprias populações subservientes; e atacar aqueles que os muçulmanos triunfalistas consideram inimigos. Então, embora de um ponto de vista ocidental esses jornalistas conformes e letais sejam jornalistas de guerra que marcam *gol contra*, causando danos ao "nosso lado", do ponto de vista jihadista eles são jornalistas *dhimmi* extremamente úteis.

# JUDEUS ANTISSIONISTAS:
# AS PATOLOGIAS DA AUTOCRÍTICA

Alguma vez cordeiros denunciaram cordeiros
que se recusam a se deitar com leões?

Um antissemita é aquele que leva a sério um décimo
das piadas que os judeus contam sobre si mesmos.

Um antissionista é alguém que leva a sério um décimo
das críticas que os judeus fazem sobre Israel.[1]

Este é o capítulo mais difícil de escrever. Como os demais, merece um livro inteiro de análise e história de fundo. Mas qualquer combatente cívico que tente decifrar essa era perigosa precisa ter pelo menos uma compreensão do fenômeno, especificamente, como um estilo particular de hiperautocrítica entre os judeus levou os gentios que os levavam a sério ao seu comportamento suicida. É doloroso/constrangedor tanto para judeus como para gentios, pois grande parte da patologia envolvida toca nas vaidades judaicas e gentias. Lamentavelmente, o cerne da autocrítica autodestrutiva judaica e seu sucesso em seduzir uma geração de gentios tem mais a ver com o banal e mesquinho entre os sete pecados capitais – inveja e orgulho – do que com as grandiosas e dramáticas emoções às quais os atores aspiram.

393

O problema básico que temos diante de nós diz respeito, portanto, ao fenômeno dos judeus antissionistas no século XXI, um período em que atitudes antissemitas virulentas estão passando para a corrente principal das culturas ocidentais, provenientes de extremos tanto à esquerda como à direita. Como explicar o comportamento de judeus – muitos deles bem-intencionados, profundamente apaixonados, comprometidos com a "paz e a justiça social" – que se aliam aos inimigos mortais do seu próprio povo, que degradam Israel comparando-o com os nazistas e com o Apartheid sul-africano, que abraçam de boa vontade narrativas letais sobre Israel e as propagam, resistindo a todas as advertências que isso pode ser mentira, propaganda inimiga? De que forma explicar como eles podem se aliar na "luta pela justiça social" com pessoas que abraçam atitudes racistas e genocidas, ao estilo nazista, em relação aos judeus? E como explicar o público de seu discurso, que consistentemente canaliza a venenosa propaganda de guerra jihadista antissionista em suas próprias sociedades livres e infiéis?

Não se pode equiparar os judeus antissionistas das primeiras gerações do sionismo moderno, como Buber e Magnes, antes do Holocausto, com judeus antissionistas posteriores. Esses primeiros opositores do sionismo, apesar de saberem como era perigosa a existência para os judeus na diáspora pré-moderna (ou seja, sob o governo de cristãos e muçulmanos supersessionistas), não perceberam como poderiam se tornar aterrorizantes as condições da diáspora nos Estados democráticos modernos, presumivelmente pós-supersessionistas. Pode-se perdoar a sua combinação de esperança ingênua (no mundo moderno, os judeus não necessitam um Estado próprio) e timidez (tentar desenvolver um Estado será visto pelos gentios, mesmo pelos seculares, como um ato hostil).[2]

O Holocausto mudou tudo. Após o extermínio de judeus pela alta tecnologia, liderado pela Alemanha e amplamente apoiado numa onda de ódio ecumênico aos judeus na Europa supostamente moderna, era difícil para qualquer judeu sério argumentar que não deveria haver um refúgio nacional para o seu povo. É verdade que havia judeus antissionistas no período após o Holocausto, alguns até mesmo dispostos a comparar Israel aos nazistas. Mas eles eram geralmente marginalizados e tratados com a incredulidade que as pessoas reservam para os que consideravam os *Protocolos dos Sábios de Sião* um documento verdadeiro. Como disse Jean Améry em 1973: "Qualquer pessoa que questione o direito de existência de Israel é estúpida demais para entender que está contribuindo ou intencionalmente promovendo um *über*-Auschwitz".[3] Não é uma boa escolha: estúpida ou sádica.

No século XXI, contudo, os *Protocolos* não só regressaram, tanto em versões análogas quanto como texto revalorizado, mas numa época em que os atuais inimigos declarados de Israel abraçaram totalmente o antissemitismo eliminacionista e acrescentaram novos elementos próprios, temos judeus antissionistas que glorificam a diáspora, comparam abertamente Israel aos atores moralmente mais depravados da história e se unem em solidariedade aos inimigos que tanto admiram os nazistas.[4] Assim, no século XXI, há judeus, alguns muito proeminentes, outros anteriormente não identificados como judeus que, de forma manifesta e agressiva, comparam Israel aos nazistas, se unem aos seus inimigos mais mortais a fim de isolar Israel e transformá-lo em um Estado pária que, em nome dos valores judaicos (*tikun olam**), tocam os tambores da paz juntamente com outros que tocam os tambores de guerra contra o seu povo. E, por trás desses casos extremos, encontramos toda uma gama de judeus mais moderados, "liberais", que ou repetem de forma comedida as calúnias dos inimigos de Israel (não Hitler, mas Golias), ou não conseguem encontrar recursos internos para se opor àqueles que o fazem.

A questão crucial, contudo, não diz respeito a quem e por que esses "judeus contra si mesmos" fazem o que fazem, mas por que contam com um público tão grande e ansioso pela sua autolaceração. É aí que reside o cerne das estupidezes desastrosas que o Ocidente realizou diante de um movimento apocalíptico medieval empenhado na conquista mundial, que este livro tentou narrar e compreender.

---

* N.T.: Literalmente, "reparação do mundo". Aspiração para se comportar e agir de forma construtiva e benéfica. Termo frequentemente usado para explicar o conceito judaico de justiça social.

## AUTOCRÍTICA E JUDEUS

A história tem que começar com o que se poderia chamar de *o* traço fundamental da cultura judaica, tanto a religiosa quanto a secular – a aceitação ativa da (auto)crítica. Começa no início de tudo. Nenhum mito na literatura mundial contém tantos detalhes nada lisonjeiros para as próprias pessoas que narram a história e para os heróis cujas carreiras recontam, como o faz a Bíblia.[5] Além das narrativas, os mandamentos exigem um alto nível de repreensão mútua entre todos os membros da comunidade. Em um trecho fundamental posteriormente adotado pelo cristianismo, a ordem de amar o próximo está intimamente ligada à capacidade do eu e do outro de dar e receber repreensão. "Não odiarás a teu irmão em teu coração; repreenderás a teu companheiro e não levarás sobre ti o pecado por causa dele. Não te vingarás e nem guardarás rancor contra os filhos de teu povo, mas amarás o teu próximo como a ti mesmo." (Levítico, 19:17-18). Essa cultura de repreensão e disputa permeia o discurso profético: a mais dura repreensão pública aos poderosos abusivos na literatura mundial.[6] Por conseguinte, os judeus canonizaram o que outros silenciam: lemos a narrativa do pastor-profeta Amós, e não do sumo sacerdote Amazias, que acreditava que a terra não suportaria as palavras do Profeta (Amós, 7:12).

Essa cultura de autorrepreensão e confronto continua a definir o monoteísmo israelita em seus avatares judaicos subsequentes. A *Mishná** elaborada após a destruição do Segundo Templo define um "amante da Torá" com uma expressão possivelmente inédita na literatura de características admiradas: um "amante da repreensão" (Ética dos Pais, 6:6); e o Talmude (ca. 400-700) é uma obra-prima de grande parte de disputas não resolvidas, incluindo discussões sobre por que o Templo foi destruído, todas elas culpando os judeus, especificamente os rabinos, pela catástrofe (Tratado Gittin, 55b-56a). Essa crítica de si mesmo e dos outros, essa aceitação da imperfeição como uma condição humana inevitável, estabelece abordagens judaicas das escrituras sagradas à parte de

---

* N.T.: Primeira grande redação na forma escrita da tradição oral judaica, chamada a Torá Oral.

muitas outras tradições religiosas e míticas que tendem a apresentar heróis como modelos para emulação.[7] As narrativas bíblicas, no entanto, não se destinam a leitores miméticos passivos, mas a agentes morais autônomos e julgadores, que identificam pelo menos alguns dos comportamentos dos antepassados como estudos de caso de erro. Por exemplo, *ao contrário* de cada um dos patriarcas e matriarcas, a maioria dos judeus considera muito errado ter favoritos entre seus filhos. A maioria dos leitores da história do faraó e Abraão discutindo sobre Sara, sua irmã/esposa (Gênesis, 12:18-19), não percebe que não é apenas a primeira repreensão que um ser humano faz a outro na narrativa bíblica, mas é uma repreensão pública feita pelo faraó ao patriarca fundador, uma crítica a "nós" (que escrevemos o texto) e não a "eles".

Essa cultura de autocrítica subjaz no cerne da modernidade e da pós-modernidade e nós, que crescemos nessas culturas, tendemos a assumir níveis elevados de autocrítica como garantidos. Ao fazê-lo, perdemos contato com a oneidofobia, o cativeiro límbico daqueles que farão praticamente *qualquer coisa* para manter a reputação. Pois a autocrítica está em oposição polar aos elementos-chave do tribalismo, em que "meu lado, esteja certo ou errado" desempenha um papel central na criação e manutenção da solidariedade, *asabiyya*.[8] Max Weber, no entanto, identificou a autocrítica como uma qualidade única do judaísmo, que lhe permitiu sobreviver às catástrofes do mundo antigo. Enquanto outros povos, quando conquistados pelos impérios movidos pela *libido-dominadi* do mundo antigo – babilônios, persas, gregos, romanos – viam sua derrota como um sinal de que seus deuses eram fracos e acabaram sendo assimilados no mundo dos conquistadores, os judeus viam a sua derrota como um sinal de que seu Deus os estava punindo, que tinha sido culpa deles.[9] "Por causa dos nossos pecados, estamos no exílio" – assim diz a oração *Amidá*.[10] Essa interpretação do fracasso político como uma repreensão divina e um chamado ao arrependimento imediatamente separou os judeus de seus vizinhos (incluindo seus conquistadores), todos os quais responderam ao fracasso abandonando os seus deuses "perdedores", que, ao longo dos séculos, desapareceram.

Para alguns, como o autor secular israelense Noah Harari, essa hiperautocrítica é sinal de um egocentrismo infantil:

[O judeu] está convencido de que tudo acontece por causa dele. A maioria das pessoas supera essa ilusão infantil. Os monoteístas se atêm a ela até o dia de sua morte. Como uma criança que pensa que os pais estão brigando por causa dela, o monoteísta está convencido de que os persas estão lutando contra os babilônios por causa dele.[11]

Ele contrapõe isso às "percepções muito mais precisas da história" de outras culturas, mais notavelmente os gregos e chineses, que "desenvolveram sofisticadas teorias da história muito semelhantes às nossas próprias visões modernas". Mas, ele então lamenta, quando se trata de um confronto entre as duas visões da História [na antiguidade tardia], "a Bíblia venceu por nocaute [...] por mais equivocada que fosse a visão bíblica do mundo, ela propiciava uma base melhor para uma cooperação em larga escala".

O que falta nessa análise é o reconhecimento do valor e da dificuldade da autocrítica. Na verdade, a antiga abordagem judaica da catástrofe era o oposto da autopresunção tão frequentemente presente no "narcisismo infantil" egocêntrico. O narcisismo "normal" (ou seja, quase universal) culpa os outros pelo fracasso (incluindo os próprios deuses que eram claramente mais fracos que os deuses dos conquistadores). O fato de os judeus considerarem a derrota como uma repreensão divina a si mesmos era um ato coletivo de imensa dificuldade e benefício psicológicos, algo inimaginável para qualquer um que não tenha afrouxado o domínio do cativeiro límbico.[12]

Ao mesmo tempo, Harari, que se considera inteiramente livre de tais influências límbicas, ilustra a mesma questão que ele ignora. Como judeu israelense secular, ele é totalmente crítico e inconspícuo de sua própria tradição desesperadamente paroquial:

O judaísmo, por exemplo, afirmava que o poder supremo do universo tem interesses e inclinações, mas seu principal interesse está na minúscula nação judaica e na obscura terra de Israel. O judaísmo tinha pouco a oferecer a outras nações, e durante a maior parte de sua existência não foi uma religião missionária. Esse estágio pode ser chamado de estágio do "monoteísmo local". O grande avanço veio com o cristianismo.[13]

398

Harari não é nenhum fanfarrão e autopromotor cultural. Nem mesmo um defensor da "dignidade da diferença".[14] Pelo contrário, aparentemente internalizou o "supersessionismo mais elevado": o judaísmo não tem papel significativo na "história da humanidade", enquanto os missionários cristãos universalistas desempenham esse papel. Como se pregar a conversão fosse a única maneira de oferecer aos outros algo valioso.[15] Como se as narrativas bíblicas (as narrativas sendo a chave para a revolução cognitiva que criou o *homo sapiens* segundo ele) não fossem um presente extraordinário dos judeus à humanidade. E, assim, ele pode relegar o judaísmo ao agora superado "estágio do monoteísmo local".

No entanto, o talento judaico, muitas vezes não reconhecido, para essa (auto)crítica pode explicar por que os judeus se saem tão bem nas condições da modernidade e por que tantos sistemas de pensamento que dependem de autocrítica, empatia e autoabnegação surgem de judeus e em círculos judaicos seculares (historiografia marxista, psicologia freudiana, antropologia boasiana, teoria crítica da Escola de Frankfurt). No geral, essa capacidade de crítica, para uma cultura de disputa pública em que as pessoas podem discordar vigorosamente sem violência, em que as preocupações com a verdade, a precisão e a compreensão podem, às vezes, superar as exigências do ego de parecer certo, sobretudo aqueles egos que detêm o poder, tornou os judeus altamente bem-sucedidos no mundo moderno, especialmente onde tais questões são vitais para o sucesso: ciência, academia, direito, jornalismo, medicina, contabilidade, empreendedorismo, terapia, história e assim por diante.[16]

Freud, por exemplo, considerava a psicanálise o terceiro de uma série de golpes imensos ao narcisismo humano: Copérnico (a Terra não é o centro do universo); Darwin (homem descende de macacos); e a psicanálise (o homem tem pouca consciência do que impulsiona seu comportamento).[17] Na psicologia de Freud, renunciava-se aos impulsos instintuais através do autoexame e sentia-se prazer na renúncia. "O ego se opõe às demais capacidades pela observação, crítica e proibição [...] traz, além da dor inevitável, um ganho de prazer para o Ego – por assim dizer, uma satisfação substitutiva. O Ego se sente elevado; orgulha-se da renúncia como se fosse uma conquista valiosa."[18] O ego *dele*, talvez. Os judeus eram tão numerosos entre seus seguidores nesse exercício de auto-análise violenta e contundente do ego que Freud ficou preocupado com que as pessoas pensassem que a psicanálise fosse uma ciência judaica.[19]

## AS TENTAÇÕES DA AUTOCRÍTICA

A maioria dos judeus considera esta (auto)crítica algo natural: eles aceitam ouvir e oferecer críticas e conselhos aos outros para seu aprimoramento, como uma condição natural de intercâmbio social. Eles prontamente interrompem, discordam, contradizem, corrigem, assinalam realidades difíceis. Como diz o *bon mot*: nenhum judeu pode se converter sinceramente ao cristianismo porque nenhum judeu jamais poderá ser persuadido de que outro judeu poderia ser Deus. Os judeus usam o humor autodepreciativo para rebater as pretensões dos egoístas, incluindo a si próprios. Se bem-feito, pode conquistar a afeição dos outros, ao mesmo tempo que reduz a autoimportância de todos. Mas diga a um judeu que os judeus são altamente autocríticos e você receberá a resposta: "Não, não somos!" O que se entende é "não crítico o suficiente [para mim]".

Ao mesmo tempo, os judeus compreendem instintivamente que criticar os outros não funciona tão bem com os gentios. O humor pode ajudar o remédio a descer goela abaixo, mas em excesso irrita e o "excesso" chega muito rapidamente. Em contraste, comentários *auto*conspícuos e *auto*críticos sobre *judeus* são muito bem recebidos, mesmo em grande quantidade. A autocrítica nesse contexto pode ter um efeito terapêuti-co. A primeira pessoa "homem o suficiente" para admitir a culpa pode fazer com que o processo de soma positiva de reconhecimento, perdão e reconciliação prossiga. Nos regimes cívicos esse pode ser um enfoque extremamente eficaz, tornando-se até mesmo a fonte de campos inteiros como "Estudos de Vulnerabilidade", "Estudos sobre Paz e Conflito" e "como chegar ao sim".

Essa estreita relação entre a autocrítica e o mundo moderno, no entanto, produziu uma estranha mutação entre os judeus no que tange ao conflito entre Israel e seus vizinhos. Muitos judeus liberais passaram a se identificar como "bons" devido à sua disposição de criticar "a si mesmos" (isto é, Israel), elevando-se assim acima da moralidade tribal de "meu lado, esteja certo ou errado". No processo, uma mudança sutil, porém real, pode ocorrer: o ato de criticar, independentemente de sua precisão, pode se transformar na motivação principal. A sinalização de virtude pela autocrítica supera a honestidade. O espetáculo de Freud, mesmo quando os nazistas o expulsaram de sua terra natal, envolvendo-se em especulações muitas vezes descontroladas sobre como os israelitas mataram o Moisés egípcio (uma afirmação espetacular da alegação cristã antissemita de que os judeus mataram seus profetas e odeiam os gentios) indica o quanto é viciante essa compulsão de criticar publicamente os seus.[20] De fato, para Freud e muitos outros desde então, quanto mais a crítica doía, mais verdadeira ela era.[21] David Mamet cita Ahad Ha'am alertando contra o excesso: "Nada é mais perigoso, quer para um in-divíduo, quer para um povo, do que confessar pecados dos quais se é inocente".[22] Poucos indivíduos, e menos povos ou nações, precisam ouvir esse conselho.

Entre as desorientações criadas por esse diferencial surge uma pres-suposição cognitivamente egocêntrica entre os judeus (o que Harari chamaria de narcisismo infantil), de que todos os demais, incluindo os não judeus, compartilham o nível de autocrítica que os círculos judaicos consideram uma norma. (Ou melhor, que seria indelicado abordar o diferencial.) Judeus que admitem a culpa presumem que assim ganham o respeito e a admiração de seus amigos gentios, não o seu desprezo. Os judeus estão tão comprometidos com esse tipo de autoacusação terapêu-tica que, em certo sentido, transformaram-na em um princípio místico, na verdade messiânico, o *tikun olam*.[23]

## AS PATOLOGIAS DA AUTOCRÍTICA

Contudo, esse sacrifício do ego não funciona em todo lugar. Dado o seu compromisso com a dinâmica terapêutica de encorajar a reciprocidade, essa abordagem dá pouca atenção à forma como a autocrítica ressoa num ambiente de soma zero: como fraqueza, autodegradação pública, humilhação, admissão de culpa e, portanto, vulnerabilidade ao ataque.[24] Em vez de desencadear um processo terapêutico, em alguns casos pode estimular um processo em que os autocríticos são humilhados por seu público, que não deseja seguir seu exemplo autodegradante. A vulnerabilidade do confessor é considerada um convite à agressão.[25] No caso em questão: quando judeus altamente críticos de Israel recebem aplausos de pessoas que planejam a morte daquele Estado. No casamento do sadismo pré-moderno com o masoquismo pós-moderno, o sádico profere acusações terríveis e o masoquista diz: "*Mea maxima culpa*".

De fato, a crise da autocrítica surge quando a sua terapia falha. Se, como alguns judeus sentem, a ordem é jogos de soma positiva, submeter-se a vulnerabilidades e riscos inerentes à confiança nos outros, então como responder à falta de reciprocidade dos "outros"? Dito de forma mais dramática, o que fazer quando as feridas autoinfligidas não provocam simpatia, mas liberam sangue em águas infestadas de tubarões? A resposta sensata, naturalmente, é, pelo menos, parar de se cortar e possivelmente até fazer com que o agressor sangre. Todas as jogadas evolucionárias mais bem-sucedidas envolvem pagar na mesma moeda, ser gentil ou retaliar. Ninguém criou uma estratégia de jogo bem-sucedida que envolvesse reciprocidade contínua: mesmo uma desforra por duas "é mal explorada pela sua generosidade".[26] *A fortiori* isto é verdade num ambiente como o de Israel, em que os vizinhos praticam o olho por olho, ou seja, aproveitam qualquer fraqueza.

Os judeus, no entanto, como observado por Weber e Harari, apesar das suas valências opostas, há muito engendraram uma estratégia excepcionalmente masoquista: não importa o quanto o "outro" se comporte mal, culpe a si mesmo. A expressão principal dessa tendência é uma espécie de síndrome de onipotência masoquista em que "eu" ou "nós" somos inteiramente culpados por tudo e, portanto, se "consertarmos" a nós mesmos, podemos consertar tudo. A síndrome possui dois elementos-chave: por um lado, oferece uma maneira de se sentir no controle, mesmo que apenas abraçando o mais tirânico superego e, por outro, insufla uma promessa messiânica no processo – é possível redimir o mundo inteiro através desta perfeição de autossacrifício. Na versão israelense, "se ao menos nós (ou 'vocês', quando proferido pelos judeus da diáspora) tivéssemos sido mais simpáticos, mais indulgentes, mais compreensivos, mais generosos, os palestinos não nos odiariam tanto. Eles podem até nos amar (ou vocês) (até a morte)".

Por um lado, isso produz "autocríticos" que sentem afinidade com os profetas (falando a verdade ao poder) e, por outro, um público de colegas masoquistas que se deleitam com a autodegradação judaica. Como uma amável idosa israelense nascida nos EUA me disse: "Eu adoro o *Haaretz*. É duplamente prazeroso. Todas aquelas coisas terríveis que diz sobre nós (Israel) são verdadeiras; e elas doem muito". Ela não queria ouvir sobre a desinformação do *Haaretz*,[27] ou sobre aqueles leitores mais hostis que, em graus variados, sentem grande prazer – *Schadenfreude* – com as boas-novas de judeus que se comportam mal.[28]

Assim, outro discurso atraía os judeus radicais, frequentemente seculares e progressistas, que se orgulham de não sentir apego tribal a Israel, muito mais próximo daquele da resolução da ONU sionismo = racismo. Durante a Guerra do Líbano de 1982, quando alguns jornalistas ocidentais proeminentes compararam abertamente as FDI com os exércitos nazistas[29]...

> não faltaram israelenses sobre os quais ninguém fora Israel já tinha ouvido falar antes, de professores a editores de jornais pornográficos, [que] se tornaram instantaneamente celebridades europeias ao aplicar o epíteto "judaico-nazista" a outros israelenses, precisamente no estilo de "projeção" que os judeus antissemitas têm praticado desde a Idade Média.[30]

Numa entrevista com Philip Roth em 1988, Aharon Appelfeld meditou sobre a singularidade desse fenômeno de autocrítica entre os judeus:

> O antissemitismo dirigido contra si mesmo foi uma criação judaica original. Não conheço nenhuma outra nação tão inundada de autocrítica

[...] a capacidade judaica de internalizar qualquer observação crítica e condenatória e castigar-se é uma das maravilhas da natureza humana [...] o sentimento de culpa instalou-se e refugiou-se entre todos os judeus que querem reformar o mundo, os vários tipos de socialistas, anarquistas, mas principalmente entre artistas judeus. A chama desse sentimento produz, dia e noite, pavor, sensibilidade, autocrítica e às vezes autodestruição.[31]

Aharon Megged, um dos poucos dissidentes da euforia coletiva do Processo de Paz de Oslo, mencionou num artigo de julho de 1994 no *Haaretz* intitulado "The Israeli Suicide Drive": "Desde a Guerra dos Seis Dias [...] e em ritmo crescente, testemunhamos um fenômeno provavelmente sem paralelos na História: uma identificação emocional e moral por parte da maioria da intelectualidade de Israel com pessoas abertamente comprometidas com a nossa aniquilação."[32] O que pode explicar tal anomalia? E como pessoas de fora podem compreender uma forma tão bizarra de insanidade?

Um dos membros desse grupo de judeus contra si mesmos mais excepcionais em seu veneno destilado contra a terra de seu nascimento é o músico Gilad Atzmon, que escreveu nas páginas do jornal árabe muçulmano *Al-Jazeera*:

Considerar Hitler como o mal supremo nada mais é do que render-se ao discurso sionistocêntrico. Considerar Hitler como o mais perverso dos homens e o Terceiro Reich como a personificação do mal é deixar Israel se safar. Israel e o sionismo são o Mal supremo sem comparação [...] a atual brutalidade israelense nada mais é que maldade por uma questão de maldade. Retribuição que não conhece misericórdia. Israel é uma devastadora ressurreição coletiva do Sansão bíblico. É uma representação moderna do homem que mata mulheres, crianças e idosos, o mestre hebreu vitorioso da retaliação cega e indiscriminada [...] canibalismo israelense [...] se quisermos salvar este mundo, se quisermos viver em um planeta humano, devemos nos concentrar nos mais graves inimigos da paz, aqueles que são maus por interesse do mal: o Estado israelense e o sionismo mundial [...] todos nós temos que nos des-sionizar antes que seja demasiado tarde. Temos de admitir que Israel é o mal supremo e não a Alemanha nazista".[33]

Esse trecho ilustra claramente o que Sander Gilman definiu como *autoódio judaico*: "Os judeus veem como a sociedade dominante os vê e [...] projetam sua ansiedade sobre essa maneira de ser visto em outros judeus como um meio de externalizar sua própria ansiedade de *status*".[34] Em outras palavras, alguns judeus, ao perceber como são vistos negativamente pelos gentios, voltam-se contra sua própria espécie, responsabilizando-a por esse ódio: "Se ao menos 'eles' se comportassem da maneira que 'nós bons judeus' nos comportamos", dizem a si mesmos, "então os não judeus não pensariam tão mal de nós".

Tuvia Tenebom, depois de visitar Israel e a Cisjordânia no início de 2010, apresentando-se como um alemão simpatizante da causa palestina, explicou:

> É um problema mental [...] durante 2 mil anos, os judeus foram perseguidos, durante 2 mil anos foram ensinados que são os piores [...] algumas pessoas não conseguem lidar com isso e você fica com uma espécie de síndrome de Estocolmo, e diz: "Se todas as pessoas do mundo dizem que sou mau, que sou feio, ladrão, assassino, horrível, uma pessoa astuta, avarenta, então eu sou. O que posso fazer para me limpar disso?" [...] *pegue outro judeu fazendo algo errado* [...] isso os faz sentir melhor, faz com que sua pele feia pareça melhor.[35]

Então, não acidentalmente, há uma alta correlação entre judeus que não gostam de judeus *qua* judeus, e esses judeus "como judeu", denunciam em voz alta seus companheiros precisamente nos termos dos odiadores dos judeus.

Não há nada remotamente parecido com esse nível de autocrítica e aceitação do discurso do inimigo entre os árabes muçulmanos e muito menos entre os palestinos.[36] Ao contrário, seria mais difícil encontrar uma cultura mais alérgica à autocrítica pública e mais comprometida em eliminar o crítico ou em culpar (mesmo criando) o "inimigo", do que os palestinos. Portanto, há uma gama pública muito mais *ampla* de opiniões sobre o conflito entre o rio e o mar entre os 12 milhões de judeus no mundo, com um *corpus* extenso e sofisticado de pessoas e publicações que adotam a posição palestina do que se pode encontrar entre 1,6 *bilhão* de muçulmanos, onde apenas um punhado se atreve a demonstrar publicamente simpatia pelas aspirações sionistas e muitas vezes paga um preço elevado.[37]

Essa assimetria descomunal tem um impacto surpreendentemente forte na forma como o conflito é percebido no exterior: se ouvirmos os palestinos unanimemente denunciar Israel, e os israelenses concordando com isso (já em 1975),[38] poderíamos estar tentados a assumir que ambos esses grupos estão certos sobre o conflito. (Afinal, quem admite voluntariamente ter feito algo errado, a menos que seja absolutamente necessário?) No entanto, se considerarmos a enorme lacuna de "autocrítica", obtemos o oposto: os irredentistas que tornam a paz impossível são os que culpam os palestinos, plenamente endossados pelos autocríticos israelenses que desejam tão desesperadamente a paz a ponto de assumir responsabilidade até mesmo por coisas que não fizeram, em um esforço corajoso para ajudar o processo de reconciliação.

## O IMPACTO DO PROCESSO DE "PAZ" DE OSLO NA AUTOCRÍTICA JUDAICA

Ironicamente, paradoxalmente e previsivelmente, a promessa e o fracasso do Processo de Oslo em muito agravaram o problema da autocrítica judaica. A primeira exigência aos israelenses da abordagem da "resolução de conflito" era uma nova percepção do "outro". É verdade que o processo também demandava que os palestinos reavaliassem a sua concepção dos israelenses como imperialistas genocidas, empenhados em limpar etnicamente a terra do mar até o Eufrates, e destruidores do islã. No entanto, o campo da paz israelense, acometido pelo espírito da sua própria organização, focava uma revisão radical das atitudes em relação aos palestinos, independentemente de se tratar de um processo recíproco ou não. Para eles, sequer falar do que antes estava claro para a maioria dos israelenses – a profunda hostilidade do mundo árabe, a longa memória de vingança dos vizinhos de Israel – agora se transformou em uma linguagem problemática que

406

contribuiu para o conflito.[39] A nova "rodada de Oslo" insistia que os palestinos estavam agora prontos para fazer a paz e quem quer que ainda se apegasse ao velho (e pessimista) paradigma era um obstáculo à paz, na verdade cego à "realidade" pelo seu medo paranoico, vítima da "Síndrome do Holocausto".[40] Os árabes, especialmente os palestinos, que todos garantiam serem defensores da paz, haviam abandonado o "grandioso projeto" de destruir Israel. Para aqueles que se preocupavam com a inimizade palestina, o campo da paz respondeu com a *profunda reflexão*: "Você não faz paz com amigos, mas com inimigos".[41]

Embora muitos israelenses se sentissem divididos entre a promessa de um novo Oriente Médio e o medo do antigo, suas elites intelectuais, juntamente com os progressistas ocidentais, atraídos por uma visão messiânica secular de paz em nossos tempos, tratou qualquer ceticismo como um sinal de "messianismo religioso lunático", belicismo de direita e protofascismo.[42] De repente, afirmações antes marginais sobre como os árabes queriam a paz, converteram-se em novos dogmas. Os palestinos, nessa versão, eram um povo que ansiava pela liberdade, e se Israel fosse suficientemente generoso, poderia negociar terra – Cisjordânia e Gaza – em troca de paz.[43] Surgiu uma escola ávida de jornalismo da paz, minimizando qualquer coisa que pudesse desencorajar os israelenses de votar no campo da paz.[44] Qualquer pessoa cruel o suficiente para desafiar a existência de um povo "palestino", ou racista o suficiente para questionar as boas intenções de Arafat e a disposição da "grande maioria" do povo palestino para viver pacificamente com seus vizinhos, ou conservadora o suficiente para criticar a defesa de "jornalistas da paz", considerados pouco profissionais, tornou-se *ipso facto*, inimiga da paz.[45]

Em Israel, os acordos de paz reforçaram enormemente as tendências intelectuais autocríticas. Os ativistas israelenses da paz sentiam que a própria dinâmica de alcançar a paz através da resolução do conflito dependia de fazer concessões destinadas à reconciliação. Entre essas concessões eram importantes as admissões das injustiças cometidas pelos israelenses contra os palestinos no período anterior ao conflito. O campo da paz israelense aproveitou a oportunidade, na crença fervorosa de que tais desculpas honestas (talvez mesmo exageradas) apaziguariam a hostilidade palestina. Os "novos historiadores" israelenses reescreveram o conflito para afirmar a narrativa palestina – massacres e expulsões israelenses, roubo de terras, o momento de alegria de Israel construído sobre o sofrimento palestino catastrófico. (Como se, de alguma forma, israelenses e árabes não pudessem ambos terem celebrado sua liberdade no mesmo momento, em 1947.)

Os "novos historiadores", sentindo-se livres da atração límbica das narrativas patrióticas, autojustificáveis, narcisistas e sionistas sobre a responsabilidade árabe pelo desastre que ocorreu aos árabes palestinos em 1948 e novamente em 1967 (e, portanto, a importância para Israel manter a Cisjordânia enquanto a liderança palestina não mudasse), reconheceram e até exageraram a culpabilidade israelense por massacrar e expulsar os palestinos, pelo grande peso da ocupação.[46] Ao mesmo tempo, desculparam os palestinos e outros árabes pelo seu rejeicionismo.[47] Outros historiadores (direitistas, orientalistas) rejeitaram a historiografia terapêutica deles, muitas vezes tendenciosa, se não desonesta, a distorção, se não inversão, das fontes, a fim de substituir uma "narrativa palestina de sofrimento [nas mãos de israelenses perversos]" (muito menos precisa) pela narrativa israelense de autodefesa.[48]

Os adeptos do pós-sionismo, a versão israelense do pós-modernismo, procuraram limpar Israel do seu chauvinismo. Eles se viam como heróis na versão doméstica de um choque internacional de civilizações, não entre democracias e teocracias totalitárias, mas "entre a civilização universalista, cosmopolita, libertária do lado 'pós[-sionista]', e a civilização comunal, particularista, chauvinista do lado 'neo[-sionista]'".[49] O processo de paz de Oslo proporcionou ao pós-sionismo seus dias de glória (os "felizes anos noventa"), nos quais lutou muito para que os próprios currículos escolares fossem revisados a fim de refletir o "novo" cosmopolita e inconspícuo Israel, um contribuidor ávido e digno para a sociedade civil global.[50]

Os palestinos, por outro lado, forneceram pouco combustível para os sonhos messiânicos do campo da paz israelense. Não havia nada remotamente semelhante, um pós-palestinismo do outro lado: nenhum revisionismo autocrítico e nenhum jornalismo de paz. Ao contrário, conforme documentado pelos serviços de tradução gêmeos do MEMRI e do PMW, os palestinos praticaram um jornalismo de guerra feroz, repleto de cenas falsas acusando Israel dos crimes mais hediondos contra palestinos inocentes.

A forma como os dois lados lidaram com os seus extremistas ilustra bem a temerosa assimetria envolvida. "Ambos os lados" tinham radicais que "queriam tudo", os colonos israelenses e o campo do "Toda a Terra de Israel" por um lado, e os jihadistas palestinos, o campo do "nem um grão de areia do rio ao mar", por outro. Ambos eram movidos por sonhos messiânicos religiosos, ambos propensos à violência para impedir o avanço do processo de paz. Mas a atitude dos pacifistas de ambos os lados em relação aos seus extremistas divergia radicalmente. Por um lado, os palestinos "moderados" bancavam o "policial bonzinho" com relação à sua violenta ala de direita, que estava introduzindo a terrível nova arma do terror suicida, recusando-se a denunciá-la a não ser por pura formalidade, elogiando-a em árabe e explicando em línguas ocidentais como a sua violência era uma resposta compreensível à frustração com a "ocupação".

Por outro lado, os israelenses "moderados" denunciavam os seus colonos ativamente, aproveitando a oportunidade para mostrar ao mundo inteiro a sua boa-fé, acusando seus próprios extremistas de inimigos da paz. Israelenses progressistas não fizeram exigências de reciprocidade: "Somos fortes e podemos nos dar ao luxo de criticar a nós mesmos publicamente. Quando os palestinos tiverem o seu próprio Estado e um senso de autonomia, então poderemos esperar algo deles".[51] Assim, o campo da paz israelense renunciou energicamente às suas reivindicações sobre uma terra antiga, enquanto os palestinos tornaram sagrada a [retirada israelense de cada centímetro da] "Linha Verde", uma "fronteira" que nunca tinham – e ainda não têm – reconhecido como legítima.[52]

Depois veio o ano 2000 e a eclosão da segunda intifada, a Intifada "Al-Aqsa", ou *jihad* de Oslo. Tudo o que a "direita" dizia sobre Arafat revelou-se verdade: ele havia preparado a guerra, bem debaixo do nariz

409

dos negociadores intoxicados pela paz. Esse foi um ponto de virada na marcha da loucura ocidental no alvorecer do novo milênio. Como reagir ao fracasso explosivo do "Processo de Paz de Oslo"? Como o campo da paz, os "melhores e mais brilhantes" da sociedade israelense e judaica reagiriam à visão dos jihadistas saindo do Cavalo de Troia sobre o qual os palestinos haviam falado em árabe?

Considere a Paz de Oslo um projeto messiânico, no qual a nova escola dos internacionalistas liberais pós-modernos nos EUA e na Europa juntaram-se aos mais fervorosos elementos progressistas e pós-sionistas da sociedade judaica e israelense, buscando paz e reconciliação genuínas com seus vizinhos, com base em relações sólidas de soma positiva: um presente perfeito para o mundo no alvorecer do novo milênio global. Quando a *jihad* de Oslo eclodiu, eles enfrentaram uma escolha difícil, familiar para aqueles que haviam sucumbido às fantasias apocalípticas: como lidar com a decepção.[53] Em sua intensa dissonância cognitiva, o campo da paz poderia admitir que estava errado em suas expectativas e que interpretara equivocadamente a natureza da inimizade que enfrentava (o que teria reconhecido a precisão das advertências "da direita" e produzido um movimento em direção à cura nacional), por um lado, ou, numa negação pós-apocalíptica clássica, poderia insistir que as negociações estavam tão perto do sucesso que, mesmo se apenas os seus, se Israel tivesse dado mais, a paz teria vencido.[54] Se tivesse se desculpado com aqueles "realistas" que alertaram para esse resultado, pelo fato de os chamarem de fascistas e inimigos da paz, talvez a discussão subsequente poderia ter encontrado uma base mais empírica e levado o público e os líderes a uma melhor compreensão do que enfrentavam.

Se tivessem feito algo intelectualmente (e moralmente) maduro e admitido seus erros conceituais, poderiam ter entendido que a eclosão da "Intifada Al-Aqsa" representou na verdade o mais ambicioso, até hoje, ataque do *caliphator* a um Estado infiel, em parte porque ocorreu em um cenário global (assim como a humilhação de 1948), em parte porque usou o terror suicida, a nova e mais terrível arma do arsenal jihadista, em parte porque foi o primeiro a visar uma potência democrática ocidental, um prelúdio para mais ataques jihadistas. Se nossas elites infiéis tivessem compreendido isso, muitas das loucuras subsequentes do novo século poderiam ter sido evitadas: a credulidade e a ânsia de difundir propaganda jihadista antissemita e genocida... a celebração do uso jihadista de terror suicida contra os *kuffār*... a preocupação especial com os "sentimentos" das nossas minorias muçulmanas sobre qualquer tipo de crítica... a adoção perversa de uma indústria de paz e resolução de conflitos que alimenta a guerra.

Ao contrário, as reivindicações patentemente falsas e novas do campo da paz nos anos de 1990 (quando ainda havia esperança) tornaram-se dogmas no século XXI (quando a esperança foi destruída):

- Os palestinos são inegavelmente um "povo" e, como tal, merecem seus direitos nacionais.
- Anseiam por um Estado viável e pela sua dignidade.
- Reconhecem o Estado de Israel.
- A **solução de dois Estados** é a única solução para o conflito.
- Qualquer pessoa que negue qualquer uma dessas afirmações é racista e fomentadora da guerra.

## O ASSASSINATO PELA HONRA POR PROCURAÇÃO: VOZES JUDAICAS PELA "PAZ"

Entretanto, visceralmente, algo mais estava em ação. Os relatos da mídia noticiosa sobre a Segunda Intifada foram profundamente humilhantes para Israel e para os judeus que, até então, orgulhavam-se – e até participavam – dos seus esforços pela paz. A *imagem* do Golias israelense esmagando a pobre juventude palestina, encarnada na filmagem de Muhammad al-Durrah, destruiu não só as esperanças de paz, mas qualquer chance de um sionista manter a cabeça erguida. Muhammad al-Durrah deu poder a uma voz que ouvimos cada vez mais nos *campi*, na mídia, em manifestações: "Israel é mau; as FDI assassinam crianças palestinas todos os dias – não há dúvida sobre isso".[55]

O fato de a voz alta e apaixonada da indignação ter ficado do lado dos palestinos, de que em 2003 ser pró-Palestina era um "teste decisivo" para ser considerado liberal, agravou o problema para os sionistas liberais (a grande maioria dos judeus sionistas). Por um lado, defender Israel era "assumir-se" como judeu – os não judeus que defenderam Israel no início da década ouviram: "Ah, eu não sabia que você era judeu". Por outro, não demonstrar simpatia pelos palestinos significava ser um tribalista sem coração, uma pessoa que defende a primazia de Israel.[56] Mesmo que em público as pessoas pudessem facilmente indignar-se com a crueldade israelense (sob muitos aplausos), era difícil ficar indignado com ataques terroristas suicidas sem ser condenado. Depois de 1º de outubro de 2000, era cada vez mais difícil conseguir artigos pró-Israel publicados em jornais liberais, incluindo os universitários. Tornou-se política em alguns lugares como McGill que o jornal mantivesse "uma linha editorial de não publicar artigos que promovessem uma visão de mundo sionista".[57] O mesmo ocorria no jornalismo e no mundo acadêmico: à medida que o novo século avançava, era cada vez mais difícil publicar artigos e livros nos principais meios de comunicação que apoiassem Israel ou criticassem o islã.[58]

Em termos gerais (porém não numericamente), houve três respostas a essa crise:

1. *Fuga*: Judeus que evitaram totalmente o assunto. Alan Dershowitz reclamou muitas vezes no início da década que, quando ele pedia a judeus especialistas no Oriente Médio que defendessem Israel da nova onda de ataques de estudiosos pós-coloniais, eles se opunham por se preocuparem com sua reputação acadêmica; e quando ele se dirigia a não especialistas, eles expressavam sua objeção, já que não era sua especialidade. E dado o opróbrio moral e social que, direta ou sutilmente, recaía sobre aqueles que defendiam Israel (inclusive de outros judeus), essa fuga era mais do que plenamente justificada. O universo acadêmico, especialmente o americano, era literalmente um paraíso na Terra na década de 1990 – uma atmosfera de coleguismo, bem financiada, emocionante, criativa, internacional. Quem iria querer balançar *aquele* barco? Da mesma forma, organizações

judaicas, como a AJC – American Jewish Committee (Comitê Judaico-Americano) e a ADL – Anti-Defamation League (Liga Antidifamação), haviam trabalhado nos anos de 1990 de acordo com a soma positiva de "trabalharemos-com-outros-grupos-para-os-direitos humanos-de todos-e-quando-chegar-a-hora-em que-precisarmos-deles[...]". Quando chegou a hora, em 2000, esses grupos judeus foram pegos de surpresa, perplexos tanto pela virada dos palestinos em direção à guerra, quanto pela adesão de tantos supostos "aliados" ao campo palestino.

2. *Luta*: Relativamente poucos reagiram e em grande parte foram marginalizados. Aqueles que queriam permanecer na corrente convencional tiveram que lutar com uma mão amarrada nas costas, literalmente pisando em ovos, para não dizer algo que provocasse gritos de desaprovação, como desafiar o egocentrismo cognitivo liberal de seu público, ou falar sobre a cultura da vergonha-honra que prevalecia no mundo árabe. Alguns passaram a escrever blogs, que eram uma nova e excitante forma de comunicação em meados da década, um lar bem-vindo para aqueles cujas cartas e ensaios convincentes não conseguiam encontrar um editor de jornal disposto a publicá-los. Surgiram grupos de base para preencher a lacuna deixada pela paralisia dos grupos judaicos estabelecidos, que pareciam tão assustados a ponto de não conseguir pensar com clareza e não saber o que fazer, então não faziam nada: Honest Reporting (2000), Stand with Us (2001), Hasbara Fellows (2001), Scholars for Peace in the Middle East (2002), David Project (2002), Campus Watch (2002), e assim por diante.

3. *Sinalização de virtude do judeu* qua *judeu*: a mais problemática e prejudicial das respostas veio daqueles judeus que sentiram a necessidade de insistir publicamente que se dissociavam por completo do comportamento das FDI e das políticas do governo israelense. Assim, no final de 2000, surgiu uma nova moda, os *alter-juifs*, que "como judeus" se sentiam compelidos a deixar que todos soubessem como eram bons criticando seu

413

próprio povo e aliando-se ao seu inimigo.[59] Esses "bons judeus" atacando os "maus judeus" tornou-se um elemento importante do discurso progressista, com pessoas como John Mearsheimer o explorando para promover a causa palestina: "Judeus justos têm um apego poderoso aos valores liberais fundamentais [sic] [...] pessoas como Noam Chomsky, Roger Cohen, Richard Falk, Norman Finkelstein, Tony Judt, Tony Karon, Naomi Klein, MJ Rosenberg, Sara Roy e Philip Weiss, do famoso site de notícias Mondoweiss.[60]

De todas as respostas, essa última dominou o apoio judaico à esfera pública global na década e, com isso, contribuiu sobremaneira para que os intelectuais e líderes de pensamento ocidentais tomassem a direção equivocada nesse momento, quando os inimigos de sua civilização progressista, usando um discurso delirantemente paranoico e antissemita, ao estilo nazista, para reunir suas tropas para o genocídio, os atacou. Comecemos pelos extremos e iremos em direção ao centro, aos judeus "liberais", "corrente convencional", como a família em que fui criado, de democratas fervorosos e sionistas orgulhosos ao mesmo tempo.

Incapazes ou sem vontade de imaginar a natureza dessa violência "palestina", alguns preferiram negar o *feedback* da realidade. "Então, qual é a solução? Matar todos?" foi talvez a resposta mais comum a qualquer representação da dinâmica vergonha-honra da *jihad* apocalíptica, como se a medida de precisão derivasse principalmente das soluções que a análise parecia oferecer.[61] E por trás dessa pressuposição, havia outra, mais agressiva: de que qualquer entendimento que não seguisse os Protocolos de Resolução de Conflito, levando pacificamente à "paz agora", viera de belicistas de direita. "Essa é uma visão islamofóbica e racista dos árabes", responderam os discípulos inadvertidos de Said.[62]

Inquestionavelmente, a reação mais extrema entre judeus e israelenses à eclosão da intifada surgiu entre os judeus que adotaram totalmente a narrativa de seus inimigos: Gilad Atzmon, Daniel Boyarin, alguns dos mais virulentos "novos historiadores" como Avi Shlaim e Ilan Pappe, a maioria dos quais fugiu de um Israel tribal demais para seu gosto ecumênico para uma academia britânica progressista, ansiosa por ouvir antissionistas israelenses. Para essas pessoas, tudo o que os palestinos alegavam sobre Israel tornou-se instantaneamente verdade e, quanto pior, melhor. Elas podiam ser vistas na Cinemateca de Jerusalém, na noite da estreia de *Jenin, Jenin*, de Omar Bakri, aplaudindo o filme e gritando "criminoso de guerra" para o dr. David Zangen – um homem comprometido com o tratamento humano para todos, alguém que qualquer regime civil e liberal normalmente reivindicaria com orgulho como um de seus melhores produtos – quando ele tentou explicar a desonestidade sistemática do filme.[63] Elas podiam ser vistas no Museum of Fine Arts de Boston em 2004, aplaudindo ruidosamente de pé um filme de um palestino e de um judeu que afirmava que a mídia promovia sistematicamente uma propaganda israelense de guerra.[64]

Contudo, para os que odeiam a ocupação, *não* pensar mal dos palestinos torna-se uma questão de fé. Dada a escolha entre a feia bagunça de soberania e exercício de poder (incluindo poder militar) ou ter uma alma pura e imaculada, muitos judeus progressistas preferiram a última opção, muitas vezes à custa de perder o contato com a realidade. Por um lado, isso significava recusar-se a pensar mal dos palestinos – eles são exatamente como nós[65] – e, por outro, significava romantizar a diáspora, na qual se imaginava que os judeus não precisariam ter soberania.[66] Esses judeus, sentindo-se culpados e infelizes com a forma como Israel era retratado pela mídia, que queriam se orgulhar de Israel como uma "luz para as nações", um brilhante exemplo de valores progressistas mesmo em circunstâncias dolorosas, eram então fáceis presas de demopatas antissionistas como Mearsheimer.[67]

Entramos aqui no universo "de princípios" do antissionismo judaico, desde o ultraortodoxo universo religioso dos Neturei Karta* para o mundo secular ultraortodoxo da teoria *queer* crítica e Judith Butler. Aqui encontramos o que Edward Alexander descreve como uma espécie de "anorexia política", na qual um judeu vivencia o Estado de Israel como

---

* NT.: Grupo de judeus ultraortodoxos, que rejeitam o sionismo e se opõem ativamente à existência do Estado de Israel, apoiando a causa palestina.

um organismo cujas inevitáveis imperfeições, ampliadas pela mídia noticiosa, os humilha, envergonha e repugna. Essas figuras abertamente judaicas sentem tal repulsa pela revelação pública dessas falhas corporais que cada nova rodada de acusações os leva a paroxismos de indignação moral e autoflagelação pública. Em 2006, Alvin Rosenfeld narrou a sua contribuição para o tsunami do "novo antissemitismo" que se espalhava desde 2000. Nenhum insulto, nenhuma degradação, nenhuma acusação eram demasiado extremos, demasiado indecentes, demasiado grotescos para esses judeus *qua* judeus lançarem sobre Israel: "Nazistas [...] racistas [...] genocidas [...] insanos [...] demoníacos [...] fanáticos [...] etc."[68]

Isso nos leva a um dos aspectos mais preocupantes do antissionismo judaico, o fator vergonha. A representação de Israel por uma escola de jornalistas letais e acadêmicos pós-coloniais como um ocupante cruel das terras palestinas, que visa deliberadamente civis palestinos, tem envergonhado profundamente os judeus aos olhos de seu "grupo de honra", seus companheiros liberais e progressistas judeus e não judeus. Como se pode afirmar o apoio a valores progressistas sem denunciar o comportamento terrível do Estado que você anteriormente admirava abertamente? Para alguns judeus, a vergonha de ter um membro da família – Israel – visto pelos outros como um Golias brutal e desalmado, era insuportável demais.

Dada a escolha entre desafiar os meios de comunicação convencionais ou Israel, ela parecia óbvia. Quando eu estava trabalhando no caso Al-Durrah, em várias ocasiões, judeus que eram fervorosos defensores de Israel me disseram que não queriam insistir no assunto porque, mesmo que nesse caso Israel tenha sido incriminado, "nós matamos mais de mil dos filhos deles".[69] Essas eram e são preocupações legítimas. Quando apresentei o caso ao AJC em Boston, um dos principais doadores depois me disse: "Você teria sido ótimo na década de 1930, mas hoje, não passa de um problema". Como se não houvesse pessoas como eu falando abertamente na década de 1930 e pessoas como ele tentando calá-las.

Este fator da vergonha dividiu Israel e os judeus da diáspora quase ao meio. Depois de 2000, o "campo da paz" perdeu enorme credibilidade entre os eleitores em Israel, que perceberam que a "direita" estava correta sobre a liderança palestina. Para os israelenses na época tratava-se de uma ameaça existencial de inimigos impiedosos. Na primeira chance que tiveram, elegeram Sharon, e o rápido declínio tanto do Partido Trabalhista quanto dos "partidos da paz" paralelos como o Meretz foi consequência disso. Jornais como o *Haaretz*, que se tornaram cada vez mais anti-Israel ao longo dos anos, tiveram sua circulação reduzida drasticamente (mesmo que o seu impacto internacional tenha aumentado).[70]

O "campo da paz", com as suas ilusões totalmente reafirmadas, retirou-se para os recessos da academia israelense, das ONGs, da intelectualidade, dos cafés de Tel Aviv ou da calorosa recepção das universidades europeias, em que o público tinha um apetite aparentemente insaciável por críticas a Israel. A maioria dos israelenses, com filhos e filhas no exército, não acreditou nos jornalistas letais nem teve o luxo de se envolver em fantasias sobre a paz *agora*. Para os israelenses, 2000 foi o ano em que Oslo morreu. Como alguém me disse, "*foi aí* que entendi que isso não está em nossas mãos". De certo modo, nas primeiras duas décadas do século XXI, o restante do mundo ainda não conseguiu recuperar o atraso, na verdade, parece estar cada vez mais para trás.

Os judeus da diáspora, por outro lado, sob pressão constante dos seus colegas e amigos gentios e menos propensos a compreender como são absurdas as alegações de um massacre em Jenin ou do ataque deliberado a Muhammad al-Durrah, sobretudo no contexto do código moral das FDI,[71] concordaram mais prontamente com a crítica geral "liberal" a Israel.[72] O que se pode dizer quando a oposição à retórica virulenta – comparações com nazistas e Apartheid – é rejeitada como uma tentativa de silenciar as críticas "legítimas" a Israel? Como bons liberais, os judeus achavam muito desagradáveis as horríveis acusações de que os palestinos alimentavam ódios genocidas e maliciosamente publicavam difamações, e que a MSNM praticava um jornalismo letal antiético e insistia em ser enganada pelos demopatas. Assim como os judeus estavam horrorizados que os nazistas os acusassem de querer governar o mundo, eles sentiam que nós não deveríamos acusar os muçulmanos de uma ambição tão terrível, embora os judeus nunca tivessem dito qualquer coisa semelhante e os *caliphators* o repetiam o tempo todo. Ainda que esses judeus concordassem silenciosamente com tais observações, eles não as repetiriam.

417

É muito mais fácil lamentar a trágica deriva de Israel para a direita.[73] Como um jornalista (judeu) (nada menos que do *The Wall Street Journal*), explicou-me: "É tão lamentável que Israel tenha reagido à intifada [ou seja, a campanha de terror suicida] indo para a direita". Em outras palavras, "Se ao menos os israelenses pudessem ser bons judeus, liberais, judeus amantes da paz [...] você sabe, judeus que fazem *tikun olam* [...] então não teríamos vergonha e temos certeza de que os palestinos fariam a paz".[74]

Os israelenses, sobretudo os que lidam com o Ocidente, compartilhavam essas algemas conceituais. Na sua avaliação, mesmo quase no fim da década de 2000, qualquer crítica aos palestinos apenas aumentaria as hostilidades e impediria a retomada das conversas sobre a paz. De fato, eles consideravam que a sua principal tarefa era convencer o mundo de que Israel realmente queria paz a todo custo. Em 2009, conversei com o chefe do Departamento de Mídia do Ministério das Relações Exteriores, quando se preparava para a visita do papa. "Temos tantos repórteres vindo aqui, muitos pela primeira vez, e muito tempo de inatividade. Alguma sugestão sobre o que fazer com eles?" "Que sejam informados por Itamar Marcus (PMW) e Yigal Carmon (MEMRI) sobre o que os palestinos estão dizendo em árabe." "Não poderíamos fazer isso", ele respondeu, "o governo é oficialmente a favor das negociações de paz." "Tudo bem", respondi, "então exponha-os a esse discurso e depois explique que *apesar* do que os palestinos estão dizendo, Israel *ainda* busca a paz." Ele me lançou um olhar inexpressivo; e não fez nada disso.

Apoiar Israel e criticar os palestinos nessas condições significava perder a reputação de "bons judeus", judeus cujo compromisso com o progressismo, nas suas mentes, justifica o seu lugar num regime cívico. E, de fato, alguns gentios sentem o mesmo: os judeus são responsabilizados coletivamente, nesse caso pelo [relatado] comportamento de Israel. Quando a notícia do "assassinato" de Al-Durrah chegou ao noticiário na França durante o fim de semana de 1º de outubro de 2000, os judeus que voltaram à escola e ao trabalho na segunda-feira seguinte foram confrontados por seus colegas: "O que *seu* povo fez?!?" Cada onda

418

de jornalismo letal trouxe consigo ondas de vergonha e humilhação para os judeus, especialmente os da diáspora. Na obra *The Finkler Question*, de Harold Jacobson, os judeus antissionistas formam um grupo chamado de ASHamed Jews (os judeus MORTificados, em tradução livre), que tropeçam nos próprios pés, como judeus, para denunciar Israel nos termos mais duros diante de públicos ávidos de odiadores de judeus.[75]

**Figura 27** – Judeu MORTificado no comício anti-Israel, Boston, verão de 2014.

Sem sequer perceber o que estava dizendo (ou provavelmente não o teria dito), Tony Judt expressou a queixa dos "bons" judeus da diáspora que se sentiam cercados pela súbita hostilidade ao "Estado Judeu". Escrevendo na sequência do "massacre de Jenin", ele denunciou o "Estado judeu" por colocar em perigo os judeus ao redor do mundo.

> Hoje, os judeus não israelenses sentem-se mais uma vez expostos a críticas e vulneráveis a ataques por coisas que não fizeram. Mas dessa vez é um Estado judeu, e não cristão, que os mantém reféns devido às suas ações [...] o comportamento de um autodenominado Estado judeu afeta a maneira como *todos os demais veem os judeus*. O aumento da incidência de ataques a judeus na Europa e em outros lugares é

principalmente atribuível a esforços mal direcionados, muitas vezes por jovens muçulmanos, para se vingar de Israel. A verdade deprimente é que o comportamento atual de Israel não é ruim apenas para os Estados Unidos, embora certamente o seja. Não é apenas ruim para o próprio Israel, como muitos israelenses admitem silenciosamente. A verdade deprimente é que *Israel hoje é ruim para os judeus*.[76]

"Estamos sob ataque por coisas que não fizemos!" ele choramingou. Não poderia entrar momentaneamente na mente sofisticada de Judt que o mesmo se aplicava a Israel.

As mesmas pessoas que alertaram contra qualquer ligação entre terroristas jihadistas e "verdadeiros muçulmanos (moderados)" – *pas d'amalgame!* – consideravam os judeus da diáspora responsáveis pelo que [segundo a mídia afirmava] Israel havia feito.[77] Por que esse padrão de dois pesos e duas medidas? Por que os ataques aos judeus da diáspora? Para muitos judeus progressistas, era impensável que grande parte da hostilidade muçulmana e (pós-)cristã se devesse à raiva ao ver judeus se defendendo de outro ataque genocida. Eles imediatamente menosprezaram essa ameaça e culparam Israel pelo aumento da hostilidade. "Os homens-bomba nunca derrubarão o Estado israelense [ou seja, eles não constituem um perigo claro e presente], e os palestinos não têm outras armas", afirma Judt, sem perceber que ele e os jornalistas letais que repetia eram a mais nova e sofisticada arma em seu arsenal (e no de outros *caliphators*).

A vergonha judaica pela forma como Israel era visto pelos estrangeiros criou um dilema doloroso para todos os judeus, algo bem conhecido pelos membros das culturas tribais de vergonha-honra: quando um membro da sua família te envergonhou, ou você compartilha essa vergonha, ou purga a família e recupera sua posição aos olhos de seu grupo de honra.[78] Observe aqui que, em casos de assassinatos por vergonha a culpa real não está necessariamente em jogo: a questão diz respeito a como os "outros" pensam, não se as acusações são verdadeiras. Quando Chris Hedges acusa Israel de atirar deliberadamente em crianças palestinas como um jogo frívolo, não importa se a afirmação é falsa, é uma foto condenatória em uma publicação importante.[79]

Embora matar o membro da família que causou a vergonha faça sentido numa sociedade na qual matar é prova de masculinidade, isso se torna problemático quando aqueles que são envergonhados mantêm valores e autoidentidade progressistas, como Judith Butler, ou a "Voz Judaica para a Paz", como os "pacifistas". De um ponto de vista demótico, esses esforços para eliminar membros da família constrangedores não são **crimes de honra**, mas **assassinatos de vergonha** brutais, muitas vezes sádicos.[80] Não tendo a constituição para realmente matar seu constrangedor membro da família, os judeus progressistas, mortificados pela imagem de Israel regularmente transmitida pelos seus meios de comunicação e acadêmicos, precisa se contentar com assassinato verbal, mesmo quando terceirizam o trabalho sujo e sangrento para grupos como o SJP – Students for Justice in Palestine (Estudantes pela Justiça na Palestina) e o AMP – American Muslims for Palestine (Muçulmanos Americanos pela Palestina) que admiram e defendem o Hamas e o Hezbollah que, se pudessem, prontamente exterminariam Israel e a grande maioria dos seus judeus, que derramarão o sangue do seu próprio povo em quantidade necessária apenas para derramar um pouco de sangue judeu (1000 habitantes de Gaza mortos + 6 israelenses mortos = grande vitória). Em outras palavras, os grupos judaicos que satisfazem sua necessidade de sinalizar sua virtude moral unindo-se aos muçulmanos odiadores de Israel, que reivindicam buscar a "justiça" e, assim, "criar a paz", envolvem-se em um futuro assassinato de vergonha por procuração.

Será que os judeus antissionistas do século XXI, como Judith Butler, Peter Beinart, Daniel Boyarin, Jewish Voice for Peace*, IfNot Now** fazem isso conscientemente? Eles estão cientes de que imitam os virais mais sádicos divulgados pelos mais ferozes inimigos do seu povo e alimentam esses ódios? Porventura percebem que se uniram a uma noção tribal de justiça baseada na vingança pela honra perdida, na lavagem do rosto enegrecido no sangue do inimigo desonroso, no qual aquele alvo

---

\* N.T.: Organização judaica estadunidense antissionista de esquerda, que critica a ocupação dos territórios palestinos por Israel e apoia a campanha de Boicote, Desinvestimento e Sanções (BDS) contra Israel.

\*\* N.T.: Grupo judaico estadunidense que se opõe à ocupação israelense da Cisjordânia e da Faixa de Gaza.

inimigo é o seu próprio povo, com quem se identificam publicamente "como judeus"? Podem os judeus israelenses e da diáspora que adotam plenamente a narrativa letal palestina sobre Israel como o genocida nazista, que se aliam aos seus inimigos jurados, que ignoram todas as evidências de que as narrativas letais dos jornalistas são violações desonestas dos princípios fundamentais de uma imprensa livre e responsável e, em vez disso, promovem causas que visam a própria existência de Israel, podem eles sequer considerar a (altamente autocrítica) possibilidade de que, ao fazê-lo, se envolvem em um assassinato de honra por procuração?

A resistência a qualquer percepção desse tipo foi intensa desde o início. Quando Alvin Rosenfeld criticou esses judeus MORTificados por propagarem de forma imprudente, a torto e a direito, o antissemitismo em 2006, o *The New York Times* publicou um artigo importante atacando Rosenfeld por difamar os "liberais".[81] Pouco importava que, à exceção de Richard Cohen, nenhuma das pessoas denunciadas por Rosenfeld fossem "liberais", mas "progressistas" bastante radicais.[82] Isso não impediu que os judeus "liberais" da corrente convencional, como Alan Wolfe, professor da Universidade de Boston, expressasse seu "estado de choque", não no que diz espeito ao ataque a Israel, mas às críticas aos "judeus liberais". Tais "liberais" adotaram tacitamente a "formulação de Livingstone": qualquer pessoa que se oponha à crítica maldosa está tentando acabar com *qualquer* crítica a Israel. Judt (e outros em uma escala industrial) apontou o culpado: "Os 'apologistas' americanos de Israel usam o Holocausto para proteger Israel das críticas".[83] Parece ter importado pouco para "liberais" *qua* judeus que essas comparações com os nazistas fizessem parte de um ataque existencial, pedindo a destruição de Israel.

Mas o que é vergonha no código primário (má imprensa), ocupa um lugar diferente em uma análise demótica.

A motivação de vergonha de Judt diante da má imprensa de Israel e de tantos outros explica o impulso irracional por trás da postura moral. Esses judeus não só consideram que seu próprio povo tenha os mais elevados padrões, mas também (de uma forma profundamente racista) que os palestinos não tenham *nenhum* padrão moral. Pelo contrário, "bons judeus" como Judt acreditam que o ódio assassino dos palestinos se deriva diretamente do sofrimento insuportável a eles infligido pelos israelenses (e irá, é claro, desaparecer assim que os judeus deixarem de ser tão horríveis). Não se lhes poderia passar pela cabeça a pergunta: se os palestinos irão matar suas próprias filhas por envergonhá-los perante a sua própria comunidade, *a fortiori* desejarão matar judeus por envergonharem-nos diante do mundo inteiro.

E nesse (des)pensar fechamos o círculo: assim como os inimigos de seu povo às vezes matam suas próprias filhas por mera (e até mesmo incorreta) suspeita, esses judeus o fazem ainda que o membro de sua família, Israel, *não* seja culpado das acusações mas, apesar de todas as suas falhas, ser uma das mais avançadas culturas progressistas e inclusivas neste planeta profundamente conturbado. O que acontece é que Israel foi (e é) vítima da primeira "vergonha em massa" do século XXI nas mãos de jornalistas letais e das multidões progressistas que eles incitaram.

## O "CENTRO" LIBERAL NA ATRAÇÃO GRAVITACIONAL DO EXTREMO "PROGRESSISTA"

De certa forma, os extremistas constituem um alvo fácil. A maioria dos judeus, certamente quem quer que tenha passado algum tempo em Israel, concordará que as comparações com os nazistas e com o Apartheid e as acusações de "genocídio" são tão imprecisas quanto indecentes. Porém, isso não significa que aqueles no centro liberal rejeitem e se recusem a participar desses ritos obscenos, ou se oponham à nova roupagem antissionista do antissemitismo. Ao contrário, algo aconteceu em 2000. Após a explosão do jornalismo letal, inclusive os que cacarejavam em desaprovação ao discurso radical e antissionista cederam à sua paixão enfática.[84] "Não, Israel não é nazista", diriam os moderados, "mas, infelizmente, tornou-se Golias, e qualquer bom liberal sente-se obrigado pela sua consciência a ficar do lado dos palestinos".

Assim, no mesmo momento (após Jenin) que um indignado Paul Berman afirmou como, para muitos liberais ocidentais, o "terror palestino" tornara-se "a medida da culpa israelense" (ou seja, culpe a democracia), Ian Buruma observou de passagem que "a causa palestina se convertera no teste decisivo de credenciais liberais".[85] No ano seguinte, o *The New York Times* anunciou orgulhosamente sua tendência ideológica: Daniel Okrent, o primeiro editor público do jornal, respondeu à manchete de uma de suas colunas: "O *New York Times* é um Jornal Liberal?" – na primeira frase de seu artigo: "Claro que é".

E poucos notaram ou quiseram notar que os extremistas, com as suas extravagantes calúnias contra Israel, haviam redefinido o terreno para os liberais. A torto e a direito, eles agora atendiam com facilidade às vontades do *caliphator* jihadista. Em parte, os radicais exerciam sua influência na corrente dominante através de intermediários, figuras como Tony Judt. Esse grande historiador respeitado internacionalmente, conhecido por sua análise aguçada do fracasso da intelectualidade progressista europeia do pós-guerra,[86] explicou que Israel não pode conviver com os palestinos porque ele era o último remanescente do hediondo colonialismo imperialista do Ocidente, oprimindo os pobres nativos. Não era a virulenta versão nazista do antissionismo, mas uma versão mais secular, pós-colonial, um verniz acadêmico abalizado: Israel, um "anacronismo disfuncional".

Num florescimento de egocentrismo cognitivo liberal e de análise a-histórica (para não mencionar leviandade moral), Judt reclamou: por que Israel não pode viver em paz com seus vizinhos como fazem os europeus? Melhor ainda, por que não um Estado binacional de árabes e israelenses vivendo juntos em paz?[87] Bastaria o surgimento de "uma nova classe política" em "ambos os lados".

> Num mundo no qual nações e pessoas se misturam cada vez mais e se casam com pessoas de diferentes raças à vontade; em que os impedimentos culturais e naturais à comunicação praticamente entraram em colapso; onde temos cada vez mais múltiplas identidades eletivas e nos sentiríamos falsamente constrangidos se tivéssemos que responder a apenas uma delas; em um tal mundo, Israel é verdadeiramente um anacronismo.

Um egocentrismo cognitivo ecumênico, um *amálgama* planetário que agrupava, no novo movimento ecumênico a todos menos Israel: todas as culturas são iguais, todas têm direitos iguais, por que não podemos simplesmente nos dar bem? Por que Israel não consegue se dar bem com esse programa?

No seu trabalho mais histórico, Judt havia discutido a natureza dúbia das solidariedades transnacionais europeias e, ainda assim, em vez de aplicar as lições dos erros históricos que tão lucidamente havia extraído do passado, ele os replicou em seu ataque à legitimidade de Israel, "como se o historiador e intelectual *engagé* tivesse entrado em um de seus próprios estudos históricos".[88] E à espreita dessas flagrantes deficiências está o seu desconforto abertamente confessado ao ser atacado por algo que ele não fez. (Imagine Judt dizendo: "As reportagens desleixadas dos meios de comunicação convencionais são ruins para os judeus e para as democracias ocidentais". Ao fazer isso, ele relegaria a si mesmo o que os "bons judeus" consideram a direita judaica.)

Mesmo judeus com a mais profunda combinação de aprendizado tradicional e secular, mesmo aqueles com fortes bússolas morais, acharam difícil admitir o que estava acontecendo. Num artigo no final de maio de 2002, logo depois que a histeria moral de Jenin levou o Ocidente a um paroxismo de antissionismo, gol contra e correspondentes gritos de alarme, Leon Wieseltier assegurou aos seus leitores que "Hitler estava morto".[89]

> Tudo isso deixou muitos judeus especulando morbidamente sobre serem os últimos judeus. E os judeus dos Estados Unidos excedem significativamente os judeus de Israel nessa morbidade. A comunidade está afundada na excitabilidade, na imaginação do desastre. Há uma perda de controle intelectual. A morte está em cada porta judaica. O medo é selvagem. A razão saiu dos trilhos. A ansiedade é a prova suprema de autenticidade. Analogias imprecisas e inflamatórias são abundantes. O imaginário do Holocausto está em toda parte.

"Sim", ele parece dizer, "é ruim, mas não vamos perder a cabeça. Não é o início de outra onda de ódio ecumênico aos judeus, como aquela que varreu a Europa há 70 anos e culminou no extermínio de milhões de judeus. E quem quer que pense nesses termos histéricos e míticos, está na verdade perseguindo uma agenda política (obscura).

> Se você acha que o massacre de Pessach no Park Hotel foi como a Kristallnacht*, então também deve pensar que não pode haver uma solução política para o conflito e que os palestinos não têm direitos ou reivindicações legítimas sobre qualquer parte da terra, e que nunca deverá existir um Estado palestino, e que a força é tudo o que alguma vez beneficiará Israel [...] a analogia entre o massacre de Pessach e a Kristallnacht não é realmente um argumento histórico. É um argumento político disfarçado de argumento histórico. É concebido para paralisar o pensamento e paralisar a diplomacia.

A contribuição de Oslo para a mentalidade do ano 2000 transparece. Como tantas vezes na década, a carroça conduz o cavalo: as exigências da diplomacia (processo de paz para uma solução de dois Estados mesmo depois de a liderança palestina ter deixado claro que isso não é possível) proíbem qualquer pessoa de sugerir paralelos importantes entre o ódio nazista, paranoico, apocalíptico e genocida e o daqueles de uma faixa desconhecida de 1,5 bilhão de muçulmanos que povoam o mundo hoje e, infelizmente, entre os seus aliados "progressistas mais radicais".[90] Sugerir isso significa que você está paralisando o processo, uma diplomacia sem saída, culpado de proibir que um cavalo morto se mova.

É claro que Wieseltier também pratica o que denuncia: argumento político disfarçado de argumento histórico – "Não há nada, nada, na política, na sociedade ou na cultura dos Estados Unidos que possa apoiar uma premonição tão horrível [de que existirá aqui, como existiu na Alemanha]". Assim, qualquer observação da "realidade" que apoia os que se opõem à **lógica de Oslo** de dois Estados e que veem a propagação de virulentas invectivas anti-Israel como um avatar de antissemitismo do século XXI, não pode ser levada a sério.

---

* N.T.: Literalmente "Noite dos Cristais", refere-se a uma onda de violência antissemita que ocorreu nos dias 9 e 10 de novembro de 1938 em toda a Alemanha, na Áustria então anexada, e em certas áreas da região dos Sudetos, na Checoslováquia recentemente ocupada pelas tropas alemãs.

E ainda assim, certamente em retrospectiva, duas coisas se destacam.

1.  O Processo de Paz de Oslo foi, no que diz respeito aos palestinos, na verdade, um processo de guerra: terra por guerra; e
2.  A onda de antissionismo que varreu o Ocidente começando com o caso Al-Durrah na virada do milênio pressagiava um desenvolvimento que, já no início dos anos de 2020, atingiu níveis, à esquerda e à direita, que poucos, certamente não Wieseltier, nem mesmo eu que havia advertido sobre isso, imaginamos no início da década.

Em 2018, David Collier, um dos mais proeminentes investigadores britânicos do antissemitismo atual, escreveu:

> A demonização do povo judeu, através de uma colossal campanha anti-Israel de desinformação, infectou todas as autoridades locais e instituições de ensino na Europa. Uma tendência antissemita em todo o continente apenas 70 anos depois que os europeus exterminaram 6 milhões de judeus.[91]

Nos EUA, uma pesquisa dos tuítes dos administradores acadêmicos de "Diversidade, Equidade e Inclusão" (a vanguarda do antirracismo *woke*) revelou-se quase uniformemente hostil a Israel.[92] O ódio e a violência vêm de todos os cantos do campo político e étnico – supremacistas brancos, nacionalistas negros, muçulmanos, intelectuais de esquerda.[93]

## SINALIZAÇÃO DE VIRTUDE LIBERAL JUDAICA E ANTISSEMITISMO MUÇULMANO

Talvez a parte mais trágica e banal da história diga respeito aos liberais, aqueles que não adotaram a narrativa substitutiva, mas que, ainda assim, permaneceram silenciosos ou, na feliz expressão de Manfred Gerstenfeld, **"vegetarianos verbais"** com relação a Israel. Aqui a sinalização de virtude reinava suprema: se você defendia Israel era imediatamente rotulado de "direita", e não importa o quanto os judeus (e outros liberais) pudessem simpatizar com Israel *apesar* da imagem divulgada pela mídia – *a fortiori* –, a mídia liberal como a NPR e o *The New York Times*, eles não estavam dispostos a arriscar as suas credenciais de "boas pessoas", quer falando abertamente a favor de Israel ou, pior ainda, criticando ativamente os progressistas e assim liderando os lêmingues pulando do penhasco.

WHAT LEMMINGS BELIEVE

**Figura 28** – "What Lemmings Believe",
Tradução: No que os lemingues acreditam
por David Mankoff, *New Yorker*, 14 abr. 1997.

Pelo contrário, quando forçada a tomar partido, na maioria das vezes a liderança judaica procurou apaziguar em vez de confrontar a desaprovação, ansiosa para ser gentil com ex-aliados que haviam engolido a propaganda de guerra palestina que inundou a mídia em 2000.

E sendo constituída por pessoas sinceras, ela se sentira compelida a engolir o mesmo veneno: lamentavelmente, as FDI matam centenas, milhares de crianças.[94] Por conseguinte, parte da liderança judaica liberal e muitos intelectuais judeus liberais foram apanhados no amplo discurso **politicamente correto**, que favorecia diálogos não conflituosos com representantes da enorme maioria de muçulmanos pacíficos e apoio a tudo o que desejassem. Incapazes de distinguir um genuíno **muçulmano moderado**, coparticipante de um regime cívico que garantia liberdade religiosa para todos, de um *da'i* demopata determinado a assumir e impor a Sharia – e isolando-se das pessoas que insistiam nessa distinção –, esses líderes judeus fortaleceram reiteradamente as piores tendências dos *caliphators*.

A ADL, normalmente tão veemente na denúncia do antissemitismo – seu trabalho, afinal de contas – de repente achou difícil até mesmo discutir o antissemitismo jihadista, triunfalista, muçulmano.[95] O Facing History*, normalmente tão sintonizado com a linguagem de genocídio para evitar outro Holocausto, de repente converteu-se em protetor do mesmo grupo cujos membros mais expressivos eram os praticantes mais fervorosos do discurso genocida no planeta.[96] O AJC e outros líderes normalmente tão solícitos no que tange às necessidades da comunidade judaica, acolheram e fizeram parceria com muçulmanos triunfalistas para ajudá-los a obter sucesso.[97] O papel dos judeus liberais e ecumênicos no acolhimento dos muçulmanos foi tão proeminente que pelo menos alguns daqueles infiéis ocidentais que ficaram alarmados com os avanços do *caliphator* na invasão de suas terras começaram a acreditar que os judeus estavam conspirando para derrubar suas sociedades. Para muitos da *alt-right*,** o antissemitismo é baseado na crença de que o impulso ecumênico judaico é um esforço deliberado para destruir a sociedade. Soros é o Anticristo deles.[98]

---

* N.T.: O Facing History & Ourselves é uma organização global sem fins lucrativos fundada em 1976, cuja missão é "usar lições da História para desafiar professores e seus alunos a enfrentar a intolerância e o ódio".
** N.T.: Grupo de extrema direita com origem nos Estados Unidos.

## O CULTO DA OCUPAÇÃO: SOBRE AS DESORIENTAÇÕES DA "ESQUERDA" LIBERAL

Tive uma conversa marcante em meados da década com alguém cujo trabalho admiro por sua liberdade em relação a grande parte da conversa fiada diária. Para minha surpresa, ele quase imediatamente me encheu de perguntas sobre se eu apoiava os "assentamentos" ou era a favor do fim da "ocupação". Quando tentei assinalar que essas não eram as principais questões que obstruíam a paz, ele respondeu: "Ninguém vai te ouvir; eles apenas te acusarão de mudar de assunto". Esse interlocutor falou em nome da maioria dos liberais e progressistas no Ocidente, incluindo o então presidente dos EUA. Como Obama explicou a Jeffrey Goldberg, quando Netanyahu teve a coragem de explicar "sobre os perigos da brutal região em que [Israel] vivia", Obama sentiu que ele estava "evitando o assunto em questão: negociações de paz".[99]

De fato, parece uma generalização justa dizer que, para a maioria dos ocidentais que se consideram da "esquerda compassiva", os "assentamentos" e em termos gerais, a "ocupação", são inquestionavelmente *os* obstáculos mais críticos à paz no Oriente Médio. Essa crença é tão arraigada que, quando os governos de Israel democraticamente eleitos se recusam a cumprir as exigências para acabar com a ocupação e desmantelar os assentamentos, os simpatizantes ocidentais ficam "impacientes".[100] Dada a escolha entre valores liberais e um Israel cada vez mais (percebido como) não liberal, os judeus americanos, argumenta Peter Beinart, optarão por valores liberais.[101] Ou, como disse o ator e sionista Michael Douglas, os assentamentos na Cisjordânia são "a única questão que alienou mais amigos de Israel do que qualquer outra".[102] Essa abordagem, por mais bem-intencionada que seja, também corresponde à narrativa que os *caliphators* prescrevem para os infiéis.

Muitos judeus consideram esse dilema insuportável: ou ignoram a implacável hostilidade a Israel e o pressionam a que se comporte liberalmente numa zona profundamente hostil aos valores liberais, ou permitem que uma situação ruim piore, apoiando com relutância um

Israel que se conduz de forma profundamente contrária aos seus valores liberais. Com o fracasso consistente dos esforços de terra por paz, muitos sentem maior irritação com Israel e mais disposição para coagi-lo a fazer as concessões necessárias. Mas, acima de tudo, as suas escolhas refletem a diretriz principal: "Não frustrar os palestinos".

Em grande parte, esse desejo de forçar Israel a fazer concessões que ele "insensatamente" se recusa a fazer, se traduz no esforço para que as potências ocidentais e a opinião mundial se voltem contra a ocupação israelense. Com pressão externa suficiente, construída por uma barragem constante de críticas, assim funciona o pensamento de organizações como a J-Street*, todos podemos seguir em frente.[103] Um judeu progressista enviou um e-mail para uma lista de correio eletrônico da qual faço parte:

> Eu só gostaria que [Obama] usasse [seu cargo] para empurrar Netanyahu em direção a um compromisso razoável sobre a Palestina, provavelmente através da aprovação de uma difícil resolução no Conselho de Segurança da ONU. Provavelmente depois das eleições de novembro.

Ele estava tão certo de que a solução do e-mail fosse razoável (ou seja, os palestinos ficarão satisfeitos com o acordo) que estava disposto a mobilizar a força internacional contra Israel, usando a paródia grotesca de promotora da paz que a ONU se tornou para atingir esse fim.[104] E o presidente dos EUA concordou com ele.[105] Dessa perspectiva, meu foco no problema dos motivos e ações palestinos, em tratar os palestinos como se tivessem representação e em insistir que o seu terrorismo é intolerável para uma sociedade civil global, constitui na verdade "mudar de assunto".

Para alguns, a dissonância cognitiva envolvida na compreensão de que, na melhor das hipóteses, a estratégia liberal, a "Solução de Dois Estados", não funcionará, sendo mais provável que o tiro saia pela culatra, é insuportável. Há quem resolva isso dobrando a aposta e aderindo ao "**culto da Ocupação**".[106] Acabar com a ocupação da Cisjordânia não se

---

* N.T.: Grupo de defesa liberal sem fins lucrativos com sede nos Estados Unidos cujo objetivo declarado é promover a liderança estadunidense para acabar com os conflitos árabe-israelense e israelense-palestino de forma pacífica e diplomática.

torna um meio para um fim (impossível), mas o objetivo – a qualquer preço. E novamente, os *caliphators* não poderiam se alegrar mais.

Aqui o discurso já não envolve mutualidade, mas foca exclusivamente as falhas morais de Israel; sua "Ocupação" (O maiúsculo) torna-se um símbolo de tudo o que há de errado no mundo, o pico interseccional do racismo opressivo. Ao nos opormos à ocupação israelense, desferimos um golpe na justiça global e contribuímos para um mundo pacífico e justo. Matti Friedman, jornalista e correspondente de longa data da Associated Press, que cunhou o termo, escreve:

> Como é habitual nas religiões ocidentais, o centro desta está na Terra Santa. O dogma postula que a ocupação não é um conflito como qualquer outro, mas o símbolo em si do conflito: que o minúsculo Estado habitado por uma minoria perseguida no Oriente Médio é na verdade um símbolo dos males do Ocidente – colonialismo, nacionalismo, militarismo e racismo. Nos recentes tumultos em Ferguson, Missouri, por exemplo, uma placa içada pelos manifestantes relacionava a agitação entre os afro-americanos e a polícia com o domínio israelense sobre os palestinos.[107]

Atualmente, para muitos ao redor do mundo, Israel simboliza os cruéis que esmagam os fracos: a personificação da opressão imperialista, racista, colonialista, o Anticristo do *woke*.

Essa posição tornou-se tão central que mecanismos ativistas massivos (como o BDS) são mobilizados para capitalizar a promessa de que *se livrar da ocupação resolverá o problema*.[108] Friedman afirma:

> O sacerdócio do culto pode ser encontrado entre os ativistas, especialistas de ONGs e jornalistas ideológicos que transformaram a cobertura desse conflito em um catálogo de falhas morais judaicas, como se a sociedade israelense fosse diferente de qualquer outro grupo de pessoas na Terra, como se os judeus merecessem ser ridicularizados por terem sofrido e falhado em serem perfeitos como resultado.

De fato, Tuvia Tenenbom e outros documentaram como uma maioria decisiva dos esforços relacionados aos "direitos humanos" nessa região está focada em acabar com a ocupação israelense a quase qualquer preço, incluindo o da desinformação sistemática.[109]

Na sua forma judaica, a narrativa do culto é a seguinte: a ocupação corrompe; é uma mancha indelével na alma democrática de Israel. Acabar com essa ocupação é um objetivo que substitui todos os demais... mesmo que isso não leve à paz. Um "verdadeiro patriota israelense" está disposto a mobilizar a pressão internacional contra Israel para forçá-lo a fazer concessões, ainda que isso signifique alinhar-se com pessoas desagradáveis para realizar o trabalho. Como diz o jornalista Larry Derfner: "Tenho sérios problemas com o significado geral do movimento BDS – mas não tão sérios quanto aqueles que tenho com a ocupação". Tudo isso, insiste ele, é feito a partir de uma preocupação sincera com Israel: "Se você ama Israel, aja para salvá-lo agora".[110]

Esse consenso na "esquerda progressista" exerce imensa pressão dos pares sobre os judeus, especialmente os "progressistas", para repudiar explicitamente Israel.[111] Mais uma vez, Matti Friedman declara:

> Esse tipo de pensamento se tornou tão predominante que participar da vida intelectual liberal no Ocidente exige cada vez mais que você aceite, pelo menos externamente, esse dogma, sobretudo se for um judeu e, portanto, suspeito de simpatias erradas. Se você é um judeu de Israel, a sua participação está cada vez mais condicionada a uma exibição abjeta e pública de autoflagelação. Sua participação, de fato, é cada vez mais indesejável.

Os defensores da **interseccionalidade** identificaram Israel como um abastecedor mundial de opressão, o epítome do colonialismo racista-imperialista-Apartheid, e essa ideologia agora circula nos níveis mais elevados da esfera pública.[112]

Esse discurso judaico difundido, autocongratulatório e autocrítico sobre o malévolo Israel pode atingir proporções surpreendentes: judeus do alto escalão – acadêmicos, intelectuais, ex-generais e chefes de Inteligência – assumem regularmente posições que reforçam o pior pensamento sobre esse conflito. Em 2018, na Harvard School of Government, Ehud Barak, envolvido em um discurso retórico que nenhum *caliphator* poderia ter escrito melhor, afirmou:

Infelizmente, o nosso próprio governo está envolvido nos últimos três anos num ataque às instituições fundamentais da nossa democracia; o Supremo Tribunal está sob ataque contínuo, a imprensa livre está sob ataque contínuo, a sociedade civil e as ONGs de direitos humanos estão, eh, eh, eh, sob ataque contínuo, bem como os códigos éticos e a própria autoridade moral dos comandantes das FDI. E é isso que está prejudicando Israel. Feito em nome de algo grandioso, uma grande visão, que é delirante, é basicamente ultranacionalista, hum, uma visão messiânica e sombria.[113]

Barak aqui usa "apitos de cachorro" inflados como "ultranacionalista" (palavra-código para neonazista), apresenta o Supremo Tribunal de Israel e as ONGs de direitos humanos como vítimas inocentes de um ataque existencial vindo de um "lugar messiânico obscuro"; e pinta um quadro que despoja aquela "bela ideia de sionismo" de qualquer autoridade moral. Ao fazê-lo, ele não poderia cumprir os desejos dos combatentes cognitivos do *caliphator* de forma mais brilhante: é claro que eles não querem que o Ocidente se defenda; eles querem que Ocidente ataque, com ferocidade, qualquer outro grupo de infiéis que também esteja enfrentando o ataque do seu *caliphator* e (com sucesso) se defendendo. E eles fazem isso com a "ajuda" de uma legião de pessoas, judeus "como-judeus", "como-um-ex-general-especialista-em-segurança-primeiro-ministro" israelenses – que de alguma forma sentem que arrasar Israel publicamente sinaliza a sua virtude.[114]

Quaisquer que sejam as motivações específicas de Barak (e conheço muitos israelenses, principalmente acadêmicos, que concordariam com sua análise), o mundo, certamente os espectadores da CNN, não precisa que essa "autocrítica" retoricamente inflada seja despejada em público usando acusações com carga emocional e ideológica contra seu próprio país. Ele deveria ter ouvido o comentário de Yair Lapid a Stephen Sackur quando o apresentador "durão" do *HardTalk* o pressionou a criticar Bibi: "Não irei criticar o meu primeiro-ministro quando estou em solo estrangeiro [...] isso simplesmente não se faz".[115] Aqui Barak estava em solo estrangeiro e difamou o seu país, o seu exército, a sua própria legitimidade. (Suponho que o grupo de colegas de Barak da Kennedy-School

434

tenha aprovado calorosamente seu desempenho... a irmandade do gol contra, o Culto da Ocupação.) Que maior ajuda um *caliphator* poderia solicitar a fim de culpar Israel e impedir os infiéis de pensar com clareza?

Contudo, no seu desejo mimético de agradar a esse grupo "moral", os membros judeus do Culto da Ocupação dão pouca atenção aos riscos que eles ou seus colegas progressistas correm. Com que facilidade é possível obter praticamente qualquer brilhante professor israelense que fale com eloquência sobre o quanto eles odeiam Bibi, como são nojentos os ataques da "direita" à sua hegemonia intelectual e ao sistema judiciário, e como Israel trata os palestinos de forma deplorável.[116] Não peça a eles que renunciem a sinalizar sua virtude pública dessa maneira porque, ao fazê-lo, tornam clara a sua boa-fé progressista. Pouco importa se eles se aliam às próprias forças do irredentismo palestino que inspiram os israelenses a rejeitar uma solução de dois Estados com os compromissos e a vulnerabilidade que ela exige. A mesma alienação entre as elites e os homens do povo ocorre em todas as democracias sob o ataque do *caliphator*: o povo perde a fé nas suas elites da informação – justificadamente.[117]

Em vez de ouvirem as preocupações israelenses, porém, os **judeus contra si mesmos** conformam-se com as exigências dessa queixa palestina/árabe/muçulmana e culpam Israel. Convencidos de que a solução óbvia, simples e que pode ser enviada por e-mail consiste em que Israel faça mais concessões, com cada fracasso (previsível) no compromisso, os membros do culto ficam cada vez mais frustrados com *Israel*, o valentão inflexível. Ao mesmo tempo, apoiam os que definem a "paz dos bravos" como a vitória sobre *Al-Yahud*, e acabam marchando com aqueles que "destruiriam Israel pela paz mundial".[118]

Essa abordagem, infelizmente, não só apoia um objetivo "palestino" – a eliminação do mero traço de autonomia infiel em *Dar al Islam* (ou seja, árabe para "Ocupação") – mas o objetivo mais amplo que ressoa na *ummah*, o cerne das aspirações do *caliphator* – eliminar todos os infiéis independentes. Se chamar Israel de "ultranacionalista" é totalmente inapropriado quando comparado com o ultranacionalismo real em outras "nações" da região, descrever o que está acontecendo em Israel como "messianismo sombrio" parece obsessivo em comparação com a sombria imaginação apocalíptica em ação no islã do *caliphator*. Os que se expressam desse modo cumprem a profecia de um teólogo apocalíptico saudita, de que é o "dever do combatente sionista lutar pelo lado oposto".[119] Parafraseando Blake, "qualquer homem de talento mecânico pode, a partir dos escritos e pronunciamentos de israelenses e judeus 'liberais', produzir 10 mil volumes contra os quais os *caliphator*s podem travar a sua guerra".

## SOBRE OS PERIGOS DA JEW-WASHING*

Em sua discussão de 1988 sobre o fenômeno único de autodesprezo judeu, Aharon Appelfeld comentou sobre a sua única graça salvadora: "Apenas uma coisa pode ser dita a seu favor: não prejudica ninguém, exceto aqueles que sofrem com ela". O século XXI mudou tudo isso. Desde que, nas condições pré-modernas, o alvo direto do ódio aos judeus fossem os judeus, uma minoria indefesa, os consideráveis danos causados àqueles que *acreditavam* que as fantasias judeofóbicas foram removidos da cadeia causal. Quantos na Espanha do século XVI notaram como a ausência de judeus afetou negativamente a economia, no exato momento em que o ouro do Novo Mundo entrava e saía da Espanha? O Holocausto já mostrou que calamidades se abateram sobre aqueles tomados pela loucura paranoica e megalomaníaca acerca dos judeus. Mas agora, no século XXI, quando o ódio aos judeus desempenha um papel importante na guerra cognitiva dos *caliphators* contra o Ocidente, as vítimas secundárias quase imediatas do ódio aos judeus são aqueles tolos infiéis, estúpidos o suficiente para acreditar que a única razão pela qual os palestinos odeiam os israelenses se deve à crueldade com que frustram seus anseios por sua própria nação, e a única razão pela qual o resto da *ummah* odeia os judeus pró-Israel é por solidariedade para com essas "aspirações nacionais".

E, naturalmente, a ânsia com que os judeus adotam a autocrítica pública, a fim de demonstrarem a sua notável capacidade de autocrítica,

---

* N.T.: A participação de ativistas judeus em ataques políticos a Israel, especialmente em contextos não judaicos, propicia um meio conveniente para a defesa das alegações de uso de padrões duplos na demonização do Estado de Israel e do próprio judaísmo, a exemplo dos princípios do movimento BDS, e inclusive acusações de antissemitismo.

alinha-se com aquela narrativa do judeu que merece ser odiado, o valentão, o racista, o ultranacionalista, o nazista, o odiador malévolo da humanidade. Numa época em que de repente – em 2000 – as obscenidades pós-Holocausto mais antipoliticamente corretas foram afirmadas agressivamente – Israel = nazistas – tornou-se temporada de caça a Israel. Inclusive mentes brilhantes e talentosas foram e continuam sendo vítimas do canto da sereia da propaganda de guerra jihadista: ISRAEL MASSACRA INOCENTES MUÇULMANOS!! DESTRUIR ISRAEL PELA PAZ MUNDIAL!!

E os judeus que querem se opor a tais difamações não podem, porque... outros judeus as repetem com sinceridade. É autoevidente que, se os judeus dizem tais coisas, também os gentios podem. Uma vez que Charles Enderlin difundiu o libelo de sangue de Al-Durrah, nem mesmo o gabinete do porta-voz das FDI, onde ele serviu anteriormente, poderia discordar: o *jew-washing* definitivo para o primeiro libelo de sangue global. Um analista afirmou o óbvio: "A política israelense em relação aos palestinos é duramente criticada como parte do debate político intraisraelense, bem como por judeus no mundo inteiro; postular tais críticas quando expressas por não judeus como antissemitas é um absurdo".[120] *Jew-washing*, ódio aos judeus... uma tradição milenar de perseguição, que ganhou nova vida no novo milênio.[121]

Então, o que há de errado em criticar Israel "duramente"?

Bem, por um lado, a crítica pode estar incorreta. Por exemplo, Israel não é nada parecido com o que os estrangeiros informados pela mídia imaginam, incluindo os "turistas de direitos humanos" em Israel/Palestina e suas aldeias Potemkin* de sofrimento, em que perguntas não são permitidas.[122] Por outro, as acusações, como o Apartheid israelense, são costuradas com um tecido de urdidura desonesta e trama maliciosa.[123] Por outro lado ainda, isso tende a fazer com que aqueles *outsiders* sejam incapazes de criticar os palestinos ou deles exigir quaisquer padrões morais. Se começassem a procurar culpas palestinas, isso tiraria o ar dos pneus morais com que atropelam Israel.

---

* N.T.: O termo é utilizado para descrever uma fachada elaborada, projetada para esconder uma realidade indesejável.

Como vítimas privilegiadas de um racismo/opressão interseccional e sistêmico, os palestinos são perdoados por tudo, por mais hediondo que seja; e Israel, seus opressores, não são perdoados por nada, nem mesmo pelos crimes que não cometeram. Ao adotar esse discurso, ao sucumbir à "patologia judaica única" da hiperautocrítica contra Israel, os judeus da diáspora entregam-se a uma orgia de degradação moral: "Essa imagem realmente oblitera e substitui o símbolo da 'nossa' catástrofe do Holocausto".

Até agora nos concentramos em meras questões de integridade intelectual e moral, de decência (pós-Holocausto). Por qual outro motivo alguém no Ocidente (o principal público infiel deste livro) precisa se importar ou se envolver? Afinal, a partir de sua perspectiva, com certeza parece que os judeus e seu projeto de Israel estão piorando em muito as coisas, criando jihadistas mais violentos. Eles são uma provocação desnecessária, uma pedra atirada em um ninho de vespas. Quem não ficaria tentado a dizer pelo menos, "que uma praga recaia em ambas as vossas casas"?[124]

É claro que existe o caminho analítico que não foi seguido. Ou seja, que os "progressistas pró-palestinos e os liberais em sua atração gravitacional assumem posições sobre o nosso conflito com nossos vizinhos que sistematicamente desorientam vocês, não judeus, não israelenses. A abordagem que culpa Israel não só tornou muito difícil e dispendioso para Israel defender-se do ataque jihadista "palestino", mas também fez com que as culturas ocidentais nas quais esse discurso prevalece sejam incapazes de lidar, repreender e resistir aos primos dos palestinos, os *caliphators* globais e seu grupo de recrutamento de triunfalistas muçulmanos que vivem em democracias ocidentais. Ao aliar-se aos *caliphators* contra o exercício judaico de soberania pela primeira vez em dois milênios, os infiéis ocidentais renderam-se como otários, até mesmo *participantes ativos* na destruição de sua própria sociedade e cultura que produziram suas grandes aspirações morais.

Sabendo o quanto alguns judeus e israelenses são cativos límbicos da autocrítica pública, não creio que haja muito que se possa dizer capaz de dissuadir os *alterjuifs* (Nahoum/Edgar Morin, Peter Beinart, Ken

Roth, Medea Benjamin, Daniel Boyarin) de perseguirem a emoção que sentem ao degradar seu próprio povo diante de estranhos. Talvez alguns possam reconsiderar sua atuação diante de pessoas visivelmente movidas pela *Schadenfreude* moral, mas na era da internet:

A única coisa que posso esperar,
é atingir gentios maduros o suficiente para entender
que esse discurso é venenoso para o próprio tipo de sociedade que pretende promover...
aquele ódio aos judeus,
especialmente no seu avatar do século XXI do ódio a Israel,
é o ponto vulnerável por meio do qual os *caliphators* invadem o Ocidente
e preparam os infiéis para a submissão;
que seguindo o exemplo desses publicamente autodepreciativos judeus "proféticos"
é uma receita para a autodestruição.

# PARTE 3

# VAMOS REALMENTE DEIXAR ISSO ACONTECER (DE NOVO)?

# 2000:
# O LANÇAMENTO
# DA *JIHAD* GLOBAL

Não pode ser o que você diz:
"Eles querem conquistar o mundo"?
Que ridculo.

T endo traçado o perfil dos vários atores (parte dois), retomemos o fio narrativo da primeira parte, vendo as duas primeiras décadas do século XXI a partir da perspectiva das crenças milenaristas em ação. Naqueles primeiros anos, dois movimentos milenaristas globais tornaram-se apocalípticos, isto é, mobilizaram-se para transformar o mundo do seu estado atual, permeado pelo mal, no "céu na terra". Por um lado, os triunfalistas muçulmanos (capítulo "*Caliphators*: um movimento milenarista do século XV") procuraram restaurar e estender o domínio do islã ao mundo todo, o califado global em que a Sharia asseguraria a verdadeira justiça. Tinha um lado cataclísmico ativo (*jihad*) e uma corrente transformadora não violenta (*da'wa*). Por outro, os progressistas ocidentais (capítulo "A EPG [esquerda progressista global] no seculo XXI") sonhavam com uma comunidade global não coerciva, cooperativa, igualitária e diversificada, através da proteção dos direitos humanos, da saúde e do bem-estar para todos e do fim da guerra e do racismo. Os

443

progressistas eram principalmente transformadores, porém, cada vez mais depois de 2000, produziram um lado mais em busca de ruptura (BDS, BLM [Black Lives Matter], Antifa): da Teoria Crítica da Raça "transformadora" à pilhagem como ação política.[1] Para ambos os grupos, a globalização e o advento da internet injetaram em suas expectativas revolucionárias um senso de iminência. Para a maioria dos muçulmanos triunfalistas, pelo menos no início, isso provocou temores apocalípticos; para muitos progressistas, inspiraram esperanças utópicas.

No final de setembro de 2000/Rajab 1421 AH, no ano novo judaico de 5761, para sermos precisos, os jihadistas fizeram seu primeiro ataque diretamente contra a população infiel de uma democracia ocidental. *Caliphators* palestinos (capítulo "*Caliphators*: um movimento milenarista do século XV"), com a ajuda de jornalistas letais (capítulo "Jornalismo de guerra submisso, letal e que marca gol contra: a desgraça do Ocidente no século XXI"), lançaram o estandarte com a ideia viralizada do primeiro campo de batalha da *jihad* global, o libelo de sangue do assassinato deliberado do *le petit* Muhammad al-Durrah por Israel, seguido rapidamente por um ataque impiedoso de terror suicida. Essa ofensiva foi, à semelhança de tantas guerras milenaristas, loucamente assimétrica, pois os agressores apocalípticos eram muito inferiores em força militar aos atacados, fossem palestinos contra israelenses ou *caliphators* contra o Ocidente. Mas não foi nada menos do que os companheiros do Profeta tentaram em seu ataque à Pérsia e a Roma.

Nesse ponto, embora a maioria dos muçulmanos apoiasse entusiasticamente a guerra contra Israel, apenas alguns pequenos fanáticos radicais (milenaristas) pensavam que a *ummah* estivesse pronta para iniciar uma guerra global contra os infiéis em todos os lugares, e menos ainda preparados para usar a arma ainda desaprovada, mas temível, dos homens-bomba para atacar infiéis em outras democracias, incluindo os EUA. Para muitos muçulmanos na diáspora (em si um fenômeno raro nos 14 séculos do islã), a agressão de Bin Laden só poderia pôr em risco as suas vidas. Mas eles, em geral, eram a velha geração. Para a #GenerationCaliphate, para uma geração jovem responsiva a um neoislã baseado na web, o libelo de Al-Durrah e a extensa cobertura da intifada foi um alerta.

O Ocidente moderno, nesse momento, constituía a inquestionável hegemonia global que, nos 200 anos anteriores, tivera uma superioridade

militar quase total sobre os exércitos muçulmanos e agora quase total superioridade cultural sobre o mundo inteiro. A tecnologia ocidental havia,
tanto física quanto culturalmente, conquistado o mundo, e a internet
prometia uma nova era de comunicação global ampliada e penetrante.
Desde o colapso da URSS no início da década de 1990, "conversões"
para a democracia liberal no mundo inteiro levaram algumas pessoas a
acreditarem no advento de um milênio global de regimes civis.

A difícil tarefa dos *caliphators* era como penetrar "pacificamente" nessa
cultura ecumênica global, apesar das imensas diferenças nos valores e objetivos
que acalentavam. Naquele momento, eles se beneficiaram enormemente de
um desenvolvimento fundamental na cultura que era seu alvo, a cristalização
de uma atitude entre as elites daquela cultura que, até então, tinha um impacto limitado na esfera pública, mas agora começava a assumir uma posição de
domínio. *Quando os jihadistas atacam uma democracia, culpem a democracia.*

O que poderia ter despertado suspeitas e oposição aos *caliphators*,
o que pessoas comprometidas com regimes democráticos, com algum
conhecimento básico da dinâmica religiosa (milenarista) e um firme
controle dos principais valores progressistas, poderiam ter desencora-
jado decisivamente entre os sonhadores ardentes de nossos inimigos,
transformou-se para os *caliphators* em uma série surpreendente de vitórias
espetaculares na guerra cognitiva. De fato, praticamente cada movimento feito pelos progressistas ocidentais em resposta à *jihad* global –
veiculando a sua propaganda de ódio como notícia, não veiculando os
seus ataques e discursos de ódio como notícias – reforçaram-na a cada
passo. Em vez de perceber que essa hedionda nova e incontível arma de
terror suicida estava sendo dirigida a eles, os progressistas a redefiniram
e saudaram como "resistência" à opressão e à ocupação colonial, e os
jornalistas recusaram-se a chamar isso de terrorismo. Na sua desorientação
de *westsplaining*, os progressistas identificaram os *mujahidin* como uma
forma de "combatentes da liberdade" anti-imperialista, que se opunham
legitimamente à agressão dos EUA. Apesar de os *caliphators* serem alguns dos mais ferozes e ambiciosos imperialistas que o mundo já viu, os
progressistas os acolheram em seu movimento global.

Quando a primeira democracia a resistir aos terroristas suicidas jihadistas atacou a sua sede – estabelecida em território que a democracia cedera

445

em busca de paz – infiéis progressistas, desinformados pelos seus próprios meios de comunicação de gol contra sobre israelenses massacrando palestinos à semelhança dos nazistas, manifestaram-se em grandes multidões furiosas ao redor do mundo. Chamando o exército que resiste ao terror suicida de "nazista", eles vestiram falsos coletes suicidas para demonstrar a sua solidariedade para com os seus próprios inimigos. E, embora nem todos dançassem como os *new agers* no telhado dos arranha-céus dando as boas-vindas aos alienígenas destrutivos no *Dia da Independência*, o consenso esmagador entre os liberais era de que essas operações de martírio significavam resistência à ocupação por um império do mal.

*Pode o mundo inteiro estar errado e Israel estar certo?* Nessa desorientação empírica moral e global, a compreensão de que Israel estava lutando contra os desafios da *jihad* global do novo século estava muito além do alcance da maioria dos ocidentais, incluindo a maior parte dos israelenses. A mentalidade do ano 2000 forjou suas algemas autoacusatórias no fogo da guerra de Israel contra o islã triunfalista: quando os jihadistas atacavam Israel, culpavam veementemente Israel. Essa leitura errada do Ocidente teve um impacto duplo nas democracias do novo século. Primeiro, manteve os infiéis ocidentais no escuro sobre a natureza do seu inimigo.[2] Em segundo lugar, a lógica invertida que os observadores ocidentais aplicaram tão perversamente aos israelenses sob ataque acabou se voltando contra si mesmos.

Os progressistas, derramando lágrimas do homem branco,[3] aplicaram a mesma lógica punitiva na culpa americana. Não pergunte: "Por que eles nos odeiam tanto?", mas: "O que fizemos para que nos odiassem tanto?" Jornalistas e acadêmicos deram uma explicação ocidental condescendente da *jihad* ao seu público de infiéis em termos de narrativas pós-coloniais ocidentais: os jihadistas eram lamentavelmente violentos, porém lutavam pela justiça política e social – não pelo domínio islâmico. (Como se os *caliphators* considerassem esses dois mutuamente exclusivos.) O terror suicida era um ato de resistência à ocupação – *não* de aspirações de conquista do Ocidente. A "violência extremista" era absurda e não tinha "nada a ver" com o (verdadeiro) islã. Quanto mais os ocidentais tinham dificuldade em compreender seu obscuro e irracional inimigo, mais lógica parecia a explicação alternativa: era culpa do Ocidente.

446

Tudo isso reformulou em termos progressistas a narrativa que os *caliphators da'wa* costuraram sob medida para os infiéis, a fim de disfarçar suas intenções e inverter o opróbrio: *culpem a democracia por sequer pensar que queremos derrubá-la*. Os *caliphators* riam em escárnio enquanto os especialistas em *westsplaining* na TV atribuíam os ataques jihadistas à raiva da política externa infiel (apoiar Israel na Palestina ou os EUA no Iraque), ou a insultos intoleráveis (desenhos de Maomé, chamando o islá de violento). Que melhor forma de ocultar as verdadeiras razões da violência, especificamente, o ódio religioso e as ambições imperialistas?

Os *caliphators* floresceram à sombra das lágrimas do homem branco. Eles podiam pregar seu ódio literalmente debaixo do nariz de seus alvos, no caso do major Hasan em Fort Hood em 2009, no coração das forças armadas inimigas, abertamente. Liberais e progressistas empenharam-se para acolher mesquitas islâmicas criadas por aqueles que estavam determinados a acreditar – apesar de ampla contraevidência – que fossem muçulmanos "moderados".[4] Na sequência do 11 de Setembro, os muçulmanos consideraram que, entre os americanos, a *da'wa* era mais fácil.[5] Muito mais fácil.

Essa vitória da mentalidade do ano 2000 não foi fácil nem imediata. Inicialmente, a narrativa encontrou resistência entre alguns infiéis. Jornalistas americanos e britânicos, que haviam aceitado o princípio no que diz respeito ao Hamas e a Israel, irritaram-se com a nova linha do partido contra o uso do termo "terrorista" para designar os que atacavam seu próprio povo. Alguns estudiosos gargalharam quando outros fervorosamente declararam que o islá era uma "religião de paz". Entretanto, nos anos seguintes, seu riso esmoreceu, suas vozes se enfraqueceram e um discurso marginal e autocontraditório tornou-se popular: "O terrorista de um é o combatente pela liberdade do outro; o islá é uma religião de paz; não chame os *mujahidin* de terroristas ou, se o fizer, diga que eles não são verdadeiros muçulmanos". Com efeito, essa mentalidade nascida em 2000 tem ganhado cada vez mais domínio no Ocidente. Em 2006, quando os muçulmanos se revoltaram e mataram em protesto por serem chamados de violentos, ninguém riu.

O fato de esse discurso progressista ser extremamente sensível a microagressões contra os que se consideravam vitimizados pela supremacia ocidental (ex-colônias, ex-escravos, curiosamente não judeus), sob cujo pretexto os *caliphators* poderiam banir os seus críticos como islamofóbicos, foi de grande valia. Dada a abundante evidência da presença de *caliphators* e de seus projetos, aqueles infiéis que promoviam a narrativa de "culpar o Ocidente" tiveram que encontrar uma maneira de afastar essas evidências da esfera pública. Eles o fizeram repreendendo duramente os ocidentais por qualquer suspeita do "outro" muçulmano. *Eles* eram racistas, xenófobos, islamofóbicos tribalistas, direitistas, fascistas, supremacistas brancos.

Ao mesmo tempo, os progressistas insistiram que os jihadistas violentos eram apóstatas, sequestrando uma nobre religião de paz.[6] A ascensão de uma cultura de cancelamento de indignação moral – o banimento de uma ideia ou de uma pessoa da esfera pública porque constitui discurso de ódio ou racismo – tornou possível silenciar as advertências e excluir grandes áreas de informações importantes do público. Os *westsplainers* alertaram contra o pânico moral em relação aos muçulmanos (Klausen, Hoffman), mesmo quando os *caliphators* recrutavam muçulmanos com pânico moral.

Em 2000, os leitores das notícias ocidentais em publicações de alto nível – o *The New York Times*, a BBC News, o *The Guardian*, o *Le Monde* – não sabiam que o Hamas enaltecido por seus colegas progressistas era na verdade um grande fornecedor de discurso de ódio racista e genocida, arquiteto de um culto apocalíptico de terror suicida. Tampouco quiseram ouvi-lo nos anos seguintes. Pelo contrário, mesmo quando o terrorismo palestino floresceu, os liberais fizeram do apoio à causa palestina um teste decisivo de boa-fé política. Nos anos seguintes, à medida que os jihadistas globais atingiram outras democracias, esses mesmos leitores pouco sabiam sobre os *caliphators* em seu meio, seu ódio furioso, seu desprezo pela vida humana infiel, seus sonhos de domínio.[7] Mesquitas radicais – antigas reformadas e novas – brotaram por toda parte em *Dar al Harb*. O Departamento de Religião da Boston University realizou um debate sobre a "mal chamada" Mesquita do Marco Zero, no qual todos os quatro participantes apoiaram sua construção (liberdade religiosa) e a oferta contraposta foi rejeitada.[8]

2000

Em publicações progressistas íntegras e bem-intencionadas, qualquer declaração que até mesmo soasse islamofóbica, que *pudesse dar a impressão* de criar hostilidade em relação aos muçulmanos, poderia se converter em causa de desqualificação da vida pública. Tornou-se quase impossível discutir os *caliphators* e os seus objetivos. De fato, enquanto os *caliphators* eram absolutamente claros sobre quem era o inimigo – infiéis insubmissos, *harbi*, especialmente progressistas e judeus – o Ocidente não conseguia nomear seu inimigo nessa guerra. Na verdade, muitos dos mais bem-intencionados negaram que estávamos em guerra... e se estivéssemos, seria por causa de pessoas como Huntington, Pipes e outros propagadores do medo, neoconservadores e de direita. Como Pogo disse profeticamente, mas sem nenhum traço de ironia, "Encontramos o inimigo. Somos nós".

O resultado foi uma espécie de aids cultural, em que os líderes ocidentais atacavam não os invasores, mas aqueles que alertavam sobre a invasão. O fato de a mídia suprimir descrições que pudessem despertar hostilidade contra os muçulmanos levou a uma síndrome de insensibilidade crônica à dor, na qual os nervos (a mídia) não transmitiam ao cérebro (esfera pública) a dor que os *caliphators* infligiam às populações domésticas, as mudanças repentinas e radicais na dinâmica do bairro em lugares como os subúrbios parisienses, ou Malmo, ou Rotterdam. Na Inglaterra, todo o espectro de adultos responsáveis, desde pais e professores até jornalistas e representantes eleitos, não conseguiram impedir o estupro sistemático de moças infiéis por brutais muçulmanos triunfalistas, *para não* serem acusados de islamofobia. Os gritos de guerra tribais mais brutais dos *caliphators* em Londres, em fevereiro de 2006, prometendo conquistar a Dinamarca e estuprar as suas mulheres, eram reais, e poucos sabiam disso. E quando descobriram, seus superiores disseram-lhes que não prestassem atenção.

As elites ocidentais ficaram tão entorpecidas diante do perigo que, dez anos depois de terríveis alertas de uma mudança demográfica de longo prazo relacionada aos muçulmanos na Europa, a chanceler da Alemanha normalmente cautelosa, com especialistas e jornalistas da União Europeia atrás dela, acolheu mais de 1 milhão de muçulmanos, a maioria homens, muitos deles não registrados. Qualquer país que se opusesse às políticas dela, como a Áustria, era acusado de islamofobia e

449

protofascismo. A imprensa alemã priorizava fotos de crianças e famílias aos clipes de jovens homens agressivos jogando no lixo desdenhosamente garrafas de água que lhes eram oferecidas e corriam furiosos pelas ruas. Essa filmagem só apareceu na internet. Naquela véspera de Ano Novo (2015/16), houve grandes agressões de "imigrantes" às mulheres nas celebrações, especialmente em Colônia, e só quando se tornaram um escândalo postado no Facebook, quase uma semana depois, os meios de comunicação convencionais as abordaram.[9]

Quando a nova onda de imigrantes levou à crise do Brexit, houve negociações tensas em que o verdadeiro problema – não a imigração, mas a migração *muçulmana* – sequer foi mencionado. A narrativa prevaleceu. Quinze anos depois das primeiras advertências, os especialistas progressistas ainda zombam da ameaça demográfica.[10] Seis anos após a onda de milhões de refugiados, enquanto alguns documentam o impacto catastrófico dos imigrantes muçulmanos na vida das mulheres ocidentais que tiveram o azar de habitar num Estado que os acolhe,[11] a *New York Review of Books* publica um artigo tranquilizando seus leitores que, apesar das terríveis previsões, a entrada de 1,2 milhão de muçulmanos por Merkel tem sido um sucesso incomum. Não é de surpreender que, entre suas 4.500 palavras, "estupro" nunca aparece.[12]

Essa extensa corrupção de informações dos jornalistas e a profunda desconfiança que criou entre os leitores que percebem o problema através de uma lente sombria, invadiu todos os aspectos do jornalismo ocidental. A maioria dos americanos está agora convencida de que sua mídia noticiosa não é confiável, se não pior. Isso se deve em parte ao impacto revolucionário do ciberespaço e das redes sociais no jornalismo que, num certo sentido, criou um maremoto que varreu o legado mais antigo dos modelos "de papel" do marketing, mas também permitiu que o jornalismo ativista e poderoso surfasse em suas cristas.[13]

O problema tornou-se particularmente perceptível, mesmo para aqueles que não seguiam o tema, nas duas últimas eleições presidenciais nos EUA (2016 e 2020). Embora não faltem pessoas que vivam em bolhas midiáticas e que reagem de modo favorável à publicidade do *The New York Times* ou do *The New Republic*, que alegam fornecer "os fatos", a mesma desestabilização pós-moderna que o jornalismo "baseado na narrativa" trouxe para a cobertura do Oriente Médio permeia atualmente todas as discussões, inclusive as "científicas", como aquecimento global e Covid.

Como resultado dessas disfunções, a situação nos primeiros anos da década de 2020 parece consideravelmente mais precária para o Ocidente do que em 2000; de fato, cada disfunção dos nossos sistemas de informação resulta em vantagem para os *caliphators* na sua guerra assimétrica. O choque de civilizações para o qual Huntington havia alertado em meados dos anos de 1990 que os críticos rejeitaram com raiva e desprezo, ficou internalizado no Ocidente. Embora, por um lado, vozes de liderança na esfera pública suprimam do público, tanto quanto possível, as evidências da agressão do *caliphator*, por outro, cresce um sentimento entre os normalmente silenciosos plebeus (para usar a expressão medieval) de que suas elites os estão traindo – *la trahison des clercs*. Com tão pouca informação consensualmente confiável, o caminho para as teorias da conspiração está aberto. A divisão e a mútua alienação entre as elites ecumênicas traidoras, porém bem-intencionadas, e os deploráveis plebeus tribais no Ocidente atingiram níveis sem precedentes.

Enquanto isso, nos últimos 20 anos, os *caliphators* mobilizaram adeptos em todo o Ocidente, alguns deles propagandistas *da'wa*, outros jihadistas dispostos a morrer para atacar infiéis que não conhecem o seu lugar. Nos últimos 20 anos, se desenvolveu no ciberespaço um neoislá, recrutando, coordenando, fazendo uso de redes sociais, inspirando uma geração, em alguns casos, produzindo os mais ferozes e sádicos convertidos à *jihad*.[14] Esse neoislá, livre da tradição e bombeado com energia apocalíptica, atrai particularmente os muçulmanos ocidentais que se encontram num ambiente desorientador e antinatural, de não ser a religião dominante. Essa desorientação pungente, a aparente e humilhante superioridade do poder e da cultura modernos (pós) cristão e judaico, é um terreno psicológico particularmente fértil para o recrutamento dos *caliphators*. Os recrutas tornam-se o equivalente muçulmano dos triunfalistas "renascidos". Para os triunfalistas que seguem a rota do *caliphator* e acreditam até às profundezas da sua alma que tudo isso em breve virará de cabeça para baixo, a globalização ocidental é um *praeparatio Caliphatae*, o caminho para o califado global. O ciberespaço não deve ser temido, mas dominado.

Nas últimas duas décadas, os *caliphators* se disseminaram muito. Os jihadistas semearam o tipo de caos que prospera por todo o Oriente

Médio, derrubando Estados e expulsando milhões de refugiados para desestabilizar Estados vizinhos (incluindo na Europa). Tal como os palestinos, os *caliphators* transformam esses campos de refugiados que eles criaram e povoaram com suas guerras em campos de doutrinação para futuros *mujahidin*, uma doutrinação que se tornou parte do currículo não apenas nos campos de treinamento do ISIS, mas para refugiados e até em escolas regulares em países como a Turquia.[15] Ao mesmo tempo, os jihadistas atacaram repetidamente o interior do Ocidente democrático, ensinando respeito aos ocidentais, seja em ataques massivos (11 de Setembro, Barcelona, 7 de julho, Nice, Bataclan), ou mais individuais, como, recentemente, na França, um professor culpado de mostrar caricaturas de Maomé, na Grã-Bretanha, três gays tomando sol em um parque, e nos EUA, um policial do Capitólio atropelado e esfaqueado por Noah Green, um seguidor de Louis Farrakhan, líder da Nação do Islã.[16]

**Figura 29** – "*Jihad* Global", por Ellen Horowitz.
Tradução: Imprensa mundial; antissemitismo, antissionismo, antiamericanismo;
"É o que digo, meu velho, você sente cheiro de algo queimando?".

Mais significativamente, os *caliphators da'wa* não violentos conseguiram ser adotados como "muçulmanos moderados", desempenhando papéis fundamentais na mudança dos currículos ocidentais, impondo códigos contra a islamofobia, aconselhando serviços de segurança, convencendo intelectuais infiéis a adotarem sua narrativa sobre os infiéis, para evitar que os muçulmanos fossem identificados como perpetradores sempre que possível e a fim de ignorar a narrativa jihadista, tão antagônica e prejudicial para eles e seus valores progressistas.[17] O chefe da polícia do Capitólio afirmou aos jornalistas no caso de Noah Green: "Os investigadores ainda não sabem o motivo do ataque, mas não acreditam que dessa vez, estava 'relacionado ao terrorismo'". O *The New York Times* reitera obedientemente o comentário em uma seção intitulada: "O que não sabemos: a motivação do sr. Green para o ataque".[18] Esse não é um erro de julgamento isolado; é sistêmico.[19] E embora a maior parte de nossa atenção tem sido dedicada ao Covid e sua extensa politização e desinformação e não aos *caliphators*, eles consideram o Covid uma dádiva de Deus.[20]

Como isso aconteceu?

Quando conto a história em sua essência – fanáticos religiosos atacam uma civilização dominante em uma louca guerra apocalíptica assimétrica de conquista, e a civilização-alvo reage recusando-se a identificar os agressores, saúda os invasores como amigos e considera os amigos a causa do problema, as pessoas respondem: "Isso é ridículo. Ninguém é tão estúpido". E, contudo, tão logo identifico os atores como jihadistas, o Ocidente e Israel, a resposta muda, "Ah, aquilo". E num piscar de olhos, de alguma forma, o impensável se torna banal.

A tarefa da guerra cognitiva do *caliphator da'wa* é convencer o inimigo a não usar a sua força superior para revidar. Os resultados dessa vitória estão embutidos em duas mentalidades que passaram a dominar os ocidentais, especial, mas não exclusivamente, os "progressistas": por um lado, o que se poderia chamar de *mentalidade do ano 2000* e, por outro, a *dhimmitude* preventiva, duas faces da mesma moeda – a atitude do Ocidente dominante em relação aos seus inimigos. Um lado retrata a autoimagem ocidental (autocrítica, progressista, visionária, generosa ao extremo); o outro, como eles aparecem para seus (não reconhecidos), mas impiedosos inimigos.

**Figura 30** – "Coyote Ugly", por Ellen Horowitz.
Tradução: Pacifismo; Antissionismo; Equivalência moral; Apaziguamento;
*Jihad*; Alcorão, *Protocolos*; Libelo de sangue.

# MENTALIDADE DO ANO 2000: PROGRESSISTAS OXIMORÔNICOS

E ainda assim fomos pegos
Nos nossos calcanhares, inalando pela boca
Quando a merda da *jihad* atingiu

E mbora o termo "ano 2000" tenha diferentes associações na mente de muitos – a falsa profecia de um bug de computador à meia-noite de 31 de dezembro de 1999[1] – não consigo pensar em nenhum outro termo que possa descrever melhor uma mentalidade que, apesar de longos antecedentes, criou raízes no ano 2000, como uma semente de cristal numa solução supersaturada. Durante toda uma geração, o Ocidente havia gerado e implantado um conjunto de objetivos ideológicos progressistas que ao mesmo tempo aumentou enormemente a diversidade e a criatividade da cultura e minou a sua própria tessitura.[2] Em 2000, as coisas pareciam otimistas para essa mentalidade: o avanço do ecumenismo de soma positiva (por exemplo, o experimento do euro na União Europeia), uma explosão de tecnologia penetrante de comunicação pessoal (internet, telefones celulares), a corrosiva "teoria" pós-moderna e pós-colonial no universo acadêmico, e um suave milenarismo das ONGs

455

sobre uma sociedade civil global pacífica e diversificada, na qual os direitos humanos eram universais.

O ataque do *caliphator* provou ser a semente de cristal que, embora devesse questionar muitas dessas orientações – certamente em suas formas mais extravagantes – na verdade teve o efeito de solidificá-las em uma atitude que se provaria letal para os próprios princípios progressistas que supersaturaram a solução. Voltando ao significado original do ano 2000, essa mentalidade que cristalizou na época foi uma falha cultural de software que, quando a mudança veio, não dos dígitos de computador, mas da paz no mundo real à guerra, faz com que o software cultural se comportassse mal.[3] O que poderia ter sido tolerável,[4] até mesmo apropriado, nas condições do final do século XX e do "fim da história", foi totalmente inapropriado, mas incansavelmente aplicado no século XXI.

A expressão "mentalidade do ano 2000" refere-se à mentalidade e às ferramentas analíticas necessárias para culpar as democracias pelos ataques jihadistas contra elas perpetrados. Como já visto nos capítulos sobre liberais e progressistas, todos os ingredientes estavam bem desenvolvidos no final do século XX. Quando os "progressistas" aplicaram essas atitudes nobres, mas arriscadas, aos ataques do *caliphator*, a mentalidade do ano 2000 se destacou. Naquele momento, dois elementos-chave mudaram: a repulsa com relação ao "Ocidente", que o pós-colonialismo transformara em arma, agora juntava-se à narrativa salvífica do *caliphator* sobre os dois Satás: vilipendiar os EUA e Israel ganhou impulso global. E de mãos dadas, esse discurso conjunto passou das margens ruidosas para o centro da discussão pública ocidental. Não mais uma subconversa em que as pessoas afirmavam coisas absurdas que faziam com que muitos revirassem os olhos – Israel = nazista, EUA = racistas do mal – tais afirmações mudaram dramaticamente para o centro da esfera pública e cada vez mais a dominaram.[5] Em termos milenaristas, o que tinha sido um discurso marginal foi transferido para a primeira fase do tempo apocalíptico, em que suas ideias virais "pegaram" na cultura mais ampla.[6]

456

# JUSTIÇA PÓS-MODERNA:
# O LADO DELES, ESTEJA CERTO OU ERRADO

Esse momento marca o ponto no qual a longa e progressiva evolução das noções pré-modernas (tribais) de justiça: *meu lado* (família, clã, tribo), *esteja certo ou errado*, para o moderno e civil *quem estiver certo, esteja ou não do meu lado*, agora invertido no pós-moderno, autoacusador: *o lado deles, esteja certo ou errado*. Talvez a característica mais marcante da mentalidade do ano 2000, sobretudo porque fala em termos muito morais sobre a importância da justiça, seja o quanto ela é extraordinariamente generosa no julgamento (do que considera) os "outros", e como é marcadamente severa no julgamento (do que considera) o "eu". Essa tendência intensificou-se de forma paradoxal quando adotou a causa de um povo cuja raiva pela sua própria dor não tem limites e que, ainda assim, comemora a dor que inflige aos seus inimigos.

Na década de 1990, Charles Jacobs, morador de Newton, tentando, com pouco sucesso, chamar atenção para a difícil situação dos infiéis negros exterminados pelos árabes muçulmanos no Sudão, seus filhos vendidos como escravos, assim se referiu a essa extraordinária inversão do *Complexo de Direitos Humanos*: "Se você quer saber o que irá despertar a indignação moral da comunidade internacional de direitos humanos, olhe para o criminoso, não para a vítima [...] não importa o quanto a vítima sofra".[7] Perpetrador branco? Feroz indignação. Perpetrador de cor? Silêncio constrangedor. Vítima dos brancos? Insuportável, por menor que seja a agressão. Vítima de pessoas de cor? Quem somos nós para julgar? Vítima branca de pessoas de cor? Provavelmente mereceu.

A mentalidade do ano 2000 levou essa inversão nobre a um novo patamar ao admitir *caliphators* à companhia de vítimas privilegiadas. Tão logo os jihadistas atacavam, os bons progressistas procuravam proteger o que imaginavam ser a "grande maioria dos muçulmanos pacíficos" da hostilidade daqueles infiéis a quem seus correligionários atacaram tão cruelmente. Eles não consideraram o pensamento em si de que ao aceitar os *caliphators da'wa* como "autênticos" interlocutores, davam as boas-vindas aos seus invasores. A presença de *caliphators* que abraçaram o Hamas em comícios antiguerra "progressistas" a partir de 2000, o elaborado respeito prestado à sua religiosidade, fortaleceram as tensões mais belicosas tanto entre os *caliphators* quanto entre os progressistas.[8] Os militantes aproveitaram a sua vantagem em todos os lugares, atualizando termos já usados como armas como "racismo" e implantando-os a serviço da nova cultura do cancelamento emergente nas mídias sociais.[9]

Nos EUA, a narrativa do ano 2000 apareceu imediatamente após o 11 de Setembro, enunciada pelo presidente da nação atacada: "O islã é uma religião de paz". Quem contestasse era um islamofóbico. Num só golpe, depois de um ataque nunca ocorrido nas cidadelas da civilização ocidental, o islã, a religião apaixonada de cada um dos "magníficos dezenove", foi declarado inocente. Sem triagem de evidências, sem deliberação. Uma conclusão precipitada.

Hoje, o observador não deveria ficar surpreso que essa aliança vermelho-verde*, na sua forma mais agressiva, menos honesta e mais vingativa, tenha vinculado a voz publicamente dominante do #BlackLivesMatters à busca "nacional" palestina por libertação. A demopatia é criptonita para a mentalidade do ano 2000: "É tudo culpa sua, e estou justificadamente furioso. Exijo direitos e justiça reparadora!" "Mas e as pessoas em situações muito mais difíceis?" "Sem 'mas'! Retifique agora!"

Muhammad al-Durrah sugando o ar da reunião em Durban, onde inúmeras vítimas do ódio tiveram suas queixas afogadas na sionofobia. #MeToo** atacando infratores menores "privilegiados brancos" enquanto infratores graves, considerados "vítimas de cor" – estupradores, espancadores de mulheres e assassinos de filhas – florescem. Retire o financiamento da polícia enquanto a violência entre os negros aumenta.

Essa preferência sistemática por certos desfavorecidos politicamente corretos que, devido à sua (relativa) falta de poder e através do seu (proclamado e insuportável) sofrimento, ganham elogios por buscarem valentemente a liberdade e a dignidade, enquanto suas vítimas (palestinos que vivem sob o domínio do Hamas e da Autoridade Palestina, negros

---

* N.T.: Aliança entre a esquerda radical e os jihadistas.
** N.T.: Movimento contra o assédio sexual e a agressão sexual.

moradores do gueto) são atropelados na pressa de atacar os privilegiados desfavorecidos que são os culpados por criar o problema, por oprimir, infligir sofrimento, sufocar o anseio por liberdade dos outros, forçando a sua violência ao não lhes dar "nenhuma opção". Essa linguagem permeia o discurso público ocidental atualmente. Quando porta-vozes palestinos são questionados sobre o incitamento palestino como um obstáculo à paz, eles respondem: "Não se pode equiparar ocupados e ocupador, colonizado e colonizador, sitiado e sitiante".[10] Papo do ano 2000. Nunca se lhes ocorre aos entrevistadores contestar essa resposta; de fato, eles provavelmente não sabem que o incitamento palestino em questão consiste em ódio genocida. E se o soubessem, poderiam mostrar algumas imagens e perguntar ao porta-voz palestino por que ele ou ela não acha que isso seja um obstáculo para a paz?

A fim de evitar os problemas bastante flagrantes colocados por tal atitude, a mentalidade do ano 2000 faz amplo uso de dois "princípios". Por um lado, rejeita qualquer tentativa de inserir o problema em um contexto mais amplo como a "falácia do *tu quoque*\*" e, por outro, acolhe qualquer esforço para focar um problema entre o "outro oprimido" com "nós-também-ismo". Se alguém assinala um aspecto terrível da cultura/partido/movimento do "outro", a resposta é: "Nós também fazemos isso". Um exemplo particularmente esclarecedor vem de um ex-chefe do Shabak israelense. No auge da campanha de terror suicida, pouco antes de Israel reinvadir a Cisjordânia (Jenin), Ami Ayalon (Shin Bet) e Iyad Saraj, um "psiquiatra" palestino, tiveram a seguinte troca de palavras, contada por Ayalon:

> Ele disse: "Ami, finalmente derrotamos vocês". Eu disse a ele: "Você está louco? O que quer dizer nos derrotou? Centenas de vocês estão sendo mortos. Nesse ritmo, milhares de vocês serão mortos. Vocês estão prestes a perder qualquer pedacinho de Estado que têm e perderão seu sonho de ser um Estado. Que tipo de vitória é essa?" Ele me disse: "Ami, eu não compreendo vocês. Vocês ainda não nos entendem. Para

---

\* N.T.: A prática de responder a uma crítica ou pergunta difícil fazendo uma crítica semelhante ou fazendo uma pergunta diferente, mas relacionada, geralmente começando com as palavras "E quanto a?"

nós, vitória é ver vocês sofrerem. Isso é tudo que queremos. Quanto mais sofremos, mais vocês sofrerão. Finalmente, depois de 50 anos, atingimos um equilíbrio de poder, um equilíbrio, o seu F-16 *versus* o nosso homem-bomba".[11]

Apesar de afirmar que essa troca "me deu um *insight* muito claro", na verdade apenas intensificou o egocentrismo cognitivo do "nós também-ismo" de Ayalon. Uma década depois, ele descreve como esse comentário lançou uma luz totalmente nova sobre o assunto.

> De repente, entendi o fenômeno do homem-bomba.
> De repente, entendi nossa reação de maneira muito diferente. Quantas operações lançamos porque estamos doloridos, porque quando eles explodem ônibus isso nos machuca muito e queremos vingança? Com que frequência fizemos isso?

Portanto, em vez de reconhecer a imensa fissura de mentalidade entre israelenses e palestinos quando se trata de como os líderes pensam sobre o seu povo e a sua vida e o que consideram retaliação legítima, em vez de reconhecer que ele estava projetando neles o invocado "sonho palestino de um Estado" e que eles prontamente abririam mão disso para se vingar, mesmo que significasse infligir imenso sofrimento ao seu próprio povo, Ayalon preferiu o viral "nós-também-ismo": quantas vezes nos vingamos assim?[12]

O quê? Nós também arrancamos os dois olhos só para obter um olho dos nossos inimigos?

Observe a falha técnica clássica do ano 2000: desvie o olhar do que em termos progressistas seria uma loucura inaceitável se aparecesse entre "nós" e em vez de dizer uma só palavra sobre isso para aqueles entre os quais aparece, menospreze o eu (muito mais maduro). E se israelenses realmente inteligentes e competentes podem fazer isso com inimigos declaradamente mortais, como se pode esperar que pessoas de fora, mesmo pessoas bem-informadas, vejam claramente esse conflito? E, se essas pessoas de fora não conseguem ver isso claramente por causa de tais falhas, como entenderão sua própria difícil situação?

Pois "Israel-Palestina" é apenas um exemplo particularmente poderoso de um problema muito mais amplo: os moralistas pós-modernos sentem-se incumbidos de criticar duramente sua própria cultura e igualmente proibidos de criticar outras.[13] Em sua plena forma, isso constitui uma repulsa à própria cultura e uma paciência infinita em face ao comportamento atroz de outras. Essa insistência de princípios em padrões radicalmente diferentes não trai apenas a noção ocidental fundamental de justiça: todos jogam segundo as mesmas regras; mas ela também disfarça um *racismo humanitário* latente: "nativos" "de cor" são tratados como forças da natureza sem representação moral. Suas ações (violência, agressão) são *re-ações* aos terríveis atos dos que detêm o poder; quando feridos, eles, compreensivelmente, atacam com violência. Não se pode esperar que se contenham quando seus sentimentos foram feridos ou sua masculinidade humilhada. Um juiz liberal da Suprema Corte afirmou: queimar um Alcorão pode ser análogo a gritar "fogo" em um teatro lotado – comparando assim um pânico instintivo à previsível fúria muçulmana.[14] Ambos são forças da natureza.

## OIKOFOBIA: DO EGOCENTRISMO COGNITIVO À AUTOABOMINAÇÃO

É natural projetar a própria mentalidade nos outros. Pessoas que suspeitam que todos estejam planejando coisas ruins presumem que os outros pensam exatamente como elas. Pessoas que vivem num regime cívico baseado na confiança recíproca, contudo, tendem a projetar "boa-fé" como uma primeira suposição sobre um concidadão do mundo. A mentalidade do ano 2000 toma esse padrão de princípio, imediatamente o transforma em uma exigência dogmática e, ao mesmo tempo, inverte seus referenciais: o outro *hostil deve* ser lido *favoravelmente*: "Ele é apenas como eu (graças ao nós-também-ismo), e, se eu for legal com ele, ele será legal comigo". Quanto àquele "eu" bem-intencionado: "Não sou nada legal e se ele for hostil a culpa é minha".

Assim, em 2000, os ocidentais, incluindo os treinados criticamente, estavam mais inclinados a acreditar que Israel matara deliberadamente uma criança palestina e atirara no motorista da ambulância que viera resgatá-la, e não que uma equipe de filmagem palestina inventara a história e encenara a filmagem. Depois de 11 do Setembro, para alguns adeptos da mentalidade do ano 2000, fazia mais sentido que Bush tivesse engendrado o 11 de Setembro (com tudo o que isso implica, ou seja, acreditar em dezenas de milhares de compatriotas americanos participando de uma conspiração para matar americanos), do que fazia sentido que Osama o fizesse (com tudo o que isso implica sobre não conhecer os fatos mais básicos sobre Osama e o movimento milenarista por ele liderado). Em 2008, os americanos elegeram para presidente um homem negro inexperiente e de pai muçulmano, que frequentemente assistia aos cultos com um ministro que pregava que o 11 de Setembro havia sido o carma dos EUA que voltava para se assentar em casa. As afirmações mais radicais da mentalidade do ano 2000 – culpe a democracia – normalizadas. Muitos brancos votaram nele para provar que os EUA não eram uma sociedade racista. Em vez disso, nunca a acusação de racismo americano tem sido tão sustentada e sistêmica como desde a sua presidência.[15]

Em 2004, Roger Scruton introduziu o neologismo grego *oikofobia*:

> [A] disposição, em qualquer conflito, de ficar do lado "deles" contra "nós" e a necessidade sentida de difamar os costumes, a cultura e as instituições que são identificavelmente "nossos". Sendo o oposto de xenofobia, proponho chamar este estado de espírito de *oikofobia*, significando (estendendo um pouco o grego) o repúdio da herança e do lar.[16]

A mentalidade do ano 2000 herdou essa *oikofobia* do uso pós-colonial de desconstrução como arma nos anos 80 e 90: pegue as ferramentas analíticas mais ácidas já forjadas por exegetas na história humana e transforme-as em culturas brancas e autocríticas (que as produziram), para dissolver seus cânones fundamentais e desestabilizar sua cultura. Mas nunca se deve apontar esse aparato crítico para 'outras' culturas. "Que grosseiro. Que golpe baixo. Isso destruiria completamente a sua honra, seu respeito próprio, sua dignidade." A partir do ano 2000, as pessoas que se envolveram nessa tirania de penitência entre os seus aplicaram essa abordagem protetora ao islã e à *jihad*. "Que escolha eles têm?" Assim, *é claro* que se pode desconstruir as narrativas sionistas ou ocidentais com todas as suas falhas e acusar Israel de "limpeza étnica genocida" e os EUA de "racismo branco sistêmico"; mas é preciso, ao mesmo tempo, aceitar as narrativas privilegiadas das vítimas palestinas e negras com nenhum "mas" ofensivo..."[17]

A teoria crítica da raça já havia formalizado esse racismo humanitário antes de 2000 ao definir o racismo como "preconceito mais poder", onde apenas os brancos (que têm o poder) podem ser racistas, e não os negros (que não têm?). Negros que odeiam brancos ou palestinos que odeiam israelenses não são responsáveis por esse ódio – os brancos e os israelenses são – e essas vítimas não podem ser criticadas, por mais agressiva que se torne sua "resistência". Se os israelenses não tratarem a população inimiga da mesma maneira que tratam seus próprios cidadãos, são julgados de praticar Apartheid. Os palestinos podem insistir em um Estado *Judenrein** porque, bem, diabos, eles odeiam justificadamente os israelenses. Judeus que se defendem e brancos que se queixam são criminosos de guerra fascistas ou frágeis chorões.[18]

Afinal, os discípulos de Gandhi, que acreditam que eles próprios (e os judeus) têm níveis supremos de contenção, encorajam inimigos violentos. O ouvido requintado da simpatia empática sintonizou-se totalmente com a queixa da "vítima" privilegiada, enquanto a lâmina ácida da crítica atinge apenas a si mesma. O lado deles, esteja certo ou errado. E presos entre esse martelo e a bigorna estão as pessoas, os palestinos, os negros, cujas vidas só importam quando tomadas pelos seus inimigos opressores, mas, de alguma forma, caem entre as fendas quando suas vidas são tiradas por seus próprios portadores de armas.

Isso produz a atração fatal da mentalidade do ano 2000. Se antes de 2000 havia um flerte entusiasmado, o que aconteceu em 2000 consagrou o casamento do sadismo pré-moderno e do masoquismo pós--moderno. Por um lado, pessoas pré-modernas, que governam ou são

---

* N.T.: Termo de origem nazista para designar uma área que foi "limpa" de judeus.

463

governadas, passaram a fazer acusações beligerantes contra o moderno Ocidente, acusando-o de crimes hediondos contra a humanidade, de feitos terríveis passados e atuais. Por outro, os masoquistas pós-modernos, sempre dispostos a ver a perspectiva do lado contrário, preparados para o "nós-também-ismo" e a prioridade epistemológica do "outro", aceitam e inclusive acolhem as acusações. Em 2001, em Durban, o casamento foi consagrado sob o dossel de Al-Durrah, o menino mártir.

E as vozes desse casamento só cresceram; 20 anos depois, é quase estranho querer montar uma defesa liberal do Ocidente. A *oikofobia* mais a **crença em falsas esperanças** produzem a síndrome de onipotência masoquista (SOM). "É tudo nossa culpa e, se pudermos mudar a nós mesmos, seremos capazes de consertar qualquer coisa; se ao menos pudermos aperfeiçoar a nós mesmos, seremos capazes de mudar o mundo." Em um determinado nível, essa é uma parte padrão do pensamento liberal progressista: num conflito, se pessoas com egos mais fortes tomam a iniciativa de se culpar primeiro, elas podem criar uma dinâmica positiva e reconciliatória, levando à amizade e à cooperação. O problema surge quando isso não funciona. Nesse caso, as tendências messiânicas vêm à tona. Quando o outro ataca, em vez de retribuir, a SOM se culpa ainda mais. Ela o faz atribuindo excessivamente a ação a si mesma (e negando-a assim ao "outro"): "Quanto mais a culpa é minha, mais poderoso sou". Ou, como disse a esquerda israelense em resposta à horrenda violência jihadista: "Se apenas tivéssemos sido mais acessíveis". Quando confrontado com o problema, um (ex)amigo israelense, do conselho do B'tselem*, me disse: "Isso [fazer concessões] é o único movimento que conheço".

Foi o que o campo da paz israelense fez depois que o Processo de Paz de Oslo converteu-se (previsivelmente) na *jihad* de Oslo, que, sem o conhecimento na época de quase todos no Ocidente, foi também a rodada de abertura da *jihad* global. E a esses israelenses, portadores

---

* N.T.: Em hebraico literalmente "à imagem de", é uma organização não governamental israelense, cujos objetivos declarados são documentar violações de direitos humanos nos territórios palestinos ocupados por Israel, combater qualquer negação da existência de tais violações e ajudar a criar uma cultura de direitos humanos em Israel.

da Síndrome de Onipotência Masoquista, amantes da paz que se comportaram como um caso clássico de negação, redobrando seus esforços "quando a profecia falha", não faltou o conforto dos amigos progressistas europeus, dizendo-lhes que tudo era, realmente, culpa de Israel e oferecendo-lhes refúgio do agora fascista Israel para ensinar sua lógica autodilacerante aos europeus.

Paralelamente, um novo movimento pela paz varreu o globo. Moveu-se rapidamente para o novíssimo espaço global criado na noite do ano 2000, quando, fuso horário por fuso horário, várias capitais saudaram o novo Ano/Século/Milênio e o mundo inteiro assistiu. O primeiro evento global do novo movimento, nas capitais no mundo inteiro – na Europa, nos EUA, no Extremo Oriente, no Oriente Médio – ocorreu no sábado, 6 de outubro de 2000, uma semana depois que a história de Al-Durrah viralizou: uma manifestação global contra a máquina de guerra israelense.[19] Um ano depois de Durban/do 11 de Setembro, a presença de uma "rua progressista" se fez cada mais ouvida como um "movimento antiguerra".[20] Em abril de 2002, em resposta ao "massacre de Jenin" do jornalismo letal, grandes multidões de progressistas radicais e muçulmanos furiosos protestaram contra o "Israel nazista". Um ano depois, o movimento antiguerra atingiu o seu apogeu, quando mobilizou mais de 10 milhões de pessoas no mundo todo num sábado em fevereiro de 2003 para protestar contra a proposta de guerra de Bush ao Iraque. Entusiasmados com essa enorme mobilização, os porta-vozes desse movimento vestiram a camisa, caída dos ombros dos soviéticos em 1991, de "contrapeso hegemônico ao imperialismo americano".[21]

A mentalidade do ano 2000 aplicou seu pacifismo masoquista aos *caliphators*, produzindo um *anti-imperialismo de tolos*, através do qual o campo infiel progressista abraçou o maior movimento imperialista no planeta, implacavelmente contrário aos valores progressistas. Mas, enquanto os *caliphators* se opunham ao imperialismo *americano*, a mentalidade do ano 2000 – pessoas como Judith Butler – os considerava aliados numa busca "anti-imperialista". Esse emocionante veneno *oikofóbico* alimentou o movimento antiguerra desde os primeiros anos do novo milênio.

465

# DISCURSO DE ÓDIO E CULTURA
# DO CANCELAMENTO, AO ESTILO *CALIPHATOR*

Lembrando como os horrores do Holocausto começaram com o discurso de ódio, a maior parte dos países europeus no pós-guerra promulgou leis que o baniam, incluindo a negação do Holocausto. Essas leis contra a pregação do ódio surgiram nas políticas ocidentais que, em princípio, aplicavam-nas a todos igualmente. Contudo, sob o impacto da implacável inversão de padrões da mentalidade do ano 2000, elas foram aplicadas com infinita severidade aos detentores do poder privilegiado branco (incluindo, ironicamente, os judeus), e não a vítimas privilegiadas de cor (especialmente os muçulmanos, que imediatamente negaram o Holocausto e queriam terminar o trabalho). De repente, as críticas ao islã ou aos palestinos, centrando-se na natureza selvagem dos seus ódios, transformou-se na própria encarnação do discurso de ódio, do racismo, do orientalismo; entretanto, o discurso de ódio muçulmano era culturalmente protegido.

Assim, o longo e paciente trabalho dos anos 80 e 90, dos ódios do *caliphator* financiado pela Arábia Saudita tomando conta das mesquitas locais, entrou em um novo período.[22] O ícone de Al-Durrah da eletrizante intifada era símbolo e sinal de que a hora havia chegado. Tendo recebido um grande impulso da mídia ocidental nas terras entre o rio e o mar, nas quais surgira uma vertente principal do jihadismo moderno, os *caliphators* levaram seu ódio para o exterior.[23] A mensagem de Al-Durrah atingiu os muçulmanos europeus com o seu ódio apocalíptico a *Al-Yahud*, e sua narrativa de substituição desorientou completamente seus anfitriões, tanto moral quanto empiricamente. A forma como os suecos lidaram com a Grande Mesquita de Estocolmo ilustra dolorosamente de que maneira as autoridades ocidentais protegeram o discurso de ódio muçulmano e sufocaram qualquer pessoa que o criticasse.[24]

Pode-se compreender facilmente como, numa tal atmosfera, o termo islamofobia rapidamente se transformou em um termo poderoso no discurso público após o 11 de Setembro. A mesma Suécia que demonstrava tanta indulgência no que tange ao ódio muçulmano aos judeus,

466

mostra grande rigor para com aqueles que dizem coisas que ofendem os muçulmanos. A marca de uma ampla gama de materiais e argumentos sobre o islã como inaceitavelmente "islamofóbica" representa um dos desenvolvimentos mais surpreendentes do século XXI. A legislação europeia contra o discurso de ódio protegeu o discurso de ódio dos muçulmanos.

A inversão, que Kepel chama de "simetria enganosa", que equiparava o antissemitismo do início do século XX à islamofobia do início do século XXI,[25] de repente conferiu ao termo recém-inventado o peso do Holocausto: "Deus nos livre que nós, ocidentais, façamos aos muçulmanos o que os nazistas fizeram aos judeus, Deus nos livre que inclusive *pareçamo*s estar fazendo isso". Ou como mais de um professor me disse em minha estadia na Alemanha em 2011: "Temos mais medo do nosso fascismo do que do deles". A narrativa de substituição inverteu uma realidade simbólica de imenso significado – que os israelenses são na verdade os sobreviventes armados do Holocausto, os palestinos clamam serem herdeiros dos nazistas e o conflito pela terra entre o rio e o mar, a última frente ativa da Segunda Guerra Mundial.[26] Agora a versão invertida: Israel está exterminando os palestinos e nós, que ofendemos os muçulmanos, estamos à beira de uma ladeira escorregadia para esse tipo de comportamento fascista e racista. Escolha a narrativa que você preferir; mas esteja ciente, se você estiver errado, há um preço alto a pagar pela sinalização da virtude.

Parte do poder da "islamofobia" reside na sua capacidade, juntamente com uma série de outros termos, de criar pânico moral, mobilizar indignação suficiente para de fato expulsar certas pessoas e ideias da esfera pública. A grande força motriz aqui, especialmente nos EUA, era a raça. As hipersensibilidades que se desenvolveram ali – um homem demitido por usar o termo "*niggardly*" (miserável, de origem escandinava – porque o termo lembra nigger, a gíria racista usada para designar a população negra) – foram lendárias por décadas antes do ano 2000. Os muçulmanos inventaram o termo islamofobia para lucrar com a tendência. Tal como exercido pelo CAIR, por exemplo, alega agressivamente uma ofensa racista às sensibilidades muçulmanas, a fim de exigir a supressão da crítica como discurso de ódio.[27]

Um dos momentos mais dramáticos de designação de um alvo e sua destruição (perda de reputação, de emprego) tinha a ver com emergências morais encenadas, nas quais "aconteceu algo tão ultrajante que todos devem parar e se unir numa condenação coletiva". O ataque a Andrew Pessin na primavera de 2015 no Connecticut College segue o padrão de sacrifício estabelecido por René Girard: escolha o alvo, encontre algo que ele escreveu e que possa ser considerado ultrajante, interprete-o mal deliberadamente, use o jornal do *campus* para criar um escândalo, interrompa as aulas para uma reunião de emergência sobre expor e envergonhar racistas, dando voz àqueles marginalizados e sub-representados, crie um senso de energia e direção coletivas a partir da emoção do sacrifício.[28] Esses eventos – e sua ameaça – tiveram um efeito decisivo sobre o poder da cultura do cancelamento no século XXI, tanto como uma forma de manter os outros longe dos *campi* e expulsar vozes indesejadas. Hoje, toda uma geração de estudantes de pós-graduação observa os últimos dinossauros de uma época anterior resistirem ou caírem; e então se comporta segundo as regras do novo jogo de justiça social. Que momento terrível (ou exaltante) para ser um estudante de pós-graduação.

## SINALIZAÇÃO DE VIRTUDE E NARCISISMO MORAL

A sinalização de virtude é um problema perpétuo – a hipocrisia é o elogio que o vício paga à virtude. Desempenha um papel particularmente importante na mentalidade do ano 2000, uma vez que é o principal meio pelo qual alguém sinaliza seu compromisso com a causa, e também pelo qual são aceitas as novas restrições não progressistas a respeito de ações e palavras que violam a virtude.[29] Pelo uso correto da terminologia, evitando até mesmo a alusão de linguagem ou ações que levem alguém a ser considerado racista ou xenófobo, sobrevive-se e até se prospera. Em 2020, *campi* universitários inteiros haviam sido mais ou menos tomados por uma coalizão de professores e estudantes radicais. Na melhor das hipóteses, os estudiosos da velha guarda nesses locais poderiam nutrir a esperança de que seriam deixados em paz.

Os sinalizadores de virtude são propensos a várias formas de narcisismo moral, isto é, *pensar sobre moralidade em termos de como suas ações fazem você parecer aos seus próprios olhos e aos olhos do seu grupo de honra, ao invés das consequências dessas ações sobre aqueles com quem se está supostamente preocupado e em nome de quem se alega agir.* Os narcisistas morais fazem o que os faz parecer bem aos olhos dos outros, danem-se as consequências. "Não em meu nome!"[30] A adoção canônica da causa palestina nos primeiros anos da década de 2000 ilustra o narcisismo moral em sua forma mais extensa. Quando aqueles que passaram pelo teste decisivo relacionado a credenciais liberais ao apoiar a causa palestina no momento em que a liderança palestina estava envolvida em uma guerra cruel e autodestrutiva contra Israel, na verdade condenaram o povo palestino a sofrer sob governantes autoritários e belicistas que sacrificaram sistematicamente seu bem-estar por uma agenda de honra suicida. Como observou o ativista palestino Bassem Eid: "Os palestinos têm os melhores inimigos e os piores amigos".

Mas alguns dos exemplos mais impressionantes de narcisismo moral no século XXI são oriundos da Europa e tiveram a ver com atitudes relacionadas ao islá e ao eixo imperial-colonial dos EUA e Israel. A Europa sendo partidária dos jihadistas (palestinos, Al-Qaeda) contra Israel e os EUA nos primeiros anos do século propiciou uma visão impressionante da sinalização de virtude suicida de uma "Europa como bastião moral", fula com os EUA e Israel, mesmo quando empodera *caliphators* de todos os tipos. Como é saborosa a *Schadenfreude*. Que nocivo para palestinos e muçulmanos genuinamente moderados que desejavam a paz e a oportunidade de viver em um regime cívico.

## CEGUEIRA INTENCIONAL

O divórcio radical do mundo empírico envolvido na mentalidade do ano 2000 produziu um fenômeno que provavelmente não é único na história do pensamento, mas sem precedentes em escala, pelo menos nos tempos modernos: uma espécie de estupidez intencional, na qual se descartam evidências cruciais e se chega a conclusões, ou à sua falta, a partir de um material deliberadamente confuso (na Inglaterra e na França, na década de 1930, tratava-se apenas de algumas pessoas em alguns partidos políticos). Por conseguinte, obtemos um efeito Sherlock Holmes invertido: os analistas da mentalidade do ano 2000 ignoram as evidências inconvenientes, não fazem objeções a mentiras e procuram explicações alternativas extravagantes para a motivação por trás da violência criminal que deveriam investigar: residem numa Baker Street bizarra. O que torna essa estupidez autoimposta tão angustiante é a frequência com que isso contribui para o sucesso do *caliphator* em seus ataques jihadistas dentro do Ocidente.

O fenômeno, como muitos em discussão, é anterior a 2000. Em seu livro *Willful Blindness* (Cegueira Intencional), Andrew McCarthy, o promotor público de Nova York no caso do "cego xeque" Abdel Rahman e a tentativa de explodir as Torres Gêmeas em 1993, documenta com detalhes deprimentes cada loucura em ignorar evidências, uma loucura que se transformou no *modus operandi* das elites ocidentais desde 2000. Entre as pistas que os nossos contra-Sherlocks não seguiram estava a pilha de material jihadista encontrada entre os pertences dos *caliphators* que assassinaram o rabino Meir Kahane em 1990, material que, se seguido, os teria levado à rede daqueles que duas vezes – a segunda com sucesso – tentaram explodir as Torres Gêmeas. No entanto, o detetive-chefe declarou que o crime era obra de um "atirador solitário e perturbado". Dada a escolha entre isso e "uma enorme conspiração internacional", a opção era clara, danem-se as provas.[31]

Esse tipo de pensamento letalmente obtuso permeia o trabalho dos jornalistas que fazem reportagens a partir de Israel, com Al-Durrah como referência.[32] O sucesso da história viralizada do "massacre de Jenin" 18 meses depois, ilustra a devoção a uma narrativa palestina por parte de toda uma gama de informantes – jornalistas, ONGs, ONU, especialistas – não obstante as evidências. Em vez de procurarem pistas, buscam a sua narrativa. Nos anos de 2010, tornou-se quase uma caricatura: os jornalistas em Gaza aprenderam a cronometrar o momento da sua chegada ao local, logo após o Hamas ter limpado as provas de que seus mísseis mataram crianças palestinas. Em 2021, o *The New York Times*, ignorando tudo o

470

que supostamente aprendera em 2014 sobre intimidação de jornalistas e estatísticas desonestas do Ministério da Saúde dirigido pelo Hamas, ofereceu sua primeira página para propaganda palestina não filtrada.[33]

As consequências desse tipo de cegueira intencional podem ser mortais; e elas obviamente se estendem para muito além de Israel e do tipo de intimidação direta que os repórteres experienciam no campo de batalha em Gaza. Fiel aos seus compromissos, a mentalidade do ano 2000 ignora evidências de crimes muçulmanos ou, quando é forçada a reconhecê-los, como no caso do ataque do major palestino-americano Hasan aos seus colegas soldados em Fort Hood, *desvia* toda a discussão do componente islâmico.[34] Conforme parodiou um crítico dessa tendência: Hasan não sofreu de súbita síndrome de *jihad*, nem da conversão a uma grandiosa narrativa apocalíptica, mas de um "transtorno de estresse pós-traumático indireto virtual".[35] A bizarra imunidade de Hasan, de uma suspeita mais do que justificada por suas ações, permitiu-lhe planejar uma grande operação jihadista bem no coração da besta, neste caso, os militares dos EUA!

Na verdade, Fort Hood inspirou o primeiro título provisório deste livro, *They're so Smart Only Cause We're so Stupid* (Eles são tão inteligentes só porque somos tão estúpidos). Mark Steyn captou a essência da qualidade estupeficante da mentalidade do ano 2000 e a sua incapacidade de analisar provas nesse caso específico: "Hoje em dia, é mais fácil ser ainda mais estúpido *depois* do acontecimento".[36] Para provar esse ponto, o relatório do Departamento de Defesa sobre o incidente nunca discutiu o "islã radical". Tudo isso reflete os níveis de negação característicos do "elefante na sala"* e o cativeiro mimético das "roupas novas do imperador".[37]

Nos últimos meses de 2011, as forças policiais de Waltham e Cambridge arquivaram o caso da quase decapitação de três adolescentes, em 11 de Setembro, como "relacionado às drogas". Se tivessem seguido a

---

* N.T.: "Elefante na sala" é uma conhecida expressão metafórica, usada para referir realidades ou problemas que, de tão evidentes, não podem ser ignorados. Ver o elefante na sala é saber que um tema vai causar turbulência e como tal todos o veem, mas ignoram ou assobiam para o lado, fingindo não o ver.

pista de uma das vítimas mortas, Brendan Mess, isso os teria levado ao ex-melhor amigo dele, Tamerlan Tsarnaev, que pouco tempo antes se convertera ao islã radical, visitara a sua terra natal, a Chechênia, e envolvera-se em atividades que levaram a Inteligência russa a alertar a Inteligência dos EUA. Mas a última coisa que a polícia de Boston necessitava em 2011 (assim pensava), era arranjar uma briga com a comunidade muçulmana na cidade. Os policiais protelaram e nem questionaram Tsarnaev, antecipando silenciosamente, mas com precisão, o tribalismo muçulmano caso pressionassem esse ângulo da investigação, os radicais atraindo os moderados para uma defesa comum da "comunidade sitiada".[38]

Aparentemente, os peritos ocidentais da época, tendo sido treinados pelos líderes muçulmanos sobre a sensibilidade para com a comunidade muçulmana, não consideraram as evidências surpreendentes (quase decapitação, décimo aniversário do 11 de Setembro, dinheiro e drogas espalhados sobre os cadáveres, todos sinais de um ritual, uma iniciação de assassinato para a trajetória jihadista); não consideraram a possibilidade de que, ao assassinar seu amigo judeu antes de sua conversão, Tamerlan havia se preparado para uma glória ainda maior na *jihad*.[39] Assim, dois anos mais tarde, ele realizou o atentado à bomba na maratona do Patriot's Day em Boston.[40] Tal como o major Nidal Hassan, Tamerlan Tsarnaev tornou-se jihadista debaixo do nariz das autoridades democráticas – mesmo depois de assassinar selvagemente um antigo amigo.[41]

Se as autoridades tivessem trilhado o caminho que não foi seguido, isso não só as teria levado aos irmãos Tsarnaev e impedido o atentado à bomba no Patriot's Day, mas também os conduziria à sua mesquita em Cambridge e à maior mesquita recentemente construída no litoral leste em Roxbury, bairro negro de Boston. Ali, teriam se deparado com os mentores fundadores da mesquita, Adulrahman Alamoudi e Yussuf al-Qaradawi, da Irmandade Muçulmana, que já em 1995, em solo americano, convocaram uma geração de muçulmanos americanos para conquistar o Ocidente através da *da'wa*, e, depois de 2000, apoiaram com entusiasmo o terror suicida do Hamas.[42] E, tal como aconteceu com Fort Hood, uma análise retrospectiva pode ser tão negligente no que diz respeito à situação em campo como antes do ataque: compare Feoktistov baseando-se no *Boston Herald* (que se concentrava na dinâmica muçulmana local) e Klausen com base exclusivamente no *Boston Globe* (que a ignorava diligentemente).

Na verdade, manifestando o desejo sincero de muitos de não terem de lidar com uma rede de muçulmanos radicais logo após o atentado à bomba na maratona, David Sirota publicou um artigo no *Salon*, expressando o ardente desejo de que os homens-bomba fossem americanos brancos, seguido por Joan Walsh, que, tão logo ficou claro que se tratava de muçulmanos, argumentou que "eles se pareciam mais com jovens assassinos em massa americanos do que com fiéis da Al-Qaeda".[43] Tal como acontece com a mentalidade do ano 2000, o mal ocidental excede em muito o muçulmano. Uma década depois, nem era preciso esperar um resultado favorável; bastava simplesmente declará-lo. Quando um muçulmano chamado Ahmad al-Aliwi Alissa matou dez pessoas em Boulder, Colorado, em março de 2021, não só muitos imediatamente o identificaram como um "supremacista cristão branco", mas o Twitter não teve nenhum problema com aqueles tuítes.[44]

## A SUJEIÇÃO DO FEMINISMO

Talvez o fracasso mais trágico e consequente da mentalidade do ano 2000 tenha acontecido com as feministas nos Estudos de Mulheres.[45] O feminismo, acima de todos os outros frutos da sociedade civil, depende da disposição do mais forte em abrir mão dos privilégios do poder físico superior. O feminismo surgiu, portanto, porque alguns homens estavam dispostos a responder de forma justa às suas reivindicações morais. Nem foi uma questão fácil. O cativeiro límbico masculino no que tange à honra, não apenas aos olhos de suas mulheres, mas de seus pares masculinos (guerreiros), faz com que parecer afeminado seja uma experiência extremamente dolorosa para os homens e, em alguns casos, pode levar à violência assassina. A ânsia de usar força para reafirmar a honra nunca desaparece e ressurge em tempos de crise e de oneidofobia concomitante. Nesse sentido, o feminismo ocidental tem contado com

473

um compromisso poderoso e duradouro de homens maduros (eu sei, não maduros o suficiente), dispostos a aceitar críticas, algumas bastante duras, sem revidar. Ao contrário, pelo menos alguns tentam ouvir e responder. Isso parece ter suscitado em algumas feministas no final do século XX um comportamento muito agressivo, e elas não hesitaram em expressar raiva contra um "patriarcado" ocidental intimidado.[46]

Noutros lugares e sociedades, contudo, homens mais voláteis, motivados por ciúme, inveja e *libido dominandi*, exploram seu poder físico para sujeitar as mulheres; e tanto a lei como os costumes o sancionam.[47] Os fenômenos gêmeos dos "crimes passionais" (matar uma esposa infiel) e assassinatos em defesa da honra (matar uma filha que envergonha a família) atestam o poder mortal da honra masculina de reivindicar as vidas de mulheres problemáticas. Os tipos de reclamações levantadas pelo #MeToo no Ocidente, por piores que sejam segundo nossos padrões, perdem a força diante da ameaça que tais sociedades apresentam para todas as mulheres nelas nascidas. No século XXI, nenhuma cultura e, dentro dessa cultura, nenhum movimento religioso tem sido mais zelosamente misógino e opressor das mulheres do que o do *caliphator* islâmico. No entanto, por razões ao mesmo tempo intrigantes e perturbadoras, o movimento feminista, e particularmente sua manifestação acadêmica, os Estudos de Mulheres e Gênero, tão acirrado em casa, demonstrava profundo respeito e forte apoio a esses patriarcas que personificavam tudo o que o movimento feminista odiava nos homens (ocidentais).[48] De fato, parece que as mulheres ocidentais que escrevem sobre mulheres árabes e muçulmanas sistematicamente subordinaram suas preocupações à aliança vermelho-verde em que o Ocidente, onde as mulheres são muito mais livres, personifica o mal, e quem quer que "resista" a esse mal está do lado do bem. Essa tendência já surgira na década de 1980 nas conferências da ONU, mas se converteu em uma dimensão-chave da mentalidade do ano 2000.

A partir das décadas de 1980/1400 AH, por exemplo, os círculos mais radicais do islã procuraram impor às mulheres muçulmanas o uso de pelo menos o *hijab*, se não a burca ou o *niqab**, um marcador público do domínio do *caliphator* sobre os muçulmanos, especialmente no Ocidente.[49] Depois de terem assumido o poder no Irã, os mulás *caliphators* exigiram o *hijab*; o Talibã (1996-2001) jogava ácido no rosto das mulheres que não usavam a versão mais extrema, o *niqab*. Desde 11 de Setembro, em toda a *ummah*, incluindo Israel e o Ocidente, houve "um enorme aumento no número das mulheres, especialmente as jovens, que começaram a usar o *hijab*".[50] Quando as mulheres muçulmanas que usam *o hijab* dizem aos adeptos da mentalidade do ano 2000 que se trata de um ato de individuação e princípio, eles se sentem compelidos a admirar sua coragem. Se interpretarmos o olhar masculino para um corpo de biquíni como uma forma de estupro visual, a burca torna-se uma forma de resistência.[51] Obviamente, seria de mau gosto, mesmo hostil, perguntar se essa prática recentemente assumida expressava a libertação pós-moderna, ou fidelidade a antigas práticas religiosas,[52] ou submissão às exigências de recentes *caliphators*, incluindo Bin Laden.

Quantas "*zones urbaines sensibles*" se transformaram em bairros aos quais é vedado ir porque as mulheres muçulmanas que ali residem tinham que usar *hijabs* a fim de se protegerem e mulheres infiéis sem véus, agora iscas de estupro – "descobertas, carne fácil" –, abandonaram o local?[53] E dado que *ser estuprada* em muitas culturas de maioria muçulmana (mas não só!) é motivo de assassinato pela vergonha sofrida (fale sobre culpar a vítima), mulheres cercadas por muçulmanos agressivos, patriarcais e triunfalistas são fortemente aconselhadas a usar pelo menos o *hijab*. As feministas do ano 2000, por outro lado, asseguram-nos que "a maioria usa *hijabs* por opção", *não* por medo de que não os usar desonre a mulher e a deixe vulnerável à violência masculina justificada, como o estupro. Dada a forte ligação entre imposição e conformidade do uso do *hijab* e a *jihad*, as feministas não deveriam estar um pouco mais preocupadas com os detalhes mais sutis aqui?[54]

---

* N.T.: *Hijab* é o véu que cobre apenas o cabelo, as orelhas e o pescoço, deixando o rosto e o corpo de fora. O *niqab* cobre o corpo todo, inclusive o rosto, deixando apenas os olhos de fora. Geralmente é todo preto. A burca é o tipo de véu com maior cobertura, pois tampa também os olhos com uma tela.

Confrontados com a insistência implacável das comunidades imigrantes em fazer cumprir suas violentas regras patriarcais sobre suas mulheres, os ocidentais desmoronaram, vítimas do medo de serem chamados de racistas, de se oporem a um "multiculturalismo" com o qual suas comunidades imigrantes não tinham compromisso. Descrevendo o assassinato em defesa da honra de uma das jovens sob sua responsabilidade como assistente social, Unni Wikan escreve:

> "Cultura" é a cunhagem usada para expressar e reivindicar direitos das minorias e é apoiada por duras sanções. A força física ou a ameaça de usá-la pode não ser necessária para obrigar a conformidade. Uma pequena palavra, de apenas sete letras, faz o trabalho com a mesma eficácia: "racista!", e nem é preciso que ela seja proferida. Ela paira como um espectro, palpável, embora invisível, e atemoriza as pessoas para que aceitem atos que deploram profundamente [...] "racista" se transformou em uma "palavra mortal". Perfura o coração do escandinavo bem-intencionado, cuja identidade querida é campeã mundial de tudo o que é gentil e bom [...], mas há um preço alto a ser pago por tal elevada moralidade, e não é pago nem por aqueles que se orgulham de ter tolerância suprema para com os imigrantes, professada como "respeito pela cultura", nem por aqueles que clamam "racismo" para reivindicar ou fazer cumprir esse respeito. [O preço] é Aisha [morta aos 14 anos] e outras como ela.[55]

É difícil encontrar uma descrição melhor de narcisismo moral: ter boa aparência é um trunfo que excede os efeitos reais nas vítimas que supostamente protegemos.

A adoção dessa inversão pelos Estudos Feministas/de Mulheres mostra-se nitidamente em um incidente em Brandeis, na primavera de 2014. A escola anunciou que Ayaan Hirsi Ali receberia um diploma honorário naquele ano. Professores de várias disciplinas teoricamente sofisticadas, com o Estudos de Mulheres à frente, opuseram-se rápida e veementemente a que essa honra fosse atribuída a uma "islamofóbica".[56] Assim, uma mulher que sofreu mutilação genital, escapou de um casamento forçado fugindo para o Ocidente, tornou-se uma política de sucesso, muito crítica do tratamento dispensado pelo islá às mulheres que haviam sido ameaçadas e perseguidas por islamistas patriarcais em todo o mundo, inclusive nos EUA, de alguma forma virou uma "islamofóbica" por dizer coisas sobre o islã que qualquer judeu e cristão pode falar sobre si mesmo e sobre sua própria religião e a dos outros.

Em outras palavras, ela era tudo o que os liberais imaginavam ao falarem sobre muçulmanos moderados e pacíficos que enriquecem as sociedades em que vivem. Portanto, ela tinha que ir embora. Como Andrew Anthony disse secamente: "Ela é odiada não apenas por fundamentalistas islâmicos, mas por muitos liberais ocidentais, que consideram a sua rejeição do islã quase tão censurável quanto a sua adesão ao liberalismo ocidental".[57] Diz o *oikofóbico*: Eu não gostaria de ter um amigo que quisesse entrar no meu clube.

Os peticionários denunciaram as "declarações públicas virulentamente antimuçulmanas" de Ayaan Hirsi Ali, que "transmitiam uma mensagem horrível [...] às comunidades muçulmanas e não muçulmanas".[58] Para documentar a "inaceitável" hostilidade dela com relação ao islã, os peticionários encontraram comentários, todos datados de finais de 2007, quando seu primeiro livro, *Infidel*, foi publicado. Naquela época, ela tinha acabado de ser expulsa da Holanda por muçulmanos que, depois de matarem seu colega Theo Van Gogh, colocaram sua cabeça a prêmio. Sua segurança 24 horas por dia, 7 dias por semana, era tão onerosa que tanto o governo a que ela servia como seus vizinhos pediram que partisse. Uma vez nos Estados Unidos, no *think tank* conservador do AEI – American Enterprise Institute (lugares progressistas não lhe ofereceram abrigo), ela encontrou líderes muçulmanos americanos que a condenaram por suas declarações "venenosas e injustificadas" sobre o islã, que "criaram dissensão na comunidade", e consideraram que sua deliberada "difamação da fé" merecia a "pena [de] morte".[59] Analisando essa experiência, ela expressou publicamente suas conclusões – com base em uma vivência variegada do islã (Somália, Arábia Saudita, Europa, EUA) – que o islã é "inerentemente violento" (o escândalo da citação papal); que não apenas o islã extremista, mas "a corrente dominante do islã é fascista", "totalitária" e "inspira o jihadismo e o terror"; e que o islã "não pode ser reformado".[60]

477

Ora, qualquer pessoa que dissesse coisas semelhantes sobre o cristianismo, o judaísmo ou a cultura ocidental não teria recebido tal reação. Quando, por exemplo, John Carroll escreveu *Constantine's Sword* (A Espada de Constantino), sua crítica devastadora ao catolicismo e aos Evangelhos, ele recebeu muitos elogios por sua autocrítica honesta, e não censura insistente por suas fobias repletas de ódio. É difícil imaginar o iluminismo se a Igreja Católica tivesse conseguido banir Voltaire do discurso público da Europa. Mas aqui, o corpo docente peticionário, ao ler tais opiniões, em vez de recorrer aos seus colegas muçulmanos e implorar-lhes que "provassem que ela estava errada", ficou "profundamente envergonhado com a sugestão de que os sentimentos acima citados expressassem os valores da Brandeis". Assim, uma mulher africana que se opôs ao pior patriarcado existente no planeta foi internacionalmente envergonhada como "alguém que [não] realmente atende aos padrões e defende os valores desta universidade".[61] O presidente cedeu ao furor e a desconvidou.

Quais eram os interesses dos peticionários? Por que a linguagem exaltada – "virulentamente antimuçulmana", "mensagem horrível", "profundamente envergonhado"? Por que as ordens imperiosas para cancelar o convite imediatamente? Qual era a emergência moral? Por que o pânico moral diante do mero *pensamento* de que a Brandeis poderia homenagear essa mulher?

Os peticionários reconhecem a alegação de Ali de que algo errado está acontecendo no mundo muçulmano: "Reconhecemos plenamente os danos dos casamentos forçados; da mutilação genital feminina, que pode causar, entre outros problemas de saúde pública, o aumento da mortalidade materna e infantil; e dos crimes de honra". O "plenamente" aqui, no entanto, soa um pouco vazio, sobretudo quando a próxima frase muda o tema dramaticamente – pode-se até dizer, inverte o problema. E aqui encontramos o cerne do dilema que revela a traição das mulheres que sofrem precisamente dos problemas acima listados. Após esse breve reconhecimento da magnitude da difícil situação das mulheres no mundo muçulmano, afirma a petição (o texto entre colchetes são meus comentários):

Esses fenômenos não são, contudo, exclusivos do islã [apesar de ser desproporcionalmente assim no presente]. A escolha da sra. Hirsi Ali sugere ainda ao público que a violência contra meninas e mulheres é particular do islã ou da maioria do mundo não ocidental, obscurecendo assim tal violência em nosso meio entre os não muçulmanos, inclusive em nosso próprio *campus* [?]. Também tolda o trabalho árduo em campo realizado por feministas muçulmanas comprometidas e outras ativistas muçulmanas progressistas e acadêmicas, que encontram apoio para gênero e outra igualdade dentro da tradição muçulmana e são eficazes em alcançá-la [?]. Não podemos aceitar [!] a narrativa triunfalista da sra. Hirsi Ali da civilização ocidental [?], enraizada numa crença central no atraso cultural dos povos não ocidentais.

Em outras palavras, ao esconder-se por trás da afirmação de que o islã não deveria ser especificamente associado a essas questões e atribuir a Hirsi Ali posturas que ela não assumiu, os peticionários deixam claro que não permitirão no seu *campus* um defensor dos valores ocidentais, alguém que faça generalizações bastante precisas sobre o tratamento diferenciado das mulheres no Ocidente e no islã. Não terão uma discussão franca sobre os problemas do islã e da violência masculina muçulmana contra as mulheres, e *certamente não* com pessoas que até consideram a possibilidade de que tais problemas sejam estruturais e sistêmicos ao islã.

Observe quão certa e insistente é essa petição sobre a absoluta inaceitabilidade de um discurso ocidental "triunfalista". Como ousa o Ocidente reivindicar ter resolvido alguns problemas-chave que as sociedades tradicionais não resolveram, entre os quais uma redução dramática do grau em que as mulheres estão fisicamente à mercê dos homens e um aumento dramático da representação das mulheres na esfera pública? Nesse caso, as mulheres proeminentes no mundo acadêmico ocidental podem fazer exigências imperiosas à administração, exigindo respeito pela honra de sociedades nas quais elas têm pouco ou nenhum papel na academia e enfrentam violência se falarem de forma autoritária com superiores masculinos.

As posições "essencialistas" que os peticionários atribuem explicitamente a Hirsi Ali são na verdade projeções invertidas de sua própria aversão essencialista ao Ocidente, aquele inimigo irremediavelmente mau da salvação global. E, então, as mesmas pessoas que estão horrorizadas e cheias de arrependimento com a sugestão de que algo negativo pode ser sistêmico, inerente ao islã – "islã estruturalmente violento? Impossível. Inexprimível!" – ficam cheias de virtuosa indignação ao considerar (para elas) a afirmação incontestável de que os EUA são uma sociedade e um regime sistemicamente racistas.

Em 2006, pelo menos nos Estudos de Mulheres, tornou-se impossível opor-se ao subdogma de que o Ocidente era mau e que o restante do mundo não deve ser julgado (certamente não julgado desfavoravelmente) em comparação com o Ocidente. Daphne Patai escreveu sobre uma lista de discussão por e-mail dos Estudos de Mulheres, em que alguns dos princípios eram criticados:

> Em outubro de 2006, houve um debate típico acerca dos estudos sobre mulheres na lista de e-mails do grupo de Estudos de Mulheres (que tem mais de 5 mil assinantes) sobre a violência masculina branca. Foi manifestada uma imensa raiva contra as poucas mulheres que escreveram sugerindo que existem problemas piores entre outros grupos – por exemplo, violência nos países muçulmanos ou as taxas de homicídio e estupro entre negros em comparação aos brancos neste país. A discussão forneceu mais uma indicação de como a política de identidade está sendo buscada neste momento. No universo acadêmico, em particular, as pessoas se opõem a generalizações sobre negros ou sobre muçulmanos ou qualquer outro grupo que seja não branco e não anglo. Elas se apressam a defender esses grupos porque, como grupos presumivelmente oprimidos ou anteriormente oprimidos, eles possuem identidades que hoje os isentam de crítica [racismo humanitário: nunca culpe a vítima!]. Entretanto, as mesmas pessoas reticentes são livres para fazer generalizações sobre os Estados Unidos serem uma "cultura do estupro" ou afirmar com segurança que a violência masculina branca é o principal problema com o qual todos temos de lidar.[62]

Assim como Martin Amis perguntou ao seu público de celebridades britânicas "Quem pensa que é moralmente superior ao Talibã?",[63] pode alguém com uma bússola moral não reconhecer que "percorremos um longo caminho, querido", no qual "nós" somos os homens ocidentais, e "o caminho" inclui aprender a tratar nossas mulheres com muito respeito e uma renúncia ao nosso recurso à lei do mais forte. É uma transformação total? Não. É melhor do que culturas em que as mulheres vivem numa insegurança radical de que os membros de sua própria família irão matá-las por "envergonhá-los" [...] mesmo que apenas *pareça* que os está envergonhando? Sim.

Não será uma desorientação moral de proporções cósmicas para uma sociedade que fornece às vítimas de estupro espaços seguros para que, inadvertidamente, palavras não as perturbem, que insista que não são melhores – nem piores! – do que uma cultura em que as famílias sentem a pressão da comunidade para matar uma filha que foi estuprada?[64] Quem pode seriamente argumentar que olhar para os assassinatos muçulmanos em defesa da honra "obscurece, assim, tal violência em nosso meio entre os não muçulmanos, inclusive em nosso próprio *campus*"?

As linhas dessa capitulação já estavam traçadas no final do século XX, quando "feministas" pós-coloniais, muitas vezes de sociedades fortemente patriarcais, argumentaram que a luta contra os imperialistas ocidentais superava a luta contra o patriarcado do terceiro mundo. O relativismo cultural tornou-se a ordem do dia, juntamente com o nós-também-ismo que ele exige: os assassinatos em defesa da honra são apenas parte do espectro da violência doméstica, encontrada tanto no Oriente como no Ocidente.[65] E certamente não têm *nada* a ver com o islã.[66] Pelo contrário, algumas feministas pós-coloniais alegaram que Maomé se opôs a tais crimes, assim como se opôs ao assassinato de bebezinhas.[67] De fato, qualquer pessoa que sugira que a cultura islâmica tem uma alta correlação com crimes de honra (um "fato" empírico) é um islamofóbico vendendo notícias falsas.[68] De preferência, nem sequer mencione isso,[69] e se precisar, desaprove duramente tal desinformação.[70]

Se o feminismo tivesse permanecido fiel à sua bússola moral – a superioridade de um mundo de intimidade não coagida, acima daquele governado pela força – teria percebido rapidamente no mundo depois de 2000 quantas ligações perturbadoras existem entre a forma como os *caliphators* tratavam suas mulheres e os olhos predatórios através dos quais viam o infiel como *harbi*. Teria entendido os papéis relativamente novos que tanto o *hijab* quanto os assassinatos em defesa da honra desempenharam no policiamento da fronteira entre as comunidades muçulmanas cada vez mais tribais, definidas pelo *caliphator*, por um lado, e os infiéis circundantes, por outro.[71] Aqui está uma mulher turca que pensa que pode ser alemã, ali está uma palestina envergonhada que pode recuperar a sua honra explodindo-se num hospital israelense.

Se as mulheres no universo acadêmico tivessem seguido esses direcionamentos, poderíamos ter compreendido melhor o papel que a misoginia muçulmana desempenha no medo e no ódio do *caliphator* ao Ocidente. Talvez, se tivéssemos, com a orientação de feministas íntegras, prestado atenção em como os *caliphators* tratam as mulheres muçulmanas, poderia ser suscitada a pergunta válida: de que forma isso é um prenúncio do que os *caliphators* têm reservado para os afortunados que ainda não conhecem seu açoite? Em vez disso, tudo se tornou parte de "fatos que não deveríamos saber", o material recolhido pelos caminhões de lixo a serviço dos intencionalmente cegos. Se não olharmos, não perceberemos a importância de combater a misoginia muçulmana, ou confrontar como somos covardes por não defender as mulheres muçulmanas mesmo uma fração de como protegemos nossas mulheres.

Como isso aconteceu? Phyllis Chesler, depois de observar a inversão moral sistemática, encontra uma nova etapa no abandono feminista ocidental das mulheres muçulmanas na era pós-11 de Setembro, quando não apenas as feministas se juntaram ao ataque antiamericano,[72] mas evitaram de maneira elaborada qualquer coisa que pudesse parecer que o islã fosse o alvo.[73] Não importa quão odioso fosse o crime e quão proeminente a identidade muçulmana do criminoso masculino; de alguma forma, tudo era culpa do Ocidente. O mesmo padrão emerge na abordagem da comunidade dos "direitos humanos" à violência palestina contra as suas mulheres: culpe a ocupação.[74] *Palestinian Women's Lives Matter* – mais um sacrifício no altar do culto da ocupação.

As consequências negativas desse tipo de fracasso moral aparecem em muitos eventos proeminentes após a eleição de Trump. O que possibilitou à "feminista" palestina Linda Sarsour, e a duas "mulheres de cor" chegarem ao topo da onda nascente do movimento das mulheres em resposta a Trump? Embora Sarsour e suas amigas tenham ido, no final, longe demais, alienando muitas outras, elas conseguiram ser as líderes dos protestos por dois anos, durante os quais admiraram um dos religiosos (muçulmanos) antissemitas mais explícito nos EUA, e baniram feministas judias com apenas traços de sionismo do movimento "progressista": "Sionistas não podem ser feministas".[75] Quando deixaram de participar, pouco restava. No entanto, apesar de seu desprezo pelas mulheres judias (umas das principais contribuintes para o feminismo em seus primórdios), e apesar de dizer às feministas que subordinassem suas preocupações à causa palestina, Linda Sarsour foi e permaneceu uma figura carismática, conquistando a admiração leal de atores ativistas como Susan Sarandon, Mark Ruffalo e a Anistia Internacional – pessoas bem-sucedidas de uma camada privilegiada da sociedade – por sua coragem em usar um lenço.[76] Apesar de eventualmente deixar de participar da Marcha das Mulheres das "feministas" antissionistas, o casamento do "feminismo" e da causa palestina (masculina tóxica) continuou em ritmo acelerado no universo acadêmico. Em maio de 2021, em resposta à troca de tiros entre Israel e o Hamas, os Estudos de Gênero permaneceram na vanguarda da solidariedade com o "Coletivo Feminista Palestino",[77] cujas prioridades são o anti-imperialismo dos tolos e não o bem-estar das mulheres palestinas, cujo futuro pareceria muito sombrio se a atual liderança palestina "libertasse" a Palestina do rio ao mar.

Contudo, os lembretes mais claros dos custos dos princípios progressistas e do sofrimento das vítimas decorrentes dessas inversões mentais vêm à tona quando se consideram aqueles que não têm o *status* de "vítima privilegiada". As mesmas pessoas que correm às ruas para se juntarem a uma cacofonia de vozes que atacam Israel com indignação por violar os "direitos inalienáveis" palestinos, de alguma forma não podem ser encontradas em comícios sobre cristãos sendo atacados no mundo de maioria muçulmana, ou sobre palestinos sendo atacados pelos seus compatriotas árabes, ou mulheres palestinas sendo atacadas por seus maridos, ou uigures sendo atacados pelos chineses Han. Em termos de números e sofrimento, o destino dos palestinos, pelo menos nas mãos de Israel, é insignificante em comparação com a magnitude da violência que os muçulmanos infligem às suas populações cristãs. No medidor de indignação da mentalidade do ano 2000, é precisamente o oposto, e os protestos sionistas são meras falácias do *tu quoque*.

# *DHIMMITUDE* PREVENTIVA: SUBMISSÃO INCONSCIENTE

Se eu não vejo isso...
nego que mesmo exista...
Isso conta?

Pode-se olhar, de queixo caído, esses surpreendentes lapsos e fracassos intelectuais, morais e até emocionais. Sobretudo quando se percebe que eles *têm um grande custo* para as próprias pessoas que fazem tais escolhas. Elas não conseguem promover os valores que defendem (contra o ódio e o preconceito) e, quando atacadas, desarmam-se! Espanto, raiva, escárnio, desespero, indignação – são respostas honestas a essa imprudência duradoura por parte das elites ocidentais do século XXI.

Mas os adeptos da mentalidade do ano 2000 são apenas "objetivamente" estúpidos. Especialmente tendo em conta a capacidade dos envolvidos nas inversões, é difícil atribuir isso à verdadeira estupidez, à falta de inteligência. São algumas das pessoas mais inteligentes e bem-sucedidas do planeta; foi assim que alcançaram suas posições de destaque.

Quando o cientista Bill Nye explicou como os ataques jihadistas ao *Charlie Hebdo* em Paris em 2015 foram resultado do aquecimento global, a "falsa causalidade" era óbvia para qualquer pessoa que se desse ao trabalho de pensar (assim como a pobreza ou a anomia causam o terrorismo). Gad Saad identifica aqui o culpado mental, a mente parasita, cuja "lei do instrumento" (dê um martelo a uma criança e tudo parece ser um prego) faz do aquecimento global a explicação para tudo. Mas as especificidades sugeridas por esse martelo em particular atendem às exigências da mentalidade do ano 2000: *quando os jihadistas atacam, culpe o Ocidente.*[1] O mesmo vale para tantos outros exemplos das "profundas imbecilidades" que Saad documenta, como a imigração aberta, ou o horror de (necessariamente discriminatório) traçar perfis, ou mais de 50 razões pelas quais o islã não tem nada a ver com o 11 de Setembro ou com qualquer um dos outros 35 mil ataques em todo o mundo. Saad aponta como todo esse "raciocínio" protege o islã,[2] o que eu gostaria de chamar de *dhimmitude preventiva.*

Se apontássemos para a ideologia pós-colonial (sincera) e para o antissemitismo (fervoroso) como impulsionadores desse comportamento estranho, seria possível explicar algumas das formas mais flagrantes, porém certamente não todas, nem a adoção dessas posturas cada vez mais difundidas e agressivas. Essas motivações não podem explicar o consenso aparentemente inquebrável, a loucura precipitada da mente parasitária. Por que tão poucos se opõem a casos repetidos nos quais a mentalidade do ano 2000 se contradiz, abandona seus princípios e sacrifica os objetos da sua alegada preocupação? Por que os gentios progressistas se mantêm afastados quando a liderança *woke* tem como alvo judeus que não renunciarão ao seu demônio sionista? Por que se afastam de qualquer pessoa acusada de islamofobia? Por que a narrativa politicamente correta do século XXI foi adotada pelos progressistas? O que aconteceu com a voz ruidosa da dissidência, necessária precisamente em momentos como esse?

Para colocar a questão ideológica em termos da dinâmica da vergonha-honra: por que a voz da dissidência não ganha força? De fato, aqueles que se opõem à narrativa [invertida] recebem uma forte reação dos que ofendem e pouco ou nenhum apoio dos que defendem. O abandono das mulheres no mundo árabe, a indiferença para com vítimas que não são privilegiadas (tibetanos, curdos, berberes, judeus, habitantes de Hong Kong, uigures)... a ausência de plataforma da opinião "de direita" nas redes sociais, mesmo quando outros propagadores do ódio, mais politicamente corretos, abundam em grande parte sem impedimentos... a tolerância ilimitada à violência na busca pela "paz"... em algum ponto seria de esperar que a mente moral se rebelasse, não? Quão injusto, mal-informado e mal-intencionado se deve ser para dizer às mulheres muçulmanas: "Coloquem suas reivindicações em espera enquanto nós, feministas, apoiamos homens tóxicos que lutam por 'justiça' na Palestina?" Ou olhar para o conflito entre judeus e muçulmanos na "Terra Santa" e dizer aos judeus: "A culpa é sua; se vocês dessem mais, tenho certeza de que eles seriam pacíficos"?

Se observarmos a insurreição *woke*, encontramos um padrão familiar: distorcer princípios igualitários com exceções que privilegiam um grupo perante a "lei". Às "vítimas" designadas é permitido o ódio, sua utilização como bodes expiatórios e a violência; suas vítimas visadas sujeitas a princípios estritamente igualitários e verbalmente vegetarianos. No ápice interseccional encontra-se uma aristocracia de vitimização, cujo sofrimento é causado por pessoas brancas (judeus aqui sendo enquadrados como brancos). Os sentimentos de todos contam, exceto daqueles rotulados como "ruins"; matar pessoas inocentes é horrível, exceto quando são muçulmanos matando judeus e, nesse caso, ou não está acontecendo ou, francamente, é louvável.[3]

Em quase todos as ocorrências, esses produtos de narrativas invertidas e de reportagens intencionalmente cegas assumem posições que correspondem precisamente ao que os *caliphators* exigem dos infiéis. De alguma forma, através dessa alquimia, os palestinos recebem o *status* privilegiado de vítimas, o que não só torna sua causa uma prioridade, mas protege seus direitos ao ódio e ao massacre do seu inimigo. E por meio de mais um truque alquímico, essa mesma atitude protege o direito de odiar dos *caliphators* no mundo inteiro.

Para entender a sobreposição, considere uma lista de pontos de discussão do *caliphator* para os infiéis, isto é, a narrativa que os *caliphators da'wa* querem que os infiéis adotem enquanto eles invadem suas sociedades:

1.  O islá é uma religião de paz e qualquer violência cometida em seu nome não é o verdadeiro islá.

2.  *Jihad* não é guerra santa, mas luta interna; aqueles que travam a *jihad* militar para expandir o *Dar al Islam* estão sequestrando a religião. *Dar al Harb* não é mais uma categoria relevante.

3.  Os muçulmanos fazem jus a todos os direitos humanos, incluindo o direito à liberdade de expressão, reunião, culto, imigração e o direito de não serem suspeitos ou sujeitos a vigilância.

4.  Os muçulmanos não devem ser insultados ou ofendidos.

5.  As pessoas que ofendem os muçulmanos são islamofóbicas e, como a islamofobia é para o século XXI o que o antissemitismo foi para o século XX, o seu comportamento deveria, portanto, ser criminalizado.

6.  Os palestinos são um povo e são os "novos judeus/vítimas de genocídio"; os israelenses não são um povo e estão se comportando como "novos nazistas".

7.  Os palestinos querem uma solução de dois Estados, cumpriram todos os requisitos, e quaisquer falhas na obtenção da paz são culpa de Israel.

8.  A violência muçulmana contra os judeus na Europa deve-se ao que Israel faz; e a violência jihadista contra o Ocidente se deve à agressão ocidental (Afeganistão, Iraque) e apoio a Israel.

9.  O terrorismo não deve ser usado pelos infiéis para descrever os jihadistas que se recusam a serem tão estigmatizados moralmente, mas sim para infiéis que "agridem" os muçulmanos.

Agora, da perspectiva dos *caliphators*, tudo isso é um disparate. Para eles,

1.  O islá é uma religião de guerra, conquista e domínio; e a *jihad* é o nome dessa guerra.

2.  O terror é a principal arma que os jihadistas usam para intimidar os infiéis que eles abraçam e enaltecem; eles simplesmente não querem que os chamemos de nomes feios.

3. Os *caliphators* não têm intenção de retribuir os direitos e o respeito que exigem, essas exigências são meios para melhor conduzir a sua invasão.

4. Os *caliphators* definem "ser ofendido" não em termos de um padrão comum aplicável a todos, mas em termos tribais exclusivistas, do intolerável escurecimento de seu rosto e da honra de Alá.

5. Os *caliphators* usam o termo "islamofóbico" como forma de atacar qualquer crítica aos muçulmanos e especialmente qualquer pessoa que exponha o que eles estão fazendo.

6. Os palestinos não são as vítimas judias moderadas que compram suas próprias passagens de trem para Auschwitz, nem bravos combatentes judeus pela liberdade lutando para resistir, mas a primeira onda da *jihad* global realizando a batalha padrão de ódio exterminacionista contra os judeus.

7. O "processo de paz" com Israel é uma operação Cavalo de Troia – "[eles nos dão] *terras* para [nossa] *guerra* [de eliminação]".

8. Visar os judeus nas democracias é o primeiro passo para assumir o controle dos países de onde fogem; é fácil porque o restante dessas sociedades acredita na propaganda do *caliphator* e ignora os gritos das suas vítimas.

9. A violência jihadista não é produto da agressão imperialista ocidental; sua intensidade e durabilidade originam-se de aspirações milenaristas para a conquista do mundo, não do desespero de ser livre; e sua violência chocante não é produto da frustração com a ocupação e da falta de liberdade, mas das fantasias ferozes sobre o destino do islá de dominar.

Não obstante o contraste gritante e facilmente verificável entre o que é dito entre os muçulmanos e em línguas estrangeiras, a desinformação na primeira lista corresponde diretamente aos principais pontos de discussão do *caliphator da'wa* nos estágios iniciais da invasão cognitiva do Ocidente. Aqui, os demopatas, choramingando como frágeis *hommes de ressentiment* de Nietzsche, invocam os mesmos princípios que desprezam e não têm intenção de obedecer quando são fortes, explorando a boa vontade de seus alvos a fim de invadir.[4] O destino do suspense internacional, *The Siege of Tel Aviv*, de Hesh Kestin, ilustra todos esses elementos: pelo fato de descrever o ataque bem-sucedido de cinco nações muçulmanas a Israel (sob o pretexto de fazer a paz), o autor foi acusado de islamofobia por sugerir num romance que muitos muçulmanos, especialmente seus líderes, realmente querem exterminar Israel e massacrar seus habitantes. Assim, uma realidade do Oriente Médio (uma das formas mais desagradáveis da regra do Hama), com enormes implicações para os infiéis, não pode ser expressa... uma posição imposta por muitos infiéis progressistas.[5]

Os intelectuais ocidentais são notável e extraordinariamente vulneráveis a esse apelo demopata, não importa o quanto sejam abertamente antagônicos. Beneficiários de um sistema baseado na meritocracia, ansiosos para evitar até mesmo a aparência de preconceito/desafio, a mentalidade do ano 2000 torna a desinformação do *caliphator* politicamente correta. Quando o segurança do aeroporto olhou para Atta em 11 de Setembro, ainda que pensasse que ele parecia terrivelmente suspeito – quase uma caricatura de um terrorista – ele se repreendeu mentalmente, para que *ele* não parecesse um racista. E então o deixou passar. Engane-me uma vez, que vergonha. Engane-me repetidamente, por mais de duas décadas... o que há de errado comigo? Onde está o nosso detector de hipocrisia? Os ímãs sob a mesa o enviaram para um giro sistêmico?

A começar com a sua espetacular mobilização de forças "progressistas" globais em Durban, a demopatia *da'wa* teve enorme sucesso no século XXI: o poder de acusações de islamofobia para destruir carreiras... o treinamento de sensibilidade destinado a ensinar os infiéis a não ofenderem os muçulmanos... o enorme dossiê acumulado por ONGs e pela ONU de acusações contra Israel pela violação dos direitos palestinos e o dossiê desaparecido das violações palestinas dos direitos judaicos, cristãos e muçulmanos... a censura generalizada e a perseguição (estilo pós-moderno) de infiéis identificados como islamofóbicos no Ocidente, e a censura e perseguição generalizadas (estilo pré-moderno) de cristãos por muçulmanos no Oriente Médio... a excepcional credulidade dos infiéis ocidentais quando confrontados com a avaliação das narrativas letais do *caliphator*, suas reivindicações morais e sua profunda suspeita de qualquer coisa proferida pelos "dois Satãs". Daí a proeminência do CAIR na nossa esfera pública e nos sistemas educacionais, a começar com o seu papel relacionado à resposta de Bush ao 11 de Setembro, e continuando agora entre os líderes do Partido Democrata.[6]

Se pensarmos na mentalidade do ano 2000 como uma adoção (silenciosa) dessa narrativa demopata oferecida, feita sob medida para o sucesso do *caliphator* e para o fracasso democrático, as inconsistências desaparecem. A mentalidade do ano 2000 age extensivamente em conformidade com essa narrativa *da'wa*, especialmente naqueles pontos em que as autocontradições são mais gritantes. Os *caliphators* "não violentos" podem apelar aos direitos humanos para exigir concessões impossíveis de Israel e do Ocidente (retirem-se enquanto invadimos) e, no entanto, obter apoio retumbante da comunidade global de direitos humanos. Eles podem acusar Israel de pecados regularmente cometidos nas suas culturas políticas (Apartheid, racismo, massacre, ataques a crianças, ambições imperialistas, genocídio) e obter apoio inquestionável dos adeptos da mentalidade do ano 2000. Nos *campi*, nas plataformas de mídia social, o discurso de ódio dos muçulmanos permanece em grande parte sem oposição, enquanto aos sionistas são negadas plataformas devido ao "discurso de ódio" pelas mais abrangentes definições. E ainda não é suficiente.[7]

Em outras palavras, argumento que a surpreendente tolerância que a mentalidade do ano 2000 demonstra pela intolerância do *caliphator* não deriva da estupidez, nem da lei do instrumento, nem do racismo humanitário, nem mesmo da altivez, mas de antecipar e obedecer às diretrizes do *caliphator* tanto quanto possível, sem realmente parecer que está se sujeitando.

Esse discurso se impôs de maneira tão poderosa e uniforme às elites intelectuais e de informação no Ocidente que alguns dissidentes da "*alt-right*" literalmente a identificaram como "a Narrativa". Um analista astuto, ainda que não simpático, descreveu "a Narrativa" como

> um vocabulário inegociável que todo membro da sociedade educada era obrigado a aprender. O politicamente correto era apenas uma pequena parte. Os americanos absorveram a Narrativa todos os dias – nas escolas, na mídia, através do entretenimento de massa, por meio

de milhares de minúsculas pistas sociais. A lavagem cerebral foi tão completa que se tornou invisível; as pessoas internalizaram os axiomas tão profundamente que, depois de um tempo, não conseguiam pensar sem eles. Ao simplesmente apontar a existência dos axiomas, o que não dizer questionar a sua verdade, corriam o risco de serem consideradas brutos perigosos, párias.[8]

E bem no topo da narrativa de diversidade-inclusão identificada por esses brutos da *alt-right*, havia duas afirmações principais: "O islã é uma religião de paz. Portanto, os mulás que clamavam pelo derramamento de sangue tinham de ser ignorados ou justificados". Para provar isso, a resposta das pessoas de espírito elevado é: esse absurdo sobre uma "narrativa" é produto de pensadores paranoicos da conspiração.

Poderíamos ficar tentados a chamar esse medo direto de medo da *fatwa* e os fanáticos morreriam de bom grado cumprindo a sentença de morte – o próprio fenômeno que eles negam existir.[9] Inquestionavelmente, há um forte elemento de medo envolvido, instilado, por um lado, pelos danos aleatórios dos ataques suicidas (11 de Setembro, 7 de julho, Fort Hood 2009, Nice 2016) e, por outro lado, pelos assassinatos de alvos individuais, de Theo Van Gogh (2004) a Samuel Paty (2020). Da mesma forma que um ímã sob uma mesa controla como as limalhas de ferro da superfície se alinham, a mentalidade do ano 2000 se alinha acima da superfície de nossa sociedade civil, obedecendo silenciosa e invisivelmente à força magnética das exigências feitas pela religião triunfalista que nos recusamos a reconhecer, mesmo quando nos curvamos a elas. Basta perguntar a Tim Benson por que os cartuns políticos britânicos atacam Israel com ferocidade e não tocam em Arafat.[10]

Acima da mesa, a conversa expressa a mentalidade do ano 2000, com seus nobres princípios sobre justiça social e antirracismo, sua rejeição às advertências como teoria da conspiração paranoica e sua plenitude de segredos públicos. Todo mundo sabe que, quando nossos líderes políticos e especialistas deploram a "violência sem sentido", eles realmente querem dizer *violência muito significativa* destinada a lembrar o infiel: "Não ouse nos ofender".

> Vocês declararam guerra contra Alá e seu Profeta. Vocês declararam guerra contra a *ummah* muçulmana! Por isso, pagarão um preço alto. Aprendam a lição de Theo Van Gogh! Aprendam as lições dos judeus de Khaybar! Aprendam as lições de tudo o que puderem ver. Pois vocês pagarão com sangue.[11]

Compreendemos perfeitamente o sentido da violência quando falamos de não "insultar gratuitamente 1,5 bilhão de pessoas". Embora a hashtag #JeSuisCharlie tenha ficado na moda por um breve período após o massacre de uma dúzia de cartunistas franceses em Paris por *caliphators* jihadistas em 2015, foi substituído rapidamente por #JeNeSuisPasCharlie.[12] E quando o PEN International quis dar um prêmio ao *Charlie Hebdo* por "Coragem pela Liberdade de Expressão", 242 dos seus membros, insistindo na sua "seriedade e compromisso moral", expressaram sua objeção afirmando que "as caricaturas do Profeta *devem ser vistas* com a intenção de causar mais humilhação e sofrimento".[13] Quando um jihadista nascido na Grã-Bretanha tomou cinco pessoas como reféns em uma sinagoga no Texas para libertar um agente da Al-Qaeda de uma prisão americana, um porta-voz do FBI afirmou apressadamente que não havia relação entre as exigências do jihadista e o antissemitismo, uma afirmação repetida cada vez com maior determinação pela Associated Press e pela BBC.[14]

Isso é melhor entendido menos como um medo incipiente do que como uma forma de *dhimmitude* antecipatória em que os indivíduos assumem as obrigações de *dhimmi* sem mesmo terem sofrido uma derrota militar, na esperança de que, sendo suficientemente respeitosos/submissos e obscurecendo as linhas de agressão (que tantas vezes passam pelos judeus), os *caliphators* não sentirão a necessidade de insistir em uma *dhimmitude* formal ou conversão. Obviamente, a *dhimmitude*, em sua forma completa, com suas fórmulas para a humilhação do infiel – montar em burros, não em cavalos; não erguer altos edifícios de culto; caminhar, cabisbaixos, na sarjeta ao passar por um muçulmano – são fórmulas inapropriadas para os líderes ocidentais de hoje. Mas eles (pensam que) podem, talvez, evitar tal submissão direta obedecendo a certos princípios básicos que devem ser observados pelos bons infiéis. "Caso contrário, seus idiotas tolos seduzirão o espírito leonino da *jihad*."[15] Acima de tudo, nessa fase inicial da campanha, o principal requisito que os *caliphators* fazem de todos os *dhimmi* é a proibição de ofender os muçulmanos (triunfalistas) blasfemando contra a sua religião, incluindo a acusação verdadeiramente "dolorosa" de que os jihadistas são inspirados pelos textos e pela doutrina islâmicos.

Embora essa diretriz de *não* desafiar os muçulmanos seja um dever de todo *dhimmi* (preventivo ou não), é particularmente responsabilidade dos chefes das comunidades dos *dhimmi* garantir que seus membros não saiam da linha. Os *dhimmi* devem morder a língua *para que não* haja violência muçulmana; e os líderes infiéis devem garantir que seu povo não ofenda.[16] Essa tem sido uma das principais funções dos líderes *dhimmi* – judeus, cristãos, zoroastristas, hindus – em quase todo o milênio e meio onde quer que os muçulmanos governassem.

Os líderes do pensamento ocidental no século XXI, com o seu firme compromisso para com a mentalidade do ano 2000, podem ser entendidos como líderes *dhimmi preventivos*. Esses infiéis, em posições de autoridade em Estados ainda não conquistados, no reino da espada, aceitaram silenciosamente as regras da *dhimmitude* como uma forma de (assim eles pensam) antecipar uma conquista do *caliphator*, ou pelo menos retardá-la. Ao contrário dos líderes *dhimmi* em *Dar al Islam*, onde os líderes infiéis estão visivelmente obrigados e sujeitos aos governantes muçulmanos, em *Dar al Harb*, os líderes *dhimmi* devem impor regras com as quais os infiéis em geral não estão familiarizados e devem parecer independentes dos muçulmanos triunfalistas cujas regras eles aplicam. E enquanto em suas mentes estão preservando a dignidade muçulmana, na verdade recebem instruções de *caliphators* e articulam sua narrativa de guerra cognitiva para o consumo infiel.

Não teria sido apropriado, por exemplo, se o presidente dos EUA tivesse aparecido na semana após o 11 de Setembro se curvando diante dos muçulmanos que o acompanhavam e dito aos seus concidadãos infiéis aquilo em que os *caliphators* genuinamente acreditam: "O islã é uma religião superior, uma religião de guerra e de conquista; acabamos de sentir o seu poder e terror; vamos nos submeter e ser poupados". Ao contrário, de boa vontade, ele assegurou aos seus concidadãos infiéis que os muçulmanos eram iguais a eles e estavam horrorizados com o ataque jihadista (fake news) e depois leu uma promessa de vingança do Alcorão contra os blasfemadores, que apresentou como prova da natureza pacífica do islã. E a mentalidade do ano 2000 em todos nós, aplaudiu: "Pelo menos *não* vamos usar nossa pobre, marginalizada e sub-representada minoria muçulmana como bode expiatório. (Tenho certeza de que eles fariam o mesmo por nós.)"

A coisa mais distante do nosso pensamento seria um terceiro cenário, em que Bush apareceria no Centro Islâmico e diria aos muçulmanos americanos na plateia:

> Esse ataque foi feito por fervorosos crentes muçulmanos em nome da sua religião. Cabe a vocês, portanto, mostrar-nos o seu compromisso com a cidadania em nossa terra, rejeitando explícita e extensamente esses atos. Respondam a algumas questões-chave:
>
> - O que os muçulmanos americanos pensam e acreditam sobre o imperialismo triunfalista dos seus antepassados, tão vividamente demonstrado nesse ataque covarde à nossa nação, e por cuja renúncia por parte dos cristãos nossa democracia foi fundada?
> - O que vocês acham da terra em que vivem agora, na qual os aceitamos? É *Dar al Harb*, a terra a ser conquistada?
> - Vocês interpretam *Al-Walā' wal-Barā'* como "ame o bem e odeie o mal?" Ou: "ame o muçulmano e odeie o infiel?"
> - E o que vocês propõem fazer com seus correligionários que insistem na interpretação triunfalista, de que o destino do islã é dominar?
>
> Se vocês não puderem responder a essas perguntas de forma satisfatória, então receio que não possam esperar que estendamos a vocês toda a gama de liberdade religiosa que estabelecemos em nossas terras, liberdades oferecidas àqueles que fazem a renúncia recíproca principal que todos nós fizemos – não usar o poder para impor a própria religião a outros. E até que possam nos convencer do seu compromisso para com a terra para a qual vieram, não esperem que confiemos em vocês.

Qualquer um que responda: "Não fale assim. Não podemos sair em guerra contra mais de 1 bilhão de muçulmanos! Portanto, não vamos incomodá-los", realmente pensa nos muçulmanos como um *amálgama* beligerante e homogêneo que verá nossas demandas por reciprocidade e compromisso cívico como uma declaração de guerra.[17] E só quem não está ciente da reciprocidade necessária para que os direitos humanos tal como os entendemos existam, poderia objetar.

Ao ver os adeptos da mentalidade do ano 2000 como *dhimmi* preventivos, podemos entender de onde provém a aids cultural:[18] quando os glóbulos brancos do corpo político atacam não os invasores, mas o mensageiro de advertência, é a liderança *dhimmi* atacando os membros indisciplinados de sua própria comunidade, aqueles criadores de problemas que perturbam os muçulmanos. Quando os tribunais suecos policiam vigorosamente o "discurso de ódio" contra os muçulmanos suecos (queixas sobre imigrantes, críticas ao islã) e dão rédea solta ao discurso de ódio mais hediondo entre os muçulmanos, eles estão cumprindo o seu dever como líderes *dhimmi* preventivos. Suas explicações multiculturais ("é assim que eles se comportam – quem somos nós para impedi-los?") nos oferecem principalmente uma visão sobre como acobertar de forma apropriada algo constrangedor ou vergonhoso. Quando o corpo docente de Brandeis, mulheres "acadêmicas" na liderança, gritam sobre a "mensagem horrível" que enviamos aos muçulmanos ao homenagear Ayaan Hirsi Ali, como isso nos cobre de "vergonha", elas estão atuando como líderes *dhimmi*. A partir de uma perspectiva demótica, elas se cobrem de vergonha.

Quando jornalistas como Chris Hedges publicam histórias de israelenses matando crianças muçulmanas, incitando o ódio jihadista, e depois fornecem uma explicação ocidental condescendente ao desejo frustrado dos palestinos pelos direitos humanos, sem uma palavra sequer sobre o islã radical ou os ataques jihadistas aos judeus, eles seguem a regra do *caliphator*: "Façam nossa propaganda de guerra como notícia e não falem sobre nossos ódios e violência". Terminamos na década de 2020 com o excepcional espetáculo de pessoas que invocam o sagrado princípio da tolerância, dando aos *caliphators* acesso total à esfera pública ocidental, ao mesmo tempo que se tornam estridentemente intolerantes com seus deploráveis companheiros infiéis de "direita", que têm a coragem de criticar esses bons e íntegros cidadãos. O único princípio que tal defesa que marca gol contra apoia é o da *dhimmitude* preventiva.

Esse tampouco é um tópico menos importante. Nas últimas duas décadas, tem sido o tema de políticos e jornalistas: é preciso evitar confrontos com muçulmanos, por mais questionável que seja a ofensa muçulmana (por exemplo, [o inventado] insulto papal, a "blasfêmia" de Danoongate [acusada de falsificação], a fim de "evitar um choque de civilizações". No auge do escândalo dos cartuns dinamarqueses, por exemplo, um repórter da BBC explicou a resposta ocidental: "A última coisa que esses governos [europeus (ou seja, infiéis)] querem é outro confronto em que o islã é lançado contra o Ocidente. A estratégia, portanto, é tentar evitar que isso se transforme em um 'choque de civilizações'".[19] A principal diretriz da "estratégia" desse início do século XXI? *Não os irrite.*

Por isso, os nossos líderes explicam-nos como é um insulto doloroso para os muçulmanos quando os infiéis fazem imagens de seu Profeta. Eles nem levam em consideração o argumento de que os *caliphators* estão procurando briga com base numa proibição inicialmente posta em prática a fim de evitar a adoração muçulmana de ídolos do Profeta, cuja implementação atual contra os infiéis é em si uma forma de adoração idólatra. Os *dhimmi* preventivos ocultam sua submissão por trás de esforços elaborados para evitar uma guerra que os *caliphators* já declararam e lançaram.

Tanto o presidente Obama como Hillary Clinton manifestaram essa ansiedade sobre a confirmação da narrativa jihadista como uma preocupação decisiva na formulação da sua política de nunca falar de "islã radical". Clinton, como candidata presidencial, explicou à ABC: "Isso ajuda a criar esse choque de civilizações que é na verdade uma ferramenta de recrutamento para o ISIS e outros jihadistas radicais, que a usam como uma forma de dizer: 'Estamos numa guerra contra o Ocidente – vocês devem se juntar a nós'".[20] Seu discurso expressou uma política governamental formalmente adotada.[21] Em mais de uma ocasião, esse enfoque produziu comédias de impotência aprendida entre os funcionários do governo, confrontados com duros questionamentos de congressistas republicanos: Eric Holder e Paul Stockton comicamente não poderiam dizer "islã radical".[22]

Por conseguinte, tivemos líderes que nos disseram para não falarmos sobre o islã radical de modo a interromper a narrativa dos jihadistas de que "o Ocidente está em guerra conosco" e, ao mesmo tempo, afirmar a narrativa *da'wa*: "O islã é uma religião de paz". Combinada com a contínua veiculação de propaganda de guerra palestina por parte do jornalismo letal, incitando repetidamente a *jihad* e suas paixões para-noicas e odiadoras dos judeus, essa abordagem, tão difundida entre a elite da informação, na verdade se transformou para os *caliphators* em uma combinação ou sequência especialmente poderosa ou eficaz de duas coisas. Eles poderiam florescer à sombra da *dhimmitude* preventiva da mentalidade do ano 2000 e atacar na hora e local de sua escolha.

Portanto, os *caliphators* permaneceram sob o radar voluntariamente debilitado da Inteligência ocidental. Nessas condições, os seguidores de Al-Qaradawi conseguiram construir uma mesquita para espalhar as crenças do *caliphator* entre a população (*da'wa*) no coração de um bair-ro negro em Boston, com uma ótima oferta da cidade e forte apoio de organizações religiosas dos infiéis, incluindo os judeus.[23] Obviamente, para aqueles que adotaram de boa vontade a narrativa do *caliphator* acerca dos *dhimmis* sobre um islã pacífico, não deveria haver problema com uma mesquita que pregava o ódio aos EUA como uma democracia num bairro problemático. Por que alguém que explicasse com condes-cendência ocidental que o "verdadeiro islã" é paz e não tem nada a ver com esse extremismo terrorista teria algum problema?

Entretanto, por que se preocupar que, se essa narrativa fosse ques-tionada pelos infiéis, iria perturbar os muçulmanos a tal ponto que se uniriam a esse extremismo que não tem nada a ver com a sua fé? O pior aluno de Sócrates poderia destruir tal lógica, sem mencionar que qualquer pessoa minimamente treinada em desconstrução poderia dar à luz ao elefante nessa sala. E ainda assim, nessa geração de adeptos da mentalidade do ano 2000... temos pessoas botando para fora aqueles que apontam o problema, ao mesmo tempo que abrem a porta para ele. "Como você ousa perturbar minha cegueira intencional!"

Essa ameaça não reconhecida é negada de forma mais contundente e muitas vezes cômica entre jornalistas letais que cobrem Israel. Mesmo antes do 11 de Setembro, a combinação da intimidação jihadista (ataques terro-ristas, violência direcionada, inclusive contra jornalistas) e da conformidade ocidental estava estabelecida. Os consumidores de notícias ocidentais, a menos que realmente procurassem, não tinham ideia do quanto os palestinos os odiavam. E essa combinação letal continua a dominar a cobertura até hoje.

O principal não é a narrativa da "Ocupação" em si que, para alguém que não sabe de nada, parece plausível. Está no fervoroso apego a ela, apesar das contraevidências. Matti Friedman a considera uma nova religião, especialmente a sua preferência dogmática pelo pensamento moral dualista:

> O rigor da reportagem foi abandonado pelos simples prazeres do sermão [...] A ideia norteadora não era mais compreender o que estava acontecendo; não havia nada para entender. Nós sabíamos quem estava certo e quem estava errado, e restava apenas anatematizar os bandidos até o descrédito de que mesmo o ato de tentar compreendê-los seria uma espécie de pecado.[24]

Uma excelente descrição do jornalismo letal: para o grupo de jornalistas, Israel está além dos limites [...] exceto quando se trata de morar lá e desfrutar da proteção do jornalismo em uma democracia.[25]

Essa falha cognitiva produziu o que Friedman chama de "Culto da Ocupação". Aqui encontramos inversões repetidas vezes sem conta, a verificação de fatos da pior qualidade, a memória mais curta de erros anteriores, a falta mais marcante de interesse em qualquer coisa que não promova a narrativa dualista, a completa aceitação da intimidação palestina. Israel é o mal, os palestinos, as vítimas. Como resultado, uma das ocupações menos onerosas na história das ocupações – antes da primeira intifada, a Cisjordânia tinha uma das economias de crescimento mais rápido no mundo[26] – tornou-se o símbolo do mal nazista, um crime contra os direitos humanos de todo um povo, uma ocupação cuja eliminação é fundamental para a paz mundial. A enorme obsessão das organizações de "direitos humanos" e da ONU pelas violações israelenses dos "direitos humanos" palestinos opera precisamente nessa zona de inversão, na qual os pecados israelenses são vistos através de um microscópio eletrônico e os pecados palestinos – contra Israel, judeus, cristãos, companheiros muçulmanos, jornalistas – através de um telescópio quebrado.

Essa conjuntura de exigências jihadistas e o entusiasmo progressista pela narrativa invertida está no cerne do atual mal-estar do Ocidente. Em 2000, em uma onda de desinformação de nossos jornalistas narrativos intimidados pelos jihadistas, o libelo de sangue de Al-Durrah introduziu essas inversões morais e cognitivas em discussão na nossa esfera pública. O **sadismo moral** de chamar Israel de os novos nazistas quando nenhum exército se comportou menos como nazista, e chamar os palestinos de novos judeus, quando afirmaram abertamente que queriam *ser* os novos nazistas, transformou-se no novo "normal".

Como podemos compreender esse cheque em branco de generosidade moral para com os palestinos e o tratamento mesquinho dispensado a Israel? Alguns podem ser obviamente entendidos em termos de padrões duplos, que todos nós usamos muito, sem mencioná-los. Os padrões duplos são especialmente nítidos nesse conflito, em que a disparidade no comportamento moral é mais acentuada. (Compare o tratamento de Israel às vítimas sírias de conflitos intramuçulmanos com a cultura política que gera esses tipos de conflitos.) É claro que todos esperam mais dos israelenses. Os *palestinos* esperam mais dos israelenses.

Contudo, padrões duplos não são inversões. Padrões duplos significam que você entende que os israelenses vivem de acordo com um padrão progressista *muito* mais elevado que o de seus inimigos, e você pode até mesmo lhes pedir que façam mais sacrifícios e aceitem mais críticas do que seus primos mais voláteis e melindrosos. Mas você sabe o que está acontecendo; você não acredita na retórica, especialmente na retórica dos direitos humanos de pessoas que não concedem direitos humanos nem mesmo ao seu próprio povo, o que não dizer às suas minorias e mulheres e inimigos autodeclarados. Você não reverte isso ampliando cada suposta má ação israelense (pelos padrões de quem?) para chamá-los de nazistas, ignorando todas as evidências de que seus inimigos admiram os nazistas, de fato, de que atentados suicidas representam a frustração desesperada de não ser capaz de terminar o trabalho de Hitler.[27]

Se você lê isso e não acha que o que eu digo possa ser verdade, informe-se. Se você lê isso e diz: "que racista!" (mas então esses leitores já teriam saído correndo), você está perdido na realidade. Não se trata de raça; tem a ver com cultura. E a cultura é levada em conta; e a estupidez é importante.

Alguns explicam essa inversão como o trabalho do que hoje é chamado, de forma muito genérica, de antissemitismo. Isto é, que o entusiasmo com que os ocidentais acolheram essas notícias sobre o mau comportamento de Israel derivou-se de uma antiga aversão gentia ocidental contra os judeus, inibida durante meio século pela vergonha do Holocausto. Durante 50 anos, não era mais aceitável atormentar os judeus no Ocidente.[28] Você inclusive teve que admiti-los em suas universidades com base na meritocracia, onde floresceram de forma preocupante. A inversão do ano 2000 libertou esse ressentimento. A propaganda letal palestina transmitida pela imprensa e sua ávida recepção pela esquerda eram devidas, segundo se argumenta, à sua profunda, embora não reconhecida, aversão à autonomia judaica.

E entre os progressistas, esse ressentimento surge num quadro de supersessionismo pós-moderno, uma rivalidade entre o mais novo pretendente à liderança moral da humanidade e o mais antigo. Por que alguém ficaria surpreso? (E ainda assim eu fiquei quando o descobri.) Afinal, o pós-modernismo começou com uma derrubada edipiana do "moderno". Se eles sentiam esse grau de influência-ansiedade a respeito de seus próprios ancestrais, por que não se ressentiriam com qualquer sugestão de que os judeus ainda podem ter algo a dizer? (Um pós-modernismo com integridade teria realmente se voltado *para* os judeus a fim de ouvir uma contranarrativa íntima da civilização ocidental.[29])

Porém, o pós-modernismo, apesar de todos os seus momentos deslumbrantes, rapidamente cedeu ao ressentimento. O pós-colonialismo substituiu a repreensão aos colonizados pela admoestação ao judeu; e daí se as pessoas que alegavam falar em nome das ex-colônias também odiavam os judeus? Não. Melhor ainda: justamente quando o pior dos odiadores de judeus no planeta manifesta o seu ódio aos judeus da maneira mais revoltante, faça do apoio a *ele* o teste decisivo para as credenciais liberais.

Esse supersessionismo progressista desempenha um papel fundamental, notavelmente visível no impacto do libelo de Al-Durrah nesses círculos: a narrativa invertida do nazista israelense se impôs. Descobrimos que ela surge como cogumelos depois da chuva em consequência de cada rodada de jornalismo letal sobre hostilidades abertas entre Israel e o

Hamas, em 2021 mais difundido, desonesto e repetitivo do que nunca. "Progressistas" como Jostein Gaarder raciocinaram da seguinte forma: o que nós, com a ajuda da nossa mídia letal, imaginamos que os judeus nazistas fazem aos palestinos é o que acreditamos que os judeus pensam ser seu direito como "povo eleito". Os que conseguirem libertar-se das garras dessa projeção malévola supersessionista determinarão se ela continuará a dominar silenciosamente as atitudes. Talvez a loucura da cobertura de 2021 possa servir como um alerta..., mas é improvável.

A minha sensação, contudo, é que, tal como acontece com a ideologia, este tipo de *animus* só pode explicar parte da inversão. Afinal, ela não é apenas perversa, mas também autodestrutiva. Não ocorre a nenhum daqueles que protestam com tanto destemor contra a brutalidade sionista que, à semelhança dos exemplos madrilenhos de 2002, estão torcendo pelos jihadistas e clamando contra os que se defendem? Essa alegria de gol contra não parece um precedente contraindicado a seguir?

Num mercado livre de ideias, numa esfera pública demótica, deveria atrair pouquíssimas pessoas. Se o antissemitismo no século XX pudesse ser definido como *odiar os judeus mais do que o absolutamente necessário* (Isaiah Berlin?), no século XXI, tornou-se *odiar os judeus, mesmo que isso esteja te matando*. Portanto, embora o ódio/ressentimento/inveja aos judeus possa explicar as motivações de algumas pessoas, não pode explicar um consenso tão amplo em apoio a tais consequências negativas. Indivíduos de mente sã certamente resistiriam, rejeitariam tal pensamento, por mais emocionalmente atraente que fosse.

A melhor explicação que posso encontrar para as disfunções atuais de nossos profissionais e sistemas de informação em todos os níveis é que os profissionais em questão cumprem silenciosamente as diretrizes do *caliphator*. Para aqueles que reconhecem a situação, atacar Israel, o odiado inimigo do *caliphator*, é uma maneira segura de cair nas boas graças do dominador. Em contrapartida, os profissionais ocidentais da informação que possam querer defender Israel teriam que criticar os palestinos, algo que os infiéis ocidentais, mesmo os israelenses, relutam em fazer. Daí o silêncio geral daqueles que favorecem os combatentes sionistas aos terroristas jihadistas.

502

As pessoas que atacam vigorosamente Israel, os principais jornalistas letais como Robert Fisk ou Jonathan Cook ou a equipe do *The Guardian*, ou Marc Lamont Hill, que adotou agressivamente a narrativa palestina, podem, em alguns casos, serem motivadas pela *Schadenfreude* e pela falsa superioridade moral que obtêm. Os demais jornalistas, inclusive os que desejam combatê-la, têm dificuldade em evitar a cultura do cancelamento. Por conseguinte, ficam presos nas redes da sinalização de virtude e da evitação conspícua daquelas já canceladas. A maioria, a menos que esteja realmente motivada, apenas desiste.

Agora chegamos ao âmago da questão: por que algo tão óbvio não é reconhecido? Como um dos regimes mais progressistas e criativos do planeta é difamado constantemente,[30] enquanto um dos mais repressivos e violentos se transforma no queridinho dos liberais e progressistas?[31]

Por um lado, toda a minha carreira, sem que eu soubesse, involuntariamente, concentrou-se em segredos públicos, em coisas que todos (por dentro) conheciam, mas sobre as quais também sabiam que não deveriam falar em voz alta. Esse é o conceito central de *As Roupas Novas do Imperador*, de Andersen. Ganhei experiência identificando as dinâmicas do passado (a coroação de Carlos Magno no primeiro dia do ano 6.000 da Criação, a passagem do ano 1000 e.c.), e por isso conheço bem as dificuldades de suscitar a questão.[32] Em particular, como já salientei em diversas ocasiões neste livro, na esfera pública ocidental pós-Holocausto, a associação a teorias de conspiração destrói rapidamente a reputação da pessoa.[33] "Ausência de evidência não é evidência de ausência" é um princípio difícil de aplicar em face da rejeição da teoria de conspiração, mesmo que não se fale de conspirações, mas de convenções que governam o discurso público e refletem objetivos expressos abertamente.

Pode-se, portanto, afirmar legitimamente que o desejo mimético (eu quero o que os outros querem) impacta o pensamento, bem como registros mais emocionais, que esse "pacote" de pensamento pode ocorrer e ocorre, e que uma negação coletiva informal, mas difundida, pode dominar a discussão pública. Bari Weiss descreve exatamente essa "conspiração do silêncio" tomando conta dos judeus americanos progressistas.

Se você critica o antissemitismo de [Ilhan] Omar, você pode ser chamado de histérico ou hipersensível. É mais provável que seja chamado de racista, de supremacista branco, ou de um fascista que está ativamente pondo em risco a vida de uma minoria – uma tática proposital usada para tornar irrepreensível uma pessoa que mantém ideias ruins. Ninguém quer ser acusado de tais coisas. E ninguém quer estragar um jantar ou perder amigos ou parecer provinciano. E então o que vejo com muita frequência entre amigos é que eles ficam de boca fechada e esperam que alguém mude de assunto. Como disse meu amigo David Samuels: os judeus americanos estão ansiosos para serem o tipo certo de vítima – o que significa vítimas das pessoas más da direita, e não das pessoas boas da esquerda. O resultado é que há uma conspiração de silêncio tomando posse de muitos judeus progressistas. A indignação é cada vez mais reservada para a privacidade e segurança de nossos próprios lares.[34]

Por um lado, este livro é dirigido a eles e aos seus amigos, a fim de dar o vocabulário e os antecedentes para reconhecer, para confrontar, essa sufocante *omertà*.

Certamente não é uma questão de evidências. Quando a cidade de Boston acolheu a mesquita de Roxbury, uma pesquisa no Google revelaria que o *caliphator da'wa* Yussuf al-Qaradawi era o mentor da comunidade. De fato, não faltou quem o apontasse.[35] Trata-se de ignorar evidências que estão prontamente disponíveis. É sobre não ser capaz de lidar com o significado da evidência. Quando apresento às pessoas o papel da cultura da vergonha-honra na condução do **conflito** entre muçulmanos triunfalistas e judeus autônomos entre o rio e o mar,[36] muitas vezes elas me interrompem e dizem: "Então qual é a sua solução?" Inicialmente, me questionei acerca dessa lógica da carroça na frente dos bois, e argumentei que precisamos analisar o problema da melhor forma possível antes de encontrarmos soluções. Agora entendo diferente: minha explicação contradizia a solução por elas escolhida ("a solução de dois Estados é a *única* solução justa"). As evidências empíricas que ofereci eram literalmente indigestas e, eles, pensando que sabiam, me obrigariam a dizer: livre-se deles. Na hora do aperto, acuse-me de "racismo".[37]

504

Enquanto os bons egocêntricos cognitivos liberais não conseguissem pensar em como sair de uma zona de conforto cada vez mais estreita, combatentes cognitivos antiocidentais transformaram a repulsa em arma. Não é por acaso que, entre os alvos mais proeminentes da cultura do cancelamento no universo acadêmico do século XXI, alguns dos primeiros e mais consistentes tenham sido os sionistas e os "islamofóbicos" (geralmente, a mesma coisa).[38] Pode-se inclusive argumentar que Israel foi o primeiro grande alvo da cultura do cancelamento no século XXI, formalmente declarado em Durban, e que aquela cultura do cancelamento histérica e antissionista é, de certa forma, uma importação da política árabe para os nossos *campi*. Essa feliz e sobreposta combinação de sionistas malvados e islamofóbicos patológicos (quem não tem melhores razões para temer o islã triunfalista do que os israelenses?) coincide precisamente com duas prioridades do *caliphator*: atacar seus inimigos e proteger seus combatentes das críticas, à sombra da mentalidade do ano 2000. A cultura do cancelamento literalmente baniu da esfera pública qualquer discussão sobre os *caliphators*: quem e quantos são; o que amam e odeiam; quais são seus objetivos e meios. "Membros da coligação BDS, *caliphators*? Não seja ridículo. O BDS é uma instituição da sociedade civil."

## A REMUNERAÇÃO PSÍQUICA DA *DHIMMITUDE* PREVENTIVA

É claro que toda esta dissonância produz um sério impacto na sensação da integridade intelectual de uma pessoa. Os jornalistas são notoriamente sensíveis à acusação de comportamento pouco profissional; ativistas de direitos humanos ficam irritados por terem sido questionados sobre suas prioridades. Para os jornalistas, isso é particularmente difícil: a sua reputação depende de sua promessa de serem "testemunhas honestas" e o dano causado por qualquer vazamento para seu público de transmissão de notícias falsas sob instruções daqueles que temem pode (e deve) destruir suas carreiras. Portanto, ouvimos declarações absurdas sobre "nenhuma intimidação" e manutenção de "integridade editorial", sobre os "altos padrões profissionais" dos jornalistas palestinos, e preocupações sobre manchar a reputação de jornalistas que arriscam suas vidas para cobrir a guerra.[39] Contudo, apesar de todos esses protestos virtuosos, se não indignados, o produto jornalístico continua a obedecer estreitamente à narrativa do *caliphator* e a desorientar o Ocidente.

Charles Enderlin é um bom exemplo do desconforto em sua forma avançada. Em algum nível ele sabe que está mentindo, que Talal o enganou, que ele se deixou enganar; ele é profissional demais para deixar escapar evidências. Ele sabe por que cortou a cena final: porque teria revelado a falsificação, não porque representava "espasmos de morte" insuportáveis para os espectadores. Mas ele mantém isso tão longe de sua consciência quanto puder. Ao contrário, nega totalmente seu erro e é rápido em se irritar com a contradição. E consegue isso sendo um fervoroso defensor da paz [pelo menos o que ele pensava que traria a paz]. Enderlin foi um dos grandes atores do Processo de Paz de Oslo, seu escritório na France2 um importante local não oficial para "negociações". Ele intitulou seu livro sobre a eclosão da intifada e o colapso do processo de paz *Shattered Dreams* (Sonhos Estilhaçados), sem qualquer senso de ironia sobre o papel espetacular por ele desempenhado para destruí-los. Graças a Al-Durrah, o seu escritório se converteu em um centro para processar a *jihad* de Oslo como culpa de Israel. Mentalidade do ano 2000 inflexível.

Quando questionado: "Por que você disse 'alvejado' [...] da posição israelense" quando não tinha nenhuma evidência a respeito?", Enderlin respondeu: "O que eles diriam em Gaza se eu não o fizesse?" Ele nem mesmo entende como essa observação revela sua submissão à vontade dos jihadistas, cumprindo suas ordens, no que tange ao aspecto moralmente crucial do único fragmento mais prejudicial de notícias falsas no novo século até agora. Em vez disso, Enderlin e a maioria dos seus colegas pensam: "Os palestinos são meus amigos... eles nos protegem da violência dos jihadistas, eles só querem ser livres e precisam da nossa ajuda com as únicas armas que possuem contra o Golias israelense – guerra de informação, as armas dos fracos". Então, repetem as narrativas letais como se fossem notícias.

Essa dinâmica específica é difundida entre os jornalistas: uma aguda dissonância cognitiva (e/ou moral) resolvida pela negação de culpa ou erro, defendendo uma causa moral em voz alta. Aqui o libelo de sangue vem em auxílio dos aflitos: "Sabíamos quem estava certo e quem estava errado", escreveu Matti Friedman sarcasticamente sobre a escola de jornalistas letais que dominou o cenário israelense-palestino, "e restava apenas anatematizar os bandidos até o descrédito de que mesmo o ato de tentar compreendê-los seria uma espécie de pecado".[40] Um conto moralista total em que se aliar de todo o coração aos oprimidos forneceu o artifício perfeito para encobrir o fracasso profissional e a submissão às exigências dos inimigos de uma imprensa livre. "Pela Justiça Social! Fale a verdade ao poder!" A indignação justa converte-se em uma forma de retaliação preventiva. "Como você se atreve a questionar minha sinceridade!?"

Essa paixão moral mascarou uma grande desonestidade; reconsideração, dúvida e abertura à correção ameaçavam a autoimagem do jornalista ativista. Mesmo quando a cultura do cancelamento eliminava consistentemente os inimigos do *caliphator*, ela operava em atos de paixão moral: indignação, rejeição peremptória, repulsa, pânico moral. Depois que o libelo de sangue de Al-Durrah identificou os israelenses como os maus, ficou cada vez mais fácil sacrificar a precisão pela narrativa. "É a vez dos palestinos contarem a sua história. Talvez isso funcione." Como resultado dessa atitude e da dissonância que impõe às pessoas honestas e justas, a esquerda rejeitou o que eram essencialmente sensatas posições liberais e progressistas como "fascistas", "xenófobas", de "supremacistas brancos", e abraçou uma causa que incorporava tudo o que a esquerda insistia que não era. Dos israelenses como combatentes pela liberdade a perpetradores de uma catástrofe tão ruim quanto a dos nazistas, dos palestinos como aspirantes a conquistadores e assassinos a vítimas inocentes privadas dos seus direitos humanos.

Essa performance ideologicamente ferrenha metabolizou a dissonância da covardia não reconhecida envolvida na submissão sub-reptícia aos *caliphators*. A identificação desse processo nos ajuda a entender as paixões mal orientadas dos nossos dias, o fervor religioso por trás do sectarismo, a veemência com que as pessoas denunciam que o que lhes foi dito é discurso de ódio contra os muçulmanos, mas ignoram a indústria do discurso de ódio muçulmano e das notícias falsas, a consistência com a qual apoiam os *caliphators da'wa*. Proteja os jihadistas; ignore os verdadeiros muçulmanos moderados e as verdadeiras vítimas muçulmanas; e ataque aqueles sob ataque para se defenderem.[41] A intensidade apaixonada do pior. Em vez de refletir valores pacifistas e progressistas declarados, seu comportamento político enquadra-se no padrão da personalidade autoritária: respeitoso para com aqueles que detêm o poder (para ferir), desdenhoso para com os deploráveis abaixo deles. A cultura do cancelamento não se refere somente aos radicais eliminando todos à sua "direita" (ou, na verdade, à sua "esquerda"). Trata-se também de líderes *dhimmi* preventivos, intimidando ao silêncio todos aqueles de quem os *caliphators* não gostam.

Essa indignação moral proíbe a contradição e convence os que discordam a manter a cabeça abaixo do parapeito. Assim, testemunhamos a proeminência entre os *woke* de várias formas de sinalização de virtude, a hierarquia compartilhada de boas vítimas (de cor, trans, indígenas, palestinos, muçulmanos) e maus vitimizadores (supremacistas brancos, xenófobos, privilegiados, sionistas, islamofóbicos); a linguagem; os testes de pureza; a divisão tribal e rígida do mundo em amigos e inimigos.[42] Os liberais dos velhos tempos, devotados a uma sociedade livre, veem que suas posições tornaram-se "de direita"[43] e descobrem que têm muito mais a temer de seus pares, dos líderes *dhimmi* – por exemplo, a equipe do *The New York Times* que afugentou Bari Weiss e James Bennet e depois deu o golpe de propaganda de primeira página[44] – do que dos jihadistas. Quando Edward Schlosser escreve: "Sou um professor liberal e meus estudantes liberais me aterrorizam", seus alunos são "liberais" de mentalidade do ano 2000, orquestrados por demopatas.[45] O medo mais comum e onipresente no início do século XXI não é ser decapitado na rua como Lee Rigby ou Samuel Paty, mas ser envergonhado e evitado por colegas infiéis, armados com acusações como "racista" e "islamofóbico". Sua cabeça tem que ir muito além de barreiras protetoras para provocar um ataque jihadista... mas os ataques de *dhimmi* preventivos são corriqueiros.

## PRISIONEIROS DA NARRATIVA

Em 2016, ecoando o que muitos adeptos da mentalidade do ano 2000 sentiam, o analista político Marty Cohen explicou como ele e tantos outros observadores não conseguiram prever a vitória de Trump: "Coisas que são muito fáceis de desmascarar estão ganhando destaque na política. Perdemos o controle".[46] O que ele quis dizer foi: "Com a internet e as redes sociais, não podemos manter os malucos afastados simplesmente desmascarando sua loucura". O que ele poderia ter dito era:

> Temos pessoas tão seriamente desorientadas com nossa "narrativa" que perderam todo o seu esteio e acreditarão tanto em coisas verdadeiras (nós os controlamos já há algum tempo) quanto nas falsas (qualquer ideia genuinamente maluca, racista e paranoica que surge nas redes sociais).

Mas isso teria exigido uma conscientização que ainda não estava no horizonte em 2016.

Tomemos como exemplo o autor do livro citado acima, Andrew Marantz.[47] Ele faz um estudo fascinante, bem documentado e matizado sobre a forma como grupos de direita, especialmente da *alt-right*, usaram a internet para "sequestrar" a conversa americana. O que ele quer dizer com essa conversa, no entanto, não é o que os verdadeiros liberais entendem sobre a esfera pública, isto é, um local em que as opiniões livres são debatidas com um público bem-informado e atento e as melhores (no final) vencem. Essas condições proporcionam às democracias a melhor fórmula para escolher os cursos de ação corretos. Para um liberal como esse, a esfera pública é necessariamente repleta de idas e vindas, em que as pessoas dizem o que consideram importante – como os argumentos apresentados pela *alt-right* – e os que forem precisos são retidos e os imprecisos, rejeitados, sem violência.

Não, a conversa que ele vê sequestrada por loucos conspiracionistas e racistas de direita é a melhor expressão da própria "narrativa" que a *alt-right* arregimentou para a luta e que ela apresenta como uma coisa autoevidente, boa e verdadeira.

Os Estados Unidos foram fundados em princípios teóricos elevados e uma realidade de conquista brutal. O país entrou em guerra consigo mesmo sobre a questão de saber se todos os seus residentes mereciam ser tratados como pessoas, e então, muito depois que a guerra terminou, continuou a responder negativamente a essa questão. À medida que a imigração proliferou nas últimas décadas, houve também uma maré de xenofobia. O ideal de uma verdadeira democracia multiétnica – uma sociedade enraizada no pluralismo e na dignidade e igualdade significativas e duradouras – é um objetivo nobre e necessário, que este país nunca esteve perto de alcançar [...] o arco da história pode tender nessa direção, mas o arco da história não se curva inexorável ou automaticamente. Ele não se dobra sozinho. Nós o dobramos.[48]

Não importa a falta de nuances (apenas *alguns* "continuaram a responder negativamente"; outros, crucialmente, não o fizeram), ou a rejeição da preocupação com o aumento sem precedentes de pessoas de culturas potencialmente perigosas (misóginas, antissemitas, violentas) como uma "maré de xenofobia", ou mesmo o fato irônico de que a noção do arco da história que se inclina para a justiça seja uma noção profundamente eurocêntrica. Considere a afirmação final sobre o objetivo nobre e necessário: "Um que este país nunca esteve perto de alcançar". Há mais do que uma insinuação de *oikofobia*. Qualquer olhar ao redor do mundo indicará rapidamente que, à parte outros Estados democráticos (*et encore*), existem inúmeras culturas com relações muito mais letais entre *nós* e *eles*, inclusive entre homens e mulheres, e entre várias etnias e religiões, do que os EUA. Ao contrário.[49]

Dentro desse "alguns" ausentes, estão todos aqueles – muitos deles cristãos brancos do sexo masculino [?!] – que responderam afirmativamente à questão sobre a igualdade.[50] Em vez disso, a "narrativa" não apenas descarta as suas raízes idealistas na religiosidade demótica cristã e judaica, mas insiste que, sendo todas as culturas iguais, nós tratamos algumas como problemáticas, como as culturas ainda tribais do mundo árabe e do islã teocrático, como "iguais a nós" (certamente tão boas quanto). Devemos, portanto, recebê-las de braços abertos e desprezar aqueles xenófobos o suficiente para sentir ansiedade com sua chegada.

"Como poderiam os verdadeiros americanos ter tanto medo de estrangeiros?" Poderíamos até postular que as acusações agora quase proforma de xenofobia são um indício da *oikofobia*. E então pergunte: se os EUA não chegaram perto dos seus ideais, por que as pessoas do mundo inteiro estão tão ansiosas para viver ali?[51] E, finalmente, pergunte-se: será que esses *oikofóbicos* têm probabilidade de "dobrar o arco da história" em vez de, involuntariamente, desfazer o próprio progresso que alegam promover?

## O RETORNO DA DINÂMICA VERGONHA-HONRA

Por trás dessa narrativa perfeccionista (milenarista), o Ocidente, uma cultura/civilização que rejeitou formalmente a vergonha-honra em seu curso rumo à democracia, restabeleceu essa dinâmica. Atualmente, a cultura do cancelamento opera com base na vergonha: definiu certas ideias e valores não só como errados, mas vergonhosos (o imperdoável "triunfalismo ocidental" de Ali Hirsi), tanto que pode publicamente humilhar os alvos e fazer com que sejam marginalizados ao simplesmente pronunciar a acusação. Não importa quão pouco seja realmente apropriado, o rosto do alvo foi manchado. Bem-vindo ao mundo do sionismo no século XXI.

Há, no entanto, uma enorme diferença no que diz respeito ao comportamento primário de vergonha-honra. Nos "bons e velhos tempos", homens de verdade espancavam qualquer um que ameaçasse sua honra, intimidando quem tivesse algo a dizer. Hoje, os progressistas exercem o poder da vergonha para proteger a honra dos machos-alfa que eles identificam como vítimas. No momento em que os progressistas colocam a identidade palestina e, além dela, a identidade muçulmana na categoria de "vítimas privilegiadas", protegendo-as inclusive de microagressões (o próprio indício de crítica), eles também cometem macroagressões contra pessoas que se defendem de seus agressores "mais pacíficos". Desse modo, transformam a dinâmica social da vergonha-honra em algo completamente oposto. As brigadas de honra pré-modernas de muçulmanos triunfalistas policiam o que qualquer muçulmano pode

511

dizer aos infiéis; as brigadas de honra pós-modernas nulificam infiéis que ofendem a honra muçulmana. Então, em vez de machos-alfa intimidadores forçarem os betas fracos a que se submetam à sua vontade e os respeitem em uma sociedade de divisor primário, temos aspirantes a machos alfa-beta intimidando ao silêncio os machos gama avessos ao conflito em nome dos machos-alfa pré-modernos, cujas asas masculinas são (temporariamente) cortadas por um regime demótico. No conflito entre judeus autônomos e muçulmanos triunfalistas, essa inversão produz a visão incomum de machos-alfa tentando restaurar sua honra, apelando como vítimas às brigadas progressistas da vergonha.

E como isso aconteceu? Através da submissão silenciosa da elite progressista aos *caliphators*, mais concretamente na sua adoção da diretriz fundamental do *caliphator*: "Não nos ofenda". Aqueles que impõem a submissão temem as mesmas pessoas que afirmam querer proteger do terrível flagelo da islamofobia. (A *dhimmitude* protege, internaliza, as pulsões egoicas dos triunfalistas, das quais uma das mais contagiosas é o ódio aos judeus.) E desde que nenhum deles pode admitir seus temores para si mesmo nem os desafiar, ainda que silenciosamente, ele enfrenta qualquer crítica com raiva. A cultura da indignação, as emergências morais, a fúria com relação às ofensas aos "marginalizados e sub-representados", ofensas que mal se regi stam nas escalas de sofrimento no mundo inteiro... tudo isso é alimentado pela vergonha reprimida da submissão.

512

# A *JIHAD WOKE*:
# O CONTATO COM
# A EUFORIA APOCALÍPTICA

A INSTABILIDADE
DA *DHIMMITUDE* PREVENTIVA
E A VIRADA REVOLUCIONÁRIA
DA MENTALIDADE DO ANO 2000

Houve um tempo, no final da década de 2000, em que eu argumentava que a situação teria que mudar em breve... que nos próximos anos, no máximo cinco, mais e mais pessoas despertariam e reconsiderariam o seu compromisso de culpar a sua própria cultura pelos ódios jihadistas. Afinal, a ilusão da qual depende esse reflexo exige tanta negação e autodano que não poderia durar conforme formulada. A dada altura, mesmo aqueles que a perpetuavam (os nossos líderes de pensamento) confrontariam a dissonância da sua covardia disfarçada; e ainda que não o fizessem, aqueles que queriam liderar começariam a reconhecer a hipocrisia.

Havia, no entanto, outra saída para esse estado instável de dissonância cognitiva, uma forma que muitos jornalistas que conheci na

513

década de 2000 seguiram: especificamente, redobrar os esforços com uma negação ainda mais agressiva, através de uma defesa acalorada da causa justa. E, tal como antes no que diz respeito aos palestinos, e depois ao "islã", esse redobro incluía calar a boca daqueles que poderiam efetivamente revelar as coisas que devem ser negadas.

## OS *WOKE* COMO REVOLUCIONÁRIOS APOCALÍPTICOS

> No grito de cada Homem,
> No choro de medo de cada Bebê,
> Em todas as vozes: em cada proibição,
> Ouço as algemas forjadas pela mente
> – Blake, "London"

Em meados da década de 2000, o termo "*woke*" entrou no vernáculo. De origem e gramática negras, refere-se a um estado elevado de conscientização do sofrimento causado por injustiça social e racial. Em um nível, essa conscientização faz parte do *ethos* americano e liberal: "É, na verdade, não apenas o projeto no coração da política progressista, mas também parte integrante do liberalismo como filosofia política, que sempre procurou proteger até o menor de nós da tirania".[1]

Entretanto, três qualidades interrelacionadas distinguem o *woke* tanto do liberalismo quanto da tirania: primeiro, os *woke* são extremamente sensíveis à dor de determinadas categorias de sofredores; em segundo lugar, consideram as microagressões como formas de tirania; terceiro, não têm paciência para que o arco da história dobre seguindo seu curso milenar. Eles devem dobrá-lo, não apenas em breve... mas agora! A elevada sensibilidade impulsiona a urgência e, ao fazê-lo, adota dois tropos classicamente apocalípticos: 1) *o mundo está cheio de um mal insuportável* e uma catástrofe nos aguarda se não agirmos imediatamente para combater esse mal; e 2) *se você não concorda comigo, deve fazer parte das forças do mal*; não há meio-termo, não há

514

cinza: "Silêncio é violência!" Atente à minha mensagem apocalíptica ou torne-se meu Anticristo.

Os *woke* combatem a violência cósmica de todas essas injustiças do racismo sistêmico e do privilégio capitalista da supremacia branca, que não apenas inscrevem seu domínio sobre os corpos dos negros e pardos, mas estão destruindo o planeta com sua ganância. É por isso que os *woke* consideram aqueles países para os quais o restante do mundo quer fugir (das suas sociedades genuinamente opressivas e empobrecidas), os maiores opressores. O perfeccionismo ataca onde o progresso é maior. E qualquer sugestão em contrário, como o *Report on Race and Ethnic Disparities*, britânico enfurece os guerreiros *woke*.[2]

A chave para este despertar súbito e feroz residia numa combinação particularmente inflamável de empatia e indignação. Quanto mais alguém se abria para a dor de outrem, mais indignado ficava. É quase como se o *woke* tivesse nascido de uma viagem psicodélica com um empatógeno, de total identificação com a dor cósmica do "outro", inclusive no que diz respeito às microagressões mais requintadas.[3] Quanto mais se ouvia e aceitava a "verdade" do outro – e aqui esse "outro" digno é definido como a voz da vítima marginalizada e sub-representada – mais a situação atual era considerada insuportável: uma fórmula tanto para a **excitação semiótica** (vacinação = Holocausto) e a criação de um tempo apocalíptico. Selecionados a dedo pelos profissionais da informação, os *woke* passaram a ver o mal penetrante no mundo ocidental. Como poderiam não resistir!

É claro que, como acontece em muitos momentos em que os movimentos igualitários se tornam autoritários, os demopatas exploram os bons sentimentos dos empáticos. Narrativas letais destinadas a despertar indignação – algumas verdadeiras, ou contendo elementos de verdade, outras maliciosamente falsas – reivindicam o *status* de testemunha incontestável e transformam sentimentos morais em armas, da indignação ao ódio. Linda Sarsour, uma das demopatas mais bem-sucedidas de nossos dias, explica: "Para mim, ser *woke* significa apenas estar indignada o tempo todo e ser capaz de permanecer humana e sentir-me ultrajada com a injustiça que ocorre ao meu redor".[4] Para essa paladina da humanidade e da justiça, alimentada com uma dieta constante de narrativas letais de seus colegas palestinos, *woke* converteu-se em uma licença para se entregar ao dualismo em grande escala, a começar com a proposição de que todo o sofrimento palestino, incluindo o das mulheres palestinas, é causado pelos israelenses.

E, fiel às esperanças apocalípticas, a injustiça do mundo e o sofrimento humano que os *woke* veem ao redor são insuportáveis e em breve serão – devem ser! – eliminados. Os *woke* exigem uma "justiça" prioritária e imediata, que elimine a necessidade de julgar cada caso pelo seu mérito, que curve o arco da história e ponha fim à dialética. Eles julgam pela identidade de grupo (mobilizado): as políticas de identidade são simplificações milenaristas, as linhas falhas ao longo das quais a perfeição será gravada no corpo político.[5] O propósito da guerra cognitiva é transformar o seu próprio lado (definido pela identidade) em combatentes e paralisar seu inimigo (fragilidade branca, Formulação de Livingstone). Quem tentar abrandar a histeria é acusado de "exaurir a urgência moral e proporcionar conforto ao *status quo*",[6] e quem quer que se oponha à crescente onda de protestos, na linguagem do Southern Poverty Law Center (Centro de Direito da Pobreza do Sul), é culpado de "Fúria contra a Mudança", ou seja, oposição "de direita" à agenda *woke*.[7]

Quando William Blake caminhou pelas ruas de Londres e notou o desgosto nos rostos das pessoas, ele era um *woke*. Quando apoiou a Revolução na América e depois novamente na França, abraçou o movimento demótico milenarista da modernidade. Mas quando a Revolução Francesa se transformou em terror, ele retirou seu apoio e entrou em um de seus períodos mais criativos, em particular a composição do que alguns consideram sua maior obra (curta), *The Marriage of Heaven and Hell* (O Casamento do Céu e do Inferno).[8] A dialética da revolução não o seduziu para a sua espiral de autodevoração, mas sim para as alturas e profundezas prolíficas da poesia visionária.

O que distingue a dinâmica apocalíptica atual das anteriores, contudo, é o grau em que aqueles que detêm o poder são receptivos – vulneráveis – às acusações dos revolucionários. Em períodos anteriores, os que tinham as mãos nas alavancas do poder se separavam menos facilmente de suas

516

posições de poder ou de suas reivindicações morais a ele. Quando o quaker James Nayler em 1651 alegou *status* messiânico ao entrar em Bristol montado em um burro branco liderado por duas mulheres (casadas), os magistrados da cidade perfuraram sua língua com uma barra de ferro. E isso foi uma reação suave em comparação com os métodos mais violentos normalmente reservados para os profetas messiânicos (crucificação, desmembramento, inanição em jaulas expostas publicamente).

As sensibilidades modernas e pós-modernas têm muito mais probabilidade de glorificar os milenaristas, transformá-los em radicais permanentes. E quando eles são atacados por seu fracasso em cumprir a promessa milenarista de perfeição – o "nobre e necessário objetivo" – para confessar seus fracassos – "um que este país jamais chegou perto de alcançar" – eles desmoronam. Numa reviravolta paradoxal, os menos culpados estão mais dispostos a admitir a culpa. Por conseguinte, a guerra cognitiva antiocidental tem obtido um sucesso excepcional ao desarmar os detentores progressistas do poder do início do século XXI, um sucesso alcançado primeiro no universo acadêmico.[9] A mentalidade do ano 2000 é um recipiente aberto para o discurso revolucionário e os *caliphators* fazem uso desse ponto fraco aparentemente conectado com firmeza para colonizar nosso discurso. "Com a sua democracia nós iremos colonizar vocês; com nossos textos sagrados, governaremos."

Ao mesmo tempo, ao contrário de casos anteriores na História, quando as acusações de opressão e crueldade eram mais do que justificadas pela cruel opressão das elites, a atual rodada de críticas transforma um montículo em uma montanha. Ambos os lados se entregam ao exagero retórico e à corrupção do Holocausto: a PETA* denuncia consumo de frango como Holocausto; os opositores à vacinação consideram os cartões de vacinação como estrelas amarelas**.

Em pouquíssimas sociedades na história mundial, reivindicar a vitimização trouxe vantagens em vez de desprezo. Mas nas sociedades

---

* N.T.: Acrônimo de People for the Ethical Treatment of Animals (Pessoas pelo Tratamento Ético dos Animais).
** N.T.: Durante o regime nazista na Alemanha e nos países ocupados durante a Segunda Guerra Mundial, os judeus eram obrigados a usar uma estrela amarela na roupa para serem identificados.

pós-modernas, a vitimização confere tantas vantagens que se tornou um esporte olímpico.[10] E as distorções resultantes são numerosas. O que as mulheres árabes sofrem não tem nada a ver com as queixas movidas contra Harvey Weinstein*; em Brandeis não acontece nada semelhante a assassinatos em defesa da honra; a pobreza no Ocidente não é nada parecida com a pobreza no Terceiro Mundo.

Uma das principais contribuições para o estudo das revoluções e dos movimentos milenaristas tem sido a noção de "privação relativa". Nem as colônias americanas, nem a França no final do século XVIII eram nações pobres gravemente oprimidas; a faísca que desencadeou a explosão dos protestos foi o sofrimento e a opressão da população *relativos* às suas expectativas e esperanças (despertadas tanto pelo iluminismo como pelo crescimento econômico), não numa escala absoluta.[11] Os revolucionários apocalípticos de hoje representam o caso mais extremo de *privação induzida pela esperança* até agora registrado na História, conforme incorporada no paradoxo de que um grande número de pessoas no mundo inteiro quer emigrar para sociedades cujas próprias elites passaram a considerá-las a personificação do mal apocalíptico.[12]

Esse armamento e desvalorização da linguagem no intuito de provocar alarme e hostilidade – acusações de "racismo", "Apartheid", "xenofobia", "genocídio" – ganharam impulso com o sucesso de narrativas letais que deliberadamente provocam violentas emoções, desencadeando indignação e pânico moral. Israel foi a primeira manifestação forte e global dessa histeria moral induzida pela narrativa, a primeira desorientação massiva deste século. Desde então, a falta de contato com a realidade sobre a qual foi construído apenas ampliou o seu âmbito.

Notícias falsas – entendidas como *desinformação veiculada pela grande mídia noticiosa profissional*, não por *bots* de desinformação – se espalharam internamente como um câncer nas democracias por toda parte. Nos

---

* N.T.: Depois de deixar a empresa de entretenimento Miramax, Weinstein e seu irmão Bob fundaram a The Weinstein Company, um estúdio de cinema, da qual foi copresidente de 2005 a 2017. Em outubro de 2017, após ter sido acusado de cometer abusos sexuais, Weinstein foi desligado de sua empresa e expulso da Academia de Artes e Ciências Cinematográficas. Em 31 de outubro, mais de oitenta mulheres fizeram denúncias contra ele. As acusações provocaram o início da campanha #MeToo (já citada neste livro) na mídia social.

EUA, os jornalistas profissionais tornaram-se cada vez mais partidários a cada ciclo eleitoral e a cada manifestação por justiça social. E, de acordo com a doutrina de Moynihan, a fúria derivada da violação da dignidade e dos direitos humanos atingiu as sociedades que haviam tentado com mais afinco resolver o problema: Israel, EUA, democracias ocidentais. O *"woke"* sente cada fibra da dor sofrida pela vítima privilegiada e, com a ajuda do jornalismo *woke*, ignora todas as evidências em contrário: da malevolência de algumas das vítimas honradas ao sofrimento dos alvos da sua má vontade explosiva.[13]

Todas essas dinâmicas polarizadoras foram intensificadas na última década pelas redes sociais, que, apesar de terem começado como a personificação da anarquia semiótica pós-moderna, ao longo da última década moveram-se constantemente na direção de uma insistência moderna de eliminar vozes consideradas inaceitáveis em nome da "ciência", "fatos", "princípios" e "verdade". O imenso poder das multidões das redes sociais para envergonhar e destruir carreiras, e a prontidão da raiva "progressista" para se mobilizar em resposta à propaganda, propiciaram ao *woke* uma vantagem decisiva ao empunhar as armas do cancelamento contra seus inimigos.[14] A presença disseminada da mentalidade do ano 2000 entre os cibernautas mais criativos fez da mídia social um terreno fértil para essa mensagem *woke*.

No ano de 2020, em resposta às condições de emergência da covid e ao assassinato de George Floyd, os *woke* entraram em uma fase mais ativa: seu discurso penetrou na esfera pública e recebeu aprovação estrondosa.[15] Passou da dissidência marginal para o centro do discurso público. As manifestações resultantes de raiva e, em mais de uma ocasião, tumultos, se espalharam por todo o país e no mundo inteiro. O Black Lives Matter se tornou um grande viral inclusive entre corporações; o que antes havia sido evitado (ajoelhar-se ao ouvir o Hino Nacional) tornou-se obrigatório; partidários da justiça social se sentiram fortalecidos para assediar e inclusive atacar aqueles que, na sua opinião, não reconheciam adequadamente a sua verdade. Mesmo que alguns (corujas) considerassem a Teoria Crítica da Raça nada mais do que uma lavagem cerebral imposta pela coerção da "sessão de luta",[16] outros queriam dedicar suas vidas a ensiná-la à juventude (galos).

A divisão entre o que as duas partes dos EUA viram nos seus meios de comunicação no verão de 2020, aumentou. Enquanto os EUA Vermelho (republicano) viam a Antifa e os motins do BLM fracamente combatidos pela polícia intimidada e desmoralizada, os EUA Azul (democrata) viam forças policiais brutais confrontadas por manifestantes corajosos e "na sua maioria pacíficos", que clamavam: "Por que vocês estão com equipamento antimotim? / Não vemos nenhum tumulto aqui!" e protestavam por uma causa irrepreensível – "Black Lives Matter". Cada lado tentou influenciar o resultado das eleições de formas cada vez mais problemáticas, cada um abraçou a convicção de que *tudo* estava em jogo, inclusive o próprio destino da democracia. Quando as eleições chegaram, o lado contrário estaria convencido de que houvera uma trapaça, quem quer que vencesse. O 6 de janeiro de 2021 inverteu e intensificou a aversão mútua: agora a direita, motivada por falsas notícias, fazia tumultos no Capitólio. A direita via uma manifestação que estava fora de controle; a esquerda via uma insurreição, um novo avanço do terrorismo interno.[17]

Entre os *woke* e os que foram arrastados em seu reboque, certas coisas eram agora verdade indubitável: as coisas poderiam – de fato, deveriam – ser afirmadas como verdadeiras, enquanto outras são identificadas de forma confiável como erradas, mentirosas, conspiratórias e, portanto, precisam ser canceladas. (O mesmo se aplica aos membros de extrema direita do QAnon, mas, novamente, eles não são dominantes no universo acadêmico, nos meios editoriais ou no jornalismo convencional.) Ironicamente, os *woke* transformaram a modéstia do pós-modernismo em relação à "verdade objetiva" e seus alegados "fatos" em uma nova verdade e novos fatos, guiados pela narrativa, muitas vezes totalmente divergentes da realidade empírica. É "verdade" indubitável para os *woke* que Israel e os Estados Unidos são imperialistas, colonialistas, racistas e opressores cruéis. Não se deve dizer que a liderança palestina, que nunca se cansa de comparar Israel aos nazistas, emula os piores ódios genocidas dos nazistas.[18] É indubitavelmente verdade que os EUA (e a Grã-Bretanha e qualquer democracia) são sistemicamente racistas; não se deve dizer que não o são, ou que outros países e culturas são muito, muito piores.

520

Ayaan Hirsi Ali escreveu sobre o que os *woke* e os islamistas (*caliphators*) têm em comum. "Os adeptos de cada um buscam constantemente a pureza ideológica, certos de sua própria retidão. Nem os islamistas nem os *woke* se envolverão em discussão; ambos preferem a doutrinação dos submissos e a condenação dos que resistem."[19] Nesse sentido, os *woke* espelham os *caliphators*: eles se submeteram e exigem que outros façam o mesmo.[20] Stephen Knight descreveu que "não se trata de querer ajudar os outros a compreender, trata-se de desfrutar o sentimento de superioridade justa".[21] Ao que se poderia acrescentar, uma arma poderosa para impor pureza de mente. Em outras palavras, mesmo que os *caliphators* queiram infligir agora, 1.450 anos depois, o castigo que Alá, em seus desígnios misteriosos, reserva aos escarnecedores e incrédulos – Seu prometido *Yawm hadin* (Juízo Final) –, os *woke* acolhem cada vez mais formas radicais de soma zero do moderno sonho milenarista: destruir o mal, nivelar tudo, igualdade de resultados, e o mundo será um lugar muito melhor – destruir o mundo para salvá-lo.[22] Não é por acaso que ambos os grupos – pelo menos as suas lideranças – odeiam as pessoas com maior probabilidade de resistir a tais mentalidades monolíticas – os judeus... especialmente judeus autônomos. *"Podemos estar errados e os judeus certos? Impensável! (E temos o 'como judeu' para provar isso.)"*

Esse desprendimento do que Freud chamou de "princípio da realidade" tem sido amplamente acelerado pelo poder dos mundos-bolha das redes sociais para reificar um substituto virtual ou uma meta-realidade.[23] Isso, por sua vez, amplifica a dinâmica da cultura do cancelamento para evitar o que pode perfurar peles finas. Todos trabalham juntos para exigir assentimento a inversões absurdas da realidade. Não é de surpreender que os *woke* se envolvam em uma definição cada vez maior do que é falso e do que é perigoso,[24] discurso que pode, portanto, ser legitimamente banido das redes sociais e dos meios de comunicação convencionais como prejudicial. No calor partidário, "meus" valentões são guerreiros da justiça que seguem a ciência e os "seus" são repugnantes deploráveis que acreditam nas teorias da conspiração.[25] Nas condições atuais, com o poder da web para manter e até intensificar essas bolhas armadas, parece que a corrente totalitária (paranoia, projeção, dualismo) se intensificará entre todos os grupos que atualmente operam em tempos apocalípticos (*woke*, *caliphators*, QAnons), aumentando a probabilidade de picos de contato e violência apocalíptica.[26]

Considere duas das "leis" da dinâmica apocalíptica:

- *O messias de um é o Anticristo/Dajjal/nazista de outro* e
- *Estar errado sobre o futuro não significa ser inconsequente.*

É tarefa das mentes sãs reduzir essa dinâmica. Vimos inúmeras vezes o tipo de dano que tais arrebatamentos apocalípticos podem causar. Se houvesse um momento para encarar a História honestamente e perguntar: "Em que ponto recuamos dessa encosta escorregadia e traiçoeira?" – agora seria um bom momento.

Porém, poucos sinais visíveis até agora sugerem que a atual onda de verdadeiros crentes entrando em um tempo apocalíptico pode evitar a espiral mortal que, tantas vezes nos últimos dois séculos, provocou o totalitarismo e a megadestruição. Alimentados em parte pelo discurso revolucionário da esquerda, em parte pela ideologia nazista via *caliphators* (antissionismo), em parte com as melhores intenções das pessoas de mente mais aberta do planeta, a marca *woke* do ensopado milenarista está entrando em corredeiras que sua própria dinâmica interna intensificará ainda mais e a cujas correntes letais não poderá resistir. A reação deles à crescente rejeição de seus projetos (desfinanciamento da polícia, teoria crítica da raça nas escolas, fronteiras abertas, Culto da Ocupação), mesmo que permita alguma pausa, produzirá duplicação entre os fiéis mais radicais.[27] Se isso irá marginalizá-los ou não depende da sanidade do público e da liderança daqueles que podem mudar sua mentalidade.[28]

Os entomologistas identificaram um grupo de parasitas fúngicos e virais que assumem o controle dos cérebros das formigas, forçando-as a se comportar de maneiras que são ao mesmo tempo autodestrutivas para o hospedeiro e altamente benéficas para a reprodução do parasita.[29] Num caso viral, citado por Daniel Dennett como uma analogia com a religião, ele força a formiga a subir numa folha de grama para que uma vaca a coma e o vírus atinge o estômago, onde prospera.[30] Creio que a melhor analogia aqui com crenças religiosas diz respeito a certos conceitos viralizados sagrados e apocalípticos (religiosos ou seculares), que literalmente "montam" nos crentes e "os cavalgam", levando-os a ações sem nenhuma preocupação com o bem-estar físico dos fanáticos ou de seus entes queridos.[31] Em outras palavras, alguns conceitos apocalípticos e certos parasitas físicos podem colonizar as mentes de seus hospedeiros e eliminar os colonizados depois de terem cumprido o seu propósito.

Nesse caso, a esquerda progressista parece ter ingerido uma ideia viralizada fundamental dos jihadistas, que são eles próprios dominados por esse suicídio sagrado: *"Os EUA e Israel são os dois Satãs, inimigos apocalípticos que devem ser destruídos para que a salvação coletiva possa chegar"*. Lembre-se, quando você ouve militantes palestinos ou ONGs de "direitos humanos" dizerem que "Israel é o novo nazista" ou um novo Apartheid e um crime contra a humanidade, eles estão usando a terminologia ocidental secular para o mal puro – o *Dajjal*, o Anticristo. Os progressistas ocidentais, que se deleitam com tais inversões, parecem não estar cientes da narrativa mais ampla do *caliphator* sobre a redenção coletiva, aquela que termina na conquista islâmica do mundo e na aniquilação de todos os valores que os progressistas supostamente consideram sagrados: empatia pelo outro, diversidade ecumênica e tolerância, soma positiva, relações não coercitivas, igualdade e dignidade para todos, autossoberania das mulheres, fim da coerção religiosa, eliminação do abuso de poder.[32]

Contudo, progressistas e liberais, inclusive os mais céticos, e muitos jornalistas e acadêmicos, para não falar dos jovens com formação adequada, parecem impotentes para resistir a essa ideia enquanto ela se expressa na linguagem dos direitos humanos.[33] Eles ficam hipnotizados pelo desequilíbrio das mortes nas trocas entre um Hamas suicida sacrificando o seu povo e Israel se defendendo de um ataque jihadista louco.[34] As brigadas de honra, muitas vezes compostas por jornalistas árabes e do Oriente Médio que seguem um código partidário, perseguem qualquer um que não acompanhe a narrativa, como o chefe da UNRWA – United Nations Relief and Works Agency for Palestine Refugees in the Near East (Agência das Nações Unidas de Assistência aos Refugiados da Palestina no Oriente Próximo), que admitiu que os israelenses foram notavelmente precisos no bombardeio de Gaza em 2021, ou o editor-chefe da CNN, cujo memorando pedia que a fonte das estatísticas de vítimas fosse identificada como o "Ministério da Saúde dirigido pelo Hamas".[35] Eles policiam os participantes nas redes sociais do mesmo modo que o fungo exerce controle direto sobre os músculos das formigas. À semelhança das formigas aflitas com as quais se parecem, essas mentes "progressistas" ocupadas prendem com suas mandíbulas a temática do ímpio Israel, sem que estejam cientes de que estão prestes a serem devoradas. Tendo repetido a propaganda jihadista... se abstido de discutir comportamento e crenças jihadistas... odiado os inimigos que os jihadistas odeiam... as pessoas que são produtos desse discurso encontram-se totalmente desarmadas.

Usando um tom perfeito de urgência moral silenciosa, o jornalista gonzo\* Avi Horowitz\*\* conseguiu que os estudantes em Portland o ouvissem com aprovação e doassem dinheiro ao Hamas para que pudesse fazer uma "limpeza étnica" e "exterminar" os judeus: "Eu lhe darei US$ 27, o dinheiro que eu tinha reservado para doar à campanha do senador Bernie Sanders".[36] Por mais óbvio que seja o perigo, tais "progressistas" bem-intencionados não vão parar porque não conseguem sequer imaginar que precisem parar. E assim, inexoravelmente, somos todos atraídos para a nossa própria destruição: instituições ocidentais e globais construídas pela sociedade civil, baseadas em princípios demóticos de igualdade, dignidade e justiça – tribunais, assembleias internacionais, universo acadêmico, jornalismo, nossa esfera pública, nossa dedicação imperfeita, mas incomparável, à meritocracia – todos corrompidos, todos cada vez mais disfuncionais e vulneráveis a uma maior colonização por uma inveja malévola que, aparentemente, não podemos reconhecer e à qual não podemos resistir.

Não é de surpreender que nossos líderes adotem políticas produzidas pela desorientação cognitiva, que não consegue reconhecer a realidade;

---

\* N.T.: Gonzo é um estilo de narrativa em jornalismo, cinematografia ou qualquer outra produção de mídia em que o narrador abandona qualquer pretensão de objetividade e se mistura profundamente com a ação.

\*\* N.T.: Para isso, Horowitz se fez passar por voluntário da falsa organização American Friends of Hamas.

repetem-nas compulsivamente em um loop infinito, cada vez mais distante do objetivo pacífico. No caso de Israel, acuse-o reiteradas vezes de "colocar em perigo" ou mesmo de "matar o Processo de Oslo", clame repetidamente por uma retomada das negociações de "paz". Os ódios que os "progressistas" tanto abominam levantam voo dentro de suas próprias fileiras: o ódio aos judeus floresce em seu meio, mesmo enquanto eles roem ansiosamente o osso islamofóbico.[37] O *bullying* online e na vida real invade a esfera pública, enquanto as forças da ordem ficam paralisadas. A conversa nacional converte-se em um choque de ódios. Pessoas infectadas pelo conceito viral antissionista e pela inversão do Holocausto que o alimenta inflam sua indignação moral: as piores dentre elas estão cheias de intensidade apaixonada.

No caso de um fungo, *Ophiocordyceps unilateralis*, ele "eventualmente se transforma em uma cápsula bulbosa cheia de esporos que caem sobre as formigas, transformando-as em zumbis".[38] No nosso caso, o que primeiro invadiu a imprensa ocidental aqui entre o Rio e o Mar em 2000, tem agora, nos últimos 20 anos, criado uma cápsula bulbosa de esporos antissionistas que, no início de 2020, caem sobre todo o Ocidente, envenenando os caminhos da informação com notícias falsas e malévolas, destinadas a explorar a nossa compaixão, a fim de difundir o ódio. E esse esporo suicida e genocida é transportado por agentes que afirmam se opor ao ódio e amar a paz.

A diferença entre nós e as formigas é que temos uma escolha, e o nosso fungo é "apenas" uma ideia viral. Não precisamos nos sacrificar pela nossa estupidez. Obrigado, Mark Ruffalo, por desbloquear suas mandíbulas morais. Claramente não é fácil.[39]

# PARA MENTES SÁS:
# SOB NOSSA VIGILÂNCIA?

Amada Majestade, por favor
desculpe minha estupidez.
Vossa Majestade está totalmente pelada.

Girando e girando no giro crescente
O falcão não consegue ouvir o falcoeiro;
As coisas se desintegram; o centro não consegue se manter;
Mera anarquia avança sobre o mundo,
A maré turva de sangue avança, e em todos os lugares
Os ritos da inocência são afogados;
Os melhores carecem de toda convicção, enquanto os piores
Estão cheios de intensidade apaixonada.
— Yeats, "A Segunda Vinda"

No início do século XII na Europa Ocidental, uma época em que os historiadores começaram a olhar para a onda apocalíptica que atingira sua cultura na virada do milênio um século antes, um historiador escreveu sobre o que acontecera em Limoges, a residência do monge-historiador e liturgista Ademar de Chabannes.

527

No ano de 1009, a terra de Jerusalém foi invadida, com a permissão de Deus, por turcos imundos, Jerusalém foi conquistada e o glorioso Sepulcro do Senhor Cristo tomado por eles. Isso ocorreu no reinado dos reis gregos Basílio e Constantino, do imperador romano Henrique e no décimo primeiro ano de Roberto, rei da França. E naquele ano, muitos judeus se converteram ao cristianismo por temor à sua vida. No ano de 1010, em muitos lugares do mundo, espalhou-se um boato que assustou e entristeceu muitos corações, de que o Fim do Mundo se aproximava. Mas aqueles mais sãos de espírito (*saniores animi*) se voltaram para corrigir suas próprias vidas.[1]

Temos aqui uma narrativa retrospectiva clássica na qual os *saniores animi* estabeleceram o tom certo. Na verdade, sua resposta demótica – autocrítica e autocorreção – contribuiu, a longo prazo, no decorrer do século XI, para reformar a Igreja e criar comunidades voluntárias e produtivas, religiosas e seculares. Mas isso não deve diminuir para nós o significado do momento apocalíptico em que sua voz reflexiva não teve impacto no estado de espírito predominante. Pois, quando a onda apocalíptica chegou em 1009, "muitos corações" acreditaram que os judeus tinham enviado mensagens secretas ao Anticristo muçulmano para destruir o Templo [o Santo Sepulcro]. Essas "verdades" apocalípticas de notícias falsas levaram a um ataque de extermínio que fez os judeus cortarem suas próprias gargantas em vez de se converterem – e isso aconteceu quase um século inteiro antes dos famosos episódios das Cruzadas na Renânia no verão de 1096.[2] Apocalipses paranoicos e incontrolados são extraordinariamente destrutivos e, uma vez que ocorrem, como episódios de febre alta, podem retornar com maior facilidade. Historicamente falando, aqueles que se autocriticam são os sobreviventes mais tristes, porém mais sábios, da loucura.

*Saniores animi* descreve aqueles que podem resistir ao canto apocalíptico da sereia, ao sonho da redenção coletiva *agora*, ao coro alto de galos cacarejando, atraindo multidões e paixões, e delírios de grandeza – *nós* somos a geração escolhida, *nós* veremos, ou melhor, *daremos início* ao dia da redenção para todos, faremos vingança por um Deus indesculpavelmente passivo.[3] De acordo com minha análise, nos encontramos em um momento apocalíptico potencialmente desastroso, quando os melhores princípios que geramos estão sendo transformados em armas por nossos piores inimigos, a fim de atacar o sistema que deu origem a esses princípios admiráveis. Dedico este livro, então, às pessoas de mente sã, àquelas que amam os humanos com todas suas imperfeições, liberais, progressistas, radicais, seculares, religiosos, espirituais, conservadores... aqueles que podem reconhecer quando um melhor exagerado se torna o inimigo do bom, quando revoluções começam a se devorar e quando é hora de se desviar do caminho da indulgência apocalíptica.

Houve momentos de ameaça de uma maré crescente de violência paranoica e as vozes de corujas sóbrias prevaleceram sobre galos enfurecidos? Até certo ponto, quanto mais bem-sucedidos esses empreendimentos, menos visíveis são. Certamente, quando o antiapocalíptico e antijudaico Bernardo de Clairvaux, uma das vozes mais poderosas da Europa, acalmou a fúria genocida das Cruzadas contra os judeus no início da Segunda Cruzada (1144), ele fez exatamente isso.[4] Nas condições atuais, no estágio atual da curva apocalíptica na qual a aliança verde-vermelha se eleva, o sucesso em apagar as chamas teria um lugar de destaque na história da luta da humanidade com sua atração fatal pela redenção cataclísmica ativa. Mas, para fazer isso, pode ser preciso renunciar a uma narrativa na qual a culpa é dos judeus. E, aparentemente, isso é difícil. Muito difícil.

Há sinais de que os revolucionários *woke* ultrapassaram seus limites e que a sanidade ameaça escapar.[5] Mas só porque muitas pessoas (principalmente as deploráveis e que logo serão categorizadas como deploráveis) recuam diante dos excessos da margem milenarista da mentalidade do ano 2000, isso não torna a saída da desorientação cognitiva da qual sofremos tão severamente uma conclusão óbvia. E nunca se deve subestimar a crueldade com que as fantasias milenaristas de transformação do mundo, especialmente quando os crentes possuem formas fundamentais de poder, se agarrarão ao tempo apocalíptico. Esses atores preferem esculpir a perfeição social com pureza coercitiva para reconhecer o erro.[6]

As observações a seguir abordam as questões fundamentais que todos nós precisamos levar em consideração (problematizar) para empreender a tarefa.

## ENFRENTE O MEDO

Ninguém quer pensar em si mesmo como intimidado. Muitos poucos admitirão que são. E a questão vai muito além do golpe em nossa vaidade em admitir tais questões para nós mesmos. Se você admite intimidação, então, presumivelmente, deve fazer algo a respeito. Se jornalistas que trabalham nos territórios palestinos admitissem que publicaram artigos que sistematicamente desinformavam seus leitores porque temiam a retaliação de terroristas, então teriam que fazer algo, a começar pela identificação dos terroristas, que, se aleatoriamente visam civis, sem hesitação irão visar jornalistas que traem sua causa. Se admitirmos que a islamofobia é um termo criado por muçulmanos triunfalistas para bloquear críticas ao islã e aos muçulmanos, então temos que começar a pensar e falar sobre os problemas no islã e entre os muçulmanos, problemas com impacto muito real nas vidas dos infiéis em toda a comunidade global. Então nos encontramos diante da questão: por que tantas pessoas "aplicam" esse termo?

Assim, a resistência à *dhimmitude* preventiva tem o seu custo. Esse ato de desafio, mesmo brando, revela rapidamente os padrões das lascas de metal alinhadas sobre uma superfície opaca.[7] Também significa perceber quantos amigos e colegas são praticantes da arte procrastinadora do apaziguamento.

Em algum nível, isso começa com a (re)descoberta da nossa coragem, nossa integridade. Começa com a troca da combinação *honra pública* (sinalização de virtude) e *culpa privada* (hipocrisia, narcisismo, covardia, prestar falso testemunho), pelo inverso: *vergonha pública* (ser cancelado, estigmatizado) e *integridade privada* (honestidade). Somente esse processo pode libertar alguém da atração gravitacional do medo social... no século XXI, da *dhimmitude* preventiva. Entretanto, isso significa colocar em risco uma grande dose de sucesso, conforto, influência, honra... significa até mesmo submeter-se a danos físicos.

Mas não seria melhor se expor enquanto tal violência ainda é, pelo menos na esfera democrática, fraca? Por que esperar até que o colapso da hegemonia americana traga condições pré-modernas? Como Phyllis Chesler questiona: "Quantas feministas ocidentais marchariam sob uma chuvarada de balas

530

do Talibã?" Ou, como uma mulher muçulmana que acabara de chegar aos EUA e se juntara ao protesto anti-Trump observou: "Esse foi meu primeiro protesto em meu novo país. O mais surpreendente foi o que não aconteceu. Ninguém nos espancou. Ninguém nos prendeu. Ninguém abriu fogo".[8]

A coragem é a última – e, portanto, também a primeira – liberdade. Ninguém pode tirar de nós a capacidade de dizer "não", de resistir, de falar a verdade ao poder. O problema é que, em vez de enfrentar um poder que espera e aceita suas críticas (elites ocidentais), precisamos enfrentar aqueles que nos punirão por nossa presunção (elites triunfalistas). Isso significa não agredir homens brancos que se encolhem, pedindo desculpas por seu comportamento insuportável e sistemicamente racista; mas confrontar correntes muito mais primitivas (suspiro!) que ameaçam retaliar com violência se você tentar refrear seus privilégios patriarcais.

Isso significa entrar em um mundo que pensávamos, esperávamos, ter deixado para trás, em que há inimigos reais e letais, em que interações de soma zero têm consequências sérias, em que nossos vizinhos não são necessariamente "exatamente como nós", e precisamos investigar em vez de oferecer aprovação padronizada em questões religiosas nas quais a morte está em jogo. Significa descobrir como é difícil demonstrar *coragem* e quão poucas pessoas o fazem.

Começa com um pouco de clareza corajosamente afirmada. "LGBTQs pela Palestina" é um oximoro grotesco que exala a mentira covarde: ficar do lado dos próprios patriarcas que esmagam os LGBTQs. "Apartheid israelense" é uma inversão que apoia o Apartheid árabe-muçulmano no mundo inteiro. "Do rio ao mar, a Palestina será livre" é o slogan orwelliano dos imperialistas religiosos cuja conquista daquela terra destruirá qualquer resquício de liberdade. Por mais claras e simples que tais observações possam ser para aqueles que não estão na órbita da *dhimmitude* preventiva, elas escapam da atenção ou aliciam a indignação dos que não são tão afortunados. Quanto mais estreita a órbita, maior a indignação.[9]

Sobre a passagem fundamental da conscientização para as ações, tenho poucos conselhos para contribuir. Ou eu falhei ou, pior, insultei meu público e fui efetivamente marginalizado. Mas, claramente, um estágio cognitivo essencial de conscientização e análise deve preceder quaisquer ações, em parte porque esse entendimento é a chave para se comportar substantivamente quando chegar a hora de falar e agir, por um lado, e para uma avaliação estratégica de quais batalhas participar, para identificar quando é a hora de falar, por outro.

Acima de tudo, registre as experiências daqueles que sentiram a ponta do chicote, aquela violência que está logo abaixo do comportamento intimidador, pronta para vir à tona ao menor sinal de resistência.[10] Conheça as experiências deles; fale por eles, mesmo que seja apenas para fins de esclarecimento. Poderia ser você. O ataque triunfalista muçulmano aos judeus que se tornou global em 2000 é literalmente a linha de frente na batalha pela liberdade de expressão globalmente. "A luta para defender a verdade do povo judeu é a luta pela possibilidade da própria verdade. E a luta pela verdade é, no final, sempre a defesa da realidade contra os que tentam negá-la e dominá-la."[11] Quando os judeus são silenciados, somente são necessárias equipes de limpeza para o restante dos infiéis.

## ENFRENTE A INVEJA

Em nenhum momento antes de 2000, algum livro, história ou argumento poderia ter me convencido de que a inveja é a força mais poderosa no mundo. Claro, a inveja existe, e a inveja destrutiva pode ser terrível. Mas é como piolhos: está em todo lugar. Inveja assassina? Rara. Quantos Iagos existem?

E ainda assim, não muito depois de 2000, quando percebi pela primeira vez o tamanho da *Schadenfreude* moral que estava por trás da aliança entre progressistas e *caliphators*, com seu gêmeo Anticristo de Israel e os EUA, tornou-se difícil não ver a Europa – o Ocidente "progressista" – literalmente *cometendo suicídio por inveja*. A Suécia moral, a Europa moral, a França corajosa, aliando-se a seus inimigos mortais apenas (?) pelo prazer de abusar verbalmente de Israel e dos EUA? Acreditar que Bush é o autor do 11 de Setembro e não Bin Laden? Mesmo com os *caliphator*s recrutando por toda a Europa, usando a cobertura ocidental de israelenses massacrando muçulmanos? Talvez inicialmente. Mas quem seria estúpido o suficiente para abocanhar isso e continuar mastigando?

Agora, duas décadas depois, as elites americanas emparelharam com os europeus em sua *oikofobia*, seu ódio por aqueles que os geraram, sua tirania de penitência. Mesmo agora, com a ajuda da teoria desconstrutivista que eles apropriaram dos franceses, os americanos assumiram a liderança na autoaversão.[12] Talvez a escravidão os tenha deixado mais vulneráveis ao masoquismo pós-moderno, mas, como a onda global de amor e paz dos anos 60, eles também continuam sendo a terra de escolha – e origem – da mais recente esperança milenarista, o *wokismo*.

O que esses eleitos, esses progressistas globais, invejam? Os EUA e Israel? Não seja ridículo!

Mas então por que seus julgamentos são tão severos?

Porventura importa que esses julgamentos severos simplesmente repercutam com força os sentimentos dos *caliphators* cujo destino [milenarista] de governar o mundo é impedido pelos EUA e Israel? Por que os progressistas do século XXI reimportariam e adotariam um ódio que maculou seu passado, suas sociedades, por milênios, e em nome da rejeição daquele passado cruel, de bode expiatório e dominador? Eles não percebem que, ao odiar os dois Satás, dão asas àqueles que os invejam, que usam a teoria crítica para transformar cada sucesso, cada mérito, em uma afirmação covarde de privilégio e supremacia?

Aparentemente não.

E improvável, mas implacavelmente, Israel está no centro da obsessão.

Ao contemplar o que seria necessário para que os progressistas ocidentais mudassem isso, se livrassem desse veneno apocalíptico, estou mais convencido do que nunca do poder autodestrutivo da inveja não admitida, do ressentimento, e de sua progênie, a *Schadenfreude* e o sadismo moral, a atração fatal do que Freud, ao refletir sobre a loucura da Primeira Guerra Mundial, completamente inconsciente do que estava por vir, chamou de *Tanatos*.[13]

O que mais poderia explicar a crueldade moral e emocional persistente dos progressistas em julgar os judeus, por duas décadas, como *nazistas*, precisamente quando as coisas de que eles acusaram Israel de cometer e desejar eram os próprios traços daqueles que os tinham como alvo, e cuja causa esses mesmos progressistas abraçaram? Que conexão de sadismo pré-moderno e masoquismo pós-moderno nos traz o espetáculo de ambos, demopatas e seus parceiros judeus, defendendo campanhas de guerra cognitiva do *caliphator* como o BDS, e o direito ao discurso de ódio sobre os judeus?[14]

E em vez de manter em mente os judeus do Holocausto, cuja morte os progressistas acham que não podem rememorar decentemente sem também incluir as alegações palestinas de serem vítimas do genocídio israelense,[15] os "progressistas" despejam sua simpatia nos *caliphators* inimigos de Israel – inimigos do Ocidente também, herdeiros orgulhosos dos nazistas, combatentes no campo de batalha mais duradoura da Segunda Guerra Mundial.[16] De alguma forma, a partir de 2000, os palestinos se converteram nas mais honradas vítimas. Seu bem-estar emocional tinha que ser protegido do desconforto da oposição (racista); os atos de seus inimigos tinham que despertar a indignação de todos. Esse nó letal constitui a pedra angular da exegese de inversão e da **guerra cognitiva** invasora do *caliphator*.

Agostinho, habitante do Império Romano, de uma das mais bemsucedidas sociedades do divisor primário de todos os tempos, comparou nossa existência como criaturas sociais no *saeculum* (*continuum* tempo-espaço) a azeitonas em uma prensa: não temos escolha a não ser suportar a pressão (o domínio dos outros), o único controle que temos é o de quão doce ou amargo é o óleo que liberamos.[17] Agora mesmo, no entanto, o sonho *woke* de um mundo livre de qualquer pressão (mesmo de microagressões) e certamente livre da prensa de azeite que os *woke* aparentemente esperam eliminar por meio do cancelamento se alimenta de uma transubstanciação apocalíptica imaginária (proléptica), de gosto doce na boca, porém muito amargo no estômago.

Como seria difícil, emocionalmente, para os não judeus pós-modernos parar de pensar em Israel como o vilão em seu conto de moralidade porque ele não correspondeu aos padrões que suas próprias sociedades falharam em atingir? Como seria difícil para os judeus liberais na diáspora e em Israel parar de alimentar essa loucura? O que seria necessário para sequer entreter a ideia de que a democracia de Israel é o produto notável de pressões intensas e esmagadoras que normalmente geram reinos paranoicos de terror (França, Rússia, Alemanha), uma sociedade demótica lutando desde o nascimento para sobreviver e até mesmo prosperar sob a ameaça de extermínio? [18] Você não pode nem mesmo aceitar isso como uma hipótese? Então pode rever 2000 como o momento em que a pressão aumentou mais uma vez, com uma *jihad* suicida-terrorista destinada a expulsar os judeus da terra (como os cruzados). E se você for capaz, pode considerar que aquela pressão de inimigos próximos foi redobrada pelo sadismo moral daqueles que seriam/deveriam ser seus aliados, os progressistas ocidentais?

E ainda assim, Israel prosperou *especialmente* desde 2000.[19] Que ultrajante.

Se Israel, cercado por nações presas em uma geração de guerra sectária (milenarista) e tribal, a versão árabe-muçulmana da (esperamos que única) "Guerra dos Trinta Anos" de loucura político-religiosa, sobreviver a essas guerras, se a sua bandeira ainda tremular quando seus vizinhos finalmente pararem de se matar, será um dia de regozijo na história humana, incluindo a própria região em que Israel ainda está de pé.

Mas a quem os progressistas demonstrarão apoio?

Eles jogariam Israel fora como o pedaço de merda de direita que "o mundo inteiro" – a grande maioria da opinião da mídia tradicional, os porta-vozes palestinos falando em inglês para jornalistas ansiosos, acadêmicos pós-coloniais, ONGs de "direitos humanos", os *woke*, os movimentos BLM e BDS, atores e modelos e congressistas muçulmanos – nos diz que é. Afinal, o mundo inteiro sabe!

Que mescla de inveja malévola que prefere ser rei de um olho só entre os cegos e a covardia a que se submete de modo preventivo poderia produzir esse amplo apoio progressista à agenda do *caliphator*? E o que será necessário para quebrar essas algemas forjadas pela mente?

## SUPERANDO O SUPERSESSIONISMO

Se eu fosse muçulmano ou cristão ou um ateu existencialmente livre e progressista, por exemplo, o que significaria renunciar a uma identidade espiritual invejosa e supersessionista na qual "nosso caminho" superou tanto tudo o que veio antes, a ponto de não podermos deixar de sentir desprezo por aqueles que se apegam às superstições do passado? "Nós somos as boas notícias, e não deixe ninguém mais lhe dizer que eles também têm algumas."

De onde vem essa resposta duradoura e hostil às alegações judaicas de povo eleito (que os judeus raramente fazem)? De alguma forma, a crença dos japoneses de que são o presente dos deuses, ou dos chineses, ou dos ingleses, ou dos franceses, ou dos alemães, ou mesmo dos muçulmanos, não importa quantos milhões essas crenças mataram e podem ainda matar, não parece despertar quase o mesmo ressentimento. Poderia indicar uma crença não admitida (em alguns, um medo secreto) de que os judeus possam ser um povo eleito?

Temos os inimigos que merecemos. Cristãos e pós-cristãos, herdeiros do *Nie Wieder* (Nunca Mais) do genocídio nazista e da ordem mundial (relativa, mas distintamente) pacífica que governou as últimas duas gerações de progresso espantoso (sem precedentes na história, insuportavelmente insuficiente no presente), enfrentam hoje um inimigo formidável, que representa tudo a que eles, como progressistas, tinham renunciado – domínio cruel, violência, ódio, fanatismo religioso. E, no entanto, eles só podem derrotar esse inimigo renunciando ao supersessionismo que aparentemente ainda prezam, apesar de seus protestos pós-Holocausto.

O supersessionismo – inerentemente de soma zero, sempre uma força para o supremacismo – é a criptonita da civilização ocidental. Ele preserva o "Padrão", a necessidade de histórias torpes sobre os judeus que fazem com que seja legítimo feri-los.[20] Suas desorientações e inversões necessariamente distorcem os julgamentos morais para que as bússolas morais, tão logo se aproximam do terreno judaico, comecem a girar descontroladamente. Esse Padrão garante que os judeus nunca possam viver muito tempo como membros seguros de um regime cívico; ele limita tanto as capacidades dos judeus quanto desses regimes. Nesse mundo atrofiado, a liberdade judaica de falar deve ser restringida pela sempre já pronta permissão de atacá-los, de causar-lhes dano.

É preciso uma pessoa emocionalmente madura e autodisciplinada para tolerar e respeitar a liberdade dos outros; e, correspondentemente, quanto mais "iluminada" uma pessoa for, mais ela pode permitir que outros, *inclusive* judeus, tenham autonomia para falar o que pensam. Rousseau descobriu exatamente o problema quando identificou o papel de uma gratificação cristã imatura derivada da intimidação dos judeus, tornando assim o pensamento deles inacessível.

> Há um prazer em refutar pessoas que não ousam falar [...] [quando] conversam [conosco] os desafortunados [judeus] sentem que estão à nossa mercê. A tirania praticada contra eles os deixa temerosos. Nunca acreditarei que ouvi corretamente o raciocínio dos judeus enquanto eles não tiverem um Estado livre, escolas, universidades em que possam falar e argumentar sem risco.[21]

Tal confiança e curiosidade progressistas inspiraram o melhor projeto revolucionário da Europa. Em seu momento mais lúcido, rejeitou os caminhos de soberanos e fés anteriores, que haviam "vergonhosamente privado os judeus de sua soberania".[22] O que era honroso para os monoteístas supersessionistas – a humilhação dos judeus – tornou-se vergonhoso na nova organização de pessoas livres.

Ou assim se poderia esperar. E assim se esperava depois do Holocausto. Mas, de alguma forma, os pós-modernistas, em vez de relativizar sua grandiosa narrativa falo-logo-cêntrica ao explorar o discurso das pessoas de quem mais copiavam e mais desprezavam, preferiram sinalizar sua virtude no que tange à preocupação com toda a humanidade e abrir os portões para narrativas que continuaram a desprezar os judeus. Nesse sentido, tais pensadores se assemelham aos cristãos do final do Império Romano, que preferiam guerreiros germânicos a filósofos pagãos como interlocutores.

Peter, em *Family Guy* (Uma Família da Pesada) ensina Brian sobre pessoas estúpidas: "'O quê, você acha que é melhor do que eu?!' É isso que pessoas estúpidas dizem, Brian, 'O quê, você acha que é melhor do que eu?!'" Os ocidentais realmente querem que sua civilização desabe por causa de um movimento tão estúpido? Os progressistas realmente querem dizer "prefiro alimentar o ódio (apocalíptico) dos meus inimigos por mim do que considerar Israel um Estado admirável, progressista e democrático"? Faz diferença para os que se consideram progressistas o fato de que aqueles que zombam da própria sugestão de que Israel possui um exército moral, consistentemente aplaudam como "combatentes da liberdade" os mais imorais combatentes do planeta? Faz diferença para eles que esses mesmos *orgulhosos* assassinos de bebês que eles apoiam acusem as *FDI* de matar crianças? "Pode o mundo inteiro (ou seja, 'nós, os caras bons') estar errado e Israel estar certo?"

"Impensável!" diz o supersessionista.

O que significaria se os muçulmanos parassem de projetar nos judeus os ódios que eles nutrem, se em vez de amplificar todas as queixas contra Israel tratassem do ataque massivo à dignidade árabe que acontece em toda a região governada por muçulmanos, e certamente onde os "líderes" palestinos governam os palestinos? Seria possível que os muçulmanos, em vez de pensar que Israel os humilhou deliberadamente considerassem a possibilidade de que Israel se defendeu de um triunfalismo muçulmano que ainda domina o discurso e a vida muçulmanos, um triunfalismo cujas indignidades eles próprios conhecem muito bem? Seria possível ver a chegada dos judeus como o ingresso para um governo "do povo, pelo povo e para o povo", talvez até mesmo para criar uma forma árabe mais bem-sucedida, mais demótica do que a democracia ocidental? Quantas escolhas poderiam então se abrir para um povo que os progressistas, em sua covardia e racismo humanitário, assumem que não tem escolha a não ser abraçar um culto à morte de assassinato suicida em massa de judeus?

O que significaria para os progressistas globais, para os *woke*, para aqueles que acreditam que as vidas negras realmente importam, reconhecer que os judeus sionistas, tanto na diáspora quanto em seu governo israelense, são aliados, membros da esquerda progressista? E que os grupos que eles atualmente acolhem como aliados, a liderança palestina, os *caliphators* "não violentos", são demopatas triunfalistas que alimentam seus piores instintos? Poderiam aqueles que denunciam veementemente como racista o partido político israelense de extrema direita, o Sionismo Religioso, fazer uma pausa para perceber que *todo* candidato nas eleições palestinas é mais racista, mais fascista, mais "de direita" do que qualquer coisa que a política israelense possa produzir (incluindo Meir Kahane)? O que isso faria à compreensão da história, especialmente a história dos valores progressistas? E o que isso faria à nossa compreensão do chamado choque de civilizações, se os infiéis, especialmente os progressistas, ficassem do lado dos judeus em resposta aos discursos de vergonha-honra dos muçulmanos triunfalistas antissionistas?

## RELEIA A INTIFADA

Para se tornar uma mente sã no momento presente ajudaria – eu diria, é essencial – entender o que aconteceu na virada do milênio de 2000, portanto, reler a intifada do ano 2000. Qualquer pensador ocidental, e certamente qualquer pensador judeu, que quiser ter uma noção tanto dos valores progressistas quanto de informações confiáveis (eles estão vinculados[23]) nessa era de loucura precisa reler a intifada, dessa vez não como uma revolta dos oprimidos contra o opressor, mas como um discurso de abertura do ataque do *caliphator* às democracias ocidentais no século XXI, uma guerra que os líderes de pensamento ocidentais agressivamente atribuíram à democracia. Dessa vez, tente filtrar a inveja e o supersessionismo que tornam a leitura invertida e agora dominante tão atraente. Leia o *cris de coeur* de Nidra Poller sobre a cobertura da mídia francesa nos primeiros cinco anos da década de 2000;[24] leia Daniel Gordis, Yossi Klein Halevi, Einat Wilf, Phyllis Chesler, Elder of Ziyon, Shani Mor, Adi Schwartz, Fiamma Nirenstein, Noa Tishby.

Só então é possível entender o fracasso mais sensacional dos meios de comunicação convencionais modernos, um episódio importante e sustentado (ainda em andamento) de notícias falsas e um exemplo espetacular de jornalismo de gol contra. Jornalistas e especialistas foram intimidados e seduzidos a publicar propaganda de guerra do *caliphator* como notícias confiáveis, e quem achasse que isso era uma má ideia, permanecia em silêncio ou era expulso. Malícia? Covardia? Falta de noção? Entre os jornalistas? Entre seus públicos?

Em todo caso, tais fracassos aconteceram e agora se espalharam como câncer entre muitos de nossos provedores de informação e sobre muitos assuntos.[25] Representa uma falha de toda uma geração de profissionais da informação do século XXI em viver de acordo com os padrões mais básicos de sua moderna profissão, tão vital para a democracia.

Tão logo alguém possa se libertar do cativeiro do *Dajjal* israelense, quando for possível identificar e renunciar a esses impulsos de comparação odiosa, quando se possa duvidar daqueles que promovem a narrativa dualista de opressores pecadores e vítimas inocentes, uma vez que se possa obter algum distanciamento cognitivo daqueles "como judeus" que abraçam essa narrativa autodestrutiva... só então é possível começar a pensar claramente sobre muitas coisas, inclusive como termos importantes tiveram seu significado degradado, foram mal aplicados e então usados como armas contra projetos progressistas – racismo, xenofobia, nazistas, genocídio, limpeza étnica, islamofobia, discurso de ódio, incitação, supremacia, até mesmo antissemitismo.[26] Atualmente, estamos tentando *pensar* com um vocabulário profundamente corrompido, com termos esvaziados de substância, mesmo que permaneçam emocionalmente carregados.

Nesse sentido mais amplo, então, o conflito na terra entre Rio e Mar constitui um choque de estilos civilizacionais, um choque de religiosidades: **demótico *versus* triunfalista**, igualitário *versus* dominador. E, nisso, os "progressistas" erraram redondamente. O que distingue o sionismo do imperialismo europeu é precisamente esse elemento demótico: os imperialistas primeiro conquistaram e depois se estabeleceram; os judeus vieram como compradores e trabalhadores da terra e só desenvolveram um exército por necessidade. É óbvio que, como em todos os contos de moralidade, nem tudo é preto e branco. Os palestinos têm correntes demóticas, os judeus, triunfalistas. O problema com os progressistas de fora que tentam "ajudar" é que eles escolheram consistentemente ficar obcecados com o que veem como o triunfalismo de Israel e trair os palestinos demóticos glorificando seus triunfalistas.

Aqueles que insistem em ver os israelenses como invasores imperialistas e os palestinos como vítimas inocentes regurgitam "narrativas" do *caliphator* relacionadas aos *dhimmi*. A narrativa invertida de substituição do Golias israelense-vítima palestina é um teste de Rorschach decisivo da fraqueza dos infiéis diante das tentações de um apocalipse ativo de soma zero oferecido por *caliphators* de soma negativa. E os infiéis adotam essa narrativa *apesar* de seu próprio destino catastrófico no *grand finale*.[27] Por que os progressistas, tão rápidos em apontar a ironia dos sionistas em

540

aceitar ajuda cristã, não obstante seu papel final naquele cenário apocalíptico, são incapazes de perceber que quando denunciam Israel atacam
aqueles que lutam contra uma *jihad* que também os tem como alvo?

Toda vez que você ouve acusações de Apartheid israelense, limpeza
étnica, genocídio – saiba quem está diante de você. Quando os judeus
lhe dizem que o problema é o "racismo do Apartheid" israelense (e *não*
o racismo do *Judenrein* palestino de "porcos e macacos"), eles acham que
anunciam suas credenciais progressistas *bona fides* – mesmo enquanto
apoiam os *caliphators* e atacam os verdadeiros progressistas.[28] Esses
"líderes de pensamento" podem reunir e ordenar seus fatos, ampliar
e inflar sua terminologia para além do reconhecimento, justificar sua
virtuosa indignação com vozes de ultraje amplificadas pela internet, mas
no final justificam sua conformidade, sua submissão às mesmas forças a
que fingem se opor.[29] A falta de empatia pelos "cruéis" judeus e a simpatia extravagante pelos "pobres" palestinos, o extenso ceticismo sobre
a "propaganda" israelense e a complacente credulidade relacionada às
narrativas letais palestinas – são todos indícios de *dhimmitude* preventiva.

De todas as saídas cognitivas das disfunções atuais, portanto, uma
reconsideração do conflito entre judeus livres (eretos) e muçulmanos
triunfalistas (de vigia) na terra entre o Rio e o Mar oferece talvez a maneira mais fácil e abrangente de limpar o lixo do gol contra que obstrui
as portas da nossa percepção. Isso não significa que alguém tenha que
se tornar um sionista, ou, Deus nos livre, que *nunca* critique Israel, suas
políticas, seu povo. Como todas as entidades humanas, Israel precisa de
críticas e, no geral, responde efetivamente a elas melhor do que a maioria dos países. Mas significa que você faça essa crítica de forma justa e
que desenvolva coragem e força de caráter para desafiar e criticar líderes
palestinos e outros muçulmanos triunfalistas.[30]

O comprometimento progressista com a causa palestina ilustra melhor
do que qualquer exemplo um caso de narcisismo progressista e moral, habilmente manipulado por pessoas que sabem como explorar a inveja moral
de seu inimigo. Nenhum povo tem sido vítima de maior prejuízo pela
sinalização de virtude dos apoiadores ocidentais do que o povo palestino,
criado por implacáveis triunfalistas árabes a serviço de sua necessidade de

vingança pela honra perdida, sofrendo duas longas gerações nas mãos de líderes que os progressistas ocidentais idolatram. Mahmoud Darwish sabia que o interesse do mundo em seu povo estava com seu inimigo: "Vocês sabem por que nós, palestinos, somos famosos?", perguntou Darwish à atriz judia franco-israelense Sarah Adler, "Porque você é nossa inimiga. O interesse em nós vem do interesse na questão judaica".[31] O defensor dos direitos humanos Bassem Eid sabe bem como o povo palestino é afortunado por ter tal inimigo e como é infeliz por ter tais amigos.[32]

Existe uma irmandade de inveja? De *ressentimento* supersessionista?

Um dos aspectos mais tristes da atual desorientação moral e cognitiva no Ocidente é que, quando tudo está dito e feito, por quaisquer padrões imparciais, mesmo com severa desvantagem, Israel constitui uma das nações mais progressistas, criativas e atenciosas do planeta, tanto para seus próprios cidadãos quanto para o restante do mundo. Os israelenses mantiveram altos padrões na guerra quando tiveram que jogar segundo regras de soma zero; e, na paz, têm buscado virtudes demóticas de maneiras poderosas e criativas. De fato, seu exército é o mais igualitário desde os tempos das tribos e tem se comportado melhor no campo de batalha do que qualquer *outro* exército na história. Não obstante todas as suas inúmeras falhas e sob condições muito adversas, os israelenses estão no topo da escala de empatia, assunção de riscos, abertura, afirmação da vida, amor à liberdade, autocontrole. Eles têm muito a oferecer à comunidade global.[33]

A suprema ironia sobre o sionismo é que Israel não apenas não "fez aos palestinos" o que os antissemitas fizeram aos judeus por 2000 anos, e que Israel, sob circunstâncias extremamente difíceis, evitou amplamente fazer e, em alguns casos, como a ajuda oferecida na fronteira síria durante uma década de implacável guerra interárabe e intermuçulmana, agiu de maneira exatamente oposta.[34] As relações de Israel com suas minorias, sobretudo sua minoria muçulmana, apresentam raros e substanciais sucessos em justiça demótica e meritocrática, especialmente visíveis nos hospitais (onde os próprios "líderes" palestinos que pedem o boicote a Israel vão se tratar[35]).

O fato de que tais relações também sejam profundamente problemáticas não deveria ser uma surpresa, dados os problemas que as minorias muçulmanas causam na Europa. (Imagine uma democracia europeia com uma população de 20% de muçulmanos.) O fato de que as relações sejam tão boas quanto são, que tantos árabes israelenses se identifiquem como israelenses e não palestinos, pode constituir um exemplo único na história de populações profundamente hostis vivendo lado a lado.[36] E apesar de todos os esforços de Israel para evitar isso, as mesmas pessoas que querem tratar os judeus como os nazistas o fizeram acusam com sucesso Israel de ser como os nazistas para um público "progressista" ávido e moralmente sádico.

O que seria necessário para que os jornalistas admitissem sua intimidação, suas falhas e, pelo menos, parassem, se não corrigissem, o histórico de falhas passadas? Podem eles encontrar a coragem de admitir a culpa e começar a dizer a verdade sobre aqueles que estão prontos a atacar jornalistas que não fazem a cobertura "correta"? (Eles poderiam começar apenas publicando artigos precisos, mas críticos, sobre os palestinos e ver o que acontece.) Podem eles transmitir ao seu público em casa o que os palestinos dizem em árabe, entre si? Podem eles desafiar os porta-vozes palestinos sobre o ódio que preenche sua esfera pública, pelo menos articulando que "Israel diz" que esse ódio pode ser a primeira e duradoura causa da guerra palestina contra o próprio vizinho que eles designaram como inimigo com suas narrativas letais? Podem eles se abster de gritar "islamofobia" toda vez que virem algo que temem que ofenda (seu conceito de) muçulmanos, por mais precisa que a descrição ofensiva possa ser?

E podem os jornalistas renunciar à saborosa emoção de contar e ouvir histórias sobre judeus se comportando mal, de expressar sua indignação moral na tela?[37] ("Peguei vocês de novo, seus pequenos bastardos.") Qual é a importância para os correspondentes que trabalham na terra entre o Rio e o Mar, que desfrutam dos prazeres da tolerância israelense, desprezar seus anfitriões, mesmo que cumpram as ordens dos inimigos desses anfitriões (e seus)... sistematicamente?

O que seria preciso para que os defensores dos direitos humanos admitissem que, em sua obsessiva necessidade de destacar os pecados israelenses, eles não podem relatar de forma justa os pecados palestinos (ou de outros na região), em parte por intimidação, mas em parte significativa porque isso ofuscaria os pecados israelenses, que eles estão, como Janine de Giovanni, tão determinados a salientar? Podem descobrir o que é mais importante, restaurar a precisão das informações ou manter Israel na berlinda global? Os principais atores considerarão que degradar o Tribunal Penal Internacional vale o ataque contra Israel, que vale a pena transformar em arma o Direito internacional?[38]

O que seria necessário para que especialistas, revolucionários, amantes messiânicos da humanidade, vissem os israelenses como aliados, parte da mais antiga, ainda existente, demótica, e milenar cultura do planeta, em vez de tratá-los como odiosos, contrarrevolucionários, zumbis fossilizados, ainda vivos quando deveriam ter desaparecido há muito tempo, uma estaca supersessionista cravada em seu coração? O que seria necessário para que considerassem que Israel pode ser o único movimento igualitário moderno a tomar o poder em um mar de hostilidade de divisor primário e não se derreter em paranoia e terror totalitário?

O que será necessário para que cientistas políticos e outros leitores de tendências globais percebam que judeus autônomos e soberanos vivendo em *Dar al Islam* – Israel – constituem o melhor teste de moderação e maturidade muçulmanas genuínas, um sinal e garantia de que os muçulmanos estão dispostos a viver em paz e justiça com seus vizinhos infiéis e, portanto, participar pacificamente de uma comunidade global de soma positiva, multicultural, multirreligiosa, livre, igualitária e responsavelmente abundante? (Uma ligação reversa, por assim dizer.)

O que seria necessário para que os infiéis do mundo que não desejam se converter ou se tornar *dhimmi* dissessem aos muçulmanos: "Aprendam a viver com Israel, um inimigo que os trata melhor do que vocês tratam uns aos outros. Porque, se vocês não conseguem viver com eles de forma amigável, certamente terão problemas para viver com os demais infiéis do mundo". (Sem mencionar os problemas que terão para viver com seus companheiros muçulmanos, que se matam com muito mais frequência do que qualquer exército infiel, certamente do que os israelenses "genocidas".) Aparentemente, será preciso muito, já que mesmo que alguns árabes façam essa mudança, os ocidentais mostram o fervor do convertido pela difamação.[39]

O que seria necessário para que os perfeccionistas morais judeus descessem de seus altos cavalos de batalha, destravassem suas mandíbulas morais, confrontassem seu orgulho moral e sua afinidade eletiva pela sinalização de virtude... para renunciar à sua paixão sincera pela onipo-tência masoquista? Podem eles admitir, mesmo que momentaneamente, que estão pedindo o impossível de seu próprio povo para evitar pedir um mínimo de seus inimigos autodeclarados?

Tudo parece tão claro, tão óbvio. E, no entanto, todo acesso a essas abordagens é bloqueado por uma série de alegações, todas as quais de-pendem para seu sucesso do grau em que aquele que avalia as evidências e alegações dos vários atores é movido por uma necessidade profunda de ver os judeus *como uma força negativa*. Não apenas os perturbados como Jostein Gaarder e José Saramago, reclamando sobre o complexo de "povo eleito" dos judeus, são vítimas de rancores supersessionistas. Versões mais brandas circulam amplamente. Os infiéis ocidentais podem reduzir sua pegada tóxica de ressentimento?[40] Por que eles, por que fe-ministas e gays, estão aliados a um movimento com a pegada masculina e supersessionista mais tóxica do planeta?

O problema são todas as pessoas boas que de alguma forma não con-seguem conceber a reflexão "orientalista" de que Israel, seja liderado por um governo de esquerda (Trabalhista) ou "de direita" (Likud), representa uma grande força para valores progressistas, tanto pelos padrões histó-ricos quanto pelos modernos do mundo, muito à esquerda progressista de *qualquer coisa* atual ou cultura política árabe passada – e certamente, quando comparado com o supremacismo brutal, regressivo e frustrado da suposta causa palestina de "esquerda".

Para a mentalidade do ano 2000, isso é impensável. Stephen Sackur, entrevistador do *HardTalk* da BBC bufa quando o embaixador israelense Danny Danon fala de Israel como uma democracia, mas evita cuida-dosamente fazer perguntas ao seu entrevistado palestino que possam expô-lo a perigo no seu regime autoritário.[41] Um jornalista francês (em parte judeu) respondeu à minha sugestão em 2003 de que Israel poderia ser aquele que dá um aviso prévio de perigo ao Ocidente, "*Non, mais sûrement vous plaisantez*". (Você decerto está brincando). Não, eu não estava, não naquela época, nem 20 anos depois.

Um aspecto do problema para a mentalidade do ano 2000 é a "ladeira escorregadia". Onde esses reconhecimentos parariam. Se alguém admite, mesmo que só teoricamente, que Israel pode (ainda) ocupar a posição moral progressista nesse conflito... quais percepções (e concessões) se seguem? Não somente em comparação com os palestinos ou seus vizinhos de maioria muçulmana, mas também em comparação com o Ocidente, cujos movimentos revolucionários igualitários, quando alcançaram poder e se sentiram sob ataque, tornaram-se paranoicos e totalitários e acabaram, em poucos anos após tomar o poder, devorando seu próprio povo em orgias de megamorte. O recorde atual de Israel de mais de 70 anos de *não* se dissolver sob pressão assassina é, historicamente falando, uma realização sem precedentes, sem um segundo caso próximo, certamente nos tempos modernos. E, no entanto, para a mentalidade do ano 2000, o que é essa medíocre, se não fracassada democracia?

Talvez isso não seja bom o suficiente para perfeccionistas morais (uma especialidade judaica), mas seria digno da difamação e repulsa generalizadas atualmente exibidas contra Israel? Poderia essa inversão do julgamento moral nascer menos de uma deliberação sóbria e justa do que de um ressentimento enraizado em um desgosto com o eu pós-moderno, progressista, que não suporta sua imagem no espelho do sionismo, e, portanto, projeta seu pior sobre aqueles terríveis "sionistas"?[42]

Espelho, Espelho...?

O que nos traz de volta ao dilema humano fundamental: como se julga? E a questão básica do século XXI até agora é: por que os progressistas julgam Israel com tanta severidade, por que são tão suscetíveis a pânicos morais sobre islamofobia e tão insensíveis a queixas relacionadas à disseminação do antissemitismo? Sobretudo quando esse julgamento "moral" compulsivo os desorienta tão profundamente. Por que é juiz-punitivo em relação a Israel e juiz-penitente em relação aos *caliphators*?

Nivelando o campo de jogo?

Submetendo-se?

Na aproximação do terceiro milênio e.c., um teólogo cristão, Darrell Fasching, escreveu um pequeno panfleto, *The Coming of the Millennium: Good News for the Whole Human Race* (A Vinda do Milênio: Boas-Novas para Toda a Raça Humana). Nele, ele argumentou contra um supersessionismo que vê o "outro" como alguém a ser convertido à religião verdadeira. O estrangeiro, ele insistia, não era o oponente do cristianismo (a ser convertido à Única Fé Salvífica), mas sua salvação. Os "outros" dão aos verdadeiros cristãos a oportunidade de viver de acordo com seus princípios pela maneira como os tratam. De forma irônica, os progressistas pós-modernos tentaram ser esse tipo de cristão. Mas nem eles, nem Fasching, viram aqueles *caliphators* com seu supersessionismo agressivo descendo a montanha. E, ainda assim, tentaram.

Jonathan Sacks escreveu no início da década de 2000 sobre a "dignidade da diferença", defendendo uma abordagem demótica de respeito *mútuo* pela diferença um do outro como a chave para lidar com o choque de civilizações. Por que, a partir de 2000, os ocidentais mostraram um respeito tão elaborado pela diferença muçulmana e tão mínimo pelos judeus? Porventura a crença judaica no direito à autodeterminação de alguma forma ofende esses progressistas tanto quanto os muçulmanos triunfalistas? Eles não se veem se unindo aos valentões muçulmanos triunfalistas em sua necessidade de degradar judeus livres?

Se você quiser uma resposta moral, comece com uma orientação básica nessa terra entre o Rio e Mar: Israel é (de longe) a força política e cultural mais "de esquerda", "progressista", "liberal", do Oriente Médio, enquanto seus inimigos, os muçulmanos triunfalistas, que tentam se apresentar como seculares e "progressistas", personificam as forças de uma direita autoritária e misógina. Quem quer que afirme o contrário – incluindo todos aqueles bons judeus e israelenses que pensam que se alguém diz que Israel está certo, então deve ser de "direita" – está lhe vendendo algo que não é bom para a sua saúde.[43]

A releitura dos primeiros anos da década de 2000 pode dar início a um processo de reorientação moral e cognitiva, um alinhamento com um credo progressista mais baseado na realidade e, portanto, a longo prazo, mais eficaz. Entre os principais benefícios da revisão: ela inocula contra os tipos de teorias da conspiração paranoicas que deixaram os nazistas loucos com raiva genocida no início do século XX, uma combinação que motiva os muçulmanos triunfalistas igualmente loucos hoje. Se a invasão do *caliphator* no Ocidente ocorrer através do ponto fraco do ódio aos judeus, então a melhor defesa vem da renúncia a esses ressentimentos milenares que, ultimamente, mostram um vigor alarmante. Antes de partir para a jornada da terceira década do novo milênio, uma releitura da intifada pode inocular você contra a subsequente multiplicação do discurso demopata neste século jovem e infeliz.

Afinal, seria um fim vergonhoso para esse episódio demótico de séculos de "democracias constitucionais" se o mundo ocidental, mesmo quando proclamava sua rejeição ao ódio aos judeus para que todos ouvissem e abraçassem os mais altos níveis de generosidade igualitária, fosse apanhado por um inimigo muito mais fraco e desagradável, que usou seu ódio inconsciente, seu negado ódio aos judeus, contra eles, a fim de superá-los.

À semelhança de Balaão, enfurecido pela relutância de sua jumenta diante de um perigo que ele não pode ver, pronto para *matar* a criatura insolente por humilhá-lo diante dos mensageiros do rei, podem os *woke* ouvir a repreensão: "Quando os judeus já foram culpados das coisas que vocês e seus ancestrais os acusaram repetidamente?" Os *woke* continuarão a espancar os judeus com o bastão da islamofobia, levando-os para as garras das mesmas pessoas cujo ódio eles não reconhecerão?

**Figura 31** – "Bilaam Redux", de Ellen Horowitz.
Tradução: "Se você tivesse a chance de abrir sua boca, o que diria ao seu cavaleiro?";
"Democracias ocidentais"; "Islamofobia"; "*Jihad* global".

Ou aqueles que agora julgam Israel tão duramente podem admitir os ódios gratuitos por trás desses julgamentos? Podem abrir os olhos para a espada pendurada sobre suas cabeças? Ou o ódio gratuito destruirá mais um templo democrático?

Em seu ensaio que contribuiu para o título deste livro, Ahad Ha'am invoca o libelo de sangue como uma espécie de consolo. É possível que o mundo inteiro esteja errado e algum dissidente (nesse caso, os dissidentes inveterados, os judeus) esteja certo. Ao fazê-lo, ele afirmou a mensagem de cada lenda, da jumenta de Balaão às *Roupas Novas do Imperador*: "O mundo inteiro" pode estar errado. E as consequências podem ser letais.

* * *

E as duas Fontes de Vida na Eternidade, Caça e Guerra,
Tornaram-se as Fontes da Morte escura & amarga & do Inferno corrosivo:
O coração aberto é fechado em tegumentos de silêncio congelado
Para que a lança que o acende possa quebrar as costelas & o peito
Uma pretensão de Arte, para destruir a Arte: uma pretensão de Liberdade
Para destruir a Liberdade. Uma pretensão de Religião para destruir a Religião...
Pois o Soldado que luta pela Verdade, chama seu inimigo de irmão:
Eles lutam & combatem pela vida, e não pela morte eterna!
Mas aqui o Soldado ataca, & um cadáver cai a seus pés
– William Blake, *Jerusalém*, pl. 38, ll. 31-43

Estamos na luta por nossas vidas, uma luta pela civilização que tornou possível a visão de Blake de um mundo de conflito mental em vez de matança carnal. Nossa luta é contra aqueles que pensam que a verdade e a honra provêm de cadáveres e domínio. Somos pessoas de muitas comunidades e identidades, incluindo muçulmanas. O inimigo é o triunfalismo e sua progênie gêmea, o supremacismo e o supersessionismo. Não: *Um Deus, uma Fé, uma Regra*, mas: *Nenhum Rei além de Deus; e Deus é grande demais para qualquer Fé.*

No final, tudo se resume a escolher a vida e não a morte. Progressistas que fazem parceria com *caliphators* com a noção equivocada de que eles também são companheiros "anti-imperialistas", abraçaram uma pretensão de progressismo para destruir progressistas, uma pretensão de vida para destruir a vida. Eles, como seus parceiros, abraçam as mortes exigidas por um combate de soma zero e soma negativa, movido pela honra, em que o direito do poder retorna em triunfo sangrento. Eles são passivos; seus "aliados" são ativamente, suicidamente, assassinos.

Abraçar a vida é aceitar a vulnerabilidade, mas também pedir reciprocidade. A cooperação recompensa a fidelidade, a honestidade, a imparcialidade, entre todos os participantes; e isso restringe a inveja, a malícia e a traição. Envolver-se abertamente e sem defesas com pessoas que desprezam tais princípios e anseiam por domínio, mesmo enquanto você se volta contra aqueles que, por quase quatro milênios, se dedicaram a esses princípios, define a loucura e simboliza a estupidez espantosa.

Ao abraçar a vida, as recompensas correspondem às demandas. Escolha a vida, por mais difícil que seja.

# Glossário para entender a guerra cognitiva do Caliphator no século XXI

*Al wa'la w'al ba'ra*: doutrina de solidariedade "nós-eles". Ame o bem (muçulmano); odeie o mal (infiel).

**Al-Yahud:** termo árabe para "o judeu"; os filhos de porcos e macacos; traduzido como "israelense" pela BBC.

**Ano 1000:** período de intensas expectativas apocalípticas demóticas na Europa Ocidental.

**Ano 2000:** problema de *bug* no computador, nascimento da mentalidade do ano 2000.

**Apocalipticismo:** senso urgente de que o tempo para os Eventos Finais (cenário apocalíptico) é *agora*.

**Aquiescente com o ano 2000:** capaz de lidar com a mudança para 2000, digitalmente dos anos 1999 aos anos 2000; culturalmente, para o *Milênio cívico global*.

**Aristocracia:** clãs poderosos acima do *Divisor primário*, que detêm o controle da maior parte da riqueza, das terras, da tecnologia.

**As três escolhas dos *caliphators*:** conversão ao islã, morte ou submissão (\**Dhimmitude*).

**Assassinatos de vergonha/crimes de honra:** assassinato de membro da família (na maioria das vezes de mulheres), *Oneidofobia*.

551

**Augean Stables:** práticas jornalísticas ruins acumuladas, erros arraigados, que contaminam o mundo com notícias falsas. Meu blog: http://www. theaugeanstables.com.

**Autocrítica:** capacidade de introspecção e de ouvir críticas dos outros. Ver: *Síndrome de onipotência masoquista.*

**Califado:** governo do islá, lei Sharia do reino; infiéis tolerados se tornam *dhimmi.*

***Caliphators:*** acreditam que *nesta* geração, agora, o *Califado global* irá se concretizar.

> **Califado global:** mundo submetido à Sharia, objetivo milenarista triunfalista do islá. Ver: *Triunfalismo muçulmano*; *Jihad global*; *Da'wa*; *Milenarismo apocalíptico.*

**Camponês livre:** oximoro pré-moderno, lavrador independente do solo no regime demótico israelita.

**Casamento do sadismo pré-moderno e do masoquismo pós-moderno:** *Negros, indígenas, pessoas de cor:* "Vocês são genocidas malévolos". Ocidental branco: "Sinto muito! Como podemos nos eximir?"

**Cativeiro límbico:** atração poderosa que as emoções atávicas (luta-fuga, dominação-submissão) exercem sobre questões de vergonha-honra. Ver: *Ego*; *Onēidophobia*; *Triunfalismo.*

**Complexo de direitos humanos (CDH):** ignorar vitimizadores de cor; ficar obcecado com os "brancos" (Jacobs).

**Conflito, O:** conflito entre judeus e árabes sobre a terra entre o rio Jordão e o mar Mediterrâneo.

> **Conflito árabe-israelense:** grande enquadramento do Ocidente para 1948 a 1990. (Israel, Davi)

> **Conflito israelo-palestino:** grande redefinição a partir de Oslo. (Palestinos, Davi)

**Conflito (triunfalista) muçulmano – (autônomo) judeu:** a dimensão religiosa central

**Conformidade com os protocolos midiáticos palestinos:** mede a adesão dos jornalistas às exigências feitas pelas autoridades palestinas sobre a cobertura do *Conflito.

**Crédulos dos demopatas:** pessoas que fazem ouvidos moucos para hipocrisia, que aceitam o argumento demopata como sincero. Ver: *ONGs de direitos humanos, Efeito Halo, Egocentrismo cognitivo liberal, Mentalidade do ano 2000.*

**Crença em falsas esperanças:** vício em esperança na tomada de decisões. Ver *Egocentrismo cognitivo liberal, Esquerda progressista global, Síndrome de onipotência masoquista.*

**Crimes de honra:** Ver *Assassinatos de vergonha.*

**Culto da "Ocupação":** atribuir resultados salvíficos do mundo a fim de terminar a ocupação israelense.

**Cultura da vergonha-honra:** o imperativo violento de preservar/restaurar a honra, evitar vergonha. Ver: *Soma zero, Sociedade do divisor primário.*

**Cultura de dignidade-culpa (CDC):** dignidade do respeito mútuo/*autocrítica, não domínio. Ver: *Valores demóticos, Regime demótico/cívico; Cultura de vergonha-honra.*

**Da'wa:** "convocação", chamado aos infiéis para que se convertam e aos muçulmanos para que intensifiquem sua devoção.

> ***Caliphators:*** aquele que trava a *Jihad global* de forma não violenta e não invasiva; combatentes cognitivos.

***Dar al Islam/Dar al Harb:*** mundo dividido em reino da submissão/reino da espada/guerra. Ver: *Islã triunfalista; *Jihad* global.

> ***Harbi:*** "destinado à espada" – infiéis em *Dar al Harb*, alvo da jihad. Cf. *Dhimmi.* Ver: *Jihad; As três escolhas dos caliphators.*

**Demopatas:** inimigos dos direitos humanos, que os invocam para destruí-los. Ver: *Caliphators*; *Da'wa*; *Guerra cognitiva*; *Egocentrismo cognitivo dominador*.

**Dhimmi:** "culpáveis", infiéis que se submetem a um *status* degradado a fim de receber "proteção".

**Dhimmitude preventiva:** submeter-se silenciosamente às exigências do *Muçulmano triunfalista* na esperança de que não sinta a necessidade de conquista total e sujeição formal.

**Dislexia analógica:** analogias totalmente inapropriadas. Ver *Inversão do Holocausto*.

**Dislexia cronológica:** colocar a carroça na frente dos bois.

**Divisor primário:** a separação entre a elite e os homens do povo, empoderando as elites, trabalho estigmatizante.

**Efeito Halo:** *ONGs de direitos humanos* deixam de ter boa reputação por causa da estatura moral de sua missão (Steinberg).

**Ego:** consciência individual da teia de vergonha-honra, demandas límbicas em que se vive.

**Egocentrismo cognitivo (EC):** projetar a própria mentalidade nos outros.

**Egocentrismo cognitivo liberal (ECL):** projetar motivações de boa-fé/de soma positiva em todos.

**Egocentrismo cognitivo dominador (ECD):** todos os demais também querem dominar. *Governar ou ser governado*.

**Fita de Möbius do egocentrismo cognitivo:** interação de *Egocentrismo cognitivo liberal* e *Egocentrismo cognitivo dominador* e forte vantagem do último. Ver: *Crédulos dos demopatas*; *Casamento do sadismo pré-moderno e do masoquismo pós-moderno*; *Guerra cognitiva invasora*.

**Esfera pública:** espaço de discussão de assuntos de interesse público. Ver: *Grande mídia noticiosa*; *Profissionais da Informação*.

**Esquerda progressista global (EPG):** aqueles que pretendem liderar a evolução da humanidade para a *Sociedade civil global* pela busca de valores progressistas de empatia e acolhimento do "outro".

**Excitação semiótica:** ver prontamente sinais e padrões significativos em textos/dados/eventos.

**Exegese:** derivar significado implícito de um texto; interpretação.

**Eisegese:** ler agressivamente o significado externo em um determinado texto; impor significado.

**Formulação de Livingstone:** as acusações de antissemitismo são apenas esforços para impedir qualquer crítica a Israel.

**Globalização:** atual interdependência e intercomunicação global sem precedentes.

> **Globalização do *caliphator*:** a tecnologia ocidental é um veículo de domínio muçulmano, *Praeparatio Caliphatae*.

**Grande mídia noticiosa liberal:** carros-chefe: *The New York Times*, *The Washington Post*, a BBC, *Le Monde*, *Haaretz*, CNN. No século XXI, muitos deles se tornaram cada vez mais radicais/"progressistas".

**Guerra cognitiva:** convencer um inimigo mais poderoso a não usar sua força.

> **Combatente cognitivo:** alguém dedicado a vencer a guerra cognitiva.

> **Guerra cognitiva invasora:** convencer um inimigo mais poderoso a não resistir à invasão. Ver: *Da'wa*; *Dhimmitude preventiva*.

**Homem de honra:** macho alfa que exige deferência à sua honra.

**Homens do povo:** a grande maioria abaixo do *Divisor primário*; trabalhadores manuais estigmatizados.

**Ícones de ódio:** encarnações visuais de narrativas letais, poderosa propaganda de guerra.

**Imperativo dominador:** *governe ou seja governado.*

**Imperativo paranoico:** *extermine ou seja exterminado.*

**Imperativo empático:** *julgar os outros da forma mais favorável possível.*

**Interseccionalidade:** solidariedade entre "vítimas" designadas de opressão sistêmica. Ver: *Pós-moderno-Pós-colonial; Negros; indígenas; pessoas de cor; Vitimologia; Racismo humanitário.*

**Intifada:** "sacudir", como a poderosa besta do islã se livra da incômoda entidade sionista.

> **Intifada Al-Aqsa /Jihad de Oslo:** *Jihad* iniciada em 2000 por palestinos para quem o Processo de Oslo foi um Cavalo de Troia, primeira campanha bem-sucedida do *caliphator*. Ver: *Mentalidade do ano 2000; Lógica de Oslo.*

**Inversão do Holocausto:** acusar Israel de cometer um genocídio similar ao nazista em relação aos palestinos.

**Islamofobia:** medo ou ódio irracional ao islã ou aos muçulmanos, muitas vezes usado como arma de guerra cognitiva para impedir as críticas ao islã, proibição do direito à liberdade de expressão. Ver: *Dhimmitude preventiva, Formulação de Livingstone.*

> **Islamofobia-fobia:** medo de acusações de *Islamofobia.* Ver: *Oneidofobia.*

***Jihad***: literalmente, "lutar" (em alemão, *kampfen*); guerra santa para difundir o islã; alternativa: luta interior.

> ***Jihad*** **global:** guerra santa para trazer o *Califado global;* Milenarismo.

**Jornalismo da paz:** enfatizar o lado positivo do inimigo, encorajar o próprio lado à confiança.

**Jornalismo letal:** veicular propaganda de guerra (narrativas letais sobre o inimigo) como notícia.

**Jornalismo de guerra de gol contra:** transmitir a propaganda de guerra do inimigo como notícia.

**Jornalismo de guerra patriótico:** transmitir a propaganda de guerra do próprio lado como notícia.

**Judeus contra si mesmos:** judeus oikofóbicos adeptos dos inimigos do seu povo.

**Kuffãr:** infiéis, descrentes, aqueles que "encobrem" a verdade do islã.

**Líderes *dhimmi*:** acusados de suprimir em suas comunidades um discurso que ofende os muçulmanos. Ver: *Islamofobia; Crédulos dos demopatas; Egocentrismo cognitivo liberal; Dhimmitude Preventiva; Mentalidade do ano 2000.*

**Lógica de Oslo:** lógica de soma positiva do "processo de paz de Oslo" (1993-2000): *Terra por Paz.*

**Lógica do ano 2000:** os infiéis ocidentais, especialmente os israelenses, devem confiar nas palavras dos muçulmanos. Ver: *Egocentrismo cognitivo liberal; Crédulos dos demopatas; Jihad de Oslo; Politicamente correto.*

**Megalotimia:** desejo de ser reconhecido como superior, desejo de glória (Fukuyama). Ver: *Triunfalismo; Supersessionismo; Vergonha-honra.*

**Meios de comunicação convencionais (MSNM), grande mídia noticiosa:** principais publicações, vídeos, agências de notícias. Ver: *Augean Stables; Jornalismo letal de gol contra; Precisão jornalística.*

**Mentalidade do ano 2000:** quando os *caliphators* jihadistas atacam uma democracia, culpe a democracia. Ver: *Egocentrismo cognitivo liberal; Westsplaining; Kuffãr; Triunfalismo muçulmano; Soma negativa.*

**Milenarismo:** crença numa era terrena vindoura de justiça, abundância, paz e amor harmonioso.

**Progressista *versus* Restaurativo:** inaugurar o admirável mundo *novo versus* restaurar a era de ouro perdida.

**Demótico *versus* Triunfalista:** de baixo para cima, igualitário, em oposição a de cima para baixo, hierárquico.

**Milenarismo apocalíptico:** a era perfeita e redentora ocorrerá *na Terra, na carne, agora.*

> **Apocalíptico cataclísmico ativo:** o crente é um *agente* de destruição apocalíptica.

> **Apocalíptico cataclísmico passivo:** força externa (cometa, Deus) causa a destruição.

> **Apocalíptico transformador:** transformação rápida *voluntária* em um novo mundo. Ver: *Esquerda progressista global; Caliphator Da'wa.*

**Milênio global:** mundo globalizado de 2000 a 3000 e.c. (exceto se ocorre o colapso da civilização).

**Muçulmano moderado:** troca o *Triunfalismo* pela liberdade religiosa.

**Muhammad Al-Durrah:** ícone do ódio, lançado por jornalista franco-israelense; primeiro libelo de sangue do século XXI.

*Mujahidin:* guerreiros muçulmanos envolvidos na *Jihad militar.*

**Nakba:** "catástrofe" de 1948 no mundo árabe-muçulmano, quando Israel venceu a Guerra de Independência.

**Naksa:** "retrocesso" à Guerra dos Seis Dias, 1967; *Nakba 2.0.*

**Naksba:** mentalidade dos árabes que usam Israel como bode expiatório enquanto abusam do seu próprio povo. Ver: *Divisor primário; Jogos de soma negativa; Mentalidade do ano 2000.*

**Narrativa, A:** paradigma da mentalidade do ano 2000; padrão para a maior parte dos profissionais da informação do século XXI.

> **Narrativa apocalíptica:** narrativa cósmica/global sobre o cenário do Fim dos Tempos: *como* nós, o Bem, em breve derrotaremos o Mal.

**Narrativas letais:** falsas acusações de atrocidades difíceis de refutar, propaganda de guerra envenenada.

**Negros, indígenas, pessoas de cor:** não brancos, vítimas de opressão intersecional.

**Neoislá:** religiosidades islâmicas surgidas na diáspora ocidental, especialmente na era da internet.

**Oikofobia:** o repúdio à herança e ao lar, "o lado deles, esteja certo ou errado".

**Oneidofobia:** pavor da desgraça pública, que pode paralisar, encorajar a raiva/violência. Ver: *Cativeiro límbico*; *Cultura da vergonha-honra*.

**ONGs de direitos humanos:** ONGs dedicadas aos direitos humanos globais, muitas das quais atuam de acordo com a *Mentalidade do ano 2000*; *Efeito Halo*; *Equivalência moral*.

**Pallywood:** cenas de agressão israelense e vitimização palestina, encenadas para a grande mídia noticiosa. Ver: *Jornalismo Letal*; *Augean Stables*; *Guerra cognitiva do da'i*.

**Paradigmas:** estruturas conceituais que atribuem papéis primários a determinados fatores.

    ***Jihad* vergonha-honra:** honra triunfalista muçulmana por meio da conquista global.

    **Politicamente correto:** subdogma, palestinos/muçulmanos como os coitadinhos.

    **Pós-colonial:** os brancos são os piores imperialistas; devem expiar suas culpas. Israel é tipicamente branco.

**Patriarca:** macho alfa de sucesso em uma sociedade do *divisor primário*.

**Pós-moderno, pós-colonial:** combinação armada contra o Ocidente. Ver *Esquerda progressista global*; *Apocalíptico transformativo/Cataclísmico ativo*; *Síndrome de onipotência masoquista*.

***Praeparatio Caliphatae:*** a globalização ocidental como preparação para o *Califado global.*

**Preocupação:** obsessão com a ocupação israelense, excluindo questões relevantes.

**Principal diretriz:** (*Star Trek*: "Não interfira"). Século XXI: não os irrite. Ver: *\*Dhimmitude* preventiva.

**Profissionais da informação:** cobrados pelo público para informar com precisão sobre questões relevantes.

**Promiscuidade semiótica:** qualquer coisa significa qualquer coisa, conecte-se com o abandono. Ver: *Eisegese*; *Equivalência Moral*; *Dislexia Analógica.*

**Propaganda:** enganar a opinião pública para que aceite o que pessoas mais bem-informadas rejeitariam.

**Racismo humanitário:** não fazer exigências morais daqueles designados como "vítimas" (Gerstenfeld). Ver: *Negros, indígenas, pessoas de cor*; *Vitimologia*; *Interseccionalidade*; *ONGs de direitos humanos.*

**Regime demótico:** regime cívico baseado no princípio de igualdade perante a lei, voluntarismo.

**Relativismo do tempo:** "dois minutos" depende de qual lado da porta do banheiro você está.

**Relativismo moral/Equivalência:** igualar níveis muito diferentes de comportamento moral; padrões duplos. Ver: *Crédulos dos Demopatas*; *Ongs de direitos humanos*; *Racismo humanitário.*

**Religiosidade:** um estilo de viver suas crenças religiosas no mundo social.

> **Religiosidade demótica:** estilo religioso igualitário de viver na sociedade, baseado na dignidade e na prática de incorporar esses valores na vida e nas relações.

560

**Religiosidade triunfalista:** manifestar a superioridade dos crentes: baseada em honra. "Nosso Deus é Verdadeiro porque governamos"; prova do nosso domínio. Ver: *Teologia da substituição*; *Supersessionismo*; *Imperativo dominador*.

*Ressentimentalistes*: pessoas cuja principal resposta aos contratempos é culpar outros e nutrir *ressentimento* diante do fracasso (Nietzsche). Ver: *Schadenfreude moral*; *Narrativas letais*.

**Retórica profética:** duras acusações destinadas a envergonhar as pessoas e levá-las à mudança: pior que Sodoma! Ver: *Relativismo moral*; *Síndrome de onipotência masoquista*; *Autocrítica*; *Casamento do sadismo pré-moderno e do masoquismo pós-moderno*; *Esquerda progressista global*.

**Sadismo moral:** fazer acusações cruéis para infligir dor moral. Israel = nazistas. Ver: *Schadenfreude moral*; *Jornalismo letal*.

*Schadenfreude*: o prazer que alguém sente com o sofrimento alheio.

*Schadenfreude* **moral:** prazer na degradação moral de um rival. Ver: *Supersessionismo*.

**Segredo público:** algo que "todo mundo [que importa] sabe", mas sobre o que ninguém fala em público.

**Síndrome de onipotência masoquista (SOM):** tudo é culpa nossa; se mudarmos, poderemos consertar tudo. Ver: *Retórica profética*; *Milenarismo demótico*; *Judeus contra si mesmos*; *Casamento do sadismo pré-moderno e do masoquismo pós-moderno*.

**Sociedade civil**: substituição da violência pela justiça, com base em princípios, na solução de conflitos.

**Regime cívico**: sociedade contratual dedicada a igualdade perante a lei, relações de soma positiva.

**Sociedade civil global:** comunidade de culturas diferentes e pacíficas, vivendo bem e responsavelmente.

**Solução de dois Estados:** resolução de soma positiva para o conflito palestino-israelense. Ver: *Lógica de Oslo*; *Mentalidade do ano 2000*.

**Subdogma:** afirmação dogmática de *Racismo humanitário*; *Negros, indígenas e pessoas de cor são vítimas inocentes.*

**Supersessionismo:** alegação de estar acima do(s) antecessor(es) (*supersedeo*); *Teologia da substituição.*

***Takfir:*** declarar um companheiro muçulmano como apóstata, merecedor de morte; técnica do *caliphator* contra muçulmanos moderados.

**Teologia da substituição:** reivindicação monoteísta de substituir os antecessores como "Escolhidos por Deus". Ver: *Religiosidade triunfalista*; *Soma zero*; *Dhimmitude*; *Supersessionismo.*

> **Teologia secular da substituição:** os valores da esquerda progressista global substituíram a religião.

> **Narrativa de substituição do ano 2000:** israelenses, os novos nazistas; palestinos, as novas vítimas judias.

**Teoria dos jogos:** aspectos emocionais de jogos de soma zero e de soma positiva.

> **Soma zero:** só se ganha se o outro lado perder: arranque um dos meus olhos. Ver: *Narrativas letais*; *Triunfalismo*; *Schadenfreude*; *Divisor primário*; *Mentalidade do ano 2000.*

> **Jogos de soma positiva:** ambos os lados ganham; voluntarista, recíproca; baseado na confiança/confiabilidade.

> **Jogos de soma negativa:** ambos os lados perdem; arranque meus dois olhos para lesar meu inimigo.

**Terrorismo:** visar civis para assustar o inimigo até a submissão; quanto mais sangrento, melhor.

**Testosterônico:** virilidade movida pela honra.

> **Pós-testosterônico:** virilidade culpa-integridade, autocontrole, intimidade.

562

**Triunfalismo muçulmano:** "Destino do Islã", "Uma Fé Verdadeira", para governar a humanidade. Ver: Jihad *global*; *Caliphator*; *Dhimmitude*. Eu me refiro a eles como Triunfalistas com T maiúsculo.

**Úteis infiéis:** progressistas que promovem os objetivos do *caliphator*. Ver: *Dhimmitude preventiva*; *Crédulos dos demopatas*.

**Valores demóticos:** igualitários, dignidade do trabalho manual, relações de soma positiva, modéstia, autocrítica.

**Vegetarianos verbais:** discurso de ocidentais avessos a conflitos, a fim de evitar confrontos. Ver: *Dhimmitude preventiva*; *Crédulos dos demopatas*; *Mentalidade do ano 2000*.

**Vitimologia:** estudo das vítimas, impacto da experiência da vítima no comportamento. Ver: *Demopatas e seus crédulos*; *Racismo Humanitário*; *Casamento do sadismo pré-moderno e do masoquismo pós-moderno*.

**Westsplaining:** ocidentais explicando o islã e os muçulmanos ao Ocidente em seu próprio idioma. Ver: *Egocentrismo cognitivo liberal*; *Crédulos dos demopatas*; *Mentalidade do ano 2000*.

# *Notas*

## AVISO AO LEITOR: SE EU ESTIVER CERTO, ESTAMOS EM APUROS (pp. 9-14)

[1] José Saramago, "De las piedras de David a los tanques de Goliat", *El País*, 21 abr. 2002, disponível em: <https://elpais.com/diario/2002/04/21/opinion/1019340007_850215.html>; discutido em Paul Berman, *Terror and Liberalism*, New York: WW Norton, 2003, pp. 139-44. Este texto é uma resposta aos relatos de um "massacre" israelense em Jenin (ver a seguir, capítulo "Jenin: aplaudindo o terror suicida jihadista").

[2] Na verdade, pouco antes do artigo de Saramago, um rabino ortodoxo expressou exatamente a opinião oposta: "O ponto de vista dos judeus ortodoxos, em geral, com raras exceções, é que a vingança é unicamente de Deus [...]. Ao longo de dois milênios de exílio e sofrimento, o povo judeu nunca encorajou o exercício da vingança por parte dos seres humanos". Charles Radin, "Israel mourns as 10 fall to lone Palestinian sniper", *The Boston Globe*, 4 mar. 2002.

[3] Juan Cole, *Muhammad: Prophet of Peace Amid the Clash of Empires*, New York: Nation Books, 2018. Crítica: Andrew Harrod, "Juan Cole Invents a Peaceful Islam", *The American Spectator*, 10 dez. 2018.

[4] A citação é do presidente Obama, apud Ian Schwartz, "Obama: This 'Medieval Interpretation of Islam' is Rejected by '99,9%' of Muslims, Not a '*Religious War*'", *Real Clear Politics*, 1 fev. 2015.

[5] Joel Brinkley, "Israel Starts Leaving Areas, but Will Continue Drive", *The New York Times*, 8 abr. 2002.

[6] Richard Landes, "Everybody Agrees: The BBC and CNN on UNSC Resolution #2334 and Kerry's Speech", *Al Durrah Project*, acesso on-line em 18 fev. 2017, entrevista, disponível em: < https://vimeo.com/256281399>.

[7] Richard Landes, *Heaven on Earth: The Varieties of the Millennial Experience*, Oxford: Oxford University Press, 2011, cap. 12.

## INTRODUÇÃO: REFLEXÕES DE UM MEDIEVALISTA HERÉTICO (pp. 15-26)

[1] Richard Landes, *Heaven on Earth*, cap. 8.

[2] Carlo Cipolla, *The Basic Laws of Human Stupidity*, Milan: il Mulino, 2011.

[3] O termo "*slave*" (escravo) origina-se dos eslavos que a Europa exportava para o mundo muçulmano.

[4] Para uma visão medieval, ver Robert Bartlett, *The Making of Europe: Conquest, Colonization and Cultural Change, 950-1350*, Princeton: Princeton University Press, 1994. No âmbito da modernidade, David Landes, em *The Wealth and Poverty of Nations: Why Some Are so Rich and Some so Poor*, New York: W. W. Norton & Company, 1999, estima que por volta de 1500 o Ocidente era decisivamente superior ao restante do mundo em tecnologia e expansão cultural.

[5] Richard Landes, *Relics, Apocalypse and the Deceits of History: Ademar of Chabannes, 989-1033*, Cambridge, MA: Harvard University Press, 1995.

⁶ Laurence Wright, *The Looming Tower: Al-Qaeda and the Road to 9/11*, New York: Vintage, 2006, p. 426.

⁷ Richard Landes, *Heaven on Earth*, cap. 2.

⁸ David Brooks, "The Crisis of Western Civ", *The New York Times*, 21 abr. 2017.

⁹ Richard Landes, *While God Tarried: Disappointed Millennialism from Jesus to the Peace of God, 33-1033*. No prelo.

¹⁰ Sobre a contribuição de Steven Spielberg para essa atitude em relação aos ETs, ver Richard Landes, *Heaven on Earth*, pp. 404-5.

¹¹ Richard Landes, "On Millennial Studies, Vesperian Scholars, and the Millennial Clashes of the Twenty-First Century", em *Beyond the End: The Future of Millennial Studies*, Joshua Searle; Kenneth C. G. Newport (eds.), Sheffield: Sheffield Phoenix Press, 2012, pp. vii-xxii.

¹² Richard Landes, "On the Dangers of Ignoring Apocalyptic Icebergs, Y1K and Y2K", *Groniek: Historisch Tijdschrift*, fev. 2015, pp. 387-409. Em 2014, dei uma palestra em Paris num congresso sobre "Charlemagne after Charlemagne" e perguntei ao público quem sabia que Carlos Magno havia sido coroado no primeiro dia do ano 6.000 da Criação do Mundo. Praticamente ninguém sabia, 20 anos depois de importantes artigos em inglês, espanhol e alemão terem sido publicados sobre o tema. Eles não apenas desconheciam seu próprio passado milenar, como também não tinham ideia do movimento cataclísmico ativo em seu meio, que se manifestaria de maneira terrível apenas algumas semanas depois, em 13 de julho de 2014, quando uma multidão de muçulmanos, furiosos com a notícia de ataques israelenses em Gaza, passou de gritos de "Morte aos Judeus" na Place de la Bastille a ataques a uma sinagoga cheia de judeus na rue de la Roquette. Veronique Chemla, "Des 'Blacks, Blancs, Beur's antisémites attaquent les Juifs à Paris", 15 jul. 2014. Os ataques à redação da revista semanal *Charlie Hebdo* e à sala de espetáculos Bataclan seguiram-se rapidamente em 2015.

¹³ Ver Landes, *Heaven on Earth*, cap. 3.

¹⁴ "Lewandowsky, Jew, Psychologist! Shut the fuck up you Nazi Zionist Kike!" – Da caixa de entrada de e-mail do autor; Stephan Lewandowsky, "In Whose Hands the Future?", em *Conspiracy Theories and the People Who Believe Them*, Joseph Uscinski (ed.), New York: Oxford University Press, 2018, p. 149.

## Parte 1
## HISTÓRIA SELETIVA DOS DESASTROSOS PRIMEIROS ANOS DA DÉCADA DE 2000 (2000-2003)

### AL-DURRAH:
### PROPAGANDO UM LIBELO DE SANGUE JIHADISTA (2000)  (pp. 29-74)

¹ *The Al Durrah Project*, disponível em: <http://www.aldurah.com>; Richard Landes, "The Al Durrah Dossier", *Augean Stables*, 2008, disponível em: <http://www.theaugeanstables.com/al-durah-affair-the--dossier/>; Nidra Poller, *Al Dura: Long-Range Ballistic Myth*, Paris: Authorship Intl, 2014.

² Vickie Goldberg, *The Power of Photography: How Photographs Changed Our Lives*, New York, 1993. Tamar Liebes; Anat First, "Framing the Palestinian Israeli Conflict", em *Framing Terrorism: The News Media, the Government and the Public*, Pippa Norris; Montague Kern; Marion Just (eds.), New York: Routledge, 2003, cap. 4.

³ Tala abu Rahma "Notarized Statement", PCHR [Palestinian Centre for Human Rights], 3 out. 2000, disponível em: <https://tinyurl.com/avk6mmvu>.

⁴ Richard Landes, Icon of Hatred, out. 2005, disponível em: <https://vimeo.com/67058931>.

⁵ Barbie Zelizer, *About to Die: How News Images Move the Public*, New York: Oxford University Press, 2010, que aborda Al-Durrah em seu capítulo sobre "Certain Deaths", apesar de estar ciente da natureza questionável da filmagem, pp. 197-203.

⁶ Sobre a questão da "objetividade" no jornalismo, ver Stephen Ward, *The Invention of Journalism Ethics: The Path to Objectivity and Beyond*, Montreal: McGill-Queens University Press, 2006. Não obstante a data de publicação, o autor não aborda em parte alguma o conflito no Oriente Médio, nem cita o livro de Goldberg sobre o preconceito da mídia.

[7] Sobre a filmagem que Enderlin forneceu ao tribunal e que ele admitiu ter editado, ver "Raw Footage Presented to French Court", YouTube, disponível em: <https://www.youtube.com/watch?v=fUz55tLLXUg>; sobre as edições feitas, ver "Gambling with a Lie: Enderlin pulls a Rosemary Mary Woods", *Augean Stables*, 14 nov. 2007.

[8] A hipótese de encenação era literalmente "impensável" para a maioria dos ocidentais: apenas uma minúscula minoria de pessoas, quando apresentadas às quatro primeiras opções, poderiam sequer imaginar a quinta. Sobre a encenação, ver *Pallywood*, 2005, disponível em: <https://vimeo.com/65294892>.

[9] Stephan Juffa e Amnon Lord em Israel; Nidra Poller, Luc Rosenzweig, Clement Weill-Raynal na França; Esther Schapira na Alemanha; e James Fallows nos EUA. Na França, três pessoas notáveis não eram jornalistas: Gerard Huber, Pierre-André Taguieff e Philippe Karsenty.

[10] O pai de Schapira era judeu. Taguieff não é judeu, apesar de Tariq Ramadan incluí-lo em uma lista dos seis "*communautaristes juifs*" que ele denunciou por abandonarem seus valores universais a fim de defender Israel. Ver Paul Berman, *The Flight of the Intellectuals*, p. 157-204.

[11] "Affaire al-Doura: une pétition pour Charles Enderlin", *Le Nouvel Obs*, 6 jun. 2008; refutado por Richard Landes em "What Checks and Balances to the Fourth Estate: Appeal for Charles Enderlin Poses the Question", *Augean Stables*, 6 jun. 2008. Ver Ivan Rioufol, "Les médias, pouvoir intouchable?", *Le Figaro*, 13 jun. 2008; monitoramento de Anne-Elisabeth Moutet realizado com pessoas que assinaram: "L'Affaire Enderlin: Being a French Journalist Means Never Having to Say You're Sorry", *The Weekly Standard*, 7 jul. 2008.

[12] "The France2 Al-Durrah Report, its Consequences and Implications: Report of the Government Review Committee", Ministry of International Affairs and Strategy, State of Israel, 19 maio 2013, disponível em: <https://www.scribd.com/doc/142658793/Kuperwasser-Report>. Shmuel Rosner, "Revisiting the Alleged Killing of a Palestinian Boy by Israeli Forces", *The New York Times*, 22 maio 2013, foi a única exceção séria.

[13] Sobre a obra de Stephan Juffa, ver MENA [Middle East and North Africa], disponível em: <http://www.menapress.org/index.php?searchword=al+dura&option=com_search&Itemid=>; Esther Schapira, *Three Bullets and a Dead Child*, 2002; James Fallows, "Who Shot Muhammad al Dura?", *Atlantic Monthly*, jun. 2003.

[14] Jean Claude Schlinger, "Affair Al Doura: Examen technique et balistique", *The Augean Stables*, 7 dez. 2021.

[15] Elisabeth Schemla, "Un entretien exclusif avec Charles Enderlin, deux ans après la mort en direct de Mohamed Al-Dura à Gaza", *Proches Orient Infos*, 1 out. 2002.

[16] Adi Schwartz, "*Bóu nir'é et ze shuv*" vamos ver as coisas novamente), *Haaretz*, 1 nov. 2007.

[17] Para uma discussão sobre quão difundida é essa abordagem por parte dos jornalistas ocidentais, ver o capítulo "Jornalismo de guerra submisso, letal e que marca gol contra: a desgraça do Ocidente no século XXI".

[18] Observado por CAMERA (Committee for Accuracy in Middle East Reporting in America), "In the Footsteps of the al-Durah Controversy"; Arnold Roth: "If we knew then what we discovered today about how France2's correspondent decided the IDF killed a child in Gaza 13 years ago", *This Ongoing War*, 23 maio 2013. Em 2010, Enderlin toma partido do testemunho de Talal no que diz respeito a uma evidência que ele próprio nega: *Un enfant est mort: Netzarim, 30 septembre 2000*, Paris: Don Quichotte Éditions, 2010, p. 5.

[19] Fisk, "Where 'caught in the crossfire' can leave no room for doubt", *The Independent*, 2 out. 2000.

[20] Joshua Muravchik, *Covering the Intifada: How the Media Reported the Palestinian Uprising*, Washington: The Washington Institute for Near East Policy, 2003, p. 15.

[21] Susanne Goldenberg, "Making of a Martyr", *The Guardian*, 2 out. 2000.

[22] Sobre os buracos das balas, ver Landes, *Al-Durah: Making of an Icon*, 5:53-6:15, disponível em: <https://vimeo.com/67060204>.

[23] Izzy Lemberg, editor de campo da CNN, testemunho pessoal.

[24] Por exemplo, Charles Enderlin, "Making an Icon: The Al-Dura Conspiracy", em *Reporting the Middle East: The Practice of News in the Twenty-first Century*, Zahera Harb (ed.), London: I.B. Tauris, 2017, pp. 163-78.

[25] Poller, *Al Dura*, cap. 1.

26 "Cette guerre qui tue les enfants", *Paris Match*, #2681, out. 2000. Sobre os acontecimentos reais, ver Laetitia Enriquez, "Enquête: Qui a tué la petite palestinienne?", *Actualité Juive*, 2 nov. 2000. Madeleine Albright fez com que a CIA investigasse; até a polícia da Autoridade Palestina disse que o pai havia matado acidentalmente a criança. Alain Genestar, diretor-geral da *Paris Match,* respondeu: "Un grand reporter de *Paris Match* est à mes yeux plus crédible qu'un agent secret de la CIA".

27 Sobre o supersessionismo e seus adeptos, ver o caso de Tom Paulin (nota 69) e, em geral, o capítulo "A EPG (esquerda progressista global) no século XXI".

28 Mahmoud Darwish, "Muhammad", *Revue d'études palestiniennes*, n. 78, inverno 2001, disponível em: <https://mronline.org/2006/09/30/darwish300906-html/>.

29 *Messages to the World: The Statements of Osama Bin Laden*, Bruce Lawrence (ed.), London: Verso, 2005, p. 147s.

30 Pierre-André Taguieff, *Criminaliser les Juifs: Le mythe du "meurtre rituel" et ses avatars (antijudaïsme, antisémitisme, antisionisme)*, Paris: Hermann, 2020, pp. 281-92.

31 Hugh Miles, *Al-Jazeera: The Inside Story of the Arab News Channel That is Challenging the West*, New York, 2006, pp. 73-4. Fouad Ajami, de modo semelhante, observou que "a repetição incessante da imagem sinalizava a chegada de uma nova e sensacional geração de jornalismo árabe", em "What the Muslim World is Watching", *New York Times Magazine*, 18 nov. 2001. Irônica e premonitoriamente, as notícias francesas fizeram o mesmo (ver nota 51).

32 Graham Usher, "Uprising wipes off Green Line", *Al-Ahram*, 12-18 out. 2000.

33 Vídeo de Schapira, "Three Bullets and a Dead Child", disponível em: <https://vimeo.com/661738105>.

34 Relatório de investigação da Comissão Ohr sobre os confrontos entre as forças de segurança e os cidadãos israelenses em outubro de 2000, conclusão, p. 172, disponível em: <http://elyon1.court.gov.il/heb/veadot/or/inside_index.htm>; tradução adaptada do artigo de Juffa (nota seguinte); o sumário oficial em inglês não menciona al-Durrah. Disponível em: < https://www.jewishvirtuallibrary.org/the-official-summation-of-the-or-commission-report-september-2003>.

35 Stéphane Juffa, "France2's report on Al-Dura at the Origin of the Riots of October", MENA, 23 set. 2001, disponível em: <http://www.theaugeanstables.com/2018/10/10/stephane-juffa-on-france2s-al-dura-report-at-the-origin-of-the-riots-of-october-2000/>.

36 Mark Seager, "'I'll have nightmares for the rest of my life", *The Daily Telegraph*, 15 out. 2000, disponível em: <http://rotter.net/israel/mark.htm>. Seager tinha vários motivos para lamentar o artigo, que não está mais disponível no *Telegraph*, daí a URL alternativo. Para saber mais sobre Seager e a intimidação/defesa, ver a seguir, p. 369, p. 387.

37 Stéphane Juffa, "France2's report on Al-Dura".

38 Sobre esse vídeo, ver Richard Bulliett; Fawaz Gerges, "A Recruiting Tape of Osama bin Laden: Excerpts and Analyses", *Columbia International Affairs Online*, out. 2001; Julia Magnet, "His Grasp of Spin is Chilling", *The Daily Telegraph*, 16 nov. 2001. Sobre a seção a respeito de Al-Durrah, ver "Bin Laden on Al Durrah", disponível em: <https://vimeo.com/463485002>.

39 Ver as estatísticas sobre o apoio ao terrorismo suicida no Jerusalem Media and Communications Center no período de 1997-2002. Disponível em: < http://www.jmcc.org/polls.aspx>.

40 Safar ibn abd al-Rahman Hawali, "The Day of Wrath – Is the Intifadha of Rajab only the beginning?", postado em 11 set. 2001, disponível em: <https://english.religion.info/wp-content/uploads/2016/08/2001_The-Day-of-Wrath.pdf>, p. 4.

41 Landes, "Roland, Suicide Bomber, October 2000", *Augean Stables*, 6 set. 2011.

42 Sobre o *hadith*, ver Sahih Muslim, *Portents of the Last Hour*, 41:6981-85.

43 Noah Feldman, "Islam, Terror and the Second Nuclear Age", *The New York Times Magazine*, 29 out. 2006. A comparação entre a resposta da Suprema Corte dos EUA à opinião pública progressista e a resposta do *Al-Ahram* à vingativa sede de sangue soa um tanto como um racismo humanitário: Manfred Gerstenfeld, "Beware the Humanitarian Racist", *Ynet*, 23 jan. 2010.

44 Iyad Saraj, Palestinian psychiatrist to Ami Ayalon in 2002, *Gatekeepers*, 2012. Analisado a seguir, p. 459.

45 Patrick Cockburn, *The Age of Jihad: Islamic State and the Great War for the Middle East*, London: Verso Books, 2016.

46 "Friday Sermon on Palestinian Authority TV", *MEMRI*, Special Dispatch, No. 370, 17 abr. 2002. Ver caps. 3 e 6. Vinte anos mais tarde: Imam Yousef Makharzah, "We Shall Shatter the Heads of America and the Infidels, Conquer Rome", *MEMRI*, 28 maio 2021.

47 Algo que os pastores e padres alemães não fizeram mesmo no auge do Holocausto nazista e da admiração do movimento *Deutsche Christen* por Hitler; ver Landes, *Heaven on Earth*, cap. 12.

48 Sobre o comportamento de William Orme, do *The New York Times*, ver capítulo "Jornalismo de guerra submisso, letal e que marca gol contra: a desgraça do Ocidente no século XXI".

49 Anne Marie Oliver; Paul F. Steinberg, *The Road to Martyrs' Square: A Journey into the World of the Suicide Bomber*, Oxford: Oxford University Press, 2006.

50 Robert Pape, *Dying to Win: The Strategic Logic of Suicide Bombers*, New York: Random House, 2006.

51 Um judeu francês assim se expressou a respeito: "A imagem que as notícias francesas nos proporcionavam, até sangrar os olhos (*à en baver*)." O *L'Express* referia-se a ela como "L'image choc de l'Intifadah". Landes, "Kafka in Wonderland: *L'Express* weighs in", *The Augean Stables*, 19 out. 2006.

52 Talal recebeu vários prêmios, inclusive o do "Festival Scoop 2000" na França; o "Mujahid Shield" do presidente do Irã em 2001; o prêmio de Melhor Filme de 2000 do jornal italiano jornal *Republica*, e o *Rory Peck Award* na Inglaterra.

53 Sobre as observações de Chirac, ver p. 352. Sobre um comentário posterior de um importante diplomata francês em Londres, ver p. 95.

54 Landes, "On the hidden costs of Media Error: Muhammed al Durah and the French Intifada", *The Augean Stables*, 15 nov. 2005.

55 Numa reunião com o Comitê Judaico Americano. Ver a seguir uma resposta semelhante de Janine di Giovanni, repórter do *London Times*, quando confrontada com o questionamento de Martin Himmel sobre seu ataque brutal contra Israel por causa de Jenin, pp. 107-12.

56 "Avec la charge symbolique de cette photo, la mort de Mohammed annule, efface celle del'enfant juif, les mains en l'air devant les SS, dans le Ghetto de Varsovie." Catherine Nay, âncora do Europe1 News. A afirmação aparece no filme *Decryptage*, de Bensoussan e Tarnero, 2003; citada, entre muitos, por Pierre-André Taguieff, *La Judéophobie des Modernes: Des Lumières au Jihad Mondial*, Paris: Odile, 2008, p. 300. Nay respondeu à sua aparição em *Decryptage* em *Marianne* #301 (2 jan. 2003); republicada no *France42 Blogspot*, 8 nov. 2007; ver nota 34, p. 575.

57 Emmanuel Brenner, citado em "Comment les médias français contribuent à entretenir l'Irénisme em France", *Naibed*, 31 jan. 2007.

58 Pascal Boniface, *Est-il permis de critiquer Israël*, Paris: Robert Laffont, 2003; Dominique Vidal, *Le mal-être juif. Entre repli, assimilation & manipulations*, Paris: Agone, 2003.

59 A frase é de Dan Diner, citada por Hans Kundnami, "Günter Grass and changing German attitudes towards Israel", *The Guardian*, 5 abr. 2012.

60 Gilad Atzmon, "Beyond comparison", *Al-Jazeera*, 12 ago. 2006. Sobre o antissionismo judaico, ver capítulo "Judeus antissionistas: As patologias da autocrítica".

61 Leon Wieseltier, "Tutor", *The New Republic*, 30 dez. 2002.

62 Richard Kemp observa que os países europeus, cujos diplomatas, políticos, acadêmicos e jornalistas regularmente atacam Israel, enviam para lá seus militares, a fim de aprender as técnicas mais humanas para combater a *jihad*. "Israel as a Strategic Asset of the West", *Jewish Political Studies Review*, 17 nov. 2017.

63 Para uma análise mais detalhada do "supersessionismo progressista", ver pp. 313-317, 330-337.

64 Landes, "Europe's Destructive Holocaust Shame", *Tablet*, 5 set. 2017.

65 Joseph Spoerl, "Parallels between Nazi and Islamist Antisemitism", *Jewish Political Studies Review*, v. 31, n. 1-2, 2020.

66 Klaus-Michael Mallmann; Martin Cüppers, *Nazi Palestine: The Plans for the Extermination of the Jews in Palestine*, New York: Enigma Books, 2010; mais recentemente, "Admiration of Hitler and Nazism", *PMW*, disponível em: <https://www.palwatch.org/main.aspx?fi=655>; Bernard Harrison, *Blaming the Jews: Politics and Delusion*, Bloomington: Indiana University Press, 2020, pp.15-29.

67 Petronella Wyatt, "Poisonous Prejudice", *Spectator*, 8 dez. 2001. Uma análise mais detalhada na p. 95, nota 68.

68 Anthony Julius, *Trials of the Diaspora: A History of Anti-Semitism in England*, Oxford: Oxford University Press, 2010.

[69] Tom Paulin, "Killed in a Crossfire", *The Observer*, 17 fev. 2001.

[70] Julius, em *Trials of the Diaspora*, pp. 236-40, assinala como essa ideia de gentios estúpidos ludibriados por judeus astutos origina-se diretamente dos *Protocolos dos Sábios de Sião*. Winston Pickett, "Nasty or Nazi? The use of antisemitic topoi in the left-liberal media", *Engage Journal*, 2, 2006.

[71] Irwin Cotler, "Debate on the Rise in Antisemitism", 24 fev. 2015, disponível em: <https://irwincotler. liberal.ca/blog/takenote-debate-rise-antisemitism/>.

[72] Ver capítulo "Jornalismo de guerra submisso, letal e que marca gol contra: a desgraça do Ocidente no século XXI".

[73] Ver capítulo "A EPG (esquerda progressista global) no século XXI".

[74] Robert Jackall (ed.), *Propaganda*, New York: New York University Press, 1995, pp. 105-73. Grande parte da literatura ocidental é bastante crítica em relação aos jornalistas ocidentais por "concordarem com o Estado". Ver S. A. Nohrstedt et al., "From the Persian Gulf to Kosovo: War Journalism and Propaganda", *European Journal of Communication*, v. 15, n. 3, 2000, pp. 383-404. Para um bom exemplo de autocrítica israelense, ver Avshalom Ginosar; Inbar Cohen, "Patriotic journalism: An appeal to emotion and cognition", *Media, War & Conflict*, v. 12, n. 1, 2017, pp. 1-16.

[75] Ver p. 180.

[76] Ver pp. 52-54.

[77] Shmuel Trigano, "Le 'repli communautaire' dans les hebdomadaires français?", *Le conflict israélo-palestinen: Les medias français sont-ils objectifs?*, 2002, pp. 145-49. Sobre esse amálgama e sua aplicação de mão única, ver o caso de Tim Wilcox em Nick Cohen, "The BBC: Blaming the Jews for attacks on Jews", *The Spectator*, 12 jan. 2015.

[78] Ver Bernard Harrison, *The Resurgence of Anti-Semitism: Jews, Israel and Liberal Opinion*, Lanham, MD: Rowman & Littlefield, 2006, pp. 68-78; Anthony Julius, *Trials of the Diaspora*, pp. 474-99.

[79] Sobre "O Padrão", ver p. 536.

[80] Sobre a Rua Muçulmana na França, ver Nidra Poller, "The Death of France's 'Multiculturalism'", *FrontPage Magazine*, 30 mar. 2005; Hussey, *The French Intifada*, que cobre a longa história, mas trata da "Intifada des banlieues" apenas a partir dos tumultos de 2005.

[81] Marie Brenner, "France's Scarlet Letter", *Vanity Fair*, jun. 2003; Paul Giniewski, "The Jews of France Tormented by the 'Intifada of the Suburbs'", *Nativ*, v. 16, n. 5, set. 2004.

[82] *Les anti-feujs: Le livre blanc des violences antisémites en France depuis septembre 2000*, Paris: Calmann-Lévy, 2002; Shmuel Trigano, *Observatoire du monde juif, 2000-*, disponível em: <http://obs.monde.juif.free.fr/.>

[83] Ömer Taşpınar, "Europe's Muslim Street", *Brookings Institute*, 1º mar. 2003.

[84] Como apontou o documentário *Decryptage* (2003), de Jacques Tarnero, de 2000 a 2002 mais pessoas foram mortas pela violência islâmica na Argélia – um lugar no qual a França tinha um grande envolvimento histórico e preocupações atuais – do que no conflito israelense. Entretanto, a mídia francesa deu a ela apenas uma fração da cobertura dada a Israel.

[85] Ian Johnson; John Carreyrou, "As Muslims Call Europe Home, Dangerous Isolation Takes Root", *The Wall Street Journa*l, 11 jul. 2005.

[86] Sobre estes tumultos e o esforço determinado dos políticos e dos comentaristas para negar que eles tinham algo a ver com o islã, ver pp. 175-83.

[87] Isso não se limitou à França. Patrick Goodenough relatou o esfaqueamento, em 16 de outubro em Londres, de um estudante judeu ortodoxo, em "Radical Islam: The Enemy in our Midst", *CNS Commentary*, 18 out. 2000. Houve relatos semelhantes da Bélgica no dia seguinte à exibição do relatório Al-Durrah.

[88] Pierre-André Taguieff, *La nouvelle judéophobie*, Paris: Mille et Une Nuits, 2002; Emmanuel Brenner, *Les territoires perdus de la République: Antisemitisme, racisme et sexisme en milieu scolaire*, Paris: Mille et Une Nuits, 2002. Quase todos os testemunhos e os piores excessos são posteriores a setembro de 2000.

[89] Ver, por exemplo, a breve despedida de Dominique Vidal, "Revue", *Le Monde diplomatique*, maio 2003, que termina com uma leitura errada de uma alegada leitura errada. Vidal havia documentado o "communautarisme" de direita dos judeus franceses, atribuindo-lhe grande parte da violência em *Le mal-être juif*, Paris, 2003. Ver também Alain Gresh, "Les nouveaux habits du racisme", *Le monde diplomatique*, abr. 2004, que considera a tese de Brenner "*inane*" [insana] e, em última análise, racista contra os árabes. Gresh ainda confirma a acusação da Anistia Internacional sobre o Apartheid de Israel: "Amnesty International dissèque l'apartheid d'Israël", *Orient XXI*, 01 fev. 2022.

570

⁹⁰ Citado em Marie Brenner, "France's Scarlet Letter". Uma muçulmana convertida ao judaísmo nos EUA me disse que, quando tentou contar aos seus novos companheiros judeus em um templo liberal e reformista que ela fora educada para odiar os judeus desde tenra idade, eles responderam: "Não acreditamos em você".

⁹¹ Ver capítulo "Danoongate: a 'rua muçulmana' amplia *Dar al Islam* (2005-6)".

⁹² Tarik Yildiz, *Le racisme anti-blanc – Ne pas en parler: un déni de réalité*, Paris: Puits de Roulle, 2010.

⁹³ "George Carlin on Soft Language", 1997, disponível em:<https://www.youtube.com/watch?v=o25I2fz FGoY&feature=youtu.be>.

⁹⁴ Ver as reverberações de uma ideia comum viralizada discutida no início do capítulo "Jenin: aplaudindo o terror suicida jihadista (2002)": "Que escolha eles têm?"

⁹⁵ Oliver Burkeman; Peter Beaumont, "CNN Chief Accuses Israel of Terror", *The Guardian*, 18 jun. 2002.

⁹⁶ Sobre o fiasco da mídia com relação a Jenin e a participação nele de Andrea Koppel, da CNN, ver pp. 133-36.

⁹⁷ CAMERA criticou o *The Economist* por usar o termo "terrorista" para descrever o IRA – Irish Republican Army (Exército Republicano Irlandês), os curdos, os bascos e os peruanos, mas usou "militante" e "guerrilha" para se referir aos ataques suicidas do Hamas, *The Economist's* Descent, 30 set. 1996.

⁹⁸ A BBC cobriu o ataque à Pizzaria Sbarro sem mencionar terrorismo ou organização, exceto em citações (de israelenses), "Israel stunned by Jerusalem blast", *BBC*, 9 ago. 2001. Para uma análise mais detalhada, ver p. 58.

⁹⁹ Alex Safian, "NPR's Terrorism Problem", *National Review Online*, 10 jun. 2000. De forma mais abrangente, ver Kenneth Lasson, "Betraying Truth: The Abuse of Journalistic Ethics in Middle East Reporting", *Express*, 2009.

¹⁰⁰ "Misreporting Terror", *Honest Reporting*, 22 mar. 2002.

¹⁰¹ "Moran's Public Whining", *Honest Reporting*, 14 jun. 2002.

¹⁰² Veja uma dinâmica similar entre feministas e homens muçulmanos patriarcais, pp. 473-483.

¹⁰³ Uri Dan, "Powell warns Arafat, demands attacks end after Israeli outburst", *New York Post*, 6 out. 2001; a resposta de Barghouti em *Al-Quds*, 25 fev. 2001. Barghouti, mais tarde preso por alvejar civis israelenses, apareceria nas páginas de opinião editorial do *The New York Times* fotografado na prisão, apresentado como um "prisioneiro político", um erro que mais tarde, relutantemente, foi retificado. Ver Conor Friedersdorf, "The Journalistic Implications of Ian Buruma's Resignation", *The Atlantic*, 2 set. 2018. Em 2016, o arcebispo Desmond Tutu indicou Barghouti para o Prêmio Nobel da Paz, "Desmond Tutu nominates jailed Palestnian for Nobel Peace Prize 2017", *AfricaNews*, 6 ago. de 2016.

¹⁰⁴ Lauren Marcus, "Killing Jews is 'our right', says brutal murderer who 'hopes for peace'", *World Israel News*, 26 jan. 2022.

¹⁰⁵ Página oficial do Fatah no Facebook, 2 dez. 2018, disponível em: <http://palwatch.org/main. aspx?fi=157&doc_id=26805>.

¹⁰⁶ Arnold Roth, "ABC Producer: 'It will be difficult to proceed without appearing *unbalanced*'", *Malki Foundation*, set. 2003. A pergunta aqui é: "parecer desequilibrado para quem?"

¹⁰⁷ Seth Mandell; Sherri Mandell, "The 'good' terrorist", *Jerusalem Post*, 13 nov. 2001.

¹⁰⁸ Sobre a lógica tácita aqui, ver a declaração de Cherie Blair em um evento beneficente após o ataque terrorista suicida em Jerusalém em 19 de junho de 2002: "Enquanto os jovens sentirem que não têm outra esperança senão explodir-se, vocês nunca farão progresso". Apud Michael White, "Cherie Blair apologises for remarks", *The Guardian*, 19 jun. 2002; Jenny Tonge: "Acho que se eu tivesse que viver nessa situação – e digo isso deliberadamente – eu poderia considerar me tornar um homem-bomba". ("Tonge sacked over suicide comment" [*BBC*, 23 jan. 2004]).

¹⁰⁹ Conversa com Izzy Lemberg.

¹¹⁰ Octavia Nasr, "Inside al Qaeda", *CNN*, 13 jun. 2006.

¹¹¹ "Israel hits back after deadly bombing", *CNN*, 8 ago. 2001.

¹¹² "AP calls terrorists 'revenge bombers'", CAMERA, 23 set. 2003.

¹¹³ Ricki Hollander, "Reuters: News Agency or Political Advocacy Group?", CAMERA, 3 set. 2003.

¹¹⁴ Martin Peretz, "Why Won't Obama List Israelis Among the Victims of Terrorism?", *The New Republic*, 8 set. 2011. Robert Spencer, "UN lists acts of terrorism, leaves out all mention of Israeli victims of 'Palestinian' stabbing attacks", *JihadWatch*, 4 mar. 2016; Simon Plosker, "Which Country is Missing From AP's Vehicular Terror List?", *HonestReporting*, 23 mar. 2017. A "lista de ataques terroristas islâmicos" da Wikipedia menciona apenas dois ataques contra israelenses (1989 e 2015); no gráfico interativo

de "Terrorismo" em *Our World in Data*, a adição de Israel no gráfico apresenta uma linha reta. No que tange a "Ataques Terroristas em 2016", a Wikipedia não menciona nenhum dos 1.415 ataques em Israel compilados por *CAMERA*: "BBC News coverage of terrorism in Israel – December 2016 and year summary", *CAMERA*, 27 mar. 2017.

[115] Landes, "On Seeing the France2 Rushes from September 30, 2000", *Augean Stables*, 24 set. 2007. Observe que, quando o tribunal francês exigiu que Enderlin lhes entregasse as imagens não editadas para que fossem examinadas, ele havia cortado o trecho mencionado no texto. Landes, "Gambling with a Lie: Enderlin pulls a Rose Mary Woods", *Augean Stables*, 14 nov. 2007. Enderlin conseguiu se safar, porém mesmo a filmagem restante era tão nociva que o tribunal decidiu contra ele: "Karsenty Court of Appeals Decision (em inglês), May 21, 2008", *Augean Stables*.

[116] A filmagem, adquirida por Nahum Shahaf, está disponível no site Second Draft, utilizada pela primeira vez por Stephan Juffa, disponível em: <. http://www.seconddraft.org/index.php?option=com_content& view=article&id=58&Itemid=63>.

[117] Daniel Viola, "The Ethics of Staging", *Ryerson Review of Journalism*, 1º maio 2012.

[118] As duas primeiras citações vêm da *Islamic Mass Media Charter* (Jacarta, 1980); a última, do *Arab Information Charter of Honour* (Cairo, 1978). Imagine o seguinte: Para combater o imperialismo islâmico e sua política colonialista de tentar propagar o *Dar al Islam*, bem como o seu terrorismo implacável contra civis... os meios de comunicação israelenses deveriam censurar todo o material transmitido ou publicado, a fim de proteger o povo judeu de influências prejudiciais ao caráter e aos valores judaicos e para antecipar todos os perigos... etc. ... seguido por uma negação de qualquer diferença significativa entre a ética jornalística ocidental e a judaica. Ver Kai Hafez, "Journalism Ethics Revisited: A Comparison of Ethics Codes in Europe, North Africa, the Middle East, and Muslim Asia", *Political Communication*, v. 19, n. 2, 2002, pp. 225-250.

[119] Rana Sabbagh "Fake News Took Over the Arab World Long Ago, but Investigative Journalism Might Save It", *Global Investigative Journalism Initiative*, 1º dez. 2017.

[120] Asra Nomani, "Meet the honor brigade, an organized campaign to silence debate on Islam", *The Washington Post*, 16 jan. 2015.

[121] Ver entrevista por Esther Schapira em sua obra *Three Bullets*, disponível em: <https://vimeo. com/65561799>.

[122] Declaração juramentada à ONG palestina PCHR – Palestinian Centre for Human Rights (Centro Palestino para os Direitos Humanos), alegando que Israel deliberadamente matara o menino "a sangue-frio" (ver nota 43), contraposta a um fax de 2 de setembro de 2002 para a France2, no qual negava ter alegado qualquer coisa do tipo. Disponível em: <http://www.theaugeanstables.com/al-durah-caso-o-dossiê/ al-durah-cronologia/>.

[123] Talal abu Rahma, cerimônia de gala do Arab Media Awards, Dubai, set. 2001, disponível em: <http:// seconddraft.org/article_pr.php?id=253>.

[124] "Interview avec Jeambar et Leconte", *Radio de la Communauté Juive* (RJC), 1 fev. 2005, disponível em: <http://acmedias.free.fr/q436.wma>; tradução/transcrição inglesa, "Background on the Rushes: Interview with Jeambar and Leconte", *Augean Stables*, 18 set. 2007. Apesar dessa entrevista franca, nem Leconte nem Jeambar deram continuidade ao assunto, supostamente seguindo instruções de Jacques Attali, uma proeminente figura política judaica.

[125] Brett Kline, "The Al Durah Controversy Lives on", *JTA*, 12 set. 2007, citando Clement Weill-Raynal, cuja intenção era provavelmente sarcástica. De qualquer forma, é uma evidência de que um jornalista veterano tinha visto muitas encenações.

[126] Charles Enderlin, entrevista por Esther Schapira, 2007, disponível em: <https://vimeo.com/89803797>.

[127] Enderlin, *A Child is Dead*, 2010, p. 4.

[128] "PATV Official Explains Doctoring al Durrah Footage", em Esther Schapira, *Three Bullets*, 2002, disponível em: <https://www.youtube.com/watch?v=E2xHB35umcU>.

[129] Adam Rose, "The Truth of Mohammed al-Dura: A Response to James Fallows", em *Support Sanity*, 2003. Ver a discussão em Jeff Weintraub, "'The Truth of Mohammed al-Dura'– If iconic imagery makes for powerful propaganda, should we treat questions of historical truth or falsehood as irrelevant?", *Commentaries and Controversies*, 20 maio 2013, disponível em: <https://jeffweintraub.blogspot. com/2013/05/the-truth-of-mohammed-al-dura-if-iconic.html>.

[130] Maureen Balleza; Kate Zernike, "The National Guard Memos on Bush are Fake but Accurate", *The New York Times*, 15 set. 2004.

[131] Sunny Hostin (ABC, *The View*) diz que embora a juíza Sotomayor estivesse errada sobre os fatos (100 mil crianças gravemente doentes com covid em contraposição a 3.500 realmente hospitalizadas), ela ainda estava certa: "Isso é uma coisa real e esses são números reais". Tweet, 10 jan. 2022, disponível em: <https://twitter.com/CalebHowe/status/1480607195410706435?ref_src>.

[132] *"... pour moi, l'image correspondait à la réalité de la situation non seulement à Gaza, mais aussi en Cisjordanie"*, Charles Enderlin, "Non à la censure à la source", *Le Figaro*, 27 jan. 2005.

[133] Joëlle Fiss, *Durban Diaries: What really happened at the UN Conference against Racism in Durban (2001)*, New York: AJC, 2008.

[134] David Kramer, "Why I was almost Lynched for the T-Shirt I Wore", *Times of Israel*, 16 jun. 2015.

[135] Ver o pano de fundo da conferência em Harris O. Schoenberg, "Demonization in Durban: The World Conference Against Racism", *American Jewish Yearbook*, 2002.

[136] Declaração da ONG, Durban, 3 set. 2001, par. 425.

[137] David Matas, "Durban Conference: Civil Society Smashes Up", *Zionism-Israel*, 31 dez. 2002.

[138] Gerald Steinberg, "The Centrality of Human Rights NGOs in the Durban Strategy", *NGO Monitor*, 11 jul. 2006.

[139] Bernard-Henri Levy, *Left in Dark Times: A Stand against the New Barbarism*, New York: Random House, 2008, p. 139.

[140] Levy, *Left in Dark Times*, parte três, cap. 4.

[141] Irwin Cotler, apud Wistrich, *A Lethal Obsession: Anti-Semitism from Antiquity to Global Jihad*, New York: Random House, 2010, p. 486, nota 81; ver também Anne F. Bayefsky, "Terrorism and Racism: The Aftermath of Durban", *Jerusalem Center for Public Affairs, Letter/Viewpoints*, #468, 16 dez. 2001.

[142] A *"jihad* defensiva" entra na discussão jurídica islâmica após dois séculos de *jihad* ofensiva e expansão islâmica constantes. Ver Ephraim Karsh, *Islamic Imperialism: A History*, New Haven: Yale University Press, 2010, pp. 62-83.

[143] Landes, *Heaven on Earth,* cap. 2.

[144] Jean Pierre Lledo, *Algérie: Histoire à ne pas dire*, 2008; cenário contemporâneo: Ariel Koch, "Beheading Videos and Their Non-Jihadi Echoes", *Homeland Security*, 16 ago. 2018.

[145] Ver as comparações entre Al-Durrah e a morte de um ativista palestino paraplégico; Nasser Atta, produtor da ABC Middle East News, tuitou que os palestinos acreditam que isso "será o início de uma terceira intifada, eles comparam [Thuraya] a Mohammed al-Dura", em Rachel Roberts, "Ibrahim Abu Thuraya: Disabled Palestinian activist shot dead by Israeli troops in Jerusalem protest", *The Independent*, 16 dez. 2017. Um exame mais detalhado (muitas das provas não estão disponíveis porque as autoridades palestinas não as divulgaram) não mostrou nenhuma prova de que ele havia sido morto por Israel, a não ser a crença padrão de que qualquer palestino morto o fora por israelenses. Ver Tal Raphael, "The Death of Abu Thuraya: What Really Happened?", CAMERA, 22 jun. 2018.

## 11 DE SETEMBRO: TOMANDO O MUNDO DE ASSALTO (2001) (pp. 75-122)

[1] Conversa com Fiamma Nirenstein, set. 2021.

[2] Seumas Milne, "They can't see why they are hated: Americans cannot ignore what their government does abroad", *The Guardian,* 13 set. 2001. Ver também p. 98s.

[3] A Comissão Nacional sobre os Ataques Terroristas nos Estados Unidos, *The 9/11 Commission Report*, New York: July, 2004), pp. 339-45; Joel Fishman, "The Need for Imagination in International Affairs", *Israel Journal of Foreign Affairs*, v. 3, n. 3, 2009, p. 101s; Kobrin, "The Death Pilots of September 11", em *Banality of Suicide Terrorism*, pp. 35-50.

[4] "'Islam is Peace', Says President: Remarks by the President at Islamic Center of Washington, DC", 17 set. 2001.

[5] Michael Gerson, "Bush, Obama set pattern – condemning Islam is wrong course", *Desert News Opinion*, 10 fev. 2015; Napp Nazworth, "Should Presidents Call Islam a 'Religion of Peace'?: Two George W. Bush Officials Debate", *Christian Post*, 21 nov. 2014. Para uma revelação tardia sobre quanto os *caliphators*

afiliados à Irmandade Muçulmana haviam penetrado na Casa Branca, ver Ryan Mauro, "Bush was to Meet Muslim Brotherhood Affiliates on 9/11", *Clarion Project*, 2 abr. 2005.

6   A carreira de Nihad Awad oferece um bom exemplo de um *caliphator* "moderado", diretor executivo do CAIR, cujas simpatias estão com o Hamas e o Hezbollah: "We do not and will not condemn any liberation movement inside Palestine or Lebanon", *Investigative Project Profile*.

7   Ayad Akhtar, *Disgraced: A Play*, New York: Little Brown, 2013.

8   Ver p. 111.

9   Sobre árabes cristãos em Beirute, ver Elisabetta Burba, "An eyewitness to Arab 9/11 celebrates in Beirut", *The Wall Street Journal*, 22 set. 2001; sobre a alegria dos médicos sauditas treinados em NY, ver Qanta Ahmed, *In the Land of Invisible Women: A Female Doctor's Journey in the Saudi Kingdom*, Naperville, IL: Sourcebooks Inc., 2008, pp. 395-411. Respostas muçulmanas: Tantor, "Muslims celebrated 9–11", *BlackFive*, 10 set. 2012. Na famosa "Dinner Party Tape" (lançada em 13 dez. 2001), um dos homens de Osama descreveu uma família egípcia explodindo de alegria com a filmagem, como se seu time tivesse vencido no futebol; disponível em: <: http://edition.cnn.com/2001/US/12/13/tape. transcript/>.

10   "Terror in America (8)", *MEMRI*, Special Dispatch 274, 25 set. 2001.

11   Idem (9).

12   Ahmed, "9–11 in Saudi Arabia", *In the Land of Invisible Women*, cap. 37.

13   Para uma lista de declarações *diplomáticas* obedientemente simpáticas, ver "Reactions to 9–11: Muslim World and Middle East", Wikipedia.

14   Comentário sobre o artigo de Burba no *The Wall Street Journal* (ver nota 9). É como meu aluno que achava que Daniel Goldhagen "desumanizou" aqueles policiais alemães que exterminaram judeus por tê-los retratado como sádicos, confundindo assim humano com humanitário; Daniel Goldhagen, *Hitler's Willing Executioners*, New York: Vintage, 1997.

15   "Não podíamos acreditar por causa da Imagem de Deus que está em nós [...] não acreditávamos que isso pudesse acontecer porque somos seres humanos." Yithak Katznelson, *Vittel Diary*, Tel-Aviv: HaKibbutz HaMeuchad, 1972, pp. 83-84.

16   David Cook, *Understanding Jihad*, Los Angeles: University of California Press, 2005, pp. 5-31; David Bukay, "Islam's Hatred of the Non-Muslim", *Middle East Quarterly* (Summer 2013), pp. 11-20.

17   Steven Sackur; Anjem Choudhary, *HardTalk*, 8 ago. 2005, vídeo e transcrição, disponível em: <https://keeptony-blairforpm.wordpress.com/2008/09/09/transcript-anjem-choudaryhardtalk-interview-77-london-bombings/>.

18   Sobre o uso comum do amálgama para incluir os judeus da diáspora no que tange aos "crimes" de Israel, ver p. 51.

19   Presidente Obama, "Transcript: President Obama's remarks on the execution of journalist James Foley by Islamic State", *The Washington Post*, 20 ago. 2014.

20   Discurso na conferência do *Jerusalem Post*, NYC, 23 maio 2016, disponível em: <http://www.israelvi-deonetwork.com/the-son-of-a-top-hamas-leader-just-said-something-that-will-completely-shock-you/>, 07:28.

21   Observe que três dias antes, no serviço nacional de oração na Catedral de Washington, Muzammil Siddiqi expressou sentimentos semelhantes: "Mas aqueles que tramam o mal, para eles a penalida-de é terrível, e a conspiração de tais tramas não permanecerá", disponível em: <https://youtu.be/p86BmTdXQ1E?t=1m14s>.

22   Jeremiah Wright, "The real sermon given by Pastor Wright", 16 set. 2001, disponível em: <https://youtu.be/FqPUXjFYh38?t=191>; Daniel Pipes, "America's Chickens are Coming Home to Roost", *Lion's Den*, 13 mar. 2008.

23   Ahmed, *In the Land of Invisible Women*, p. 400.

24   David Cook, *Contemporary Muslim Apocalyptic Literature*, Syracuse: Syracuse University Press, 2005, cap. 7.

25   Samuel Freedman, "Six Days after 9–11", *The New York Times*, 8 set. 2012.

26   E. J. Dionne, *Why the Right Went Wrong: Conservatism – From Goldwater to the Tea Party and Beyond*, Simon and Schuster, 2016, p. 199.

27   Leo Shvedsky, "Jenna Bush Tweets Dad's Own Words on Islam to Shame Trump", *Good*, 1º fev. 2017.

28   Nazworth, "Should Presidents Call Islam a 'Religion of Peace'?"

29 Mahdi Bray, Lafayette Park Rally 10/28/2000, *The IPT*, disponível em; <https://www.youtube.com/watch?time_continue=44&v>. Sobre a criação do Hamas e a teologia do terror suicida muçulmano, ver Oliver; Steinberg, *Martyr's Square.*

30 Andrew Murray; Lindsey German, *Stop the War: The story of Britain's biggest mass movement*, London, Bookmarks Publications, 2005, p. 59. Para alguns trechos dos discursos e comentários dos participantes, ver "Anti-War Protest, London, November 2001", David Wheeler Films.

31 Raymond Ibrahim, "When Muslims Betray Non-Muslim Friends and Neighbors: Why Islamic treachery in the Middle East should concern Americans", *FrontPage*, 9 jul. 2015. Sobre a doutrina do *al-Walā' wal-Barā'*, ver Bukay, "Islam's Hatred of the Non-Muslim"; Harold Rhode, "The Concept of Brotherhood in Islam: How Muslims View Each Other and How They View Non-Muslims", *Gatestone*, 9 nov. 2011; Mohamed bin Ali, "The Islamic Doctrine of Al-Wala' wal Bara' (Loyalty and Disavowal) in Modern Salafism", Tese de doutoramento na University of Exeter, 2012, especialmente cap. 5.

32 Ver capítulo "*Caliphators*: um movimento milenarista do século XV".

33 Sobre a questão do feminismo e os *caliphators*, ver pp. 473-483.

34 O abuso deliberado de crianças palestinas na guerra contra Israel era tão inacreditável para Catherine Nay que ela atribuiu sua reconhecidamente precipitada "comparação com o gueto de Varsóvia" à sua indignação com Sharon por fazer essa acusação (anteriormente, p. 44). (Na época em que ela fez a comparação, Sharon ainda não era primeiro-ministro e isso é provavelmente uma lembrança retrospectiva.) Ver, entretanto, Justus Reid Weiner, "The Use of Palestinian Children in the Al-Aqsa Intifada", *JCPA*, #441, 1 nov. 2000); idem; "The Recruitment of Children in Current Palestinian Strategy", *Jerusalem Issue Brief*, v. 2, n. 8., 1 out. 2002). Para um olhar empático sobre o dilema das mães palestinas, ver Flore de Prineuf, "The Children's War", *Salon*, 18 out. 2000. Para um relatório mais recente, ver Itamar Marcus, "The Palestinian Authority's child soldier strategy", *Jerusalem Post*, 6 fev. 2022.

35 David Huber, "Principal allegedly fired for posting conservative memes on social media", *College Fix*, 28 nov. 2020.

36 Zuhdi Jasser, *A Battle for the Soul of Islam: An American Muslim Patriot's Fight to Save His Faith*, New York: Threshold Editions, 2013, cap. 6.

37 David Cook, *Understanding Jihad*; Michael Bonner, *Jihad in Islamic History: Doctrines and Practice*, Princeton: Princeton University Press, 2006.

38 Karsh, *Islamic Imperialism.*

39 Esses termos geralmente constam em menções únicas e passageiras, se é que constam, na prolífica literatura para ocidentais sobre o islã depois do 11 de Setembro. Por exemplo, na obra "acadêmica" de John Esposito, *What Everyone Needs to Know about Islam*, New York: Oxford University Press, 2002; mais recentemente, Cole, *Muhammad.*

40 Sharon Otterman, "Film at 9/11 Museum Sets off Clash over Reference to Islam", *The New York Times*, 23 abr. 2014.

41 Vice-comissário britânico da Metropolitan Police, Brian Paddick, 7 jul. 2005. Melanie Phillips, *Londonistan: How Britain Is Creating a Terror State Within*, London: Gibson Square, 2006, p. 101. Ver observações similares de Ken Livingstone sobre Yussuf al-Qaradawi enquanto moderado: "Livingstone invites cleric back", *BBC*, 12 jul. 2004; Daniel Pipes, "[The Islamist-Leftist] Allied Menace", *National Review*, 14 jul. 2008.

42 Michael Oren, "How Obama Opened His Heart to the 'Muslim World'", *Foreign Affairs*, 19 jun. 2015. Sobre o uso feito por Obama de "99.9% dos muçulmanos", ver anteriormente, p. 13.

43 Procurador-geral Eric Holder e o representante republicano Lamar Smith, YouTube, 13 maio 2010; Paul Stockton, vice-secretário do Departamento de Segurança Interna dos Estados Unidos e Dan Lundgren, representante republicano, 13 dez. 2011, YouTube. Analisado por Daniel Pipes, "Denying Islam's Role in Terror: Explaining the Denial", *Middle East Quarterly*, Spring 2013.

44 "Justifying acts of terror?", BBC, 10 ago. 2005 (anteriormente, p. 44). Sobre Choudhary, Omar Bakri e o círculo de muçulmanos radicais na Inglaterra, ver Jon Ronson, *Them: Adventures with Extremists*, New York: Simon and Schuster, 2002, cap. 1.

45 Peter Townsend, *Arabic for Unbelievers*, 2014; Nancy Kobrin, *The Jihadi Dictionary: The Essential Intel Tool for Military, Law Enforcement, Government and the Concerned Public*, Mamaroneck, NY: MultiEducator, 2016.

46 Para entender o que aguarda as minorias em terras de maioria muçulmana que, ao contrário dos sionistas, não podem se defender, ver Raymond Ibrahim, *Crucified Again: Exposing Islam's New War on Christians*, New York: Regnery Publishing, 2013.

47 *Al-Wafd*, o diário do maior partido de oposição do Egito, ficou revoltado com a subserviência de Arafat: *Al-Wafd*, 14 set. 2001, citado em "Egypt's Opposition Press: Rejoicing is a National and Religious Obligation", *MEMRI*, Special Dispatch 274, 25 set. 2001. Sobre a doação falsa de sangue – Arafat abomina agulhas – para vítimas (que haviam sido incineradas e não precisavam de sangue?), ver Joel Pollak, "Enderlin: Arafat faked 9/11 blood donation", *Guide to the Perplexed*, 17 jan. 2008.

48 "Nous sommes tous américains", *Le Monde*, 13 set. 2001.

49 Jean Baudrillard, "L'esprit du terrorisme", *Le Monde*, 2 nov. 2001.

50 Sobre a resposta alemã, ver Clemens Heni, *Schadenfreude: Islamforschung und Antisemitismus in Deutschland nach 9/11*, Berlim: Edition Critic, 2011.

51 Said, *Humanism and Democratic Criticism*, New York: Columbia University Press, 2003, p. 47.

52 Citado por Rénaud Dely, "Les socialistes malmenés par leur base: l'anti-américanisme perdure chez les militants", *Libération*, 16 out. 2001, p. 10; opiniões similares de Alain Gresh, do *Le monde diplomatique*, "Les enjeux d'un dialogue. Entretien avec Alain Gresh", *Regards*, n. 73, nov. 2001, p. 20. Ambos citados em Pierre André Taguieff, *La nouvelle judéophobie*, p. 100, nota 57.

53 Sartre, *Huis clos (Entre quatro paredes)*, no qual se está eternamente preso no inferno, tendo que lidar com outras pessoas de má-fé. Ver Tony Judt, *Past Imperfect: French Intellectuals, 1944-1956*, Los Angeles: University of California Press, 1994, pp. 153-86.

54 Manfred Halpern, "The Algerian Uprising of 1945", *Middle East Journal*, v. 2, n. 2, 1946, pp. 191-202.

55 Conversa entre jornalistas franceses, fev. 2003, Landes, "Chiraq-Iraq: Sailing Full Speed in Iceberg-Laden Waters", Paris, 5-16 mar. 2003, *The Augean Stables*.

56 Seumas Milne, "They can't see why they are hated", *The Guardian*, 13 set. 2001. Sobre a carta de Milne como reflexo da opinião "liberal" generalizada e dos ecos poderosos na "intelectual" *London Review of Books*, ver Andrew Anthony, *The Fallout: How a guilty liberal lost his innocence*, London: Random House, 2007, pp. 10-16. Para uma resenha da "rejeição universal e sólida" da tese de Huntington, ver Ervand Abrahamian, "The US Media, Huntington, and 9–11", *Third World Quarterly*, v. 24, n. 3, 2003, pp. 529-544. Sobre Milne como representante do anti-imperialismo de tolos que Said tão efetivamente estabeleceu, ver p. 607, nota 115.

57 Susan Sontag, "New Yorker Writers Respond to 9–11", *New Yorker*, 24 set. 2001. Resposta de Charles Krauthammer, especificamente abordando o comentário "Ainda estamos bombardeando o Iraque", em "Voices of Moral Obtuseness", *The Washington Post*, 21 set. 2001. De forma mais ampla, ver Andrew Anthony, *The Fallout*, em especial pp. 3-19.

58 Judith Butler, *Precarious Life: The Powers of Mourning and Violence*, NY, 2004, p. xii.

59 Michael Walzer, "Can There Be a Decent Left?", *Dissent*, Spring 2002. Para uma análise ampla da esquerda maniqueísta e sua resposta ao 11 de Setembro, ver Michael Bérubé, *The Left at War*, New York: New York University Press, 2009.

60 Salman Rushdie, "Anti-Americanism takes the world by storm", *The Guardian*, 5 fev. 2002.

61 Roger, *L'ennemi américain*, p. 578.

62 Sobre as reflexões de Poller acerca dos primeiros anos do novo século, ver *Troubled Dawn of a New Century*, Paris, 2017.

63 Roger, *L'ennemi américain*, p. 578.

64 "[...] ils [les erreurs] gonflent sans doute ceux qui s'y adonnent d'une illusion de revanche et de la jouissance onirique d'une supériorité factice". Jean-François Revel, *L'obsession antiaméricaine: Son fonctionnement, ses causes, ses consequences*, Paris: Plon, 2002, pp. 99-140, citação na p. 101.

65 Hollander, *Understanding Anti-Americanism: Its Origins and Impact at Home and Abroad*. Ver, por exemplo, Adam Garfinkle, "The Peace Movement and the Adversary Culture", pp. 301-21.

66 Markovits, *Uncouth Nation: Why Europe Dislikes America*, Princeton, NJ: Princeton University Press, 2007.

67 Hardt; Negri, *Empire*, Cambridge, MA: Harvard University Press, 2000. Resenha favorável: Slavoj Zizek "Have Michael Hardt and Antonio Negri Rewritten the Communist Manifesto for the Twenty-First Century?", *Rethinking Marxism*, v. 13, n. 3/4, 2001; resenha crítica: Mitchell Cohen, "Un empire de la langue de bois: Hardt, Negri, et la théorie politique postmoderne", *Controverses*, n. 1, 2006. Ver análise mais detalhada no capítulo "A EPG (esquerda progressista global) no século XXI".

[68] Petronella Wyatt, "Poisonous Prejudice", *Spectator*, 8 dez. 2001.

[69] Tom Gross, "A Shitty Little Country: Prejudice & Abuse in Paris & London", *National Review*, 10 jan. 2002.

[70] Jonathan Sacks, "Making the Case for my People", *Standpoint*, set. 2009.

[71] Gurfinkiel, "France's Jewish Problem", *Commentary*, jun. 2002.

[72] Markovits, *Uncouth Nation*, cap. 5.

[73] Ibidem, p. 150.

[74] Robin Shepherd, *State Beyond the Pale: Europe's Problem with Israel*, London: Orion, 2009.

[75] Ver *Atlas des Zones urbaines sensibles* (ZUS), disponível em: <https://sig.ville.gouv.fr/Atlas/ZUS/>. Depois dos ataques ao Bataclan em novembro de 2015, a controvérsia aumentou sobre as ZUS como "zonas proibidas" ou "zonas da Sharia". Alguns insistiram em sua disseminação, como Soeren Kern, "European 'No-Go' Zones for Non-Muslims Proliferating: 'Occupation Without Tanks or Soldiers'", *Gatestone Institute*, 22 ago. 2011, enquanto outros negaram sua existência, como Catherine Thompson, "How Did the Muslim 'No-Go Zones' Myth Get Started Anyway?", *Talking Points Memo*, 21 jan. 2015. Cinco anos depois, o policial disfarçado Noam Anouar publicou um livro sobre essas zonas proibidas negligenciadas e negadas: *La France doit savoir: Un flic chargé de la surveillance des Islamistes raconte*, Paris: Plon, 2020. Ver previsões de uma futura explosão muito pior do que 2005 em Milliere, "France's No-Go Zones: The Riots Return", *Gatestone*, 10 maio 2020. Ameaças de morte a jornalistas e moradores que expõem as zonas da Sharia: Henry Samuel, "French Left-Wing 'abandon' journalist who received death threats over radical Islam", *The Telegraph*, 2 fev. 2022.

[76] Sobre o ensaio de Derrida, ver p. 309.

[77] Chomsky, "On the Afghanistan War, American Terrorism, and the Role of Intellectuals", *Salon*, 16 jan. 2002. Christopher Hitchens, "A Rejoinder to Noam Chomsky", em *Love, Poverty, and War: Journeys and Essays*, New York: Nation Books, 2004, pp. 421-29. Sobre a presença de Chomsky no material de leitura do *caliphator*, ver a seguir, nota 102.

[78] Reverend Wright, "The real sermon given by Pastor Wright", 04:37.

[79] Phyllis Chesler, *The Death of Feminism*, London: Palgrave Macmillan, 2005, p. 21.

[80] Ver também Joyce Davis, "A Minister's Question: What Have We Done That They Hate Us So?", em *Martyrs: Innocence, Vengeance, and Despair in the Middle East*, New York: St. Martin's Press, 2003, cap. 1; Peter Ford, "Why do they hate us?", *Christian Science Monitor*, 27 set. 2001; citado com aprovação por Abrahamian: eles odeiam os EUA por causa de seu apoio a Israel, "US Media, Huntington and 9–11". Para uma pesquisa sobre as respostas mais extravagantes ao 11 de Setembro, ver John Leo, "Learning to love terrorists", *US News and World Report*, 1 out. 2001.

[81] Henryk Broder, "The Americans are to Blame", em *Kein Krieg, nirgends: Die Deutschen und der Terror*, Berlim: Berlin Verlag, 2002, tradução de John Rosenthal, disponível em: <http://www.theaugeanstables.com/2022/01/03/8156/>. Observe que o presidente da Academia Konrad não questiona a ridícula afirmação dela sobre a fome.

[82] "Em 1820, 94% da população mundial vivia em extrema pobreza. Em 1990, 34,8%, e em 2015, apenas 9,6%", em Alexander Hammond, "The World's Poorest People Are Getting Richer Faster", *Foundation for Economic Education*, 27 out. 2017.

[83] 60 Minutes, "The Big Lie: Find Out Why Many Muslims Think Bin Laden Is Innocent", *CBS*, 4 set. 2002. Thierry Meysson, *11 septembre, 2001: L'effroyable imposture*, Chatou: Carnot, 2002.

[84] Tony Judt, "America and the War," *New York Review of Books*, 15 nov. 2001; ver Benjamin Balint, "Future Imperfect: Tony Judt Blushes for the Jewish State", em *The Jewish Divide over Israel*, cap. 5. Ver Seumas Milne, nota 56.

[85] Chip Berlet; Matthew Lyons, *Right-Wing Populism in America: Too Close for Comfort*, New York: Guilford Press, 2000, p. 9.

[86] *Loose Change 9/11* (2005) ilustra esse pensamento: uma miríade de detalhes soltos, todos coerentes se for aceita a teoria da conspiração. Não há nada aleatório, nem estúpido, nem incompetente... tudo é um design malévolo *a priori*.

[87] Michael Barkun, "Conspiracy Theories as Stigmatized Knowledge: The Basis for a New Age Racism?", em *Nation and Race: The Developing Euro-American Racist Subculture*, Jeffrey Kaplan; Tore Bjorgo (eds.), Boston: Northeastern University Press, 1998, pp. 58-72.

577

[88] Ver capítulo "Adeptos do egocentrismo cognitivo liberal e sua criptonita demopata". Sobre a conspiração no cerne do gnosticismo, ver Paul Zweig, *The Heresy of Self-Love*, New York: Basic Books, 1980, cap. 1.

[89] Eli Sagan, *The Honey and the Hemlock: Democracy and Paranoia in Ancient Athens and Modern America*, New York: Basic Books,1991.

[90] O livro de Norman Cohn sobre *Os Protocolos dos Sábios de Sião* foi intitulado *Warrant for Genocide*, New York: Harper and Row, 1969.

[91] Para uma pesquisa de respostas de conspiração ao 11 de Setembro, ver Michael Barkun, *Culture of Conspiracy: Apocalyptic Visions in Contemporary America*, Los Angeles: University of California Press, 2003, pp. 161-69.

[92] Ver observações sobre sociedades de divisor primário no capítulo "A mentalidade pré-moderna de honra de soma zero".

[93] David Ray Griffin, *The New Pearl Harbor: Disturbing Questions about the Bush Administration and 9/11*, Northampton MA: Interlink Publishing Group, 2008, prefácio de Richard Falk. Argumento: não poderíamos ter sido tão estúpidos; deve ser intencional.

[94] Para uma resenha de Griffin, ver Robert Baer, "Dangerous Liaisons", *The Nation*, 9 set. 2004.

[95] Michael J. Prell, *Underdogma: How America's Enemies Use Our Love for the Underdog to Trash American Power*, Dallas: BenBella Books, 2011, p. 161.

[96] Cohn, *Warrant for Genocide*; Daniel Pipes, *Conspiracy: How the Paranoid Style Flourishes and Where It Comes From*, New York: Touchstone, 1999, pp. 215-43.

[97] *Unraveling Antisemitic 9/11 Conspiracy Theories* (ADL, 2003).

[98] Alan Feuer, "500 Conspiracy Buffs Meet to Seek the Truth of 9–11", *The New York Times*, 5 jun. 2006.

[99] Carl Stempel et al., "Media Use, Social Structure, and Belief in 9/11 Conspiracy Theories", *Journalism & Mass Communication Quarterly*, jun. 2007; "Why the 9/11 Conspiracy Theories Won't Go Away", *Time Magazine*, 3 set. 2006.

[100] Para uma boa discussão sobre os riscos psicológicos envolvidos, ver Prell, *Underdogma*.

[101] Barkun, *Culture of Conspiracy*, p. 161.

[102] Prateleira dos livros de Bin Laden, Gabinete do Diretor de Inteligência Nacional, 1º mar. 2016. Também havia Chomsky, assim como Robert Fisk, a quem Bin Laden instou os ocidentais a lerem (*Al-Qaeda Reader*, Raymond Ibrahim (ed.), New York: Doubleday, 2007, p. 216). Falando da lista de leitura compilada pela Irmandade Muçulmana à disposição dos jovens muçulmanos na América, Feoktistov afirma: "Alguns dos livros na lista de 'leitura obrigatória' não têm nada a ver com o islã, como vários livros escritos por Howard Zinn, Noam Chomsky e Michael Moore. Fazer com que jovens muçulmanos leiam livros de ateus de extrema esquerda de origem judaica e cristã mostra que o objetivo do Tarbiya (divulgação da Irmandade Muçulmana) não é apenas desenvolver a espiritualidade de um muçulmano, mas também desenvolver nele uma profunda animosidade à democracia ocidental". Ver Feoktistov, *Terror in the Cradle of Liberty: How Boston Became a Center for Islamic Extremism*, New York: Encounter, 2019, p. 244.

[103] Uso o termo "terrorismo" para designar a escolha deliberada de alvos civis, a fim de aterrorizar a população mais ampla.

[104] Ver a seguir, pp. 318-325.

[105] Martin Kramer, "Terrorism? What Terrorism", *Wall Street Journal*, 15 nov. 2001 (com uma réplica de Said).

[106] Ver capítulo "A mentalidade pré-moderna de honra de soma zero".

[107] 1) Falsa dicotomia: lutar pela liberdade não significa que não se pode ser também um terrorista (ou seja, atacar civis deliberadamente); 2) Falsa identidade: terroristas raramente acabam se tornando combatentes da liberdade. A participação de Menachem Begin no processo democrático israelense, por 28 anos na oposição, constitui a exceção que prova a regra (oposta): terroristas raramente trazem liberdade. Ver Anna Geifman, "When Terrorists become State Leaders", em *Death Orders: The Vanguard of Modern Terrorism in Revolutionary Russia*, Santa Barbara, CA: Praeger, 2010, pp. 122-38. Ver também Gerard Rabinovitch, *Terrorisme/Résistance: D'une confusion lexicale à l'époque des sociétés de masse*, Paris: Le Bord de L'eau, 2014.

[108] Ver capítulo "Al-Durrah: propagando um libelo de sangue jihadista".

[109] Um funcionário da Reuters encaminhou o memorando ao colunista Howard Kurtz, "The T Word", *The Washington Post*, 24 set. 2001; para uma discussão ampla do problema, ver Susan Moeller, *Packaging Terrorism: Coopting the News for Politics and Profit*, Oxford: Blackwell, 2009, cap. 1.

[110] Atualizado, Stephen Jukes, out. 2000. Não está mais on-line. Para a declaração formal da política, ver *Reuters Handbook of Journalism* (abr. 2008); Tom Gross, "The Case of Reuters: A News agency that will not call a terrorist a terrorist", *National Interest*, 26 jul. 2004.

[111] Matt Wells, "[BBC] World Service will not call US attacks terrorism", *The Guardian*, 15 nov. 2001.

[112] Michael Kinsley, "Defining Terrorism", *The Washington Post*, 5 out. 2001.

[113] Tom Gross, "The BBC Discovers 'Terrorism', Briefly", *Jerusalem Post*, 12 jul. 2005; Meryl Yourish, "The T-Word", *Yourish.com*, 9 jul. 2005.

[114] Shahid Alam, professor de economia na Northeastern University, comparou os atacantes do 11 de Setembro aos Minutemen em Lexington: "America and Islam: Seeking Parallels", *Scoop Media*, 1 jan. 2005.

[115] Daniel Pipes, "Calling a Terrorist a Terrorist", *Blog*, 27 abr. 2004. Para um exemplo de um editor trapaceiro no *Minneapolis Star* "limpar" uma história do *The New York Times*, ver capítulo "Jenin: aplaudindo o terror suicida jihadista", nota 77.

[116] Zev Chafets, *Double Vision: How the Press Distorts America's View of the Middle East*, New York: Morrow, 1985, pp. 127-54.

[117] "Durante uma viagem a Israel, o primeiro-ministro da França Lionel Jospin chamou as ações do Hezbollah de "terroristas". Em Bir Zeit, seu carro quase capotou; ele foi apedrejado na cabeça. Paul Giniewski, "Jews of France Tormented by 'Intifada of the Suburbs'"; Pierre Haski, "Quand Lionel Jospin qualifie Hezbollah de 'terroriste'", *Le Nouvel Observateur*, 23 maio 2013. Ver incidente similar envolvendo Colin Powell e Marwan Barghouti anteriormente, p. 571, nota 103.

[118] Sobre os tumultos provocados pelo discurso do papa em Regensburg, ver p. 213s.

[119] Bin Laden queixou-se que muçulmanos como ele eram chamados de terroristas pelos piores terroristas (EUA): "Transcript of Osama Bin Ladin Interview by Peter Arnett," *CNN*, mar. 1997. Aparentemente ele lera o Chomsky que tinha em suas prateleiras (ver anteriormente nota 102.).

[120] As filmagens das celebrações estão disponíveis em: <https://www.youtube.com/watch?v=P9yK0u-XH1M>. Em resposta a uma alegação de que a filmagem era falsa, ver David Mikkelson, "Palestinians Dancing in the Street: Did CNN Fake Footage of 'Palestinians dancing in the Street' after the Terrorist Attack on the USA?", *Snopes*, 9 mar. 2008. Sobre *Schadenfreude* como uma característica da cultura palestina, ver Ian Fischer, "An Exhibit On Campus Celebrates Grisly Deed", *The New York Times*, 26 set. 2001.

[121] Pollack, "Enderlin: Arafat faked 9/11 blood donation".

[122] "AP Protests Threats to Cameraman", *The Associated Press*, 12 set. 2001; apud Aaron Lerner, "Interview: AP Bureau Chief on Palestinian death threats", *IMRA*, 13 set. 2001.

[123] Idem. Sobre mais informações acerca de Perry, ver p. 609, nota 37; p. 610, nota 46.

[124] No caso específico do linchamento em Ramallah 12r., ver o comportamento dos jornalistas William Orme e Riccardo Cristiano, discutido nas pp. 363-374.

[125] Christine Chinlund, "Who should wear the 'terrorist' label?", *The Boston Globe*, 8 set. 2003.

[126] Ver a extensa coleção de material no Palestinian Media Watch.

[127] Michael Getler, "The Language of Terrorism", *The Washington Post*, 21 set. 2003. Para uma refutação, Eric Rozenman, "Balancing Coverage of the Middle East", CAMERA, 27 set. 2003.

[128] Ver capítulo "Caliphators: um movimento milenarista do século XV".

[129] Itamar Marcus; Nan Zilbedik, "PA pays salaries to terrorists and not social aid to families", *PalWatch*, 10 abr. 2013; "Promoting Violence for Children", *PalWatch*, disponível em: <http://palwatch.org/main.aspx?fi=844>; "Hamas's Genocidal Ideology", *PalWatch*, disponível em: <http://palwatch.org/main.aspx?fi=584>.

[130] Sobre a falta de distinção significativa entre os jihadistas do *caliphator* do ponto de vista dos infiéis, ver p. 267.

[131] Sobre uma resposta ao editorial do *The Washington Post*, ver Rozenman, "Balancing".

[132] A suposta neutra *Wikipedia* descreve a "Brigada dos Mártires de Al-Aqsa" como "uma coalizão secular de grupos armados palestinos na Cisjordânia".

[133] Ian Austen, "Reuters Asks a Chain to Remove Its Bylines", *The New York Times*, 20 set. 2004.

[134] Arthur Weinreb, "CanWest, Reuters and the 't' word", *Canada Free Press*, 27 set. 2004, disponível em: <http://canadafreepress.com/2004/media092704.htm>.

[135] Austen, "Reuters asks a chain to remove its bylines".

[136] Ver a seguir pp. 370-374.

[137] Kinsley, "Defining Terrorism".

[138] Chinlund reconheceu que a política de não denominar ataques palestinos a civis israelenses como terrorismo "enfureceu" os apoiadores de Israel ("Quem deveria usar o rótulo de 'terrorista'?"), mas aparentemente os jornalistas não se sentiram ameaçados por eles, não se importaram em desencadear sua "emotividade". Sobre o papel do medo de retaliação (ou sua falta) na configuração da maneira como os "progressistas" trataram Israel em comparação aos palestinos, ver o cartum de Dave Brown, pp. 156-161.

[139] Dylan Byers, "Dean Baquet calls N.Y. Times critic 'a – hole'", *On Media*, 9 jan. 2015.

[140] Dylan Byers, "Dean Baquet addresses NYT's republication of antisemitic cartoons", *Politico*, 8 jan. 2015. Ver também Margaret Sullivan, editora do *The New York Times*, "A Close Call on Publication of *Charlie Hebdo* Cartoons", *The New York Times*, 8 jan. 2015.

[141] Michael Calderone, "NY Times Only Top US Newspaper not to Publish *Charlie Hebdo* Cover", *Huffington Post*, 15 jan. 2015.

[142] Kenneth Greenberg, *Honor and Slavery*, Princeton: Princeton University Press, 1998, pp. 20-22.

[143] Após o ataque ao Capitólio em 6 de janeiro de 2021, a CNN não teve problemas em redefinir o terrorismo da forma mais abrangente e usar o termo para descrever o que aconteceu: "Isso foi terrorismo. A definição de terrorismo é violência em busca de um objetivo político. Isso foi terrorismo doméstico", afirmou Josh Campbell, ex-agente especial do FBI. Wolf Blitzer achou o uso desse termo digno de repetição (*The Trump Insurrection*, 17:14). Observe a definição abrangente de "terrorismo" como qualquer violência para fins políticos. De repente, nem é preciso ter civis como alvo.

## JENIN: APLAUDINDO O TERROR SUICIDA JIHADISTA (2002) (pp. 123-164)

[1] "Os demônios libertados por esta era de caos e guerra no Oriente Médio [bombardeios suicidas] converteram-se em uma força que nada pode deter." Patrick Cockburn, *Age of Jihad*, frase final.

[2] "'What Choice do they Have?': Meditations on Liberal Folly, Jenin 2002", *Augean Stables*, 15 abr. 2017.

[3] Pode-se ouvir o sentimento na observação de Ted Turner: "Os palestinos estão lutando com homens-bomba suicidas, é tudo o que têm", em Shuman, "CNN Chief Accuses Israel of Terror".

[4] Sobre a história pré-islâmica do terrorismo suicida no final do século XIX, ver Geifman, *Death Orders*.

[5] Paul Berman, *Liberalism and Terror*, New York: W.W. Norton, 2004, p. 134.

[6] Ver p. 187.

[7] Para um exemplo recente da crescente conscientização desse fato nas regiões circundantes, que atualmente estão entrando em colapso sob os golpes da guerra tribal e sectária, ver Maayan Groisman, "Lebanese journalist: 'Aleppo would have been safe like the Golan were it annexed by Israel'", *Jerusalem Post*, 1º maio 2016.

[8] Landes, "Oslo Disaster; e a seguir, capítulo "A mentalidade pré-moderna de honra de soma zero".

[9] Sulome Anderson, tuíte de 14 maio 2018, disponível em: <https://twitter.com/SulomeAnderson/status/996015215538995201.>

[10] Itamar Marcus; Barbara Crook, "Aspiration not Desperation", *Jerusalem Post*, 29 jan. 2004.

[11] *Independence Day* (1989). Sobre os esforços de alguns cineastas, como Steven Spielberg, de amenizar a atitude paranoica dos terráqueos com relação aos ETs, ver Richard Landes, *Heaven on Earth*, pp. 401-5.

[12] Ian Buruma, "How to Talk about Israel", *The New York Times*, 31 ago. 2003.

[13] Para um bom exemplo de como os "progressistas" ocidentais reagiram, ver os dois ensaios de Edward Said durante a operação, *From Oslo to Iraq and the Road Map*, New York: Vintage, 2005, caps. 27-28.

[14] Elihu Richter, "Response to Giacaman: Terror toll before Jenin", *European Journal of Public Health*, v. 15, n. 1, 01 fev. 2005.

[15] Don Radlauer demonstrou estatisticamente que os palestinos visavam civis: "An Engineered Tragedy: Statistical Analysis of Casualties in the Palestinian – Israeli Conflict, September 2000 – September 2002", *Institute for the Study of Asymmetric Conflict*. No que tange a crianças servindo de alvo deliberado, ver que Ahlam Tamimi especificamente escolheu a pizzaria Sbarro para matar crianças, em "Female Palestinian terrorist does not regret murder of 15 civilians at Sbarro pizza shop that she planned", *Palestinian Media Watch*.

[16] Mesmo oficiais da Autoridade Palestina se referiam ao campo de refugiados de Jenin como "a capital dos

mártires suicidas". Carta de membros do Fatah em Jenin a Marwan Barghouti, em Yagil Henkin, "Urban Warfare and the Lessons of Jenin", *Azure* (verão 2003), n. 15, p. 53.

[17] Benjamin Lambeth, *NATO's Air War for Kosovo: A Strategic and Operational Assessment*, Washington DC: Rand, 2001.

[18] Relatório do secretário-geral preparado de acordo com a resolução ES-10/10 da Assembleia Geral, 1 ago. 2002. A Anistia Internacional, usando suas próprias definições peculiares, estimou que 22 eram civis. Isso ainda é menos do que o número de soldados israelenses que perderam a vida num esforço para limitar danos aos civis palestinos. Sobre a alegria dos "militantes" palestinos pelo fato de Israel ter caído em sua armadilha mortal, ver Rehov, *La Route de Djénine*, 09:48.

[19] Ver as descrições da campanha feitas por Brett Goldberg a partir da perspectiva dos soldados israelenses e os riscos mortais que correram para manter seu "código de pureza das armas", *Psalm in Jenin*, Israel: Modan Publishing, 2003.

[20] Henkin, em *Urban Warfare*, compara a operação de Jenin com outras operações militares de guerra urbana no fim do século XX.

[21] Um cartum grego, publicado apenas alguns dias após o início da operação, retratava dois soldados das FDI trajando uniformes ao estilo nazista, esfaqueando dois árabes indefesos até a morte: "Não se preocupe, irmão. Estivemos em Auschwitz e em Dachau não para sofrer, mas para aprender", *Ethos*, 7 abr., apud Manfred Gerstenfeld, Holocaust Inversion: The Portraying of Israel and Jews as Nazis, JCPA, 2007, p. 24.

[22] Apud Paul Giniewski, *La guerre des hommes bombes: Israel, 2000-2006*, Paris: Cheminements, 2006, p. 186.

[23] Gerald Steinberg, "The Role of NGOs in the Palestinian Political War Against Israel", *JCPA*, 11 out. 2018; Margarete Wente, "Call it Sham-nesty International, an apologist for terror", *Globe and Mail*, 9 maio 2002.

[24] Tom Gross, "Jeningrad: What the British media said", *National Review*, 13 maio 2002.

[25] A. N. Wilson, "A demo we can't afford to ignore", *Evening Standard*, 15 abr. 2002; Winston Pickett, "Nasty or Nazi? The use of antisemitic topoi in the left-liberal media", *Engage Journal*, 2, 2006.

[26] Tom Gross, "A Shitty Little Country.

[27] Daniel Boyarin, "Interrogate my Love", em Tony Kushner; Alsa Solomon (eds.), *Wrestling with Zion: Progressive Jewish-American Responses to the Israeli-Palestinian Conflict*, New York: Grove Press, 2003, pp. 198-205.

[28] Como observou Jack Schwartz sobre o editorial do *The Guardian* ("The Battle for the truth: What really happened in Jenin Camp?", *The Guardian*, 17 abr. 2002): "Seria preciso acreditar no tom descomedido desse artigo, de que os editores ficariam desapontados se um massacre NÃO TIVESSE ocorrido", em "Old Habits die hard: The renewed antisemitism in historical context", *Mideast Dispatch*, 3 jun. 2002.

[29] A especulação de Pounder gerou a manchete da BBC: "Jenin 'massacre evidence growing'", BBC, 18 abr. 2002.

[30] Sobre o protesto de um americano visitante no que diz respeito a quão estritamente imparciais os hospitais israelenses eram em seu tratamento das vítimas israelenses e dos agressores palestinos (e seus simpatizantes árabes-israelenses também recebiam tratamento médico) durante a *jihad* de Al-Aqsa, ver Larry Miller, "It gets hard when they cheer", *Weekly Standard*, 19 ago. 2002. Hoje, especialmente sob condições do coronavírus, os hospitais israelenses representam um dos locais mais bem-sucedidos de uma coexistência baseada no mérito entre muçulmanos e infiéis no planeta.

[31] Suzanne Goldenberg, "Disaster zone hides final deat toll: Just 16 bodies recovered at Jenin camp but hundreds more may lie unde Wreckage", *The Guardian*, 17 abr. 2002. Ver a lista completa de articulistas do *The Guardian* que sustentaram o mito mesmo *depois* que conseguiram entrar no local do alegado "massacre": Mirrh, "Ten Years Since Something That Never Happened: A Learning Moment for the Guardian [not]", *Harry's Place*, 14 abr. 2012.

[32] Phil Reeves, "Amid the ruins of Jenin, the grisly evidence of a war crime", *The Independent*, 16 abr. 2002.

[33] Idem, "Even journalists have to admit sometimes they're wrong", *The Independent*, ago. 2002. Esse artigo não está disponível no site do *The Independent*. Tentei entrar em contato com o autor para uma cópia, sem obter sucesso.

[34] John Lancaster, "U.N. Envoy Calls Camp 'Horrifying'", *The Washington Post*, 19 abr. 2002.

35 Idem; Peter Beaumont, "Not a massacre, but a brutal breach of war's rules, *Guardian Weekly*, 25 abr. 2002. Na França, entre muitos (ver nota 37), Amnon Kapeliouk, "Jénine, enquête sur un crime de guerre", *Le Monde Diplomatique*, n. 578, maio 2002, pp. 16-17; em Harvard, o colunista estudante Nadr al Hassan, '02 excoriated the American media for not reporting the massacre: "What Massacre?", *Harvard Crimson*, 1º maio 2002. Pierre-André Taguieff observa que "não obstante sua desmedida (*démesure*), essas afirmações foram assumidas como Verdade do Evangelho pela mídia [francesa], com poucas exceções", em *La nouvelle propagande antijuive: Du symbole Al-Dura aux rumeurs de Gaza*, Paris: Presses universitaires de France, 2010, p. 274.

36 Pierre-André Taguieff, *La nouvelle propagande antijuive*, p. 97

37 Sobre a diferença entre a cobertura europeia (principalmente britânica) e americana, ver o jornalista britânico Tom Gross, "Jeningrad". Sobre a cobertura americana, ver Joshua Muravchik, *Covering the Intifada*, pp. 101-10. Sobre a cobertura francesa do "massacre de Jenin", ver Pierre-André Taguieff, *La nouvelle propagande antijuive*, pp. 273-76; Catherine Leuchter, "Etats des lieux au 31 de mai 2002: Qu'avons-nous appris des médias?", *Le conflict israélo-palestinien: Les medias français sont-ils objectifs?*, Paris: Observatoire du Monde Juif, 2002, pp. 8-50; Paul Giniewski, *Guerre des hommes bombes*, pp. 186-97.

38 Sobre documentação da mentira sistemática que envolvia tanto os porta-vozes palestinos, médicos e pessoas na rua, ver Landes, *Pallywood*, 2005, disponível em: <https://vimeo.com/65294892>.

39 Diana Lynne, "Pro-Palestinian Bias among CNN Ranks?", *WorldNetDaily*, 23 abr. 2002. A conversa ocorreu no dia 14 de abril, quando nenhum jornalista tinha acesso ao acampamento.

40 Bakri, *Jenin, Jenin*, 14:17-15:49; 35:30-38:50; Rehov, *La Route de Djénine*, 28:40-32:40. Alegações similares foram feitas a Himmel em *Jenin: Massacring the Truth*. Note-se que, no caso Al-Durrah, a rejeição da possibilidade de uma conspiração depende muito da noção de que, pelo menos, os médicos no hospital não participariam de tal mentira. Ver Enderlin, *Un enfant est mort*, cap. 5.

41 Bakri, *Jenin, Jenin*, 05:29-06:20; 29-47-31-50; Rehov, *La Route de Djénine*, 39:00-40:54; Himmel, *Jenin*.

42 Phyllis Chesler, *The New Antisemitism*, Jerusalem: Gefen Publishing House, 2015, pp. 65-69.

43 Koppel negou ter feito essas observações, apesar do depoimento independente de três testemunhas. Isso é típico de estupidez surpreendente: em um contexto elas são autoevidentes e todos concordam (por exemplo, entre jornalistas), noutro, tornam-se profundamente embaraçosas, para serem categoricamente negadas.

44 Ver pp. 318-325.

45 Joshua Muravchik, *Covering the Intifada*, p. 107.

46 General Yossi Kuperwasser: em torno de 100.

47 Martin Himmel, "The Human Rights NGOs", *Jenin*; transcrito no NGO Monitor.

48 Um estudo posterior da HRW classificou os atentados suicidas como um "crime contra a humanidade", independentemente de quem o cometa. "Erased in a Moment: Suicide Bombing Attacks against Israeli Civilians", 15 out. 2002. Os comentários de Shah a Himmel foram feitos após a publicação do relatório, que aparentemente não impactou a linha partidária da HRW. Ver a crítica de Gerald Steinberg: "Human Rights Watch's Report: Erased in a Moment: Suicide Bombing Attacks Against Israeli Civilians, *NGO Monitor*, 17 jan. 2003.

49 Ver nota 33.

50 "Truth-Seeking in Jenin", *The Guardian*, 2 ago. 2002; sobre a retrospectiva de dez anos, ver nota 31.

51 Himmel, "Challenging the British Media", em *Jenin: Massacring the Truth*.

52 David Blair, "Horror stories from the siege of Jenin", *The Telegraph*, 15 abr. 2002.

53 Conversa com o general (de reserva) Yossi Kuperwasser, 2006.

54 Janine di Giovanni, "Inside the Camp of the Dead", *London Times*, 16 abr. 2002.

55 Ver nota 25.

56 Um tema que se repete no testemunho palestino em *Jenin, Jenin* (ver a seguir).

57 Himmel, *Jenin*, "Comparing Jenin with other Conflicts".

58 Ver pp. 341-343.

59 Essa é a alegação não só dos acadêmicos que defendem os jornalistas letais (Falk e Philo), mas também dos próprios palestinos: Abo Gali se queixa com Rehov que a (des)informação não flui como deveria.

60 Para dar um exemplo de como a imprensa dos EUA foi criticada por não ter noticiado o massacre de forma tão escandalosa como a europeia, ver anteriormente, o estudante de Harvard, Al Hassan, "What Massacre?"

61  Para uma análise aprofundada dessa síndrome, ver Shepherd, *A State Beyond the Pale*.

62  Ver a observação do cônsul francês para mim, p. 44.

63  Ver Richard Ingrams, colunista do *The Observer*, que se recusa a ler cartas de judeus sobre o Oriente Médio e quer que jornalistas judeus declarem suas origens "raciais" ao escreverem sobre Israel. Julie Burchill, "Good, Bad and Ugly", *The Guardian*, 29 nov. 2003.

64  Antonina Jedrzejczak, "In Love and War: Four Questions for Reporter and Writer Janine di Giovanni", *Vogue*, 27 jul. 2011; crítica de Andrea Levin, "Bias in Vogue", CAMERA, 1º maio 2007.

65  Janine di Giovanni, "On Research, Responsibility, and Narrative Nonfiction", *Power of the Pen Fiction Nonfiction* [sem data], disponível em: <https://www.youtube.com/watch?time_continue=22&v=huEit1qPQb0>.

66  Sobre Urmi Shah na Human Rights Watch, ver nota 47.

67  Tamar Sternthal, "Janine Di Giovanni: Veteran Correspondent Has Bias Despite Experience", CAMERA, 26 jan. 2022.

68  Frédéric Vézard, "Sur Internet, Ben Laden menace à nouveau l'Amérique", *Le parisien*, 3 jun. 2002.

69  "Friday Sermon on Palestinian Authority TV", *MEMRI*, Special Dispatch, n. 370, 17 abr. 2002. Sobre o *hadith* genocida, ver pp. 263-66, acerca dos *caliphators*. Ver a citação integral no capítulo "Al-Durrah: propagando um libelo de sangue jihadista", nota 46.

70  "[A] wave of antisemitic attacks that have flared up since Israel launched its military offensive in the West Bank", "New antisemitic attack in France", CNN, 13 abr. 2002; Jim Bitterman, "France facing antisemitic attacks", CNN, 14 abr. 2002. Para um balanço mais amplo, ver Gabriel Schoenfeld, "Israel and the Antisemites", *Commentary*, 1º jun. 2002.

71  AWL [Alliance for Workers' Liberty], "Solidarity with the Palestinians – but don't line up behind Hamas!", 13 abr. 2002, disponível em: <https://www.workersliberty.org/story/2009/02/23/we-were-saying-muslim-associationbritains-first-public-appearance-april-2002>.

72  Robert Wistrich, *A Lethal Obsession*, p. 415. Sobre a manifestação posterior, ver pp. 167-171.

73  International A. N. S. W. E. R., comício realizado em 20 abr. 2002.

74  *Libération*, 29 abr. 2002, apud Emmanuel Brenner, *Les territoires perdus de la République*, pp. 216-17. Isso teve início com o caso de Al-Durrah, ressurgiu em 2003 e se difundiu em 2014. Ver Robert Wistrich, "Summer in Paris", *Mosaic Magazine*, 5 out. 2014.

75  Madri, 7 abr. 2002. Apud Paul Berman, *Terror and Liberalism*, p. 143

76  Carrol Gould, "I Wish 80 or 90 Jews Would Die", *Israel National News*, 22 out. 2003.

77  Ver as desculpas oferecidas pelo *Star Tribune*, de Mineápolis, pelas falhas profissionais de um de seus editores: "Minn *Star Tribune* Admits Errors in Coverage of Alleged Massacre in Jenin", *Israel Resource Review*, 5 jun. 2002. Observe como o mesmo editor (não identificado, mas culpado) que encobriu a informação de que não houve massacre (da manchete ao parágrafo 21), também rigorosamente apagou qualquer uso da palavra com a letra "T" (mesmo de uma citação extraída do *The New York Times*).

78  Sobre o cerco da Igreja da Natividade, ver Giniewski, *La guerre des hommes bombes*, pp. 84-87.

79  Oriana Fallaci, "On Jew Hatred", *Panorama magazine*, 17 abr. 2002, disponível em: < http://www.imra.org.il/story.php3?id=11611>.

80  Ver anteriormente nota 34.

81  Ver capítulo "A EPG (esquerda progressista global) no século XXI".

82  Ver nota 100.

83  Benjamin Weinthal, "Europe will never forgive Israel for the Holocaust", *Jewish Press*, 30 jun. 2010; Landes, "Europe's Destructive Holocaust Shame", *Tablet*, 25 set. 2017.

84  Citando um editorial do *The Sun* ("The Jewish Faith is not an Evil Religion", 15 abr. 2002), Robert Wistrich comentou: "Alguns dos tabloides [...] têm um melhor entendimento e maior empatia pela difícil situação de Israel que a chamada imprensa de boa qualidade", *Lethal Obsession*, p. 1016, nota109.

85  Joel Brinkley, "Israel Starts Leaving 2 Areas, but Will Continue Drive", *The New York Times*, 9 abr. 2002.

86  Para um bom exemplo de rejeição das evidências da comissão da ONU que contou apenas 56 mortos, ver Peter Cave, "UN Report on Jenin Massacre [sic] Flawed", *Australian Broadcasting Company*, 4 ago. 2002.

87  Ahad Ha'am [1892], *Selected Essays*, trad. Leon Simon, Philadelphia: Jewish Publication Society, 1912, p. 203.

88  Matti Friedman, "You're All Israel Now", *Tablet*, 27 jul. 2020.

89  David Zangen, "Seven Lies About Jenin".

90 Decisão judicial (em hebraico), disponível em: < https://bit.ly/3qCMjHR>.

91 Por exemplo, Amotz Asa-El, "'Jenin, Jenin': A modern day blood libel", *Jerusalem Post*, 14 jan. 2021.

92 Doron Koren, "The Israelis 'Fighting till the Last Drop of Blood' against Palestinian Documentary", *Haaretz*, 8 ago. 2020.

93 Nadav Lapid, "'Jenin, Jenin' article is propaganda clothed as journalism", *Haaretz*, 11 ago. 2020.

94 Mohammad Bakri, "'Good' Arabs Tell the Israeli Story", *Haaretz*, 15 jan. 2021; postado [em hebraico] na página do Facebook da Association of Filmmakers, 9 jan. 2002, disponível em; <https://www.facebook.com/directorsegud/posts/5320347104672016>.

95 Rapidamente, Tony Kushner e Alisa Solomon compilaram uma coletânea de ensaios escritos por judeus atacando Israel: *Wrestling with Zion*, 2003.

96 Judt, "Israel: The Alternative", *The New York Review of Books*, 23 out. 2003. Analisado a seguir, pp. 419-425.

97 Anthony Lerman, "Must Jews always see themselves as victims?", *The Independent*, 7 mar. 2009. Por que não somente vitimizar a si mesmos?

98 Edgar Morin; Sami Naïr; Danièle Sallenave, "Israel-Palestine: le cancer", *Le Monde*, 4 jun. 2002. Morin foi considerado culpado de difamar os judeus com essa observação. Ver Jon Henley, "Le Monde Editor 'Defamed Jews'", *The Guardian*, 4 jun. 2005. Sobre Edgar Morin (nascido Nahoum) como um *alterjuif*, ver Catherine Leuchter, "Edgar Morin: le penseur de la 'complexité' en flagrant délit de simplisme", *Les alterjuifs, Controverses*, n. 4, fev. 2007, pp. 154-212; discussão do trecho supracitado, pp. 188-190. Fortes paralelos com Tony Judt no extremo contraste entre trabalho acadêmico sutil e seu pânico moral em relação a Israel (discutido a seguir, pp. 419-425.

99 Michel Gurfinkiel, "France's Jewish Problem", *Commentary*, jul. 2002; Suzanne Goldenberg; Will Woodward, "Israel boycott divides academics", *The Guardian*, 8 jul. 2002.

100 Robin Shepherd, "Blind Hatred", *Jerusalem Post*, 29 set. 2004.

101 Lawrence Summers, "Address at Memorial Church, Harvard University", 17 set. 2002.

102 Judith Butler, "No it's not antisemitism", *London Review of Books*, 21 ago. 2003.

103 "... Adi Ophir e Anat Biletzki. . . Uri Ram. . . Avraham Oz e o poeta Yitzhak Laor. Devemos dizer que os israelenses que criticam a política israelense são judeus que odeiam a si próprios ou são insensíveis às formas como as críticas podem atiçar as chamas do antissemitismo?" Sim, de acordo com Alvin Rosenfeld, *"Progressive" Jewish Thought and the New Anti-Semitism*, New York: American Jewish Committee, 2006; Edward Alexander, *Jews Against Themselves*, New Brunswick, NJ: Transaction Publishers, 2015, p. 63s. Ver capítulo "Judeus antissionistas: As patologias da autocrítica".

104 David Hirsh discute a resposta de Butler a Summers como um dos primeiros exemplos da formulação Livingstone: "Accusations of malicious intent in debates about the Palestine-Israel conflict and about antisemitism: The Livingstone Formulation", *Transversal*, 1, 2010, pp. 61-63. Seumas Milne usa a formulação Livingstone para defender a cobertura de Jenin feita pelo *The Guardian*: "This slur of antisemitism is used to defend repression", *The Guardian*, 9 maio 2002, apud Wistrich, *Lethal Obsession*, p. 392.

105 Observe que o antissemitismo, no final do século XIX, era o novo termo, legítimo e com base científica para o ódio tradicional, religioso, aos judeus. (É difícil odiar os judeus por matarem Deus quando você não acredita em tal coisa.)

106 Hatem Bazian, Decolonial Islamic Thinker, disponível em: <http://www.hatembazian.com/>.

107 "2019 Hate Crimes Statistics", *FBI*; "Hate against Jews: data gaps hide true picture, *FRA*, 10 set. 2020.

108 O ponto-chave aqui diz respeito às atitudes em face de qualquer ligação entre o "Verdadeiro islã" (religião da paz) e a ideologia jihadista. A denúncia de Maajid Nawaz pelo SPLC [The Southern Poverty Law Center)] como islamofóbico mostra até onde a acusação pode ir. Muçulmanos moderados que admitem que a sua religião tem problemas são, aos olhos dos acusadores, islamofóbicos: Maajid Nawaz, "I'm being smeared by angry white liberals as an 'anti-Muslim extremist'", *The Independent*, 29 out. 2016.

109 "Profiles in Hate: Hatem Bazian", *Fight Hatred*, 5 nov. 2011.

110 Joel Kotek, *Cartuns and Extremism: Israel and the Jews in Arab and Western Media*, Portland, Oregon: Valentine Mitchell, 2008.

111 Anthony Julius, "Mishcon de Reya, on behalf of Ariel Sharon and the Israeli Embassy", 2003, disponível em: <http://www.pcc.org.uk/cases/adjudicated.html?article.> Ver a análise de Julius em *Trials of the Diaspora*, pp. 527-29.

¹¹² Julius, *Trials*, p. 527.

¹¹³ Num artigo publicado em resposta ao escândalo das caricaturas dinamarquesas (capítulo seguinte): Tim Benson, "The Twice-Promised Land: A Cartunist's Perspective", *Political Cartum Society* [n.d.].

¹¹⁴ Decisão, PCC, 22 maio 2003. Sobre a cobertura, ver Ciar Byrne, "Independent Cartum Cleared of Antisemitism", *The Guardian*, 22 maio 2003. Julius define a decisão no contexto da negação generalizada de que o antissionismo tivesse algo a ver com o antissemitismo.

¹¹⁵ Ver o capítulo "Danoongate: a 'rua muçulmana' amplia o *Dar al Islam*" sobre as caricaturas dinamarquesas. Julius observa que, apesar de a PCC insistir que seu "código não abrange queixas sobre alegada discriminação contra grupos de pessoas", em uma decisão anterior (1977) ela havia decidido a favor de mulheres idosas e pessoas com problemas mentais que se ofenderam com um artigo humorístico (intencional). Ver *Trials*, p. 769, nota 538.

¹¹⁶ Como observou Clare Short, a deputada trabalhista que entregou o prêmio a Brown, aplicando a Formulação de Livingstone: "Os israelenses muitas vezes caem na armadilha de confundir crítica com antissemitismo". Ver Benson, "The Twice-Promised Land".

¹¹⁷ Himmel, *Jenin*, 53:47-57:15. Observe que Brown se recusou a ser entrevistado (ver anteriormente sobre outros jornalistas letais que se conduziram da mesma forma, p. 138, disponível em: < https://youtu.be/qy0tvGq-icU.>

¹¹⁸ Landes, "The Hidden Costs of Jew-Baiting in England", *Journal for the Study of Antisemitism*, v. 2, n. 2, 2010, pp. 413-17.

¹¹⁹ Sobre a ligação entre o antissemitismo ressurgente e o apaziguamento/rendição à agressão muçulmana, ver Wistrich, "Eurabia", em *A Lethal Obsession*, cap.13. Sobre a criança morta na foto da página 161 (Mahmoud Sadallah), ver Harry's Place, "Hamas dead baby horror stunts get free pass in the West's press", *Adloyada*, nov. 2012; disponível em: https://adloyada.typepad.com/adloyada/2012/11/hamas--dead-baby-horror-stunts-get-free-pass-in-the-wests-press.html.

## DANOONGATE:
## A "RUA MUÇULMANA" AMPLIA *DAR AL ISLAM* (2005-6)  (pp. 165-216)

¹ Paul Berman, *The Flight of the Intellectuals*, Brooklyn, NY: Melville House, 2010, pp. 157-204.

² Camila Bassi, "'The Anti-Imperialism of Fools': A Cautionary Story on the Revolutionary Socialist Vanguard of England's Post-9:11 Anti-War Movement", *ACME: An International E-Journal for Critical Geographies*, v. 9, n. 2, 2010, pp. 113-137.

³ Sobre a abundância de abreviações ou acrônimos dessas organizações, inclusive o SWP – Socialist Workers Party (Partido Socialista dos Trabalhadores) – na Inglaterra e o WWP – Workers World Party (Partido Mundial dos Trabalhadores) nos EUA, ver Kevin Coogan, "The International Action Center: 'Peace Activists' With A Secret Agenda?", *The Hit List*, nov./dez. 2001.

⁴ Sobre a carreira bizarra de Ramsey Clark, fundador e líder "respeitável" da Internacional A.N.S.W.E.R., ver as críticas da esquerda antes e depois de 2000: Ian Williams, "Ramsey Clark, the war criminal's best friend", *Salon*, 21 jun. 1999; David Corn, "Behind the Placard", *LA Weekly*, 30 out. 2002; Marc Cooper, "Our Peace Movement – Not Theirs", *LA Weekly*, 11 dez. 2002.

⁵ John Vidal, "Another coalition stands up to be counted", *The Guardian*, 19 nov. 2001; Amir Taheri, "The London Streets, Who are these anti-Bush people?", *National Review*, 18 nov. 2003. Sobre listas de comícios antiguerra após o 11 de Setembro, a começar em 29 de setembro de 2001, ver "Protests against the War in Afghanistan", Wikipedia, disponível em: <https://en.wikipedia.org/wiki/Protests_against_the_war_in_Afghanistan#2001>.

⁶ Nick Cohen, *What's Left: How Liberals Lost their Way*, London: Harper Perennial, 2007, cap. 7; Ian McEwan, *Saturday*, New York: Anchor, 2005.

⁷ Patrick Tyler, "A New Power in the Streets", *The New York Times*, 16 fev. 2003. Mais tarde, Tyler escreveu um livro sobre o conflito no Oriente Médio, *Fortress Israel: The Inside Story of the Military Elite Who Run the Country – and Why They Can't Make Peace*, New York: Farrar, Strauss, Giroux, 2012. Um caso clássico de racismo humanitário.

8  Jonathan Schell, "The Other Superpower", *The Nation*, 14 abr. 2003. Ver o filme e o website "We Are Many: the story of the largest global protest that would change the world", disponível em: < http://wearemany.com/>; Andrew Murray; Lindsey German, *Stop the War: The story of Britain's biggest mass movement*, London, Bookmarks Publication Society, 2005; Ian Sinclair, *The march that shook Blair: An oral history of 15 February 2003*, London: Peace News Press, 2013. Sobre o papel da ideologia de paz no século XXI, ver pp. 326-330.

9  Sobre o aspecto sombrio dessas manifestações, ver Cohen, *What's Left*, cap. 7; Adam Garfinkle, "The Peace Movement and the Adversary Culture" supramencionado, p. 68, nota 65.

10 Murray; German, *Stop the War*, pp. 57-63.

11 Ver anteriormente, p. 583, nota 71.

12 Isso foi tentado na marcha do Hyde Park, em 9 de dezembro de 2001, e na marcha de abril de 2002, sem sucesso. Tornou-se uma característica regular de muitas marchas, que cada vez mais faziam parcerias com grupos muçulmanos abertamente radicais.

13 Eric Hoffer, *The True Believer: Thoughts on the Nature of Mass Movements*, New York, Harper, 1951, p. 91.

14 Sobre Azzam Tamimi, o porta-voz palestino de nascimento da Associação Muçulmana da Grã-Bretanha, ver nota 36.

15 Sobre a visão do movimento referente à aliança com a MAB, especificamente em solidariedade à sua defesa palestina, ver Murray; Lewis, *Stop the War*, pp. 81-95. Sobre uma denúncia esquerdista do papel da MAB na manifestação anti-Israel do ano anterior, ver "As we were saying: the Muslim Association of Britain's first public appearance, April 2002", *Association of Workers' Liberty*, panfleto publicado em 23 fev. 2009.

16 Ver a denúncia dessa manifestação em Nick Cohen, *What's Left*, cap. 10.

17 Phillip Carmel, "War in Iraq As Anti-War Fever Roils France, Jews Suffer Anti-semitic Attacks", 27 mar. 2003; Sarah Wildman, "Iraq assault triggers antisemitic backlash in France", *The Christian Science Monitor*, 4 abr. 2003.

18 Marc Perelman, "Wave of Antisemitic Crime Continues to Rise in France", *Forward*, 4 abr. 2003.

19 Ver anteriormente, p. 575, nota 55.

20 "As Dixie Chicks são livres para falar o que pensam. Elas podem dizer o que quiserem [...] isso é o que há de tão bom na América". Trecho da entrevista de Tom Brokaw com Bush, *The New York Times*, 25 abr. 2002.

21 Christopher Hitchens, "On Michael Moore's 'Fahrenheit 9/1'", *History Network*, 22 jun. 2004.

22 Além de ganhar a Palma de Ouro em Cannes (o primeiro documentário desde Jacques Cousteau, em 1959, a ganhar o prêmio), o filme foi aplaudido de pé por 15 a 20 minutos, o tempo mais longo de que se tem memória. Ver Gregg Kilday, "'Fahrenheit' lights fire in Cannes début", *Hollywood Reporter*, 18 maio 2004.

23 Duncan Campbell, "Chomsky voted world's top public intellectual", *The Guardian*, 18 out. 2005.

24 Mark Leonard, *Why Europe Will Run the 21st Century*, London: Fourth Estate, 2006; crítica favorável de Stanley Hoffman, *Foreign Affairs*, maio-jun. 2005.

25 New York: Penguin, 2004.

26 Idem.

27 Francis Fukuyama, *The End of History and the Last Man*, New York: Free Press, 1992.

28 Bat-Ye'or, *Eurabia: The Euro-Arab Axis*, Philadelphia: Fairleigh Dickinson University Press, 2005.

29 Mark Steyn, *America Alone: The End of the World as We Know it*, Washington, DC: Regnery, 2006.

30 "Peu à peu, un changement se faisait à l'intérieur des âmes, comme celui qui, la nuit, transforme insensiblement un songe en cauchemar". Marguerite Yourcenar, *L'Oeuvre au Noir*, Paris: Gallimard, 1968, ao descrever a experiência dos anabatistas sitiados em Münster em 1533-35. Bruce Bawer, *While Europe Slept: How Radical Islam is Destroying the West from Within*, New York: Broadway Books, 2006.

31 Ver Danios, "Bat Ye'or: Anti-Muslim Loon with a Crazy Conspiracy Theory Named 'Eurabia'", *Loonwatch*, 10 set. 2009. Em suas memórias recentemente publicadas, Bat-Ye'or discute seu *status* de pária após a publicação de *Eurabia*: mesmo as pessoas que usavam seu trabalho evitaram mencioná-lo. Bat Ye'or, "L'étoile jaune", *Les provincials*, 2018. Exceções: [Wistrich, "Eurabia", em *A Lethal Obsession*, cap. 13; Douglas Murray, *The Strange Death of Europe: Immigration, Identity, Islam*, London: Bloomsbury Continuum, 2017].

32 O devastador ataque anterior contra quatro trens que explodiram em diferentes partes de Madri, quando transportavam centenas de pessoas para o centro da cidade durante horário de pico e que matou quase 200, não foi um ataque suicida; mas expressou o quão gratos os jihadistas estavam pelo apoio das modelos de Madri dois anos antes.

33 Para um bom exemplo de como o Ocidente explica o terrorismo muçulmano e culpa Israel, ver o primeiro conselheiro do governo trabalhista, David Clark, "This terror will continue until we take Arab grievances seriously", *The Guardian*, 9 jul. 2005. Bin Laden apreciava muito intérpretes ocidentais como Robert Fisk.

34 Ver Anjem Choudary explicando a questão para um atordoado Stephen Sackur, anteriormente, p. 88.

35 "Newsnight: Muslim Response to London bombing", BBC, 15 jul. 2005.

36 Azzam Tamimi, "Martyrdom misunderstood", *The Guardian*, 25 ago. 2006.

37 "Language when reporting terrorism", *BBC Editorial Guidelines*.

38 Phillips, *Londonistan*.

39 Comício antiguerra em Londres, 22 jul. 2006, em Nick Cohen, *What's Left?*, p.293.

40 "Emeutes de 2005, dix ans après", *Le Parisien*.

41 Stéfanie Peeters, "La couverture médiatique de la "crise des banlieues": métaphores, représentations et l'apport indispensable du cotexte", *CORELA – RJC Cotexte, contexte, situation*, jan. 2012.

42 Sobre o "erro diagnóstico" envolvido, ver Alexandre Devecchio, *Les nouveaux enfants du siècle: Djihadistas, identitaires, réacs. Enquête sur une génération fracturée*, Paris: Du Cerf, 2016.

43 "Emmanuel Todd, "Rien ne sépare les enfants d'immigrés du reste de la société", *Le Monde*, 29 out. 2005; tradução no *Daily Kos*, 13 nov. 2005.

44 Riva Kastoryano, "Territories of Identities in France", *The Riots in France*, SSRC.

45 Alexis Lacroix, "Alain Finkielkraut: L'illégitimité de la haine"", *Le Figaro*, 15 nov. 2005; sobre os detalhes mais complicados, ver Alain Finkielkraut, "L'interview dans le journal Haaretz", Wikipedia.

46 NB: Sarkozy estava respondendo a uma mulher árabe da vizinhança que lhe perguntou quando ele se livraria dessa *"racaille"*, que estava tornando miserável a vida de todos.

47 Andrew Hussey, "The French Intifada: How the Arab banlieues are fighting the French state", *The Guardian*, 23 fev. 2014.

48 Ver, para um caso paralelo, os comentários de Ed Husain e Hassan Butt, p. 261.

49 Sobre o racismo e a hostilidade a qualquer coisa francesa, branca, infiel, ver Colin Nickerson "Youths' poverty, despair fuel violent unrest in France", *The Boston Globe*, 6 nov. 2005; sobre o ódio: o discurso cruel dos rappers muçulmanos franceses levou alguns ministros ("de direita", é claro) a exigir que fossem processados: "Plus de 200 élus demandent des poursuites contre sept groupes de rap", *AFP*, 23 nov. 2005. Sobre a acusação demopática feita por racistas muçulmanos acerca do racismo "branco" francês, ver Léon Sann, "Violence Urbaines: Le cercle vicieux de la falsification des préférences", *Controverses* 1, Paris, 2006, pp. 147-73.

50 Pascal Bruckner, *Tyranny of Guilt: An Essay on Western Masochism*, Princeton: Princeton University Press, 2010. Ver capítulo "A EPG (esquerda progressista global) no século XXI".

51 Théo Chapuis, "Émeutes de 2005: les critiques de la presse étrangère, miroir déformant du malaise français", *Konbini*, 2015.

52 Steyn, *America Alone*; Phillips, *Londonistan*; mais recentemente, Gilles Kepel, que considera os motins fundamentais na propagação de um islã militante: *Islam: Terror in France: The Rise of Jihad in the West*, Princeton: Princeton University Press, 2017, pp.11-33.

53 Fred Siegel, "The Lebanonization of Europe", *The New York Sun*, 23 fev. 2006.

54 Melanie Phillips, "Ghettoes, Race Riots and the Lessons for us all", *Daily Mail*, 7 nov. 2005.

55 John Lichfield, "No Intifada, no cause, just poor kids defending their territory", *The Independent*, 7 nov. 2005.

56 A ideia de que "nem todos os agitadores eram muçulmanos" viralizou, apesar da óbvia maioria dos motins muçulmanos e o seu papel na definição do tom e da agenda (*"Allahu akhbar"* é um dos gritos de guerra favoritos).

57 Stephane Dufois enumera *13* possíveis formas de enquadrar o problema; ninguém menciona religião, muito menos o islã. "More Than Riots: A Question of Spheres", *Riots in France*, 2 dez. 2005.

58 Piotr Smolar, "L'antitérrorisme selon le patron des Renseignements généraux", *Le Monde*, 23 out. 2008.

59 Tristan Mattelart, "French TV Confronts the Riots", *Global Media and Communication*, v. 2, n. 2, 2006, p. 266.

60 Jocelyne Cesari, "Ethnicity, Islam, and les banlieues: Confusing the Issues", *Items: Insights from the Social Sciences*, 30 nov. 2005.

[61] Ed Husain, *The Islamist: Why I Became an Islamic Fundamentalist, What I Saw Inside, and Why I Left*, London: Penguin, 2007, p. 53.

[62] Nenhum artigo que li trouxe à tona os relatos do ódio e da violência radicais contra ambos, judeus e a "République", em Emmanuel Brenner, *Territoires perdus de la République*, abordado na p. 28, nota 88.

[63] Ver Kepel, *Terror in France*. p, 23. Os ocidentais que parafraseiam virtualmente esse objetivo são considerados "sionistas de direita e neofascistas europeus", que expressam uma "perigosa fantasia islamofóbica". Ver Matt Carr, "You are now entering Eurabia", *Race and Class*, v. 48, n. 1, 2006, pp.1-22.

[64] Johnson; Carreyrou, "As Muslims Call Europe Home". Sobre o papel de Al-Durrah naquele ensinamento, ver capítulo "Al-Durrah: propagando um libelo de sangue jihadista", nota 85. Para uma ampla pesquisa sobre o problema que surgiu literalmente dias antes do atentado de 7 de julho em Londres e meses antes dos motins franceses, ver Robert Leikand, "Europe's Angry Muslims", *Foreign Affairs*, jul./ago. 2005. Sobre empreendedores de identidade, ver p. 598, nota 61.

[65] Kepel, *Terror in France*, p. 23.

[66] Olivier Roy, "Al Qaeda in the West as a Youth Movement: The Power of a Narrative", *Center for European Policy Studies Policy Brief #168*, ago. 2008. Arun Kundani cita essa análise com aprovação para minimizar a religião como motivo da violência muçulmana em "Radicalisation: The journey of a concept", *Race & Class*, v. 54, n. 2, 2012, p. 21. Sobre a diferença entre Roy e Keppel, os dois principais especialistas em franceses muçulmanos, ver Marc Weitzman, "France's Great Debate Over the Sources and Meaning of Muslim Terror", *Tablet*, 25 maio 2021.

[67] Andrew Hussey, "The French Intifada".

[68] Sebastian Roché, "Des émeutes en 2005, quelles émeutes?", *Le Figaro*, 28 out. 2006.

[69] "Foi o gás lacrimogéneo na mesquita de Bilal que desencadeou os acontecimentos e a sua surpreendente propagação por todo o país.", em Kepel, *Terror in France*, p. 13.

[70] Catherine Schneider, "Police Power and Race Riots in Paris", *Politics & Society*, v. 36, n. 1, mar. 2008, pp. 133-159.

[71] Claire Cozens, "French TV boss admits to censoring riot coverage", *The Guardian*, 10 nov. 2005.

[72] Idem.

[73] Cf. Tariq Modood: "Eles são todos hostis ao Islã e aos muçulmanos e os mais notórios implicam o Profeta com terrorismo [...] que o Profeta do islã era um terrorista", em Modood et al., "The Danish Cartoon Affair: Free Speech, Racism, Islamism, and Integration?", *International Migration*, v. 44, n. 5, 2006. Não se pressupõe que cartuns políticos sejam amigáveis.

[74] Charles Press, *The Political Cartoon*, Philadelphia: Fairleigh Dickinson University Press, 1981.

[75] Naser Khader, membro do Parlamento dinamarquês, citado na Wikipedia, "Opinions on the Jyllands-Posten Muhammad Cartoons controversy." Sobre a natureza "anódina" dos cartuns dinamarqueses e a qualidade blasfema das falsificações, ver Mohamed Sifaoui, *L'affaire des caricatures: Dessins et manipulations*, Paris: Editions Privé, 2006, pp. 74-83.

[76] Ashley Thorne, "Staged Emergencies: How Colleges React to Bias Incidents", *National Association of Scholars*, 2014. Entre os grupos com os quais ele se reuniu e compartilhou seus falsos cartuns incendiários estavam o Hamas e o Hezbollah: Ateist, "Ahmed Akkari's Departure from Islamism", *Danish Muhammad Cartoons*, 3 maio 2014, disponível em: <https://bibelen.blogspot.com/2014/05/akkarimy-departure-from--islamism-in-my.html>.

[77] "As fotos extras podem não ter feito muita diferença [sic] [...] porém mostram quão rapidamente a propaganda pode colocar lenha na fogueira." Reynolds, "Clash of Rights", BBC, 6 fev. 2006. A cobertura da BBC não mencionou as falsificações e depois mostrou uma delas (sem identificar sua origem) em uma foto da viagem dos imames pelo mundo muçulmano: Jytte Klausen, *The Cartoons that Shook the World*, New Haven: Yale University Press, 2009, pp.50-52. Flemming Rose somente menciona essas falsificações de passagem em seu relato *The Tyranny of Silence*, Washington DC: Cato Institute, 2014.

[78] "Sheikh Al-Qaradhawi Responds to Cartoons of Prophet Muhammad: Whoever Is Angered and Does Not Rage in Anger is a Jackass – We are Not a Nation of Jackasses", 3 fev., transmissão da emissora Al-Jazeera, *MEMRI*.

[79] Alex Thompson, "More Mohammed Cartoon Fun", *Drinking from Home*, 30 jan. 2006. A ignorância dos jornalistas da BBC sugere que eles sequer tinham visto os 12 originais, e a sua repetição casual de propaganda de guerra como notícia sugere, na melhor das hipóteses, preguiça, uma vez que as falsificações

já haviam sido reveladas um mês antes. A BBC tampouco se corrigiu. Em vez disso, entrevistou um ativista muçulmano explicando o quão ofensivos eram os 12 cartuns: narrativa acima de tudo.

80 Sobre o papel da mentira nas culturas de vergonha-honra, ver Landes, "Primary Honour Codes in Tribal and Aristocratic Cultures".

81 Instigado pelo *feedback* dos leitores, um jornalista da BBC observou: "Os diplomatas ocidentais parecem não ter entendido esse fato completamente e não fizeram nenhuma tentativa de reagir a  alguns dos argumentos no panfleto ou distinguir entre as várias representações". Ver Reynolds, "Clash of Rights".

82 Secretário Geral da ONU, "Joint UN, European Union, Islamic Conference Statement Shares 'Anguish' of Muslim World at Mohammed Caricatures, but Condemns Violent Response", news release, 7 fev. 2006.

83 *Hardtalk*, Stephen Sackur com Rose Flemming e Ahmed abu Laban, BBC, 8 fev. 2006, disponível em: <https://www.youtube.com/watch?v=CKa66ryX830>.

84 Hjörtur J. Guðmundsson, "Scandinavian Update: Israeli Boycott, Muslim Cartoons", *Brussels Journal*, 14 jan. 2006.

85 Modood et al., "The Danish Cartoon Affair."

86 Klausen, *Cartoons*, p. 47.

87 Reynolds, "*Clash of Rights*".

88 "OIC condemns publication of cartoons of Prophet Muhammad", *Islamic Republic News Agency*, 5 fev. 2006.

89 Declaração dos 11 embaixadores. Bruce Bawer ofendeu-se especialmente com a última linha. Ver *Surrender*, p. 43.

90 Klausen, Introdução, *Cartoons*.

91 Doudou Diène, "Report of the Special Rapporteur on contemporary forms of racism (E/ CN.4/2006/17)", *UNCHR*, 13 fev. 2006.

92 Erik Bleich; Randall Hansen, "The Danish Cartoon Affair: Free Speech, Racism, Islamism, and Integration", *International Migration*, v. 44, n. 5, 2006, p. 3.

93 Bruce Bawer, *Surrender: Appeasing Islam, Sacificing Freedom*, New York: Anchor, 2009, p. 44.

94 "UK Muslims voice Cartoons concern", BBC, 2 fev. 2006.

95 *Hardtalk*, Stephen Sackur com Flemming Rose e Ahmed abu Laban, BBC, 8 fev. 2006, disponível em: <https://www.youtube.com/watch?v=CKa66ryX830>.

96 Magdi Abdelhadi, "Cartoon row highlights deep divisions", BBC, 4 fev. 2006.

97 Andrew Alderson; Nina Goswami; James Orr; Chris Hastings, "Unchallenged, a man poses as a suicide bomber", *The Telegraph*, 6 fev. 2006.

98 Christopher Hitchens, "Stand up for Denmark! Why are we not defending our ally?", *Slate*, 21 fev. 2006; ver também o editorial do *The Wall Street Journal*, "Clash of Civilization: The dictators behind those Muslim cartoon protests", 11 fev. 2006.

99 Sobre não chamar o terrorismo de "terrorismo", ver anteriormente pp. 57-61, 116-121.

100 "List of Newspapers that reprinted *Jyllands-Posten*'s Muhammad Cartoons", Wikipedia.

101 Joel Brinkley; Ian Fischer, "US says it also finds Muhammad Cartoons Offensive", *The New York Times*, 4 fev. 2006.

102 Kopek, *Cartoons and Extremism.*

103 "Clinton warns of rising anti-Islamic feeling", *AFP*, 30 jan. 2006. NB: medíocres comparações com o antissemitismo.

104 Apud Pascal Bruckner, "France's Sins and Yours", *Tablet*, 5 jan. 2021.

105 Ela posteriormente atacou Ayaan Hirsi Ali como "islamofóbica". Ver a seguir, pp. pp. 476-480.

106 Klausen, *Cartoons That Shook the World*, p. 5.

107 "Ahmad Akkari, Danish Muslim: I was wrong to damn Muhammad cartoons", *The Guardian*, 9 ago. 2013.

108 Roland Boer, "On Free Speech: Some Reflections on Religion, Politics and Twelve [sic] Cartoons", 17 jan. 2008. Para um exemplo mais recente dessa equação, ver o prefeito de Paris e a candidata presidencial Anne Hidalgo em dez. 2021, disponível em: <: https://www.youtube.com/watch?v=_bnlpQaEsCQ>.

109 "Toda a cultura foi moldada pela ênfase contínua no espetacular e pelo orgulho do etos masculino", em Gregory Starrett, "Cartoon Violence and a Clash of Civilization", *Anthropology News*, mar. 2006. Cf. Robert Nye, *Masculinity and Male Codes of Honor in Modern France*, Los Angeles: University of California Press, 1998.

110 Isso aconteceu no dia seguinte numa manifestação de *follow-up* (anteriormente, nota 97.

111 Phillips, *Londonistan*, pp. 243-45.

112 "Violent Muslim Protest Outside the Danish Embassy in London", 3 fev. 2006, disponível em: <YouTube, https://www.youtube.com/watch?v=qoMeUcC_M20>.

113 Peter McLoughlin, *Easy Meat: Inside Britain's Grooming Gang Scandal*, London: New English Review Press, 2016.

114 Observe que os europeus estavam naquele momento nadando contra as correntes que tinham aplaudido com tanto entusiasmo em 2002, celebrando os "atos de desespero" dos jihadistas palestinos.

115 "The Manifesto of 12: Together facing the new totalitarianism", *Jyllands-Posten*, 6 mar. 2006.

116 Daniel Pipes, *The Rushdie Affair: The Novel, the Ayatollah, and the West*, New York: Birch Lane, 1990.

117 Bernard Lewis em conversa com Flemming Rose, citada em "Naser Khader and Flemming Rose: Reflections on the Danish Cartoon Controversy", *Middle East Quarterly*, Fall 2007.

118 Unni Wikan, *Generous Betrayal Politics of Culture in the New Europe*, Chicago: The University of Chicago Press, 2002.

119 Paul Marshall; Nina Shea, *Silenced: How Apostasy and Blasphemy Codes Are Choking Freedom Worldwide*, New York: Oxford University Press, 2011, p. 186. NB: um dos jihadistas que liderou o comício em Londres também invocou esse princípio. Ver nota 112.

120 Bernard Lewis, "Europa wird islamisch", *Die Welt*, 19 abr. 2006.

121 Ver Ashley Thorne, "Staged Emergencies", e a aplicação dessas técnicas no caso Pessin em *Salem on the Thames*, cap. 4.

122 David Pryce-Jones, *The Closed Circle: An Interpretation of the Arabs*, Chicago: Ivan R. Dee, 2009, p. 41.

123 Klausen, *Cartoons*, p. 41.

124 Reynolds, "A Clash of Rights".

125 Ibn Warraq, "Cartoon Democracy", *WritersRep.*, 4 fev. 2006.

126 Klausen, *Cartoons*, p. 48.

127 Idem, p. 41.

128 Idem, pp. 85-88.

129 Idem, p. 85.

130 James Clapper, "Testimony before House Intelligence Committee", *CSPAN*, 10 fev. 2011, disponível em: < https://www.youtube.com/watch?v=POwd44zH9GA>; A. Mohammed, "U.S. shifts to closer contact with Egypt Islamists", *Reuters*, 30 jun. 2011. Clapper também endossou a rejeição (inacurada) de que os e-mails encontrados no laptop de Hunter Biden fossem desinformação russa. Ver Nolan Finley, "Hunter Biden's laptop finally gets some attention", *Boston Herald*, March 24, 2022.

131 Ver a discussão de Raymond Ibrahim sobre o xeque Yassir al-Burhami, um *salafi* egípcio: "How Circumstance Dictates Islamic Behavior: Preach Peace when Weak, Wage War when Strong", *Middle East Forum*, 8 jan. 2012. Para uma análise mais detalhada, ver capítulo "*Caliphators*: um movimento milenarista do século XV".

132 "Akkari foi filmado secretamente por uma equipe de TV francesa, sugerindo ao chefe da delegação, o xeque Raed Hlayhel, que Naser Khader – um muçulmano moderado e integracionista e membro do parlamento dinamarquês – fosse bombardeado." Ver Randall Hanson, "The Danish Cartoon Controversy: A Defense of Liberal Freedom", *European Union Studies Association*, v. 19, n. 2, primavera 2006.

133 Conhecidos como os "Yassin Tapes", em homenagem ao ideólogo do Hamas Ahmed Yassin: Inti Chavez Perez; Nedjma Boucheloukh, "Moské säljer judefientligt material", *Ekot*, 27 nov. 2005. Sobre a temática de judeus serem descendentes de porcos e macacos, ver Neil Kressel, *"The Sons of Apes and Pigs": Muslim Antisemitism and the Conspiracy of Silence*, Washington, DC: Potomac Books, 2012.

134 Raphael Israeli, *The Islamic Challenge to Europe*, New York: Transaction, 2008, pp. 163-66 (com tradução da decisão de Lambertz); Landes, "If it's Anti-Israel, It's not Racism", *Augean Stables*, 5 abr. 2006.

135 Mais de uma década depois, o problema continua a corroer a esfera pública. Ver Judith Bergman, "Sweden: Hate Speech Just for Imams", *Gatestone*, 22 fev. 2017.

136 Israeli, *Islamic Challenge*, p. 162.

137 Tariq Ali, *Rough Music: Blair, Bombs, Baghdad and London Terror*, London: Verso, 2005. Para uma versão mais acadêmica, ver Tarek Younis, "Counter-Radicalization: A Critical Look into a Racist New Industry", *Yaqeen Institute*, 21 mar. 2019.

138 Ver capítulos "Al-Durrah: propagando um libelo de sangue jihadista", "11 de Setembro: tomando o mundo de assalto" e Jornalismo de guerra submisso, letal e que marca gol contra: a desgraça do Ocidente no século XXI".

[139] Frans Groenendijk, *Islamophobia, Defying the Battle Cry* (autopublicação, 2012), posição no Kindle 625.

[140] Klausen, *Cartoons*, p. 9.

[141] "Esse discurso é uma das análises mais penetrantes já feitas sobre a inteligência e as consequências da recusa deliberada de encarar a sua verdade. Se realmente levada a sério, Regensburg, em um determinado momento, pode ter sido a pedra de toque para um mundo mais verdadeiro – e ainda pode ser, uma década depois", em James Day, "Benedict the Brave: The Regensburg Address Ten Years Later", *Catholic World*, 12 set. 2016.

[142] Ver anteriormente nota 80.

## PARTE 2:
## PRINCIPAIS PARTICIPANTES

## A MENTALIDADE PRÉ-MODERNA DE HONRA DE SOMA ZERO  (pp. 219-248)

[1] Este capítulo, escrito como um artigo separado há muitos anos, beneficiou-se de conversas com Doyle Quiggle, que, entre outras coisas, me apresentou pela primeira vez a expressão "sangue, alvejante da alma". Para uma versão mais ampla e com notas de rodapé da discussão sobre vergonha-honra, ver "Primary Honor Codes in Tribal and Aristocratic Cultures", em *Honor and Shame in Western History*, Jörg Wettlaufer; David Nash; Jan Frode Hatlen (eds.), London: Routledge, 2022.

[2] Geoffrey Chaucer, *Canterbury Tales*, 3.1, disponível em: <https://chaucer.fas.harvard.edu/pages/wife-baths-prologue-and-tale-0>.

[3] Vivian Gussin Paley, *You Can't Say You Can't Play*, Cambridge MA: Harvard University Press, 1994.

[4] Edward Banfield, *The Moral Basis of a Backward Society*, New York: Free Press, 1958; Joshua Greene, *Moral Tribes: Emotion, Reason, and the Gap Between Us and Them*, New York: Penguin, 2013.

[5] Ibn Khaldun, *The Muqaddimah: An Introduction to History*, Princeton: Princeton University Press, 1987.

[6] Para um exemplo de assassinato aleatório como sinal de honra masculina, ver o relato de Patrick Meney de tal assassinato em Beirute com a finalidade de provocar medo, em Pryce-Jones, *The Closed Circle*, p. 38.

[7] Charles Griswold, "The Nature and Ethics of Vengeful Anger", *Nomos*, v. 53, 2013, pp. 77-124.

[8] Suzanne Stetkevych, *The Mute Immortals Speak: Pre-Islamic Poetry and Poetics of Ritual*, Ithaca, NY: Cornell University Press, 1993, p. 174s.

[9] James Bowman, *Honor: A History*, New York: Encounter Books, 2006, cap. 2.

[10] Kevin Bennett, "Environment of Evolutionary Adaptedness (EEA)", *Encyclopedia of Personality and Individual Differences*, Virgil Zeigler-Hill; Todd K. Shackelford (eds.), Cham: Springer, 2018.

[11] Napoleon Chagnon, *Yanomamö: The Fierce People*, New York: Holt McDougal, 1984.

[12] Anton Blok, *Honour and Violence*, Oxford: Polity Press, 2001.

[13] Mario Puzo introduziu essa expressão em seu romance *O Poderoso Chefão*. Chagnon observou que os *unokais* (i.e., aqueles que participavam de expedições de matança) tinham três vezes mais descendentes do que aqueles que não o faziam. Ver p. 275.

[14] Napoleon Chagnon, *Noble Savages: My Life Among Two Dangerous Tribes – the Yanomamö and the Anthropologists*, New York: Simon & Schuster, 2014, p. 316.

[15] Stetkovych, *Mute Immortals*, p. 63.

[16] Hellmut Schoeck, *Envy: A Theory of Social Behavior*, Indianapolis: Liberty Fund, 1987, pp.1-15.

[17] Idem, pp. 33-56.

[18] Salzman, *Culture and Conflict in the Middle East*, New York: Humanity Books, 2008, pp. 199-202.

[19] Schoeck, *Envy*, pp. 57-76.

[20] Edmund Burke, *Tract on the Popery Laws*, apud David Landes, *Wealth and Poverty*, p. 32.

[21] E. E. Evans-Pritchard, *Witchcraft, Oracles and Magic among the Azande*, Oxford: Clarendon Press, 1976; George Aquaro, *Death by Envy: The Evil Eye and Envy in the Christian Tradition*, Bloomington, Indiana: iUniverse, 2004.

[22] Ram Dass, *Be Here and Now*, San Cristobal, NM: Lama Foundation, 1971, p. 107.

[23] Ver o dito talmúdico sobre livrar-se do *yétzer hará* (inclinação ao mal) para que as galinhas voltem a botar ovos no *Talmude*: Tratado Yomá, 69b, disponível em: <https://www.sefaria.org/Yoma.69b.9?lang=en>.

[24] Uma versão mais completa encontra-se em Landes, "Oslo's Misreading of an Honor-Shame Culture", *Israel Journal of Foreign Affairs*, v. 13, n. 2, 2019, disponível em: < https://www.academia.edu/41012401/Oslos_Misreading_of_an_Honor-Shame_Culture>.

[25] Hillel Halkin, "Review of *The Oslo Syndrome* by Kenneth Levin", *Commentary*, set. 2005.

[26] Sobre os *dhimmi*, ver Bat Ye'or, *Islam and Dhimmitude: Where Civilizations Collide*, Philadelphia: Farleigh Dickinson University Press, 2001; resenha de Robert Irwin, *Middle Eastern Studies*, v. 38, n. 4, 2002, pp. 213-215.

[27] Chateaubriand, *Itinéraire de Paris à Jérusalem* (Lille, 1869) 275s; na tradução inglesa, "Chateaubriand on the Oppression of Jews at Jerusalem", *Zion Blogspot*, 26 jun. 2005.

[28] Apud William R. Polk, *The Opening of South Lebanon, 1788-1840*, Cambridge, MA, 1963, p. 138. Outros observadores ocidentais do século XIX notaram a mesma judeofobia árabe-muçulmana. Ver Saul S. Friedman, *Land of Dust*, Washington, DC, 1982, p. 136.

[29] Greenberg, *Honor and Slavery*.

[30] Cohen, *Army of Shadows: Palestinian Collaboration with Zionism, 1917-1948*, Los Angeles: University of California Press, 2009.

[31] Os clãs Nashashibi *versus* Husseini discutidos em Cohen, *Army of Shadows*, cap. 2 ("Who is a Traitor"). Para uma atualização moderna, ver a resposta dos líderes palestinos aos palestinos que ou ajudam os israelenses alvos de ataques terroristas em "Palestinian who saved Jewish kids after terror attack gets Israeli residency", *Times of Israel*, 7 ago. 2019, ou participam da conferência do Bahrein sobre o desenvolvimento econômico em Khaled Abu Toameh; Yassir Okbi, em "After Threat from US, PA Frees Businessman Who Attended Bahrain Summit", *Jerusalem Post*, 1º jul. 2019.

[32] Tucídides, *História da Guerra do Peloponeso*, Livro V, cap. XVII.

[33] A citação foi problematizada por alguns estudiosos, tais como Benny Morris, "Revisionism on the West Bank", *National Interest*, 28 jun. 2010. Barnett e Karsh defendem sua validade em "Azzam's genocidal threat", *Middle East Quarterly*, v. 18, n. 4, outono 2011, pp. 85-88.

[34] Benny Morris; Dror Ze'evi, *The Thirty-Year Genocide: Turkey's Destruction of Its Christian Minorities, 1894-1924*, Cambridge MA: Harvard University Press, 2019; Mark Krikorian, "The Jihad-Genocide of the Armenians", *National Review*, 24 abr. 2015.

[35] Sobre a desonra de até mesmo competir com um inimigo sem honra, ver Pierre Bourdieu, "The Sentiment of Honour in Kabyle Society", em *Honour and Shame the Values of Mediterranean Society*, John Peristiany (ed.), Chicago: University of Chicago Press, 1974, pp. 191-94.

[36] Richard Rubenstein, "Defeat, Rage, and Jew-Hatred", *Journal of Antisemitism*, v. 1, n. 1, 2009, pp. 95-138.

[37] Ahmad H. Sa'di; Lila Abu-Lughod, *Nakba: Palestine, 1948, and the Claims of Memory*, New York: Columbia University Press, 2007, p. 253s.

[38] Constantine Zurayk, *The Meaning of the Disaster* (1948 [em árabe], 1956, disponível em: <https://archive.org/details/zurayk-nakba>.

[39] Mahmoud Darwish perpetua essa suspensão no tempo: "An extended present that promises to continue in the future"; "Not to begin at the end", *Al-Ahram Weekly On-line*, 1-16 maio 2001; tradução inglesa, Zahi Damuni, *Al-Awdah*. Sobre os campos de refugiados como arma de guerra e a erosão da resistência ocidental, ver Asaf Romirowsky; Alex Joffe, *Religion, Politics, and the Origins of Palestine Refugee Relief*, New York: Palgrave, 2013.

[40] Asaf Romirowsky; Louise Ellman, "UNRWA & the Right of Return", *The Henry Jackson Society*, 18 jun. 2012.

[41] Malka Hillel Shulewitz (ed.), *Forgotten Millions: The Modern Jewish Exodus from Arab Lands*, London: Cassell, 1999. A maioria dos árabes palestinos ricos partiu cedo, levando consigo sua riqueza.

[42] Os três "nãos" de Cartum. Yoram Meital tenta minimizar o rejeicionismo árabe, em "The Khartoum Conference and Egyptian Policy after the 1967 War: A Reexamination", *Middle East Journal*, v. 54, n. 1, Winter, 2000, pp. 64-82.

[43] Para um bom exemplo de como o "Direito de Retorno" dos refugiados palestinos soava irracional para os ocidentais, porém fazia pleno sentido a partir da perspectiva de uma lógica de soma zero, ver Adi Schwartz; Einat Wilf, *The War of Return: How Western Indulgence of the Palestinian Dream Has Obstructed the Path to Peace*, New York: St. Martin's Press, 2020.

[44] David Pryce-Jones, *Betrayal: France, the Arabs and the Jews*, New York: Encounter, 2006; John Loftus; Mark Arens, *The Secret War against the Jews*, New York: St Martin's Press, 1994, pp. 125-324.

[45] Ver Oliver; Steinberg, *Martyrs' Square*.

[46] Ami Ayalon; Iyad Saraj, discutidos nas pp. 459s.

[47] Khaled Mash'al, "The Nation of Islam Will Sit at the Throne of the World and the West Will Be Full of Remorse when it is too Late", *MEMRI*, 3 fev. 2006.

[48] Pierre Heumann, "An Interview with Al-Jazeera Editor-in-Chief Ahmed Sheikh", *World Politics Review*, 7 dez. 2006; análise de Landes em "Why Israel's existence prevents Arab Democracy", *Augean Stables*, 8 dez. 2006.

[49] "Reiterou a sua visão de uma região onde dois Estados democráticos, Israel e a Palestina, vivam lado a lado em paz, dentro de fronteiras seguras e reconhecidas", Resolução 2334 do Conselho de Segurança da ONU, 12 dez. 2016. Após o atentado na pizzaria Sbarro em julho de 2001, Clyde Haberman descreveu a resposta israelense (tomada da Orient House [quartel-general da OLP em Jerusalém Oriental nos anos 1980 e 90] como um "golpe direto no coração do nacionalismo palestino", a "casa do governo", um símbolo de "seus anseios por um Estado", em "Israelis Grieve and Strike Back", *The New York Times*, 11 ago. 2001, apud Jerold Auerbach, *Print to Fit: The New York Times, Zionism and Israel, 1896-2016*, Boston: Academic Studies Press, 2019, p. 176.

[50] Gavin Esler, BBC Dateline London, disponível em:<https://www.youtube.com/watch?v=uVLLylLNuo& feature=youtu.be>. Sobre a lógica de Oslo, ver Ofira Seliktar, *Doomed to Failure?: The Politics and Intelligence of the Oslo Peace Process*, Santa Barbara: ABC/CLIO, 2009, pp. 7-49; Karsh, *Arafat's War*, cap. 7. Sobre o papel dos estudos progressistas de paz e conflitos na formulação desse plano, ver Steinberg, "Postcolonial Theory and the Ideology of Peace Studies", em *Post-Colonial Theory and the Arab-Israeli Conflict*, pp. 115-18.

[51] William B. Quandt, "The Urge for Democracy", *Foreign Affairs*, v. 73, n. 4 (jul./ago. 1994, pp. 2-7; "After the Gulf Crisis: Challenges for American Policy", *Arab American Affairs*, n. 35 (inverno 1990-91), pp. 11-19.

[52] Kenneth Levin, *The Oslo Syndrome: Delusions of a People under Siege*, Hanover, NH: Smith and Kraus, 2005, pp 344-57. Para um exemplo típico de acusação racista (de um israelense), ver David Grossman, "Fictions Embraced by an Israel at War", *NYR*, 1 out. 2002.

[53] Dror Moreh, *The Gatekeepers*, 2012.

[54] Levin, *Oslo Syndrome*, pp. 343-92.

[55] Edward Alexander, *Jewish Wars*, New York: Routledge, 2011, p. 173; Shimon Peres, *The New Middle East*, p. 183. O livro de Peres é um compêndio de egocentrismo cognitivo liberal; e o de Alexander uma crítica sistemática do problema.

[56] Yaacov Peri, diretor do Shin Bet de 1988-94, explicando o pensamento de Rabin no início do Processo de Oslo, em *The Gatekeepers*, roteiro.

[57] Connie Bruck, "The Wounds of Peace", *The New Yorker*, 14 out. 1996, dá uma boa noção das aparentes ligações emocionais mesmo entre Arafat e Rabin.

[58] Adi Schwartz; Eytan Gilboa, "False Readiness: Expanding the Concept of Readiness in Conflict Resolution Theory", *International Studies Review*, v. 23, n. 4, dez. 2021, pp. 1328-48

[59] Raphael Israeli, *The Oslo Idea: The Euphoria of Failure*, New Brunswick: Transaction Publishers, 2012, p. 58.

[60] Yossi Melman, "Don't Confuse Us with Facts", *Haaretz*, 12 ago. 2002; Levin, *The Oslo Syndrome*, pp. 343-57; ver também a discussão sobre o início da conscientização de Ari Shavit no fim de 1997, pp. 403-5.

[61] O slogan foi atribuído a Nasser, especificamente em referência à destruição de Israel. Aparece na parede atrás de Muhammad al-Durrah na filmagem de seu suposto assassinato. É comumente invocado em referência a Israel, como em "Jordanian Friday Sermon: The Jews Have No Right to Palestine, Which Will Be Regained Only by Force", *MEMRI*, 20 mar. 2017.

[62] Stephen J. Sosebee, "Yasser Arafat's Return: New Beginning for Palestine", *Washington Report on Middle East Affairs*, set./out. 1994.

[63] Ver pp. 313, 319-324.

[64] Apêndice à edição de 1994 do livro *Orientalism*, de Edward Said, New York: Vintage, 1979, p. 338.

[65] Said, "The Morning After", *London Review of Books*, 21 out. 1993.

[66] "O compromisso é entendido como humilhação, razão pela qual os acordos políticos entre muçulmanos ou não muçulmanos são tão difíceis de alcançar. É também por isso que quase nunca encontramos líderes do Oriente Médio preparados para chegar a um acordo. Do ponto de vista deles, compromisso significa que você cedeu, ou seja, alguém o dominou, um destino que você deve evitar a todo custo. A honra cabe apenas ao vencedor", em Harold Rhode, *Modern Islamic Warfare: An Ancient Doctrine Marches On*, Washington: Center for Security Policy, 2017, p. 10.

[67] Sobre a importância das percepções de justiça para tornar as negociações de paz aceitáveis, ver Philippe Assouline; Robert Trager, "Concessions for Concessions Sake: Injustice, Indignation and the Construction of Intractable Conflict in Israel-Palestine", *Journal of Conflict Resolution*, v. 65, n. 9, 2021, pp. 1489-1520

[68] Khaled abu Toameh, "Palestinians: No to Normalization with the 'Zionist entity'", *Gatestone*, 3 fev. 2021.

[69] Yasser Arafat, "Nobel Lecture", 1994, *Nobelprize.org*.

[70] Gravação de áudio do discurso de Arafat em Joanesburgo, "Arafat compares Oslo Accords to Muhammad's Hudaybiyyah peace treaty, which led to defeat of the peace partners", *Palwatch*, 10 maio 1994.

[71] Para uma discussão séria do Tratado de Hudaibia como uma chave para o pensamento de Arafat e dos discursos em árabe, ver Israeli, *The Oslo Idea*, pp. 62-69; Efraim Karsh, *Arafat's War: The Man and his Battle for Israeli Conquest*, New York: Grove Press, 2003, pp. 178-214.

[72] Jonathan Shanzer, *Fatah* vs. *Hamas: The Struggle for Palestine*, New York: Palgrave, 2008, pp. 37-49.

[73] Ver Abbas Zaki a seguir, nota 75.

[74] Faisal Husseini, *Al-Arabi* (Cairo), 24 jun. 2001, em Special Dispatch No. 236, Middle East Media Research Institute (*MEMRI*), 6 jul. 2001.

[75] Abbas Zaki, membro do Comitê Central do Fatah, "Goal is end of Israel, but 'you can't say that to the world'", Al-Jazeera, 23 set. 2011.

[76] Essa é uma característica aparentemente permanente da demopatia palestina e do ludíbrio ocidental. Ver Landes, "The Demopath's Lexicon: A Guide to Western Journalism between the River and the Sea", *Israel Affairs*, v. 26, n. 3, 2020, pp. 311-329.

[77] Melman, "Don't Confuse Us with Facts"; idem, "Wild Card", *Haaretz*, 9 ago. 2002. Arafat foi consistente e claro em árabe para o público muçulmano sobre sua posição, logo antes da assinatura dos Acordos em Washington. Ver Levin, *Oslo Syndrome*, pp. 343-57.

[78] Raymond Ibrahim, *Sword and Scimitar: Fourteen Centuries of War between Islam and the West*, New York: De Capo, 2018, p. xiv.

[79] Dennis Ross, *The Missing Peace: Inside Story of the Fight for Middle East Peace*, New York: Farrar Straus and Giroux, 2004, pp. 767-69, 776; Charles Enderlin, *Shattered Dreams: The Failure of the Peace Process in the Middle East*, trad. de Susan Fairfield, New York: Other Press, 2002, p. 5-41; Cheryl Rubenberg, *The Palestinians in Search of a Just Peace*, London: Lynne Reiner, 2003.

[80] Karsh, *Arafat's War*, pp 151-64.

[81] Bruck, "Wounds of Peace", p. 79.

[82] Daniel Pipes, "Lessons from the Prophet Muhammad's Diplomacy", *Middle East Quarterly*, v. VI, n. 3, set. 1999, pp. 65-72; idem, "Arafat and the Treaty of Hudaybiya", 10 set. 1999; idem, "How Dare You Defame Islam?", *Commentary*, v. 108, n. 4, nov. 1999, pp. 41-45; idem, "Do I Win a British 'Islamophobia' Award?" *Lion's Den*, 26 jun. 2004. Pipes foi mais generoso do que Arafat, que, apenas algumas semanas mais tarde especificou que o "tratado com os infiéis foi derrubado dois anos depois". Ver Karsh, *Arafat's War*, p. 149.

[83] O gabinete de Ehud Barak preparou um documento oficial sobre as violações palestinas do acordo, divulgado em 24 de novembro de 2000: "Palestinian Authority and P.L.O. Non-Compliance with signed agreements and commitments: A record of bad faith and misconduct", *United Jerusalem*. Embora publicado dois meses depois de Arafat ter aberto o Cavalo de Troia de Oslo, foi recebido com muito escárnio tanto dentro de Israel como especialmente no exterior. Ver Aluf Benn, "White Paper Tiger Unleashed", *Haaretz*, 29 nov. 2000.

[84] Bruck, "Wounds of Peace".

[85] A fonte de Bruck assinala o medo da humilhação pública que levou Peres e Rabin a não admitirem que estavam errados sobre Arafat. Acrescente a isso a enorme pressão (messiânica) para que a paz tivesse

sucesso. Ver Golan Lahat, "The Sacrifices for Peace", em *The Messianic Temptation: The Rise and Fall of the Israeli Left*, [em hebraico], Tel Aviv: Am Oved, 2004, p. 96-115.

[86] Levin, *Oslo Syndrome*, pp. 361-86.

[87] Itamar Marcus, "Rape, Murder, Violence, and War for Allah against the Jews: Summer 2000 on Palestinian Television", Palestinian Media Watch, Jerusalem, 11 set. 2000.

[88] Levin, *Oslo Syndrome*, pp. ix-xxi.

[89] Gilead Sher, *The Israeli-Palestinian Peace Negotiations, 1999-2001: Within Reach*, London: Routledge, 2006.

[90] Yair Hirschfeld, *Track-Two Diplomacy toward an Israeli-Palestinian Solution, 1978–2014*, Baltimore: Johns Hopkins University Press, 2014, p. 251. A tendência dos israelenses de se culparem pelo fracasso é extraordinária: num livro inteiro sobre como as negociações de paz israelo-árabes podem ser arruinadas, onde o foco esmagador está nos *spoilers* israelenses, o único comportamento atribuído a Erekat que causou danos foi ele tirar uma soneca: *Spoiling and Coping with Spoilers: Israeli-Arab Negotiations*, Galia Golan; Gilead Sher (eds.), Bloomington, 2019, p. 19.

[91] Ver sua entrevista à Al-Jazeera em 27 de março de 2009, na qual ele deixa claro que os palestinos – nem Arafat em 2000, nem Abbas em 2009 – não fariam e nem poderiam fazer qualquer concessão a fim de recuperar "cada pedra" de Jerusalém Oriental, e voltar às fronteiras de 1967 era apenas "o objetivo desta geração". "Chief Palestinian Negotiator Saeb Erekat: 'Abbas Rejected Israel's Proposal at Annapolis Like Arafat Rejected the Camp David 2000 Proposal'", *MEMRI*, 14 abr. 2009.

[92] Wolfsfeld, em *Media and the Path to Peace*, se refere apenas indiretamente a essa questão. Em sua análise sobre as eleições de 1996, ele não faz nenhuma menção, apesar do papel que desempenhou na vitória de Netanyahu (pp. 104-36) e depois, numa retrospectiva das eleições, ele menciona o uso que Netanyahu fez da recusa palestina como exemplo da demagogia dele (p. 183). Hirschfeld não afirma isso de forma alguma (!). Karsh dedica um capítulo ao fiasco em *Arafat's War*, cap. 4.

[93] Joel Fishman, "The Delusions of Oslo in the Service of Disengagement", *Makor Rishon*, 20 ago. 2004; Seliktar, *Doomed to Failure?*; Israeli, *The Oslo Idea*.

[94] John Burns, "Hero's Welcome for Arafat, From Those Who Showed Up", *The New York Times*, 27 jul. 2000.

## *CALIPHATORS*: UM MOVIMENTO MILENARISTA DO SÉCULO XV (pp. 249-270)

[1] Yaroslav Trofimov, *Siege of Mecca: The Siege of Mecca: The Forgotten Uprising in Islam's Holiest Shrine and the Birth of al-Qaeda*, New York: Doubleday, 2007.

[2] Rosalind Hackett, "Theorizing Radical Islam in Northern Nigeria", em *War in Heaven/ Heaven on Earth: Theories of the Apocalyptic*, Stephen D. O'Leary; Geln S. McGhee (eds.), London: Routledge, 2014, pp. 143-62; Abimbola O. Adesoji, "Between Maitatsine and Boko Haram: Islamic Fundamentalism and the Response of the Nigerian State", *Africa Today*, v. 57, n. 4, 2011, pp. 98-119.

[3] Fouad Ajami, *The Vanished Imam: Musa al Sadr and the Shia of Lebanon*, Ithaca, New York: Cornell University Press, 1986.

[4] Sylvain Besson, *La conquête de l'Occident: Le projet secret des Islamistes*, Paris: Seuil, 2005, pp. 35-37; disponível em árabe e inglês no *The Investigative Project*.

[5] Yusuf al-Qaradawi, *The preferences of the Islamic movement in the next stage* [em árabe], Cairo, 1990, pp. 13-14. NB: o texto foi composto uma década após a passagem de 1400/1979. Besson, *La conquête de l'Occident*, pp. 75-93, considera Al-Qaradawi "o pai espiritual".

[6] Yusuf al-Qaradawi discursando em 1995 numa reunião da MAYA – Muslim Arab Youth Association (Associação da Juventude Árabe Muçulmana) em Toledo, Ohio; excertos podem ser encontrados no *The Investigative Project*; disponível em: <https://www.youtube.com/watch?v=jzh2mJf2ot4>. Ver a seguir, nota 23.

[7] "An Explanatory Memorandum: On the General Strategic Goal of the Group [Irmandade Muçulmana] in North America", 22 maio 1991; texto disponível no *The Investigative Project*, p. 21.

[8] Apud Cook, *Contemporary Muslim Apocalyptic*, p. 179, nota 12.

[9] Jean-Pierre Filiu, *Apocalypse in Islam*, Los Angeles, 2011, cap. 4; Landes, *Heaven on Earth*, pp. 445-51.

[10] Bronislav Ostřanský, "The Lesser Signs of the Hour: A Reconstruction of the Islamic Apocalyptic Overture", *Oriental Empire*, v. 81, n. 2, 2013, pp. 235-84, disponível em: <https://benjamins.com/catalog/ao.81.2.07ost>.

[11] Landes, "Triumphalist Religiosity: The Unanticipated Problem of the 21st Century", *Tablet*, 10 fev. 2016.

[12] Reuven Paz, "Hotwiring the Apocalypse: Apocalyptic Elements of Global Jihadi Doctrines", em *Suicide Bombers: The Psychological, Religious and Other Imperatives*, Mary Sharpe (ed.), Amsterdam, IOS Press, 2008, pp.103-18.

[13] Cook, *Contemporary Muslim Apocalyptic*, pp. 145-49.

[14] Sobre a resposta de Marx à decepção após 1848, ver Landes, *Heaven on Earth*, cap. 10. Até hoje, os que acreditam nesse sonho milenar ainda dizem: "O comunismo nunca foi realmente testado".

[15] Sobre a *jihad* tribal, ver Laurent Murawiec, *The Mind of Jihad*, New York: Oxford University Press, 2008, cap. 4.

[16] Raymond Ibrahim, "Indoctrinated in Hate: 'This Is the Start of the New Caliphate'", *Gatestone*, 6 abr. 2021.

[17] Patrick Cockburn, *Age of Jihad*.

[18] "The Time When the Mahdi will Emerge", disponível em: <http://www.geocities.ws/muslimapocalyptic/time_when_the_mahdi_will_emerge.htm>.

[19] Ver a abordagem pós-orientalista dada por Natana DeLong à *da'wa* entre os wahhabis: "Uma abordagem mais positiva e inclusiva de diálogo e discussão voltada para a reconciliação e a cooperação sempre que possível", em *Wahhabi Islam: From Revival and Reform to Global Jihad*, New York: Oxford University Press, 2004, p. 201.

[20] Ver anteriormente sobre a Muslim Association of Britain (MAB), p. 586 nota 15.

[21] Thomas Jocelyn, "What a New Report Tells Us About Al-Qaeda and ISIS", *The Dispatch*, 12 jan. 2022.

[22] Sobre Taiping e o assassinato de dezenas de milhões de chineses, ver Landes, *Heaven on Earth*, cap. 7.

[23] O imame Ahmad Dwidar de New York: "Em 1995, ouvi sermões apelando aos muçulmanos para marcharem sobre a Casa Branca e transformá-la na Casa Muçulmana", 9 jun. 2005, clipe n. 730. Observe a incredulidade do entrevistador ocidental relativamente à opção jihadista antes do 11 de Setembro. Isso provavelmente se refere à reunião em que Al-Qaradawi fez o seu discurso *"Da'wa* conquistará o Ocidente" (anteriormente, nota 6).

[24] Landes, "The Emotional Nakba", *Tablet*, 24 jun. 2014.

[25] Cook, *Contemporary Muslim Apocalyptic*, cap. 5; Filiu, *Muslim Apocalyptic*, cap. 5.

[26] Stuart Green, "Cognitive Warfare", tese apresentada no Joint Military Intelligence College, Washington DC, 2008; Ron Schleifer, *Psychological Warfare in the Intifada*, Portland OR, 2006; Landes, "The Final Battle", *Tablet*, 3 ago. 2011.

[27] *Global Insurgency and the Future of Armed Conflict: Debating Fourth-Generation Warfare*, Regina Karp; Aaron Karp; Terry Terriff (eds.), New York: Routledge, 2007.

[28] Ver Bat-Ye'or sobre a identificação muçulmana da crítica com a blasfêmia e sobre um complexo de imitação em que os *dhimmi* adotam as crenças de seus mestres para agradá-los, em *Islam and Dhimmitude: Where Civilizations Collide*, trad. Miriam Kochan; David Littman, Madison, NJ: Fairleigh Dickinson University Press, 2003, pp. 106-10.

[29] Dwidar articula uma mensagem mais demótica dos cenários transformadores do *caliphator* que levam à vitória final do islã (ver nota 23).

[30] Uma dinâmica quase idêntica produziu grande parte da hostilidade cristã para com os judeus: a recusa em se converter foi considerada um insulto intolerável.

[31] Trofimov, *Siege of Mecca*, pp. 45-75.

[32] Harold Rhode, *Modern Islamic Warfare*, cap. 2; Dore Gold, *Hatred's Kingdom: How Saudi Arabia Supports the New Global Terrorism*, New York: Regnery, 2003, pp. 106-55. Sobre o uso generalizado de materiais de ensino sauditas nas mesquitas americanas, ver Coughlin, *Catastrophic Failure: Blindfolding America in the Face of Jihad*, Washington, DC: Center for Security Policy Press, 2015, parte VI.

[33] Para uma descrição abrangente dessa estratégia *da'wa* para dominar os EUA, ver Daniel Pipes, *Radical Islam Reaches America*, New York: W.W. Norton, 2002. Sobre o sucesso dessa estratégia na radicalização dos muçulmanos, ver as memórias de Ed Husain; Majeed Nawaz (a seguir), e Coughlin, *Catastrophic Failure*, parte VII.

34  Lee Quinby, "Coercive Purity: The Dangerous Promise of Apocalyptic Masculinity", em *The Year 2000: Essays on the End*, Charles B. Strozier; Michael Flynn (eds.), New York: New York University Press, 1997, pp. 154-165. Ver uma análise do terror francês nesses termos em Landes, *Heaven on Earth*, cap. 9.

35  Sobre a doutrina da revogação, segundo a qual versículos anteriores são anulados por textos contraditórios posteriores, ver *Approaches to the History of the Interpretation of the Qur'an*, Andrew Rippin (ed.), Oxford, 1988, pp. 130-1; David Bukay, "Peace or Jihad? Abrogation in Islam", *Middle East Quarterly*, v. XIV, n. 4, Fall 2007, pp. 3-11.

36  Ed Husain, *Islamist*, cap. 15; ver também Nick Cohen, *What's Left?*, Pós-escrito.

37  Hassan Butt, "My Plea to Fellow Muslims: You Must Renounce Terror", *The Guardian*, 1º jul. 2007.

38  Ver anteriormente, pp. 113-116.

39  "'ISIS, Hamas are branches of the same poisonous tree', Netanyahu tells UN", *World Jewish Congress*, 30 set. 2014.

40  "[T]otally distinct... ideologies", Max Fisher, "Hamas is not ISIS: Here's Why Netanyahu says it is", *Vox*, 25 ago. 2014; Alessandria Massi, "What Is the Difference between ISIS And Hamas?", *International Business Times*, 19 jul. 2014. Ver o capítulo "11 de Setembro: tomando o mundo de assalto", pp. 85-88, sobre o fato de os *ombudsmen* fazerem uso da distinção para permitir o rótulo de "terrorismo" para a Al-Qaeda mas não para o Hamas. Sobre a importância para os *caliphators* em diferenciar a jihad (assassinato legítimo) do terror (assassinato sem direito), ver Coughlin, *Catastrophic Failure*, pp. 481-518.

41  Asaf Moghadam, *The Globalization of Martyrdom: Al Qaeda, Salafi Jihad, and the Diffusion of Suicide Attacks*, Baltimore: Johns Hopkins University Press, 2008, p. 59 [itálico do autor]; ver Tabela 1.1 para uma lista de diferenças.

42  Benjamin Weinthal, "Outrage over top German politician comparing Hamas to Israel", *Jerusalem Post*, 8 set. 2014; "Amnesty campaigns manager equates Israel with Islamic State", *Jewish News*, 4 nov. 2014.

43  Patrick Kingsley, "Who is behind ISIS's terrifying online propaganda operation?", *The Guardian*, 23 jun. 2014.

44  Asama al-Goul, "Gaza Salafists pledge allegiance to ISIS", *Al-Monitor*, fev. 2014.

45  Al Azzam, ideólogo de Bin Laden, expôs essa ideia nos primeiros anos do século XV/década de 1980, em *Min Kabul ila al-Quds* [De Cabul a Jerusalém], Peshawar: Markaz al-Shahid 'Azzam al-I'lami, 1989; Cook, *Contemporary Muslim Apocalyptic*, pp. 172-76, 191-97.

46  Ver o teólogo saudita Hawali, "The Day of Wrath".

47  Raed Salah, "Jerusalem will be the Capital of the Global Caliphate", Nazareth, 7 nov. 2014. "Egyptian Cleric Safwat Higazi Launches MB Candidate Mohamed Morsi's Campaign: Morsi Will Restore the 'United States of the Arabs' with Jerusalem as Its Capital (Al-Nas TV, Egypt)", *MEMRI* #3431, 1 maio 2012.

48  Para a interpretação apocalíptica mais elaborada, ver o teólogo saudita Hawali, "The Day of Wrath". Sobre o temperamento apocalíptico do pensamento palestino, ver Cook, *Contemporary Muslim Apocalyptic*, pp. 106-25.

49  Ver anteriormente, pp. 37-39.

50  Eric Bradner, "Clinton explains why she won't use 'radical Islam'", CNN, 7 dez. 2015.

51  "Suicide Bombing Terrorism during the Current Israeli-Palestinian Confrontation (September 2000 - December 2005)", 2, 5. Sobre o debate teológico, ver Haim Malka, "Must Innocents Die? The Islamic Debate over Suicide Attacks", *Middle East Quarterly*, v. 10. n. 2, 2003, pp. 19-28. Para obter uma amostra representativa que cite a excitação que percorreu o mundo árabe com o ataque suicida a crianças na pizzaria Sbarro em Jerusalém, ver Fahmi Huweidi, "I cannot hide my happiness", *Al-Ahram*, 14 ago. 2001.

52  Um amigo judeu holandês lembra-se do prazer na voz do locutor ao relatar o "assassinato" de Al-Durrah.

53  Ver Cockburn, *Age of Jihad*.

54  Para a citação na íntegra, ver anteriormente, p. 569, nota 46.

55  Daniel Pipes, "Can Infidels be Innocents?", *Lion's Den*, ago. 2005.

56  "Kill a Jew", *Palestinian Media Watch*.

57  Cook, *Contemporary Muslim Apocalyptic*, cap. 5.

58  Para alguns, o terror semeado entre os infiéis supera a preocupação com danos colaterais aos muçulmanos. Ver Ilana Kricheli; Yotam Rosner; Aviad Mendelboim; Yoram Schweitzer, "Suicide Attacks in 2016: The Highest Number of Fatalities", *INSS Insight* 887, 5 jan. 2017.

[59] Depois de mencionar as rivalidades cheias de ódio entre os salafistas e o Hizb ut-Tahrir em Londres no início da década de 1990, Nawaz observa: "Alguns anos mais tarde, isto mudaria: o salafismo e o islamismo se fundiriam para formar o jihadismo, visto de forma mais projetada na ascensão da Al-Qaeda", *Radical*, p. 68. Sobre a dinâmica dos movimentos apocalípticos em seus estágios iniciais, ver Landes, *Heaven on Earth*, cap. 2.

[60] Sobre empreendedores de identidade, ver Green, *Cognitive Warfare*, pp. 86-108. Nawaz subiu no escalão do movimento tornando-se ele próprio um empreendedor de identidade, reunindo os intimidados estudantes paquistaneses na sua faculdade em Londres, *Radical*, pp. 72-3.

[61] Connie Cass, "Al-Qaida's heirs thrive in Mideast, Africa chaos", *Associated Press*, 16 set. 2014.

[62] Para *insights* psicológicos críticos, ver Nancy Kobrin, *The Jihadi Dictionary*, Mamaroneck, NY, 2016.

[63] Timothy Furnish, *Holiest Wars*; e *Sects, Lies, and the Caliphate*; Cook, *Contemporary Muslim Apocalyptic*, cap. 6.

[64] Steven Murley, "The Global Anti-Aggression Campaign 2003-2016", *Global Muslim Brotherhood Research Center*, fev. 2017.

[65] Murawiec, *The Mind of Jihad*, cap. 4; Stephen Coughlin, *Catastrophic Failure*, parte III.

[66] Para uma discussão sobre o papel das expectativas apocalípticas (iminentes) na concretização dos sonhos milenaristas, ver Landes, *Heaven on Earth*, cap. 2.

[67] Coughlin, *Catastrophic Failure*, pp. 129-64; *Accusations of Unbelief in Islam: A Diachronic Perspective on Takfir*, Camilla Adang; Hassan Ansari; Maribel Fierro; Sabine Schmidtke (eds), Leiden: Brill, 2016; Anthony Celso, "Islamic Regression, Jihadist Frustration and Takfirist Hyper Violence", *Journal of Political Sciences & Public Affairs*, v. 4, n. 2, 2016.

[68] Husain, *The Islamist*, p. 167.

[69] Raymond Ibrahim, "How Circumstance Dictates Islamic Behavior: Preach Peace When Weak, Wage War When Strong", *Middle East Quarterly*, 18 jan. 2012.

[70] Sobre os demopatas e seus crédulos, ver p. 292-300. Sobre Klausen e os demopatas, ver a seguir, pp. 292-97. Sobre o uso da técnica do policial bonzinho e do policial durão da Irmandade Muçulmana, ver Stephen Merley, "The Global Anti-Aggression Campaign 2003–2016", *Global Muslim Brotherhood Research Center*, fev. 2017.

[71] Brendan Bernhard, *White Muslim: From LA to NY . . . to Jihad?*, Brooklyn, NY: Melville House, 2006; Jim Treacher, "NY Times Reports on Muslim Proselytizing During *Charlie Hebdo* Attack, Then Deletes It", *Daily Caller*, 8 jan. 2015.

[72] Ayaan Hirsi Ali, "Why Islamism became Woke", *Unherd*, 13 jul. 2021.

[73] Ver o papel de mudar a data do Fim vários séculos no futuro (Filiu, *Apocalypse in Islam*, pp. 80-83; Landes, "Lest the Millennium"). Sobre o papel da previsão de Bassam Jirrar, do Hamas, em 1992/1413 AH acerca da destruição de Israel em 2022/1444 AH no aconselhamento de uma resposta passiva a Israel, ver Cook, *Contemporary Muslim Apocalyptic*, pp. 122-125. Atualizado em 2022: Ori Nir, "End Times for Israel: The Apocalyptic 'Quranic' Prophecy Electrifying Palestinians", *Haaretz*, 17 abr. 2022; *Augean Stables*, disponível em: <http://www.theaugeanstables.com/2022/04/26/haaretz-ori-nir-westsplains-palestinian-apocalyptic-prophecy/>.

[74] Haitham Ibn Thbait, do capítulo americano do Hizb ut-Tahrir, falando na conferência sobre o califado realizada em Chicago, em 15 de maio de 2016: "O islã está aqui para dominar!". Disponível em: <https://www.youtube.com/watch?v=3oe9YFe4Pl8>.

[75] Leyan Saleh tuíta: "Feliz Hanuká aos meus vizinhos judeus. *Bas ballah jan*. Creio que chegou a hora de vocês se mudarem, não é?"; e "Que Deus arruíne as casas dos judeus", *Yatrib bait al yahud*. Disponível em: <twitter.com/canarymission/status/823440426413785088>.

## ADEPTOS DO EGOCENTRISMO COGNITIVO LIBERAL E SUA CRIPTONITA DEMOPATA (pp. 271-300)

[1] A "saída da autoimposta imaturidade" é a definição de Kant do iluminismo ("What is Enlightment?", 1784); a expressão "algemas forjadas pela mente" é de William Blake ("London", 1794).

[2] *Concise Oxford Dictionary of Politics*, Iain McLean; Alistair McMillan (eds.), New York: Oxford University Press, 2009.

[3] Diderot, "Droit naturel", *Encyclopédie*, v. 11, 116:9, disponível em: <http://artfl.uchicago.edu/images/encyclopedie/V5/ENC_5-116.jpeg>.

[4] Satoshi Kanazawa define liberalismo como "a preocupação genuína com o bem-estar de outros não geneticamente relacionados e a disposição de contribuir com maiores proporções de recursos privados para o bem-estar de tais outros". Ver "Why Liberals and Atheists are more intelligent", *Social Psychology Quarterly*, v. 73, n. 1, 2010, pp. 33-57.

[5] Um bêbado procurava as chaves à noite debaixo de um poste de luz e não nos arbustos onde as deixou cair, "porque é aqui que está a luz".

[6] Daniel Kahneman, *Thinking, Fast and Slow*, New York: Farrar Straus and Giroux, 2011.

[7] Jonathan Tooby, comentários a Ian McEwan, "Message from Paris", *Edge.com*, 14 nov. 2015.

[8] Erich Fromm, *Escape from Freedom*, New York: Farrar and Rinehart, 1941. Trad. portuguesa: *O Medo à Liberdade*.

[9] Adam Smith, *Wealth of Nations* (1776), parte 1, seção 2. Cf. cap. 5, notas 13-14. Trad. portuguesa: *A Riqueza das Nações*.

[10] Adam Seligman, *Modernity's Wager: Authority, the Self, and Transcendence*, Princeton: Princeton University Press, 2000.

[11] Maquiavel, *O Príncipe*, cap. 17.

[12] Jeremy Rifkin, *The Empathic Civilization: The Race to Global Consciousness in a World in Crisis*, New York: Penguin, 2009.

[13] Fromm, *Escape from Freedom*.

[14] Ver p. 281.

[15] Eli Sagan, em *The Honey and the Hemlock*, explora os episódios de paranoia que acometem grupos que tentam renunciar ao "imperativo paranoico": governar ou ser governado. Ver cap. 5.

[16] Muitos exploraram essa matriz, especialmente Joshua Berman, em *Created Equal: How the Bible Broke with Ancient Political Thought*, New York: Oxford University Press, 2008; rabino Jonathan Sacks, por meio do seu comentário bíblico *Covenant & Conversation Leviticus: The Book of Holiness*, Jerusalem: Koren Press, 2015.

[17] *Talmude Babilônico*, Tratado Baba Metzia, 58b-59a, disponível em: <https://www.sefaria.org/Bava_Metzia.58b?lang=en>.

[18] Maimônides, *Mishné Torá, Hilchot De'ot*, 6:3, disponível em: <https://www.sefaria.org/Mishneh_Torah%2C_Human_Dispositions.6.3?lang=en>.

[19] Comentário de Rashi a Levítico 19:18, disponível em: <https://www.sefaria.org/Leviticus.19.18?lang=bi&with=Rashi&lang2=en>.

[20] Levítico 19:18, Nachmânides, disponível em: <https://www.sefaria.org/Leviticus.19.18?lang=bi&with=Ramban&lang2=en>.

[21] Arlene W. Saxonhouse, *Free Speech and Democracy in Ancient Athens*, Cambridge: Cambridge University Press, 2008, p. 81s.

[22] Idem, p. 77s.

[23] Fouad Ajami, "Why is the Arab world so easily offended?", *The Washington Post*, 14 set. 2012.

[24] Salman Rushdie, "Defend the right to be offended", *Open Democracy*, 7 fev. 2005.

[25] David Bianculli, "The Smothers Brothers: Laughing at Hard Truths", *The New York Times*, 3 fev. 2017. Resposta similar do "fascista" George Bush às Dixie Chicks.

[26] Eoghan Stafford, "Stop the Presses! Media freedom in authoritarian regimes: A case study of Ben Ali's Tunisia", *The Journal of the Middle East and Africa*, v. 8, n. 4, 2017, pp. 353-82.

[27] William Blake, *America*, 1793.

[28] Johannes Morsink, *The Universal Declaration of Human Rights and the Holocaust: An Endangered Connection*, Washington DC: Georgetown University Press, 2019.

[29] John Hall, *Powers and Liberties: The Causes and Consequences of the Rise of the West*, Los Angeles: University of California Press, 1992, pp. 19-23.

[30] Lester Little, *Religious Poverty and the Profit Economy in the Middle Ages*, Ithaca, N.Y.: Cornell University Press, 1983.

[31] Para uma análise da autenticidade da carta, ver Franz Kobler, *Napoleon and the Jews*, New York: Schocken, 1976, pp. 55-7; Nathan Schur, *Napoleon in The Holy Land*, London: Greenhouse Press, 1999, pp. 117-22; Landes, "Napoleon's Alleged Proclamation to the Jews: A Study in Millennial Dynamics", *Napoleonic Scholarship Journal*, 2023.

32 "Vocês estão espalhados por toda a superfície da terra, em nenhum lugar como nação, vilipendiados, degradados por governos preconceituosos e insultados pelas populações", em Louis Hyman, *The Jews of Ireland from Earliest Times to the Year 1910*, London e Jerusalem: Irish University Press, 1972, pp. 237-40.

33 David Elkind, "Egocentrism in Adolescence", *Child Development*, v. 38, n. 4, dez. 1967, pp. 1025-1034.

34 Ryan L. Boyd; Konrad Bresin; Scott Ode; Michael D. Robinson, "Cognitive egocentrism differentiates warm and cold people", *Journal of Research in Personality*, v. 47, n. 1, fev. 2013, pp. 90-96.

35 Napoleon Chagnon, "Blood is their Argument", *Edge*, 6 jun. 2013, sintetizando as observações sobre o condenado fugitivo e explorador australiano do século XIX William Buckley, idênticas às de Chagnon sobre os ianomâmis.

36 Michael Ghiglieri, *Dark Side of Man: Tracing the Origins of Male Violence*, New York: Perseus, 2000; Richard Wrangham; Dale Peterson, *Demonic Males: Apes and the Origins of Human Violence*, New York: Harper, 1996.

37 Sagan, *The Honey and the Hemlock*, pp. 13-34.

38 Landes, "The Melian Dialogue, the Protocols, and the Paranoid Imperative", em *The Paranoid Apocalypse: Hundred-Year Retrospective on The Protocols of the Elders of Zion*, Richard Landes; Steven T. Katz (eds.), New York: New York University Press, 2011, pp. 23-33.

39 Nietzsche, *Genealogy of Morals I*, pp. 13-17; Tucídides, *Peloponnesian Wars*, 5:85-116.

40 Sagan, *The Honey and the Hemlock*, p. 22. O que Sagan denomina "deficiências psicológicas humanas" chamo aqui de cativeiro límbico. Em vez de ver aquela resistência como uma deficiência, parece mais produtivo considerá-la e à sua constelação de emoções como uma dimensão básica da existência humana.

41 Crosby, Stills e Nash, *Wooden Ships*, 1968, cantado em Woodstock.

42 John Tooby, "A Message from Paris", *Edge*, 14 nov. 2015.

43 "Imagine, de John Lennon", *Socialist Party of Britain* (n.d.); Laurie Ulter, "The Life & Legacy of John Lennon's 'Imagine'", *Biography*, 7 dez. 2015, disponível em: <https://www.biography.com/news/john-lennon-imagine-song-facts>; Josh Magnes, "The Legacy of John Lennon", *Diamondback*, 11 out. 2015.

44 Daniel Marans, "Pianist Plays 'Imagine' Outside Bataclan, Uniting Parisians in Moment of Peace", *HuffPost*, 14 nov. 2015.

45 "A negação do pecado original destruiu toda a ordem social", em Carl Schmitt, *Concept of the Political*, Chicago: University of Chicago Press [1932], 2010, p. 65.

46 Observação de um amigo numa conversa. Para uma formulação quase idêntica, ver Joshua Greene, *Moral Tribes: Emotion, Reason, and the Gap Between Us and Them*, New York: Penguin, 2013, p. 4.

47 Rifkin, *The Empathic Civilization*, escrito em 2009 com apenas uma (passageira) menção do terrorismo islâmico e o 11 de Setembro, p. 488; Steven Pinker, *Better Angels of our Nature: Why Violence has Declined*, New York: Basic Books, 2011.

48 President Obama: "Nenhuma fé ensina as pessoas a massacrar inocentes", declaração de 20 ago. 2014; papa Francisco, "Todas as religiões querem paz; são as outras pessoas que querem a guerra" [quem quer que sejam as "outras pessoas], 27 jul. 2016. Sobre a adoção por essas duas figuras da narrativa islâmica sobre os infiéis, ver Coughlin, *Catastrophic Failure*, pp. 436-468 (Obama e seu governo); pp. 1132-1206 (papa Francisco e o Vaticano).

49 René Girard, *Things Hidden since the Foundation of the World*, Palo Alto: Stanford University Press, 1987; Eli Sagan, *Dawn of Tyranny: The Origins of Individualism, Political Oppression, and the State*, New York: Knopf, 1985.

50 Certa vez, um estudante criticou Daniel Goldhagen (*Hitler's Willing Executioners: Ordinary Germans and the Holocaust*, New York: Vintage, 1997) por "desumanizar" os alemães do Batalhão Policial 101 ao retratá-los como sádicos, p. 568, nota 43.

51 Seliktar, *Doomed to Failure?*, p. 27. Jack Snyder, "One World, Rival Theories", em *Foreign Policy*, 2004, p. 145; e a resposta em Ofira Seliktar, "Realism Is Not Ignorance: A Critique of the Mearsheimer-Walt Thesis", *MERIA Journal*, mar. 2008.

52 Sobre Rifkin, Reid e Leonard em meados da década de 2000, ver anteriormente, p. 171s. Mais recentemente, Anu Bradford, *The Brussels Effect: How the European Union Rules the World*, New York: Oxford University Press, 2019.

53 George Bush, "Remarks by the President at the 20th Anniversary of the National Endowment for Democracy", United States Chamber of Commerce Washington, DC; Landes, "Bush's Chomskyite Foreign Policy", *Augean Stables*, 2 fev. 2006.

⁵⁴ Obama, discurso no Cairo em 2009; seu discurso em Berlim, em 2008, (enquanto ainda era candidato à presidência) exemplificou o "Imagine" de Lennon.

⁵⁵ Ver, por exemplo, Daniel Pipes, "Finding Moderate Muslims: Do you believe in modernity?", *Jerusalem Post*, 26 nov. 2003.

⁵⁶ Klausen, *Islamic Challenge*, New York: Oxford University Press, 2005, p. 205.

⁵⁷ Bawer, *Surrender*.

⁵⁸ Entre os inúmeros exemplos dessa expressão amplamente utilizada, ver Patrick Goodenough, "Radical Islam: The Enemy in our Midst", *CNS Commentary*, 18 out. 2000. Ver também Hasnain Kazim, "Democracy is for Infidels: Interview with an Islamic State Recruiter", *Spiegel*, 28 out. 2014.

⁵⁹ Isso não significa que todos os entrevistados de Klausen eram demopatas; ela simplesmente não tinha como discernir entre eles.

⁶⁰ Klausen, *Islamic Challenge*, p. 128. Esse se tornou um tema importante da polícia da islamofobia: *Global Islamophobia: Muslims and Moral Panic in the West*, George Mordan; Scott Poynting (eds.), New York: Ashgate, 2012. Para uma boa análise do esquema de "fabricação calculada de indignação" como estratégia de guerra, ver Coughlin, *Catastrophy Failure*, parte V.

⁶¹ Stanley Hoffmann, resenha do *The Islamic Challenge* de Klausen, *Foreign Affairs*, mar./abr. 2006).

⁶² Entendo a alusão a "questões de grande importância" como uma referência a *Eurabia*, que fora lançado um ano antes.

⁶³ Bruce S. Thornton, "Muslim 'moderates' are true to spirit of Islam", *Victor Davis Hanson*, 26 jul. 2005.

⁶⁴ Ver a repetição das conclusões de Jytte Klausen depois do 7 de julho de 2005: "Counterterrorism and the Integration of Islam in Europe", *Foreign Policy Research Institute*, 6 maio 2006.

⁶⁵ Ver nota 44.

⁶⁶ Ver Nancy Hartevelt Kobrin, *Penetrating the Terrorist Psyche*, New Rochelle: Multieducator Inc., 2013, pp. 163-70; "Jihad: Sadistic Sexuality", *Shrinkwrapped*, 12 jul. 2007; Nancy Harteveld Kobrin, "Sado-masochism and the Jihadi Death Cult", *Tablet*, 11 fev. 2015.

⁶⁷ Landes, "Demopaths and their dupes", *Augean Stables*, 2005.

⁶⁸ Em 2016, o SPLC listou Maajid Nawaz e Aayan Hirsi Ali entre os islamofóbicos, uma boa ilustração de como supostos progressistas sufocam *qualquer* crítica ao islã, em David Graham, "How Did Maajid Nawaz End Up on a List of 'Anti-Muslim Extremists'?", *The Atlantic*, 29 out. 2016.

⁶⁹ Tina Kelley, "US Official Says She Met Central Figure in 9/11 Plot", *The New York Times*, 2 jun. 2002. Transcrição da entrevista em "The entire Johnelle Bryant interview", ABC News, 6 jun. 2002.

⁷⁰ "Ticket Agent recalls anger in Muhammad Atta's Eyes", NBC, n.d., disponível em: <http://www.nbcnews.com/id/7117783/#.WvfdnNOuxTY>.

⁷¹ McLoughlin, *Easy Meat*.

⁷² Essa frase viral muçulmana triunfalista foi atribuída, *inter alia*, a Qaradawi, a Erdogan, ao xeque Omar Bakri Mohammed. Ver Giuseppe Germano, "We will dominate you", *MEQ*, dez. 1999.

⁷³ Juiz James Moody, "Transcript of Sentencing Hearing for Sami-Al-Arian", *Investigative Project*, 1 maio 2006. Sobre a defesa de Al-Arian, ver Amy Goodman, "The Case of Sami al Arian", *DemocracyNow*, 9 jul. 2004.

⁷⁴ Ver anteriormente, pp. 326-331. Ron Robin, "Violent People and Gentle Savages", em *Scandals and Scoundrels: Seven Cases that Shook the Academy*, Los Angeles: University of California Press, 2004, cap. 5.

⁷⁵ Josh Gerstein, "Obama v. Breyer v. Breyer on Quran burning & the law", *Politico*, 16 set. 2010.

⁷⁶ Relatório não confidencial de Jeffrey Bordin, PhD., "A Crisis of Trust and Cultural Incompatibility: A Red Team Study of Mutual Perceptions of Afghan National Security Force Personnel and U.S. Soldiers in Understanding and Mitigating the Phenomena of ANSF-Committed Fratricide-Murders", *N2KL Red Team*, 12 maio 2011, disponível em: <http://nsarchive.gwu.edu/NSAEBB/NSAEBB370/docs/Document 11.pdf>.

⁷⁷ Warren Whitlock, "Using Blockchain and AI To Solve the World's Immigration Problems – Migranet.io with Murtaza Khan", *Migranet*, 19 jul. 2019.

⁷⁸ Gad Saad, *The Parasitic Mind*, Washington, DC: Regnery Publishing, 2020, pp. 126-38.

⁷⁹ Robert Bernstein, "Rights Watchdog, Lost in the Mideast", *The New York Times*, 19 out. 2009. O maior cão de guarda desse fenômeno dos "direitos humanos" dessa ONG é NGO Monitor, disponível em: <https://www.ngo-monitor.org/>.

⁸⁰ Ver capítulo "Al-Durrah: propagando um libelo de sangue jihadista".

**601**

[81] Sobre Yasmin Hussein, ver Andrew Norfolk, "Amnesty director's links to global network of Islamists", *The Sunday Times*, 17 ago. 2015; sobre o confronto entre Gita Saghal e Moazzam Begg, ver David Aaronovitch, "How Amnesty chose the wrong poster-boy", *The Sunday Times*, 9 fev. 2010; Meredith Tax, *Double Bind: The Muslim Right, the Anglo-American Left, and Universal Human Rights*, New York: Center for Secular Space, 2012, pp. 31-45.

[82] Landes, "Orientalism as Caliphator Cognitive Warfare: The (Unintended?) Consequences of Edward Said's Defense of the Arab World", em *Contemporary Approaches to Orientalism in Media and Beyond*, Gülşah Sari (ed.), Hershey, PA: ICI Global, 2021, pp. 33-52, disponível em: <https://www.academia.edu/50961854/Orientalism_as_Caliphator_Cognitive_Warfare_Consequences_of_Edward_Sa%C3%AFds_Defense_of_the_Orient; Coughlin, *Catastrophic Failure*, pp. 1005-6.

[83] Ramadan escreveu sua tese sobre seu avô contrariando o conselho do seu orientador. Ver Ian Hamel, "La vérité sur la thèse universitaire de Tariq Ramadan", *Le Point*, 10 mar. 2018.

[84] Chomsky e Derrida sobre o 11 de Setembro, cap. 2.

[85] Laurie Santos, "Glitches", *Edge*, 21 nov. 2016; Doyle Quiggle, "How Our Cognitive Solipsism Made Us Limbic Captives of the Taliban", *Small Wars Journal*, 28 ago. 2018.

[86] Phillips, *Londonistan*; Patrick Poole, "10 Failures of the US Government on the Domestic Islamist Threat", *Center for Security Policy*, 12 nov. 2010.


## A EPG (ESQUERDA PROGRESSISTA GLOBAL) NO SÉCULO XXI (pp. 301-338)

[1] Exemplos de pensamento progressista global receptivo à demopatia do *caliphator*: Susan Buck-Morss, *Thinking Past Terror: Islamism and Critical Theory on the Left*, London: Verso, 2002; Nicholas Tampio, *Kantian Courage: Advancing the Enlightenment in Contemporary Political Theory*, New York: Fordham University Press, 2012.

[2] No final da década de 1970, estudantes de pós-graduação em História da Ciência em Princeton costumavam ler para se divertir e rir *The Edge of Objectivity*, de Charles Gillespie, Princeton: Princeton University Press, 1960. Agora, a PUP lançou uma nova edição (2017).

[3] Sobre a virada de 1900, ver Mike Davis, *Late Victorian Holocausts: El Niño Famines and the Making of the Third World*, London: Verso, 2001; sobre a virada de 2000, ver John Perkins, *Confessions of an Economic Hit Man*, San Francisco: Bettett-Koehler, 2016.

[4] Matthew Machowski parafraseou a noção de *superabundância de significado* de Derrida como "um eriçado conjunto de forças, oscilando sempre indeciso entre vários parâmetros de significado". Machowski, "Derrida and the Other Islam: In What Ways if at All, Does Derrida Provide for a New Perception of Islam in the West Post 9/11?", em *Matthew Machowski*, 16 set. 2010, disponível em: <http://www.matthewmachowski.com/2010/09/derrida-islam-9-11.html>.

[5] Jacques Derrida, *De la grammatologie*, Paris: Les Éditions de minuit, 1967.

[6] Jean-François Lyotard, *The Postmodern Condition: A Report on Knowledge*, Minneapolis: University of Minnesota Press, 1984, p. 81s.

[7] Sobre a *pureza coercitiva*, ver p. 258. Sobre o impacto das grandiosas narrativas milenaristas dos tempos modernos, ver Landes, *Heaven on Earth*, caps. 10-12.

[8] Scott Lukas, "Postmodernism", em *Theory in Social and Cultural Anthropology: An Encyclopedia*, R. Jon McGee; Richard L. Warms (eds.), Thousand Oaks, CA: Sage, 2013, pp. 2.639-645; Herbert Lewis, "The Influence of Edward Said and Orientalism on Anthropology, or: Can the Anthropologist Speak?'", em *Postcolonial Theory and the Arab-Israel Conflict*, Philip Carl Salzman; Donna Robinson Divine (eds.), London: Routledge, 2016, pp. 97-109.

[9] Brené Brown, *Daring Greatly: How the Courage to Be Vulnerable Transforms the Way We Live, Love, Parent, and Lead*, New York: Penguin, 2015.

[10] Fritjof Capra, *The Tao of Physics*, Boulder, CO: Shambala, 1975; Gary Zukav, *Dancing Wu Li Masters*, New York: William Morrow, 1979; Robin Cooper, *The Evolving Mind: Buddhism, Biology and Consciousness*, Birmingham, UK: Windhorse, 1996; Matthieu Ricard; Trinh Xuan Thuan, *The Quantum and the Lotus*, New York: Crown, 2004; Donald S. Lopez Jr., *Buddhism and Science*, Chicago: University of Chicago Press, 2008.

[11] Emmanuel Lévinas, *Altérité et transcendance* [1995]; tr. New York: Columbia University Press, 2000; Jean Baudrillard; Marc Guillaume, *Radical Alterity* [1994], Los Angeles: Semiotext(e), 2008; Jeffrey Nealon, *Alterity Politics: Ethics and Performative Subjectivity*, Durham, NC: University of North Carolina Press, 1998.

[12] Derrida, "Hospitality", em *Acts of Religion*, Gil Anidjar (ed.), New York: Routledge, 2001, p. 364; Jacob Meskin, "Misgivings about Misgivings and the Nature of a Home: Some Reflections on the Role of Jewish Tradition in Derrida's Account of Hospitality", em *Hosting the Stranger: Between Religions*, Richard Kearney; James Taylor (eds.), New York: Continuum, 2011, p. 59. Cf. Jonathan Sacks, *Dignity of Difference: How to Avoid the Clash of Civilizations*, London: Bloomsbury USA, 2003.

[13] David Teh, "Radical Alterity", em *The Baudrillard Dictionary*, Richard Smith (ed.), Edinburgh, Edinburgh University Press, 2010, pp. 176-78.

[14] Anthony Appiah, *Cosmopolitanism: Ethics in a World of Strangers*, New York: W. W. Norton, 2010; Sacks, *Dignity of Difference*; Rifkin, *Empathy*; Terri Givens, *Radical Empathy: Finding a Path to Bridging Racial Divides*, Bristol, GB: Policy Press, 2021.

[15] Simone de Beauvoir começa com uma invocação crítica da noção de "alteridade" de Lévinas em *The Second Sex* [O Segundo Sexo], New York: Vintage, 1989, p. xxii. Ver a onda seguinte de crítica feminista de Beauvoir em Tamise Van Pelt, "Otherness", *Postmodern Culture*, v. 10, n. 2, 2000.

[16] Sobre as dimensões milenaristas da teoria moderna, ver Jeffrey C. Alexander, *The Dark Side of Modernity*, Cambridge: Polity Press, 2013, pp. 5-28.

[17] Para uma discussão desse complexo de ideias virais no contexto da guerra cognitiva, ver Green, *Cognitive Warfare*, pp. 57-70; uma versão transformada em arma desse complexo pode ser encontrada em Mary Katharine Ham e Guy Benson, *End of Discussion: How the Left's Outrage Industry Shuts Down Debate, Manipulates Voters, and Makes America Less Free (and Fun)*, New York: Crown Forum, 2015. As coisas pioraram muito desde então: John McWhorter, "Academics Are Really, Really Worried About Their Freedom", *The Atlantic*, 1 set. 2020; Lee Jussim, "Why Americans Don't Feel Free to Speak Their Minds", *Psychology Today*, 1 jun. 2021.

[18] Jefferson Airplane, "Crown of Creation", 1968.

[19] Sobre o "pós-modernismo aplicado", ver Helen Pluckrose e James Lindsay, *Cynical Theories: How Activist Scholarship Made Everything about Race, Gender, and Identity – and Why This Harms Everybody*, Durham, NC: Pitchstone, 2020, cap. 2.

[20] Seth Frantzman, A Borderless World of Wealth and White Privilege", *SethFranzman.com*, 26 jun. 2016.

[21] Pascal Bruckner, *Tears of the White Man: Compassion as Contempt*, New York: Free Press, 1984; ver Albert Camus, *La chute* [A Queda], Paris: Gallimard, 1954, cujo protagonista é um "juiz penitente". Sobre a solução masoquista, ver Pascal Bruckner, *Tyranny of Guilt*.

[22] Ver p. 91s.

[23] Giovanni Borradori, *Philosophy in a Time of Terror: Dialogues with Jürgen Habermas and Jacques Derrida*, Chicago: Chicago University Press, 2003, p. 108. (itálico meu).

[24] Sobre a análise de Appiah acerca desses dilemas morais, ver *Cosmopolitanism*, capítulo 10.

[25] Pascal Bruckner, *The Tyranny of Guilt*, p. 20. Para outra crítica sistemática da resposta de Derrida ao 11 de Setembro, ver "Intellectual Conceits: Derrida on 9/11", *Plato's Head*, 20 set. 2011.

[26] Landes, *Heaven on Earth*, caps. 8-12 (Iluminismo, Revolução Francesa, Marx, Revolução Russa).

[27] Jacob Klapwijk, *Dialectic of Enlightenment: Critical Theory and the Messianic Light*, Eugene OR: Wipf & Stock, 2010, pp. 97-98.

[28] Ray Kurzweil, *Transcendent Man: Prepare to Evolve*, IMDb, 2009; Harari, *Homo Deus: A Brief History of Tomorrow*, New York: Random House, 2016.

[29] Voltaire se enfureceu contra um Deus que permitiu o terremoto em Lisboa que matou dezenas de milhares. Kurzweil oferece "bem-estar total" aos seus acólitos. Ver David Courard-Hauri, "Singularity's Potential for Sustainability and Environmental Health and Well-Being", em *Good Health and Well-Being*, Walter Leal Filho et al. (eds.), Cham, Switzerland: Springer Nature, 2019.

[30] Sobre um brilhante discurso violento acerca dessa questão, ver Ze'ev Maghen, *Imagine: John Lennon and the Jews, A Philosophical Rant*, Danbury, CT: The Toby Press, 2010; e um argumento mais moderado em Sacks, *The Dignity of Difference*.

[31] Joe Gelonesi, "Is having a loving family an unfair advantage?", *Philosopher's Zone*, 1 maio 2015.

[32] Hugh of St. Victor, *Didascalion*, Livro III, cap. 19.

[33]  Mathieu E. Courville, *Said's Rhetoric of the Secular*, New York: Continuum, 2011, p. 88s.

[34]  Landes, "'Celebrating' Orientalism: Edward Said's Honor and Shame", *Middle East Quarterly*, v. 24, n. 1, 2017.

[35]  Para um bom exemplo de como isso goteja em estudantes de graduação, ver "Harvard Students Think the US is a Greater Threat to World Peace Than ISIS, *Find a Free Country Project*, 18 out. 2014.

[36]  O uso corrente na esfera pública do termo "imperialismo" quase nunca se refere à natureza futura do imperialismo islâmico. Ver Karsh, *Islamic Imperialism*. De fato, suscitar a questão logo se converteu em algo islamofóbico. Sobre o foco na escravidão americana como o pecado original e o ponto cego da atual escravidão muçulmana, ver Charles Jacobs, "Thousands of Black People are Still Slaves. So Why Haven't You Heard about Them?", *The Federalist*, 14 out. 2019.

[37]  Presidente turco Recep Tayyip Erdoğan: "Our Civilization is One of Conquest", *MEMRI*, 26 ago. 2020.

[38]  Camila Bassi, "'The Anti-Imperialism of Fools': A Cautionary Story on the Revolutionary Socialist Vanguard of England's Post-9:11 Anti-War Movement", ACME: An International E-Journal for Critical Geographies, v. 9, n. 2, 2010, pp. 113-137.

[39]  Tax, *Double Bind*, pp. 81-84.

[40]  Harold Bloom, *The Anxiety of Influence: A Theory of Poetry*, New York: Oxford University Press, 1973. [Versão brasileira: A Angústia da Influência: Uma Teoria da Poesia]. "Portanto, a singularidade ou a originalidade do precursor é 'justificada' [...] [O novo poeta] obtém paz de espírito por meio da crença de que ele acessou uma fonte igual ou maior que o precursor". Ver Dan Geddes, "Review of Bloom, *Anxiety of Influence*", *The Satirist*, 5 out. 1999.

[41]  Martin Kramer, *Ivory Towers on Sand: The Failure of Middle East Studies in America*, Washington DC: Washington Institute for Near East Policy, 2001. Em certo sentido, o livro foi profético. Publicado em 2001, previu quão frágil a estrutura dessa abordagem saidiana sobre o Oriente seria quando colocada sob a pressão de uma onda de triunfalismo messiânico islâmico na vida real.

[42]  Sobre a exploração de Said das atitudes racistas ou antirracistas do público, a fim de obter vantagem, ver David Shipler, "'From a Wellspring of Bitterness', review of Said's *The Politics of Dispossession*", *The New York Times*, 26 jun. 1994.

[43]  Charles Taylor, *The Sources of the Self: The Making of the Modern Identity*, Cambridge MA: Harvard University Press, 2011, especialmente pp. 111-210.

[44]  Bruckner, *Tyranny of Guilt*; Bruce Bawer, *Victim's Revolution: The Rise of Identity Studies and the Closing of the Liberal Mind*, New York: HarperCollins, 2012.

[45]  Já em 1927, Julien Benda denunciou essas pessoas letradas (intelectuais) que alegavam: "Eu sempre afirmo que meu país está errado, mesmo que esteja certo", em *The Treason of the Intellectuals*, Washington, DC: Encounter, 2010, p. 171; Philip Salzman, "In Praise of Dead White Men", *A Voice for Men*, 17 set. 2018. Sobre o uso de *oikofobia* como termo político, ver Roger Scruton, *England and the Need for Nations*, London: Civitas, 2004, cap. 8.

[46]  Mary Poovey, *A History of the Modern Fact: Problems of Knowledge in the Sciences of Wealth and Society*, Chicago: University of Chicago Press, 1998. Não é preciso alcançar uma perfeita correspondência entre "fatos" e "realidade" para que questões factuais façam contribuições valiosas para um discurso "*post-facto*".

[47]  Ler a Bíblia "incorretamente" (ou mesmo traduzi-la para o vernáculo) poderia significar execução até o início do período moderno (por exemplo, William Tyndale, 1536).

[48]  Ver Paul Gross; Norman Levitt, *Higher Superstition: The Academic Left and its Quarrels with Science*, Baltimore, MD: Johns Hopkins Press, 1998.

[49]  Kimball, *Tenured Radicals*.

[50]  Alan Sokal, "Transgressing Boundaries: Towards a Transformative Hermeneutics of Quantum Gravity", *Social Text* #46/47, 1996, pp. 217-252. Editores do *Lingua Franca*, *The Sokal Hoax: The Sham That Shook the Academy*, Lincoln: University of Nebraska Press, 2000.

[51]  *Bending the Arc: Striving for Peace and Justice in the Age of Endless War*, Steve Breyman; John W. Amidon; Maureen Baillargeon Aumand (eds.), Albany: State University of New York Press, 2020. Durante o governo do presidente Obama, isto se converteu em um verdadeiro *slogan*. Ver John Nichols, "Barack Obama Charts an Arc of History That Bends Toward Justice", *The Nation*, 21 jan. 2013; Paul Raushenbush, "50 Years Later: Whither the Moral Arc of the Universe?", *HuffPost*, 23 out. 2013.

[52]  William Blake, *Marriage of Heaven and Hell* (1796), gravuras 16-17.

53 John M. Ellis, *Against Deconstruction,* Princeton, Princeton University Press, 1989; Stephen Hicks, *Explaining Postmodernism: Skepticism and Socialism from Rousseau to Foucault,* Tempe, AZ: Scholargy Press, 2004.

54 Isso se assemelha à resposta de Marx diante da decepção de 1848: *timing errado,* cenário redentor revisado, *correto.* Landes, *Heaven on Earth,* cap. 10. Sobre o renascimento desse marxismo vagamente definido no século XXI, ver Ellis e Hicks (nota anterior) e, mais recentemente, Yoram Hazony, "The Challenge of Marxism", *Quillette,* 16 ago. 2020.

55 Judith Butler, "Merely Cultural", *New Left Review,* v. I, n. 227, 1998, pp. 33-44.

56 "As normas culturais hegemônicas produzem sujeitos 'melancólicos', modelados na 'consciência infeliz' hegeliana, cuja identidade depende da marginalização de subjetividades transgressoras e excluídas", em Geoff Boucher, "Politics of Performativity", *Parrhesia Journal,* n. 1, 2006, p. 113.

57 Normalmente, o apocalíptico cataclísmico e o transformativo são estilos opostos. Ver Landes, *Heaven on Earth,* cap. 1.

58 Sobre a política do pior como parte de uma (nesses casos, secular) dinâmica apocalíptica, ver Landes, *Heaven on Earth,* pp. 295-97.

59 Jean-Pierre Bensimon, "Edward Said, le post-colonialisme, et la pensée à somme nulle", *Controverses,* n. 11, *Dossier: post colonialisme & sionisme,* 2009, pp. 36-51.

60 Said, *Orientalism* (1978). Críticas: Robert Irwin, *For Lust of Knowing: Orientalists and their Enemies,* London: Penguin, 2006; Ibn Warraq, *Defending the West: A Critique of Edward Said's Orientalism,* New York: Prometheus, 2007. Para uma análise do seu impacto sobre a compreensão do Ocidente acerca do conflito entre Israel e seus vizinhos, ver Joshua Muravchik, *Making David into Goliath: How the World Turned against Israel,* New York: Encounter Books, 2014, cap. 8: "Edward Said Conquers Academia for Palestine"; Landes, "Orientalism as Caliphator Cognitive Warfare."

61 "Pois o Orientalismo era, em última análise, uma visão política da realidade [má], cuja estrutura promovia a diferença entre o familiar (Europa, o Ocidente, 'nós') e o estranho (o Oriente, 'eles')". Said, *Orientalism,* p. 43.

62 Lewis, "The influence of Edward Said and Orientalism on Anthropology."

63 Landes, "Edward Said and the Culture of Honor and Shame: *Orientalism* and Our Misperceptions of the Arab-Israeli Conflict", *Israel Affairs,* v. 13, n. 4, 2007, pp. 844-58.

64 Franz Fanon, *The Wretched of the Earth,* New York: Grove Press, 2004; prefácio de Jean-Paul Sartre.

65 Edward Said, *The Question of Palestine,* New York: Vintage, 1980; cf. Ephraim Karsh, *Palestine Betrayed,* New Haven, CT: Yale University Press, 2010, pp. 230-43. Sobre a identidade "palestina" fabricada de Said, ver Justus Weiner, "Justus Reid Weiner's "'My Beautiful Old House' and Other Fabrications by Edward Said", *Commentary,* set. 1999. Extensas críticas e comentários na edição de jan. 2000 da *Commentary.*

66 Edward Said, em *Covering Islam: How the Media and the Experts Determine How We See the Rest of the World,* New York: Random House, 1981, repreendeu a mídia noticiosa ocidental por sua hostilidade ao islã. Seu sucesso em silenciar vozes críticas pode ser visto em *Willful Blindness: A Memoir of the Jihad,* New York: Encounter, 2008, de Andrew McCarthy, sobre a resposta do Ocidente aos primeiros atentados ao World Trade Center em 1993. As coisas só pioraram no século XXI. Ver Bawer, *Surrender;* Marshall; Shea, *Silenced.*

67 Charles Jacobs, "Why Israel and not Sudan, is Singled Out", *The Boston Globe,* 5 out. 2002.

68 Said, *Orientalism,* p. 328.

69 Stanley Hoffman censura Huntington por "superestimar a importância da religião no comportamento das elites não ocidentais, que são frequentemente secularizadas e ocidentalizadas", em "Clash of Globalizations", *Foreign Affairs,* ago. 2002.

70 Landes, "Orientalism as Caliphator Cognitive Warfare." Como resultado dessa negação, somente um "racista" alegaria que os palestinos não estão dispostos a fazer a paz. Ver Philip Salzman, "Arabs Strive for Honor, Not Peace", *Middle East Forum,* 22 abr. 2016.

71 Emran Qureshi, sobre *The Arab Mind,* de Raphael Patai: "Misreading the Arab Mind: The Dubious Guidebook to Middle East Culture that's on the Pentagon's Reading List", *The Boston Globe,* 30 maio 2004.

72 O ponto principal de Irwin em *For Lust of Knowing.*

73 Kramer sobre a projeção dos valores democráticos ocidentais na cultura política árabe, em *Ivory Towers on Sand,* cap. 4. Jornalistas como Lee Smith, em *The Strong Horse: Power, Politics and the Clash of Arab Civilizations,* New York: Anchor, 2011, oferecem material e análises mais confiáveis do que estudiosos "pós-coloniais" politizados como Juan Cole, John Esposito ou Richard Norton.

[74] Ian Buruma; Avishai Margalit, *Occidentalism: A Short History of Anti-Westernism*, New York: Penguin, 2004.

[75] Said, *The Question of Palestine*, p. 51.

[76] Idem, p. 153. Observe que mais tarde ele reclama que os livros do "especialista" (aspas dele) Yehoshofat Harkabi, compêndios do que os árabes dizem em árabe sobre Israel e os judeus, levaram ao "hábito" de caracterizar a hostilidade árabe a Israel como genocida... como se não fosse.

[77] Justus Weiner, "Edward Said, le FAUX prophète de la Palestine", *Controverses* 11, 2009, pp. 28-35.

[78] Edward W. Said, "An Unacceptable Helplessness", *Al-Ahram*, #621, 16-22, jan. 2003 (itálicos nossos).

[79] Idem, itálico nosso.

[80] Entre os principais alvos de Said estavam dois árabes que criticavam exatamente essa tendência de sacrificar os homens do povo em favor das fantasias elitistas. Ver Fouad Ajami, *The Dream Palace of the Arabs*, New York: Vintage, 1999; Kanan Makiya, *Cruelty and Silence: War, Tyranny and Uprising in the Arab World*, New York: W.W. Norton, 1994.

[81] Ver uma situação semelhante entre as "feministas" muçulmanas, pp. 473-83.

[82] Para um bom exemplo contemporâneo, a "tradução" de Juan Cole de Ahmadinejad, em Joshua Teitelbaum, "What Iranian leaders really say about doing away with Israel", *JCPA*, 2008.

[83] O ponto central da crítica devastadora de Irwin: os estudiosos ocidentais tinham uma paixão por compreender o "Oriente" – precisamente nos seus próprios termos. É possível arriscar-se a dizer que é precisamente isso do que Said não gostava.

[84] Para uma exploração incomum da mentalidade oposicionista "nós-eles", ver Jon Ronson, *Them: Adventures with Extremists*, New York: Simon and Schuster, 2002, especialmente o cap. 1 sobre o xeque Omar Bakri Muhammad.

[85] Said inclusive admite isso sucintamente no pósfacio da edição de 1994 de *Orientalism*, pp. 333-38.

[86] Said, "The Clash of Ignorance", *The Nation*, 4 out. 2001.

[87] Landes, "Celebrating Orientalism"; Landes, "From Useful Idiot to Useful Infidel: Meditations on the Folly of 21st-Century 'Intellectuals'", *Terrorism and Political Violence*, v. 25, n. 4 (set. 2013), pp. 621-34.

[88] Said, *Covering Islam*; Landes, "Orientalism as Caliphator Cognitive Warfare".

[89] Ver a seguir sobre Martin Amis e seu público londrino no que diz respeito a sentir-se moralmente superior ao Talibã (p. 369).

[90] Gareth Jenkins, "Marxism and terrorism", *International Socialism*, n. 110, 2006, apud Bassi, "Anti-Imperialism of Fools", p. 122s. Robert Pape, em *Dying to Win*, é um grande proponente desse enfoque.

[91] Samira Kawash, "Terrorists and Vampires: Fanon's Spectral Violence of Decolonization", em *Frantz Fanon: Critical Perspectives*, Anthony Alessandrini (ed.), London: Routledge, 1999, p. 243.

[92] Leslie Sponsel, "The natural history of peace: The positive view of human nature and its potential", em *A natural history of peace*, T. Gregor (ed.), Nashville, TN.: Vanderbilt University Press, 1996, pp. 95-125.

[93] Bruce Bawer, "The Peace Racket: An anti-Western movement touts dictators, advocates appeasement – and gains momentum", *City Journal*, Summer 2007.

[94] David Barash; Charles Webel, *Peace and Conflict Studies*, New York: Routledge, 2008.

[95] Steinberg, "Postcolonial Theory and the Ideology of Peace Studies", p. 112.

[96] Barash; Webel, *Peace and Conflict*, p. 80.

[97] Charles Webel, "Terrorism: What it Means, Who Perpetrates it, and What Can be Done about it", *NYU in Prague* (2014?). ("*Oh, Alá, dá-nos inimigos que legitimem o nosso terrorismo como 'resistência' e denunciem qualquer recurso à violência em sua própria defesa, como 'terrorismo'*").

[98] Brett Mock, "Indoctrination in the Classroom", *FrontPage Magazine*, 13 set. 2004; discussão entre George Wolfe e David Horowitz, editor do *FrontPage*, "Peace Studies, Academic Freedom and Indoctrination", David Swindle (ed.), 17 nov. 2008, disponível em: <http://www.relinquishingjunk.com/dialogue.htm>.

[99] P. R. Kumaraswamy, *Squaring the Circle: Mahatma Gandhi and the Jewish National Home*, New York: Routledge, 2021. George Wolfe é um grande admirador de Gandhi.

[100] Fórmula de Ron Schleifer.

[101] Bruce Bawer, "The Peace Racket: An anti-Western movement touts dictators, advocates appeasement – and gains momentum", *City Journal*, Summer 2007; Gad Yair, "Is the acclaimed sociologist of peace a neo-Nazi?", *Jerusalem Post*, 15 maio 2012.

¹⁰² Ofer Aderet, "Pioneer of Global Peace Studies Hints at Link Between Norway Massacre and Mossad", *Haaretz*, 30 abr. 2012; Robert Wistrich, "Blind in one eye: Galtung and the Toxic European left", *Times of Israel*, 17 maio 2012.

¹⁰³ Ver anteriormente, p. 99.

¹⁰⁴ Joshua Trachtenberg, *The Devil and the Jews: The Medieval Conception of the Jew and Its Relationship to Modern Anti-Semitism*, Philadelphia: Jewish Publication Society, 1983.

¹⁰⁵ *The Paranoid Apocalypse*, Landes; Katz (eds.).

¹⁰⁶ Cook, *Contemporary Muslim Apocalyptic*.

¹⁰⁷ Nay, p. 18s; Paulin, p. 22.

¹⁰⁸ Roed-Larsan, p. 103, 116s; Morin, p. 122.

¹⁰⁹ A seguir, p. 352s. Sobre a manipulação libanesa e as falsas informações ocidentais, com uma longa discussão do caso de Kafr Qana, ver Richard North, "The Corruption of the Media", *EURefredum*, ago. 2006. Matan Ravid, "Prejudice and Demonization in the Swedish Middle East Debate", *Jewish Political Studies Review*, v. 21, n. 1-2, 2009.

¹¹⁰ Jostein Gaarder, "God's Chosen People", *Aftenpost*, 5 ago. 2006; Landes, "Open Letter to Jostein Gaarder", *The Augean Stables*, 29/31 abr. 2006.

¹¹¹ Ver p. 575, nota 34.

¹¹² Meir Litvak, "The Islamization of the Palestinian-Israeli Conflict: The case of Hamas", *Middle Eastern Studies*, v. 34, n. 1 (jan.1998), p. 148-63. O ensino da descendência canaanita faz parte do currículo nas escolas palestinas. Ver Eldad Pardo; Arik Agassi; Marcus Sheff, *Reform or Radicalization: PA 2017-18 Curriculum*, Jerusalem, 2017, pp. 77-80.

¹¹³ O Pacto do Movimento de Resistência Islâmica (Carta de Princípios do Hamas), foi emitido pelo Hamas em 18 de agosto de 1988. Sobre a presença dominante do tema da guerra religiosa genocida na mídia palestina, ver "Religious War", *Palestinian Media Watch*.

¹¹⁴ Landes, "Judith Butler, the Adorno Prize, and the Moral State of the 'Global Left'", *SPME*, 31 ago. 2012. Para uma boa análise da "natureza contraditória e egoísta do anti-imperialismo islâmico, ver Asef Bayat, "Islamism and Empire: The Incongruous Nature of Islamist Anti-Imperialism", *Socialist Register*, v. 44, 2008, pp. 38-54.

¹¹⁵ Para um excelente exemplo desse antiamericanismo aplaudindo o 11 de Setembro, ver Seumas Milne em *The Guardian* (capítulo 2, nota 56). Longe de desacreditá-lo, a loucura anti-imperialista de Milne o levou a ser o "cérebro" de Jeremy Corbyn. Ver David Rose, "Is the man MPs call 'Corbyn's brain' the REAL reason Labour is drowning in the poison of antisemitism?", *Mail on Sunday*, 23 fev. 2019.

¹¹⁶ O Hamas reivindicou uma proporção de 4:1 entre civis e combatentes durante as hostilidades; Israel, depois de um cuidadoso estudo, chegou à proporção de 1:1. Ver Gregory Rose, "Civilian deaths in Gaza conflict are not automatically a war crime", *The Conversation*, 20 jul. 2014.

¹¹⁷ Jesús B. Ochoa, *I am not a silent poet*, 31 mar., disponível em: <https://iamnotasilentpoet.wordpress.com/2015/03/>.

¹¹⁸ *Fighting Terror Effectively: An Assessment of Israel's Experience on the Home Front*, High Level Home Front Group, nov. 2014.

¹¹⁹ Jonathan Tobin, "Why Gaza Doesn't Have Bomb Shelters", *Commentary*, 12 jul. 2014.

¹²⁰ "Correcting a Misquotation Reputedly by Menachem Begin", *Begin Center*, 27 maio 2009.


## JORNALISMO DE GUERRA SUBMISSO, LETAL E QUE MARCA GOL CONTRA: A DESGRAÇA DO OCIDENTE NO SÉCULO XXI (pp. 339-392)

¹ A expressão foi usada por Matti Friedman em 2014: "Insider's Guide to the Most Important Story on Earth", *Tablet*, 26 ago. 2014.

² Jodi Rudoren, "The Dueling Narratives of the Israeli-Palestinian Conflict", *The New York Times*, 27 out. 2015; ver Tamar Sternthall, "*New York Times*: Journalism of Few Facts", CAMERA, 28 out. 2015.

³ Joseph Campbell, *Getting It Wrong: Ten of the Greatest Misreported Stories in American Journalism*, Los Angeles: University of California Press 2010. Bernard Goldberg escreveu um livro sobre o ponto de

vista "liberal" das três redes de notícias: *Bias: A CBS Insider Exposes How the Media Distort the News*, Washington DC: Regnery, 2001. A maior parte cobria as duas décadas anteriores e grande parte de sua análise explica quantos na mídia foram preparados para a cobertura errada do Oriente Médio (que ele trata no cap. 14 sobre o 11 de Setembro). Para uma discussão de como o jornalismo se tornou um território cada vez mais "progressista" nas décadas seguintes, ver William Mcgowan, *Gray Lady Down: What the Decline and Fall of the New York Times Means for America*, New York: Encounter Books, 2010; Batya Ungar-Sargon, *Bad News: How Woke Media is Undermining Democracy*, New York: Encounter, 2021, pp. 57-71. Para um exemplo de uma mudança repentina da "Janela de Overton" para um *woke* radical em uma empresa de notícias, ver o caso da CBC em Tara Henley, "Why I resigned from the Canadian Broadcasting Company", *Speaking Freely*, 3 jan. 2022.

4  Linah Alsaafin, "Death still approaches", *Times Literary Supplement*, 12 jan. 2018.

5  Greg Philo; Mike Berry, *Bad News from Israel*, London: Pluto Press, 2004); Howard Friel; Richard Falk, *Israel-Palestine on Record: How the New York Times Misreports Conflict in the Middle East*, New York: Verso, 2007; Greg Shupak, *The Wrong Story: Palestine, Israel, and the Media*, New York: OR Books, 2018; Barbie Zelizer; David Park; David Gudelunas, "How bias shapes the news: Challenging The New York Times' status as a newspaper of record on the Middle East", *Journalism*, v. 3, 3, 2002, pp. 283-307; Neil Lewis, "From the Archives: The Times and the Jews", *Columbia Journalism Review*, jan. 2012; Muhamad Elmasry, "Studies continually show strong pro-Israel bias in western media", *Middle East Eye*, 12 fev. 2015; Daniel Dor, *Intifada Hits the Headlines: How the Israeli Press Misreported the Outbreak of the Second Palestinian Uprising*, Bloomington: University of Indiana Press, 2004. Uma edição especial do *Palestine-Israel Journal* em 2003 aborda o tópico *Media and the Second Intifada*. Cito a seguir vários artigos dessa obra.

6  Jeffrey Dvorkin, "NPR's Middle East Problem", NPR, 2 fev. 2002; Barbara Matusow, "Caught in the Crossfire", *American Journalism Review*, jun./jul. 2004; Stephen Gutkin, "My Life as an AP Bureau Chief in Israel", *Goa Streets*, 25 set. 2014; Stephen Games, "Compromised Coverage", *Haaretz*, 24 jul. 2014.

7  Ver a discussão entre as alegações palestinas e israelenses sobre a cifra de vítimas em Jenin, p. 106.

8  Sobre a rejeição palestina da ideia "ambos os lados", ver Shupak, "Not 'Both Sides'", em *The Wrong Story*, cap. 1.

9  A Suécia oferece um exemplo de uma sociedade ao mesmo tempo envenenada pelos seus meios de co-municação com a demonização de Israel e uma concomitante afirmação de que a mídia está sob controle sionista. Ver Ravid, "Prejudice and Demonization in the Swedish Middle East Debate".

10  Joseph Micallef, "A Legacy of Failure: Obama's Mideast Foreign Policy", *Huffington Post*, 6 dez. 2017. Ver anteriormente, pp. 198-202, a discussão sobre o fracasso de Oslo.

11  O artigo de Neil Lewis para a *Columbia Journalism Review*, "The Times and the Jewish", oferece um jornalismo baseado em narrativa ("é a vez dos palestinos obterem cobertura favorável"), desprovido de qualquer preocupação com a precisão.

12  Friel; Falk, *Israel-Palestine on Record*, p. 139.

13  Zelizer et al., "How Bias Shapes the News", p. 287.

14  Ver p. 38s.

15  Philo; Berry, *Bad News from Israel*, pp. 153-54.

16  Idem, pp. 196-99.

17  Friel; Falk, *Israel-Palestine*, cap. 3.

18  As exigências continuam no presente: "An open letter to Canadian newsrooms on covering Israel-Palestine", 14 maio 2021. Entre os mais de 2 mil signatários, estão jornalistas de organizações de notícias respeitáveis, como CBC, *Toronto Star*, Globe and Mail, CTV News, *Macleans*, Yahoo News Canada, *Global News*...

19  A juíza Hina Jilani da Goldstone Investigation, citada em Haroon Siddiqui, "Looking for Accountability over Gaza War", *The Star*, 15 out. 2009.

20  Robert Fisk, "Fear and Learning in America", *The Independent*, 17 abr. 2002. Zelizer "How Bias Shapes the News", p. 287.

21  Em resposta a uma manifestação em 2014 fora da sede da BBC, criticando-a pelo seu jornalismo "pró--Israel, o âncora Mishal Husain, no programa "Today" da BBC, entrevistou Greg Philo, com resultados previsíveis. Ver Tom Gross, "Western media's 'pro-Israel' bias? Hardly", *National Post*, 20 jul. 2014.

22  Keith Dovkants, "The secret report at heart of BBC's Gaza paranoia", *The Evening Standard*, 27 jan. 2009.

23 Keith Dovkants, "The secret report at heart of BBC's Gaza paranoia", *The Evening Standard*, 27 jan. 2009.

24 Ver Ben-Dror Yemini, *Industry of Lies: Media, Academia, and the Arab-Israeli Conflict*, New York: ISGAP, 2017.

25 Lewis, "The Times and the Jews".

26 "Basic facts to keep in mind", *Palestine Media Watch*. Ver a lista escassa de correções e principalmente baseada em opiniões na Electronic Intifada, disponível em: <https://electronicIntifada.net/search/site/corrections>.

27 E.g., R. Landes, "Sackur: Bully and Wimp", *Al Durrah Project*, jan. 2019.

28 Ver David Hirsh, "How Raising the Issue of Antisemitism Puts You Outside the Community of the Progressive: The Livingstone Formulation", em *From Antisemitism to Anti-Zionism: The Past & Present of a Lethal Ideology*, Eunice G. Pollack (ed.), Boston: Academic Studies Press, 2017.

29 Landes, "Everyone Knows", 2017, *Al Durah Project*.

30 Wolfsfeld, "News Media and the Second Intifada", *Palestine-Israel Journal*, v. 10, n. 2, 2003.

31 *Oh Allah! Give us enemies who legitimate our terrorism as "resistance" and denounce any recourse to violence in their own defense, as "terrorism"* (Ó Alá! Dê-nos inimigos que legitimem o nosso terrorismo como "resistência" e denunciem qualquer recurso à violência em sua própria defesa, como "terrorismo".

32 David Zangen, "Seven Lies About Jenin".

33 Bin Laden [1996], disponível em: <https://www.libraryofsocialscience.com/assets/pdf/Bin-Laden-1996-declaration-of-war-against-the-americans.pdf>. Nasrallah, do Hizballah [2006], disponível em: <https://mikefarinha.wordpress.com/2006/07/27/we-are-going-to-win-because-they-love-life-and-we-love-death/>; Hani Ar-Rifa'i [13 jul. 2009), "They love death as we love life", disponível em: <https://youtu.be/zl12Zqa18Yk>; observe os comentários entusiáticos; Haniya and Deif of Hamas [30 jul. 2014], disponível em: <https://www.youtube.com/watch?time_continue=37&v>.

34 Alternativamente, esse conceito viralizado não é muçulmano, mas uma construção ocidental "islamofóbica" projetada para criar falso pânico. Ver Sarah Bracke; Luis Aguilar, "'They love death as we love life': The 'Muslim Question' and the biopolitics of replacement", *British Journal of Sociology*, v. 71, n, 4, 2020. Ou, melhor ainda, são os EUA que amam a morte, "'We love death': Projecting the American Culture of Death onto Islam", *Dissident Veteran for Peace*, 5 jan. 2009.

35 Ver o caso de Mohammed Hijab em Londres, que demonstrou isso num "comício pró-palestino", disponível em: <https://youtu.be/AJCYPXFrDSk?t=116>; ele atormentou judeus nas ruas, Noa Hoffman, "Muslim men film themselves targeting Jews for their views on 'child killing'", *Jewish Chronicle*, 26 maio 2021, e foi então entrevistado pelo jornalista da BBC Tom Barda sobre como promover boas relações com os judeus, em "Palestinian Activism and Anti-Zionism *vs.* Anti-Semitism", disponível em: <https://www.youtube.com/watch?v=6zHL2x0ndgE&t=698s>.

36 Ver o que aconteceu ao professor Andrew Pessin por comparar o Hamas a um pitbull raivoso no verão de 2014 durante a Operação Margem Protetora em *Salem on the Thames: Moral Panic, Anti-Zionism, and the Triumph of Hate-Speech at Connecticut College*, Richard Landes (ed.), Boston: Academic Studies Press, 2019.

37 Matti Friedman, "What the Media Gets wrong about Israel", *The Atlantic*, 30 nov. 2014. Cf. Dan Perry, "The foreign media is not anti-Israel", *Times of Israel*, 18 maio 2020. NB: em nenhum lugar ele aborda o tema da intimidação palestina de jornalistas ou do incitamento do seu próprio povo; Landes, "Fisking Dan Perry on foreign media's attitude towards Israel", *Augean Stables*, 17 fev. 2022.

38 Ver nota 46 sobre a euforia de Arafat diante do apoio global. Christiane Amanpour descreve explicitamente a proteção internacional que o ultraje propicia ao Hamas numa pergunta a Tony Blair: "Os relatos [da mídia] sobre vítimas civis em Gaza irão obviamente exercer uma grande pressão sobre Israel. Por quanto tempo eles conseguirão suportar essa pressão?", disponível em: <https://www.youtube.com/watch?v=VpQokfqLnwA>. Jeffrey Mayer, "Meet the Press Wonders if Israel Will 'Achieve Military Victory but Lose the Battle of Wider Public Opinion'", *Media Research Center*, 3 ago 2014.

39 Ver a análise de Neil Kressel sobre a "conspiração do silêncio" que reina no Ocidente no que tange a esse discurso genuinamente racista: *The Sons of Pigs and Apes*.

40 "Israel Rabbi calls for 'plague' on Mahmoud Abbas", BBC, 30 ago. 2010.

41 Ata Qaymari, "Israeli Media: Serving the 'Patriotic' Cause", *Palestine-Israel Journal*, v. 10, n. 2, 2003.

42 Dor, *Intifada Hits the Headlines*.

43 E. Segev; M. Blondheim, "Online news about Israel and Palestine: A cross-national comparison of prominence and trends", *Digital Journalism*, v. 1, n. 2, 2013, pp. 1-13.

44 Virgil Hawkins, *Stealth Conflicts: How the World's Worst Violence Is Ignored*, New York: Routledge, 2008.

[45] "Zusammenfassung zentraler Ergebnisse", *Frederich Ebert Stiftung and Bielefeld University*, 20 nov. 2014, p. 5; citado com outras estatísticas semelhantes por Manfred Gerstenfeld em *The War of a Million Cuts: The Struggle against the Delegitimization of Israel and the Jews, and the Growth of New Anti-Semitism*, Jerusalem: JCPA, 2015, pp. 56-58. Em resposta aos relatos sobre o "massacre" de Jenin, os manifestantes alemães gritaram: "Parem o genocídio na Palestina", em Desmond Butler, "Thousands March in Germany to Oppose Israeli Incursion", *New York Times*, 14 abr. 2002. Esta acusação é agora uma retórica padrão ("limpeza étnica genocida") que ocidentais como a vice-presidente Kamala Harris não sabem (ou não ousam) criticar, disponível em: <https://www. youtube.com/watch?v=_bnlpQaEsCQ>. Sobre o apelo emocional desse libelo de sangue, ver Yair Rosenberg, "Why people love accusing Jews of genocide", *The Washington Post*, 10 jan. 2022.

[46] Amos Harel; Avi Issacharoff, *The Seventh War* [em hebraico], Tel Aviv: Yedioth Aharonot, 2004, p. 99. Para um bom exemplo de como mesmo os jornalistas que tentaram (e consideraram-se) ser profissionais não relataram o que viram, ver as lembranças de Dan Perry sobre uma entrevista em dezembro de 2001 com um Arafat claramente perturbado mentalmente que, no entanto, figura em seu artigo como pacificador: "A surreal encounter with Yasser Arafat", *Times of Israel*, 7 dez. 2021. Artigo original: Dan Perry; Karen Laub, "Arafat says he'll face down militants, calls for peace", *Associated Press*, 8 dez. 2021.

[47] Gutmann, *The Other War*, p. 252.

[48] Ver anteriormente, p. 65s.

[49] Tom Gross, "Hamas admit BBC Gaza Correspondent is one of their own", *Mideast Dispatch Archive*, 6 dez. 2004. Aparentemente, o termo operacional na resposta da BBC é "o melhor padrão ... *exigido*".

[50] Landes, "Al Durah and the "Public Secret" of Middle East Journalism", *PJ Media*, 11 nov. 2007. Ver o caso de Octavia Nasr, correspondente que fazia a cobertura do mundo árabe para a CNN em Lee Smith, "Hollow Men: Why Israel's enemies will always be the darlings of Western intellectuals", *Tablet*, 14 jul. 2010. Sobre críticos da "imprensa pró-israelense", ver Robert Fisk, "They're all groveling and you can guess the reason", *The Independent*, 17 jul. 2010; Jillian Rayfield, "The Right on Juan Williams: Don't Diss The Jews! But Muslims? Eh, No Problem", *Talking Points Memo*, 21 out. 2010.

[51] "Arafat report 'broke BBC rules'", BBC, 25 nov. 2005. NB: Não é apenas pelo fato de ele abraçar o terrorismo contra Israel que essa sincera simpatia possa ser considerada curiosa. Arafat roubou *bilhões* de seu próprio povo. Ver David Samuels, "In a ruined country", *The Atlantic*, set. 2005; Karsh, *Arafat's War*.

[52] Ben Wedeman, "Reporter offers Bush a Gaza, West Bank misery tour", CNN, 10 jan. 2008; sobre o sequestro de Johnston, "UK Palestinians in Johnston plea", BBC, 14 maio 2007.

[53] Steerpike, "BBC journalist: 'Hitler was right'", *The Spectator*, 23 maio 2021. Mais recentemente, Jonathan Sacerdoti, "BBC journalist praised the 'exquisite journalism' of Holocaust revisionist", *Jewish Chronicle*, 9 dez. 2021.

[54] Mark Lavie, antigo membro da equipe da Associated Press, "Why Everything Reported from Gaza is Crazy Twisted", *Tower*, ago. 2014; Leuchter, "États des lieux", p. 21s. Como a porta-voz israelense Miri Eisen explicou a Stephanie Gutmann, "Tudo o que dizemos eles têm que 'verificar'; tudo o que os palestinos dizem eles consideram como fato. Mas você tem que ter cuidado com eles. Se você os atacar demais, eles rebatem." *Other War*, p. 78.

[55] Nidra Poller me apresentou o caso Al-Durrah no verão de 2003 e a Gerard Huber, autor do primeiro livro sobre a falsificação de al-Durrah, *Contre-expertise d'une mise-en-scène*, Paris, Editions Raphaël, 2003. Ver Poller, "Lethal Narratives: Weapon of Mass Destruction in the War Against the West", *New English Review*, 30 maio 2009.

[56] Sam Keen, *The Face of the Enemy: Reflections of the Hostile Imagination*, New York: HarperColllins, 1991.

[57] "Jewish settlers kill Palestinian girl", *The Daily Telegraph*, 29 jul. 2002. O relato de os colonos terem assassinado a garota, Neveen Jamjoum, baseia-se totalmente em testemunho palestino não corroborado.

[58] Cf. Seth Ackerman, "The Illusion of Balance: NPR's coverage of Mideast deaths doesn't match reality", *FAIR*, nov./dez.2001.

[59] Enderlin, Shattered Dreams, p. 304. A versão de Sheer em *Israel-Palestinian Negotations*, p. 162, acerca das observações de Chirac (com as quais ele, como Enderlin, concorda) é mais detalhada.

[60] William Pfaff, "The Outlook is Ominous for Both Israel and the Palestinians", *IHT/LA Times Syndicate*, 24 abr. 2001, apud Poller, *Troubled Dawn of the 21st Century*, 49-50.

61 North, "The Corruption of the Media." Sobre o papel das ONGs de "direitos humanos", ver "Watching the Watchers Part Two", *NGO Monitor*, 20 mar. 2007; Gerald M. Steinberg, "The Role of NGOs in the Palestinian Political War Against Israel"; Marvin Kalb, "The Israeli-Hezbollah War of 2006: The Media as a Weapon in Asymmetrical Conflict", Shorenstein Center Research Papers, fev. 2007.

62 Amos Harel; Avi Issacharoff, *34 Days: Israel, Hizballah and the War in Lebanon*, New York: Palgrave, 2008, p. 162.

63 Ver anteriormente, pp. 331-34.

64 Harel; Issacharoff, *34 Days*, pp. 159-62.

65 O *The New York Times* gastou enorme mão de obra, tecnologia e tinta para documentar o caso de um médico morto acidentalmente pelo ricochete de uma bala, conclusão só revelada no final de um longo artigo. David Halbfinger, et al., "A Day, a Life: When a Medic Was Killed in Gaza, Was It an Accident?", *The New York Times*, 5 jan. 2019; Andrea Levin, "NY Times Ends Year with Epic Smear", *CAMERA*, 31 dez. 2018. Se o *The New York Times* tivesse gastado uma fração desse vigor investigativo no caso Al-Durrah...

66 Sheera Frenkel; Michael Evans, "Israel admits using white phosphorus in attacks on Gaza", *The Times* [Reino Unido], 5 jan. 2009; cf. Mark Cantora, "Israel and White Phosphorus During Operation Cast Lead", *Gonzaga Journal of International Law*, v. 13, n. 1, 2010.

67 Para o seu relato do incidente, ver Robert D. McFadden, "Abruptly, a US Student in Mideast Turmoil's Grip", *The New York Times*, 7 out. 2000.

68 Para detalhes da correção na Asociated Press, no *The New York Times* e em outros lugares, ver Richard Landes, "Black Hearts and Red Spades: The Media Gets the 'Intifada' Wrong", *The Augean Stables*, 10 abr. 2006. Cobertura francesa: Leuchter, "États des lieux", p. 23s.

69 "The Photo that Started it All", *Honest Reporting*.

70 Judy Lash Balint, "Journalists describe constant Palestinian intimidation", *WorldnetDaily*, 6 mar. 2001.

71 "PA Minister: The Intifada Was Planned from the Day Arafat Returned From Camp David", *MEMRI*, Special Dispatch No.194, 21 mar. 2001; Itamar Marcus; Barbara Crook, "Arafat planned and led the Intifada: Testimonies from PA leaders and others", *Palwatch*, 28 nov. 2011. Abd al-Bari Atwan, comentarista regular da BBC em árabe, explica como Arafat planejou a intifada e enviou homens por todo o Oriente Médio para conseguir armas: Hadar Sela, "BBC Regular Atwan Shatters 14 Year Old BBC Myth on Second Intifada", CAMERA UK, 5 ago. 2014.

72 Tyler, *Fortress Israel*, p. 429. Hadar Sela, "BBC Second Intifada Backgrounders: 'Sharon Started it'", CAMERA UK, 30 set. 2013.

73 Mesmo a Wikipedia tem essa informação disponível: "Views on the Second Intifada."

74 Ver anteriormente a discussão sobre o não uso do termo "terrorismo" para descrever os ataques jihadistas, pp. 56-59, 107-122.

75 Blitzer e Ravid sobre o ataque de Har Nof em 28 de janeiro de 2018, disponível em: <https://vimeo.com/253226331#t=163s>.

76 Landes, "Headline Fail Consistently Reflects the Demands of Palestinian Media Protocols", *The Augean Stables*, 7 jan. 2022.

77 Chris Elliott, "Accusations of bias in coverage of the Israel-Palestine conflict", *The Guardian*, 22 fev. 2016.

78 Victor Davis Hanson, "A Tale of Two Cities: Kenosha *vs.* Waukesha", *American Greatness*, 28 nov. 2021. Sohrab Ahmari, "SUVs Don't Kill People", *American Conservative*, 30 nov. 2021. Sobre as atitudes racistas de Darrell Brooks, que invadiu com seu carro o desfile de Natal em Kenosha e que a mídia tradicional não discutiu, ver Pedro Gonzalez, "The War on American Communities", *Super Contra*, 26 nov. 2021.

79 Scott Shane, "When Spies hack Journalism", *The New York Times*, 12 maio 2018.

80 Sermão do xeque, TV da Autoridade Palestina, 13 out. 2000, disponível em: <http://www.pmw.org.il/tv%20part6.html>.

81 Gustave Messanga; Marios Tajeugueu, "The Role of Radio-Télévision Libre Des Mille Collines in The Rwandan Genocide", *International Journal of Research and Innovation in Social Science*, v. 5, n. 9, 2021.

[82] William Orme, "Parallel Middle East Battle: Is It News or Incitement?", *The New York Times*, 24 out. 2000.

[83] Como sinal da degradação e da politização da mídia noticiosa nas últimas duas décadas, a CNN publicou um artigo em 2022 comparando o uso da palavra com a letra "n" [*nigger*] por Joe Rogan com o incitamento hutu ao genocídio. Ver John Blake, "Why shrugging off Joe Rogan's use of the n-word is so dangerous", CNN, 13 fev. 2022. Sobre o uso livre do termo "terrorismo" para descrever os acontecimentos de 6 de janeiro, ver p. 580, nota 143.

[84] E-mail mais recente, enviado em 12 nov. 2021, não respondido.

[85] Sobre as observações de Ted Turner, ver anteriormente, p. 56s.

[86] Guy Milllière, "The Palestinian Authority is a Genocidal Terrorist Entity and Should be Treated as Such", *Gatestone*, 17 ago. 2017.

[87] Ver a análise da *Right Web* sobre o *MEMRI* como islamofóbico; e a rejeição de Brian Whitaker do MEMRI como um órgão de propaganda de "direita", em "Email Debate: Yigal Carmon and Brian Whitaker", *The Guardian*, 28 jan. 2003.

[88] Auerbach, *Print to Fit.*

[89] Jodi Rudoren; Isabel Kershner, "Israel Shaken by Five Deaths in Synagogue Assault", *The New York Times*, 18 nov. 2014; Tamar Sternthal, "After Jerusalem Massacre, *NY Times* Covers up Abbas' Incitement", *CAMERA*, 18 nov. 2014.

[90] Martin Kramer, "Shoddy and inaccurate?", *Sandbox*, 12 dez. 2011.

[91] O campo da paz israelense usou essa acusação de "paranoia do Holocausto" para que os judeus dos EUA fossem receptivos aos Acordos de Oslo, em Jennifer Roskies, "Oslo's Betrayal", *Tablet,* 13 set. 2018.

[92] Lewis, "The *Times* and the Jews." Ver afirmações semelhantes do correspondente da Associated Press no Oriente Médio, anteriormente, nota 6.

[93] "Admiration for Hitler and Nazism", *Palestinian Media Watch*, disponível em: <https://palwatch.org/database/45>.

[94] Lewis, "The *Times* and the Jews", p. 35.

[95] Idem: "Nenhuma questão alienou mais apoiadores americanos de Israel, de judeus ou outros, do que a política de Israel de estabelecer colônias em locais como a Cisjordânia. Tornou-se e permanece o foco de muita cobertura da mídia."

[96] O mais próximo que o *The New York Times* chegou foi um artigo de Steven Erlanger *depois* que ele deixou o Oriente Médio, no qual culpou apenas o Hamas, absolvendo a Autoridade Palestina: "In Gaza, Hamas's Insults to Jews Complicate Peace", *The New York Times*, 1 abr. 2008. Lewis não faz menção ao artigo de Orme que suprime o material genocida de 2000.

[97] Goldberg, Bias, p. 280; Fiamma Nirenstein, "How Suicide Bombers are Made", *Commentary*, set. 2001.

[98] Troca pessoal de e-mails, 22 nov. 2014.

[99] Mark Seager, "'I'll have nightmares for the rest of my life".

[100] Orla Guerin menciona essa proibição semanas depois como um aparte em Gutmann, *The Other War*, p. 93). Gutman contrasta essa menção tardia, juntamente com a indiferença de Guerin frente a essa imposição palestina aos jornalistas que tentam fazer o seu trabalho, com a sua veemente oposição às restrições israelenses (p. 266).

[101] Tamar Liebes; Anat First "Framing the Palestinian Israeli Conflict", em *Framing Terrorism: The News Media, the government and the Public*, Norris et al. (eds.), New York, 2003, cap. 4.

[102] Guillaume Goldnadel, "La faute d'Enderlin", *Blognadel*, 5 maio 2008.

[103] Ver nota 146.

[104] Cristiano "acabara de receber alta do hospital onde passou mais de uma semana se recuperando dos ferimentos que recebeu quando foi espancado em Jaffa enquanto cobria os tumultos iniciados por árabes israelenses. O nariz de Cristiano foi quebrado, sua bochecha cortada e ele quase perdeu a visão do olho direito", em Balint, "Journalists describe constant Palestinian intimidation".

[105] Judy Lash Balint, "Media Frightened into Self-Censorship", *WorldNetDaily*, 3 maio 2001. Para um bom exemplo do discurso promovido por Orme, ver a queixa de Brian Whitaker sobre intimidação israelense e pró-israelense, em "The First Casualty of War", *The Guardian*, 17 jun. 2001. O próprio Orme me disse que estava em Ramallah no dia do linchamento (e-mail, 22 nov. 2014), mas não escreveu nada sobre isso. Seu artigo seguinte, de dois dias depois: "Whose Holy Land? The Israeli Police Block Thousands of Muslims from Attending Prayer Services in Old City's Mosques", *The New York Times*, 14 out. 2000.

[106] Como aponta Gil Troy, foi no contexto do ataque ao sionismo em nome de "direitos humanitários" por regimes autoritários que Moynihan desenvolveu pela primeira vez essa observação. Ver *Moynihan's Moment: America's Fight Against Zionism as Racism*, New York: Oxford University Press, 2013, p. 133.

[107] "Attacks on the Press 2000: Israel and the Occupied Territories", *CPJ*, 19 mar. 2001. Não há uma lista comparável de ataques por palestinos. Disponível em: <https://cpj.org/attacks96/countries/middleast/pnalinks.html>.

[108] Ver p. 576, nota 47.

[109] William Orme, e-mail, 22 nov. 2014. Sobre os acontecimentos que levaram àquela troca de e-mails, ver a seguir.

[110] Jon Snow, "The Children of Gaza", 26 jul. 2014, disponível em: <https://www.youtube.com/watch?v=ACgwr2Nj_GQ>.

[111] Gavin Esler, *Dateline London*, disponível em: <https://www.youtube.com/watch?v=09JCDrRYEQY>.

[112] Sobre o trabalho de Abu Toameh, ver Gatestone, disponível em: <https://www.gatestoneinstitute.org/author/Khaled+Abu+Toameh>.

[113] Chafets, *Double Vision*, pp. 50-96. Balint observou que a negação de Orme de ter sido intimidado lembrava aquela do "editorialista da NBC, John Chancellor, que observou no auge da Guerra do Líbano em 1982: 'Não há censura em Beirute [...]' isso apesar do assassinato pela OLP de sete jornalistas estrangeiros no oeste de Beirute entre 1976-1981, de acordo com Edouard George, então editor sênior do diário francês de Beirute, *L'Orion du Jour*, e a saída da cidade de vários jornalistas ocidentais devido a ameaças da OLP". Balint, "Palestinian Harassment of Journalists".

[114] Prell, *Underdogma*. Para exemplos de a Associated Press não relatar nem o comportamento do Hamas em tempos de guerra, nem mesmo suas ameaças diretas à Associated Press sobre não obedecer, ver Friedman, "What the Media Gets Wrong about Israel".

[115] Alan Dershowitz, "Hamas's Dead Baby Strategy", *Washington Times*, 16 jan. 2009; Landes, "Exposing Hamas's Cannibalistic Cognitive War Strategy", *PJ Media*, 18 nov. 2012.

[116] Era óbvio em tempo real para blogueiros pró-israelenses como Elder of Ziyon e IsraellyCool, e novos vigilantes de notícias como CAMERA e Honest Reporting.

[117] CNN International, 29 maio 2014, 12:40.

[118] Landes, "Media Coverage of Shati Refugee Camp Strike, July 28, 2014: A Survey", *Augean Stables*, 3 out. 2018.

[119] Abeer Ayyoub; Tom Coghlan, "'Misfired Hamas rockets' killed children in Gaza", (London) *Times*, 26 mar. 2015.

[120] Tuíte de El-Ghobashy, disponível em: <https://www.jpost.com/HttpHandlers/ShowImage.ashx?ID=251336&Cap=true>.

[121] Tuíte de Barbati, 28 jul. 2014, 8:25PM, disponível em: <https://twitter.com/gabrielebarbati/status/493824468540596227?ref_src=twsrc%5Etfw>.

[122] Dell Cameron, "NBC News deletes journalist's claim of an Israeli airstrike on Gaza", *Daily Dot*, 28 ju. 2014.

[123] "Hamas Interior Ministry to Social Media Activists", *MEMRI*, 17 jul. 2014.

[124] Considerem quão poucos "relatórios investigativos" examinaram por que Gaza não tem abrigos antiaéreos; cf. Tobin, "Why Gaza Doesn't Have Bomb Shelters."

[125] Sreenivasan Jain, "Three Men, a Tent and Some Shrubs: The Backstory of Our Hamas Report", *NDTV*, 7 ago. 2014.

[126] Games, "Compromised Coverage".

[127] Mahmoud abu Rahma, "The gap between resistance and governance", *Ma'an News*, 5 jan. 2012.

[128] Talia Ralph, "Palestinian activist Mahmoud abu Rahma leaves the hospital after a stabbing attack", *Global Post*, 18 jan. 2012.

[129] Mudar Zahran, "Gazans Speak Out: Hamas War Crimes", *Gatestone*, 19 set. 2014. Mais recentemente, Aaron Boxerman, "'They hijacked Gaza': Palestinians hold rare online events critical of Hamas", *Times of Israel*, 7 fev. 2022.

[130] Brendan Bordelon, "Hamas Concealing their Role in Innocent Gaza Deaths by Threatening, Expelling Reporters", *Daily Caller*, 31 jul. 2014.

[131] Tuíte de Gabriele Barbati, 29 jul. 2014, disponível em: <https://twitter.com/gabrielebarbati/status/494131918732926976>.

[132] "Palestinians demonstrated against Hamas and were executed [em hebraico]", Canal 10, 29 jul. 2014; Joel Pollak, "Hamas Executed 20 Palestinian Anti-War Protestors in Gaza", *Breitbart*, 29 jul. 2014.

[133] Entsar Abu Jahal, "Hamas turns violent on peaceful protesters in Gaza", *Al Monitor*, 22 mar. 2019.

[134] Foreign Press Association Statement, 11 ago. 2014, disponível em: <http://www.fpa.org.il/?categoryId=90285>.

[135] "Top Five Media Fails of the Gaza War", *HonestReporting*, 28 ago. 2014; Richard Behar, "The Media Intifada: Bad Math, Ugly Truths about *NY Times* in Israel-Hamas War", *Forbes*, 21 ago. 2014.

[136] Tuíte de Jodi Rudoren, 11 ago. 2014, disponível em: <https://twitter.com/rudoren/status/498853892113719300>.

[137] Steven Emerson, "Who Watches the Watchers?", *Jerusalem Post*, 16 ago. 2014.

[138] Matthew Kalman, "Foreign Press Divided over Hamas Harassment", *Haaretz*, 13 ago. 2014.

[139] Ver anteriormente, p. 577, nota 72.

[140] Ver p. 567, nota 11.

[141] Rudoren postou comentários no Facebook sobre os palestinos terem atitudes diferentes em relação à vida e à morte do que os israelenses e os ocidentais. Seus editores encerraram suas atividades. Meenal Vamburkar, "NY Times Jerusalem Bureau Chief Gets Social Media Oversight after Controversial Remarks", *Mediaite*, 29 nov. 2012.

[142] Martin Himmel, *Eyeless in Gaza*, 27:35. Ver também Matti Friedman sobre esse incidente, em "What the Media Gets Wrong About Israel".

[143] O *Second Draft*, lançado em nov. 2005, disponível em: <http://www.seconddraft.org>. Sobre a experiência de Seager em Ramallah, ver anteriormente, p. 568, nota 36; pp. 324-36.

[144] E-mail. Note-se a referência a "sem experiência direta", especificamente àqueles que não sabem quão perigosa é a situação em campo – ou seja, que pensam que os jornalistas deveriam denunciar a intimidação. Enderlin fez a mesma reclamação. Sobre o uso semelhante de linguagem chula em resposta a acusações de covardia do editor do *The New York Times*, Dean Baquet, ver anteriormente, pp. 119-22.

[145] Gabriele Barbati, *Eyeless in Gaza*, 26:40. Em um encontro com Barbati, ele expressou o tópico comum de não querer dizer nada que pudesse apoiar a "narrativa israelense". Ver Gabriele Barbati, *Trappola Gaza. Nel fuoco incrociato tra Israele e Palestina* (Informant-Ebook, 2014), posição 862 no Kindle, onde expressa ressalvas semelhantes.

[146] Lahav Harkov, "Reporter: Gazans only want us to show damage, not shooting", *Jerusalem Post*, 8 ago. 2014.

[147] Tuíte de Hugh Naylor, 27 jul. 2014, disponível em: <https://twitter.com/jondonnisonbbc/status/493431314637262848/>.

[148] "Hamas Leader Ismail Haniya: Our Media Was the River from Which Global Media Drank Information", *MEMRI*, clipe n. 4476, 29 ago. 2014.

[149] "Agora, se eu disser aos palestinos de Nablus, Jenin, Hebron para falarem de reintegração com os israelenses, temo que me matem como colaboradora", Claudette Habesch, "Caritas aid workers witness the horror of Jenin" 29 abr. 2002, disponível em: <https://reliefweb.int/report/israel/caritas-aid-workers-witness--horror-jenin>. Essa rejeição de qualquer diálogo com Israel tornou-se uma questão política entre os defensores do BDS que consideram qualquer tipo de "normalização" um anátema.

[150] A expressão é comum. Veja o uso da expressão por Denis Jeambar em sua discussão sobre as investidas de Talal abu Rahma: "jovens palestinos usam a televisão como meio de comunicação – é a arma dos fracos." Ver p. 572, nota 124.

[151] Um dos papéis mais poderosos que a mídia noticiosa pode desempenhar em tais conflitos é quando ela se torna "equalizadora", permitindo que a parte mais fraca obtenha o apoio de terceiros", escreveu Gadi Wolfsfeld em "Role of the Media in the Second Intifada", *Palestine-Israel Journal*, v. 10, n. 2, 2003, aparentemente expressando sua aprovação.

[152] Ver a discussão entre CAMERA e Reuters sobre a descrição por esta última dos objetivos palestinos como um Estado em Gaza e na Cisjordânia, justificando assim comentários como "israelenses amargurados por uma revolta palestina pela criação de um Estado". Ricki Hollander, "Reuters: News Agency or Political Advocacy Group?", *CAMERA*, 3 set. 2003.

[153] Apud Martin Sieff, "Why Europeans bought the Jenin myth", *UPI*, 21 maio 2002.

[154] Ver a citação de Bernard Goldberg, p. 612, nota 97.

[155] Carta de Al-Zawahiri a Al-Zarqawi, Escritório do Diretor de Inteligência Nacional, 11 out. 2005, citada por Louise Richardson em *What Terrorists Want: Understanding the Enemy, Containing the Threat*, New York: Random House, 2007, p. 218.

[156] Hady Amr, "Outside View: The Middle East, reversed", *UPI*, 27 jul. 2002.

[157] John Rosenthal, "The French Path to Jihad", *Hoover Institute*, 6 out. 2006; Farhad Khrosrokhavar, *Quand Al-Qäida parle: Témoignages derrière les barreaux*, Paris: Grasset, 2005; Patrick Sookhdeo, "Television creates terrorists", *The Spectator*, 31 maio 2003. Sobre o tema jihadista do islã sendo atacado por inimigos assassinos, ver David Cook, *Understanding Jihad*, University of California Press, 2005, pp. 136-39.

[158] Marc Sageman, *Understanding Terror Networks*, Philadelphia: Penn Press, 2005, cap. 3.

[159] Anne Speckhard, "Understanding Suicide Terrorism: Countering Human Bombs and Their Senders", em *Topics in Terrorism*, vol. 1, J. Purcell & J. Weintraub (eds.), Washington, DC: Atlantic Council Publication, 2005.

## JUDEUS ANTISSIONISTAS: AS PATOLOGIAS DA AUTOCRÍTICA (pp. 393-440)

[1] Landes, "An Anti-Zionist is Someone Who Takes Seriously a Tenth of What Hyper-Self-Critical Israelis Say About Themselves", *Augean Stables*, 19 ago. 2007.

[2] Sobre alguns dos casos mais extremos, ver Phyllis Chesler, "Dancing with death: The Intellectual opposition to Zionism", *Arutz7*, 28 dez. 2017.

[3] Jean Améry, "Jews, Leftists, Jewish Leftists: The Changing Contours of a Political Problem", em *Essays on Anti-semitism, Anti-Zionism and the Left*, Marlene Gallner (ed.), Bloomington, IN: University of Indiana Press, 2021, p. 49.

[4] David Collier, *Antisemitism in Palestine Live*, partes I e II, 2018, disponível em: <https://davidcollier. com/exclusive-corbyn-antisemitism/>.

[5] Ver p. 276s.

[6] Abraham Heschel, *The Prophets*, New York: Farrar Straus, 1955, cap. 9.

[7] Por exemplo, a divindade de Jesus no cristianismo. Para as defesas contemporâneas do princípio de que Maomé foi um ser humano perfeito e infalível, ver Shahih al-Islam, "Prophet Muhammad: The Perfect Role Model", *Spiritual Reflections*, 24 ago. 2014; Muhammad Tahir Alibe; Abdul Muiz Amir, "The Infallibility of the Prophet Muhammad PBUH as a Human Being (A Study of His Ijtihad)", *Journal Adabiyah*, v. 19, n. 2, 2019.

[8] O caso de Al-Durrah oferece um belo exemplo desse contraste. Alguém tão experiente como James Fallows não consegue acreditar que seja falso porque certamente *alguém* entre os palestinos teria falado. *Todos* ficaram em silêncio? Ridículo. Tem que ser uma teoria da conspiração. Muita ênfase foi colocada na inconceptibilidade de que os médicos do hospital teriam mentido (ver anteriormente sobre a mentira sistemática do chefe do hospital de Jenin, p. 582, nota 40.

[9] Max Weber, *Ancient Judaism*, New York: Free Press, 1952, cap. 14.

[10] Oração de *Amidá* recitada nos dias festivos, disponível em: <https://www.sefaria.org/Siddur_ Ashkenaz%2C_Festivals%2C_Shalosh_Regalim%2C_Mussaf%2C_Sanctity_of_the_Day.10?lang=en &with=all&lang2=en>.

[11] Harari, *Homo Deus*, p. 355.

[12] Nick Cohen, *You Can't Read This Book: Censorship in an Age of Freedom*, London, Fourth Estate, 2012, cap. 5.

[13] Yuval Noah Harari, *Sapiens: A Brief History of Mankind*, New York: Harpers, 2015, p. 217. Trad. brasileira: *Sapiens – Uma Breve História da Humanidade*.

[14] Sacks, *The Dignity of Difference*.

[15] Ver a seguir sobre Harold Fasching.

[16] Yuri Slezkine, *The Jewish Century*, Princeton: Princeton University Press, 2014.

[17] Discutido por Yosef Yerushalmi, *Freud's Moses: Judaism Terminable and Interminable*, New Haven: Yale University Press, 1991, p. 112, nota 10.

[18] Freud, *Moses and Monotheism* (1939), trad. Katherine Jones, New York: Vintage, 1967, p. 149.

[19] Louis Rose, *The Freudian Calling: Early Viennese Psychoanalysis and the Pursuit of Cultural Science*, Detroit: Wayne State University Press, 1980.

[20] Yerushalmi chama *Moses and Monotheism* de "a quarta humilhação", em *Freud's Moses*, pp. 1-18. Harari segue Freud ao identificar Aquenáton como o primeiro monoteísta em *Sapiens*, p. 217; cf. Landes, *Heaven on Earth*, pp. 153s, 178-81.

[21] Yerushalmi, ao discutir a noção de resistência psicanalítica de Freud, argumenta que, para Freud "o grau de ofensa [ao suposto interesse nacional, ou seja, "nós"], tornou-se para ele um dos critérios da própria verdade". Ver Yerushalmi, *Freud's Moses*, p. 115, nota 24.

[22] David Mamet, *The Wicked Son: Antisemitism, Self-Hatred and the Jews*, New York: Schocken, 2006, p. 48.

[23] *Righteous Indignation: A Jewish Call for Justice*, Rabbi Or Rose et al. (eds.), Woodstock VT: Jewish Lights Publishing, 2008.

[24] Ver discussão no capítulo "A mentalidade pré-moderna de honra de soma zero". Para um exemplo interessante de uma dinâmica de confissão em espiral, ver a cena tragicômica da terapia de grupo da enfermeira Ratchet em *One Flew over the Cukoo's Nest*, de Ken Kesey, New York: Signet, 1962, pp. 50-51.

[25] Jonathan Neumann, *To Heal the World?: How the Jewish Left Corrupts Judaism and Endangers Israel*, New York: St. Martin's Press, 2018.

[26] Robert Axelrod, *The Evolution of Cooperation*, New York: Basic Books, 1984, p. 45.

[27] Yemini, *Industry of Lies*, capítulo 20; e o website defensor *Presspectiva*, disponível em: <https://presspectiva.org.il/>.

[28] Yehezkel Laing, "Why do neo-Nazis Love 'Haaretz'?", *JNS*, 18 jan. 2022.

[29] Chafets descreve as comparações como "sádicas" em *Double Vision*, pp. 311-15.

[30] Alexander, *Jews Against Themselves*, p. 6.

[31] Philip Roth, "Walking the Way of the Survivor: A Talk with Aharon Appelfeld", *New York Review of Books*, 28 fev. 1988.

[32] Aharon Megged, "One-Way Trip on the Highway to Self-Destruction", *Jerusalem Post*, 17 jun. 1994.

[33] Gilad Atzmon, "Beyond comparison", *Al-Jazeera*, 12 ago. 2006

[34] Sander Gilman, *Jewish Self-Hatred: Anti-Semitism and the Hidden Language of the Jews*, Baltimore: Johns Hopkins University Press, 1990, p. 11.

[35] "Danny Seaman and Daniella Traub Interview Tuvia Tenenbom", YouTube, 24 dez. 2014, 16:05–17:07, disponível em: <https://www.youtube.com/watch?v=GcGwjoRZNBA>.

[36] Ver Shlomo Avineri, "Mideast Peace Requires Palestinian Self-Criticism", *Haaretz*, 11 maio 2011; Elizabeth Kassab, *Contemporary Arab Thought: Cultural Critique in Comparative Perspective*, New York: Columbia University Press, 2010; Ghazi Hamad, "A Plea For Palestinian Self-Criticism", *Middle East Policy Council*, v. 13, n. 4, 2006.

[37] *Muslim Attitudes to Jews and Israel: The Ambivalences of Rejection, Antagonism, Tolerance and Cooperation*, Moshe Ma'oz (ed.), Brighton: Sussex Academic Press, 2010.

[38] Charles Glass, "Jews Against Zion: Israeli Jewish Anti-Zionism", *Journal for Palestinian Studies*, v. 5, 1975/76, pp. 56-81.

[39] Yehoshafat Harkabi, um arabista, narrou o quanto o mundo árabe insultava Israel em *Arabs Attitudes towards Israel*, Jerusalem: Keter Publishing, 1971. E, ainda assim, ele preparou o caminho para a nova atitude após a paz com o Egito em *Egypt: Israel's Fateful Hour*, New York: Harper and Row, 1988. Nesse segundo livro, repleto de críticas ao nacionalismo israelense e ao fundamentalismo religioso, ele não faz menção ao livro anterior, mesmo em seu prefácio autobiográfico. Citá-lo tornara-se "ser da direita".

[40] Levin, *Oslo Syndrome*, pp. 361-71; Roskies, "Oslo's Betrayal." Sobre a mudança de paradigma, ver Landes, "Paradigms and the Middle East Conflict", *Augean Stables*, 2006.

[41] A versão de Rabin era "Faça a paz com inimigos, não com a rainha da Holanda". Cf. Bret Stephens, "You do not make peace with enemies. You make peace with former enemies", *The Wall Street Journal*, 10 nov. 2015.

[42] Levin, *Oslo Syndrome*, pp. 361-92.

[43] Baruch Kimmerling, *Palestinians: The Making of a People*, New York: Free Press, 1993.

[44] Ver p. 210s, Wolfsfeld, *Media and the Path to Peace*. Numa conferência em homenagem a Wolfsfeld por sua aposentadoria em 2012, a presidente da conferência, Ifat Maoz, deu uma palestra aconselhando os palestinos que se eles tivessem porta-vozes com rostos mais redondos e de bebê, os israelenses confiariam mais neles: "'The Face of the Enemy'–Visual cues, news framing and support for peace in intractable conflict", disponível em: <https://scholars.huji.ac.il/sites/default/files/smart/files/abstract_booklet.pdf>.

45 Um colega tentou me convidar para apresentar meu trabalho sobre *Pallywood* em 2007 na Annenberg School da Universidade do Sul da Califórnia. O chefe (judeu) do departamento ligou ao Consulado de Israel para pedir seu conselho. "Não o convide", foi a resposta, "Landes é antipaz."

46 Michal Ben-Josef Hirsch, "From Taboo to the Negotiable: The Israeli New Historians and the Changing Representation of the Palestinian Refugee Problem", *Perspectives on Politics*, v. 5, n. 2, jun. 2007.

47 Neil Caplan, "Israeli historiography: Beyond the 'new historians'", *Israel Affairs*, v. 2, n. 2, 1995, pp. 156-172. Yoram Meital inclusive tentou revisar os famosos *Three No's of Khartoum*. Ver p. 196 nota 42.

48 Ver Edward Alexander, "Israelis against themselves", em *The Jewish Divide over Israel*, pp. 33-46. Efraim Karsh, "Benny Morris and the Myths of Post-Zionist History", idem, pp. 249-62; Raphael Israeli, *Old Historians, New Historians, No Historians: The Derailed Debate on the Genesis of Israel*, Eugene OR: Wipf & Stock, 2016.

49 Uri Ram, na sua programática declaração em *Post-Zionism: A Reader*, Lawrence Silberstein (ed.), New Brunswick, NJ: Rutgers University Press, 2008, p. 67.

50 Kaplan, *Beyond Post-Zionism*; Levin, *Oslo Syndrome*, pp. 371-85.

51 Larry Derfner, numa palestra em Tel Aviv, em 1993: "Rattling the Cage: The Palestinian Victim Mentality", *Jerusalem Post*, 16 mar. 2011.

52 A chamada "Linha Verde" foi uma linha de armistício de 1949 que nenhuma nação árabe reconheceu como legítima. Os ocidentais que esperam uma "solução de dois Estados" consideram-na uma "fronteira" proléptica, um erro que os palestinos encorajam de bom grado. Ver Landes, "Demopath's Dictionary".

53 Landes, *Heaven on Earth*, cap. 2.

54 Lahat, *Messianic Temptation*.

55 Um exemplo aleatório: "Israeli Army kills a Palestinian in Gaza Every Single Day: Euro-Med", *Ma'an*, 19 out. 2018. Postado pelo professor Juan Cole, disponível em: <https://www.juancole.com/2018/10/israeli-palestinian-single.html>.

56 A intifada eletrônica referiu-se a mim como "o homem que cunhou o conceito racista de 'Pallywood' – a ideia de que os palestinos habitualmente mentem e criam vídeos falsos para incriminar Israel". Ver Asa Winstanley, "Who are the Israel lobbyists that want David Miller fired?", *The Electronic Intifada*, 31 mar. 2021. Nenhuma referência às evidências, apenas o mero conceito é racista.

57 Sheldon Kershner, "McGill University's Student Newspaper is Subverting the Principles of Fair Journalism", *Times of Israel*, 26 nov. 2016.

58 Bruce Bawer, "The Speech I Never Gave", *Frontpage*, 3 out. 2018. Em 2020, essa proibição informal de publicação converteu-se em um problema para escritores judeus em geral. Ver Melissa Braunstein, "Publishers against the People of the Book", *Washington Examiner*, 02 dez. 2021.

59 Shmuel Trigano, *Les Alter-juifs*, incluindo o caso de Edgar Morin, discutido na p. 584, nota 98. De forma mais ampla, ver a coletânea de ensaios editada por Alexander e Bogdanor, *The Jewish Divide over Israel*.

60 John Mearsheimer, "The Future of Palestine: Righteous Jews *vs* New Afrikaners", *Monthly Review Online*, 30 abr. 2010. Observe que a maioria desses "bons judeus" não são liberais, mas radicais, profundamente antiamericanos e grandes atores na nova corrente do antissemitismo. Ver Rosenfeld, *Progressive Jewish Thought*. Para críticas do artigo de Mearsheimer, ver Jonathan Chait, "Why Can't Jews Be More Like Noam Chomsky?", *The New Republic*, 3 maio 2010; Andrew Pessin, "The Indelible Stain: Jew-Washing, Antisemitism, and Zionophobia", *American Think*er, 24 jan. 2016.

61 Landes, "Honor-Shame jihad Paradigm", *The Augean Stables*.

62 Landes, "Orientalism as Caliphator Cognitive Warfare".

63 Ver o capítulo "Jenin: aplaudindo o terror suicida jihadista (2002)".

64 Landes, "Intellectual Mugging at the MFA: Jhally and Ratskoff's *Peace, Propaganda, and the Promised Land*", *Augean Stables*, 12 fev. 2018, disponível em: <http://www.theaugeanstables.com/2018/02/12/intellectual-mugging-at-the-mfa-jhully-and-ratzkoffs-peace-propagandaand-the-promised-land/>.

65 Ver a conclusão de Ami Ayalon sobre um palestino confrontando-o com seu egocentrismo cognitivo na p. 407s. Peter Beinart é um mestre nesse mantra "os palestinos querem paz". Jonathan Dekel-Chen, "Hard truths from the Gaza border", *Forward*, 30 abr. 2018.

66 Judith Butler é a rainha-propaganda dessa atitude. Ver Cary Nelson, *Israel Denial: Anti-Zionism, Anti-Semitism, and the Faculty Campaign against the Jewish State*, Bloomington: Indiana University Press, 2019, cap. 3.

67 John Mearsheimer, "Righteous Jews *vs*. New Afrikaners".

[68] Sobre o "novo antissemitismo", ver Taguieff, *La nouvelle judéophobie*; Phyllis Chesler, *The New Antisemitism; A New Antisemitism? Debating Judeophobia in 21st Century Britain*, Paul Iganski; Barry Kosmin (eds.), London: Profile Books, 2003; Rosenfeld, "'Progressive' Jewish Thought." Sobre o "novo antissemitismo como culpa dos judeus, ver Martin Jay, "Ariel Sharon and the Rise of the New Antisemitism", *Salmagundi*, 2003.

[69] Gadi Wolfsfeld é o interlocutor não identificado em Landes, "So What if Al Durah was Staged?": Meditations on the Colonization of the Israeli Mind", *Augean Stables*, 18 jan. 2008. Ver também nota 94. Em 2013, em resposta à investigação do governo sobre Al-Durrah, o *Haaretz* publicou um editorial que defende precisamente esse ponto: "Israel's Focus on al-Dura is Harmful Propaganda", 21 maio 2013. Sobre o uso irresponsável de estatísticas para piorar o caso ("quase mil crianças mortas"), ver Hanan Amiur, "Ha'aretz Manipulates Child Casualty Figures", CAMERA, 11 jun. 2013.

[70] Yemini data a "mudança brusca na linha do jornal" nos anos posteriores a 2000, *Industry of Lies*, cap. 20.

[71] IDF Doctrine and Ethics, disponível em: <https://sites.google.com/site/idfduvdevan/idfdoctrine%26ethics>.

[72] Bernard Harrison, *The Resurgence of Anti-Semitism*.

[73] Carlo Strenger, "Why Israel Keeps Moving to the Right", *The Guardian*, 19 jul. 2010.

[74] Perguntei a um amigo que fazia parte do Conselho do J-Street se ele achava que se Israel voltasse à Linha Verde haveria paz. "Absolutamente", ele respondeu.

[75] Harold Jacobson, *The Finkler Question*; um *roman à clé* para Rosenfeld, *Progressive Jewish Thought*; explicado por Alexander em *Jews against Themselves*, cap. 11.

[76] Judt, "Israel: the Alternative".

[77] Ver a discussão da entrevista de Wilcox após o episódio do *Charlie Hebdo* (p. 617, nota 77). Wieseltier critica Judt precisamente por isso. "What is Not to be Done", *The New Republic*, 27 out. 2003.

[78] Ver a seguir, pp. 473-76.

[79] Chris Hedges, "A Gaza Diary", *Harper's Magazine*, out. 2001; NB: isso imediatamente depois do 11 de Setembro. Cf. "Chris Hedges, Harpers, and Israel", CAMERA, 7 nov. 2001.

[80] Phyllis Chesler, *A Family Conspiracy: Honor Killing*, London: New English Review Press, 2018.

[81] Patricia Cohen, "Essay Linking Liberal Jews and Antisemitism Sparks a Furor", *The New York Times*, 23 jan. 2007; resposta de Landes em "Jewish Hypercritics of Israel Criticized: How Dare You?", *Augean Stables*, 01 fev. 2007.

[82] Benjamin Kerstein, "Jewish Liberalism and Its Discontents", *Diary of an Anti-Chomskyite*, 31 jan. 2007, disponível em: <http://antichomsky.blogspot.com/2007/01/jewish-liberalism-and-itsdiscontents.html>.

[83] "[Todas] as críticas [são] inevitavelmente atraídas de volta à memória daquele projeto [Holocausto], algo que os apologistas americanos de Israel vergonhosa e rapidamente exploram", em Judt, "Israel, the alternative". Sobre a indústria de mentiras visando Israel, ver Gerstenfeld, *Death of a Million Cuts*; Yemini, *Industry of Lies*.

[84] Por exemplo, Durban, pp. 67-71.

[85] Berman, *Terror and Liberalism*, p. 134; Ian Buruma, "How to Talk about Israel".

[86] "Uma mescla única de urgência política e leviandade moral [...] de anestesia moral autoimposta", Tony Judt, *Past Imperfect*, p. 276, p. 140.

[87] Criticado por Ran Halévi em "Israel and the Question of the National State", *Policy Review*, abr. 2004; Alain Finkielkraut, "Juifs, donc anachroniques", *l'Arche*, abr. 2004. Peter Beinart tem defendido o desmantelamento do Estado judeu em "Yavne: A Jewish Case for Equality in Israel-Palestine", *Jewish Currents*, 7 jul. 2020; é criticado por muitos, como Shani Moore, "Peter Beinart's Grotesque Utopia", *Israel Democracy Institute*, 13 set. 2020.

[88] Balint, "Future Imperfect", p. 69.

[89] Leon Wieseltier, "Hitler is Dead", *The New Republic*, 27 maio 2002. Sobre a crítica de Wieseltier a Judt, ver nota 78.

[90] Jeffrey Herf, *Nazi Propaganda for the Arab World*, New Haven: Yale University Press, 2009; Joseph Spoerl, "Parallels between Nazi and Islamist Antisemitism", *Jewish Political Studies Review*, v. 31, n. 1/2, 2020.

[91] Tuíte de David Collier, 29 set. 2018, disponível em: <https://twitter.com/mishtal/status/1045921897681178625>.

[92] Jay Green; James Paul, "Inclusion Delusion: The Antisemitism of Diversity, Equity, and Inclusion Staff at Universities", *Heritage Foundation*, 8 dez. 2021; sobre a tomada de postos administrativos na universidade

pelo pessoal da DEI [Diversidade, Equidade e Inclusão] ver idem, "Diversity University: DEI Bloat in the Academy", *Heritage Foundation*, 27 jul. 2021.

[93] Dimitry Shapiro, "Federal civil-rights officials raise alarm over 'horrifying statistics' on anti-Semitism in workplace", *JNS*, 13 jan. 2022.

[94] Ver nota 69. Recebi a mesma resposta (com números inflacionados – milhares!) dos então chefes da AJC de New England e do *The Israel Project*.

[95] Ilya Feoktistov; Charles Jacobs, "Study: ADL Fails to Focus on Islamic Extremism as a Threat to World Jewry", *Americans for Peace and Tolerance*, 5 nov. 2011.

[96] Ruth Wisse, "The Dark Side of Holocaust Education", *TikvahFund*, 7 maio 2020.

[97] Ilya Feoktistov, *Terror in the Cradle of Liberty*.

[98] Kevin MacDonald, "The Alt Right and the Jews", *Occidental Observer*, 17 set. 2016; Joshua Muravchik, "Q and the Jews", *Mosaic*, 3 fev. 2021.

[99] Jeffrey Goldberg, "The Obama Doctrine", *Atlantic*, abr. 2016. O comentário de Obama a Netanyahu, que o seu próprio passado tornava possível compreender o conflito no Oriente Médio, é um dos grandes testemunhos de seu egocentrismo cognitivo. As observações de Obama sobre Israel em seu livro subsequente indicam que ele absorveu a narrativa em que os palestinos eram vítimas inocentes. Qualquer coisa que Netanyahu pudesse ter dito sobre a "vizinhança" era, portanto, evidência inadmissível. Dov Lipman, "Obama's Revisionist 'Promised Land'", *JNS*, 26 nov. 2020.

[100] Derfner, "The Reluctant Boycotter: Why This Liberal Zionist Now Supports BDS", *Haaretz*, 8 fev. 2016.

[101] Peter Beinart, "The Failure of the American Jewish Establishment", *New York Review of Books*, 10 jun. 2010.

[102] Ira Stoller, "Sharansky Breasts a Protest against his Talk at Brown on Jewish Identity", *The New York Sun*, 29 jan. 2016.

[103] Daniel Gordis para uma delegação do J-Street a Israel, "In the Tent, or Out: That is Still the J-Street Question", *TC Jewfolk*, 5 jun. 2011.

[104] Pedro Sanjuan, *The UN Gang: A Memoir of Incompetence, Corruption, Espionage, Antisemitism and Islamic Extremism at the UN Secretariat*, New York, 2005). Ver o site *UNWatch*, disponível em: <https://unwatch.org/>.

[105] Sue Surkes, "US may back UN outline of two-state deal in fresh peace push", *Times of Israel*, 8 mar. 2016.

[106] Matti Friedman, "Ideological roots of media bias". Analisado a seguir.

[107] Idem. A aliança interseccional forjada em Ferguson tornou-se um tema retórico fundamental tanto para o "antirracismo" negro (Black Lives Matter) como para o anticolonialismo palestino.

[108] "What is BDS?", *BDS: Freedom Justice Equality*.

[109] Tuvia Tenenbom, *Catch the Jew*, Jerusalem: Gefen, 2015. A Semana do Apartheid propicia um bom exemplo de desinformação sistemática baseada em jornalismo letal. Sobre o mau desempenho das ONGs, ver Steinberg, "Role of NGOs".

[110] Derfner, "The Reluctant Boycotter".

[111] "LGBT Group cancels conference reception with Israeli activists", *Washington Blade*, 18 jan. 2016.

[112] "In the Safe Spaces on Campus, no Jews Allowed", *Tower Magazine*, fev. 2016. Sobre a aceitação do J-Street da análise interseccional, ver Amna Farooqi, "Worried About Intersectionality? Oppose the Israeli Occupation", *Haaretz*, 17 jan. 2016.

[113] Anderson entrevista Barak, 2 out. 2018, 03:56. Becky Anderson, que havia escolhido Barak para criticar Trump, pareceu um pouco surpresa pela veemência do seu ataque a Israel. "Bem, esses são seus hum, pensamentos pessoais", disponível em: <https://vimeo.com/467008181>.

[114] Sobre os ex-chefes da inteligência, ver o documentário de Dror Moreh "*The Gatekeepers*", 2012; sobre sinalização de virtude de um *qua* judeu, ver Landes, "On Anorexic Jews and Virtue Signaling: Hasia Diner and Marjorie Feld, 'Historians'", *Augean Stables*, 3 ago. 2016.

[115] Landes, "Steven Sackur, Bully and Wimp", 07:36-48.

[116] Em 2021, muitos professores de Estudos Judaicos assinaram uma declaração denunciando o ataque de Israel a Gaza: "Jewish Studies and Israel Studies Scholars Write Against Israel", *Israel Academia Monitor*, 22 maio 2021.

[117] Pedro Zuquete, *The Identitarians: The Movement against Globalism and Islam in Europe*, South Bend, IN: University of Notre Dame Press, 2021.

[118] Richard Millet, "Lauren Booth: Lebanon, Jordan and Egypt must liberate Jerusalem", blog de Millet, 22 ago. 2011; Itamar Marcus, "PA: Kill Jews to save the world", *Jerusalem Post*, 22 jan. 2020.

[119] Hawali, *Day of Wrath*, p. 2.

[120] Daniel Gutwein, "New-Antisemitism as Zeitgeist of the Neo-Liberal and Postmodern Era: Some Remarks", disponível em: <https://drive.google.com/file/d/0B-kkMIb7l38MOXVHTWVIdnBGUGc/view?resourcekey>.

[121] Yitzak Santis; Gerald Steinberg, "On 'Jew-Washing' and BDS", *The Jewish Week*, 24 jul. 2012.

[122] O clamor sobre Israel não vacinar os palestinos na Cisjordânia, mesmo quando os chineses Han estupram sistematicamente a mulher uigure ilustra a desorientação moral. Os administradores da Diversidade, Equidade e Inclusão (nota 92) demonstram grande respeito pelos chineses (62% de tuítes favoráveis sobre a China *versus* 96% negativos sobre Israel).

[123] Joshua Kern; Anne Herzberg, *False Knowledge as Power: Deconstructing Definitions of Apartheid that Delegitimise the Jewish State*, Jerusalem, NGO Monitor, 2021.

[124] A razão pela qual um editor sugeriu que meu primeiro capítulo fosse sobre o 11 de Setembro. Caso contrário, seria "judaico demais".

## PARTE 3
## VAMOS REALMENTE DEIXAR ISSO ACONTECER (DE NOVO)?

### 2000: O LANÇAMENTO DA *JIHAD* GLOBAL (pp. 443-454)

[1] "A Teoria Crítica da Raça é uma preocupação aspiracional com a raça e outras hierarquias socialmente construídas, fundamentada de forma experimental, expressa de forma oposicionista e transformadora", em Derrick Bell, "Who's Afraid of Critical Race Theory?", *University of Illinois Law Review*, 19995, pp. 893-906; Vicky Osterweil, *In Defense of Looting: A Riotous History of Uncivil Action*, New York: Hachette Group, 2020.

[2] Ver capítulo "*Caliphators*: um movimento milenarista do século XV".

[3] Bruckner, *Tears of the White Man*.

[4] Feoktistov, *Terror in the Cradle of Liberty*.

[5] Brendan Bernhard, *White Muslims*.

[6] "Kerry brands ISIS apostates", *Al Arabiya*, 2 fev. 2016.

[7] Ver Goldberg, *Media Bias*, p. 324.

[8] "Este é um painel informativo, não um debate", respondeu uma colega do Departamento de Religião, quando me ofereci para dar outra perspectiva. Quando sugeri que poderia oferecer informações que outros desconheciam, ela saiu da sala furiosa.

[9] "2015-16 New Year's Eve sexual assaults in Germany", Wikipedia. Ver também a seguir, nota 11.

[10] Andrew Brown, "The myth of Eurabia: how a far-right conspiracy theory went mainstream", *The Guardian*, 16 ago. 2019.

[11] Ayaan Hirsi Ali, *Prey: Immigration, Islam and the Erosion of Women's Rights*, New York: Harper, 2021, especialmente sobre a onda imigratória de 2015, cap. 7.

[12] Thomas Rogers, "Welcome to Germany", *New York Review of Books*, 29 abr. 2021.

[13] Ungar-Sargon, *Bad News*.

[14] "Western ISIS recruits responsible for majority of Yazidi genocide crimes", *National News*, 18 mar. 2021.

[15] Raymond Ibrahim, "Indoctrinated in Hate: 'This Is the Start of the New Caliphate'", *Gatestone*, 6 abr. 2021.

[16] Samuel Paty: Laurent Dubreil, "Islamism Converges with Cancel Culture", *WSJ*, 25 out. 2020; gays britânicos: Douglas Murray, "The questions no one wants to ask about the Reading terror attack", *The Spectator*, 13 jan. 2021; sobre o ataque do Capitol Hill, ver nota 18.

[17] Sobre um dos exemplos mais marcantes, ver o caso de Coughlin, *Catastrophic Failure*.

[18] Ben Decker et al. "Vehicle Attack at U.S. Capitol kills 1 officer and injures another", *The New York Times*, 5 abr. 2021. Observe o *Times* a título de informação: "A Nação do Islã é um movimento nacionalista negro que defende a autossuficiência afro-americana". E sem acompanhar o caso. Ver Kyle Smith, "Remember the Capitol Hill Killer? The Media Sure Don't", *National Review*, 13 abr. 2021.

[19] O esforço apressado do FBI, seis semanas depois, para dissociar de antissemitismo o fato de um jihadista ter tomado cinco judeus como reféns em uma sinagoga de Colleyville Texas ("não estava especificamente relacionado à comunidade judaica"... ainda procurando um motivo), ilustra como está embutido o instinto de obscurecer informações desagradáveis sobre muçulmanos que se comportam mal. Ver Rebecca Downs, "FBI Makes Claims Motive of Man Taking Hostages at Synagogue Was 'Not Specifically Related to Jewish Community'", *Townhall*, 16 jan. 2022. Sobre o fracasso do FBI em Fort Hood, ver anteriormente, p. 471s.

[20] Ver Gilles Kepel, *Le prophète et la pandemie: Du Moyen-Orient au jihadisme d'atmosphère*, Paris: Gallimard, 2021.

## MENTALIDADE DO ANO 2000: PROGRESSISTAS OXIMORÔNICOS (pp. 455-484)

[1] Landes, "Owls and Roosters: Y2K and Millennium's End*"*, em *Calling Time: Religion and Change at the Turn of the Millennium*, Martyn Percy (ed.), Sheffield: Sheffield Academic Press, 2000, pp. 233-61.

[2] Roger Kimball, *Tenured Radicals: How Politics has Corrupted our Higher Education*, Chicago: Ivan Dees, 1990; o livro de Kenneth Lasson, publicado em 2003, mas em grande parte sobre as décadas anteriores, dá uma boa noção da corrupção e das futilidades que já haviam estabelecido uma posição importante no universo acadêmico, especialmente nas faculdades de Direito. Ver *Trembling in the Ivory Tower: Excesses in the Pursuit of Truth and Tenure*, Baltimore: Bancroft Press, 2003.

[3] Santos, "Glitches."

[4] Quantos leitores, até mesmo simpatizantes da obra de Allan Bloom, *Closing of the American Mind*, New York: Simon e Schuster, 1987, imaginaram o quanto pior poderia ficar?

[5] Note-se que na última grande manifestação dos progressistas globais no século XX, em Seattle, em 1999, a causa palestina não desempenhou nenhum papel notável. Em qualquer evento desse tipo depois de 2000, foi proeminente se não estivesse na frente e no centro.

[6] Sobre o discurso milenarista se inflamando como um incêndio florestal, ver Desroche, *Dictionnaire du millénarisme*; Landes, *Heaven on Earth*, cap. 2.

[7] Jacobs, "Why Israel and not Sudan, is Singled Out".

[8] O respeito elaborado não era visível apenas nos comícios (ver caps. 2-4), mas também entre orgulhosos pensadores seculares, notadamente Jürgen Habermas, que foi criticado por ignorar a religião (cristã) em seus primeiros trabalhos sobre a origem da "esfera pública". Ver David Zaret "Religion, Science, and Printing in the Public Spheres of Seventeenth-Century England", em *Habermas and the Public Sphere*, C. Calhoun (ed.), Cambridge, MA: MIT Press, 1992, pp. 221-34. De repente, depois do 11 de Setembro, "ele raramente fala sobre quaisquer outras coisas", entre outras questões, "uma defesa inusual da minoria muçulmana envolvida no combate", Peter Gordon: "What Hope Remains?", *The New Republic*, 14 dez. 2021

[9] Jon Ronson, *So You've Been Publicly Shamed*, New York: Penguin, 2016.

[10] Entre muitos exemplos, esse é de Husam Zumlot a Matthew Amroliwala, BBC, 28 dez. 2016, disponível em: <https://vimeo.com/aldurahproject/review/498846743/d7098e4365>.

[11] Ami Ayalon, em *The Gatekeepers*, 2012.

[12] Vinte anos mais tarde e ele ainda tem a mesma opinião. Ami Ayalon "Only an Israeli-Palestinian Agreement Can Defeat Terror", *Haaretz*, 5 abr. 2022.

[13] Benedict Bekeld, "'Oikophobia': Our Western Self-Hatred", *Quillette*, 17 out. 2019; Zygmunt Baumann, *Postmodern Ethics*, Oxford: Blackwell, 1993, pp. 85s.

[14] Josh Gerstein, "Obama v. Breyer v. Breyer on Quran burning & the law."

[15] "60% Say Race Relations Have Gotten Worse Since Obama's Election", *Rasmussen Reports*, 19 jul. 2016; Gil Troy, "How Obama has turned back the clock on race relations", *New York Post*, 17 jan. 2016; Jason Riley, *False Black Power*, Conshohocken, PA: Templeton Press, 2017; Roger Simon, *I Know Best: How Moral Narcissism is Destroying our Republic, if it hasn't Already*, New York: Encounter, 2016, cap. 9.

[16] Roger Scruton, *England and the Need for Nations*, London: Civitas, 2004, cap. 8.

[17] William Jacobson, "There's an effort to get me fired at Cornell for criticizing the Black Lives Matter Movement", *Legal Insurrection*, 11 jun. 2020; "U. Central Florida Fires Dissident Prof. Charles Negy After 8-Month Retaliatory Investigation", *Legal Insurrection*, 31 jan. 2021; Jessica Mundie, "Calgary tenured professor critical of Black Lives Matter has been fired", *National Post*, 5 jan. 2022.

[18] Shelby Steele define culpa branca "como o terror de ser *considerado racista*", em *Shame: How America's Past Sins Have Polarized Our Country*, New York: Basic Books, 2015, p. 1. [Itálicos nossos].

[19] Landes, *Icon of Hatred*, 2006.

[20] Ver anteriormente, pp. 167-71.

[21] Ver p. 585 e 586, notas 7-8.

[22] Ver p. 256s.

[23] Cook, *Contemporary Muslim Apocalyptic*.

[24] Ver p. 211.

[25] Kepel, *Terror in France*, p. 17.

[26] Melanie Phillips, "The last, overlooked but still active front of World War Two", *MelaniePhillips*, 21 maio 2021.

[27] Tamar Sternthal, "CAIR, The Investigative Project, and The Dispatch's Double Standard", *CAMERA*, 16 dez. 2021.

[28] Landes, *Salem on the Thames*.

[29] Saad, *Parasitic Mind*, pp. 177-81. Cf. Sam Leith, "In defence of 'virtue signalling'", *Spectator*, 30 out. 2020.

[30] Julie Burchill; Chas Newkey-Burden, *Not in my Name: A Compendium of Modern Hypocrisies*, New York: Virgin Books, 2009.

[31] Andrew McCarthy, *Willful Blindness*, New York: Encounter, 2008, pp. 127-32.

[32] Discutido nos capítulos "Al-Durrah: propagando um libelo de sangue jihadista (2000)", "Jenin: aplaudindo o terror suicida jihadista (2002)" e "Jornalismo de guerra submisso, letal e que marca gol contra: a desgraça do Ocidente no século XXI".

[33] Na primeira página e na página central foram exibidos 64 nomes de "crianças" mortas em maio de 2021, usando uma lista não verificada e repleta de erros básicos, fornecida por uma "ONG" palestina que ignorou as suas próprias provas e forneceu os nomes de quase uma dúzia de crianças mortas pelo Hamas. Isto foi feito durante uma série de ataques inspirados pela mídia noticiosa contra judeus na cidade. Ver Jake Wallis Simons, "The problem with the *New York Times'* Gaza coverage", *Spectator*, 6 jun. 2021.

[34] Sobre o *The New York Times* como líder nessa direção, ver McGowan, *Gray Lady Down*, pp. 249-53.

[35] Landes, "Anatomy of 'Progressive' Double Speak: Fisking Frank Rich on Fort Hood", *Augean Stables*, 18 nov. 2009. Sobre o fenômeno mais amplo, ver Abigail R. Esman, "When Mental Illness Becomes an Excuse for Terrorists", *IPT News*, 11 jun. 2018.

[36] "Protecting the Force: Lessons from Fort Hood", *DoD*, 13 jan. 2010, não menciona o islã em nenhum lugar no corpo do texto e tem uma referência de nota de rodapé ao islã no título. Ver Mark Steyn, "A Jihadist Hiding in Plain Sight", *Orange County Register*, 14 nov. 2009; Mark Thompson, "The Fort Hood Report: Why No Mention of Islam?", *Time*, 20 jan. 2010; Thomas Joscelyn, "The Federal Bureau of Non-Investigation", *Washington Examiner*, 9 nov. 2009; Mariah Blake, "Internal Documents Reveal How the FBI Blew Fort Hood", *Mother Jones*, 27 ago. 2013.

[37] Eviatar Zerubavel, *The Elephant in the Room: Silence and Denial in Everyday Life*, New York: Oxford University Press, 2006. Ironicamente, o elefante ausente no brilhante estudo de Zerubavel é a *jihad*... embora tenha sido publicado cinco anos *depois* do 11 de Setembro. A mesma lacuna é encontrada em Margaret Heffernan, *Willful Blindness: Why we Ignore the Obvious at Our Peril*, New York: Doubleday, 2011.

[38] Observe a semelhança com o caso do assassino de Kahane (ver p. 622, nota 31), inclusive a furiosa reação de (algumas) comunidades muçulmanas.

[39] Sobre a decapitação como sendo islâmica, ver Timothy Furnish, "Beheading in the Name of Islam", *Middle East Quarterly*, v. 12, n. 2 (primavera, 2005), pp. 51-57. A polícia de Boston já havia passado por "treinamento de sensibilidade" ministrado pelos Irmãos Muçulmanos "moderados" como Bilal Kaleem e um programa financiado pelo governo chamado BRIDGES, e ignorou sistematicamente todas as pistas que apontavam para Tamerlan. Ver Feoktistov, *Terror in the Craddle of Liberty*, pp. 252-56; cf. Klausen, *Western Jihadism: A Thirty Year History*, New York: Oxford University Press, 2021, cap. 10, que não discute nada sobre a comunidade muçulmana local.

[40] William Rashbaum, "In 2011 Murder Inquiry, Hints of Missed Chance to Avert Boston Bombing", *The New York Times*, 11 jul. 2013.

[41] Um amigo de Tsarnaev confirmou que Tamerlan participou do assassinato de Waltham, que ele considerava um ato de "*jihad*". Ver Laurel Sweet, "Dzhokhar Tsarnaev pal offered testimony on Waltham slayings Classmate knew of 'jihad' acts", *Boston Herald*, 22 nov. 2018.

[42] Sobre Qaradawi, ver p. 254; sobre Alamoudi, pp. 83s. Sobre ambos e os demais membros do Conselho da mesquita de Boston, ver Feoktistov, *Terror in the Cradle of Liberty*, pp. 8-14; Klausen não menciona nenhum deles em seu capítulo sobre os Tsarnaev.

[43] David Sirota, "Let's hope the Boston Marathon bomber is a white American", *Salon*, 17 abr. 2013; Joan Walsh, "Are the Tsarnaev brothers white?", *Salon*, 22 abr. 2013. Ver a análise de Roy, p. 149.

[44] Daniel Villarreal, "Twitter Says Calling Boulder Shooter a 'White Christian Terrorist' Is OK", *Newsweek*, 23 mar. 2021.

[45] Pode muito bem ter havido um fenômeno semelhante nos Estudos Judaicos (ver o pouco acadêmico artigo "Statement on Israel-Palestine by Scholars of Jewish Studies and Israel", *Israel/Palestine*, 22 maio 2021; James Russell, "Bearing False Witness: On a Statement against Israel", *Times of Israel*, 27 maio 2021, mas, como existem 3,5 bilhões de mulheres e apenas pouco mais de 12 milhões de judeus, o fracasso feminista é maior e o seu impacto mais trágico.

[46] Lasson, *Trembling in the Ivory Tower*, cap. 2.

[47] Ver Landes, "Primary Honour Codes in Tribal and Aristocratic Cultures".

[48] Yasmine Mohammed, *Unveiled: How Western Liberals Empower Radical Islam*, Hillside: Free Hearts Free Minds, 2019; Phyllis Chesler, "How Many Western Feminists Would March Under a Hail of Taliban Bullets?", *Fourth Wave*, 2 jan. 2022.

[49] Para uma análise mais detalhada da mudança do feminismo para o anti(ocidental) colonialismo, ver Chesler, *Death of Feminism*, pp. 108-130.

[50] Shaista Aziz, "Why I decided to wear the veil", *BBC*, 17 set. 2003.

[51] Gad Saad, "Niqab Is 'Freely Chosen' while Bikini Is Oppressive?", *The Saad Truth*, 47, 22 jun. 2015.

[52] Sobre as origens do uso do véu no islã, ver Mernissi, *Beyond the Veil: Male-Female Dynamics in Moodern Muslim Society*, Bloomington, IN: University of Indiana Press, 1987.

[53] Um pregador islâmico referiu-se às mulheres sem véu como "carne descoberta" que os gatos irão naturalmente comer, em "Australian Muslim leader compares uncovered women to exposed meat", *The Guardian*, 26 out. 2006. Ver também McLoughlin, *Easy Meat*.

[54] Rebecca Vipond Brink, "Why I Refuse to Criticize Islam as a Feminist and Atheist", *The Frisky*, 15 out. 2014; Giulio Meotti, "Veiling Women: Islamists' Most Powerful Weapon", *Gatestone*, 20 abr. 2016; Phyllis Chesler, "Ban the Burqa: The Argument For", *Middle East Forum*, 11 dez. 2010.

[55] Wikan, *Generous Betrayal*, p. 25.

[56] Richard Pérez-Peña; Tanzina Vega, "Brandeis Cancels Plan to Give Honorary Degree to Ayaan Hirsi Ali, a Critic of Islam", *The New York Times*, 8 abr. 2014.

[57] Andrew Anthony, "Heretic: Why Islam Needs a Reformation Now by Ayaan Hirsi Ali", *The Guardian*, 27 abr. 2015.

[58] "Brandeis Faculty Petition Objecting to Granting Ayaan Hirsi Ali an Honorary Degree, 2014", disponível em: <http://www.theaugeanstables.com/2021/06/27/brandeis-faculty-petition-objecting-to-granting-ayaan-hirsi-ali-an-honorary-degree-2014/>. Mais da metade dos primeiros 25 signatários são do departamento de Estudos de Mulheres e Gênero, sem mencionar Jytte Klausen, do departamento de Ciência Política.

[59] Robin Acton, "Furor over author Ayaan Hirsi Ali's visit stirs debate on religious freedom", *Pittsburgh Tribune*, 22 abr. 2007.

[60] Grande parte disso é uma reformulação do ataque a Hirsi Ali feita por Deborah Scroggins, "The Dutch-Muslim Culture War: Ayaan Hirsi Ali has Enraged Muslims with her Attacks on their Sexual Mores", *The Nation*, jun. 2005; analisado por Chesler em *Death of Feminism*, p. 125s.

[61] Ver Zev Chafets, "Ayaan Hirsi Ali: Victim of an honor killing, Brandeis-style", *Fox News*, 10 abr. 2014.

[62] Daphne Patai, *What Price Utopia? Essays on Ideological Policing, Feminism and Academic Affairs*, New York: Rowman and Littlefield, 2008, p. 10.

[63] "Martin Amis and Andrew Anthony: On writing and radical Islam", *Contemporary Institute of Art*, 11 out. 2007. Amis pergunta: "Vocês acham que são moralmente superiores ao Talibã?" (em 31:10), e fica ligeiramente satisfeito com uma resposta positiva de um terço do público. O que ele não perguntou foi "Vocês acham que são moralmente superiores a Israel?" Suponho que a resposta positiva teria sido de pelo menos dois terços.

[64] Chesler, "In their own Words: Portraits of Arab, Muslim, and Middle Eastern Women", *Death of Feminism*, pp. 131-150.

[65] Janet I. Sigal, "Domestic Violence and Honor Killings", *American Psychological Association* report to UN, disponível em: <https://www.apa.org/international/united-nations/janet-sigal.pdf>; Huma Qureishi, "'Honour' crimes are domestic abuse, plain and simple", *The Guardian*, 21 mar. 2012.

[66] Aysan Sev'er; Gökçeçiçek Yurdakul, "Culture of Honor, Culture of Change: A Feminist Analysis of Honor Killings in Rural Turkey", *Violence against Women*, v. 7. n. 9 (set. 2001), pp. 964-98.

[67] Brittany Hayes et al., "An Exploratory Study of Honor Crimes in the United States", *Journal of Family Violence*, v. 31, 2016, pp. 303-14.

[68] Ilisha, "Honor Killings: The Epidemic that Isn't", *Loonwatch*, 28 set. 2011. Loonwatch é um excelente site para explorar a mentalidade do ano 2000.

[69] Naomi Lakritz, "Women's lives aren't worth much – even in Canada", *Calgary Herald*, 29 jul. 2009.

[70] Elise Auerbach, "Sensationalist Film Exploits Human Rights Issue in Iran", *Huffpost*, 25 jul. 2009.

[71] Jody K. Biehl, "The Whore Lived Like a German", *Der Spiegel*, 2 mar. 2005.

[72] Chesler, *Death of Feminism*, p. 21.

[73] Mulheres muçulmanas foram proeminentes na negação. Ver, por exemplo, Miriam Esman, "Canadian Muslims Protest 'Honor Killing' Label as Racist", *Investigative Project*, 7 out. 2013.

[74] *Palestinian Women under Prolonged Israeli Occupation: The Gendered Impact of Occupation Violence*, Women's International League for Peace and Freedom, 2017; Phyllis Chesler, "Lancet Study Blames Palestinian Wife-Beating on Israel", *Pajamas Media*, 24 jan. 2010.

[75] Collier Meyerson, "Can You Be a Zionist Feminist? Linda Sarsour Says No", *The Nation*, 13 mar. 2017. Isso, naturalmente, não se limita ao "progressismo" feminista. Ver Blake Flayton, "The Hate That Can't Be Contained", *Tablet*, 25 nov. 2020.

[76] *Essence Magazine* colocou Sarsour na sua lista das 100 mulheres mais *woke*. Ver Lauren Jones, "Woke 100 Women", *Essence*, 18 abr. 2017.

[77] "Gender Studies Departments In Solidarity With Palestinian Feminist Collective".

## *DHIMMITUDE* PREVENTIVA: SUBMISSÃO INCONSCIENTE (pp. 485-512)

[1] "Bill Nye The Science Guy Explains the Connection between Climate Change and Terrorism in Paris", *HuffPost*, 1 dez. 2015; citado e explicado como a "lei do instrumento" por Saad, *Parasitic Mind*, p. 223.

[2] Saad, *Parasitic Mind*, cap. 6.

[3] Tom Paulin, "Interview with Omayma Abdel-Latif", *Al-Ahram Weekly*, 14 abr. 2002. Para uma discussão mais abrangente dessas observações de Paulin, ver Harrison, *Resurgence of antisemitism*, pp. 108-10.

[4] Sobre a psicologia das vítimas eloquentes, ver Ekin Ok, et al., "Signaling Virtuous Victimhood as Indicators of Dark Triad Personalities", *American Psychological Association*, v. 120, n. 6, 2021, pp. 1634-61; Cory Clark, "The Evolutionary Advantages of Playing Victim", *Quillette*, 27 fev. 2021.

[5] Clair Kirch, "Dzanc Drops Novel Criticized for Islamophobic Themes", *Publishers Weekly*, 24 abr. 2019; "The Siege of Tel Aviv – the novel and the insane backlash (review and metareview)", *Elder of Ziyon*, 12 maio 2019.

[6] Steven Emerson, "Illinois Democrats Line Up to Help CAIR Fundraise", *IPT News*, 4 jan. 2021. O CAIR publicou recentemente uma declaração sobre islamofobia que ilustra precisamente o que defendo aqui: *Islamophobia in the Mainstream*, Washington DC: CAIR, 2021. Na página 20, são citadas todas as organizações "islamofóbicas" mais bem financiadas, a maioria delas fontes de informações confiáveis sobre atividades de muçulmanos radicais, muitas das quais cito neste livro. Sem ele, o Ocidente ficaria cego... o que é a questão.

[7] Marc Lamont Hill; Mitchell Plitnick, *Except for Palestine: The Limits of Progressive Politics*, New York: The New Press, 2021.

[8] Marantz, *Antisocial*, p. 116. Marantz literalmente se autodescreve aqui (ver a seguir). Seu livro é dedicado a fazer párias daqueles que identificam a narrativa. Ele não faz nenhuma análise remotamente semelhante sobre conversas do sequestro de Antifa e do Black Lives Matter.

[9] Charles Small, cujo *Center for the Study of Contemporary Antisemitism* ficava então em Yale, teve uma discussão com Jytte Klausen quando a Yale University Press se recusou a publicar os cartuns (ver capítulo "Danoongate: a 'rua muçulmana' amplia *Dar al Islam* (2005-6)"), e relata que a segurança era extremamente alta e a universidade não estava muito satisfeita. (Comunicação pessoal.)

[10] Ver a discussão sobre esse imã na produção do jornalismo letal anteriormente, p. 388; sobre Benson, ver anteriormente, p. 160.

[11] Palavras de um pregador no protesto contra os cartuns em frente da embaixada da Dinamarca em Londres, fev. 2006. Ver anteriormente, pp. 201-2.

[12] Analisado por Jonathan Chait, "Not a very P.C. Thing to Say", *New York Magazine*, 27 jan. 2015.

[13] "PEN Receives Letter from Members about *Charlie Hebdo* Award", *PEN*, 5 maio 2015 (itálicos nossos).

[14] Ver p. 621, nota 19.

[15] Ver p. 588, nota 78.

[16] Bat Ye'or, *Islam and Dhimmitude*, pp. 50-121; Antoine Fattal, *Le statut légal des non-musulmans en pays d'Islam*, Beirut: Imprimerie catholique, 1958, pp. 214-31.

[17] Observe que grande parte da discussão de Habermas sobre a religião e a esfera secular diz respeito à reciprocidade mútua que deve existir para que uma esfera pública não coercitiva prevaleça. E, ainda assim, nenhuma prevalece, nem pode com os *caliphators*. No volume das "reflexões do filósofo" após o 11 de Setembro, a palavra "coerção" aparece duas vezes (não em conexão com o islã) e "violência" vinte vezes, quase exclusivamente a "violência estatal" de Israel. *Jihad* nunca aparece. Judith Butler; Jürgen Habermas; Charles Taylor; Cornel West, *The Power of Religion in the Public Sphere*, New York: Columbia University Press, 2011. Ver Elizabeth Rard, "9/11 and the War on Terrorism: A Critique of Jürgen Habermas and Jacques Derrida", *Reflections*, 2008.

[18] Observe que Derrida também usa a metáfora de uma deficiência autoimune, embora a forma como ele a interpreta (culpar o Ocidente pelo terrorismo) na verdade contribui para isso: Autoimmunity: Real and Symbolic Suicides: A Dialogue with Jacques Derrida", em Borradori, *Philosophy in a Time of Terror*, pp. 85-138.

[19] Reynolds, "Clash of Rights and Responsibilities".

[20] Bradner, "Clinton explains why she won't say 'radical Islam'".

[21] Departamento de Segurança Interna dos EUA, terminologia para definir os terroristas: recomendações de muçulmanos americanos, janeiro de 2008. Instrui o Departamento a garantir que a terminologia seja "devidamente calibrada para diminuir os esforços de recrutamento de extremistas que argumentam que o Ocidente está em guerra com o islã". Countering Violent Extremism (CVE) Subcommittee, "Interim Report and Recommendations", jun. 2016.

[22] Para transcrições e links, ver Daniel Pipes, "Not Calling Islamism the Enemy", *Lion's Den*, 12 set. 2001, atualizado em 4 jun. 2017.

[23] Feoktistov, *Terror in the Cradle of Liberty*. Sobre a conduta da liderança judaica, ver cap. 19.

[24] Friedman, "You're all Israel now".

[25] Gutmann, *The Other War*, cap. 4.

[26] "Entre 1967 e 1980, o aumento médio anual real foi de 7% e 9% no PIB e no PNB per capita, respectivamente [...] Entre 1980/81 e 1986/87, o PNB real per capita aumentou 12%, e o PIB real per capita aumentou apenas 5%", *Developing the Occupied Territories: An Investment in Peace*, The World Bank, set. 1993 [itálicos do autor].

[27] Spoerl, "Parallels between Nazi and Islamist Antisemitism"; Marcus; Crook, "Aspiration not Desperation". Chafets já havia defendido essas questões em 1982, sobre o que chamou de "duplo padrão duplo" em *Double Vision*, pp. 307-11.

[28] Landes, "Europe's Destructive Holocaust Shame".

[29] Idem.

[30] Recentemente, por não ter vacinado os palestinos "de acordo com a lei internacional". "NGOs and the COVID-19 Vaccine Libel Against Israel", *NGOMonitor*, 6 jan. 2021.

[31] Cary Nelson, *Not in Kansas Anymore: Academic Freedom in Palestinian Universities*, Washington DC, Academic Engagement Network, 2021.

[32] Landes, "Lest the Millennium"; *Relics Apocalypse and the Deceits of History* (menção às *Roupas Novas do Imperador*, p. 278).

[33] Juha Räikkä; Lee Basham, "Conspiracy Theory Phobia", em *Conspiracy Theories*, pp. 178-86.

[34] Bari Weiss, *How to Fight Anti-Semitism*, New York: Crown, 2021, p. 171.

[35] Feoktistov, *Terror in the Cradle of Liberty*, partes 1 e 2.

[36] Ver anteriormente, pp. 229-48.; Landes, "Oslo Misreading of an Honor-Shame Culture".

[37] Gad Saad o denomina "Síndrome da Avestruz Parasítica", em *The Parasitic Mind*, p. 121.

[38] Kenneth Lasson, "In an Academic Voice: Antisemitism and Academy Bias", *Journal for the Study of Antisemitism*, v. 3, 2011, p. 349.

[39] Ver capítulo "Jornalismo de guerra submisso, letal e que marca gol contra: a desgraça do Ocidente no século XXI".

[40] Friedman, "You're all Israel now".

[41] "A Lógica da Avestruz é sempre transmitida por meio de um ar de altiva superioridade moral", em Saad, *The Parasitic Mind*, p. 124. Eu diria "urgente." Saad usa o termo "ferrenho" nesse contexto, p. 112. Ver anteriormente sobre Mark Seager, pp. 387s

[42] Robert Lynch, "Kin, Tribes, and the Dark Side of Identity", *Quillette*, 22 nov. 2020.

[43] Charles L. Glenn, "Social Justice Has Changed – I Haven't", *Glenn Loury Substack*, 19 jan. 2022.

[44] John Levin; Keith Kelly, "New York Times staffers say leadership 'terrified of the young wokes'", *New York Post*, 18 jul. 2020.

[45] Edward Schlosser, "I'm a liberal professor, and my liberal students terrify me", *Vox*, 3 jun. 2015; apud Saad, *The Parasitic Mind*, p. 214.

[46] Marantz, *Antisocial*, p. 128.

[47] Escolho Marantz não porque ele seja o exemplo mais flagrante do problema. Pelo contrário, ele é um pensador sofisticado, e a lógica que apresento não é tão óbvia.

[48] Marantz, *Antisocial*, p. 358.

[49] Kathleen Brush, *Racism and Anti-Racism in the World before and after 1945*, New Providence, NJ: Bowker, 2020.

[50] Ver os trabalhos da medievalista Rachel Fulton, que reconheceu a contribuição dos homens cristãos (brancos) ao feminismo em "Three Cheers for White Men", *Fencing Bear at Prayer*, 5 jan. 2015; Grace Curtis afirma: "Esta professora escreveu 'Três vivas para os homens brancos'. Ela foi difamada como uma líder violenta da '*alt-right*' desde então", *College Fix*, 26 set. 2018.

[51] Para um bom exemplo de alguém que suscita a questão (com desagrado pelo excepcionalismo americano), mas não a responde ver Suzy Hansen, "Corruptions of Empire", *The Baffler*, dez. 2016.

## A *JIHAD WOKE*: O CONTATO COM A EUFORIA APOCALÍPTICA (pp. 513-526)

[1] James Lindsay, "Naming the Enemy: Critical Social Justice", *New Discourses*, 28 fev. 2020.

[2] "Commission on Race and Ethnic Disparities", *The Report*, 22 mar. 2021; Jeremy Stubbs, "Racisme au Royaume-Uni: le rapport infernal: La fabrique de racistes", *Causeur*, 9 abr. 2021.

[3] Por exemplo, Rebecca Stevens, "5 Of The Most Hurtful Racial Microaggressions I Have Heard In My Life", *Medium*, 25 mar. 2021.

[4] Lauretta Brown, "Essence Magazine Names Sharia Law Defender as One of Their '100 Woke Women'", *Townhall*, 18 abr. 2017.

[5] Victor Davis Hanson, "Can the Great 'Awakening' Succeed?", *American Greatness*, 11 abr. 2021.

[6] David Brooks, discutindo a reação furiosa quando ele assinalou que houve quatro vezes mais vítimas de tiroteios em escolas na década de 1990 do que agora, em "The Problem with Wokeness", *The New York Times*, 7 jun. 2018.

[7] SPLC, "Rage against Change", Spring, 2019.

[8] Peter Ackroyd, *Blake: A Biography*, New York: Ballantine, 1995, pp. 156-66; sobre o *Casamento*, ver o capítulo subsequente. Ver também Eva Antal, "The Apocalyptic Tone of Irony in William Blake's *The Marriage of Heaven and Hell*", *Caesura*, 1.1, 2014, pp. 71-84; Hüseyin Alhas, "The Impact of the French Revolution on William Blake's Poetry and Painting: The Changing Phases Of Evil", Dissertação de Mestrado, Hacettepe University Graduate School of Social Sciences, Ankara, 2017, pp. 17-35.

[9] Uma interpretação da queda do Império Romano Ocidental no século XV pode indicar uma dinâmica similar. Ver Landes, *While God Tarried*, v. 1, cap. 12.

[10] Isaac Young; Daniel Sullivan, "Competitive victimhood: a review of the theoretical and empirical literature", *Current Opinion in Psychology*, v. 11, out. 2016, pp. 30-34; Bawer, *Victim's Revolution*; Rothman, "Victimocracy", em *Unjust: Social Justice and the Unmaking of America*, Washington, DC: Regnery, 2019, pp. 131-53.

[11] Alexis de Toqueville, *L'ancien régime et la révolution française* (1856); Ted Gurr, *Why Men Rebel*, Princeton: Princeton University Press, 1970.

[12] Para uma boa análise sobre a maneira em que o Black Lives Matter mobiliza o ultraje, ver Naya Lekht, "The Unleashing of the Red Roar: Awakening Racial Consciousness to Stir a Revolution", *DocEmet*, 30 jan. 2022.

[13] Amber Athey, "When does the media cover a horrific crime?", *Spectator*, 29 mar. 2021. A cobertura dos acontecimentos em Waukesha ilustra essa tendência aparentemente programada (ver p. 611, nota 78.

[14] As pessoas divergem (em grande parte por tribo política) sobre se a cultura do cancelamento é principalmente um fenômeno de direita ou de esquerda. O significado para minha discussão é a preponderância da cultura do cancelamento no universo acadêmico – o último lugar em que deveria surgir – onde é esmagadoramente "de esquerda" na origem e objetiva silenciar a dissidência de "direita".

[15] Paul Berman compara a reação a Floyd a uma enorme mudança de paradigma sobre raça comparável aos eventos de 1854 e 1965: "The George Floyd Uprising", *Liberties*, v. 2, 2021.

[16] Pankaj Mishra, "A New History of the Cultural Revolution, Reviewed", *New Yorker*, 1 fev. 2021.

[17] Ver a atribuição de terrorismo feita por Josh Campbell aos acontecimentos daquele dia, p. 93, nota 580.

[18] Um exemplo recente e aleatório dentre muitos: Y. Kerman, "Salafi-Jihadi Ideologue Abu Qatadah Al-Filastini: Hitler's Views On Jews Were Accurate, Holocaust Was Justified", *MEMRI*, 25 mar. 2021; sobre a projeção, ver, por exemplo, Donna Rachel Edmunds, "Palestinian Authority regularly compares Israel and Israeli leaders to Nazism and Nazi leaders", *Palestinian Media Watch*, 8 abr. 2021.

[19] Ayaan Hirsi Ali, "What Islamists and 'Wokeists' Have in Common", *The Wall Street Journal*, 10 set. 2020.

[20] Para uma interessante reflexão sobre o impacto da cultura do cancelamento *woke* na produção de cidadãos submissos, ver R.R. Reno, "Why I Stopped Hiring Ivy League Graduates", *The Wall Street Journal*, 7 jun. 2021.

[21] Knight, "American Atheists, American Humanists and the Secular Coalition Join the Woke Church", *The Godless Spellchecker*, 20 abr. 2021.

[22] Curt Jaimungal, *Better Left Unsaid*, 2021.

[23] O exemplo mais recente do Culto da Ocupação, repleto de "como judeus" e "como israelenses" em apoio: A denúncia da Anistia Internacional sobre o Apartheid israelense: *Crime of Apartheid: The Government of Israel's System of Oppression against Palestinians*, jan. 2022. Para ilustrar o baixo "nível intelectual das pessoas que se apropriaram do termo 'direitos humanos', conforme expresso em suas próprias palavras" (tuíte de Matti Friedman, disponível em: <https://twitter.com/mattifriedman/status/1489145121908178945?s=21>), ver Lazar Berman, "Amnesty to ToI: No double standard in accusing Israel, but not China, of apartheid", *Times of Israel*, 2 fev. 2022; Shany Mor, "On Amnesty's car-crash interview in Israel", *Fathom*, fev. 2022.

[24] Cindy Harper, "MSNBC Analyst says Biden falling meme could incite violence", *Reclaim the Net*, 22 mar. 2021; Christina Maas, "Instagram deletes post of President Biden falling up the stairs under its "violence and incitement" policy", *Reclaim the Net*, 20 mar. 2021.

[25] Jennifer Ruth, "When Academic Bullies Claim the Mantle of Free Speech", *Chronicle of Higher Education*, 18 mar. 2021.

[26] Nina Schick, *Deepfakes: The Coming Infocalypse*, New York: Hachette Group, 2020.

[27] Steve Phillips, "Lessons From Virginia: You Can't Ignore the Civil War, *The Nation*, 3 nov. 2021.

[28] Bari Weiss, "How we Changed Our Minds in 2021", *Substack*, 28 dez. 2021.

[29] Ed Yong, "How the Zombie Fungus Takes Over Ants' Bodies to Control Their Minds", *The Atlantic*, 14 nov. 2017; ver também Dicrocoelium dendriticum.

[30] Daniel Dennett, *Breaking the Spell: Religion as a Natural Phenomenon*, New York: Viking, 2006.

[31] Henri Desroche, *Dieux d'Homes: Dictionnaire des méssianismes et millénarismes de l'ère chrétienne*, Paris: Mouton, 1969, p. 6. Sobre o milenarismo secular (até agora, a forma mais destrutiva), ver Landes, *Heaven on Earth*, caps. 9-13; Anna Geifman, *Death Orders*.

[32] Cook, *Contemporary Muslim Apocalyptic*; Furnish, *Holiest Wars*; Murawiec, *Mind of Jihad*; Filiu, *Apocalypse in Islam*.

[33] Para bons exemplos do argumento dos "direitos humanos" demopáticos, ver Ali Abunima, "Blinken sheds crocodile tears for Gaza", *Electronic Intifada*, 26 maio 2021; Hill; Plitnick; *Except for Palestine*.

Para uma análise inconsciente das estratégias demopáticas, ver Jennifer Hitchcock, "A Rhetorical Frame Analysis of Palestinian-Led Boycott, Divestment, Sanctions (BDS) Movement Discourse", 2020, Tese de Doutoramento, Old Dominion University.

[34] Em seu podcast com Sam Harris, Jesse Singal expressa exatamente essa incapacidade de superar o diferencial de vítimas/poder. Quando Harris pressiona, ele admite falta de conhecimento: "Broken Conversations, *Sam Harris Podcast # 25*, 22 maio (1:16-1:20).

[35] Asra Nomani, "The Honor Brigades"; diretrizes da AMEJA [The Arab and Middle Eastern Journalists Association]. Sobre o diretor da UNRWA, ver "Gazans outraged after UNRWA director says IDF strikes were precise", *Jerusalem Post*, 26 maio 2021. Sobre o memorando interno da CNN de 17 de maio: "CNN started referring to Hamas-Run Gaza Ministry of Health", *Elder of Ziyon*, 21 maio 2021.

[36] Ami Horowitz, "Watch me raise money for Hamas to kill Jews from Students of Portland", 25 maio 2021.

[37] De acordo com estatísticas do FBI, "um judeu tem aproximadamente 2 vezes mais probabilidade de sofrer crime de ódio do que uma pessoa negra ou um muçulmano, 10 vezes mais probabilidade do que um asiático ou um latino e 20 vezes mais probabilidade do que um branco não hispânico", George Flesh, "Anti-Semitism: The numbers don't lie", *JNS*, 21 jan. 2022; "Extremists Respond to Colleyville Hostage Crisis with Antisemitism, Islamophobia", *ADL*, 16 jan. 2022.

[38] Yong, "How the Zombie Fungus Takes over Ants' Bodies to Control their Minds".

[39] Tuíte de Ruffalo, disponível em: <https://twitter.com/MarkRuffalo/status/1397023731722113032?ref_src>; tuíte de resposta do professor Anthony Zenkus, disponível em: <https://twitter.com/anthonyzenkus/status/1397161250170212353?s=24>.

## PARA MENTES SÃS: SOB NOSSA VIGILÂNCIA? (pp. 527-550)

[1] Bibliothèque Nationale Manuscrit Latin, 4893, fol. 50; Bouquet, *Recueil des historiens de la France*, X:262.

[2] Ver Landes, *Relics Apocalypse and the Deceits of History*, pp. 41-45.

[3] Hoffer, *True Believers*; Douglas Murray, *The Madness of Crowds: Gender, Race and Identity*, London, Bloomsbury, 2019.

[4] David Berger, "The Attitude of St. Bernard of Clairvaux toward the Jews", *Proceedings of the American Academy for Jewish Research*, n. 40, 1972, pp. 89-108.

[5] Joel Kotkin, "Is this the end of progressive America?", *UnHerd*, 24 jan. 2022; resposta de William Jacobson, "Mass Formation Psychosis. The Madness of Crowds. And The End of Progressive America", *Legal Insurrection*, 8 jan. 2022.

[6] Waller Newell, "The Eagles Will Drop Dead from the Skies: Millenarian Tyranny from Robespierre to Al Qaeda", em *Tyrants: Power, Injustice, Terror*, New York: Cambridge University Press, 2019, pp 146-223.

[7] Para um excelente exemplo, ver a crítica de Ben Affleck sobre a "islamofobia" de Sam Harris e Bill Maher em Landes, "Prelude to a fisking: Biblio of Responses to Maher-Affleck dustup", *Augean Stables*, 29 mar. 2018.

[8] Masi Alinejad, "Why I'm opposed to Ilhan Omar's bill against Islamophobia", *The Washington Post*, 21 jan. 2022.

[9] Para um bom exemplo de uma análise desprovida de conscientização do "iliberalismo liberal", ver Yehuda Bauer, "Liberals, Illiberals, and Waverers: The Struggle of Our Times", *Israel Journal of Foreign Affairs*, v. 15, n. 2, 2021, pp. 245-55.

[10] Os sites que rastreiam a violência de jihadistas inspirados por seus textos sagrados são considerados "isla-mofóbicos" quase por definição: Jihad Watch (www.jihadwatch.com), Dhimmi Watch (https://dhimmi.watch/). Aqui, menciono a experiência de Dexter Van Zile, não devido à seriedade do ataque (outros sofreram muito mais gravemente), mas por causa da banalidade e pelo fato de as autoridades fazerem vista grossa. "Seven Minutes of Hate Courtesy of SJP and UMass Boston", *Times of Israel*, 30 jun. 2021; idem, "The Pinch Point is Upon Us", *Medium*, 4 fev. 2022.

[11] Michael Caplan, "The Big Lie Comes to Colleyville: Fairy Tale *vs.* Storied Truth", *White Rose*, 2022.

[12] Jonathan Kay, "Sociologist Nathalie Heinich on French Academics' Opposition to America's Race-Based Ideologies", *Quillette Podcast*, 22 fev. 2021.

[13] *Beyond the Pleasure Principle*, 1920 (Além do Princípio do Prazer).

14 Cary Nelson, "Accommodating the New Antisemitism: a Critique of 'The Jerusalem Declaration'", Fathom, abr. 2021; Stuart Winer, "Jewish Google employees call for tech giant to publicly support Palestinians", *Times of Israel*, 19 maio 2021; Scholars of Jewish Studies and Israel Studies, "Statement Israel-Palestine", 22 maio 2021.

15 *The Holocaust and the Nakba: A New Grammar of Trauma and History*, Bashir Bashir; Amos Goldberg (eds.), New York: Columbia University Press, 2019.

16 Melanie Phillips, "The last, overlooked but still active front of World War Two". Despercebido por aqueles que esperam o "Nunca Mais", alimentado por outros.

17 Ver a análise em Peter Brown, *Augustine of Hippo*, Los Angeles: University of California Press, 1967, pp. 291-92.

18 Sobre a reação ao romance de Hesh Kestin, *The Siege of Tel Aviv*, ver p. 490.

19 Na demografia: Ofir Haivri, "Israel's Demographic Miracle", *Mosaic*, 7 maio 2018; na música (a corrente dominante da música *mizrahit*: "Pop(ulation) Music", *Us among the Israelis*, 17 mar. 2021; na tecnologia: Wei Tien Sng, "What makes Israel the tech capital of the world?", *Cap. X*, 5 jan. 2016; na culinária: Dina Kraft, "Lemony, savory fusion: Israel's brash food revolution", *Christian Science Monitor*, 20 mar. 2020.

20 "O Padrão" é um termo e conceito cunhados por David Deutsch (não publicado). Para uma apresentação, ver Landes, "License to Harm: Deutsch's Pattern and the Longue Durée of Antisemitism", *ISGAP*, 23 dez. 2019.

21 Rousseau, *Émile*, 6:4, pp. 618-20.

22 Ver anteriormente, p. 282.

23 Steven Shapin, *A Social History of Truth: Civility and Science in Seventeenth-Century England*, Chicago: University of Chicago, 1994.

24 Poller, *The Troubled Dawn of the 21st Century; Al-Durrah, Long-Range Ballistic Myth*.

25 Friedman, "You're all Israel Now"; Ungar-Sargon, *Bad News*; Kern; Herzberg, *False Knowledge as Power*.

26 Sobre o esforço para rotular denúncias de antissemitismo como antissemitas, ver o painel do JVP [Jewish Voice for Peace] com Peter Beinart, Marc Lamont Hill e Rashida Tlaib em Ben Sales, "At US Jewish anti-Sionist group antisemitism panel, speakers say they love Jews", *Times of Israel*, 16 dez. 2020.

27 Os progressistas criticam regularmente os sionistas por aceitarem apoio evangélico dado o destino final dos sionistas na narrativa apocalíptica, dispensacionalista, pré-milenarista, temporariamente pró-sionista (conversão ou morte), sem notar o mesmo problema em sua aliança com os *caliphators*.

28 "A Regime of Jewish Supremacy from the Jordan River to the Mediterranean Sea: This Is Apartheid", *B'Tselem*, 12 jan. 2021; "A Threshold Crossed: Israeli Authorities and the Crimes of Apartheid and Persecution", *Human Rights Watch*, 2021. Sobre uma resposta que expõe a desonestidade intelectual sistêmica, ver Kern; Herzberg, *False Knowledge as Power*.

29 Rikki Hollander, "Jewish Voice for Peace: What the Media is Concealing", CAMERA, 21 dez. 2021.

30 Benjamin Kerstein, "When can we talk about Muslim Antisemitism?" *Algemeiner*, 24 jan. 2022.

31 Entrevista com um jornalista israelense em *Notre Musique*, de Jean Luc Godard, pp. 39:42-45.

32 Bassem Eid, disponível em: <http://www.bassemeid.com/>.

33 Avi Jorisch, *Thou Shalt Innovate: How Israeli Ingenuity Repairs the World*, Jerusalem: Geffen, 2018.

34 Isabel Kirschner, "Across Forbidden Border Doctors in Israel Quietly Tend to Syria's Wounded", *The New York Times*, 16 ago. 2013.

35 Elior Levy, "Erekat's hospitalization in Israel exposes PA's hypocrisy", *Ynet*, 18 out. 2020.

36 David Rosenberg, "Poll: Israelis proud of their country – including Israeli Arabs", *Israel National News*, 30 abr. 2017; Bassem Eid, "Israel – the best place to be an Arab", *Times of Israel*, 22 dez. 2021.

37 Dos muitos exemplos, um dos mais decepcionantes é John Oliver, disponível em: <https://twitter.com/alexbkane/status/1394258752388337664?s=21>. Para um estudo de caso recente focando em uma "onda" de violência de colonos, ignorando ataques terroristas palestinos muito mais frequentes e letais, ver Yisrael Medad, "There is Jewish Violence and there is Arab Violence", *Mediaset*, 26 dez. 2021. Sobre a persistência da mentalidade do ano 2000 entre os formuladores de políticas americanos, ver o caso do secretário de Estado Anthony Blinken em Lahav Harkov "To the Biden Administration, Israel Is Always at Fault-Even While 11 Israelis Are Murdered", *Newsweek*, 4 abr. 2022.

38 Anne Herzberg, "Should Israel Cooperate with the ICC?", *NGO Monitor*, 5 mar. 2021.

39 Dan Diker, "Has the Palestinian 'apartheid assault' backfired?", *Jerusalem Post*, 24 jan. 2022.

[40] A academia precisa de um campo robusto de pesquisa sobre o supersessionismo, talvez como um subtópico dos Estudos do Ressentimento.

[41] Sackur, "Bully and Wimp".

[42] Gad Saad identifica o mecanismo como culpa existencial aliviada ao salvar o mundo, em "The Narcissism and Grandiosity of Celebrities", *Psychology Today*, 15 jun. 2009.

[43] Em bom estilo autocrítico, Yehuda Bauer lista Israel "claramente" no campo intermediário junto com a Índia, o Marrocos, a Tunísia e outros "oscilantes" entre as verdadeiras democracias "liberais" e os regimes autoritários "iliberais". Ver "Liberals, Illiberals and Waverers: The Struggle of Our Time", *Israel Journal of Foreign Affairs*, v. 15, n. 2, 2021, pp. 245-56.

# Bibliografia

(Textos que aparecem mais de uma vez nas notas estão listados abaixo.)

Abrahamian, Ervand. "The US Media, Huntington, and 9-11." *Third World Quarterly* 24, no. 3 (2003): 529–544.

Ahmed, Qanta. *In the Land of Invisible Women: A Female Doctor's Journey in the Saudi Kingdom*. Naperville, IL: Sourcebooks Inc., 2008.

Ajami, Fouad. Dream Palace of the Arabs: A Generation's Odyssey. New York: Vintage Books, 1999.

Alexander, Edward. *Jews Against Themselves*. New Brunswick, NJ: Transaction Publishers, 2015.

Alexander, Edward, e Paul Bogdanor, eds. *The Jewish Divide over Israel: Accusers and Defenders*. New Brunswick: Transaction, 2008.

Anthony, Andrew. *The Fallout: How a Guilty Liberal Lost His Innocence*. London: Random House, 2007.

Appiah, Anthony Kwame. *The Honor Code: How Moral Revolutions Happen*. New York: W.W. Norton, 2010.

_____. *Cosmopolitanism: Ethics in a World of Strangers*. New York: W.W. Norton, 2006.

Auerbach, Jerold. *Print to Fit:* The New York Times, *Zionism and Israel, 1896-2016*. Boston: Academic Studies Press, 2019.

Balint, Benjamin. "Future Imperfect: Tony Judt Blushes for the Jewish State", in *The Jewish Divide over Israel*, chapter 5.

Barkun, Michael. *A Culture of Conspiracy: Apocalyptic Visions in Contemporary America*. Los Angeles: University of California Press, 2003.

Barnett, David, and Efraim Karsh. "Azzam's Genocidal Threat." *Middle East Quarterly* 18, no. 4 (2011): 85-88.

Bat-Ye'or, *Islam and Dhimmitude: Where Civilizations Collide*. Philadelphia: Fairleigh Dickinson University Press, 2001.

_____. *Eurabia: The Euro-Arab Axis*. Philadelphia, Fairleigh Dickinson University Press, 2005.

Baudrillard, Jean, and Marc Guillaume. *Radical Alterity*. Translated by Ames Hodges. Cambridge: MIT Press, 2008.

Bawer, Bruce. *Surrender: Appeasing Islam, Sacrificing Freedom*. New York: Doubleday, 2010.

Berman, Paul. *Liberalism and Terror*. New York: W.W. Norton, 2004.

_____. *The Flight of the Intellectuals*. Brooklyn: Melville House, 2010.

Borradori, Giovanna. *Philosophy in a Time of Terror: Dialogues With Jurgen Habermas and Jacques Derrida*. Chicago: Chicago University Press, 2003.

Bowman, James. *Honor: A History*. New York: Encounter Books, 2006. Brenner, Emmanuel. *Les territoires perdus de la République*. Paris: Mille et Une Nuits, 2002.

Brenner, Marie. "France's Scarlet Letter." *Vanity Fair*, April 4, 2012.

Brown, Brené. *Daring Greatly: How the Courage to Be Vulnerable Transforms the Way We Live, Love, Parent, and Lead*. New York: Penguin Publishing Group, 2015.

Bruck, Connie. "The Wounds of Peace." *The New Yorker*, October 14, 1996. Bukay, David. "Islam's Hatred of the Non-Muslim." *Middle East Quarterly* 20, no. 3 (2013): 11–20.

Buruma, Ian. "How to Talk about Israel", *The New York Times*, August 31, 2003. Chafets, Zev. *Double Vision: How the Press Distorts America's View of the Middle East*. New York: Morrow, 1985.

Chagnon, Napoleon. *Noble Savages: My Life Among Two Dangerous Tribes – the Yanomamö and the Anthropologists*. New York: Simon & Schuster, 2014.

Chesler, Phyllis. *The New Antisemitism*. Jerusalem: Gefen Publishing House, 2003, 2015.

_____. *The Death of Feminism*. London: Palgrave Macmillan, 2005.

_____. *A Family Conspiracy: Honor Killings*. London: New English Review Press, 2018.

Chinlund, Christine. "Who should wear the 'terrorist' label?" *Boston Globe*, September 8, 2003.

Cockburn, Patrick. *The Age of Jihad: Islamic State and the Great War for the Middle East*. London: Verso Books, 2016.

Cohen, Hillel. *Army of Shadows: Palestinian Collaboration with Zionism, 1917-1948*. Los Angeles: University of California Press, 2008.

Cohen, Nick. *What's Left: How Liberals Lost their Way*. London: Harper Perennial, 2007.

_____. "The BBC: Blaming the Jews for Attacks on Jews." *Spectator*, January 12, 2015

Cole, Juan. *Muhammad: Prophet of Peace Amid the Clash of Empires*. New York: Nation Books, 2018.

Cook, David. *Contemporary Muslim Apocalyptic Literature*. Syracuse: Syracuse University Press, 2005.

_____. *Understanding Jihad*. Los Angeles: University of California Press, 2005.

Coughlin, Stephen. *Catastrophic Failure: Blindfolding America in the Face of Jihad*. Washington, DC: Center for Security Policy Press, 2015.

Crone, Patricia. *God's Rule – Government and Islam: Six Centuries of Medieval Islamic Political Thought*. New York: Columbia University Press, 2004.

Derfner, Larry. "The Reluctant Boycotter: Why This Liberal Zionist Now Supports BDS." *Haaretz*, February 8, 2016.

Donner, Fred. *Muhammad and the Believers at the Origins of Islam*. Cambridge: Belknap Press, 2012.

Dor, Daniel. *Intifada Hits the Headlines: How the Israeli Press Misreported the Outbreak of the Second Palestinian Uprising*. Bloomington: University of Indiana Press, 2004.

Enderlin, Charles. *Shattered Dreams: The Failure of the Peace Process in the Middle East*, trad. Susan Fairfield. New York: Other Press, 2002.

_____. *Un enfant est mort: Netzarim, 30 septembre 2000*. Paris: Don Quichotte Éditions, 2010.

Fallaci, Oriana. "Sull'Antisemitismo (Io trovo vergognoso)," *Panorama*, April 12, 2002; Tradução para o Inglês, "On Jew Hatred".

Filiu, Jean-Pierre. *Apocalypse in Islam*. Los Angeles: University of California Press, 2011.

Feoktistov, Ilya. *Terror in the Cradle of Liberty: How Boston Became a Center for Islamic Extremism*. New York: Encounter, 2019.

Friedman, Matti. "An Insider's Guide to the Most Important Story on Earth." *Tablet*, August 25, 2014

_____. "What the Media Gets Wrong About Israel." *Atlantic Monthly*, December 2014.

_____. "The Ideological Roots of Media Bias against Israel." *Fathom*, Winter, 2015.

_____. "You're All Israel Now." *Tablet*, July 27, 2020.

Friel, Howard and Richard Falk. *Israel-Palestine on Record: How the New York Times Misreports Conflict in the Middle East*. New York: Verso, 2007.

Fukuyama, Francis. *The End of History and the Last Man*. New York: Free Press, 1992.

Furnish, Timothy. *Holiest Wars: Islamic Mahdis, Their Jihads, and Osama bin Laden*. New York: Prager, 2005.

_____. *Sects, Lies, and the Caliphate: Ten Years of Observations on Islam* (2016). Games, Stephen. "Compromised Coverage: Can the BBC Really Report From Gaza?" *Haaretz*, July 24, 2014.

Geifman, Anna. *Death Orders: The Vanguard of Modern Terrorism in Revolutionary Russia*. Santa Barbara: Praeger, 2010.

Gerstenfeld, Manfred. *The War of a Million Cuts: The Struggle against the Delegitimization of Israel and the Jews, and the Growth of New Anti-Semitism*. Jerusalem: JCPA, 2015.

_____. "Beware the Humanitarian Racist." *Ynet*, January 23, 2010.

Giniewski, Paul. *La guerre des hommes bombes: Israel, 2000-2006*. Paris: Cheminements, 2006.

_____. "Jews of France Tormented by 'Intifada of the Suburbs'", *Nativ*, 5 (2004). Green, Stuart. "Cognitive Warfare." MA Thesis, Joint Military Intelligence

College, 2008, http://www.theaugeanstables.com/wp-content/ uploads/2014/04/Green-Cognitive-Warfare.pdf.

Greenberg, Kenneth. *Honor and Slavery: Lies, Duels, Noses, Masks, Dressing as a Woman, Gifts, Strangers, Humanitarianism, Death, Slave Rebellions, the Proslavery Argument, Baseball, Hunting, and Gambling in the Old South*. Princeton: Princeton University Press, 1998.

Gross, Tom. "A Shitty Little Country: Prejudice & Abuse in Paris & London", *National Review*, January 10, 2002.

Gutmann, Stephanie. *The Other War: Israelis, Palestinians and the Struggle for Media Supremacy*. San Francisco: Encounter Books, 2005.

Harari, Noah Yuval. *Sapiens: A Brief History of Humankind*. New York: Harper, 2015.

*Homo Deus: A Brief History of Tomorrow*. New York: Harper, 2017.

Harel, Amos e Avi Issacharoff. *34 Days: Israel, Hizbollah, and the War in Lebanon*. New York: Palgrave, 2008.

_____. *The Seventh War* [hebraico]. Tel Aviv: Yediot Achronot Press, 2004.

Harrison, Bernard. *The Resurgence of Anti-Semitism: Jews, Israel, and Liberal Opinion*. New York: Rowman and Littlefield, 2006.

Hawali, Safar ibn abd al-Rahman. "The Day of Wrath – Is the Intifadha of Rajab only the beginning?" Azzam.com, September 11, 2001, https:// english.religion.info/2002/04/01/ document-the-day-of-wrath-is-the- intifadha-of-rajab-only-the-beginning/.

Henkin, Yagil. "Urban Warfare and the Lessons of Jenin," *Azure* (Summer 2003): 33-69.

Hicks, Stephen. *Explaining Postmodernism: Skepticism and Socialism from Rousseau to Foucault*. Phoenix: Scholargy Publishing, 2004.

Hill, Marc Lamont and Mitchell Plitnick. *Except for Palestine: The Limits of Progressive Politics* (New York: The New Press, 2021).

Hirsi Ali, Ayaan, *Prey: Immigration, Islam and the Erosion of Women's Rights*. New York: Harper, 2021.

Hoffer, Eric. *The True Believer: Thoughts on the Nature of Mass Movements*. New York, Harper, 1951.

Husain, Ed. *The Islamist: Why I Became an Islamic Fundamentalist, What I Saw Inside, and Why I Left*. London: Penguin, 2007.

Hussey, Andrew. "The French Intifada: How the Arab banlieues are fighting the French state", *Guardian*, February 23, 2014.

_____. *The French Intifada: The Long War Between France and its Arabs*. London: Granta Publications, 2014.

Israeli, Raphael. *The Oslo Idea: The Euphoria of Failure*. New Brunswick: Transaction Publishers, 2012.

Jacobs, Charles. "Why Israel and not Sudan, is Singled Out", *Boston Globe*, October 5, 2002.

Johnson, Ian and John Carreyrou, "As Muslims Call Europe Home, Dangerous Isolation Takes Root: In France, 'Political Islam' Preaches Intolerance; Challenge to Secularism". *Wall Street Journal*, July 11, 2005.

Judt, Tony. *Past Imperfect: French Intellectuals, 1944-1956*. Los Angeles: University of California Press, 1994.

_____. "Israel: The Alternative." *The New York Review of Books*, October, 2003. Julius, Anthony. *Trials of the Diaspora: A History of Anti-Semitism in England*.

Oxford: Oxford University Press, 2010.

Karsh, Ephraim. *Arafat's War: The Man and His Battle for Israeli Conquest*. New York: Grove Press, 2003.

_____. *Islamic Imperialism: A History*. New Haven: Yale University Press, 2010. Kepel, Gilles. *Terror in France: The Rise of Jihad in the West*. Princeton: Princeton University Press, 2017.

Kern, Joshua, and Anne Herzberg, eds. *False Knowledge as Power: Deconstructing Definitions of Apartheid that Delegitimise the Jewish State*. Jerusalem: NGOMonitor, December 2021.

Khaldoun, Ibn. *The Muqaddimah: An Introduction to History*. Princeton: Bollingen Press, 1987.

Kimball, Roger. *Tenured Radicals: How Politics Has Corrupted Our Higher Education*. New York: Ivan R. Dee, 2008.

Kinsley, Michael. "Defining Terrorism", *Washington Post*, October 5, 2001.

Kressel, Neil. *"The Sons of Pigs and Apes": Muslim Antisemitism and the Conspiracy of Silence*. Washington, DC: Potomac Books, 2012.

Klausen, Jytte. *The Cartoons that Shook the World*. New Haven: Yale University Press, 2009.

_____. *The Islamic Challenge: Politics and Religion in Western Europe*. New York: Oxford University Press, 2005.

Kobrin, Nancy Hartevelt. *The Banality of Suicide Terrorism*. Washington DC: Potomac Books, 2010.

Kushner, Tony, e Alisa Solomon. *Wrestling with Zion: Progressive Jewish-American Responses to the Israeli-Palestinian Conflict*. New York: Grove Press, 2003.

Lahat, Golan. *The Messianic Temptation: The Rise and Fall of the Israeli Left* [hebraico]. Tel Aviv: Am Oved, 2004.

Landes, David. *The Wealth and Poverty of Nations: Why Some are so Rich and Some so Poor*. New York: W.W. Norton, 1999.

Landes, Richard "Lest the Millennium be Fulfilled: Apocalyptic Expectations and the Pattern of Western Chronography, 100-800 CE", in *The Use and Abuse of Eschatology in the Middle Ages*, edited by Werner Verbeke, Daniel Verhelst, and Andries Welkenhuysen, 137-211. Leuven: Leuven University Press, 1988.

_____. *Relics, Apocalypse, and the Deceits of History: Ademar of Chabannes, 989-1034.* Cambridge, MA: Harvard University Press, 1995.

_____. "On the Hidden Cost of Media Error", *Augean Stables*, November 15, 2005.

_____. *Heaven on Earth: Varieties of the Millennial Experience.* New York: Oxford University Press, 2011.

_____. "From Useful Idiot to Useful Infidel: Meditations on the Folly of 21st-Century 'Intellectuals.'" *Terrorism and Political Violence* 25, no. 4 (September 2013): 621-34.

_____. "The Biggest Winner in the Lose-Lose 'Operation Protective Edge,'" *The American Interest*, September 4, 2014.

_____. "The Wages of Moral Schadenfreude in the Press: Anti-Zionism and European Jihad", in *From Antisemitism to Anti-Zionism: The Past & Present of A Lethal Ideology*, edited by Eunice G. Pollack, 186-214. Brighton: Academic Studies Press, 2017.

_____. "Oslo's Misreading of an Honor-Shame Culture." *Israel Journal of Foreign Affairs* 13 (2019).

_____. "'Celebrating' Orientalism: Edward Said's Honor and Shame", *Middle East Quarterly* 24 (2017).

_____. "Europe's Destructive Holocaust Shame." *Tablet Magazine*, September 5, 2017.

_____. *Salem on the Thames: Moral Panic, Anti-Zionism, and the Triumph of Hate-Speech at Connecticut College.* Boston: Academic Studies Press, 2019.

_____. "Orientalism as Caliphator Cognitive Warfare: Consequences of Edward Said's Defense of the Arab World." Essay. In *Handbook of Research on Contemporary Approaches to Orientalism in Media and Beyond*, edited by Işıl Tombul and Gülşah Sari, 33-52. Hershey: Information Science Reference, 2021.

_____. "Primary Honour Codes in Tribal and Aristocratic Cultures", in *Honour and Shame in Western History*, edited by Jörg Wettlaufer, David Nash and Jan Frode Hatlen. New York: Routledge, 2023.

Landes, Richard, e Steven T. Katz, eds. *The Paranoid Apocalypse: A Hundred-Year Retrospective on the Protocols of the Elders of Zion.* New York: New York University Press, 2012.

Lasson, Kenneth. *Trembling in the Ivory Tower: Excesses in the Pursuit of Truth and Tenure.* Baltimore: Bancroft Press, 2003.

Leuchter, Catherine. "Etats des lieux au 31 mai 2002: Qu'avons-nous appris des médias?" in *Le conflit israélo-palestinen: Les médias français sont-ils objectifs?* Paris: Observatoire du Monde Juif, 2002.

Levin, Kenneth. *The Oslo Syndrome: Delusions of a People under Siege.* Hanover: Smith and Kraus, 2005.

Lewis, Bernard. *What Went Wrong? The Clash between Islam and Modernity in the Middle East.* New York: Harper, 2006.

Lewis, Herbert. "The Influence of Edward Said and Orientalism on Anthropology, or: Can the Anthropologist Speak?" In *Postcolonial Theory and the Arab-Israel Conflict*, edited by Philip Salzman and Donna Divine, 97-109. London: Routledge, 2016.

Lewis, Neil. "From the Archives: The Times and the Jews." *Columbia Journalism Review*, January 2012.

McCarthy, Andrew. *Willful Blindness: A Memoir of the Jihad.* New York: Encounter Books, 2009.

McLoughlin, Peter. *Easy Meat: Inside Britain's Grooming Gang Scandal.* London: New English Review Press, 2016.

McGowan, William. *Gray Lady Down: What the Decline and Fall of the New York Times Means for America.* New York: Encounter Books, 2010.

Marantz, Andrew. *Antisocial: Online Extremists, Techno-Utopians, and the Hijacking of the American Conversation.* New York: Penguin Publishing Group, 2019.

Marcus, Itamar e Barbara Crook. "Aspiration not Desperation." *Jerusalem Post*, January 29, 2004.

Markovits, Andrei. *Uncouth Nation: Why Europe Dislikes America.* Princeton, NJ: Princeton University Press, 2007.

Marshall, Paul, e Nina Shea. *Silenced: How Apostasy and Blasphemy Codes Are Choking Freedom Worldwide.* New York: Oxford University Press, 2011.

Mearsheimer, John. "The Future of Palestine: Righteous Jews *vs.* New Afrikaners." *The Palestine Center.* April, 2010.

Moreh, Dror. dir. *The Gatekeepers.* 2012; Sony Pictures. Script: https://www. springfieldspringfield.co.uk/movie_script.php?movie=the-gatekeepers.

Muravchik, Joshua. *Covering the Intifada: How the Media Reported the Palestinian Uprising.* Washington: The Washington Institute for Near East policy, 2003. Murawiec, Laurent. *The Mind of Jihad.* New York: Cambridge University Press, 2008.

Nawaz, Maajid. *Radical: My Journey out of Islamist Extremism.* Guilford: Lyons Press, 2013.

Nelson, Cary. *Israel Denial: Anti-Zionism, Anti-Semitism, and the Faculty Campaign against the Jewish State.* Bloomington: Indiana University Press, 2019.

North, Richard. "The Corruption of the Media." *EU Referendum*. August 15, 2006.

O'Leary, Stephen, and Glen McGhee. *War in Heaven/Heaven on Earth: Theories of the Apocalyptic*. London: Routledge, 2014.

Oliver, Anne Marie, e Paul F. Steinberg. *The Road to Martyrs' Square: A Journey into the World of the Suicide Bomber*. Oxford: Oxford University Press, 2006. Orme, William. "A Parallel Mideast Battle: Is It News or Incitement?" *New York Times*, October 24, 2000.

Phillips, Melanie. *Londonistan: how Britain is creating a terror state within*. London: Gibson Square, 2006.

Philo, Greg, and Mike Berry. *More Bad News from Israel*. London: Pluto Press, 2004.

Pollack, Joel. "Enderlin: Arafat faked 9/11 blood donation", *Guide to the Perplexed*, 17 January 2008.

Poller, Nidra. *Troubled Dawn of the 21st Century*. Paris: Authorship International, 2017.

_____. *Al Dura: Long Range Ballistic Myth: From the Staged "Death" of a Palestinian Youth to the Real Threat of an Iranian Bomb*. Paris: Authorship International, 2014.

Prell, Michael. *Underdogma: How America's Enemies Use Our Love for the Underdog to Trash American Power*. Dallas: BenBella Books, 2011.

Pryce-Jones, David. The Closed Circle: An Interpretation of the Arabs. Chicago: Ivan R. Dee, 2009.

Ravid, Matan. "Prejudice and Demonization in the Swedish Middle East Debate during the 2006 Lebanon War." *Jewish Political Studies*, May 26, 2009.

Rifkin, Jeremy. *The Empathic Civilization: The Race to Global Consciousness in a World in Crisis*. New York: Penguin Publishing Group, 2009.

Reynolds, Paul. "A Clash of Rights and Responsibilities." BBC News. BBC, February 6, 2006.

Roger, Philippe. *L'ennemi américain: généalogie de l'antiaméricanisme français*. Paris: Seuil, 2002.

Rosenfeld, Alvin H. *"Progressive" Jewish Thought and the New Anti-Semitism*. New York: American Jewish Committee, 2006.

Roskies, Jennifer. "Oslo's Betrayal." Tablet Magazine, September 13, 2018. Saad, Gad. *The Parasitic Mind*. Washington: Regnery Publishing, 2020.

Sacks, Jonathan. *Dignity of Difference: How to Avoid the Clash of Civilizations*. London: Bloomsbury, 2003.

Sagan, Eli. *The Honey and the Hemlock: Democracy and Paranoia in Ancient Athens and Modern America*. New York: Basic Books, 1991.

Said, Edward. *Orientalism*. London: Pantheon Books, 1978.

_____. *The Question of Palestine*. New York: Random House, 1980.

_____. *Covering Islam*. New York: Vintage, 1982.

Salzman, Philip Carl. *Culture and Conflict in the Middle East*. New York: Humanity Books, 2008.

Sapolsky, Robert. *Behave: The Biology of Humans at Our Best and Worst*. New York: Penguin Press, 2017.

Schoeck, Helmut. *Envy: A Theory of Social Behavior*. Indianapolis: Liberty Fund, 1987.

Seager, Mark. "I'll have nightmares for the rest of my life." *The Daily Telegraph*, October 15, 2000. http://rotter.net/israel/mark.htm.

Seliktar, Ofira. *Doomed to Failure? The Politics and Intelligence of the Oslo Peace Process*. Santa Barbara: ABC/CLIO, 2009.

Shepherd, Robin. *A State Beyond the Pale: Europe's Problem with Israel*. London: Orion, 2009.

Sher, Gilead. *The Israeli-Palestinian Peace Negotiations, 1999–2001 Within Reach*. London: Routledge, 2006.

Shuman, Ellis. "CNN Chief Accuses Israel of Terror", *The Guardian*, June 18, 2002. Spoerl, Joseph. "Parallels between Nazi and Islamist Anti-Semitism." *Jewish Political Studies Review* 31, no. 1/2 (2020): 210-44.

Steinberg, Gerald. "The Role of NGOs in the Palestinian Political War against Israel." Jerusalem Center for Public Affairs, October 11, 2018.

_____. "Postcolonial Theory and the Ideology of Peace Studies." Essay. In *Postcolonial Theory and the Arab-Israel Conflict*, edited by Philip Salzman and Donna Divine, 109-20. London: Routledge, 2016.

Stetkevych, Suzanne Pinckney. *The Mute Immortals Speak: Pre-Islamic Poetry and Poetics of Ritual*. Ithaca, NY: Cornell University Press, 1993.

Taguieff, Pierre-André. *La nouvelle judéophobie*. Paris: Mille et Une Nuits, 2002.

_____. *La nouvelle propagande antijuive: Du symbole Al-Dura aux rumeurs de Gaza*. Paris: Presses universitaires de France, 2010.

Tax, Meredith. *Double Bind: The Muslim Right, the Anglo-American Left, and Universal Human Rights* New York: Center for Secular Space, 2012.

Tenenbom, Tuvia. *Catch the Jew*. Jerusalem: Gefen, 2015.

Thorne, Ashley. "Staged Emergencies: How Colleges React to Bias Incidents." NAS, 2014.

Trofimov, Yaroslav. *The Siege of Mecca: The 1979 Uprising at Islam's Holiest Shrine*. New York: Anchor Books, 2007.

Ungar-Sargon, Batya. *Bad News: How the Woke Media is Undermining Democracy*. New York: Encounter, 2021.

Wikan, Unni. *Generous Betrayal: Politics of Culture in the New Europe*. Chicago: The University of Chicago Press, 2002.

Wistrich, Robert. *A Lethal Obsession: Anti-Semitism from Antiquity to Global Jihad*. New York: Random House, 2010.

Yemini, Ben-Dror. *Industry of Lies: Media, Academia, and the Israeli-Arab Conflict*. United States: Institute for the Study of Global Antisemitism and Policy, 2017.

Yerushalmi, Yosef Hayim. *Freud's Moses: Judaism Terminable and Interminable*. New Haven: Yale University Press, 1991.

Zangen, David. "Seven Lies About Jenin: David Zangen views the film *Jenin, Jenin* and is horrified." *Ma'ariv*, November 8, 2002.

Zelizer, Barbie, David Park e David Gudelunas. "How Bias Shapes the News: Challenging the New York Times' Status as a Newspaper of Record on the Middle East." *Journalism: Theory, Practice, and Criticism*, 3:3 (December 2002): 283–307.

# Agradecimentos

É difícil lembrar de todos os que me ajudaram neste projeto de mais de uma década. Espero que me perdoem aqueles que eu tiver esquecido.

Agradeço a Charles Jacobs por me encorajar a escrever este livro, embora o produto final não seja nada parecido com o que ele imaginou inicialmente. Além dos acadêmicos cujos trabalhos cito favoravelmente em minhas notas, acrescento os seguintes amigos cujas conversas me ajudaram a esclarecer meus pensamentos.

Acima de tudo, ao meu amigo Steve Antler (que sua memória seja uma bênção), que não viveu o suficiente para ver este livro até sua conclusão, e a Noam Yavor, meu generoso amigo e talentoso editor de vídeo, a Charles Jacobs e Avi Goldwasser, Jacob Meskin, Nidra Poller, Mark Spero, Brenda Brasher e Stephen O'Leary, Gerard Rabinovitch, Phyllis Chesler, Lauri Regan, Asaf Romirowsky, Philip Salzman, Donna Divine, Richard Cravatts, Andrew Pessin, Jeffrey Woolf, Yitzhak Sokoloff, Pedro Zuquete, Lazar Berman, Stuart Green, Arnold Roth, Elihu Stone, Jonathan Hoffman, Liel Liebowitz, Cary Nelson, Yossi Kuperwasser, Ellen Horowitz, David e Ariel Resnikoff, Jonathan Hoffman, Damian Thompson, Daniel Eilon, aos meus filhos, Aliza, Noa e Hannah, que se tornaram independentes à sombra da escrita desta obra, e à minha amada esposa, Esther, que suportou isso por muito tempo.

Também quero agradecer à minha editora, Eunice Pollack, cujo encorajamento e olhar arguto me salvaram de muitos erros. Qualquer um que permaneça é minha culpa. Também agradeço à Academic Studies Press pela coragem de publicar um livro que outros temiam que pudesse causar-lhes muitos problemas.

# O autor

**Richard Landes** é professor emérito de História na Universidade de Boston. Seu trabalho inicial, como medievalista, se concentrou no período em torno de 1000 e.c., com foco em movimentos apocalípticos, e se especializou também no papel da religião na formação e transformação das relações entre elites e plebeus em várias culturas. Autor de diversos livros, vive em Jerusalém e, hoje, pesquisa também sobre crenças apocalípticas do segundo milênio, assunto desta obra.

**GRÁFICA PAYM**
Tel. [11] 4392-3344
paym@graficapaym.com.br